Hans Gerhard Evers

Ludwig II. von Bayern

Theaterfürst – König – Bauherr

Hans Gerhard Evers

Ludwig II. von Bayern

Theaterfürst – König – Bauherr

Gedanken zum Selbstverständnis

Herausgegeben von J. A. Schmoll gen. Eisenwerth

Bearbeitet von Klaus Eggert

Hirmer Verlag München

Frontispiz
Ludwig II., König von Bayern in Chevauxleger-Uniform 1876

CIP-Kurztitelaufnahme der Deutschen Bibliothek

Evers, Hans Gerhard:
Ludwig II. [der Zweite] von Bayern : Theater-
fürst – König – Bauherr ; Gedanken zum Selbst-
verständnis / Hans Gerhard Evers. Hrsg. von
J. A. Schmoll gen. Eisenwerth. Bearb. von Klaus
Eggert. – München : Hirmer, 1986.
ISBN 3-7774-4150-3
NE: Eggert, Klaus [Bearb.]

Lithos: Brend'amour, Simhart & Co., München (Duoton) und Eurocrom, Villorba (Farbe)
Papier: Papierfabrik Scheufelen, Lenningen (Kunstdruck) und Papierfabrik Schleipen, Bad Dürkheim (Werkdruck)
Satz, Druck und Bindearbeiten: Passavia Passau
Schutzumschlagentwurf: Dieter Vollendorf, München
Printed in Germany · ISBN 3-7774-4150-3

Inhalt

Zur Konzeption des Buches und zur Person seines Autors

Vorwort des Herausgebers

Das Jahr des Gedenkens an den vor einem Säkulum im Starnberger See aus dem Leben geschiedenen König Ludwig II. von Bayern fördert zahlreiche neue Veröffentlichungen zu den vielen bereits vorhandenen und manche schmücken sich mit der Behauptung, etwas ganz Neues, Vollständigeres oder gar Sensationelles zu bieten. Aber im Grunde sind wir über die Tatsachen hinreichend unterrichtet und nur die Bewertung schwankt, – wie immer bei der Beurteilung vielschichtiger historischer Persönlichkeiten. Die Gestalt König Ludwigs II., schon den Zeitgenossen schwer faßbar, geriet mit der Verurteilung der gesamten Architektur des Historismus als unschöpferische, eklektische Ausdrucksform nach der Jahrhundertwende vollends in den Schatten negativer Kritik. Seine Bauleidenschaft mußte um so verwerflicher erscheinen als sie sich, wie man meinte, unglücklicherweise »falscher« Stilmittel bediente. So urteilte schon Wilhelm Lübke, einer der damals führenden deutschen Kunsthistoriker, unmittelbar nach dem Tode des Königs im Sommer 1886 in einem mehrfach gedruckten Aufsatz »König Ludwig II. und die Kunst«.[1] Noch rigoroser fiel die Verachtung der Bautätigkeit Ludwigs in der ersten Hälfte des 20. Jahrhunderts aus, – verständlich vor dem Hintergrund einer völligen Abkehr von Historismus und Jugendstil in der Phase des sogenannten »Neuen Bauens«, das sich dem Funktionalismus verschrieb, das Ornament verdammte und die »Wohnmaschine« erdachte. Wie schwer eine Verständigung auf den Sinn der Bauten Ludwigs II. noch in unserer Zeit fällt, zeigt etwa der so einfühlsame Beitrag von Norbert Knopp von 1970 (in der Festschrift für Kurt Badt) »Gestalt und Sinn der Schlößer König Ludwigs II.«[2] Dabei stützte sich Knopp bereits partiell auf die Feststellungen und Gedanken, die Hans Gerhard Evers im Kapitel »Herrenchiemsee« seines Buches »Tod, Macht und Raum als Bereiche der Architektur« 1939[3] veröffentlicht hatte. Diese erste Studie von Evers über Ludwigs Schloßbauten bildete nicht nur den Auftakt zur langanhaltenden Beschäftigung des Autors mit dem Thema, sondern auch zu einer ganz neuen Sicht auf des Königs Bauherrentum und auf den Historismus im ganzen. Aber am Vorabend des Zweiten Weltkriegs herausgekommen, fand sie nicht die ihr gebührende Beachtung und in Fachkreisen sogar teilweise nur ein mitleidiges, hochmütiges Lächeln. Erst die zweite Auflage des Everschen Buches 1970[4] löste ein größeres Echo aus. Ihr Neuerscheinen fiel mit der allgemeiner sich durchsetzenden Meinung zusammen, den Historismus positiver zu bewerten. Hans Gerhard Evers war inzwischen als einer der Wortführer zum gerechteren Verstehen der Baukunst des 19. Jahrhunderts weithin anerkannt. Das bezeugen seine Beiträge im Rahmen der wissenschaftlichen Diskussionen um die Deutung des Historismus:

- »Versuch einer Ehrenrettung des Historismus«, 1962,[5]
- »Historismus (im Band ›Historismus und bildende Kunst‹, 1965),[6]
- »Plastik« im 19. Jahrhundert, 1966,[7]
- »Gedanken zur Neubewertung der Architektur des 19. Jahrhunderts«, 1968,[8]
- »Kann die historistische Kirchenbaukunst des 19. Jahrhunderts als Trivialkunst verstanden werden?«[9]
- »Brücken«, 1974,[10]
- »Die bayerischen Königsschlösser«, 1975,[11]
- »Zur Anordnung der Stile«, 1977,[12]
- ferner seine Rezension des Werks von Detta und Michael Petzet »Die Richard-Wagner-Bühne König Ludwig II., 1971,[13]
- und schließlich sein gewichtiges Buch »Vom Historismus zum Funktionalismus«, 1967.[14]

Rechnet man das Kapitel »Herrenchiemsee« aus seinem Buch »Tod, Macht und Raum als Bereiche der Architektur« (1939) hinzu, so ergibt sich eine nahezu kontinuierliche Beschäftigung von H. G. Evers mit dem Historismus und mit dem Phänomen der Schloßbauten Ludwig II. über mehr als vier Jahrzehnte. Nach dem Erscheinen der Amtlichen Führer zu den Schlössern, die Heinrich Kreisel, der spätere Generalkonservator in Bayern, ab etwa 1925 mit großer Sorgfalt erarbeitet hatte und die für die Forschung eine solide Basis abgaben, widmete sich Evers der zentralen Frage, welche Rolle die Schloßbauten im Weltbild des Königs spielten. Dementsprechend ist auch im vorliegenden Buch das Kapitel »Bauherr« das Gewichtigste. Da der Archäologe und Kunsthistoriker auch ein begabter Architektur- und Skulpturen-Photograph war, nahm er selbst unter den ihn speziell interessierenden Gesichtspunkten wichtige Bauteile, Innenräume und Ausstattungsdetails auf. Diese Lichtbilder der Vorkriegszeit besitzen heute besonderen dokumentarischen Wert, da seither manches zerstört oder verändert wurde. Im vorliegenden Buch werden 22 derartige photographische Zeugnisse erstmals abgebildet.

Von dokumentarisch ebenfalls unschätzbarem Wert sind die Exzerpte, die Evers um 1936–1938 noch unter der Förderung durch Kronprinz Rupprecht von Bayern aus den Tagebüchern Ludwigs II. notieren konnte, da auch dieser Bestand durch Kriegseinwirkungen Verluste erlitt. Als der Autor um 1960 und nach 1970 nochmals in mehreren Anläufen das Aktenstudium im Bayerischen Hauptstaatsarchiv, Abt. III, Geheimes Hausarchiv, Bestand Nachlaß Ludwig II, wieder aufnahm, konnte er mit der verständnisvollen Unterstützung S. K. H. Herzog Albrechts von Bayern und S. K. H. Prinz Franz' von Bayern die noch nie vollständig veröffentlichten Tagebücher Ludwigs II. – soweit sie von 1858 bis 1869 erhalten sind – erstmals systematisch unter den Hauptgesichtspunkten »Theaterfürst«, »König« und »Bauherr« durcharbeiten. Die wörtlichen Zitate, kürzere und längere Passagen aus den persönlichen Aufzeichnungen, in denen der König also selbst zu Worte kommt, bilden das Rückgrat der vorliegenden Veröffentlichung. Sie sind – wie ergänzende Briefstellen Ludwigs II. – dem Wunsch des Autors gemäß durch kursive Schrift vom übrigen Text typographisch unterschieden. Auch wurden alle orthographischen Besonderheiten, altertümliche Schreibweisen (etwa »Reminiscenz«) und die bei den oft hastigen Eintragungen in die Tagebücher häufig fehlenden Interpunktionszeichen um des dokumentarischen Charakters willen nicht ergänzt oder verbessert.

Ludwig II. bediente sich eines höchst eigenwilligen Telegrammstils und setzte oft Gedankenstriche oder auch Klammern, die er dann nicht mehr schloß. Andererseits vermied er bei Aufzählungen vielfach trennende Kommata. Der Leser muß sich in diese Eigenheiten hineindenken, um den besonderen Rhythmus dieser Tagebuchprosa, die in Verse übergehen kann (von denen man nicht immer weiß, ob sie nicht Zitatvarianten nach Schiller, Wagner oder anderen Autoren sind ...), zu erfassen. Auch die springenden Assoziationen lassen sich nicht immer schnell auflösen. In diesen wie in anderen Fällen schien es notwendig, Erläuterungen einzufügen und diese nicht in Anmerkungen am Ende des Buches zu verstecken, sondern zum Verständnis des Zusammenhangs gleich im laufenden Text oder nach einer Passage aus den Aufzeichnungen des Königs anzuordnen. In dieser Weise ging bereits Evers vor und Bearbeiter und Herausgeber setzten sie, wo es geboten schien, fort.

Was die stilistischen Ausdrucksformen in den Originalzitaten betrifft, so muß man bedenken, daß es sich um charakteristische Äußerungen des spätromantischen mittleren 19. Jahrhunderts handelt, so z. B. wenn Ludwig II. als Kronprinz und junger König immer wieder von »Wonnen« schreibt, wo wir Heutigen nüchterner festhalten, daß uns eine Sache begeistert, bewegt oder anrührt. Eine hochgestimmte, immer wieder emphatisch ausbrechende Gefühlswelt spiegelt sich in solchen Formulierungen; aber durch die schriftlichen Zeugnisse wird auch die erstaunliche Energie des königlichen Willens in der Verfolgung bestimmter Ziele überaus deutlich.

Es war das Anliegen von Prof. Dr. Hans Gerhard Evers, den König möglichst umfassend selbst sprechen zu lassen. Doch verlangt er vom Leser eine intensive Mitarbeit, um sich in das Gedankengebäude des Königs, aber auch in das seines Interpreten einführen zu lassen. Dazu ein Wort zur Person des Verfassers.

Hans Gerhard Evers, 1900 in Lübeck geboren, studierte zunächst in Göttingen und Heidelberg, und wurde dann durch Studien- und erste Dozentenzeiten Wahlmünchner, – bis er 1950 als Ordinarius für

Kunstgeschichte an die Architekturfakultät der Technischen Hochschule Darmstadt berufen wurde, wo er auch seit seiner Emeritierung 1968 lebt. Sein ungewöhnlicher Weg als Wissenschaftler führte ihn sowohl zur Literaturgeschichte, Geschichte, Philosophie, Kunstgeschichte und klassischen Archäologie, als auch zur Ägyptologie. In dieser Disziplin galt er als große Hoffnung, nachdem seine zweibändige Untersuchung »Staat aus dem Stein. Denkmäler, Geschichte und Bedeutung der ägyptischen Plastik des Mittleren Reichs« 1929 vorlag, die noch heute als ein (leider längst vergriffenes) Standardwerk Geltung besitzt. Wandte sich Evers auch in der Folge von der Ägyptologie zur neueren Kunstgeschichte, so hat er doch nie den Zusammenhang beider Bereiche aus dem Auge verloren. In vielen seiner Schriften zur Kunst des 19. und 20. Jahrhunderts wird immer wieder das antike Ägypten als Urheimat eines noch ungebrochen archaischen Denkens und Bildens beschworen. So schreibt Evers noch 1967 im Vorwort seines Buches »Vom Historismus zum Funktionalismus« (in der Reihe ›Kunst der Welt‹, die damals – u.a. durch den Verfasser dieser Einleitung – auf vierundvierzig Bände konzipiert war)[15]: »... ich fühle mich unter den Blicken von vierundvierzig anderen, nicht von vornherein unfreundlichen, aber doch zurückhaltenden Jahrhunderten, ich fühle mich unter den Augen von Cheops und Sesostris, und ich frage mich, ob ich meine Urteile ihnen verständlich machen könnte. Jede Äußerung, die ich versuche, ist sozusagen kontrolliert aus dem Abstand von den Pyramiden herüber ...«

Aus dieser Haltung erkennt Evers hellsichtig die archaischen Züge in Ludwig II. Manchmal schreibt er in seinen Manuskriptentwürfen statt archaisch auch »atavistisch«, um die geistige Verwurzelung des bayerischen Königs des 19. Jahrhunderts in der Ahnenschaft nicht allein der fast tausendjährigen Wittelsbacher Dynastie, sondern auch in den uralten Königsvorstellungen antiker Reiche von den Ägyptern bis hinauf in die ältere Neuzeit, bis zu den Bourbonen des 17. und 18. Jahrhunderts, zu demonstrieren. Gelegentlich verweist Evers auf die Symbole der altägyptischen »Totenbücher«, um das archaische Instrumentarium in den Bau-, Raum- und »Kult«-Programmen Ludwig II. zu verdeutlichen. Indem Evers Ägypten »als Basis besitzt«, gewinnt er nicht nur eine ganz andere Distanz zum 19. Jahrhundert, sondern auch Erkenntnisse über die Struktur eines sich noch kosmisch-kultisch gebunden fühlenden Königtums, wie es in Ludwig lebte, aber von seiner Umwelt (und mehr noch von der Nachwelt) nicht mehr verstanden wird. Was seine Schlösser unter diesem Aspekt bedeuten – die gebauten, die unvollendeten und die nur geplanten – ist das eigentliche Thema des Buches. Aber es bietet keine »Baugeschichte« im herkömmlichen Sinne. Und es strebt keine »Vollständigkeit« an. Es konzentriert sich auf exemplarische Phänomene. Es meidet dabei alle Zudringlichkeiten, die die Menschen des »feuilletonistischen Zeitalters« (Hermann Hesse) nach flachen Sensationen und Intimitäten suchen lassen. Es dringt dagegen in psychisch-geistige Tiefen, um Verständnis für den einsamen König und seine Gedankenwelt zu wecken. Es wendet sich aber auch gegen die zu einfache Lösung, mit der Formel vom »Märchenkönig« alle Besonderheiten pauschal zu erklären, – oder gar mit dem »psychiatrischen Gutachten« ...

Die im Untertitel genannten Bezeichnungen »Theaterfürst« – »König« – »Bauherr« sind für Evers keine entleerten Begriffe, sondern mit neuem Inhalt (uraltem, wenn man so will!) gefüllte, die den eigentlichen »Beruf« dieses Monarchen, seine innere Berufung anzeigen. Dazu zählen in den ersten Abschnitten des Buches auch die Voraussetzungen, vor allem jene innerhalb der Bautätigkeit seiner unmittelbaren Vorgänger als Könige von Bayern insofern sie bereits Richtungen und Motive erkennen lassen, die Ludwig II. fortsetzen und genialisch steigern wird. (Hier könnte ergänzend auf die schon in der Barockzeit ins Riesige planenden Wittelsbacher der Kurpfälzischen und Pfalz-Zweibrückischen Linien, aus denen die Bayerischen Könige stammen, hingewiesen werden mit Albertis Entwurf[16] für die Ersatzresidenz in der Rheinebene für das zerstörte Heidelberger Schloß, mit dem Mannheimer Schloß und mit dem Schloß Karlsberg bei Homburg/Saarland, der ausgedehntesten Anlage am Vorabend der großen Französischen Revolution, die es zerstörte.)[17]

Der Schwerpunkt der Darstellung liegt in der Analyse des Selbstverständnisses des Kronprinzen und Königs als Zentrum von Ideen, aus denen die Theaterpläne, das Verhältnis zu Richard Wagner und die Schloßbauten erwachsen.

Das Buch von Evers öffnet eine neue Sicht auf die mythischen, archetypischen, symbolischen Bezüge im Denken und Handeln Ludwigs II. Seine Schlösser werden als »Weltorte« verstanden, in denen sich die

Summe seines kosmologischen Ordnungssystems »abbildet.« Geht man von solchen Erkenntnissen seiner geistigen Struktur den weiteren Planungen nach und zieht man die Linien über das »Abbruchdatum« 1886 hinaus, so gewinnt man Aspekte, die den König in einem neuartigen Licht erscheinen lassen. Er war bei seinem gewaltsamen Tod ja erst vierzig Jahre alt. Hätte er sich nicht um und nach 1890 im Gleichklang mit gewissen Strömungen des europäischen Symbolismus befunden? – mit der Nietzsche-Rezeption, mit Gustav Moreaus Bildvisionen, mit Stefan Georges hermetisch-aristokratischer Dichtung, mit Rudolf Steiners »Geheimwissenschaft«, mit Emile Gallés gläserner Poesie, die auch in einem »Heiligen Gral mit Schrein« 1894 gipfelte? Damit sind nur wenige Stichworte genannt, um den Jugendstil-Symbolismus anzudeuten, der im größeren Zusammenhang eine Kraft gegen den übermächtigen Rationalismus am Fin-de-siècle darstellte. Die Welt Ludwigs II. stand dieser antirationalistischen Sphäre, ihr in bestimmter Weise sogar vorauseilend, sehr nahe. Aus dieser Affinität ist auch der lyrische Epilog des französischen Symbolisten Paul Verlaine auf den »letzten, wahren König« besser zu verstehen:

A LOUIS II DE BAVIÈRE

Roi, le seul vrai roi de ce siècle, salut, Sire,
Qui voulûtes mourir vengeant votre raison
Des choses de la politique, et du délire
De cette Science intruse dans la maison,

De cette Science assassin de l'Oraison
Et du Chant et de l'Art et de toute la Lyre,
Et simplement, et plein d'orgueil en floraison,
Tuâtes en mourant, salut, Roi! bravo, Sire!

Vous fûtes un poète, un soldat, le seul Roi
De ce siècle où les rois se font si peu de chose,
Et le martyr de la Raison selon la Foi.

Salut à votre très unique apothéose,
Et que votre âme ait son fier cortège, or et fer,
Sur un air magnifique et joyeux de Wagner.[18]

Evers besitzt – nicht zuletzt auch wegen seiner »ägyptischen Erfahrungen« – ein spezifisches Verständnis von »Zeit«, von historischer Zeit, nämlich ein zyklisches; jedenfalls im Blick auf das Denken und Handeln Ludwigs II., dem dies offensichtlich selbstverständlich war. Auch Geschichte ist ihm nicht einfach »Ablauf«, sondern – wie konsequenterweise im zyklischen Zeitdenken – Wieder-Holung. Im Wieder-Heranholen von bedeutsamer Vergangenheit wird auch die Baukunst des Historismus verständlich. Um die eigentlichen Wortbedeutungen hervorzuheben, bedient sich Evers gelegentlich verwandter Begriffe wie die Tiefenpsychologie C. G. Jungs oder die Philosophie Heideggers, – ohne diese direkt zu zitieren. (Immerhin bezieht sich Evers vereinzelt namentlich auf Martin Heidegger sowie u. a. auf die Kultur- und Religionsforscher Leopold Ziegler [1881–1958] und Mircea Eliade [1907–1986], gelegentlich auch auf den Physiker und Kosmologen Pascual Jordan [*1902]). Einige seiner Formulierungen mögen an diese Autoren erinnern, – sie sind dennoch weitgehend unabhängig von ihnen gewonnen. Äußerliches Kennzeichen für die Annäherung im Sprachlichen sind die durch Bindestriche getrennt-verbundenen Hauptworte. Herausragend ist die Bildung »Archi-Tektur«, die Evers immer wieder verwendet, um die Bestandteile des Wortes zu betonen und auf ihren ursprünglichen, heute verwischten Sinn aufmerksam zu machen: Grund- oder Erz-Ordnung. Wie in dieser Sache fordert der Autor in vielen Dingen vom Leser ein echtes Mit-, Nach- und Umdenken. Er benutzt seine eigenwillige Diktion als Vehikel, Gedankenanstöße auszulösen. Um kein falsches Bild vom Kunsthistoriker Hans Gerhard Evers aufkommen zu lassen, sei noch angemerkt, daß er sich keineswegs nur mit den beiden »extremen« Positionen Altägyptische Kunst und Architektur des Historismus befaßt hat. Er veröffentlichte auch Studien zur mittelalterlichen Baukunst und Plastik,[19] zwei große Bücher über

Peter Paul Rubens[20] und er nahm wohl als einer der ersten seines Faches Stellung zu Erscheinungen des technischen Zeitalters: zur Ingenieurbaukunst, zum Brücken- und Schiffsbau, zur Photographie,[21] aber auch zur Denkmalplastik und zu Fragen der modernen Malerei und Architektur.[22]

Der heute im 87. Lebensjahr stehende Autor konnte sein Manuskript über Ludwig II., die Summe jahrzehntelanger Forschungen, nicht mehr vollständig zu Ende führen und zum Druck vorbereiten. Dies übernahmen der Bearbeiter und der Herausgeber. Natürlich waren sie wie stets in solchen Fällen, wenn man an die Veröffentlichung eines Manuskriptes geht, das in längeren Zeiträumen entstand und mehrfach umgeformt wurde, genötigt, Kompromisse zu schließen. Dazu gab es schon vor über zehn Jahren Hinweise des Autors. So heißt es in einem Brief von H. G. Evers vom 25. 10. 1977 an den Herausgeber:

»Es ist ganz unmöglich, in diesem Text ein »Register« von Namen und Sachen in der Art einzubringen, wie es wissenschafts-üblich ist. Und es ist ganz unmöglich, einen Anmerkungsapparat hineinzubringen ... Das hat zweierlei Gründe: erstens ist die Wissenschaft nicht dadurch besser, daß es möglichst viele Anmerkungen und Register gibt. Das ist vielmehr (oder kann vielmehr werden) ein Verfall der eigentlichen Wissenschaft, die im Nachdenken sein sollte, aber nicht (nicht nur) im Computer. – Zweitens aber widerspricht es – zu meiner Verzweiflung – der Art und dem Wesen des Königs Ludwig II., den ich doch darstellen möchte. Und da gibt es gleich den anderen Schrecken, ... schon in der Vorpropaganda damit zu agieren, daß die Tagebücher des Königs benutzt seien. – Das ist wiederum so gegen L. II gerichtet und gegen das Vertrauen von denjenigen, denen ich doch meine Arbeit verdanke, den Herzögen von Bayern, und auch Hans Rall, – und gegen mich – ich gebe mir die denkbarste Mühe, dieses Pop-Wort »Tagebücher« wegzulassen und nur von den Aufzeichnungen zu sprechen, – weil ich eben nicht auf eine Buchmessen-Wirkung, sondern auf eine Langzeitwirkung hoffe ... Wer weiß, ob es jemals eine Edition der Tagebücher geben wird. Dann wird das eine Aufgabe für ein Gremium von Wissenschaftlern; einer allein kann es nicht; und natürlich viele Bände. – ...«

Dieser Brief wurde eingestandenermaßen in großer Unruhe geschrieben; aber, fügte Evers hinzu, »... beinahe ist die größte Unruhe das Mißtrauen in mich selber: fertig zu werden.« Die Befürchtungen des Autors bestanden leider zu Recht. Und Herausgeber und Bearbeiter sahen sich genötigt, einige Entscheidungen zu treffen, die nicht ganz den Intentionen von Evers entsprachen. So wurden ein Register und auch Anmerkungen angefügt. Die Anmerkungen beschränken sich allerdings in der Mehrzahl auf knappste Angaben der Quellen, wo es richtig erschien auch auf weiterführende Literatur und einige Erläuterungen zu Sachfragen, die den Text allzusehr unterbrechen würden. Aus dem gleichen Grunde der Entlastung des Haupttextes wurde dem Buch ein Anhang beigegeben. In ihm findet man (Anhang 1) die längere Niederschrift Kronprinz Ludwigs von 1863 zu seinen Aufträgen, Porzellanschalen mit Bildprogrammen zu den Wagner-Themen »Lohengrin«, »Tannhäuser« und »Fliegender Holländer« ausführen zu lassen. – Anhang 2 bringt den vollen Wortlaut des längeren Gedichts »Vision«, das Kronprinz Ludwig nach einem Traum im Frühjahr 1864 schrieb. – Es folgen in den Anhängen 3–5 nach den Tagebüchern in chronologischer Folge aufgelistet sämtliche Theaterbesuche Ludwigs II. zwischen 1859 und 1869 nach den Exzerpten von Evers. (Die Tagebücher nach 1869 sind verloren.) – Anhang 6 bietet das Kapitel »Über die Kopie und ihr Verhältnis zur Architektur« aus dem Abschnitt »Herrenchiemsee« in H. G. Evers Buch »Tod, Macht und Raum als Bereiche der Architektur« von 1939 (zweite Auflage 1970, vergriffen). Diese grundsätzlichen Gedanken zum Wesen der Kopie sind äußerst lesenswert und sollten daher dem Benutzer des vorliegenden Werks auch zur Verfügung stehen. Das Kapitel endet mit der provokanten Feststellung: »... Schloß Herrenchiemsee (ist) zugleich ein Beweis für die Richtigkeit des Satzes: daß es die Kopie in der Architektur nicht geben kann.«[23]

War in zurückliegenden Jahren die Fritz Thyssen Stiftung hilfreich, um einen gewissen Reifestand der Untersuchung zu fördern, so hat zuletzt der Wittelsbacher Ausgleichsfonds dazu beigetragen, das Unternehmen bis zur Drucklegung zum Abschluß bringen zu können. Der Herausgeber fühlte sich als ehemaliger Habilitand von Hans Gerhard Evers verpflichtet, sich der Buchausgabe zu widmen. Er konnte als eigentlichen Bearbeiter Dr. Klaus Eggert gewinnen, der selbst ein hervorragender Kenner der Architektur und des Kunstgewerbes des 19. Jahrhunderts, speziell in Bayern und Österreich ist, ausgewiesen durch mehrere wichtige Veröffentlichungen.[24] Voraussetzung zur Drucklegung war eine minutiöse textkritische Durchsicht der ungleich ausgeführten, z. T. nur fragmentarisch oder in mehreren Kapitelentwürfen vorliegenden Manuskriptteile von Evers. Die endgültige Auswahl, Anordnung und notwendigste Ergänzungen nur skizzierter Passagen folgten. Auch mußten alle Quellen- und Zitatnachweise geprüft, bzw. erst ermittelt werden. Alle Korrekturen und Einschübe wurden in dem Bemühen formuliert, im Sinne des Autors H. G. Evers zu handeln. Auf eine anfangs erwogene typographische Unterscheidung zwischen dem Originaltext von Evers und den ergänzenden Worten, Sätzen oder Abschnitten (die hauptsächlich Klaus Eggert verfaßte) wurde zugunsten eines einheitlichen Schriftbildes verzichtet, zumal, wie schon erwähnt, bereits alle Originalzitate aus den Aufzeichnungen des Königs zur besseren Kennzeichnung in Kursiv gesetzt wurden. Doch kann, sollte je dafür ein wissenschaftliches Interesse bestehen, das hinterlegte Manuskript geprüft werden: in ihm sind nämlich alle Ergänzungen markiert.

Es ist mir eine angenehme Pflicht, Herrn Dr. Klaus Eggert für seine hingebungs- und oft auch entsagungsvolle Arbeit der letzten zweieinhalb Jahre herzlich zu danken. Ihm verdanken wir alle »Kärrnerarbeit« für die Vorbereitung zum Druck, die oben beschriebenen Durchsichten und Ergänzungen des Eversschen Manuskriptes und die Erstellung des wissenschaftlichen Apparates. Ihm konnte dies nur gelingen, weil er sich – von der Grundlage seines Wissens über das 19. Jahrhundert ausgehend – in seltener Eindringlichkeit in die Gedankenwelt des Themas vertiefte. Bei allen oft schwierig zu lösenden Fragen sachlicher und stilistischer Art wurde durch geduldige Klärung zwischen dem Bearbeiter und dem Herausgeber schließlich ein Einvernehmen erzielt, das aus der Verantwortung vor dem Autor Evers und für die Drucklegung dieses ungewöhnlichen Buches über König Ludwig II. erwuchs. Bei dieser Tätigkeit sowie bei der Bildbeschaffung war Herr Max Oppel von der Inventarverwaltung des Wittelsbacher Ausgleichsfonds unermüdlich behilflich; Herrn Leitenden Museumsdirektor Dr. Gerhard Hojer ist für die Zurverfügungstellung zahlreicher wichtiger Unterlagen und Abbildungen aus dem Bereich der Bayerischen Verwaltung der staatlichen Schlösser, Gärten und Seen nachdrücklich zu danken. Besonderen Dank haben Herausgeber und Bearbeiter Prof. Dr. Hans Rall, seinerzeit Vorstand des Geheimen Hausarchivs im Bayerischen Hauptstaatsarchiv, auch im Namen des Autors, auszusprechen für seine Förderung und verständnisvolle Beratung von Prof. Dr. Evers bei seinen damaligen Archivstudien. Seinem Nachfolger, Archivdirektor Dr. Hans Puchta, gilt ebenfalls der Dank von Bearbeiter und Herausgeber für seine freundliche Hilfe bei der Feststellung und Rektifizierung aller Originalzitate aus den Aufzeichnungen Ludwigs II. im Originalmanuskript von Prof. Evers.

Mit Dank sind alle zu erwähnen, die in irgendeiner Weise mit ihrem Wissen, mit ihrer Sachkenntnis und mit Freundlichkeit die Arbeit gefördert haben, vor allem Herr Prof. Dr. Oswald Hederer †, Herr Dr. Volker Hütsch, Frau Dr. Birgit-Verena Karnapp, Frau Irmgard Kreuter und Herr Alfred Ziegler. Herrn Dr. Hartmut Zelinsky ist der Dank des Autors zu übermitteln für die fruchtbaren Gespräche, die er mit Prof. Evers in den Jahren führte, da sich dieser über das Verhältnis Ludwigs II. zu Richard Wagner Klärung verschaffte.

Nicht zuletzt haben wir Frau Sibylle Evers, der Gattin des erkrankten Autors, für ihre verständnisvolle Hilfe, für ihren Rat und für ihre bereitwillige Unterstützung des anfangs als gewagt erscheinenden Unternehmens der Drucklegung herzlich zu danken.

Dem Hirmer Verlag München gebührt besonderer Dank für die sorgfältige Betreuung des Bandes bei der Drucklegung, die typographisch differenzierte Form der Textwiedergabe und die hervorragende Druckqualität im Zweitonverfahren bei den dokumentarischen Schwarzweiß-Photographien.

München, April 1986 J. A. Schmoll gen. Eisenwerth

Anmerkungen zum Vorwort des Herausgebers

1 Wilhelm Lübke: König Ludwig II. und die Kunst. – Zuerst veröffentlicht in der Zeitschrift »Nord und Süd« 1886 (Juli/August, unmittelbar nach dem Tode des Königs am 13. Juni 1886), sodann zur Aufnahme in die Aufsatzsammlung des Autors im Oktober 1886 erweitert und überarbeitet: W. Lübke: Kunstwerke und Künstler. Sammlung vermischter Aufsätze. Breslau 1886, S. 521–539. Dieser Band erlebte eine zweite Auflage ohne Jahresangabe, Breslau um 1895.

2 Norbert Knopp: Gestalt und Sinn der Schlösser König Ludwigs II. In: ARGO, Festschrift für Kurt Badt zu seinem 80. Geburtstag 1970. Hrsg. von M. Gosebruch und L. Dittmann. DuMont Schauberg Verlag Köln, 1970, S. 340–353 (mit 8 Abb.).

3 Hans Gerhard Evers: Tod, Macht und Raum als Bereiche der Architektur. München, Neuer Filser-Verlag, 1939, Kapitel »Herrenchiemsee«.

4 Hans Gerhard Evers: Tod, Macht und Raum als Bereiche der Architektur. 2. Auflage/Reprint der 1. Auflage, Fink-Verlag, München 1970.

5 Hans Gerhard Evers: Versuch einer Ehrenrettung des Historismus. In: Das Kunstwerk 16, 1962/63, II, S. 2–4.

6 Hans Gerhard Evers: Historismus. In: Historismus und Bildende Kunst. Vorträge und Diskussionen im Oktober 1963 in München und Schloß Anif. Prestel-Verlag München 1965, S. 25–42 (Studien zur Kunst des 19. Jahrhunderts, Bd. 1, Forschungsunternehmen der Fritz Thyssen Stiftung, Arbeitskreis Kunstgeschichte).

7 Hans Gerhard Evers: Plastik. In: Die Kunst des 19. Jahrhunderts. Propyläen Kunstgeschichte Bd. 11 (Hrsg. von R. Zeitler), Berlin, Propyläen Verlag 1966, S. 153–169 (Abb.-Tafeln 312–357).

8 Hans Gerhard Evers: Gedanken zur Neubewertung der Architektur des 19. Jahrhunderts. In: Bibliographie zur Kunstgeschichte des 19. Jahrhunderts – Publikationen der Jahre 1940–1966. Zusammengestellt von Hilda Lietzmann. Prestel-Verlag München 1968 (Studien zur Kunst des 19. Jahrhunderts, Bd. 4, Forschungsunternehmen der Fritz Thyssen Stiftung, Arbeitskreis Kunstgeschichte), S. 41–45.

9 Hans Gerhard Evers: Kann die historistische Kirchenbaukunst des 19. Jahrhunderts als Trivialkunst verstanden werden? In: Triviale Zonen in der religiösen Kunst des 19. Jahrhunderts. Vittorio Klostermann, Frankfurt am Main 1971 (Studien zur Philosophie und Literatur des 19. Jahrhunderts, Bd. 15, Forschungsunternehmen der Fritz Thyssen Stiftung), S. 179–198.

10 Hans Gerhard Evers: Brücken. In: Die deutsche Stadt im 19. Jahrhundert. Stadtplanung und Baugestaltung im industriellen Zeitalter. Hrsg. von Ludwig Grote. Prestel-Verlag München 1974 (Studien zur Kunst des 19. Jahrhunderts, Bd. 24, Forschungsunternehmen der Fritz Thyssen Stiftung, Arbeitskreis Kunstgeschichte), S. 247–256.

11 Hans Gerhard Evers: Die bayerischen Königsschlösser. In: Historismus und Schloßbau. Hrsg. v. Renate Wagner-Rieger u. Walter Krause. (Dem Andenken an Prof. Dr. Ludwig Grote gewidmet.) Prestel-Verlag München 1975 (Studien zur Kunst des 19. Jahrhunderts Bd. 28, Forschungsunternehmen der Fritz Thyssen Stiftung, Arbeitskreis Kunstgeschichte), S. 119–128.

12 Hans Gerhard Evers: Zur Anordnung der Stile. In: Beiträge zum Problem des Stilpluralismus. Hsg. von Werner Hager und Norbert Knopp. Prestel-Verlag München 1977 (Studien zur Kunst des 19. Jahrhunderts, Bd. 38, Forschungsunternehmen der Fritz Thyssen Stiftung, Arbeitskreis Kunstgeschichte), S. 20–28.

13 Hans Gerhard Evers: Rezension: Detta u. Michael Petzet, Die Richard-Wagner-Bühne König Ludwigs II. Mit Beiträgen von M. Geck und H. Habel. Prestel-Verlag München 1970 (Studien zur Kunst des 19. Jahrhunderts, Bd. 8). In: Bauwelt 62, 1971, S. 902–906.

14 Hans Gerhard Evers: Vom Historismus zum Funktionalismus (Reihe Kunst der Welt, ihre geschichtlichen, soziologischen und religiösen Grundlagen, Serie Die Kulturen des Abendlandes, hrsg. von J. A. Schmoll gen. Eisenwerth, Bd. 24) Holle Verlag Baden-Baden 1967 (auch fremdsprachige Ausgaben und Taschenbuchausgabe).

15 Vgl. hier Anm. 14. Die Buchreihe »Kunst der Welt« war in zwei Abteilungen gegliedert, Kulturen des Abendlandes und Außereuropäische Kulturen, insgesamt auf 44 Bände geplant.

16 Über den Architekten des Projektes Matteo Alberti, siehe die Diss. von Jörg Gamer, Univ. Heidelberg: Matteo Alberti, Oberbaudirektor des Kurfürsten Johann Wilhelm von der Pfalz, Herzog zu Jülich und Berg etc. In: Die Kunstdenkmäler des Rheinlandes, Beiheft 18, Verlag Schwann, Düsseldorf 1978.

17 Über das Schloß Karlsberg (bei Homburg/Saarland) erscheint in Kürze eine Monographie von Wilhelm Weber (Mainz).

18 Paul Verlaine: Œuvres poetiques. Textes établis avec chronologie, introductions, notes, choix des variantes et bibliographie, par Jacques Robichez. Paris, Ed. Garnier 1974. Hannelise Hinderberger übersetzte Verlaines Gedicht folgendermaßen:

AN LUDWIG II. VON BAYERN

Ich grüße Sie, den einzig wahren König, Sire,
in unserer Zeit. Sie rächten sterbend ihren Geist
an aller Politik, und an der wilden Gier,
mit der sich diese Wissenschaft im Hause dreist
bewegt, die Wissenschaft, die alles uns zerreißt:
Gespräch und Lied und Kunst und auch der Leier Zier.
Sie wagten stolz durch Tod zu töten, und es preist
mein Lied den König, und ich grüße Sie, o Sire!

Sie waren Dichter und Soldat, der einzige König
in unserer Zeit, wo Könige bedeutungslose
Geschöpfe sind, und Geist fast nichts gilt oder wenig.

Nur Sie allein sind würdig der Apotheose,
und Ihre Seele sei geleitet von getragner
und prächtiger und jubelnder Musik von Wagner.

In: Paul Verlaine, Gedichte. Heidelberg (Lambert Schneider) ^{4}1979. Da sich die deutsche Übersetzung überwiegend um den Gleichklang der Sonett-Rhythmen und der Reime bemüht, kann sie nicht immer den Sinn der Gedanken Verlaines wörtlich genau treffen. Dies gilt besonders für die deutsche Fassung der Schlußstrophen, in denen weder deutlich wird, daß der Dichter den König einen »Märtyrer der Vernunftgesetze«, also ein Opfer des vorherrschenden Rationalismus, nennt, noch daß er sein einzigartiges Ende, seine »Apotheose«, bewundert, in der seine Seele das adäquate Trauerzeremoniell findet: gleichsam in Gold und schwarzem Eisen und mit den majestätischen und jubelnden Klängen Wagnerscher Musik.

19 Hans Gerhard Evers: Ein deutscher Bildhauer: Erminoldmeister. In: Illustr. Zeitung. Leipzig 1939, Nr. 4919. – H.G. Evers: Die acht Seiten der spätgotischen Skulptur. In: Variae Formae Veritas Una, Kunsthistorische Studien, Festschrift Friedrich Gerke. Hrsg. von J.A. Schmoll gen. Eisenwerth in Verbindung mit Peter Ludwig, Hermann Schnitzler, Hans Wentzel. Holle-Verlag Baden-Baden 1962, S. 149–162.

Hans Gerhard Evers: Entstehung des Würfelkapitells. In: Festschrift Karl Oettinger zum 60. Geburtstag 1966. Hrsg. H. Sedlmayr und W. Messerer. (Erlanger Forschungen. Reihe A, Bd. 20) Universitätsbibl. Erlangen, Universitätsbund Erlangen-Nürnberg e.V., Erlangen 1967, S. 71–92.

20 Zu Rubens hat sich H.G. Evers zwischen 1939 und 1965 wiederholt geäußert. Seine wichtigsten Bücher sind: Peter Paul Rubens. München, F. Bruckmann Verlag 1942; Flämische Ausgabe Antwerpen, Verlag De Sikkel, 1946; Rubens und sein Werk. Neue Forschungen. Brüssel, Verlag De Lage Landen 1943.

Außerdem veröffentlichte Evers 21 Aufsätze zu Werken von Rubens, die in der kleinen ihm gewidmeten Festschrift in den »Darmstädter Schriften«, Nr. XXII, Beiträge für Hans Gerhard Evers anläßlich seiner Emeritierung im Jahre 1968, Justus von Liebig Verlag Darmstadt 1968, im Anhang »Bibliographie Hans Gerhard Evers«, S. 101–106 aufgeführt sind.

21 In Ergänzung der unter Anm. 19 genannten Bibliographie H.G. Evers sei auf die Aufsatzsammlung hingewiesen: Hans Gerhard Evers, Schriften, hrsg. von der Technischen Hochschule Darmstadt 1975.

22 Hans Gerhard Evers: Architektur. Reihe Kunst des 20. Jahrhunderts in Hessen, Bd. III. – Dr. Hans Peters Verlag, Hanau 1969.

23 Vgl. auch zur Weiterführung der Diskussion um die Architektur-Kopie, primär in der Denkmalpflege, Wolfgang Götz: Rekonstruktion und Kopie vor 1800. Ein ästhetisches, politisches, moralisches Problem oder – eine Selbstverständlichkeit? In: Saarbrücker Hefte (hrsg. vom Kulturamt der Stadt Saarbrücken) Minerva-Verlag Saarbrücken, Heft 56, 1984, S. 57–78.

24 Klaus Eggert: Friedrich von Gaertner. (Neue Schriftenreihe des Stadtarchivs München, Bd. 15) München 1963.

Klaus Eggert: Der sogenannte »Historismus« und die romantischen Schlösser in Österreich. In: Historismus und Schloßbau. Hrsg. von Renate Wagner-Rieger u. Walter Krause. Prestel-Verlag München 1975 (Studien zur Kunst des 19. Jahrhunderts, Bd. 28, Forschungsunternehmen der Fritz Thyssen Stiftung, Arbeitskreis Kunstgeschichte), S. 55–82. Klaus Eggert: Gottfried Semper, Carl von Hasenauer. (Reihe: Die Wiener Ringstraße. Bild einer Epoche. Die Erweiterung der inneren Stadt Wien unter Kaiser Franz Joseph. Hrsg. von Renate Wagner-Rieger. Träger Fritz Thyssen Stiftung. Bd. VIII, 2). Wiesbaden, Franz Steiner Verlag 1978.

Anliegen und Voraussetzungen des Buches

Es sei ein Anfang gemacht mit der Aufzählung aller derjenigen Themen, die in dieser Arbeit nicht enthalten sein sollen:

Nicht: eine politische Geschichte des Königs Ludwig II. von Bayern.

Nicht: eine soziologische, politologische, marxistische Diskussion des Königtums.

Nicht: eine medizinische Diagnose der Krankheit Ludwigs II.

Nicht: eine journalistische Popularisierung des Märchenkönigs.

Nicht: eine warmherzige Erzählung des königlichen Lebens.

Vielmehr soll diese Arbeit sein: eine Untersuchung und Beurteilung der Leistungen Ludwigs II. auf künstlerischem Gebiet, für das Theater und für die Architektur.

Bisher ist die Beurteilung des Königs ganz einseitig von außen, vom rationalen, wissenschaftlichen Menschenverstand, der sich selber »gesund« nennt, aus geschehen, – ohne ihn selber zu befragen, – das heißt in der Praxis: ohne die Tagebücher zu kennen. Da sich nach hundert Jahren herausgestellt hat, in wie vielen Fällen, in welch weitem Umfang der König, und nicht der gesunde Menschenverstand recht behalten hat, – liegt eine viel weitergehende Betroffenheit vor, ist notwendig, – kein einziges Schema ist mehr anwendbar.

Der Verfasser versucht, das Geschehen aus der Sicht, aus der besessenen Einsamkeit dieses Menschen – dieses Königs zu verstehen und darzustellen, – diesem König gegenüber also ein Kunsthistoriker, in (bescheidener) Einsamkeit und (bescheidener) Besessenheit, für den der Zusammenhang von Architektur und Mensch-Sein die eigentliche Denkaufgabe des Lebens ist. Ich bin Kunsthistoriker: das heißt, ich bin betroffen worden von »der« Kunst, von »dem« Künstler. Innerhalb der Kunst, innerhalb des Künstlers stehe ich »Gott« gegenüber, das heißt dem Nicht-mehr-Beeinflußbaren, dem Nicht-Machbaren. – Kunsthistoriker bin ich immer gewesen und geblieben.

»Kunst« – das nach Möglichkeit Äußerste, das Nicht-mehr-Erreichbare, und ebendeshalb das Richtung-Gebende, was die Menschen für sich brauchen. Im Augenblick, wo sie sich auf dieser Erdoberfläche einrichten müssen.

Ludwig II. »betrifft« mich, beschäftigt mich, – nicht weil er ein sentimentales Schicksal gehabt hat, oder weil er König war, oder ... sondern: weil er innerhalb des 19. Jahrhunderts einige außerordentliche Architektur verwirklicht hat, die es ohne ihn nicht geben würde, – und die – nicht die »Kunst«, sondern das »Königtum« darstellt. Mit seinen Worten: *Die Majestät.*

Aus oder mit der Zurückgezogenheit und der menschlichen Einsamkeit Ludwigs, und zusätzlich mit der unglaublichen Intensität entsteht eben die »Selbständigwerdung« der künstlerischen Form, der verdichteten Werke. Freilich nicht mit den naturwissenschaftlichen »Brennern« vergleichbar – weil das Naturwissenschaftliche vordergründig ist, und das Künstlerische symbolisch. – Um eine »Ver-Geistigung« handelt es sich.

Diese Bauten sind vollständig gesund, vollständig wirksam, vollständig zeitgemäß – nicht »normal« im Sinne von allgemein-verständlich oder durchschnittlich. Sondern vielmehr »außerordentlich« – aber im Sinne von Steigerung, außerordentlicher Konzentration, außerordentlicher Leuchtkraft und Dauer.

Meine Arbeit hat nur dann einen Wert, wenn sie innerhalb des kunstgeschichtlichen Denkens ruht, und dort diejenigen Zusammenhänge deutlich macht, die aus »atavistischer« Kunstgeschichtskenntnis möglich

Abb. 1 Ludwig II. 1864. Foto

sind. Denn das 19. Jahrhundert ist nicht allein aus dem 19. Jahrhundert erklärbar. Der erste und lächerlichste Fehler ist: es allein aus der Gegenwart beschreiben oder erklären zu wollen; es lohnt sich nicht, darüber ein Wort zu verlieren. Aber der nächste Schritt: es allein aus dem 19. Jahrhundert erklären zu wollen, – zwar ist das eine Hauptsache, sehr richtig und wirkungsvoll, anwendbar und weiterführend, vieles erhellend. Aber: nicht alles. Die nächste Grundüberzeugung: es gibt niemals eine Menschheit, die nur rationalistisch und nur »bürgerlich« gedacht hätte. Auch das 19. Jahrhundert ist »unmittelbar zu Gott«, religiös, archaisch, mythisch, archetypisch. Das heißt: daß die Äußerungen des 19. Jahrhunderts über die langedurchlaufenden Probleme nicht mehr sind als eben die zeitgleiche Formulierung – daß aber die Probleme (Kunst, Traum, Gottes Gnade, Tragik usw.) viel älter sind, und letzten Endes den innerhalb ihrer Zeit lebenden Menschen nicht von ihres-gleichen aufgegeben sind, sondern aus ihren eigenen Wurzeln stammen.

Mit Bewußtsein sollen die Worte »mythisch« oder »symbolisch« benutzt werden, da sie immer noch besser auf den tatsächlichen Bestand der Schlösser passen als die entsprechenden Begriffe, die aus der Verteilungsgesellschaft genommen sind, – in welcher alles »Erarbeitete« möglichst vollständig und möglichst zu zahlenmäßig-gleichen Teilen verteilt werden soll.

Wie schwer aber ist es, einem so komplexen Bereich gegenüber wie der Regierung eines bayerischen Königs während des 19. Jahrhunderts sich innerhalb der eigenen Grenzen zu halten und nur zu sagen, was man vor seinem eigenen Gewissen auch verantworten will.

Zum Beispiel: die sorgfältigste, umsichtigste, ruhigste Biographie Ludwigs II. ist auch heute noch das Werk von Gottfried von Böhm (geb. 1845).[1] Böhm war während der ganzen Regierungszeit des Königs und weit darüber hinaus Beamter im Bayerischen Ministerium, zuletzt als Staatsrat, mit persönlichem Adel anerkannt. Er berichtet also mit einer Kenntnis aller Personen und Verhältnisse, die nie ersetzbar ist. Im Jahre 1880 war er im Gespräch für die Nachfolge des Kabinettssekretärs beim König[2]; er hätte mit den meisten seiner Qualitäten sich dafür als geeignet halten können. Zum Beispiel wurden Theaterstücke von Böhm auf den Münchener Bühnen gespielt;[3] Böhm war also nicht nur Jurist und Beamter, sondern ein »musischer Mensch«. Es gab nur eine einzige Seite, die ihn vollständig ungeeignet sein ließ: seine Meinung von Architektur. Nicht nur an einer Stelle, sondern jedesmal, wo überhaupt Architektur in seiner Biographie Ludwigs zur Sprache kommt, ist es diese Architektur, die ihm den Beweis für die Krankheit des Königs liefert – und zwar so selbstverständlich, daß man endgültig weiß: es wäre nie möglich gewesen, Böhm zum Nachdenken über Architektur zu bewegen.

Ebenso gibt es eine englische Biographie des Königs, von Desmond Chapman-Huston[4]. Die Bestände des Geheimen Hausarchivs in München wurden ihm, soweit er nach ihnen fragte, zugänglich gemacht. Aber auch diese Biographie ist nicht vollständig, und zwar an derjenigen Stelle nicht, wo meine gegenwärtige Arbeit ihre Zuverlässigkeit anstrebt: auf dem Gebiete der Architektur. Die Bauten des Königs werden in den dreihundert Seiten mit einem einzigen Satz zusammengefaßt: sie »were like all copies of art and architecture, merely boring«.[5]

Menschen wie Böhm und Chapman-Huston kommen nicht auf den Einfall, daß alles, was man selber denkt, auf Voraussetzungen beruht, und daß alle Voraussetzungen immer wieder (wie man heute gerne sagt) »hinterfragt« werden müßten: was ist Kopie, was ist Kunst, was ist Architektur, was ist Langeweile: in dem Satz Chapmans sind vier Hauptworte negiert, mit denen ich mich fünfzig Jahre lang abgemüht, – und über die ich nun freilich auch eine Meinung habe. Und ich erweitere es gleich um das Problem der Zeit. Da die Kopie ja »nach« einem Original gemacht sein muß, und dieses »nach« nicht nur eine Vergleichung des Wertes enthält, sondern auch eine unumkehrbare Anordnung der Zeit. Aber die Zeit läuft nicht bloß ab, sondern kehrt auch zyklisch wieder, und hat nicht nur menschliche, geschichtliche oder wenigstens terrestrische Dimensionen, sondern auch astrophysikalische. Vor allem die »zyklische« Zeit wird von den Menschen, – und gar von den Königen! – anerkannt. Sonst würden sie keinen Jahresanfang und kein Jubiläum feiern können, sie würden überhaupt nichts zum Feiern, nichts zur Orientierung innerhalb der Zeit haben, – und wozu dann überhaupt die Könige.

Kurz, die ganze historische Zeit, und in ihr auch das 19. Jahrhundert, ist erfüllt von diesen Mächten, und in der Architektur kommen sie am deutlichsten zu ihrer Gestalt.

Noch einmal: ich möchte nur über die Leistung des Königs Ludwig II. innerhalb des Theaters und innerhalb der Architektur schreiben. Aber es ist ein König, der immer wieder gesagt hat: wenn ich nicht bauen kann, kann ich nicht leben[6]; der um seiner Bauten willen in den Tod getrieben ist. So kann man es nicht einhalten, nur über die Architektur zu sprechen, als ob sie nicht den Menschen ausdrückte. Ich halte die Architektur nicht für einen Einsatz, der nur die Aufgabe hat, irgendetwas »abzuwohnen«, nur »der Funktion zu folgen», nur »zu erfreuen oder zu nützen« (aut delectare aut prodesse). Die Architektur entsteht innerhalb der Zeit und hat ein besonderes Verhältnis zu ihr; und man kann sicherlich nicht über die menschliche Architektur sprechen, ohne auch über den Menschen nachzudenken, der Architektur hervorbringt.

Im 19. Jahrhundert brauchte man noch nicht auseinanderzuhalten die Worte (die Begriffe/Mächte/Inhalte/Mythologien): Fortschritt – Fortsetzung – Wieder-Holung:

Fortschritt: war das Fetischwort des 19. Jahrhunderts, soweit es rationalistisch bedingt war. Fortschritt schlägt um in Wegwurf, Vergeudung, Mißbrauch, Zerstörung.

Fortsetzung: war einem König und einem Bauern natürlicher als einem Industriellen oder einem Wissenschaftler. Denn Könige und Bauern fühlen sich als Glieder einer Kette zwischen Ahnen und Enkeln.

Wieder-Holung: ist die Fähigkeit, die wir spätestens in diesen gefährdeten Jahrzehnten des endenden 20. Jahrhunderts wieder lernen müssen. Unabhängig von der gestreckten, gerichteten Zeit (die ich lieber Gewesenheit und Zudrift nenne, als Vergangenheit/Gegenwart/Zukunft, weil diese Wortbildungen mit Gehen und Kommen zusammenhängen, die Zeit aber weder geht noch wartet noch künftig ist) müssen wir uns die »zyklische« Anordnung der Zeit deutlich machen, den Wieder-Beginn in jedem Neuen Jahre, die Wieder-Einsetzung in die Heilheit des neuen Jahres, die ewig gültigen, uralten Weisheiten, aufgezeigt von der Völkerkunde, statt des Jagens nach einem Heil, wie es die Erlösungsreligionen oder die sozialen Utopien versprechen.

Mit allen Kräften die Wieder-Holung wieder lernen: da wir doch endlich begriffen haben, daß wir, indem wir atmende Menschen sind, niemals anderswo leben können, als auf der winzigen Oberfläche unserer winzigen Erde. Daß wir diese Oberfläche in den nächsten hundert (?) Jahren zerstört haben werden, wenn wir das »Recycling« nicht wieder lernen. Und glauben wir denn, wir könnten das den fortschrittlichen Chemikern, Naturwissenschaftlern, Futurologen oder Politikern überlassen, statt uns auf uns selber, auf Bauern und Könige zurück zu besinnen, und uns selber wieder-zu-holen? – Der Mensch ist nicht aus einem Anfang-und-einem-Ende zu begreifen, sei es Paradies oder Hölle, sei es Urknall oder Supernova, – sondern, wenn überhaupt, dann nur aus seiner eigenen Mitte.

Inhalt und Form der Abschnitte »Kronprinz / Theaterfürst / König / Bauherr« werden sich von selber ergeben. Begründet werden muß dagegen der Anfang der Arbeit. Ludwig II. war nicht ungewöhnlich aus eigenen, nur in ihm entstandenen Einfällen, sondern er war der Letzte von vier ungewöhnlichen Königen Bayerns im 19. Jahrhundert. Das kann man nur darstellen, indem man, wenn auch in möglichster Konzentrierung, berichtet, welche Gedanken und Bauaufgaben während der ersten Hälfte des 19. Jahrhunderts in München und im Voralpenland von Max Joseph I., Ludwig I. und Max II. eingeleitet worden sind.

Man wird mir vorwerfen: daß ich die Bauten des Königs zwar anpreise, aber sie nicht darstelle. Dazu als Antwort erstens: daß sie zu umfangreich sind, um kurz zusammengefaßt erscheinen zu können. Vor allem aber: daß sie ja bekannt sind, daß es beliebig viele Bücher über sie gibt.[6a]

Weltort

Der Begriff des Weltortes[7], soweit Weltort ein Mittelpunkt für Stamm, Volk, Staat ist, liegt der Entstehung der menschlichen Architektur zugrunde – ausschließlich wird hier das Wort Archi-Tektur verwendet (und zwar, um auf den Sinn hinzuweisen, mit dem Trennungsstrich), dagegen Worte wie Baukunst werden vermieden. Weil Archi-Tektur die Grund-Ordnung, die Grund-Einrichtung bedeutet, während Baukunst zur Hälfte mit Bauen zusammenhängt, und zur anderen Hälfte mit Kunst, beides Worte, die in ihrer gegenwärtigen Verwendung so ausgeweitet sind, daß mit ihnen alle bayerischen Königsschlösser des 19. Jahrhunderts nicht erfaßt werden können. Archi-Tektur ist primär Grundriß, sekundär Aufriß.

Die Errichtung eines Weltortes geht vom Menschen aus: indem er auf waagerechter Erdfläche aufrecht steht; indem er zwischen Vorn-und-Hinten, und zwischen Rechts-und-Links unterscheidet. Der Mensch kann wohl dem Grundriß seines Weltortes eine kreisrunde Form geben. Viel häufiger aber wird er, den Welt-Richtungen entsprechend, ein Viereck um sich ziehen. Diese Richtungen sind auf die Gestirne ausgerichtet, vor allem auf die Sonne. Zwar wird es im 19. Jahrhundert gewußt, daß im Tageslauf nicht die Sonne sich hebt und senkt, und daß im Jahresablauf nicht der Frühling kommt und der Herbst vergeht, sondern daß die Erde ihren Kreis um die Sonne zieht. Aber in der Wirksamkeit, im menschlichen Erlebnis ist es heute wie am Anfang aller Kultur, daß die Richtungen auf unserer Erde vom Stand der Gestirne bestimmt sind: daß unser Mittag, unser Süden auf den höchsten Stand der Sonne gerichtet ist.

Deshalb muß, wer den Weltort bestimmt, die vier Himmelsrichtungen festlegen. Er kann sie mit Treppen, Straßen, Kanälen in die Welt hinausrichten, – immer wird es das Grundgerüst der vier Weltrichtungen sein, die von einem Weltort ausgehen und zu ihm zurückkehren. Es genügt nicht, daß man im allgemeinen davon Bescheid weiß, sondern dieser Grundriß muß immer wieder verantwortlich, zeremoniell, kultisch erneuert werden, durch den König, Sohn-Gottes oder Von-Gottes-Gnaden. Als ganz vereinfachte, gleichwohl alles
Entscheidende enthaltende Abbildung kann man ein Mandala oder einen persischen Gartenteppich aus 1
dem 17. Jahrhundert wählen. Aber alle große, frühere Archi-Tektur, auf allen Erdteilen, stellt diese Weltordnung dar; Pyramiden, Grabbauten, Tempel, Kathedralen, Feldlager, Paläste, Gärten.[8]

Der König: ist derjenige, der den Weltort herstellt, der auf dem Weltort steht, der die Gegenwart bildet. Das alles nicht von Volkes wegen, und nicht von Verwaltungs wegen, sondern von Gottes Gnaden. Innerhalb der erblichen Monarchie. Der König muß den Weltort bilden. (Wie das Butterfloß, auf dem der Frosch sitzt.)

Die entscheidende Wirklichkeit ist: daß Ludwig II. mit 18 Jahren König von Gottes Gnaden wurde. Alle Versuche, an dieser Wirklichkeit vorbeizumogeln, sind bloße Scheingefechte: daß es das Volk sei, das den König einsetze, daß es Gott nicht gebe, daß der Ausdruck König nur altertümlich für Präsident oder Vorsitzender stehe.

Vom König gehen alle Wege aus. Sie sind eigentlich nur Richtungen. Aber damit sie festliegen, müssen sie einen Fixpunkt haben. Innerhalb der Kugelfläche der Welt: kehren sie in sich selber zurück, zum Weltort zurück. Ein Bedürfnis, auch die Zeit sich wie eine Kugel vorzustellen, ist sehr naheliegend, fast beschwörend – obwohl diese Vorstellung nicht vollständig, nicht deckend sein kann. Die Umwandlung des ptolemäischen Denkens in das kopernikanische, die Einsicht also, daß wir Menschen auf einer Kugelfläche leben, hat dieser archi-tektonischen Weltordnung des Weltortes – die viel älter ist, die noch ganz in der Vorstellung der flächenhaften Ausdehnung der Erde möglich und notwendig gewesen ist – hat dieser Raum-Vorstellung des königlichen Menschen eine großgedachte, ganz einleuchtende Wirklichkeit gegeben.

Ich habe die Meinung, daß der Mittelpunkt der Welt sich immer wieder neu bildet, mit jedem Kleinkind, dann mit jeder wirklich erfolgreichen Figur. Für Wagner ist zweifellos sein Werk »Mittelpunkt« der Welt gewesen.

Die »Innenraum«-Vorstellung ist nicht identisch mit der »Weltort«-Idee. Gemeinsam ist beiden die Beziehung auf eine in sich selber zentrierte Welt. Aber das eine Mal ist in der Mitte ein König, der unbeweglich sein könnte, eine Bienenkönigin. Das andere Mal ist die Mitte nicht besetzt, sondern bildet sich durch das Geflecht der hinundherstoßenden Bewegungen, die an ein vorgegebenes Außen stoßen, von welchem sie zurückgetrieben werden. Dazu brauchte man die Bilder des Schachbrettes, in welchem die »Dynamis der Zahl« dargestellt ist.

Englischer Gartentypus und Weltort: Während die Straßen und Kanäle des »königlichen« Gartens vor allem in der Nähe einsehbar und benutzbar sind, und erst nach einiger Zeit die anschließende Gegend erschließen, – wird beim englischen Garten die nächste Umgebung sofort verschleiert, alle Wege werden verschlungen, die »Natur« setzt sogleich ein und soll unberührt erscheinen. Dagegen sind es die äußersten Fernen, die sich durch freigelegte Blicke ins Unendliche fortsetzen. – So die Umwandlung des Nymphenburger Gartens: die Versenkung der Außenmauern auf den Blick-Schneisen. Dagegen die nahen Zuordnungen, die Pavillons, sind ihrer Achsen beraubt, werden auf verdeckten Wegen erreicht.

An Stelle der Welt, die geordnet ist, vielmehr die sofortige Unendlichkeit.

Der wandelnde, der stehende Mensch soll nicht mit der Ordnung, sondern mit der unberührten Natur in Verbindung stehen. – Aber es gehört zu ihrer Unberührtheit, daß sie nicht erschlossen sein darf. Durch Ordnung wird etwas erschlossen und zugänglich gemacht, – durch Sehnsucht wird etwas überflügelt. In romantischen Landschaftsbildern ist zwischen Nähe und Ferne ein Abgrund.

Sobald man die »Archi-Tektur« auslegt vom Grundriß, vom Welt-Ort, ist sie aus ihrem Wesen heraus »in der Mitte«. Das ist geradezu ihre Bestimmung, Bestimmtheit, – sie stellt den Weltort immer her. – Also kann ich auch sagen: Mein Satz »Man kann den Menschen nur in seiner Mitte denken, nur aus seiner Mitte verstehen«, bedeutet: Man kann ihn nur architektonisch verstehen. – Daß es so ist, hängt mit der Astrophysik zusammen, weil eben der Raum sowohl wie die Zeit (Tag, Monat, Jahr) überwiegend zyklisch wahrgenommen werden. So auch die Archi-Tektur.

In diesem Zusammenhang soll bei dem Worte »Historismus« die der Zeitlichkeit, der Geschichtlichkeit eingelegte Unklarheit hervorgehoben werden – da zum Wesen des Königs gehört, daß er nach allen Richtungen, auch allen Richtungen der Zeit, sich bestimmend äußern könne, es der Historie aber angehört, daß sie nur eine Richtung, diejenige zur Vergangenheit, enthält.

Zeit

Es ist sehr schwer, sich in den Stand Ludwigs II. zu denken, – zu sehr sind die Grundlagen der Zeit-Vorstellung verändert –.

Das scheinbar harmlose Wort von der »anderen Zeit«, in der er lebte, bringt uns in Schwierigkeiten: er selber hätte nur eine Art Zeit sich denken können; astrophysikalische, naturwissenschaftliche, geschichtliche, menschliche, persönliche Zeit war im 19. Jahrhundert noch ein-und-dasselbe. Wir dagegen (und diese Gedanken gelten ähnlich für die Dimensionen des Raumes) leben in einer Gegenwart, in welcher durch die menschliche Forschung, durch Mathematik, aber folgend auch durch Apparatur, eine Zeit-Dimension zugleich als wirklich und als vollständig unerreichbar erkennbar geworden ist – Zeit, in welcher wir die Entstehung des Weltalls berechnen, – Zeit, in welcher wir mit dem Millionstel einer Sekunde hantieren, – Angaben, die unser Bewußtsein auseinanderreißen, da sie zwar durch Mathematik und Apparatur uns genau bekannt, ja sogar manipulierbar werden, – wir aber zugleich begriffen haben, daß unser menschliches Bewußtsein sie nie erleben kann, – nur auf dem Umwege über die »Daten« – der Apparaturen, weil die Physis unserer Stränge diese Dimensionen nicht bewußt machen kann.

Die Zeit des Menschen – schon eine sehr begrenzte, sozusagen winzige Zeit – und schon mit der Unweigerlichkeit des Eingebettetseins versehen, mit der Sicherheit, daß diese Menschheit ihre Zeit und ihr Ende haben wird, – wie alle höchst-differenzierten Wesen, – und wie genau diese Spezies auf die Lebensverhältnisse der wenigen Quadratkilometer der Erdoberfläche (in der Ausdehnung) und auf die noch viel geringeren Werte der Anziehungskräfte der Erde (bezogen auf die Erdmitte) eingerichtet ist, haben uns die Planetenflüge gezeigt. Gerade sie warfen uns zurück auf die Gewißheit, daß niemals dieser Homo sapiens als solcher in anderen physikalischen (räumlichen, zeitlichen) Verhältnissen leben kann als in den irdischen. Sie müssen ihm in Hülsen oder Konserven mitgegeben werden bei jedem Planetenflug.

Die Einsicht in die absolute Beschränktheit des Menschen ist in unserer Gegenwart viel genauer als jemals früher – Das begrenzte Hin und Her innerhalb dieser auf menschliche Größe eingerichteten Erdoberfläche ist unsere Welt. – Das haben die Könige, in ihrer symbolischen Ausdrucksweise, seit jeher gewußt, während aller »Fortschritt« es nicht wissen will. Innerhalb dieser Zeit des Menschen gibt es die geschichtliche Zeit, – die unsere Vorfahren eingeengt haben auf die schriftlich-überlieferte Zeit – und das waren nie mehr als etwa fünftausend Jahre. Sie wurde von unserer Forschung und durch Sagen auf viel weitere, aber immer noch geschichtliche Zeit erweitert. Innerhalb dieser Geschichtlichkeit ist es durchaus möglich, ja durchaus wahrscheinlich, daß die Erinnerung weit zurückreicht, daß zum Beispiel die Vergegenwärtigung des Dinosauriers als »Drachen« denkbar ist. Aber nicht eine Erinnerung in eine vor-menschliche Zeit, nicht vor die Zeit, in welcher der Mensch zum ersten Male abstrakt gedacht hat. Innerhalb dieser Zeit aber: ein dichtes Gewebe der inneren Verspinnung, der inneren Menschwerdung durch Einbettung in Gewesenheit – durch Analogieschlüsse in eine Zudrift – deren naturwissenschaftliche Umstände ja schon vor vielen tausend Jahren berechnet worden sind – dieses dichte Gewebe – das unaufhörlich neu entsteht, unaufhörlich neue Bezugspunkte findet, – ist immer innermenschliche Zeit, immer introvertiert. Es gibt für den Menschen keine andere Zeit als die inner-menschliche, – mit einem anderen Wort: als die geschichtliche Zeit. Auch für den König nicht. Der König ist derjenige, der diese innermenschliche Zeit ordnet oder sogar herstellt. Die Bezugsperson.

Diese geschichtliche Zeit: durch Aufzeichnung, Sage, Bericht, Erinnerung uns beigebracht, – wir nehmen sie hin, als ein festes Gefüge, an dem wir teilhaben, ohne daß wir selber etwas dazu tun.

Hier sind wir in unserer Mitte, in unserer Gegenwart angekommen: diese Mitte ist die unsere, in ihr treiben wir, mit ihr driften wir. Das Driften bedeutet, daß das gesamte Gefüge vorwärts, rückwärts und seitwärts »versetzt« wird, daß man mit ihm »driftet«. Also: gibt es keinen festen Augenblick, keine eigentliche Gegenwart, sondern, streng gedanklich, wird sie, indem sie Gegenwart ist, doch insgesamt »versetzt« und driftet. Also: der Mensch hat nur scheinbar eine Vergangenheit und nur scheinbar eine Zukunft, und zwischen ihnen sich selber und seine »Gegenwart«. In Wirklichkeit driftet er mit allen drei Zeiten zusammen. Das ist eigentlich nicht schwieriger zu begreifen als daß, während wir auf der Erdoberfläche unser Leben führen, diese ganze Erdoberfläche auf der Kreisbewegung um die Sonne ist, daß also jeder Augenblick uns um eine ungeheure Strecke innerhalb des Raumes »versetzt«.

Da ich in vollständig gleicher Weise wie die Zeit drifte, hätte ich keine Möglichkeit, irgendeine Veränderung festzustellen, wenn ich nicht innerhalb meiner eigenen Beobachtungen ein festes Netz ersonnen hätte, in welchem ich mich auskenne, und von welchem aus ich andere Vorgänge als »abweichend«, eben als »andere« beobachten und beschreiben kann, als vorher und nachher.

Daher versuche ich die Ausdrücke »Zu-Drift« und »Gewesenheit«. »Gewesenheit« sagt auch Heidegger, hat es freilich nicht durchgehalten. Wahrscheinlich deshalb nicht, weil sein »Sein und Zeit« doch auf den »Tod« bezogen ist.

Die sogenannte Gegenwart ist also kein Zeitraum, kein Ort, sondern eine Scheide, eine Richtung, eine Zeitwende, die immer mitten durch jeden Menschen hindurchgeht, – jeder Mensch ist in der Mitte dieser Zeit – er ist in der Mitte zwischen Gewesenheit und Zudrift.

Niemals haben wir eine andere Zeit als diese Gegen-Wart. Wenn wir von einer Vergangenheit und einer Zukunft reden, drehen wir diese Zeiten und unser Verhältnis zu ihnen um. Nicht die Zeit geht an uns vorüber, sondern umgekehrt: die Zeit hält uns vollständig fest, – und nur deshalb können wir ein wenig in ihr herumgehen. Wir gehen in der Zeit, nicht aber die Zeit geht um uns. Dadurch können wir ein wenig von der Gewesenheit besichtigen und ein wenig von der Zudrift erraten. Wir sind es, die durch die merkwürdige Begabung des »Er-Innerns« und des »Wieder-Holens«, durch Vorahnen und Vorplanen uns in einem bestimmten Maß eine Freiheit innerhalb der Zeit erobert haben, eine Freiheit, innerhalb derer wir uns orientieren – sehr ähnlich der Freiheit im Raum: durch Abstemmen gegen die Schwerkraft, schließlich durch aufrechtes Stehen und Gehen. Alle diese Freiheit beruht auf der Gebundenheit (im Raum: Gebundenheit an die Schwerkraft), – unseren Astronauten muß auch die Schwerkraft simuliert mitgegeben werden. Die Entsprechung zur »Freiheit« der Bewegung nur durch Erd-Verhaftetheit: Freiheit der Zeitempfindung nur durch die Verhaftetheit in der Zeit. Unempfundene Zeit wäre keine Freiheit. Empfundene Zeit ist: geschichtliche Zeit. Also: Geschichte als Voraussetzung von Freiheit. Ein geschichtsloser Mensch kann nicht Freiheit empfinden, – ja könnte sich überhaupt in der Zeit nicht orientieren. Freiheit setzt Gebundenheit voraus. Sonst kann sie nicht bewußt werden.

Falsch ist die Konstruktion Zukunft – Gegenwart – Vergangenheit, als ob sie auf einer Erstreckung lägen. Eine Erstreckung, ein Strom: kann nach unserer Vorstellung nur durch eine wirkende Macht entstehen.

Entweder durch Druck auf der einen Seite – also Abstoßung. Oder durch den Sog auf der anderen Seite, also Anziehung.

Verhängnisvoll: die Kombinierung der Vorstellung »Zeitablauf« mit dem Begriff »Geschichte«. Kontinuität: insofern richtig, als Kontinuität den Zusammenhang auch mit der Breit-Erstreckung ausdrückt, nicht nur den linearen Zeit-Zusammenhang.

Ich sagte: Wir haben uns eine gewisse Freiheit innerhalb der Zeit erobert, eine Freiheit, die gerade auf der Gebundenheit an die Zeit beruht. Wir wenden dabei die Fähigkeiten des Er-Innerns und Wieder-Holens an. Aber wie ist das möglich? Die Zeit ist doch wohl alles auf einmal, – es gibt nichts, was wir wahrnehmen und denken können, was nicht »innerhalb der Zeit« ist. Die Zeit der Wahrnehmung, des Gedankens: es werde Zeit wahrgenommen – ist genau und fugenlos eingebettet in die Zeit. Wieso können wir dann trotzdem meinen: wir hätten eine Vorstellung von der Zeit?

Ausweg: fragen, ob es irgendwo etwas gibt, was für die Zeitbeobachtung das leistet, was der Fixsternhimmel für die Raumbeobachtung leistet. Der Raum ist beobachtbar, weil es die Fixsterne gibt, – die so weit weg sind, daß sie sich nicht innerhalb unserer Raum-Auffassungsmöglichkeiten bewegen. Entsprechend: da an und für sich die Zeit alles umfaßt und ein »außerhalb der Zeit« ebensowenig gedacht werden kann wie ein »außerhalb des Raumes« – muß es aber doch ein Fixum geben, das der Zeit bis zu einem solchen Grade nicht unterworfen ist, daß von diesem Fixum her die Bewegung der Zeit festgestellt werden kann. Da wir ans Ultra-Kleine ebenso gewöhnt sind wie an das Ultra-Große: Sollte dann nicht dieses Fixum gegenüber der Zeit bestimmbar sein: innerhalb des Individuums? Dann hätte sich in den Jahrmilliarden, die es das organische Leben gibt, das Unbegreifliche der Individualität so weit ausgebildet, daß diese Individualität vergleichbar wäre – im Winzig-Kleinen – dem Makrokosmos des Gestirns-Himmels. Sodaß das sichbewegende Individuum das eigentlich-außerhalb-der-Zeit-Seiende ist, – an dessen Andersartigkeit sich die Zeit erkennen läßt. Als Zeit.

Die Entstehung des Individuums müßte so heftig gewesen sein, so unbeschreiblich stark, daß es sich aus der »Zeit« herausgerissen hätte. Sich herausgerissen und eine eigene »Zyklik« begonnen hätte – die wir uns vielleicht als Rotation vorstellen können? – Mir ist das wenigstens nicht schwieriger vorstellbar als die Angabe, daß die Elektronen um den Atomkern kreisen, – wozu sie ja freien Raum brauchen und nicht aneinander geklebt sein dürfen. Aus dieser Eigen-stabilisierung gewinnt das Individuum die Möglichkeit, die Zeit überhaupt wahrzunehmen.

Aus der »Individualität« schließlich entstand: das »Selbst-Bewußtsein«. Individualität, vollends, wenn sie sich mit Bewußtsein bewehrt: gleich Anti-Zeit. Ausstieg aus der Zeit.

Verlockend wäre, mit dieser Antizeit gleich eine »kugelförmige« Zeit herzustellen, mindestens eine »Welt-Zeit« – für jedes Individuum. – Je nachdem ist das seiner selbst bewußte Individuum auf dem Welt-Ort, das bedeutet Welt-Fläche. Oder im Welt-Mittelpunkt. Das würde bedeuten Welt-Kugel.

»Sich in eine andere Zeit versetzen«: kann der Mensch nur innerhalb seiner Vorstellung – gestützt auf Gedächtnis, Erfahrung und Wissen. Es ist nicht die andere Zeit selber, sondern nur die Vorstellung von ihr. (Erinnerung an sie und ähnliches). Was uns von außen her nicht geliefert wird: nämlich der Blick auf eine »Zeitlosigkeit« – das suchen wir von innen herzustellen: wir suchen die Zeit aus der Erinnerung herzustellen. Wir suchen diejenigen Festigkeiten, die wir außen nicht haben, innen zu finden. – Wir suchen eine »Holographie« der Zeit. Einen Zeit-Innenraum.

Das Wichtige an dieser Überlegung scheint mir zu sein: daß man nicht durchaus das »Fixum« der Zeit in unendlicher Ferne suchen muß, daß man es vielmehr – entsprechend dem Kreiselkompaß – in unserem Innern annehmen kann.

Aber hier haben wir Unterschiede zu beobachten: In Bezug auf Verhaltensweise gegenüber der Zeit gibt es drei Menschentypen. Also: Nicht alle Menschen gehen so weit, gemäß den vorstehend entwickelten Gedanken eigene Innenzeit zu bilden. Vielmehr die meisten nehmen ihr Dasein in der Zeit und ihr Eingeordnetsein in die Geschichte hin, ohne nachzudenken, ohne selber daran zu handeln.
Der zweite Typus, der Gelehrte, steht der »Geschichte«, der Gewesenheit mit der Abstraktion des Nicht-Beteiligten gegenüber. Ja, er braucht eine solche Nicht-Beteiligtheit und zieht daraus die Denk-Kraft, sich

dem »Nicht-Ich« gegenüber zu verhalten. Es ist also ein Teil des Verhältnisses zwischen Sein und Denken, – der Enthobenheit, um Kenntnis und Urteil zu gewinnen. – Für ihn ist die Geschichte ein gesamtes Feld, eine »Vergangenheit« – im Gegensatz zur »Zukunft«; daraus ist die These von der Zeit entwickelt, die eine solche Theorie voraussetzt, die These: die Zeit sei außer dem Gelehrten. Das Bewußtsein kann »sich in eine Zeit versetzen« – das tut der Historiker. Daher: kann er scheinbar innerhalb der Zeit »hinundhergehen«; aber in Wirklichkeit kann er nur Erinnerung und Voraussicht benutzen, um aus möglichst festen Daten ein relatives Korrelaten-System herzustellen. Der Historiker als solcher ist niemals in seiner Mitte. Er ist Beobachter, Vergleicher.

Der dritte Typus (derjenige eines Fürsten, derjenige Ludwigs II.): Die ständige Entstehung der Geschichte aus der Tätigkeit der Erinnerung, der Verflechtung: die Wiederkehr. (Die meisten Menschen dagegen haben weder Erinnerung noch Wiederkehr; über das Erforschen, das der zweite Typus durchführt, wird es ihnen »beigebracht«). Das Bewußtsein des Fürsten ist »kosmologisch« – das heißt: es bezieht die Gesamtheit der Gewesenheit und die Gesamtheit der Zudrift auf sich selber, eben auf das, was er »Gegenwart« nennt. Statt Erforschen Gedächtnis. So ist der Fürst in seiner Mitte. Der Mensch kann nur aus seiner Mitte verstanden werden – in diesem Falle also aus der Zeit-Mitte (während es sonst philosophisch die Denk-Mitte, die Bewußtseins-Mitte ist). Mitte der Zeit, also unsere Gegenwart, muß auf der Stufe des Königs identifiziert werden mit dem Selbst-Wissen der »Geschichtlichkeit« – also mit der durch schriftliche Zeugnisse genau zusammenhängenden Selbst-Verspinnung des Menschen. An Panorama-Sicht (an umfassendem Wissen) ist der königliche Typus dem zweiten Typus, dem Nicht-Beteiligten, unterlegen. Aber an Intensität ihm überlegen. – Und er ist derjenige Typus, aus dem heraus es überhaupt den Begriff der Geschichte, die Welt der Geschichte gibt. Der Schöpfer der Geschichte. Die »Tagebücher« Ludwigs II., die Hauptquelle des Buches, sind weitgehend Aufzeichnungen selbstgeschaffener Geschichte.

Das Gedächtnis erkennt Ent-Sprechungen in der Gewesenheit. Das Bewußtsein, welches Gewesenheit und Zudrift auf sich selber bezieht (das Bewußtsein des dritten, des fürstlichen, königlichen Typus), trägt der Vorstellung von einer Entsprechung Rechnung, indem es wieder-holt. Im Status dieser Wieder-Holung wird die Zeit als zyklisch wahrgenommen. Der Mensch hat ja eine Zeitvorstellung gemäß zyklischen Rundungen eingeteilt: Rundung (Kreisen) der Erde um sich selber, des Mondes um die Sonne, der Erde um die Sonne. Danach wurden die vielfachen Rundungen der Lebensläufe auch als zyklisch empfunden, als eine Wiederkehr.

Die zyklische Zeit wird benannt nach den Jahren oder nach den Tagen – beide sind fast rein zyklisch. Sie beherrschen unser menschliches, unser terrestrisches Leben. Wir können sie zählen und erleben. Aber zyklische Zeit wird nicht ab-gezählt und nicht ab-gelebt, sondern kehrt eben wieder. Sie ist die Erneuerte Zeit: und dieses ganze Jahr kann ein so zeit-genialer, sensibler Einzelgänger wie Ludwig erfüllen mit seinem eigenen, von ihm erfahrenen Kalender. Durch die Sensibilität des »Erinnerns«, durch die Systematik der »Auf-Zeichnung«, durch ihre »Wieder-Holung« entsteht Geschichte und geschichtliche Zeit, innerhalb seines eigenen Lebens. Deshalb seine Tagebücher: Zeitnotiz, Chronik, fast nur in Stichworten. Die sich neu bildende Geschichtlichkeit, geschichtliche Zeit (durch Geschichte, Geschehendes und Gesehenes geprägte) Zeit, in ihm selber sich bildend – darin ist eine Selbstdarstellung (besser Selbst-Werdung) von großer Frische, – die ganz mißverstanden würde, wenn man sie an der heutigen Fragestellung, an der heutigen Interesse-Fixiertheit messen würde. Ludwig ist immer auf seine eigene Innenzeit bezogen. Für eine solche Entstehung von »Geschichte« ist er eines der großartigsten Beispiele überhaupt. – Verdichtung in sich selber. – Muß man diese »Wiederholer« nicht unterscheiden von den reinen Tätern, den Politikern? Die bloß handeln, aber nicht geschichtlich denken? In deren Köpfen sich die Geschichte nicht bildet, sondern nur getan wird?

Möglicherweise ist der Unterschied zwischen zyklischer und gerader Zeitvorstellung ebenso grundlegend wie der Unterschied von Grundriß und Aufriß.

Zur Einsicht: daß der Mensch nur aus seiner Mitte verstanden werden kann, gehört sofort als daraus folgende Einsicht: daß die »Ent-Sprechung« nicht ein Vorher-und-Nachher ist, sondern ein Diesseits-und-Jenseits, ein Hier-und-Dort.

Wieder-Holung und Mimesis

Der Mensch ist nicht durch ein erstes Erlebnis, ersten Zufall, erste Handlung Mensch geworden, sondern dadurch, daß er imstande ist, alles bisher Erstmalige, Zufällige, Unvorhergesehene wieder-zu-holen, indem er menschliches Nach-Denken, menschliches Er-Innern, menschliche Be-Sinnung einsetzt. Nicht irgend ein Erst-Vorgang, sondern die Wiederholung ist die Genieleistung des Menschen.

Ein Einfall ist nicht das gleiche wie ein Zufall. Einen fruchtbaren Einfall hat nur derjenige, der vorher schon sucht und der nachher denkt. Nur er wird den Einfall gestalten können, aber nicht, indem er ihn als Ein-Fall beläßt, sondern indem er ihn wiederholbar macht.[9] Es ist ein Irrtum, wenn man glaubt, man könne »den Augenblick ergreifen« – das heißt gegenwärtig sein, wenn man nicht die Geschichtlichkeit dagegen hat im Bewußtsein. Man muß ja erst wissen, daß es ein Augenblick ist.

Die Erinnerung, die Wieder-Holung, an irgend einen Vorgang anknüpfend, ist die erste wirkliche Festigkeit, die der menschliche Geist sich bildet, – und daß dieser menschliche Geist aus dieser Erinnerung, durch das System der Selbstverspinnung, sich eine tragfähige Mitte geschaffen hat, von der aus er handeln, sich bewegen, sich frei-fühlen, aufrecht stehen kann. – Alles nur innerhalb der Schwerkraft auf dieser Oberfläche der Erdkugel, – also auf einem wie-winzigen Staub des Alls. – Und niemals ein wirklicher Zusammenhang mit einem Anfang oder Ende. Aus dieser Selbstverspinnung bildet sich das Geschichtliche, die Gewesenheit.

Gelingt es denn überhaupt, von der Zeit etwas anderes auszusagen als eben menschliches Wiedererkennen? Ist das menschliche Wiedererkennen nicht in dem Bereiche Zeit vollständig mit den astro-physikalischen Gegebenheiten identisch?

Was kann man als Zeit denn erleben? Man kann die Abstände von zwei Zeitangaben messen, – mit immer größerer Genauigkeit. Aber am Anfang und Ende steht immer das Jahr, – und das Jahr kann man nur feststellen, indem man gerade nicht den Unterschied, sondern die Gleichheit feststellt: nämlich, daß zu einem ganz bestimmten Augenblick die Sonne genau wieder in dem gleichen Stand ist wie vor einem Jahre, – zu diesem Augenblick der Wiedererkennung gratuliert man sich, und zwar seit Urzeiten, immer. Man gratuliert sich nicht zum Ablauf und nicht zur Kopie, zum Verbrauch, sondern im Gegenteil zur Wiedergeburt, zum Neuen Jahr, zur Wiedererkennung.

Der Mensch ruht in der Mitte seiner Wieder-Holung. In seiner Wieder-Holung ist er er selbst, vorausgesetzt, daß er sie annimmt, daß er sie als die Entsprechung zum astro-physikalischen Jahre erkennt. Denn die »Wieder-Holung« ist diejenige Einsicht in die Zeit, die menschliches Erleben und Erinnern mit den astrophysikalischen Gegebenheiten verbindet: Die Wiederholung ist die menschliche Ausdrucksweise (Erkenntnisweise, Deduktion, Schlußfolgerung) der eigentlichen Einteilung innerhalb der Zeit, die dem Menschen gegeben und beobachtbar ist: der zyklischen Teile der Zeit, – die uns gegeben ist: durch die Umdrehung der Erde um sich selbst und die Kreisung der Erde um die Sonne, – das eine unser Tag, das andere unser Jahr. – Eine andere Zeit-Erkenntnis gibt es für den vor-physikalischen Menschen nicht. Der entscheidende Begriff ist das Jahr – und nach Jahren ist alle menschliche Geschichte erfahren und beschrieben. – Daher ist die Wieder-Holung, die Wieder-Einstellung dieses Jahres in seine Ursprünglichkeit das wichtigste Ereignis des Menschen, der menschlichen Zeit.

Den Menschen von seiner Mitte verstehen, – nicht von seinen Anfängen und nicht von seinem Ende.

Der Mensch lebt länger als die Aufzucht einer Generation erfordert. Lebt länger als die Umdrehung eines Sonnenjahres – kann gar nicht Mensch sein ohne die Einordnung der Wiederholung. Es ist ein unmenschlicher Gedanke, gerade das Innerste des Menschenlebens vom Einmaligen abhängig zu machen. Unmenschlich, vom Bild der Welt nur die mathematische Anordnung, die Kristallinen übrigzulassen und mit ihrer künstlichen Variation sich zufriedenzugeben, – kein Kubist kann leben, wenn ihn nicht das biologische Leben trägt.

Die Architektur wird geschaffen von den Menschen, wenn sie eine Wiederholung machen wollen, – wenn sie begriffen haben, daß sie dieses (und jenes) Fest immer wieder feiern werden (Begrüßung der

Sonnenwende, Meßopfer), in genau bemessener Zeit, – dann brauchen die »künstlerischen« Menschen die feste Architektur.

Ohne Wieder-Holung gibt es keine Selbst-Werdung. Wiederholen erfolgt durch Archi-Tektur. Also gibt es keine Selbst-Werdung ohne Architektur.

Es ist ein Handeln tief gegen die Architektur, wenn ein Architekt, Louis Sullivan, den Slogan erfindet »Form follows function«.

Die Wieder-Holung ist nicht so sehr eine nachfolgende Handlung, sondern – eben der Brückenbau. Der kosmologische Historismus, bereits bei Ludwig I., also die Vollständigkeit aller Möglichkeiten in Ludwigs Welt-Ort, bekommt die Dimension einer Brücke. Eine Zeit-Insel. Ein »Pol«. Gegenwart als Zeit-Pol. Gegenwart ist der Wärter, Sorger der Zeit.

»Wieder-Holung« ist nicht die Reproduktion eines Teilstückes, sondern die Wiederholung des lebensfähigen Ganzen. – Ein Teilstück würde nicht wieder-holt, sondern zitiert oder montiert.

Die Bauten Ludwigs II. in der Residenz – und die Bauten draußen im Land: innerhalb dieses kurzen Lebens ist die Wieder-Holung auch als Selbst-Steigerung möglich geworden. Die Bauten in der Residenz: würden immer etwas Sonderbares behalten haben. Die drei Schlösser draußen im Land: sind mit diesem Land vollständig verwachsen – immer wieder: vorausgesetzt, daß man nicht Archi-Tektur einfach verwechselt mit Bungalow, mit Zersiedelung, mit Wochenend-Urlaub, und vorausgesetzt, daß man nicht den König, den historischen, mythischen Menschen, mit dem unhistorischen Menschen verwechselt. Einwand: Dieses sei keine echte »Wieder-Holung«, weil sie sich nicht nach beiden Seiten von einer »Mitte« erstrecke, sondern zweifellos auf einer Zeiterstreckung liege. Antwort: immerhin, nicht das erste Mal, sondern die Wieder-Holung ist das Entscheidende, die eigentliche Leistung.

Es ist eine ähnliche, grundsätzliche Untersuchung, wie sie hier für die Archi-Tektur angestrebt wird, notwendig für den Umstand, daß Theater-Aufführungen für den Theater-Fürsten ja auch jeweils Wieder-Holungen, nicht etwa Kopien sind. Und ebenso für jede Musik.

Im Zusammenhang mit den Gedankengängen Pascual Jordans: Diese Wieder-Holung des »Geschichtlichen« – das bedeutet die Wiedererkennbarkeit – sie wird konkret nur durch den Akt der Mimesis verwirklicht.

Mimesis ist nicht Kopie (Kopie aufgefaßt als: Nachahmung im pejorativen Sinne). Meine Aversion gegen die Vokabel »Nachahmen«, gegen die mit dem Worte notwendig verbundene Überheblichkeit des »Nach« – die Nachordnung, wird offenbar von Leopold Ziegler geteilt. Er schrieb ein ganzes Kapitel »Von der Ahmung«,[10] weil ihm klargeworden war, daß in der Zusammensetzung Nach-Ahmung das eigentlich Schöpferische, nämlich die »Ahmung«, mißverstanden werde; daß in der Nachahmung nicht einfach etwas Minderes geschehe. Er ging zurück auf den paläoanthropologischen Menschen: »Dieser ursprüngliche Mensch beeinflußt seine Umwelt nicht allein technisch …, sondern … auch magisch durch den unwiderstehlichen Zauber der »Ahmung«. Nicht, daß er nachahmt! Beileibe nicht, oder doch keineswegs in erster Linie. Sondern er ahmt vor, er schauspielert und stellt dar …«, das heißt, er steht in der Mitte, in seinem Weltort, die Ahmung ruft er in die Welt, und erst anhand des Anrufes dieses Ahmenden kann »… in den wirkenden Gewalten alles Geschehens … rückwirkend eine dem Menschen erwünschte Antworthandlung zur Auslösung gebracht werden«.

Ziegler bringt den Ahmenden in Zusammenhang mit den »Mächten«, das heißt mit der wirkenden, beseelt gedachten Natur. Vielleicht auch schon Gottheit, Schicksal, Schuld. Er bringt ihn nicht in Zusammenhang mit seinesgleichen, und das sollte uns klarmachen, wie sehr die Anordnung »Original und Kopie« geringeren Ranges ist und nur Rechte, Ansprüche und Neide, gesellschaftliche Verhältnisse zwischen gleichgestellten Menschen abstufen will.

Ziegler sagt: »Er ahmt vor, er schauspielert und stellt dar«. Das heißt, Ziegler weist im Vor-Ahmen hin auf das, was in der griechischen philosophischen Wortbildung »Mimesis« genannt wird, und was seit der ersten Übertragung Platos mit »Nachahmung« übersetzt wird. Der Ahmende, nach Ziegler, »schauspielert und stellt vor«. Dann muß Ziegler sich unter dem Schauspieler, dem Mimen, etwas ganz anderes denken als unser banal verwendetes Wort Schauspieler besagt. Auch hier ist es so, daß Ziegler sich den Schauspieler nicht so sehr vor anderen seinesgleichen, also vor Menschen, denkt, sondern als Mimenden vor den »Gewalten alles Geschehens«.

Wir haben die Architektur (auf die wir immer zurückkommen) selber zum Zeugnis. Wir kennen die Anordnung des griechischen Theaters. Die kreisrunde Orchestra ist der eigentliche Weltort. Wer dort schreitet, ist in der Mitte dieser Ordnung. Nicht aber sind es die Zuschauer, die vielmehr rahmend, auffassend und anteilnehmend dem Weltort nahe sind. Der Mime ist derjenige, der auf der jenseitigen »Skene«, über sich selbst erhoben durch seine Maske, die Götter und die Heroen »mimt«. Wie kann er die Götter, die er nicht gesehen hat, die Heroen, die er nicht gekannt hat, mimen? Indem er sie in der schöpferischen Leistung seines Mimens erkennbar macht. »Erkennbar-machen«, »Wieder-Erkennung« wäre als sinnvolle Übersetzung von Mimesis zu versuchen. Dagegen ist Nachahmung in der Bedeutung von Abklatsch und Abfall für Mimesis genau so unangemessen wie die ungeprüfte Verwendung des Wortes »Stil« für die Architektur.

Die Anordnung Original-und-Kopie in früherem, banalem Verstand geht unter konkurrierenden Menschen vor sich. Dagegen die Ahmung, die Mimesis hat nicht andere Menschen, sondern die Gottheit, das Schicksal, die Schuld vor sich. Bei jeder Schuld, jeder Tragik ist der Mensch unmittelbar zu Gott, er kann nicht kopieren.[11]

Mimesis: Einstellung zum Jenseitsbild. Findung der Vergleichbarkeit. Ein Kriterium dafür bei Ludwig II.: Untrügliches Haltmachen beim erreichten »richtigen« Format. – Jeder Größenwahnsinnige würde die Formation übertreffen wollen. Bei Ludwig gibt es keine Ver-Rücktheit des Formates. Vorliegendes Buch könnte den Titel haben: »König Ludwig II. und die Kraft der Wieder-Holung«. Ein Genie der Geschichtsbildung. Auch Richard Wagner schrieb (spätestens 1851): »... richtige Erkenntniß ist Wiedererkennung«.[12]

Sich verantwortlich-fühlen für die Wieder-kehr. Das bedeutet: den Kult einführen, die Zeremonie. Sämtliche prähistorischen, ethnologischen Bräuche sind solche »Hilfen« für die Wiederkehr. Mircea Eliade schreibt[13]: »... daß auch die Konstruktionsriten mehr oder weniger deutlich die Nachahmung des kosmogonischen Aktes andeuten. Für den Menschen der Überlieferung ist die Nachahmung eines archetypischen Aktes zugleich die Reaktualisierung des mythischen Augenblicks, in dem der Archetypus zum ersten Male offenbart worden ist. Folglich heben auch diese Zeremonien, die weder kollektiv noch periodisch sind, den Ablauf der profanen Zeit, die Dauer, auf und versetzen den Menschen, der sie vornimmt, in eine mythische Zeit, in illud tempus. Man hat gesehen, daß alle Riten einen göttlichen Archetypus nachahmen, und daß ihre fortwährende Wiederholung in einem und demselben außerzeitlichen mythischen Augenblick vor sich geht.«

Das Zeremonielle gehört zwischen das »Originale« und das »Kopierte«. Es ist dasjenige an Wiederholung, was eben nicht Wiederholung im Sinne von Kopierung ist, sondern Wieder-Holung im Sinne des Zyklischen. Möglicherweise kann man eine Theorie der Kunst aufstellen: daß sie die Stifterin, die Ermöglichung des »Zeremoniellen« ist? – Dann wäre Herrenchiemsee das großartigste Baudenkmal des »Zeremoniellen«? Die – durch den Ausschluß des Abwohnens und der Menschen – selbsttätig gewordene Zeremonie? Darin unvergleichlich, niemals mehr untergehend? Zeremoniell: die Einrichtung des gesamten Bauprogramms Ludwigs II. um die Mitte des Königtums. – Wobei die Trennung von der Ichperson vom König aufs deutlichste durchgeführt wird, zum Unverständnis der dabeistehenden Personen. Eben nicht Schlösser für Ludwig II. von Bayern, sondern Schlösser für das Königtum, beispielsweise identifiziert mit Ludwig XIV. – Aber nicht mit demjenigen Ludwig XIV., der die Pfalz verwüstet hat.

Bezeichnend auch dasjenige Niederschriftsbuch Ludwigs, dem die Denkvorstellung des 19. Jahrhunderts den Namen »Tagebuch« gegeben hat, während es in Wirklichkeit ein Ritualbuch ist. Ein Stundenbuch. Also mittelalterlich in seiner Einrichtung und Art.

Stil und Kopie[14]

Stil ist ein Ausdruck für ein künstlerisches, kulturelles Verhalten in einer Geschichtsperiode. Also: den Stil gibt es nicht selber und wirklich, sondern er ist der Begriff, vielleicht sogar die Kategorie für eine künstlerische Kultur. Die Stilforschung ist eine Untersuchungsmethode.

Stil ist nicht ein Kunstwerk, auch nicht ein Jahrhundert. Die Kunstgeschichte filtert aus der Wirklichkeit eines Kunstwerks seinen »Stil« heraus; er kann mit einem anderen, ebenso filtrierten, Beispiel verglichen werden. – Das Ergebnis des Vergleichs: wird höchst wichtig, ja für die Untersuchung genau so wirksam, verwendbar, wie die durch Buchstaben gekennzeichnete Zahl in der Mathematik. – Aber natürlich ist dieses Filtrat (der Stil) nicht mehr das Kunstwerk selber – es ist überhaupt keine Wirklichkeit, sondern eben nur ein Präparat.

Die Kunstwissenschaft ordnet diese Präparate nacheinander, wie in einem Linnéschen System. Und glaubt nun darüber entscheiden zu können, in welcher Reihenfolge, unwiderruflich, diese Herbariumsblätter aufgeschlagen und angesehen werden dürften, ja sogar in welcher Reihenfolge sie entstanden zu sein haben.

Heinrich Hübsch veröffentlichte 1828: »In welchem Stile sollen wir bauen?«[15] Es gab immer mehrere Stile, zwischen denen wir wählen konnten, sonst ist die Frage ja ohne Verstand. Es gehört zur Begriffsbestimmung des Wortes Stil, daß es mehrere Stile gibt. Ein Stil allein kann überhaupt nicht als Stil erkannt werden.

Die Antike hatte zu gleicher Zeit drei Stile gekannt und verwendet, den dorischen, jonischen und korinthischen Stil; und ich möchte diese ehrwürdigste Anordnung versuchsweise »Stilismus« nennen, weil ich die Möglichkeiten, Stile zu haben und zu bezeichnen, differenzieren möchte. Dorer und Jonier waren griechische Stämme, Korinther waren griechische Städter, alle viele Jahrhunderte nebeneinander lebend. Man kann den griechischen Stilbegriff nicht aus den Volksstämmen und nicht aus der Polis ableiten. Vor allem nicht, weil die ebenfalls gleichartig und gleichzeitig nebeneinander vorhandenen ägyptischen Stile nach Pflanzenbestimmungen unterschieden werden: Palmensäule, Lotussäule, Lotusbündelsäule, Papyrus- und Papyrusbündelsäule. Daß dies nicht bloß Pflanzenbezeichnungen sind, sondern echte Stile, auf Religion verweisend, das heißt auf die verschiedenen, gleichzeitigen ägyptischen Gottheiten, hat man so lange nicht wahrgenommen, als man nur einen ägyptischen Stil als zusammenhängend Ganzes zugeben wollte.

Diese Mehrheit von Stilen ist so evident, daß wir vor dem Problem stehen: Wie konnte man im 19. Jahrhundert – während man wählen wollte und wußte, daß es mehrere Stile gab – auf den Gedanken verfallen, man müsse selber einen einzigen Stil haben? Alle richtigen Stile hätten immer nur sich selber gehabt, also ihre Stil-Einheit, und das müsse die Gegenwart, also das 19. Jahrhundert, auch erreichen, um nicht minderwertig zu sein.

Es gab eine Vorstellung, die Wilhelm Pinder (spöttisch) als »Gänsemarsch der Stile« kennzeichnete. Wir könnten dabei – selber Gänse – immer nur die anschließende Gans sehen, entweder vom Kopf oder vom Schwanz; nicht aber die anderen Stile davor oder dahinter. Bei Sicht auf das Rokoko könnten wir den Barock nicht sehen, weil er vollständig vom Rokoko verdeckt wäre.

Also kann diese Anordnung der Stile nicht richtig sein. Denn wir wissen doch, daß wir zu jedem Stil, den wir ins Auge fassen, einen unmittelbaren Zugang haben, einerlei an welcher Stelle er innerhalb der Jahresdaten oder der Breitengrade steht. Weder die Vorstellung des 19. Jahrhunderts noch diejenige unserer Gegenwart von den Stilen kann sein, daß die Stile aufgereiht sind, sondern sie müssen gleichartig um uns angeordnet sein, damit wir sie überhaupt wahrnehmen können.

Hier helfen uns die Begriffe »Gegenwart« innerhalb der Zeit[16] und »Weltort«[17] innerhalb des Raumes. Von dieser »Gegenwart« aus erstrecken sich Vergangenheit und Zukunft; wir kennen nur diese zwei Ausdehnungen der Zeit. »Weltort« – dieser Begriff ist der entscheidende Ansatz für die Architektur, sobald man nach ihrem Wesen fragt. Er ist auch die Mitte jeder kultischen Prozession, wenn sie in ihrer Wiederholung aufgefaßt und als Grundriß aufgezeichnet wird, wie sie zu Kirche oder Schloß zurückführt. Besonders seit Ludwig I. schaffen Bayerns Könige »Weltorte« durch Architektur.

Deshalb: die Stile des 19. Jahrhunderts sind nicht historistisch vorhanden, also nacheinander. Und auch nicht pluralistisch, also nur als Menge. Sondern sie sind kosmologisch geordnet, um die Mitte der jeweiligen Gegenwart, des jeweiligen Weltortes herum. Hierzu wird die Zeichnung des »kosmologischen Historismus« um Ludwig I. und seine Welt-Mitte wiederholt[18].

Nicht der Stil oder die Stile sind das Anfechtbare in dem Ausdruck Stil-Pluralismus, sondern die Wortschöpfung »Pluralismus«. Weil sie nur »Viele«, aber nicht »Alles« bedeutet, oder richtiger: nicht das »Vollständige«. Der Historismus (des 18. bis 20. Jahrhunderts in der Kunst) ist nicht von vornherein ein Bruchstück, sondern hat seine eigene Vollständigkeit. Das wird durch den Ausdruck »Pluralismus« verunklärt. Ein Bürger kann für irgendetwas Bürger sein, – er gehört zum Bürgertum – das als Ganzes wieder eine Art von Vollständigkeit hat. – Ein Handwerker beherrscht ein Handwerk – aber nicht alle, ein Wissenschaftler eine, aber nicht alle Wissenschaft. Dagegen der König ist – seinem Wesen nach – vollständig. So auch die Geschichte: die in-sich-vollständig ist, freilich als solche immer nur angesteuert, im Auge gehabt werden kann. Statt Stil-Pluralismus: vielmehr Stil-Kosmologie. Pluralismus ist ein Wort, das eigentlich die vorhergehende Behauptung voraussetzt, der Stil sei jeweils einheitlich und nur-einer. Also ein gereiztes Wort, kein ruhendes Wort. – Eine Korrektur, keine Grundlegung[18a].

Es ist das natürliche Empfinden des Menschen, daß er seine Welt für die einzige hält. Er muß lernen, daß es andere Welten und Gegenwarten gibt. Augenblicklich erleben wir wohl eine besondere Welle des Widerstandes gegen jedes Geschichtsbewußtsein. Der lebende Mensch kann die Geschichte nur anerkennen, wenn er sie als seine eigene Gewesenheit begreift, in der er ruht. So wird die Behauptung, es müsse jeweils nur einen Stil geben, nicht aus dem Studium der Vergangenheit gefolgert, sondern umgekehrt aus der naiven Sehnsucht, aus dem beherrschenden Willen des gegenwärtigen Menschen. Wie es in der Gegenwart sein solle, so habe es auch in der Vergangenheit gewesen zu sein, so auch in der Zukunft zu werden.

Wie konnte es geschehen, daß die Stil-Diskussion im 19. Jahrhundert (»In welchem Stile sollen wir bauen?«) teilweise das Allereinfachste nicht merkte, nämlich, daß das 19. Jahrhundert selbst, kraftvoll und gegenwärtig wie jedes Jahrhundert, seine eigene Mitte hatte? Und wie kam es, daß die Kunsthistoriker mit dieser Stilfrage in so besonderer Weise konfrontiert wurden?

Zunächst: Die Frage von Heinrich Hübsch hatte eine scharfe Begrenzung. Sie lautete: In welchem Stile sollen wir b a u e n? Das heißt, der Stil wurde nur in bezug auf die Architektur zur Lebensfrage gemacht. Die Archi-Tektur ist auf den Boden angewiesen, ist auf ihm entstanden. Der Grund-Riß ist die weitaus wichtigste Gegebenheit. Daher die große Einheitlichkeit dieser Grundform aus der prähistorischen Zeit herüber bis heute: Der Kreis, das Quadrat, das Viereck, das Vieleck und fast nur Abwandlungen daraus. Erst mit der beginnenden Industrialisierung wird es möglich, nicht mehr einen Weltort festzulegen, sondern »einer Funktion zu folgen«, einen Fabrikations-Ablauf zu umhüllen, in welchem die lebenden Menschen nicht mehr innen sind, sondern an welchem sie von außen Handgriffe anbringen. Nun entstehen laufende Bänder, an deren Ende irgendein Produkt herausfällt. Es wird niemals zurückkehren.

Bis dahin, und so lange die Architektur Weltort ist, sind die Grundrisse annähernd gleich. Sie enthalten keine Angaben über den »Stil«. Es ist nicht möglich, aus ihnen auf den Aufriß zu schließen; nur, wenn man ein individuelles Bauwerk aus einem individuellen Grundriß erkennt. Am ehesten ist die gotische Kirche aus dem Grundriß zu erschließen; die Widerlagerung der Gewölbe durch Strebepfeiler gibt es in anderen Stilen nicht. Sonst: Am Grundriß haben die Stile sich nicht entwickeln können.

D e r M e n s c h ist dasjenige Lebewesen, das aufrecht steht, geht, empfindet und denkt. Der Stil, den er mit seinen Bauten entwickelt, wird erkannt und beschrieben aus dem aufrechten Riß. Mit diesen beiden Sätzen sind alle großen Möglichkeiten, dann Erfolge, schließlich Irrtümer der Kunstwissenschaft des 19. Jahrhunderts gegeben.

Wenn auf einem Baugrund, der flach ist, ein Grundriß aufgetragen wird, ebenfalls flächig, bedarf es keiner zusätzlichen Abstraktion. Dagegen wenn über dem Grundriß ein Aufriß errichtet wird, gibt es für die dreidimensionale Raumanordnung keine entsprechende dreidimensionale Wiedergabe. Wenn die Literaten über diese aufrechten Formen sprechen wollen, in ihrer Studierstube, muß vorher in einem Abstraktionsvorgang eine flächige Wiedergabe geschaffen worden sein. Nun ist die Architektur selber der Partner, sie läßt sich nicht ersetzen durch papierene Abstraktionen. Eben dieses aber machte die Kunstwissenschaft täuschend möglich. Sie übertrug auch die Architektur in die zweidimensionale Dünne. Sie machte sie beschreibbar, besprechbar, besehbar. Sie konnte bildlich und dadurch sofortverständlich und beinahe unwiderleglich zeigen, wie sich die Stile voneinander unterschieden. Die Existenz der Stile in ihrer abstrakten (streifenförmigen) Begrenztheit mußte vorher anerkannt sein und wurde durch die gefeiltheit der Beschreibung fortwährend weiter vermehrt (= Aufriß-»System«: »Wandabwicklung«). Diese Tendenz dauert weiter an.

Freilich gehörte der Kunstwissenschaftler nun nicht zur wirklichen Architektur, indem er (wie zum Beispiel ein Betender in einer Kirche) in ihrer Mitte stand. Sondern er war ein Prüfender geworden. Er saß vor flachen Abbildungen. Wenn er sich selber als Lebenden innerhalb seines 19. Jahrhunderts gefunden hätte, hätte er dann nicht alle Stile zugleich als seine Umwelt erleben müssen? Aber er saß vor zwei Vergleichsstücken.

Weshalb nur zwei? Weil ihm, bezogen auf die Architektur, bezogen auf die Zeit, doch nur zwei Gegebenheiten möglich waren: erstens die eigene und zweitens die gewesene. Erstens der in seinem 19. Jahrhundert lebendig gebaute Historismus, zweitens der jeweilige Stil einer gewesenen Zeit. Da schien ihm, sofern er rationalistisch bedingten Prämissen folgte, das Gewesene echt, das Gegenwärtige unecht. Weshalb? Weil er die gegenwärtige, wirklich vorhandene Gesamtheit nicht wahrnahm, sondern immer nur einen Streifen daraus. Und weil er umgekehrt in den Streifen des Gewesenen eine ideale Einheit und Geschlossenheit hineinsah, ihre damalige Vielfalt und Zerrissenheit aber nicht wahrnahm.

Der Kunsthistoriker geriet in eine noch andere Situation. Der Kunsthandel verlangte nach ihm; der Kunstwissenschaftler wurde zum Experten. Es entwickelten sich die Gegen-Setzungen: Original und Wiederholung, Original und Kopie, Original und Fälschung. Immer mit der Voraussetzung, daß es ein Original geben müsse und immer mit der selbstverständlichen Dominanz des Originals.

Original und Kopie auseinanderzuhalten, dürfte eigentlich nur eine Hilfswissenschaft sein, nur Stütze zu sauberer Arbeit. Aber diese Methode hat sich gelegentlich in die Mitte des kunstwissenschaftlichen Denkens geschoben. Dort gehört sie nicht hin. Zwischen Original und Kopie gibt es keine Mitte, die der Prüfende selbst-bewußt einnehmen könnte (wie die Gegenwart in der Mitte zwischen Vergangenheit und Zukunft angeordnet ist, oder der Weltort zwischen den Weltrichtungen). Original und Kopie sind vielmehr unter gleichen Bedingungen (fast abstrahiert) frontal vor dem Prüfenden, der seinerseits auf die Vornahme der Prüfung fast abstrahiert ist.

Diese Anordnung Original-Kopie wurde während des 19. Jahrhunderts, wo Bedingtheit durch Rationalismus vorlag, nicht nur auf Architektur, sondern sogar auf die geschichtliche Zeit übertragen und hatte mit beiden doch wenig gemeinsam. Das konnte nur geschehen, wenn beide auf die Methode »Stil« verflüchtigt waren; dann konnte es die Zusammensetzung »Zeit-Stil« geben. Originalität kann nicht eine Wesensbestimmung von Zeit sein. Original kann höchstens die Hervorbringung in einer Zeit sein, und nur in bezug auf eine solche Hervorbringung kann man von Zeitstil sprechen. Der Stil ist kein Gebilde der Zeit, sondern eine Erkennbarkeit der Kunst, eine Selbstausformung der Menschen während eines Zeit-Teils. Und noch nicht einmal das, sondern ein im Nachhinein formuliertes Verständnis von der Formung, eben eine Unterscheidungsmethode.

Die Kunstgeschichte hält immer noch den eintönigen Begriff von Stil, Original, Kopie aufrecht, – ohne sich selber zu verwandeln in die Schwebungen, wie sie Erich Auerbach anläßlich eines Textes von Virginia Woolf feststellt:[19] Schilderung der »Mitte«, die sich immer bildet bei einem – immer notwendigen, immer unwillkürlich entstehenden – Versuch, vielmehr Zwang, sich gegenwärtig zu orientieren: immer von dem gegenwärtigen »Ort« aus, – der eben mit dem Bewußtsein des beweglichen Individuums notwendig gegeben ist, – also immer und in jedem Augenblick die Orientierung nach allen Seiten?

Von Ludwig I. an gibt es bei Bayerns Königen drei Verhaltensweisen gegenüber dem Stil gemäß vorstehendem Text: bei Ludwig I. den bereits im Abschnitt »Wieder-Holung und Mimesis« erwähnten kosmologischen Historismus; bei Max II. das Streben nach »Stileinheit«; bei Ludwig II. die tatsächliche Loslösung vom Stil.

Bei Ludwig II. ist die Medizin nicht imstande, die Beweise zu liefern, der König sei wahnsinnig. Es kommt ihr – freiwillig – eine mißbräuchliche Auffassung der Kunstwissenschaft zu Hilfe: Es sei ein Beweis für den Irrsinn, daß der König Kopien gebaut habe.

Wie weit kann man »Wahl des Stils« im Historismus durch »Wahl der Entsprechung« ersetzen? Das würde enthalten: daß man zwar den Begriff »Stil« beibehält, weil man diesen Stil aufsuchen und beschreiben kann. Aber der Anstoß dazu wäre nicht die alte Zeit (die sogenannt originale Zeit) sondern im Gegenteil: die gegenwärtige Zeit. Möglicherweise: Wer den Stil nennt und untersucht, meint in Wirklichkeit nicht den Stil der Alten Zeit, sondern vielmehr die Entsprechung zum damaligen »Stil« in der Gegenwart. (Siehe auch Anhang 6: Über die Kopie und ihr Verhältnis zur Architektur.)

Die drei Bayerischen Könige vor Ludwig II. als Bauherren

Voraussetzungen für das Bauherrentum Ludwigs II.[20]

Dieses erste Kapitel enthält das Bemühen: aufzubauen, in welcher Weise – und zwar immer mit dem Hinblick auf die Archi-Tektur – Ludwig II. die Leistungen seiner unmittelbaren Vorgänger fortsetzt, nicht aber selber etwas Unerwartetes und Nie-dagewesenes anfängt, – und hier sind wir sofort in der Mitte des Selbstverständnisses dieses 19. Jahrhunderts, soweit es rationalistisch bedingt war, und noch heute im Nachwirken dieses Mißverständnisses – daß Fortschritt und Fortsetzung, Wieder-Holung verwechselt werden. Fortschritt endet in Wegwerfen (Wegwerfen aller bisherigen Stile). Fortsetzung: was der Vorgänger gewollt, zu einem glücklichen Ende zu bringen – noch mehr: das Gleiche wieder zu machen. Jedes Thema dieses Kapitels wird deshalb zur Sprache gebracht: weil Ludwig II. eben dieses Thema fort-setzen wird, – in einer freilich unerwarteten, ganz eigenen Weise und Größe – nicht aber neu erfinden wird. Ludwig II.: der Vollender dieses Königtums. Er hat die im 19. Jahrhundert einzig-mögliche Form dafür erfunden, gebildet: eine fast ländliche, – eine Welt des Parks, – unter Verzicht auf eine Residenz im bisherigen Sinne. Dafür der Pavillon von der Größe Herrenchiemsee.

Ludwig II: derjenige, der das Verhältnis zur Vergangenheit wirklich geordnet hat.

Auch eine mittelalterliche Stadt wie München hat Formen eines Welt-Ortes. Die früheste Mitte ergab sich dabei aus der Kreuzung der Straßenrichtungen: von Norden nach Süden entlang dem Isarufer und von Westen nach Osten auf die Isarbrücke. In dieser Mitte lag der Marktplatz. Als zweiter Mittelpunkt wurde die Frauenkirche anerkannt. Auch die sehr merkwürdige Anlage des »Antiquariums« innerhalb der Residenz bezieht sich, als Quer-Platz, auf die Kirche. Denn die mittelalterliche Herzogsburg, die Neufeste, lag nicht in der Mitte der Stadt, sondern am Rande: wohl mit einer südlichen Richtung zu ihr, aber auch mit Nordlage am freien Gelände.

Jetzt, im 19. Jahrhundert, in der Königszeit wurde ein dritter Weltort geschaffen. Jede neue Stadtplanung der Könige suchte nunmehr die Residenz zur Mitte der erweiterten Stadt zu machen.

Der erste König, Max I. Joseph, trat als Bauherr zwar nicht durch persönliches Eingreifen hervor. Aber unter seiner Regierung wurde die Erschließung der nordwestlichen Stadt-Erweiterung, der Max-Vorstadt, geplant. Ebenfalls wurde im Süden der Residenz ein großer Freiraum geschaffen (der Max-Josephs-Platz). Dies war nach Aufhebung des Frauenklosters »auf der Stiegen«, benannt nach der Stifterfamilie Riedler (1782) und nach der des Franziskaner- oder Barfüßerklosters (1802)[21] möglich geworden. Die Klosterbauten standen bis 1803. Abb. 2, 4

1805 schreibt Anton Baumgärtner: »Die Kupfer-Beilagen zu den Ziffern VI und XII haben dargethan, auf welche Art der gegenwärtige, zwischen der churfürstlichen Residenz und dem Reichsgräfl. Thörring-schen Hause freygemachte Platz seiner Zeit von dem Stiegen-Nonnenkloster und von dem Kloster der P. P. Franziskaner überbaut war. Gegenwärtige Kupferplatte zeigt, von welch seltner Größe dieser mit dem höchsten Namen Sr. Churfürstl. Durchlaucht Max Joseph beehrte Platz ist, und welche majestätische Schönheit für München daraus hervorgehen wird, wenn derselbe dereinst einen Schluß von schönen Facaden erhalten wird. – Die Buchstaben a a a a zeigen verschiedene Theile der churfürstl. Residenz an, b ist das neue Opernhaus [das 1751 von F. Cuvilliés erbaute Residenztheater], welches S. Churfürstl. Durchlaucht dem Hof- und Nationaltheater zum Vergnügen des Publikums geöffnet haben, c ist das Feigenhaus, d ist der neue Thurm oder ein Aufbewahrungsort für Staatsdiener, – e das Malzhaus des Abb. 3

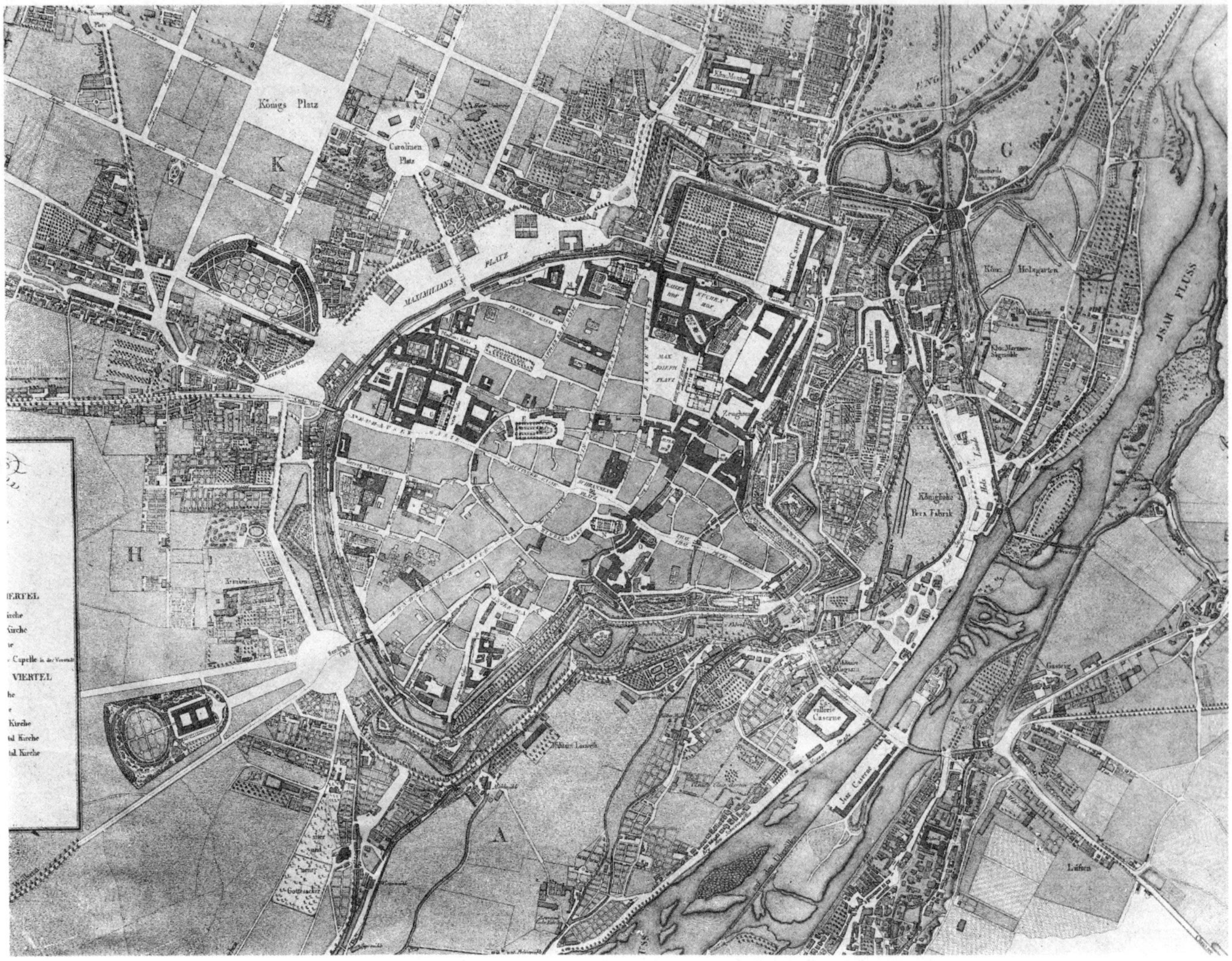

Abb. 2 Ausschnitt aus einem Plan von München. Um 1812

churfürstl. weißen Bräuhauses, – f der Faltenthurm oder das Gefängnis für Criminal-Verbrecher, welche unter dem churfürstl. Hofgerichte prozessiert werden, und g der churfürstl. Hofstall.«[22]

Das erwähnte Feigenhaus, mit dem eine Folge von Residenz-Wintergärten beginnt, diente zum Überwintern der kostbaren südlichen Frucht- und Blütenbäume. Über die militärische Seite des Platzes wird vom Ende des Jahres 1803 berichtet: »Auf dem Franziskanerplatz neben dem Schlosse sollen die Truppen paradieren.«[23] Und von 1809, nach dem französischen Sieg von Ulm: »große Parade von Fußvolk, mindestens zehntausend Mann, die ganze hiesige Generalität erschien, und von ihr umgeben wie ein Theseus der Commandierende General Bernadotte. Es war ein prächtiger Auftritt. Es wurde die Nachricht von der Begebenheit bei Ulm laut verkündigt.«[24]

Im Winter 1809/10 entschied Max I. Joseph in Paris über die eigentliche Bauleistung seiner Regierung, den ersten Repräsentationsbau des Königtums, die Errichtung eines Hof- und Nationaltheaters. Als Vorbild sollte das »Odéon« in Paris genommen werden. In seinem Erlasse vom 27. Februar 1811 an die für den Bau angeordnete Spezialkommission hieß es sub III: »Da wir Uns oben für den Plan des Odeon entschieden haben, so wollen Wir, daß sich Unsere Commission in ihren Berathungen nur auf diesen Bau beschränke und auf solche Modificationen ihr Augenmerk richte, welche die Umgebungen und das Verhältniss des Max-Josephs-Platzes selbst, dann die etwaige Verbindung des Theaters mit einem Konzert- und Redoutensaal und endlich das wohl zu berücksichtigende Verhältnis des neuen Gebäudes mit einer neuen Unserer Residenz dereinst auf der Seite des Max-Josephs-Platzes zu gebenden Fassade bedingen mögen.«[25]

Abb. 3 München, Max-Josephs-Platz. 1805

Man sieht, daß immer, schon mit der ersten Freilegung des Platzes, auch die endliche gesamte Ausgestaltung geplant war. Aber die Ausführungen wurden nur in generations-langen Abständen möglich.

Den Grundstein des Nationaltheaters durfte Kronprinz Ludwig legen, am 26. 11. 1811:[26] der Architekt war Carl von Fischer. Der Bau konnte während der folgenden Kriegsjahre nur langsam gefördert werden. Erst »am Namenstag des Königs, dem 12. Oktober 1818, fand die Einweihung von Fischers Hoftheater statt. Der Kronprinz war, wie immer, zum Namenstage seines Vaters nach München gekommen. Nachdem im Vorjahre der Dachstuhl des Bühnenhauses abgebrannt war, wurde der Plan eines südlichen (und nördlichen) Anbaues mit Kolonnaden aufgegeben.«[27] Die Gefährdung solcher Theaterbauten durch die schlecht geschützten Beleuchtungen: am 4. Januar 1823 brannte das Theater abermals nieder.[28] Der Architekt Carl v. Fischer war 1820 gestorben. Leo Klenze mußte den Neubau leiten. Da der Bau einhellig geliebt gewesen war, veränderte Klenze ihn nicht wesentlich und beanspruchte auch nie, der Architekt dieses wieder-errichteten Theaters gewesen zu sein. –

Auch nach der Zerstörung im zweiten Weltkrieg ist das Theater in seinen alten Formen abermals erbaut worden und beherrscht wieder den Platz, – immer mit der gleichen machtvollen Säulenordnung, deren Größe jeder kommenden Entwicklung standhielt, so daß die folgende eigentliche Residenzfassade an diesem Platze in ihrer Form zurückgehalten werden mußte. Das Gebäude war auch während der Regierung Ludwigs II., des eigentlichen Theaterfürsten aus dem Hause Wittelsbach, die architektonische Selbstverständlichkeit des Münchner Theaterlebens.

Abb. 4 Max I. Joseph, König von Bayern. Nach einem Gemälde von Joseph Stieler

Max I. Joseph: besuchte das Theater viel, hatte aber keinen Zusammenhang mit einer entstehenden Theaterkunst, weder mit den Dichtern noch den Komponisten noch den Bühnenkünstlern. Er kannte Goethe seit langer Zeit; vom 14. Mai 1823 wird erzählt: »In Weimar hat der König, wie er nachher in Würzburg erzählt, mit Frau und Töchtern Goethe besucht und mit ihm alte Erinnerungen aufgefrischt – von ihrem Beisammensein bei der Belagerung von Mainz, als sie miteinander viel Champagner mit Selzer-Wasser tranken. Der Dichter hat ihnen ein Frühstück vorgesetzt und das Bändchen der Ehrenlegion im Knopfloch getragen. In ihrer Verehrung für Napoleon stimmten ja König und Dichter überein, während der damalige Kronprinz Ludwig entsetzt war, als ihm in Brückenau ein Schauspieler erzählte, daß Goethe Bonapartist sei.«[29]

Ein für das ganze 19. Jahrhundert (nicht vorher!) charakteristischer Zug begann unter Max I. Joseph: der Erwerb eines außerhalb der Stadt, unterhalb der Alpen liegenden Sitzes, zuerst nur für einen Sommeraufenthalt, zunehmend aber für immer längere Zeit. Schon während der Säkularisation war die Fürstabtei Berchtesgaden an das Königshaus gekommen und wurde seit 1818 als zeitweiliger Wohnsitz benützt. Viel entscheidender aber wurde die Erwerbung der Abtei Tegernsee, die während der Aufhebung Karl Drechsel erworben hatte. Max Joseph löste den damaligen Kauf 1817 mit 120000 Gulden ab.[30] Hier beginnt der selbstverständliche Zusammenhang zwischen München und dem Voralpengebiet für die wittelsbachischen Könige.

Daß Max Joseph, bei großer Bereitschaft, sich den Pflichten eines Königs zu stellen, als Bauherr fast nicht in Erscheinung trat, beruhte auf einer besonderen, von ihm geschaffenen Tradition der bayerischen Könige: den jeweiligen Kronprinzen früh als eigenen Bauherrn gewähren zu lassen, ihm die Pflege der Architektur, ja der ganzen Kunst zu übergeben, ihn so zu Selbständigkeit kommen zu lassen; mit der ausdrücklichen und jeweils vom Vater und Sohn anerkannten Absicht, ihn dadurch von Eingriffen in den politischen Teil des königlichen Handelns zurückzuhalten, wo die Generations-Verschiedenheit sich hätte verhängnisvoll auswirken können. Was für den gesamten Max-Josephs-Platz über die Errichtung des Theaters hinaus geschehen müsse, stellte er ausdrücklich zurück: »das ist nicht für mich, das ist für meinen Ludwig.«[31] Nicht nur die Grundsteinlegung des Opernhauses durfte der Kronprinz vollziehen; 1812 beschloß er, eines Tages in München einen Obelisken aufzurichten,[32] und im Boden der Walhalla bei Regensburg ist die Inschrift eingelassen: »Beschlossen im Januar MDCCCVII«. (Preisausschreiben 1814; Grundsteinlegung 1830; Einweihung 1842). Das gesamte Lebensprogramm Ludwigs I., eines der größten Bauherren überhaupt, hatte sich längst gebildet, entwickelte sich ständig, so daß er nicht nur während der dreiundzwanzig Jahre seiner Regierung, sondern schon vorher achtzehn Jahre und nochmals zwanzig Jahre nachher entscheidenden Einfluß auf die architektonische Gestaltung Münchens und Bayerns hatte; im Ganzen einundsechzig Jahre.[33]

So auch bei der Gewinnung des wichtigsten Architekten: das Ineinandergreifen der beiden Männer, des Königs Max Joseph, und seines Sohnes Ludwig. Der König ließ es zu, daß die bisherigen Männer seiner Hofbau-Intendanz zurückgestellt wurden zu Gunsten eines neuen Mannes, Leo Klenze, den Ludwig I. als Kronprinz in Paris kennen gelernt hatte: im Jahre 1815,[34] und innerhalb einer Kunst, die weniger eine italienische oder gar (nach heutiger Kenntnis) eine römisch-antike Form des allgemeinen Klassizismus war, als vielmehr die französische Eigenart. Aus Paris bat Ludwig den Vater am 16. September 1815, Klenze in seine Dienste zu nehmen.[35] Und Max Joseph schrieb am 22. Oktober 1822 an Ludwig: »Klenze hat heute den Orden bekommen. Eigentlich ist er noch etwas zu jung dazu, aber Thürheim versicherte mir, daß Sie Wert darauf legen, und das hat mir genügt.«[36] So hielten Vater und Sohn zusammen. Max Joseph muß frühzeitig erkannt haben, daß Kronprinz Ludwig für die Künste besonders interessiert und auch begabt war.

Mit der neuen Straße nach Norden, deren Anfang 1822 noch unter der Regierung Max Josephs »Ludwigstraße« benannt wurde, stellte Kronprinz Ludwig eine »Weltachse« her. Nun war die »Mitte« Münchens auf die bisher am Rande liegende Residenz verlagert, auf die königliche Mitte, von der aus ein König die Welt ordnet. Die Straße gewann nicht nur selber eine großartige Form, sondern entschied über die gesamte kommende Bebauung des nördlichen München. Sie ging von der Residenz aus.

Sie war ein Platz, in einer Art freilich, die bisher nirgends entwickelt war. Sie war zugleich eine Straßen-Richtung.

Abb. 7 Die folgenden Herrscher bauten weiter. Noch Ludwig I., zwölf Jahre nach seiner Thron-Entsagung, besetzte die West-Richtung der Briennerstraße, in fast dem gleichen Abstand von der Residenz wie das Siegestor, mit den Propyläen, dem geistigen »Tor« zum dorischen Griechentum. Die Ost-Richtung nahm Max II. auf mit der Maximiliansstraße. Und nochmals wollte Ludwig II. von der Residenz ausgehen mit einer Richard-Wagner-Straße, die zum Festspielhaus führen sollte (Projekt Gottfried Sempers). Dreißig Jahre später wurde sein Konzept verwirklicht als Prinzregentenstraße, freilich weder mit gleich architektonischer Grundidee, noch mit der künstlerischen Kraft eines Semper.

Ein Fürst, der den Weltort besetzt, muß auch die chronologische Gesamtheit darstellen. Von ihm muß es ausgehen, und zu ihm zusammenkommen. Er muß im Idealfalle Historist sein. Klaus Eggert hat den Begriff »Kontinuismus« dazu gefunden,[37] mit der Absicht: dem »Historismus« die Ein-Gerichtetheit zu nehmen. Der menschlichen, geschichtlichen Zeit diejenige Einstrebigkeit zu nehmen, die das Wort Historismus augenblicklich noch hat: das Gefälle, das Hintereinander – als sei die geschichtliche Zeit ein Ablauf, während sie eben ein Kontinuum ist. Wer in der geschichtlichen Zeit leben will, möchte nicht einfach ablaufen, sondern die sogenannte Vergangenheit gegenwärtig haben, die Gegenwart bereichert mit Vergangenheit und Zukunft. Und will durchaus keine Zukunft, die nicht die Gegenwart und Vergangenheit mit sich trägt. Für die Wittelsbacher des 19. Jahrhunderts gilt gewiß fast ausschließlich die Geschichtlichkeit, im Sinne des Kontinuismus, der Eingeschichtetheit (Einbettung in Schichten). Schicht für Schicht nicht nur Eingeprägtheit nach Eingeprägtheit, sondern auch Eingeprägtheit über Eingeprägtheit, Jahresringe.

Historismus ist keineswegs Retrospektive, sondern Zirkum-Spektive (dann ist Historie nicht Ablauf, sondern Kraft). Das setzt Auffassung der Zeit als zyklisch voraus, denn aus der verstreckt vorgestellten, vielmehr »driftenden« Zeit entsteht keine Motion, keine Kraft. Dagegen aus der zyklischen Zeit, aus der Rotation, aus der Wiederkehr entsteht Ballung, Expansion.

Die Rotierung, die Kreisbewegung, die Zentrierung, – alles Gedanken und Vorstellungen, die zuerst mit Ludwig I., dann mit Ludwig II. zusammenhängen. Dagegen wird aufgezeigt werden, wie die Gesamt-Anlage von Max II. nicht davon herkommt, sondern ein planes Vor-sich-Herschieben ist. »Zeitgemäß« dann, wenn die Zeit nur als planer Weiter-Schub gedacht wird.

Statt daß Historismus etwas Abschätziges wäre, ist er vielmehr der Mittelpunkt des Geschichtlichen, – diejenige Figur, in welcher die menschliche Geschichte, das menschliche Geschichtsbewußtsein zu-sich-selber findet. – Man muß nur das Kosmologische im Historismus begriffen haben.

Also der Historismus nicht eine Sache des Viel-Wissens, des Pluralismus, sondern eine Sache des vollständigen Wissens, das königlich ist. Sobald man begriffen hat, daß die Zeit kein Bündel von Strängen ist, die zu einem Zeit-Seil zusammengedreht sind, – sondern eben ein Kosmos für jeden Lebenden, für jede Gegenwart, ein Kosmos, der sich nach allen Seiten ausdehnt – kann man den Ausdruck Pluralismus nicht mehr anwenden. Stil-Pluralismus würde bedeuten: eine beliebige Zahl von Strängen anzunehmen, die alle an uns vorbeilaufen. – Während jeder echte Historismus all-umfassend ist, vollständig ist. Es gibt keinen Geschichtspluralismus. Keinen Jahrhunderts-Pluralismus. – Indem das begriffen wird, wird der Ausdruck Stilpluralismus wahrscheinlich wieder ganz verschwinden. Auch die »Zukunft«, die Zudrift, ist ja nicht einläufig oder pluralistisch, sondern kosmologisch.

Historismus ist also nicht einfach eine Auffächerung des Gedächtnisses. Nicht eine Auffächerung der Vergangenheit. Sondern eine Bewältigung der Kugelform. Eine Bewältigung der in sich selber zurückkehrenden Allheit. Eine Welt-Überschau. Der wirklich historistische König ist der Gesamt-Anordner, derjenige, der den (historischen) Welt-Mittelpunkt bestimmt und setzt. Also nicht der handelnde, sondern der denkende König. – Denken ist etwas zwischen Handeln und Untätig-Sein.

Die nächste »Entsprechung« wäre gleich: das Modell der Welt herstellen. Es ginge so weit, daß auch die wissenschaftlichste Theorie noch ein Element des Spielerischen, des Versuchten, des Erklärenden enthält, dann des »Wiedererkennenden«, – denn immer handelt es sich ja für den menschlichen Geist darum, sich besser als bisher wiederzufinden in seiner eigenen Umwelt.

Ludwig I. »erklärt« sich München, indem er den Kosmos seiner Kunstschöpfungen hervorruft.

Die in sich selber ruhende Persönlichkeit Ludwigs I., sein Bewußtsein von seinem eigenen Handeln in seiner eigenen Zeit und in seiner Residenz München, das Ausgreifen und Hereinholen seines geschichtlichen und künstlerischen Denkens, kurz das Ganze seines Lebenswerkes, sein kosmologischer Historismus, ist in einem Grund-Riß angedeutet. Die Form dieses Risses ist übernommen von den Decken, unter denen er Abb. 5
lebte und wohnte. »Kosmos« soll das jeweils Umfassende, Allseitige ausdrücken, womit ein Selbstbewußtsein sich inmitten seiner eigenen Welt und Zeit befindet, ebenso im neunzehnten wie in jedem anderen Jahrhundert. Der Kosmos Ludwigs I. bedeutete ihm sowohl den geographischen Erd-Umkreis, als auch die menschliche Zeit, die menschliche Bildung. Er bedeutete ihm auch – und das war etwas Besonderes eines Monarchen des 19. Jahrhunderts – die Gestalten-Möglichkeit, sogar Gestalten-Vollständigkeit künstlerischer, besonders architektonischer Werke: Obelisk, Tor, Tempel, Kirche, Straße, Palast, Ministerium, Kaserne, Bibliothek, Schule, Fabrik, Standbild, Kolossal-Plastik, – das alles war sein Kosmos.

Wenn der Kosmos Ludwigs I. in unserem Schema auf die Weltrichtungen verteilt ist, dann ist das in gleichem Maße berechtigt oder fragwürdig, wie es die Richtungen »Orient und Occident«, »Morgen und Abend«, »Jugend und Alter« sind. Alles ist bezogen auf das irdische individuelle menschliche Leben und immer abhängig vom Stand und Lauf der Sonne, die dieses Leben möglich macht.

Ein Monarch kann nicht der Parteigänger eines einzelnen Stiles sein, er kann nicht Partei-Gotiker oder Partei-Klassizist sein, wie zum Beispiel Klenze ein Partei-Klassizist war. Sondern er muß dafür sorgen, daß in seiner Residenz, in seinem Welt-Ort, alle Möglichkeiten zusammenkommen. Dieser Überblick, diese Welt-Aneignung war in Ludwig I. schon angelegt in seiner Kronprinzenzeit, und er vollendete sein Lebenswerk vor, während und nach seiner Regierungszeit mit bewundernswerter Systematik, und bestimmte mit einer bewundernswerten haushälterischen Energie die Baudaten, die Summen, die Stile, in deren Reihenfolge diese Vollständigkeit nach München eingebracht werden sollte. Er sagte: »Ich will aus München eine Stadt machen, die Teutschland so zur Ehre gereichen soll, daß Keiner Teutschland kennt, wenn er nicht München gesehen hat.«[38] Er sagte: »Ich habe nie einen Bau in Angriff genommen, ohne für die Zahlung des letzten Steines Sorge getroffen zu haben.«[39]

Der kosmologische Historismus Ludwigs I. ist nicht das gleiche wie der Weltort der früheren Herrscher. Er ist nicht die einfache Besetzung des Mitteplatzes. Sondern viel feiner: das Echo-Lot.

Ein anderes eindeutiges Beispiel für kosmologischen Historismus: das Albert-Memorial in London. – 6

Das Schema des »kosmologischen Historismus« – was ist das Gegenmodell? Kann es das Schachbrett sein? Wichtig am Zeitmodell Schachbrett: das Parallele statt des Konzentrischen. – Das Parallele, in Abb. 5
abwechselndes Schwarz-und-Weiß gebracht. – Aber es ist eigentlich ein von vier Seiten frontal, – das heißt mit gleicher Front angegangener Grundriß. Und nur im *Spiel* des »Schach« ist es auf zwei Seiten beschränkt. Was nicht im Wesen des Schach*brettes* liegt.

Die Ausnutzung zur »Dynamis der Zahlen«[40] entspricht dem Schachbrett genauer als die zum Spiel. Weil bei der Ausnutzung zur »Dynamis der Zahlen« – trotz der Viereckigkeit, Vierseitigkeit – doch eine Mitte ausgeschieden wird. – Was im Schachspiel nicht notwendig geschieht. – Worauf beruht es, daß das Schachbrett (das Zahlenquadrat) keinen Ausweg nach außen zuläßt?

Als Ludwig I. am 15. Oktober 1825 Nachricht vom Tode des Vaters erhielt, war sein »erster Gedanke Gebäudeaufführung«.[41] Eine der ersten Handlungen war der Beginn der Ausführung des Denkmals Max I. Josephs: das gehaltvollste Denkmal des 19. Jahrhunderts für einen konstitutionellen König, entstanden aus dem Zusammenwirken der Bürgerschaft, Ludwigs I., des Bildhauers Christian Rauch und des Architekten Leo Klenze. Nichts von den Stilen des Altertums war angewendet, keine Säulenordnung; das war schon vorhanden in dem riesigen Portikus des Nationaltheaters. Vielmehr eine tiefer geschichtete, innere Ordnung antiken Denkens war in plastische Gestaltung übertragen. In der Mitte war der »Staat«, ähnlich wie bei der Florentiner Domkanzel (von Donatello), mit inhaltlich ablesbaren Reliefs. Darunter, in Hochrelief, fast Vollplastik: die bayerischen Löwen als Wappentiere, die Bavaria und der mächtige, dreistufige Sockel. Oben der sitzende Fürst, barhäuptig, verewigt, mit der Geste der Adlocutio, anordnend und segnend zugleich. Das Denkmal hatte also nicht nur einen Grundriß mit den vier Weltrichtungen, wie der Grund- Abb. 5

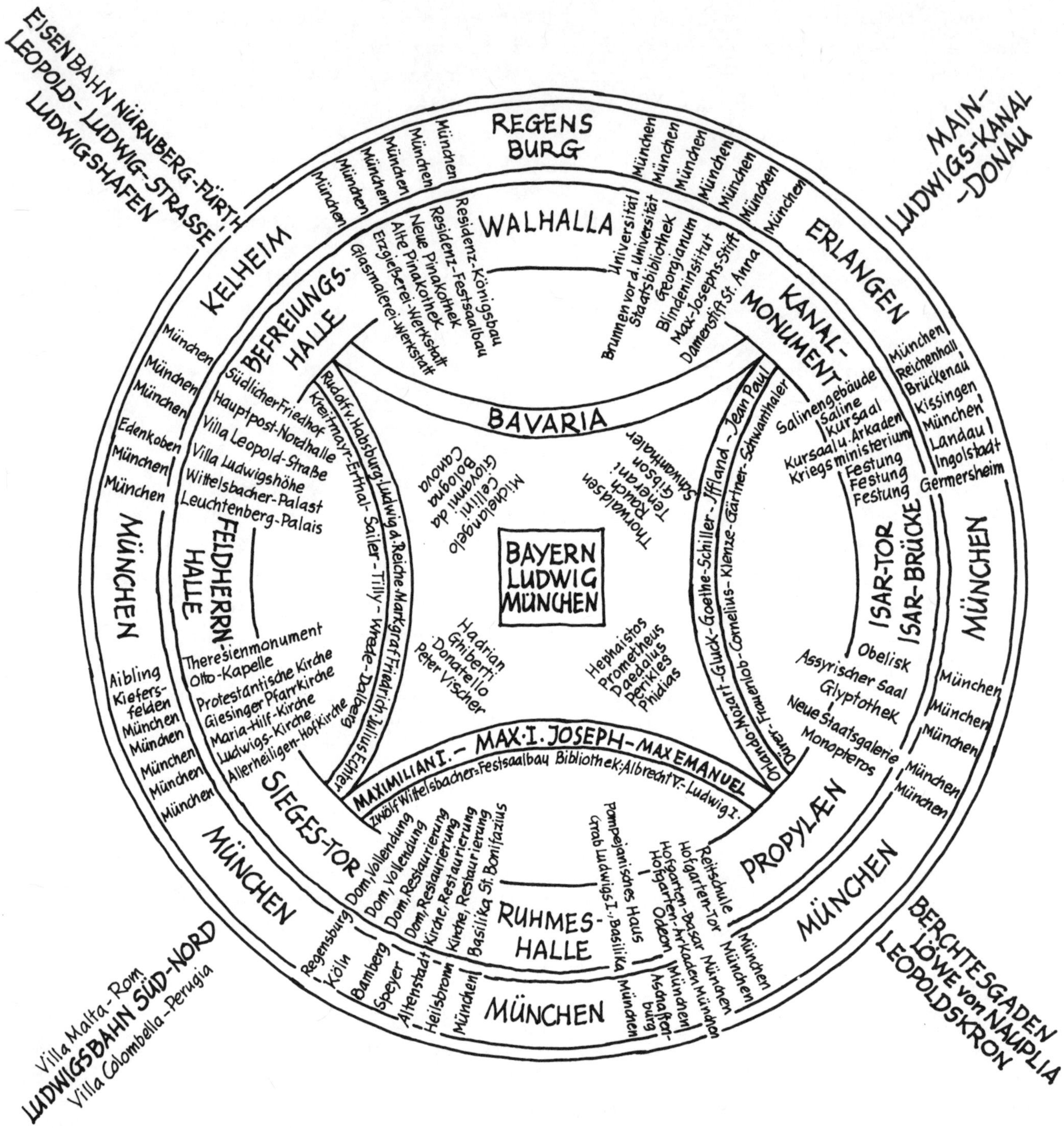

Abb. 5 Grundriß zur Kosmologie des Bauherrentums Ludwigs I.

Ganz außen: die Initiativen außerhalb von Bayern. Äußerer Kreis: die Orte. Hauptachsen: die Richtung-gebenden Bauten (Walhalla = Mittelpunkt von ganz Deutschland). Innerer Kreis: Einzelbauten, nach Typen, Aufgaben und Stilen geordnet. Es war zur Zeit Ludwigs noch selbstverständlich, von »Morgen- und Abendland« zu sprechen, also den Kreislauf der Sonne als Orientierung für den Ablauf der Geschichte, die Entfaltung der Kultur anzusehen. Der Kosmos beginnt also im Osten (rechts) mit dem Obelisken. Im Süden, der Mittagshöhe aller Kultur, ist die antike Baukunst versammelt. Gegen Westen folgt das Christentum. Im Norden die Bauten der zeitlichen Gegenwart: die Bauten des fürstlichen Wohnens, der Erziehung, Verwaltung, Erholung und Verteidigung. Entgegengesetzt gebogen: die Standbilder. Die Größten an Maßstab und Bedeutung: Bavaria und Max-Joseph-Denkmal. In den Diagonalen: die Bildhauer, die an der Glyptothek die Geschichte der Plastik darstellen, so wie die Geschichte der Malerei in den Loggien der Alten Pinakothek dargestellt war und die Geschichte der Dichtkunst im Königsbau.

A	Amerika	B	Afrika	C	Europa	D	Asia
E	Baukunst	F	Handel	G	Ackerbau	H	Industrie
▬	Architekten	⊠	Maler	☐	Bildhauer	▪	Dichter und Musiker

Abb. 6 London, Kensington Gardens, Albert Memorial (Denkmal für den Prince Consort Albert, Gemahl Königin Victorias). 1863–72. Entworfen von dem Architekten Sir George Gilbert Scott. Die Reliefs des Unterbaues zeigen in 169 Figuren Künstler aller Zeiten. An den vier Ecken auf vorspringenden Sockeln: Baukunst, Handel, Industrie, Ackerbau. In der Mitte des Unterbaues die Sitzstatue des Prinzgemahls. An den Ecken der Stufen allegorische Figuren der vier Erdteile

Riß des kosmologischen Historismus Ludwigs I., sondern auch einen durchdachten, inhaltsreichen Aufbau in der Senkrechten. Der Aufbau ist kein vom Stilbegriff bedingter Aufriß, sondern symbolisiert übereinander angeordnete Welten. Welten übereinander stellte Ludwig I. auch in der Anordnung seines Königsbaus der Residenz dar.

Das Denkmal steht im Zentrum des vom Dargestellten begonnenen, in sich zentrierten, nach ihm benannten Platzes, den der Sohn fort-setzte (Königsbau, Nordfront der Hauptpost), und dessen Weltortcharakter Max II. durch die Anlage der Maximilianstraße verunklärte.

Noch 1825 legte Ludwig den Grundstein zum Königsbau.[42] 1835 konnte er bezogen werden.[43] Der Zusammenhang mit Florenz ist noch überraschender. Vom Palazzo Pitti: die Einziehung des obersten Geschosses auf elf Achsen, gegenüber den einundzwanzig Achsen in den beiden Geschossen darunter. Aber die Gliederung entsprach mehr dem Palazzo Rucellai in Florenz: nur daß ausdrücklich dem untersten Geschoß alle Säuleneinteilung fehlt (wieder: um alles Konkurrierende gegenüber dem Nationaltheater

Abb. 7 Ludwig I., König von Bayern. Portrait nach Joseph Stieler, unten Idealkomposition: Das Bauherrentum des Königs in kosmologischer Auffassung

zurückzuhalten) – und auch die beiden oberen Geschosse waren zwar großteilig, aber flach gegliedert. Diese Entscheidungen traf Ludwig I. ganz allein. Wir wissen, es ist im Entwurf erhalten, wie Klenze die Front hatte ausbilden wollen; er konnte sie ähnlich 1833 für den Herzog Max in Bayern, aus der Linie Birkenfeld, an der Ludwigstraße in römischer Hochrenaissance verwirklichen.[43a] Aber die Einheit des ganzen Baues! Die nicht aus »drei Geschossen« besteht, sondern aus drei Welten, übereinandergeordnet, denn weder der Begriff »Stil« noch der Begriff »Stockwerk« hat hier die Bedeutung, die wir heute mit diesen Worten verbinden. Viel eher muß man an die Denk-Gebäude der Spätrenaissance erinnern, an die »Architectura« von Wendel Dietterlin[44] vor allem, in der aus den sogenannten »Stilen« der Antike vielmehr Lebens-Zusammenhänge geworden waren. Das Untergeschoß (merkwürdigerweise hat der Königsbau keinen Keller, obwohl er natürlich untermauert ist), das Untergeschoß ist das Reich der »Riesen«, der Vorzeit, der Titanen – oder vielmehr der Nibelungen: hier zum ersten Mal sind wir in der Welt Richard Wagners, noch bevor Wagner den Ring des Nibelungen gedichtet und in Musik gesetzt hatte, – hier zum ersten Mal im Leben der Wittelsbachischen Fürsten, übertragen in die lautlose Gegenwart der überlebensgroßen Fresken; der erste »Automatismus«, mit welchem Begriff wir uns später auseinandersetzen müssen: Architektur nicht zum Abwohnen, sondern als Symbol, in dem sich der Gehalt selbsttätig, ohne Einwirkung des menschlichen Lebens, wieder-holt. Niemals ist dieser Unterteil in den Festbereich, den Wohnteil einbezogen worden.

Wenn man betont: daß das »Schwanenrittertum« dem Kinde Ludwig II. durch Hohenschwangau und anderes beigebracht worden sei, darf man nicht vergessen, daß das untere Geschoß des Königsbaues schon von Ludwig I. her »Nibelungensäle« hieß. Ludwig II. führte als Kronprinz seinen Onkel Wilhelm I., König von Preußen, am 17. August 1863 durch diese Räume[45].

Das mittlere Geschoß war das eigentliche Fürstengeschoß, die Gegenwart zum Wohnen, Thronen, Regieren. Das dritte Geschoß hieß: die Blumensäle.[46] Ludwig I. nannte einen der Räume einmal »Pflanzensaal«.[47] Hier war der Söller[48] gedacht.

Drei Welten übereinander: Vorwelt, Menschenwelt, Blumenwelt (oder Götterraum) in archi-tektonischer Weltordnung, die hier also nicht allein durch Grundriß geschaffen wird. Dieser gewollte und erreichte Zusammenhang konnte nur mit den Kunstformen des »Historismus«, nicht mit denen irgendeines anderen »Stiles« geschaffen werden.

»Da nach des Königs ausdrücklichem Willen jede Wandbekleidung mit Seiden- Holz- oder anderen Stoffen, mit Spiegeln oder Fensterdraperien ausgeschlossen sein sollte, so war der Architekt auf eine Dekoration im Sinne einer höheren, einer monumentalen Kunst angewiesen, wobei er jedoch den Charakter eines heiteren fürstlichen Wohnhauses nicht aus den Augen verlieren durfte.«[49]

Des Königs Direktive ging bei der Glyptothek noch viel weiter. Den Bau und alle Antikensäle hatte er 2, 3
zwar seinem Klassizisten Klenze überlassen. Aber die Einrichtung der beiden Hauptsäle, in denen er nachts bei Fackellicht Feste der Kunst erleben wollte,[50] hatte er dem 1783 (also noch ein Jahr vor Klenze, drei Jahre vor Ludwig) geborenen Peter Cornelius übertragen und ihn dadurch von Rom nach München gezogen, – der niemals Klassizist war, vielmehr mit mittelalterlichen Legenden, mit Faust-, Nibelungen-, Dante-Illustrationen sich zum unbestrittenen Haupt der deutschen Künstler in Rom gemacht hatte; der nun eine Kosmologie der Antike entwickelte, der göttlichen, menschlichen, natürlichen Zusammenhänge
allen Lebens, an den unsere Aufschreibung des »kosmologischen Historismus« sich einfach anhängt. Den Abb. 5
gleichen Grundriß hätten und haben die Künstler und Denker auch in den pompejanischen Mosaiken und Fresken, den antiochenischen Böden, den mittelalterlichen Gewölben der Kathedralen, den Fresken der gesamten Renaissance angewendet. Es ist die schwer begreifliche Verengung des kunsthistorischen Denkens im 19. Jahrhundert, sofern es dem Rationalismus folgte, auf Aufriß (gleich Stil), auf Tafelbild (gleich Malerei) auf Fortschritt (gleich Kreativität), was diese Erinnerung notwendig macht. Sie gehört zum Verständnis dieser beiden Säle der Glyptothek, des Götter- und des Trojanischen Saales.

Im Königsbau zeigt die Decke des Schlafzimmers der Königin, lockerer und heller, doch die gleiche 4
Anordnung. Das Zusammengehörende, immer in Beispielen, Gegenüberstellungen, Reihungen der Formen und der Inhalte, geht von der Mitte aus und wendet sich wieder zur Mitte zurück. Die Dichtung der

damaligen Gegenwart (Goethe, dessen Dichtungen in dieser Decke eingegliedert sind, lebte noch) war in 5 der Raumflucht der Königin das zusammenfassende Thema. Der Thronsaal im Königsbau läßt an den Ballsaal im Leuchtenbergpalast, von Klenze ab 1816 geplant und ausgeführt,[51] zurückdenken. Freilich ist er puristischer »archi-tektonisch«, verdammt die illusionistischen Spiegel, ist fast ein nach innen gerichteter Triumphbogen, mit seitlich geraden, in der Mitte hochgebogenen Stürzen, mit inhaltsvollen Reliefs geschmückt wie die berühmten Beispiele des römischen Altertums. Die Mitte unter dem Bogen (wo in der Breitwand der Thron steht) zeigt auch in den Schmalwänden Motive, stellvertretend für Majestät. Alle Räume des Königs waren mit den Dichtungen des Altertums verbunden, hier mit Pindar; den Oden auf die Kampfspiele; den Preisungen der Heroen, Herakles, Achilleus, Jason und den Dioskuren, den Gottgeborenen.

5, 6 Drei Throne ließ Ludwig I. in der Residenz einbauen, im Königsbau für den König und die Königin; im Festsaalbau nur einen. – Max II. gab keinen Thron in Auftrag. Er benutzte die Sessel und die Räume seines Vaters. Für die Königin Marie wurde der Anfangs-Buchstabe geändert.

Es ist also in der Residenz noch im ersten Drittel des 19. Jahrhunderts insofern ein einsamer Zustand hergestellt, als auf die bürgerliche Behaglichkeit verzichtet wird, vielmehr das kolossale Gebilde einer königlichen Residenz noch einmal verwirklicht ist, durch Einheitlichkeit der Programme, durch feste Wände, festes Ornament, feste Throne, – mit einem Wort: durch Architektur. Die in der Dekoration sich selber aufzuheitern versucht und dabei einen merkwürdigen Grad von Selbständigkeit erreicht. »Auguste Leuchtenberg betrachtete die neue Wohnung (im Königsbau) höchst kritisch. Als sie die Königin in ihrer neuen Wohnung aufsuchte, fühlte diese sich gar nicht glücklich. Umso glücklicher aber war ihr Herr Gemahl. In »des Königsbaues obersten Gemächern ... walzte ich allein in dem Tanzsaal da oben, so fröhlich war mir's zu Muthe«.[52] Die gesamte Planung war auf eben dasjenige »Königsgefühl«[52a] eingerichtet, das Ludwig I. selber hatte, eine architektonische Aussage und Auslegung davon. Die Residenz verstand er als Weltort. Eine wirkliche Residenz zu schaffen, ist im 19. Jahrhundert nicht mehr möglich. Er hat es versucht, indem er seiner bisherigen Residenz noch einmal zwei »Schalen« umgezogen hat. Königs- und Festsaalbau sind »Jahresringe«.

Bei den »Blumensälen« stehen wir – bei Einbeziehung des Feigenhauses Max I. Josephs – einem klaren, unbezweifelbaren Zusammenhang von vier wittelsbachischen Königen in ihrem Bauherrentum gegenüber. Denn von Anfang an, immer! hat Ludwig I. hier oben seinen »Wintergarten« einrichten wollen, und hat ihn auf seine Weise dort oben gehabt und benutzt: »einen Wintergarten hatte ich bereits auf dem Königsbau bestimmt.«[53] Und »ein Beweis dafür, daß schon Ludwig I. an einen Wintergarten gedacht hat, ist, daß er mit dem jüngeren Sckell (dem Garten-Architekten) am 26. Februar 1826 erwogen hat, einen solchen auf dem Königsbau anzulegen«.[54] Weiter: seine Anordnung aus Rom an Klenze (der von diesen typologischen Zusammenhängen der Baukunst wenig hielt, und lieber ein »moderner Künstler« innerhalb des französischen Klassizismus sein wollte). Klenzes Antwort an Ludwig I. nach Rom, vom 4. März 1829, lautet: »... 6) Da ich die Kammerbälle natürlich nicht genau kannte, weder wußte ob, wie, oder wieviele Personen dabei soupirten, so konnte ich auch Ew. Majestät nicht gleich im Anfang, als Allerhöchstdieselben mir den Wunsch einen Wintergarten damit zu verbinden äußerten, einen zweckmäßigen Vorschlag darüber machen, wie ich hoffe es jetzt, nachdem Ew. Majestät mir das Bedürfnis genauer bezeichnet haben, zu thun. Es ist nun einmal in neueren Zeiten, und an manchen Orten, einer der Nachtheile des schon so schweren Faches der Architektur, daß man gesellige und Lebensbedürfnisse befriedigen soll, welche man gar nicht, oder doch nur ohngefähr und von Ferne kennt und sieht; und was das Ärgste ist, man wird auch noch wohl angefeindet wenn man sich dieser Ungewißheit zu entziehen sucht. Die beiden Treibhäuser so wie ich sie bis jetzt entworfen, und so wie sie beiliegender Plan in ABCD und EFGH zeigt, haben folgende große Schwierigkeiten und Nachtheile.

1) Kosten sie viel Geld. 2) Können sie nur 14–15 Fuß hoch gemacht werden, und werden dann doch schon auf der Mitte des Platzes sichtbar werden, an der Vorderseite nemlich; 3) Wird dadurch die Façade gegen den Hof ganz entstellt; 4) ist die Lage ganz frei nach Norden in der großen Höhe, so daß die Heitzung für tropische Gewächse niemals ohne große Schwierigkeiten und Gefahr in kalten Wintertagen ausgeführt

werden kann. 5) müßten der geringen Höhe wegen die schönsten Exemplare daraus entfernt bleiben. Alle diese Schwierigkeiten kannte ich längst, aber es war meine Pflicht Ew. Majestät Wunsch selbst gegen alle diese Hindernisse durchzusetzen. Die mir jüngst aber zuerst bekannt gewordene Bedingniße: daß 110 Personen in einem Raume und zwar im Grünen zu Abend essen sollen, gibt der Aufgabe eine andere Gestalt, weil die auf dem Plane angegebene Größe der Wintergärten nach dem jetzigen Projekte durchaus bedingt und zu gering ist, um den Zweck zu erfüllen. So wie die Noth beten lernt, [sic] mußte ich also nachdenken auf welche Art Ew. Majestät Willen zu befriedigen wäre, und der beiliegende Plan zeigt meinen Vorschlag.

Der Raum IKLM ist nach dem jetzigen Projekte in 3 Räume getheilt wovon der erste ein, der zweyte zwey, und der dritte wieder ein Fenster hat. Die zwey ersten Räume waren noch zu Nebengemächern des Tanzsales NOPQ bestimmt; das letzte Cabinet hatten sich Ew. Majestät wegen der Morgensonne am Fenster R vorbehalten. Ich schlage nun vor die beiden Wintergärten hinten ganz wegzulassen und den ganzen Raum IKLM zum Wintergarten zu machen, welcher dann, da er etwa halbmal so groß als der jetzige Speisesaal ist, für ein Abendessen von 110 Personen im Grünen hinreichend groß ist. Nebst dieser Hauptsache sind hiemit noch folgende Vortheile erreicht: 1) Wird bedeutend dadurch gespart 2) ist der Saal 28–30 Fuß hoch, kann also den schönsten Exemplaren des Nymphenburger Treibhauses Raum geben. 3) Wird weder die vordere noch die hintere Ansicht des Baues dadurch verdorben 4) Ist die Heitzung leicht und sicher, da nach Süden die großen Fenster soviel Licht und Sonne geben, wie dieses in den jetzt projektirten Häusern der Fall gewesen wäre, und der Raum, nach Norden, durch die zweite Reihe von Gemächern völlig geschützt wäre. Ew. Majestät verlieren das Cabinet mit der Morgensonne am Fenster R, dagegen wird aber der ganze, bis jetzt zum Eßsaale bestimmte Raum STUV disponibel, welcher am Fenster W daßelbe Morgenlicht hat. Überdem würden nun die Terrassen X frei welche einen recht angenehmen Spaziergang darbieten würden, besonders wenn man sie im Frühjahre und Herbst mit Blumen und Stauden schmücken wollte. Ich habe H. Insp. Skell die Idee mitgetheilt, und er hat sich ganz damit einverstanden gezeigt, nachdem wir alle Details verabredet hatten; nur hat er noch einen kleinen Raum für Erde, Töpfe, Werkzeuge pp. gewünscht, welcher sich schon wird finden lassen. Auch H. Hofmarschall v. Gumpenberg [Gumppenberg] habe ich den Plan mitgetheilt und er war rücksichtlich der Lage, Größe und Dienstgebrauchs ebenfalls von dem großen Vortheile überzeugt, welchen er darbietet. Es hängt also lediglich von Ew. Majestät Bestimmung ab, ob Allerhöchstdero Willen dadurch Genüge geleistet wird, und wie im Bejahungsfalle der hintere Raum STUV eingetheilt werden soll. Bliebe er in einer Größe wie jetzt, so böte er schöne Wände für die Bildnisse dar. Der Zugang dazu ist so wie er immer war die Treppe Z.«[55]

Wie Klenze vorschlug, wurde verfahren. Gleich bei der ersten Veranstaltung im Neubau, am 11. November 1835, waren in dem beschriebenen Saale Orangenbäume eingebracht, und die Tische waren jeweils um einen Pomeranzenbaum herum angeordnet; also eine Einrichtung wie in einem Wintergarten. Und die Pflanzen überwinterten wirklich hier.[56]

(Abbildungen freilich von diesen Blumensälen haben sich nicht finden lassen. Ich habe, vor der Zerstörung durch den zweiten Weltkrieg, 1937 und 1938 dort gearbeitet und die Archivalien zum Aufsatz über Herrenchiemsee[57] durchgesehen, als dort das Geheime Hausarchiv untergebracht war. Die wichtigsten Hinweise über die Räume sind enthalten in einem Manuskript von Heinrich Kreisel, 1945 aus der Erinnerung verfaßt.[58])

Die Verbindung mit Florenz – doch wohl gemeint als Ent-Sprechung zum Mäzenatentum der Medici? – schon beim Königsbau hergestellt, baute Ludwig I. konsequent weiter aus, was die unmittelbare Umgebung der Residenz anging. Sein Florentiner Renaissancismus ist viel »historistischer« als die Bauten Ludwigs II. Im Süden gegenüber dem Königsbau lag das Palais Törring, wohl 1834 zum Hauptpostamt bestimmt. Die bisherige Front hatte aber eine unregelmäßige Flucht. Ludwig schritt selber nächtens den Platz ab und bezeichnete, wie weit die neue Front herangeholt werden müsse[59]: nach dem Vorbild des Findelhauses in Florenz von Filippo Brunellesco. Ludwig deutete sie um in eine Loggia, aus welcher man die Festlichkeiten auf dem nun vollendeten Max-Josephs-Platz sollte übersehen können.

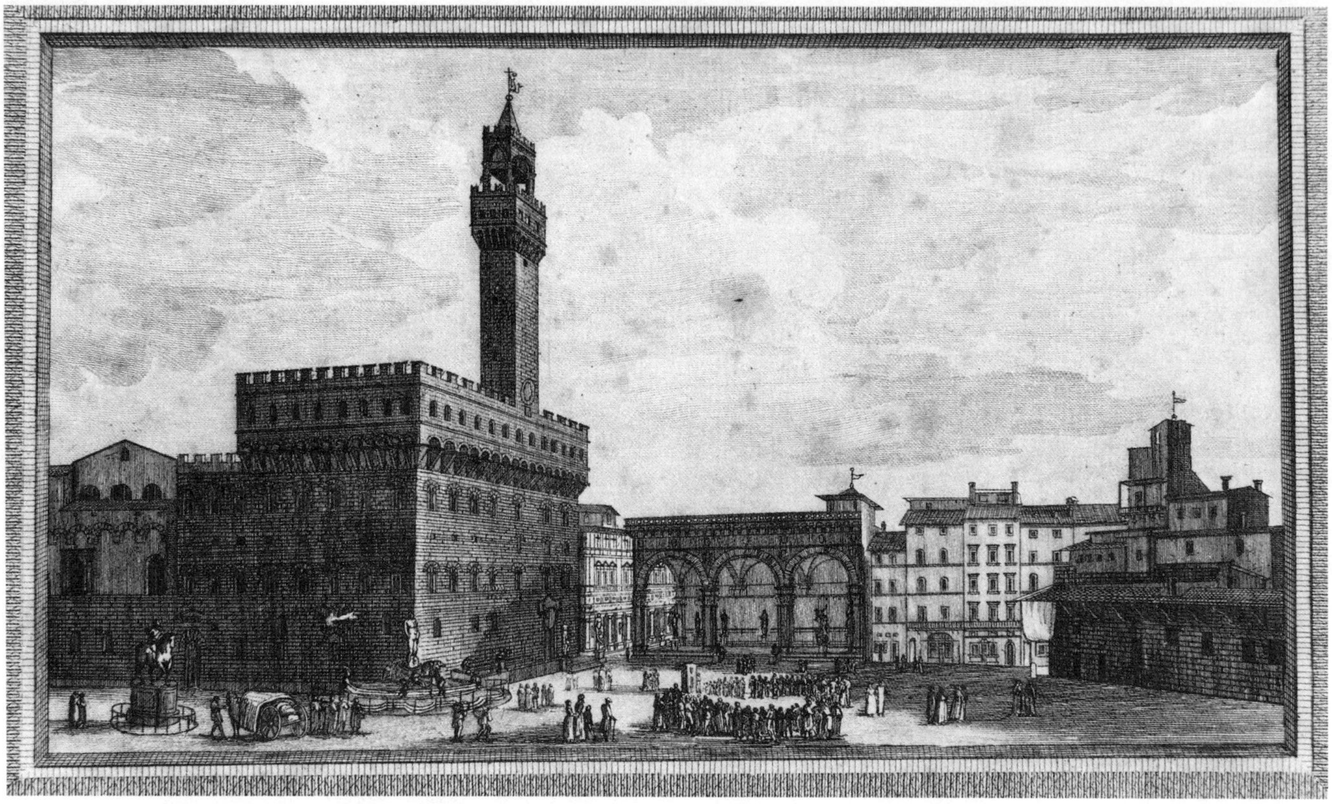

Abb. 8 Cosimo Rossi, Florenz, Loggia dei Lanzi. 18. Jh.

Eindeutig ist die letzte, wichtigste Entsprechung zur Florentiner Architektur: die »Feldherrnhalle«. Die inzwischen vollendete Ludwigstraße brauchte einen monumentalen Anfang und ein monumentales Ende. Abb. 8 Am Anfang wurde sie gefaßt mit der Feldherrnhalle – dem geistigen »Tor« zur Florentiner Frührenaissance. Am Ende mit dem Siegestor, dem geistigen »Tor« zur römischen Antike. Man braucht nur die Formen und die Namen wörtlich zu nehmen: das Gebäude in Florenz heißt Loggia dei Lanzi, und war der Aufenthalt der Residenzwache, – als Repräsentation, Polizei und schlagfertige Truppe zugleich. Eine Kaserne für die wirkliche Truppe hatte schon Max I. Joseph gebaut (Hofgartenkaserne). Wenn Ludwig I. die Feldherren als die Hüter des Monarchen – und des ganzen Landes – ehrte, so war es eine Überhöhung, eine Vergeistigung, eine Ent-Sprechung, aber nicht eine Verfremdung der Loggia dei Lanzi. Der König beweist hier seine dynastische Denkweise, im Gegensatz zur artistischen Denkweise von Klenze, – der nur an die Antike, nur an den »wahren« Stil denkt. Während der Wittelsbacher König an die – entsprechende – Position des Militärs neben dem Königsschloß (in Florenz: Palazzo Vecchio) denkt – in dieser sehr eigenartigen Verbindung zwischen »Künstlerischem« und »Königlichem«, individuellem Handeln – höchst charakteristisch für ihn. Die Halle ist Übertragung (Wieder-Holung) einer geschichtlichen Ent-Sprechung, – die nicht die kunsthistorische (kunst-stilistische) Form will, sondern den geistigen (archi-tektonischen) Gehalt, den Sinn dessen, was gebaut wird. Ein Bau in florentinischem Stil (Ent-Sprechung) in München ist für den König mehr wert, als ein florentinischer Bau in Florenz. Für den Unköniglichen dagegen: ist der in Florenz das Original, der in München die Kopie: – aber nur, weil ihm weder der eine noch der andere gehört.

Damit ist Ludwig I. der Vorläufer, der Erst-Macher desjenigen Wieder-Holens, das Ludwig II. dann fortsetzt.

Die Bedeutung Ludwigs I. als Bauherr für München und für das ganze Land Bayern kann hier nicht beschrieben werden; es ist angedeutet in einer Aufzeichnung in den Formen, in denen er dachte. Er beeinflußte die Architektur schon seit seiner Zeit als Kronprinz und dann noch über seine Abdankung

hinaus, insgesamt 61 Jahre lang, und sorgte auch nach der Thronentsagung für die Vollendung der begonnenen Werke. Doch muß es erlaubt sein, die Lücken anzugeben, die er offen ließ. Er war kein Theaterfürst. Weder baute er ein Theater, noch besuchte er viele Vorstellungen. Die italienische Oper hatte er gleich bei Regierungsantritt abgeschafft; das Residenztheater lag leer und geriet in Gefahr, abgerissen zu werden. Zwar besuchte auch er Goethe, aber doch nicht als den Theaterdichter, sondern als den überragenden Geistesheroen der Deutschen. Vielleicht hätte er Schiller noch glühender verehrt, wenn er ihn noch hätte erleben können. Aber weder bei Goethe noch bei anderen Bühnendichtern, Komponisten, Sängern, Schauspielern bemerkte man, daß König Ludwig I. sich selbständig um sie bemühte. – Er war auch kein »Natur«-mensch, sondern in einer fast antikischen, einer italienischen Art ein Städter. Auch wenn er Außensitze hatte, in Berchtesgaden, in Kissingen, in Bad Brückenau, später Leopoldskron bei Salzburg – es waren auch dort nicht die Bauern, mit denen er lebte, sondern wieder die Städter, während ihres jeweiligen Bade-Aufenthaltes. – Er war kein Jäger, kein Reiter, kein Soldat, – obwohl ihm unter Napoleon die (nominelle) Führung der bayrischen Truppen zugefallen war. Er war der größte und folgen- Abb. 9
reichste Bauherr der Stadt München im 19. Jahrhundert.

Maximilian II. wurde geboren am 28. November 1811 (anderthalb Jahre früher als Richard Wagner, geboren 22. Mai 1813). Trotz allen Einflusses seines Vaters: eine ganz andere, ebenfalls intensive Persönlichkeit. Er erfüllte viele Bedingungen des »Romantikers« einer zweiten Generation, denn die ersten deutschen Romantiker, Wackenroder, Tieck, Schlegel waren schon zwischen 1767 und 1773 geboren, schon vor dem Vater Ludwig. Innerhalb der Folge der bayrischen Könige steht Max II. generationsmäßig in einer Mitte.

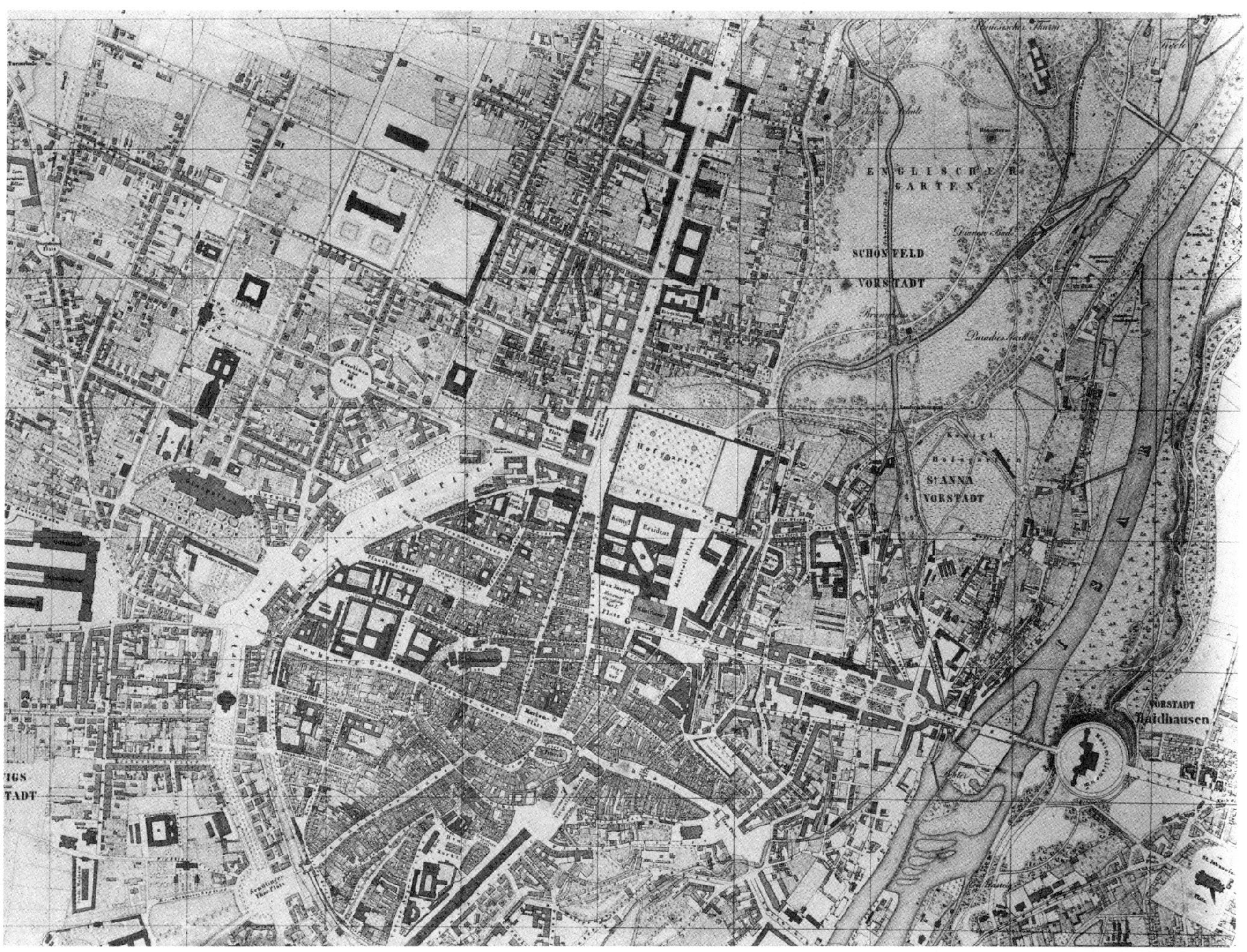

Abb. 9 Ausschnitt aus einem Plan von München. 1863 (vgl. Abb. 2)

Abb. 10 Maximilian II., König von Bayern. Lithographie

Er konnte nicht nur, nach seinem achtzehnten Geburtstag, weitere neunzehn Jahre reifen als »volljähriger« Kronprinz, sondern auch während seiner eigenen, sechzehnjährigen Regierungszeit lebte sein Vater Ludwig I. weiter.

Sicherlich war der Einfluß des Vaters Maximilian auf König Ludwig II. weitaus der stärkste. Die Gegensätze waren außerordentlich, und wurden von Ludwig II. immer empfunden. Doch hat man seine Abwehr, sein Selbst-Werden mit Unrecht fast wie einen Haß dargestellt, indem man nur die bitteren Äußerungen suchte, und die dankbaren nicht, die es ebenso gab.

Von den vier Wittelsbachischen Königen war Maximilian II. der am wenigsten Feste, der Unsichere. – Zwar waren außerordentlich viele Wittelsbachische Züge auch in ihm, gerade in der Bau-Leidenschaft. Aber: diese ungewöhnlich breite und intensive Beschäftigung mit der Architektur ist uneinheitlich, ist am schwierigsten darzustellen: weil sie in so viele Richtungen weist und keine »Mitte« hat. Sie besteht schon zeitlich aus zwei Hälften, die fast nicht miteinander zusammenhängen: die Zeit als Kronprinz und die Zeit nach der Regierungsübernahme.

Als Kronprinz: war er ganz ungewöhnlich abgeschirmt und zugleich freigestellt. Vater Ludwig setzte die Wittelsbacher Tradition fort: dem Kronprinzen im Augenblick, wo er großjährig war, auch den freien Raum zur Verfügung zu stellen, wo er bauen und auf seine eigene Weise reifen konnte. Drei bayerische Könige hintereinander handelten so.

1) Ein ganz neuer Typus: der Fuß-Wanderer.[60] Auf einer Wanderung mit dem Bruder Otto (später König von Griechenland), dem romantischen Künstler und ab 1830 Zeremonienmeister Franz Graf v. Pocci und dem Prinzenerzieher v. Oettel lernte er zur Zeit seiner Großjährigkeit, im April 1829, die halbverfallene Burg Hohenschwangau kennen. 1832, mit zwanzig Jahren, kaufte er sie dem Vorbesitzer, einem königlichen Topographen Adolf Sommer, ab. Der Umbau begann im Februar 1833 in Anwesenheit von Max. Am 14. Oktober legte er einen »Schlußstein«, weil er sich den bisherigen Erbauern nur an»schließen«, sie fortsetzen wollte. Die Entwürfe für die Herstellung stammten von dem Theatermaler Domenico Quaglio, – 8
hier also wirklich ein Theatermann als Baumeister, was man später zu Unrecht, aber hartnäckig seinem Sohne Ludwig II. vorwerfen wird. 1837 waren Einrichtung und Ausmalung im wesentlichen fertig (unbeschadet vieler weiterer Additionen).[61] Die Ausstattung: im besonderen »romantisch«, mit Herkunftssagen des Mittelalters (Karl der Große). Anwendung der Malerei zum Zusammengehören, zu einem »Gesamtkunstwerk« – im Gegensatz zu Isolierung der Malerei zu einer Sonderkunst in Ausstellungen und im Kunsthandel.

Hohenschwangau wurde der bevorzugte Ort der Familie nach der Heirat des Kronprinzen Max im Jahre 1842. Hier wuchs Ludwig II. auf, hier weilte er auch sehr häufig noch als König. In Hohenschwangau fand er: die Verbindung von Schwangau, Schwanenritter und Lohengrin. Ein nicht bekannter Autor 9–11
erwähnt, vermutlich um 1837 bereits, sogar Ideen für die engste Umgebung, die erst Ludwig II. ausführte, in einer Beschreibung von Schloß Hohenschwangau: »Hohenschwangau zum Schwanstein könnte ... die Wiege einer neuen Romantik werden: wer wollte leugnen, daß unser Zeitalter immer mehr in Deutschland, Frankreich u. England sich dahin zurückzieht? Dann könnten vielleicht auch die Ruinen von dem vorderen Schlosse Schwangau, die mit Falkenstein und Hohen-Freyberg ein langgezogenes Dreieck bilden, zu einem großen einfachen Fest- und Sänger-Saal wiederaufgerichtet werden ...«[62] Das »vordere Schloß Schwangau« lag an der Stelle von Neuschwanstein; Falkenstein wollte Ludwig II. neu bauen; ein Sängersaal, in Bezug zu »Tannhäuser« und von dem auf der Wartburg angeregt, entstand auf Neuschwanstein. Die Erstaufführung von »Tannhäuser« war 1845.

Hohenschwangau war also ganz allein von Kronprinz Maximilian gefunden, erworben, ausgestaltet. Erst 1844 sah Ludwig I. sich endlich den Wohnsitz seines Sohnes an: »Lieber Max, Hohenschwangau ist ein wahres Feenschloß!«[63] Andererseits besuchte Max II. niemals die Walhalla seines Vaters Ludwig.[64] Überhaupt stand er der Archi-Tektur seines Vaters nicht nahe.

2.) Aus Anlaß der Hochzeit des Kronprinzen, also 1842, schenkte die linksrheinische Pfalz ihm die Ruine Kestenburg, unweit Neustadt an der Hardt. Sie hatte einige Jahre zuvor Aufsehen erregt als Ort des »Hambacher Festes«. Maximilian ließ mit Feuereifer einen Wiederaufbau oder Neubau beginnen; der

Name wurde aus Kestenburg oder Hambacher Schloß in »Maxburg« geändert. – 1846 wurde der Bauplatz verlassen; Max II. besuchte ihn nicht wieder. Er hinterließ eine Neubauruine.[65]

3) Ludwig I. hatte zuerst dem Kronprinzenpaar die Residenz in Bamberg zuweisen wollen, die seit dem Tode des Herzogs Pius in Bayern 1837 leerstand.[66] Vater Ludwig erinnerte sich aber, wie er von seinem eigenen Vater respektiert worden war, und schuf seinem Nachfolger freie Handlungsmöglichkeit in der Archi-Tektur. Er setzte beim Landtag durch, daß ein für einen Kronprinzen außerordentlich großes Palais
12 für ihn erbaut werde, der »Wittelsbacher Palast«, – also gedacht als über die augenblickliche Situation hinausreichend, deshalb aus Staatsmitteln (1843–48).[67] Als Architekten stellte er seinen Hofbaudirektor Friedrich v. Gaertner zur Verfügung, – aber die architektonische Gestaltung überließ er seinem Sohn. Ludwig schrieb an seinen Vertrauten in Kunstfragen, Johann Martin v. Wagner in Rom: »Im Spitzbogenstil ist der Palast, der aber nicht des Baumeisters, des verstorbenen Gärtners, Wahl, noch meine war, sondern nach dem Wunsch meines Sohnes, für den ich ihn bestimmt, im Äußern und Innern durchgeführt wurde. Für Kirchen finde ich ihn geeignet, nicht für uns. Es passen nicht die Neueren dazu, und er nicht für München, wohl aber für Nürnberg, wo er herrschend.«[68] Ebenso war Ludwig I. nicht einverstanden gewesen, daß der Palast an drei Seiten von der Anwesenheit in der Stadt zurückgesetzt wurde. Nicht einfach bloß durch einen Vorstadt-Garten, sondern durch die Platz-Bepflanzung mit den hochgedachten Bäumen, eine Art Teilstück einer Allee mit geraden Reihen hochwachsender Bäume.

13 Gotisch war also die Wahl des Kronprinzen; außen englische, im Hof venezianische Spätgotik. Die äußeren Achtecktürme sind Wieder-Holungen von Hohenschwangau.[69]

13, 14 Von der geplanten Innenausstattung wurde wenig ausgeführt. Ein Entwurf zum Schlafzimmer lag vor: mit einer (gemalten) Laube über dem eigentlichen Gemache, einem in den offenen Himmel sich lösenden Gitterwerk, dazwischen blühende Ranken. Man würde zwar nicht unter freiem Himmel schlafen, wohl aber unter dem »Himmel« in überhöhter Bedeutung, unter einer Gelöstheit, die naturähnlicher empfunden werden sollte als der traditionelle Betthimmel, unter dem noch Ludwig I. schlief. Auf einem Grundriß mit dem Vermerk: »nach den von Seiner Königlichen Hoheit dem Kronprinzen bisher gegebenen Bestimmungen der Räume« liegt im zweiten Stockwerk über dem Schlafzimmer ein ebensogroßer Raum, als »Wintergarten« bezeichnet und durch eine Wendeltreppe mit dem Schlafzimmer verbunden[70]; ein weiteres Beispiel der Kontinuität des Wintergarten-Bauherrentums der vier ersten Könige Bayerns.

Bei Maximilians Thronbesteigung am 20. März 1848 war mit der Innenausstattung fast noch nicht begonnen, außer mit den der Architektur eingesetzten Teilen. Ludwig I. wünschte sich, er und sein Sohn würden in der von ihnen erbauten Archi-Tektur bleiben. Aber Max II. hatte begriffen, daß er Bayern nur aus der Residenz regieren konnte. Ludwig mußte den Wittelsbacher Palast beziehen. So war jeder der beiden Könige gerade in der ihm nicht gemäßen Archi-Tektur.[71] Die Vertauschung war tragisch für diese Gattung Menschen, denen die Architektur etwas Inneres, einen Teil ihres Wesens bedeutete.

4) Ein vierter Plan, ein Wintergarten von riesenhafter Ausdehnung, den Max im Herbst 1847 in Rom bearbeiten ließ, aber mit der Verpflichtung zu »ausdrücklichem Geheimnis«, wurde auch nicht ausgeführt. Er hätte alle Maßstäbe durcheinandergebracht. Wir werden ihn im nächsten Abschnitt besprechen, zusammen mit dem wirklich ausgeführten Wintergarten.[72]

Was Max II., im Augenblick, da er König geworden war, heraufhob und verwirklichte, den Maximiliansstil, – zur Überraschung, zur Mißbilligung des Vaters –, hatte ebenfalls lange Wurzeln. Etwa 1832 bereits faßte er die Erbauung des Maximilianeums in München ins Auge: »Auf der Isarhöhe bei München einen großen Nationalbau, einen Park, vielleicht auch einen herrlichen Stadtteil mit ganz großartigen Kais anlegen; die herrlichen Fichtenwälder dahinter möglichst zu erhalten suchen und zu veranlassen, daß neue gepflanzt werden ...«[73] Hier begegnet bereits das für Max bezeichnende Hereinnehmen der Landschaft in die Stadt, die Zusammenordnung von Grün und von Stadtbaukunst. Im September 1841 fragt Max den Architekten Eduard Metzger, einen Schüler Friedrich v. Gaertners, »ob ein neuer Baustil möglich?« Max muß sogar noch früher mit Künstlern und Kunstfreunden darüber gesprochen haben.[74] Gerade auf dem Gebiete der Baukunst, und mitten in München, mußten nun beide Könige ihre Verschiedenheit aushalten.

Das Hofsekretariat stellte vom Etatsjahr 1850/51 bis 1860/61 in immer gleicher Anordnung die jeweilige Etatsplanung auf, mit welchen Summen sich der König persönlich, aus seiner Civilliste, nicht dem Staatshaushalt, für welche Aufgaben einsetzen wollte:

Athenäum	Wintergarten
Hohenschwangau	Sanctuarium
Wissenschaft	Verschönerung Münchens.[75]

Diese Notizen entsprechen dem »Plan«, der um 1868 für Ludwig II. zu erschließen wäre. Mit »Athenäum« ist dasjenige Gebäude gemeint, für das schon zu Beginn der Vierzigerjahre und in der Folge immer wieder der Name »Maximilianeum« vorgeschlagen wurde – 1857 seine offizielle Bezeichnung[76]: Erziehungsanstalt, Gemäldesammlung, vor allem aber: Bauwerk. Mit ihm stand der Durchbruch der »Maximiliansstraße« in Zusammenhang, deren Baukosten vom Staat aufgebracht wurden.

Ein Abschluß der geplanten, von der Residenz nach Osten führenden Max-Straße in ungefähr der gleichen Entfernung wie das Siegestor der Ludwigstraße war zwingend, weil hier die Höhe des Isar-Ufers eine natürliche Grenze setzte. Trotzdem ist es bezeichnend, daß der König diese Abschließung seiner Straße (durch das Maximilianeum) so gestalten ließ, daß nur die Richtung rückwärts zur Stadt, nicht aber die Öffnung nach Osten, ins Land hinaus, zur Geltung kam. Ebenso charakteristisch war die Verwandlung der Straße in eine Grünanlage; und zwar nicht nur des erweiterten östlichen Teils, der mit unklarer Typologie als »Forum« bezeichnet wurde, sondern auch der westliche Teil der Straße bis zur Residenz war mit Bäumen bepflanzt. Baumpflanzungen und Blumenschmuck für München waren bereits vor dem 19. Mai 1850 von Maximilian Wolf, Geheimem Sekretär im Finanzministerium, in Aufsätzen erörtert worden, die Friedrich Ziebland am erwähnten Tage dem Hofsekretär Franz Seraph Pfistermeister zusandte.[77] Die Herein-Ziehung des Grüns in die Stadt: eine ein-atmende Phase? Statt die Weite zu bestimmen, der Versuch, die Natur nicht zu verlieren? Auch einem »Sanktuarium«, wie es Max II. sich schuf, liegt ja etwas Ein-Atmendes, nicht etwas Bestimmendes zugrunde.

Die Vorstellung, man könne Stadt und Land ineinander mischen, war vergleichbar mit dem Preisausschreiben »In welchem Stile sollen wir bauen?« das für die Maximiliansstraße 1850 ausgeschrieben und bis 1852 ausgetragen wurde[78], mit der Vorstellung, man könne durch Entnahmen aus den bisherigen Stilen einen zusammengesetzten Stil schaffen, der dann der Stil der Gegenwart wäre.

In die Zeit dieses Wettbewerbs fiel die erste Weltausstellung in London 1851. Deren Initiator, der Prince Consort Albert, wurde 1819 geboren; Max II. 1811. Wie weit haben sich beide gekannt? Bei beiden: die Überzeugung von einer entstehenden Einheit-der-Welt. Aber – wenigstens bei Max – die Auffassung: diese Einheit müsse sich in einem einheitlichen »Stil« äußern. Hierzu fügt sich beispielsweise die Erläuterung des Architekten Zeller über die Preisbewerbung zum »Maximiliansstil«: »... der Geist der Zeit, sein Streben ist: Alle Sonderstyle in sich aufgehen zu lassen« und: »Welche Bedeutung hat die Frage ... in der Hand eines Mächtigen, der mit der Fragestellung schon beurkundet, wie sehr er seine Zeit versteht und der in der Lage ist, durch die Macht seiner Stellung Einfluß auf die Geschichte der Welt zu üben? Er könnte berufen sein, wie sein Land, so auch die ganze Welt durch die Macht seiner Intelligenz zu beherrschen!«[79] Statt in einem »einheitlichen Stil« besteht die Einheit viel mehr im Bewußtsein, in der Kosmologie als solcher, wie bei Ludwig I. und – in anderer Weise – bei Ludwig II. Diese Einheit im Bewußtsein muß sich aber viel-individualistisch äußern. Dem Stil kommt viel eher das Individuelle als Kriterium zu als das Zwingend-Gleichzeitige.

Die Anlage der Maximiliansstraße verunklärte das Bezugssystem des Max-Josephs-Platzes. 1833 hatte Ludwig I. Klenze beauftragt, die Front des Palais Törring (Hauptpostgebäude) so weit vorzurücken, daß das Nationaltheater in die Platzmitte zu stehen käme. Das kommt infolge des Durchbruchs der Straße nicht mehr zur Geltung.[80]

Der eigentliche Maximiliansstil, insgesamt aus der Initiative des Königs entstanden, ist kunsthistorisch so gut durchgearbeitet, daß fast verdrängt wird, daß er nur ein – wenn auch sehr entscheidender – Teil des architektonischen Einsatzes von Max II. ist; daß er nach einigen Jahren selber vorsichtig von dem

Grundgedanken abrückte: es müsse möglich sein, aus vielen Stilen einen neuen zu gewinnen, der dann der unsere sein werde; auch, daß der ärgste »Verriß«, der über den Maximiliansstil gedruckt worden ist, schon 1863 vorlag, noch zu Lebzeiten des Königs (ein Verriß ohne Sinn für Architektur, also unsachlich, von Julius Meyer[81]).

Aber der Maximiliansstil ist wirklich nur Teil innerhalb der Bautätigkeit Max. II. Es erfolgten, seitdem er König war:

1849–51 Umbau und Ausbau des Schlosses Berg[82]
1850–53 Erbauung der königlichen Villa in Berchtesgaden[83]
1851–52 Erbauung des Kasinos auf der Roseninsel (Starnberger See)[84]
ab 1851 Jagdhütten im Gebirge
1853–54 Erbauung des Schweizerhauses in der Bleckenau[85]
16 1854–56 Erbauung der königlichen Villa in Regensburg[86]

Also: wenn die Namen Hohenschwangau, Berg, Roseninsel und die Namen der Jagdhütten wie Vorderriß, Hinterriß, Tegelberg, besonders Linderhof, gefallen sind, so weiß man: fast das ganze Leben Ludwigs II. hat sich auf denjenigen Plätzen – oft auch in denjenigen Bauten – abgespielt, die sein Vater dem Königshaus zugebracht hat. Da Neuschwanstein nur wenige Kilometer von Hohenschwangau entfernt ist, hat Ludwig II. eigentlich nur einen Bauplatz von überragender Bedeutung selbst gefunden: die Herreninsel im Chiemsee.

Von seinem wichtigsten und eigensten Bauplan, der mutatis mutandis ebenfalls auf Ludwig II. vorausweist, wurde Max II. abgehalten durch seinen plötzlichen Tod am 10. März 1864: von der Errichtung eines
17 Schlosses in Feldafing am Starnberger See. Da der König immer erreichbar sein wollte, so wäre die Ausführung, gerade wegen der Nähe zu München, der Anfang gewesen zu einer Verlegung des Regierens aus München heraus. Schon der ausgearbeitete und genehmigte Plan (von August v. Voit)[87] ging weit über den Umfang eines vorübergehenden Aufenthaltsortes hinaus. Ein Schloß Versailles neben dem Louvre, mit allen Konsequenzen, wäre die Folge geworden. Ankäufe, Planungen, alle Ausschachtungen waren abgeschlossen oder aufgenommen. Schon am 16. Juni 1851 beschloß der König, den Ankauf der Grundstücke allmählich einzuleiten, obwohl der Bau noch nicht beschlossene Sache war.[88] Am 23. Mai 1853 teilte der König dem Hofsekretariat den Entschluß zum Grundstückskauf unterhalb Feldafing mit, wo »später vielleicht« eine Villa gebaut werden solle.[89] Den Fassadenaufriß hatte August v. Voit kurz vor dem 16. November 1862 fertiggezeichnet.[90] Die Pläne für den in Feldafing vorgesehenen Wintergarten hatte er schon kurz vor dem 8. November entworfen.[91] Am 19. März 1864 schrieb der Hofsekretär Hofmann an Voit, daß Ludwig II. den Bau »definitiv« einstelle.[92]

Aber die eigentlichen Dokumente über dieses so weit ausgreifende Bauplanen Max II. sind die Selbstbesinnungen dieses Fürsten: der über jedes Vorhaben, jedes Handeln ein nach allen Richtungen gefächertes Selbstbefragen schriftlich niederlegte und aufbewahrte. Am 18. Juni 1857 notierte er:

»Feldafing betr.

1) Man kann annehmen, daß Ich – im Besitze eines Aufenthalts zu Feldafing – im Frühjahre 2–4 Wochen angenehmer zubringen kann, als an einem anderen Orte, auch wenn man den Aufenthalt in Nymphenburg in Berechnung bringt.

2) In Bezug auf den Herbst läßt sich annehmen, daß der Monat November angenehmer dort zugebracht werden kann, als es sonst irgendwo der Fall wäre, solange Ich an den Gebirgsjagden Vergnügen finde; ist aber letzteres nicht mehr der Fall, so kann ich dann 6 Wochen angenehmer dort zubringen, als anderswo.«[93]

Am 30. April 1861 gab nach einer längeren Besprechung über den Gegenstand Abt Daniel Bonifacius v. Haneberg folgende Meinung ab: »Gewiß läge in der Erbauung obiger Villa durch S. M. den König auch nicht der Schatten eines Unrechtes; der Entschluß hiezu sey vielmehr recht und gut.«[94] Haneberg, geboren am 17. Juni 1816 (also fünf Jahre jünger als Max), gestorben als Bischof von Speyer am 31. Mai 1876, war als Alttestamentler, Islamist, Universitätsprofessor, Kanzelredner, Beichtvater in München von großem Einfluß. 1851 trat er ins Benediktinerkloster St. Bonifaz in München ein; 1854 wurde er dessen Abt.[95] (Kronprinz Ludwig am 6. November 1858, also mit 13 Jahren: *Abendmahl, Allerheiligenkirche. Abt Haneberg hielt eine sehr schöne Anrede.*)[96]

Am 22. April 1862 stellte Max II. wiederum eine dieser merkwürdigen Selbstprüfungen an:

Ergebnis Meiner Überlegungen darüber, ob ich jetzt den Bau von Feldafing in Angriff nehmen soll.

Nach reiflicher Überlegung habe Ich gefunden, daß, nachdem in diesem Monat weder über die Schöpfung einer Militär-Akademie, noch über eine religiöse Stiftung Bestimmtes und Conkretes sich herausstellt, es zweifelhaft ist, ob eine Schöpfung auf diesem Felde, namentlich so lange sie blos auf einer Stiftung ohne äußere Verkörperung beruhen würde, mir mehr genußreiche Befriedigung gewähren würde, als der Bau einer Villa in Feldafing.

So weit, fürchte ich, bin Ich noch nicht gekommen, daß das Sorgen für den Nächsten so groß ist, daß auch Meinem Gefühl nach die Freude, Mir diesen Genuß (durch das Sorgen für den Nächsten) zu verschaffen, überwiegt (über die Freude an Feldafing).

Abgesehen davon hat es auch, glaube Ich, eine Berechtigung für Meine Stellung als König und die Rücksichten auf Meine leibliche und geistige Erstarkung und Erfrischung, daß Ich Mir auch eine passende Residenz in Feldafing schaffe.

Ich glaube auch, daß man, abgesehen von allem anderen darüber bereits Aufgezeichneten, für den Bau von Feldafing noch anführen kann, daß Ich im Spätherbst neben der Mir so wohltuenden Ruhe des ländlichen Aufenthalts in Feldafing wenigstens hoffen darf, in den Zwischenzeiten öfters nach München zu kommen u. so mit den Ministern u. den Geschäften in wirksamem Verkehre zu bleiben.

Dessen ungeachtet bin Ich fest entschlossen, Meine persönlichen Wünsche dem Willen des Herrn unterzuordnen u. deshalb will Ich die Entscheidung darüber wenn möglich dem Abte Haneberg in die Hände legen.

Was die innere Befriedigung betrifft, so glaube Ich, daß, wenn ein Gebäude für Wohltätigkeit in Angriff genommen worden ist und der religiöse Punkt, daß Ich Mir den Bau von Feldafing erlauben kann, bejahend bereinigt ist, dann gerade kein Objekt vorliegt, dessen Ausführung Mir eine größere Freude machen würde als Feldafing.

Vorausgesetzt ist hierbei, daß sich jetzt bezüglich der religiösen Schöpfung nichts Überwiegendes finden würde.«[97]

Eine der (dem Sinne nach immer gleichen) Beratungen mit Abt Haneberg wurde folgendermaßen aufgezeichnet:

»Die Frage an Abt Haneberg war folgende:

ob Ich unbeschadet in der Vervollkommnung in der Liebe und Selbstverleugnung, welche der Mensch erstreben soll, nach dem Stande der Sache den er kennt, gut thue, Mir den Bau zu erlauben?

Abt Haneberg antwortete hierauf nach längerer schweigender Überlegung:

So wie die Frage gestellt ist, muß ich, absolut genommen, sie unbedingt verneinen. Mit Rücksicht jedoch auf die individuelle Lage SM. des Königs möchte ich sagen: Wenn Seine Majestät die menschliche Überzeugung haben, daß dieses Unternehmen Ihnen bleibende Freude machen und AH. Sie wesentlich ermuntern wird, die schweren Berufspflichten, die Ihnen obliegen, mit neuer Freude und Energie aufzufassen, dann thut Seine Maj. unbedingt gut, den Bau mit Dank gegen die Vorsehung zu unternehmen.

München, den 5. Juli 1862.«[98]

Man kann diese Schriftstücke nur hinnehmen. Undenkbar, daß Ludwig I. oder Ludwig II. eine solche Selbstgrübelei zu Papier gebracht hätten. Undenkbar, daß sie eine Entscheidung, bei der es sich ums Bauen handelte, und die infolgedessen den Bauherren oder den Baumeister anging, jedenfalls jemanden, der vom Bauen etwas verstand, – so umgebogen hätten, daß eine sittliche Entscheidung daraus wurde, eine Wahl zwischen Selbstlosigkeit und Selbstsucht, oder wie immer man sie drehen will, – und diese Entscheidung dann dem Seelsorger so hinformuliert hätten, daß dieser wiederum mit einem theoretischen Nein, aber mit einem praktischen Ja antworten mußte.

5) Wintergarten und Sanktuarium. Die Baugattungen Wintergarten und Gewächshaus wurden im 19. Jahrhundert in mehrfacher Hinsicht typisch.[99] Einer der größten Wintergärten der ersten Jahrhunderthälfte war derjenige des Herzogs von Devonshire in Chatsworth (Derbyshire), »The Great Stove«, 1836–40

von Sir Joseph Paxton, weltberühmt auch als eine der ersten großen Eisenkonstruktionen. 1849–50 baute Paxton in Chatsworth das »Victoria Regia Lily House«. Formal und in der Größe ähnlich »The Great Stove« von Chatsworth war das »Palm House« in Kew Gardens, London, von Decimus Burton und Richard Turner 1844–48.[100]

Paxton, der als Gärtner des Herzogs von Devonshire begonnen hatte, war die Errichtung des »Crystal Palace« in London (1850–51) zugefallen, weil nur mit der bei den Gewächshäusern erprobten Technik ein solches Riesenhaus möglich war. Angestrebt wurde beim »Crystal Palace«: die Riesenhalle für die erste Weltausstellung 1851 und die Überbauung der im Gelände stehenden Bäume.[101]

Aber für Paxton bestand die Architektur nicht nur aus technischer Zukunft, sondern ebenso aus fürstlicher Stil-Darstellung. 1851–54 erbaute er mit George Henry Stokes den Palast Mentmore Towers (Bucks.) für Meyer Amschel de Rothschild, eine Vielfalt aus historistischen Stilformen.[102] In den Biographien von Paxton aus der Zeit des Art Nouveau wurde der Palast vielleicht erwähnt, aber nicht abgebildet. Man hätte sonst schon damals zugeben müssen, daß nicht Einseitigkeit und Doktrin, sondern die Zusammengehörigkeit von geschichtlich-gewordener Steinarchitektur und gegenwärtig-sich-entwickelnder Eisenkonstruktion das Schaffen der großen Architekten des 19. Jahrhunderts bestimmten.[103]

Kronprinz Maximilian hat vor dem 26. Mai 1846 bereits Alexander v. Humboldt fragen lassen, an welche Gelehrte und Bildungsstätten der Botanik und Chemie man sich bei einem geplanten Besuche in Berlin wenden müsse, der vielleicht in Zusammenhang mit einer Wintergarten-Idee erfolgen sollte.[103a] Verwirklicht hatte Max sie bereits in Hohenschwangau.

Nach Vollendung von Königs- und Festsaalbau der Residenz hatte diese nur noch nach »rückwärts«, an dem abfallenden Gelände zum Isarkanal, kein rechtes Gesicht. Marstall, Reithalle, Wagenremisen, anschließend die Hofgartenkaserne lagen dort etwas ungeordnet und mit schrägen Achsen. Hier setzte die Phantasie des Kronprinzen Maximilian 1847, also drei Jahre vor dem Entwurf zum Crystal Palace, mit einem unerwarteten, beinahe unverständlichen Auftrag ein. Er hatte in diesem Jahre in Rom das Atelier des Bildhauers Werner Henschel besucht und, »da er sich mit der Anlage eines Wintergartens im Residenzschloß zu München trug, Henschel zum Entwurf eines bezüglichen Planes Auftrag gegeben; die Ausführung sollte aber durch Münchener Gewerbtreibende [sic] erfolgen. Anfangs blieb die Arbeit infolge Henschels Krankheit liegen, dann wurden zwar in Verbindung mit Anton Henschel Pläne gemacht, die Ereignisse von 1848 und später Henschels Tod brachten aber alles ins Stocken. Der Kronprinz verlangte die Ausführung eines neuen Gedankens, Henschel dachte an eine Anlage, die im Winter verdeckt werden könnte, mit Berg und Thal, durchflossen von zwei Armen der Isar, mit einem in Felsen versteckten Maschinenhaus und auf dem Felsen das schlafende Dornröschen in Marmor ausgeführt. Wie weit die Pläne entwickelt worden waren, ist leider nicht zu sagen.«[104]

Am 15. Februar 1848 schrieb der kurhessische Oberbergrat Anton Henschel, Inhaber der Lokomotiven-Fabrik Henschel in Kassel, an Max:

»Euer Königliche Hoheit haben gnädigst geruht meinem [sic] Bruder Professor [Werner] Henschel in Rom mit dem Entwurfe eines Wintergarten-Gebäudes zu beehren und die erste Skizze dazu in mehreren Puncten mit gnädigstem Beifall aufzunehmen, was demselben und da wir dergleichen in der Regel gemeinschaftlich bearbeiten auch mich sehr beglückt hat. Leider unterlag mein Bruder einer abermaligen Erkrankung und konnte mir erst später wieder seine weiteren Ideen mittheilen.

Durch die von Euer Königlichen Hoheit beliebte bedeutende Erweiterung der Arealgröße dieses Bauwerks wird dasselbe dem Künstler immer interessanter, zugleich aber auch um so wichtiger und verpflichtet zur gründlichsten Bearbeitung. Im Jahre 1833 sah ich die eingestürzte neue große Kuppel des königlichen Gewächshauses zu Brighton in ihren Trümmern liegen (sie war von Gußeisen). Vor 25 Jahren construirten wir die zwar auch gußeiserne mit Glaßfenstern belegte Gewächshauskuppel zu Wilhelmshöhe, mit aller Vorsicht, da aber deren Stellung auf hölzernem Unterbau von uns nicht verhindert werden konnte so ist man der Sorge nicht überhoben, woraus nicht nur der Vorzug des Schmiedeisens sondern zugleich die Nothwendigkeit hervorgeht das gegenwärtige wichtige wichtige [sic] Project nur an der Hand der Erfahrung zu bearbeiten – die hauptsächlichen Verbindungsstücke der Dach- und Kuppelsparren pp. deren Widerstandsfähigkeit sich nicht sicher genug berechnen läßt, in einzelnen [sic] Exemplar alsbald der Probe zu unterwerfen und ebenso in ästhetischer Hinsicht die anzuwendenden verschiedene [sic] neue [sic] Formen und Gliederungen mannigfaltig zu modelliren und neben guten Antiken bis zum gewünschten Effecte abzuwägen – wie das der Architect und Mechaniker immer thun müssen, wo sie sich nicht auf bloße Nachahmung beschränken wollen. Bei dem in Arbeit befindlichen 2ten und größerem [sic] Projecte würden wir diesen Weg, auch schon der größeren Zuverlässigkeit des Kostenanschlags wegen, gleich von vorn herein [sic] eingeschlagen haben, wenn wirs [sic] nicht für schicklich halten müßten, Euer Königliche Hoheit zuvor um gnädigste Genehmigung mehrerer Hundert Thaler Kosten für Versuche, einzelne Modelle und geeignete Zeichenhülfe unterthänigst zu bitten, wobei wir mit aller Sparsamkeit verfahren und jedesmal die specielle Rechnung einzureichen nicht verfehlen werden.

Das meinem Bruder anbefohlene Geheimniß der Sache wird streng gewahrt und in Fällen der Ueberraschung bei der Arbeit ein ganz anderer Zweck angegeben. Mein Bruder wird nicht verfehlen, den fraglichen weiteren Entwurf demnächst von Rom aus unterthänigst einzureichen. Abb. 11, 12

Wintergarten. Skizze No. 1. Vier achteckige Pavillons von nahe 74' im kleinen Durchmeßer enthalten die Mechanik der Luftheitzung und Waßerleitung, Wohnungen, Bäder pp.

Zu den Haupteingängen auf den langen Seiten bleiben 2 Sectionen vorn offen, werden dagegen nach Innen durch die herum laufende [sic] Arkade mit darauf stehender Glaswand halbkreisförmig geschloßen. 3 Kuppeln unterbrechen die Einförmigkeit der Dachung.

Eine ganz leichte eiserne Brücke von 3 Bogen überspannt den Zwischenraum zwischen dem Pavillon des Festsaalbaues und dem Garten, und trägt eine leichte in neutralem Style auszuführende bedeckte Verbindungs-Gallerie.

Könnte letztere etwa nicht anders als gerade von der Mitte des Festsaalbaues ausgehen, so müßte das neue Gartengebäude um circa 10' nach der Theaterseite herunter gerückt [sic] werden, was als ein bescheidenes Zurücktreten der Gartenpavillons wohl angehe und hier zugleich den Vortheil einer größeren Breite der Straße gewähren würde.

Eine zweite Verbindungsbrücke dürfte symmetrisch aus dem Neubau A ausgehen, so daß man von der Hofseite die ganze imposante Façade des Wintergartens übersehen könnte.

Skizze No. 2. Von No. 1 dadurch verschieden, daß der ganze Raum des disponibeln Platzes nach der langen Straße hier vollständig überbaut ist. Weil hier in der Breite eine Section mehr genommen worden, so ändert sich die Stellung der Kuppeln und mit Wegfall des 2ten Haupteingangs, kann ein Eingang von der Zeughaus-Seite her Statt finden.

Skizze No. 3. Ist nur dadurch von No. 2 unterschieden, daß sie versuchsweise eine andere Composition der Eckbaue zeigt, die rechtwinklich [sic] und weniger als die Octogone vorspringen, und mit etwas mehr Raum benutzen laßen.

Doch scheint nach einigen Aufrißversuchen das Achteck den Vorzug zu haben, daß es die Façade erweitert, den Eckfenstern mehr Luft und Licht giebt und paßende Composition zum Contrast mit dem Schloß-Pavillon erlaubt.«[105]

Die beigefügten drei Grundrißskizzen zeigen, daß der geplante Wintergarten in monumentalem Maße von der Nordflucht des Festsaalbaus bis zur Südflucht des Residenztheaters reichen sollte, – das aber schon zur Einebnung bestimmt war; – also in einer Länge von etwa 650 Fuß (ungefähr 200 m) und einer Breite von etwa 460 Fuß (ungefähr 140 m): ein Glaspalast mit englisch beeinflußten kantigen Ecktürmen, ähnlich denen am Wittelsbacher Palais, Schloß Berg, Hohenschwangau und der Königlichen Villa in Regensburg. Der vorausgehende Auftrag des Kronprinzen muß sehr genau formuliert gewesen sein. Er kann nicht anders interpretiert werden, als daß er es als Aufgabe ansah, auch noch die Ostfront der Residenz zu schließen, zu monumentalisieren, – und daß er als solche Monumentalform einen Wintergarten für möglich hielt: also geordneten Baumwuchs und Eisenkonstruktion. Der Bau hätte auch die Beseitigung der Reithalle notwendig gemacht, eines Werkes Leo v. Klenzes, der noch bis 1853 Intendant des ganzen Hofbauwesens war.[106] – Kein Wunder, daß Maximilian »Geheimniß der Sache« anbefohlen hatte. König geworden, kam er offenbar auf diesen Plan nicht mehr zurück.

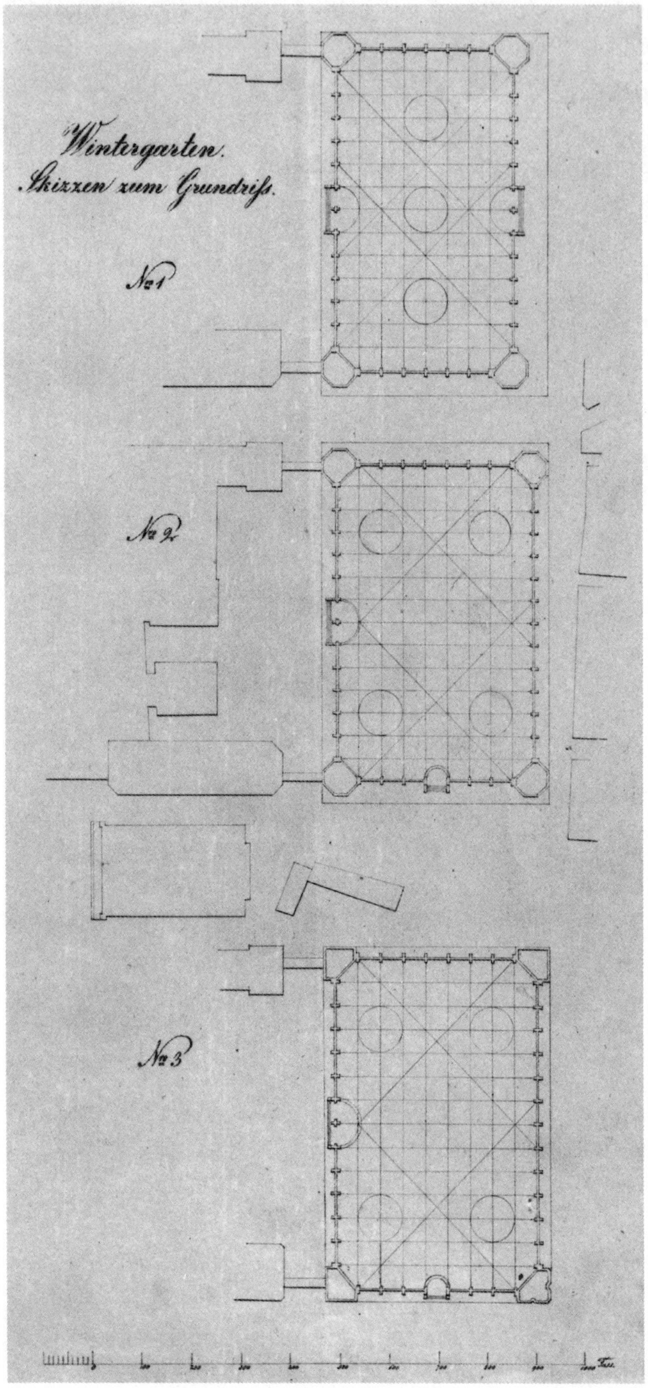

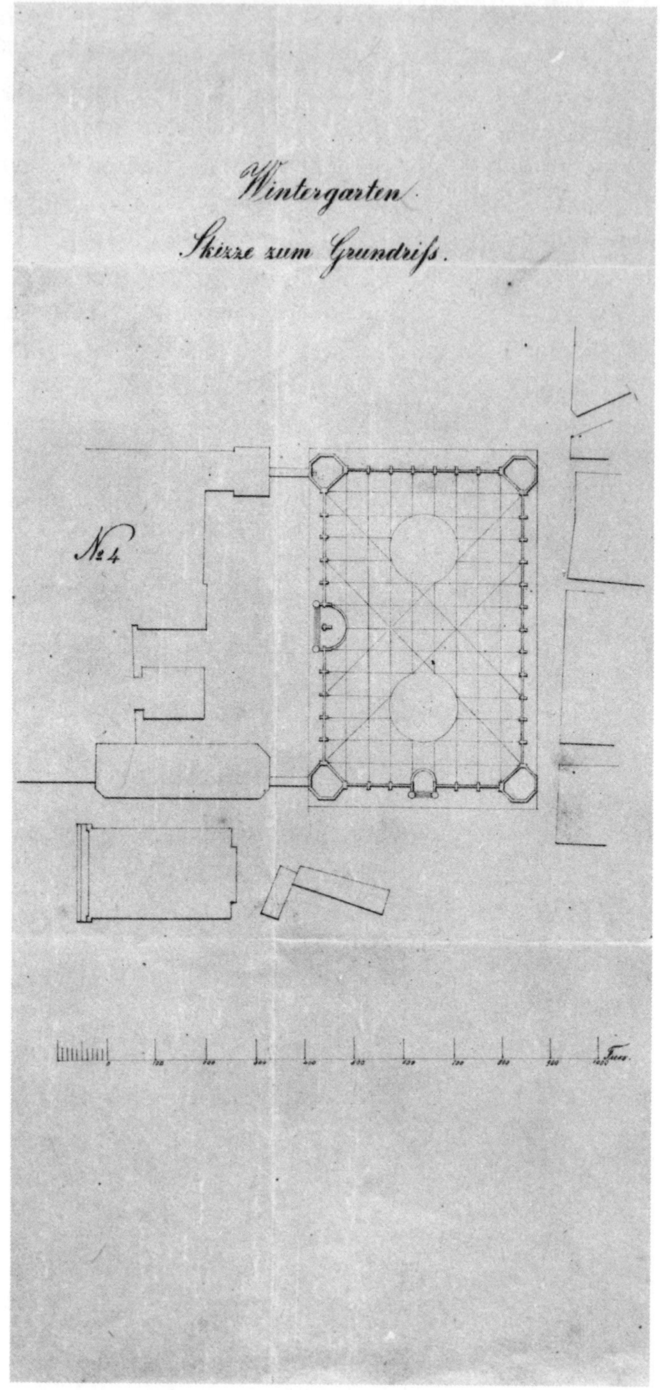

Abb. 11, 12 München, unausgeführtes Wintergarten-Projekt für Max II., von Werner und Anton Henschel. 1847 oder 1848

Denn nun zeigte sich, daß dieser neue Mensch Maximilian einen ganz anderen Zusammenhang von Planungen vorbereitet hatte – zur Überraschung seines Vaters, – der sowohl über den Wittelsbacher Palast, wie auch über das nun erfolgende Preisausschreiben zur Gewinnung eines neuen Stils sich verwundert, schließlich ablehnend äußerte, – da doch die Vorstellung, von der Max ausging: es müsse möglich sein, vermittels eines kunsthistorischen Denkens, durch eine Benutzung und Addierung (Synthese?) aller bekannten Stile zu einem Stil der Gegenwart zu gelangen, das Kosmologisch-Zentrale, aus welchem Ludwig I. gehandelt hatte, nicht mehr gelten ließ. Die Einheit in der Zeit war bei Max verloren, um die Stationen der Zeit zu gewinnen. Ludwig I. war so sehr ein Handelnder, ein gegenwärtiger Mensch gewesen, daß er sich selber erst nachträglich, aus seinem eigenen Tun wahrnahm: »Ich denke deutsch, meine ganze Politik ist teutsch, aber ich baue nicht teutsch! Sonderbar!«[107] (»teutsch« beim Bauen verstanden als »gotisch«, und »nicht teutsch« als klassizistisch). Max II. war so sehr ein unsicherer, fragender, nachforschender Mensch, daß er, innerhalb des Bauens, statt eben zu handeln, erst sein Gewissen beruhigen ließ von einem Fremden. Oder anders ausgedrückt: die Zeit (das Sein) war für Ludwig I. so sehr seine Gegenwart, daß sich alle Gewesenheit, und alle gegenwärtigen anderen Völker, in ihren Lebensweisen und ihren Jahrhunderten, deutlich wahrnehmbar und beschreibbar, doch aber als angeordnet um diese seine eigene Gegenwart verhielten. Für Max II. schien die Zeit (und sein Sein) aus eben diesen Jahrhunderten und Lebensweisen zu bestehen. Sie hielt er für wirklich, sich selber aber nicht. Wenn er also aus diesen Gewesenheiten, (die er unter dem Einfluß der Literaten, der Kunsthistoriker, »Stile« nannte) einen neuen Stil zusammenformen wollte, fühlte er sich selber nicht in seiner Mitte, sondern versuchte, vermittels der anerkannten Stile der Vergangenheit eine solche Mitte zu gewinnen und seine Gegenwart »zusammenzusetzen«.

Oder nochmals anders ausgedrückt und ganz auf die Architektur bezogen: Ludwig I. mußte denken: daß dieser Versuch von Max II., zu einem einheitlichen Stil zu kommen, nicht aus einem archi-tektonischen Denken stamme und nicht mit einer Welt-Ordnung zusammenhänge. Daß er nicht bei dem Grund-Riß, nicht bei dem Bau-Typus anfange, sondern, einstweilen ohne beides, irgend einem aufrecht stehenden Gebilde einen »Stil« umhängen wolle.[108]

Sanktuarium und Wintergarten (dieser nun als Fort-Setzung der Residenz) sind diejenigen Bauten, mit welchen Max II. an der Weiterentwicklung des Max-Josephs-Platzes, an dem Ausbau der Residenz wirklich teilhatte und mit denen er seinem Sohn Ludwig II. es möglich machte, Bauherr zu werden.

Denn was Max hier schuf, hatte keinen Zusammenhang mit dem Maximilianstil, aber es entsprach einer archi-tektonischen Grundform. Vielleicht war es ihm selber nicht bewußt, was es bedeutete, wenn er den Wintergarten, den er soeben noch als Kolossalgebilde aus Eisen vor die Residenz hatte fügen wollen, nun mit einem Sanktuarium zusammen entwickelte und in die schon bestehende Architektur einbrachte. Hier nahm er einen menschlich tiefgreifenden und einen geschichtlich bis zum Feigenhaus der Zeit vor Erbauung des Nationaltheaters zurückreichenden Zusammenhang auf.

Wie erwähnt, war auf dem Areal von Königsbau und Nationaltheater das Entstehen eines Wintergartens schon lange »virulent«. Erst Max II. verwirklichte es und fügte das Sanktuarium hinzu. Innerhalb dieses Sanktuariums umgab den König zwar kein Kreis von Bauaufgaben, wohl aber auch ein Kosmos, – oder nach Wilhelm Heinrich Riehl eine Enzyklopädie der großen geschichtlichen Persönlichkeiten.[109] Riehl war Teilnehmer der von Max II. in der Residenz veranstalteten »Symposien«, anfangs einem Dichterkreise; seit 1855 bildete sich »der Dichterkreis ... zu einem Gelehrtenkreis um ... Ich bezeichne aber diese zweite Periode, welche hinter der Hand aus der rein poetischen hervorgewachsen war, als die encyklopädische ... das Wort paßt dann nicht nur auf unsere Zusammenkünfte, sondern auch auf die ganze Kulturpolitik, wie sie der König in den Jahren 1855–1859 energischer und selbständiger als je zuvor und nachher entwickelte.« (Riehl).[110] Also genau das, was wir vom Historismus feststellen: er ist weder kopistisch, noch pluralistisch, – er ist seinem Wesen nach enzyklopädisch. – Unser Ausdruck »kosmologisch« versucht nur die Verbindung mit den Überwelten noch anzugeben; das Enzyklopädische wäre allenfalls allein auf – Menschen-Intellekt aufzubauen, das Kosmologische dagegen nimmt den Menschen als eingeordnet, auch während er selbst ordnet, nimmt als eingeordnet auch die Erde, auf der er atmen kann, – und das Weltall. – Da die Zeit über alle irdischen Maßstäbe hinausreicht, und da auch die Männer des 19. Jahrhunderts, die Historiker waren, das gewußt haben, ist der Ausdruck »kosmologisch« vertretbar (besser als »Kontinuismus«[111]).

Dieses Sanktuarium war im obersten Geschoß des Königsbaues, in der Südostecke – mit einem Fenster zum Max-Josephs-Platz und zwei Fenstern zur Dachterrasse. Der König ließ aus seinem darunter gelegenen Arbeitszimmer eine geheime Wendeltreppe hinauf anlegen. Zu Sanktuarium und Treppe hatte er allein den Schlüssel. Das Sanktuarium war – recht verstanden – ein Teil des Wintergartens: ein nach innen konzentrierter Sammlungsraum, in welchem der König ganz allein weilen und Kraft finden wollte, in Zwiesprache mit großen Vorbildern der Vergangenheit, deren Büsten aufgestellt waren.

»Von den zwei Vorzimmern enthält das zweite viele seltene Gemälde, welche Privateigenthum des Königs und von den ersten Meistern der Neuzeit gefertigt sind, und dieses war auch als sein zweites Arbeitszimmer vorzüglich dann benutzt, wenn er ungestört arbeiten wollte.

Aus diesem zweiten der Vorzimmern [sic] gelangt man in das »Sanctuarium«; ein ziemlich großes, geräumiges Zimmer, welches einen feierlichen Eindruck macht. Man findet sich in ein Heiligthum, an eine geweihte Stätte, in eine feierliche Stimmung versetzt, sowie man dasselbe betritt. Links vom Eingange zwischen den beiden gegen Morgen gehenden Fenstern bemerkt man zunächst ein großes Gemälde: »die
21 Apotheose eines guten Königs.« Nach dem Entwurfe des berühmten Meisters Wilh. v. Kaulbach von dessen Neffen und Schüler, dem rühmlichst bekannten Friedrich Kaulbach ausgeführt, stellt es einen aus dem Grabe erstehenden Fürsten dar, welcher in einem idealisirten, dem Costüme des St. Hubertusordens gleichenden Gewande zum Himmel emporschwebt. Unten am Grabe liegen in verschiedenen Gruppen, zusammengekauert, die 7 Todsünden; rechts und links umgeben den aufschwebenden Fürsten die 7 tugendreichen Jungfrauen; auf Wolken schweben Engel herab, welche ihm die Hand reichen, um ihn hinauf zu geleiten, und oben, auf den Wolken, am Eingange in den Himmel, sind zu seinem Empfang verschiedene Fürsten bereit, wie Karl der Große, Gottfried von Bouillon, Ludwig der Heilige u.s.w. Vor dem Gemälde steht ein Betschemel und eine geschmackvoll gearbeitete Lampe hängt von der Decke herab.

In den Friesen befinden sich 7 Gemälde, die Regententugenden darstellend, personificirt durch bayerische Fürsten, und von Barthelme, Bischoff, Friedrich Horschelt und Karl Keller gefertigt. Der Plafond ist prachtvoll, und an den getäfelten, aus Citronen- und Mahagoniholz gefertigten Wänden herum stehen auf Gesimsen die trefflich gearbeiteten Broncebüsten folgender ausgezeichneter Männer: Alexanders des Großen, Karls des Großen, Ludwigs des Heiligen, Heinrich's IV., Napoleons I., Cosmus von Medicis, Peter des Großen, Washington's, Schelling's, Alfred's d. Großen, Mark Aurel's, Friedrichs des Großen, Perikles, Platos, Homers, Ludwig des Bayers, Maximilians I., Carls XII., Schiller's, der Königin Elisabeth, des Prinzen Eugen, Wellington's, Pitt's und Goethe's. Diese Büsten, in Bronce ausgeführt durch den rühmlichst bekannten Erzgießerei-Inspektor [Ferdinand] von Miller, sind modellirt von Entres, Gröbner, Schaller, Schwanthaler, Heller, Riedmüller, Geiger, Halbich [sic, recte Halbig], Schönlaub, Kirchmayr, Lossow und Hautmann. Neben jeder Büste liegt auf dem Gesimse die Lebensbeschreibung des Mannes, welchem die Büste angehört, und an den Wänden hinter denselben sind Sprüche von Weisen und großen Männern, Stellen aus den Schriften jener Männer und aus der Bibel mit Buchstaben aus Palisanderholz eingesetzt.« (L. Hauff).[112]

Die »Apotheose eines guten Fürsten« ging als Sujet auf den König zurück.[113] Das »Sanctuaire d'études« war ein fester Begriff in seinem Denken. Zeugnisse ganz umfassender Vorbereitungen sind erhalten: Vorschläge für Bilder aus der bayerischen Dynastie, »Dankbarkeit, Großmuth, Frömmigkeit, Gerechtigkeit, Treue, Tapferkeit und Standhaftigkeit, Klugheit« symbolisierend; 51 zu bestellende Büsten.[114] Im Etat der Zivilliste für 1850/51 waren für das Sanctuaire 10.000 fl., für Büsten darin 4000 fl. vorgesehen; [115] am 2. Februar 1851 war ein Teil geliefert, ein anderer bestellt.[116] »Für das Gemälde in's Sanctuaire«, wohl das von den beiden Kaulbach, veranschlagte man im Zivillisten-Etat für 1851/52 15.000 fl.[117] Außerdem sind umfangreiche Konvolute aus des Königs Hand und von ihm betitelt erhalten: »Maximen«, darin »Sprüche für Regierende« aus persischer, indischer und anderer Weisheit, und »Vorarbeiten für das Sanctuarium«. Aus diesen Programmen geht ebenso wie aus den Etats-Aufstellungen die Zusammengehörigkeit von Sanktuarium und Wintergarten hervor. Hierher gehört auch das Konvolut »Inneres Leben« mit besonderen Überschriften »Zu beachtende Vorbilder« (ein Blatt mit Original-Einträgen von Leopold v. Ranke?), »Gegenstände der Unterhaltung auf Spaziergängen«, »Wege zur Bewältigung peinigender Gedanken«, »Was wir alles schon vom Schöpfer erhalten haben«, »Regenten Erfahrungen«, »Täglich zu Beherzigendes« sowie Konvolut »Religiöse Gegenstände« und Konvolut »Philosophische Notizen« – darin allerlei auf Schelling Bezügliches, auch ein Blatt mit Fragen, auf welches Schelling selber ausführliche Antworten geschrieben hat. Teilweise ist auf Karton geschrieben, mit vielen winzigen Einschüben und Strichen, mit Spuren zahlloser Vornahmen. Sehr viele Orts- und Datums-Eintragungen: »Vorder-Riß, den 8. November 1858«.[118]

Die Sanktuariumsform benötigte Ludwig I. nicht, da er ja selber der König war, – während Max II. sich im »Gegensatz« zu den Vorbildern fühlte.– Ludwig I. war der Fortsetzer, aber nicht der Sammler von staatsmännischem Handeln.

Indem Max hier allein sein wollte, war er es nicht, war er vielmehr Kind seiner Zeit. Nicht nur, daß die Aufstellung der Büsten großer Männer von seinem Vater in der Walhalla bei Regensburg und in der Ruhmeshalle auf der Münchner Theresienwiese angegeben war, daß die Porträtbüsten der Antike in den Römersälen der Glyptothek auf solchen Gesimsen an der Wand standen,– und schon im Antiquarium der Residenz aus dem 16. Jahrhundert. Sondern auch: daß das Lesen und Denken die größte Konzentration bedeute, die größte Verinnerlichung, und deshalb ein solches Sanktuarium nicht in lärmenden Wohngeschossen, sondern abgeschirmt in einem Garten liegen müsse, das war die Einstellung aller Zeit, also auch der Zeit um 1850.

Henri Labrouste erbaute 1842–50 in Paris die Bibliothèque Ste. Geneviève. Die innere untere Halle ist 20
die bildhafteste Darstellung dessen, was auch Maximilian baute: feste Wände, und die Büsten der Denker und Schriftsteller auf dem Gesims ringsherum. Nach außen aber, über Mannshöhe, sodaß keine Menschen hereinschauen konnten, und nach oben war die Welt umwachsen von Bäumen und Pflanzen, dicht und locker zu gleicher Zeit. Die Bäume schauen von außen herein, sind nicht innen – gerade das nicht. – Der Zusammenhang ist vielmehr: innen die Konzentrierung auf den Geist, auf das Innere, und dazu als gegensätzliche Entsprechung: die Natur. Noch großartiger wiederholte Labrouste den Gedanken im Lesesaal der Bibliothèque Nationale, 1857–67, und zwar mit den Bücherwänden selber, die in Ste. Geneviève erst im Obergeschoß folgen.[119]

Die Archi–Tektur dieser Zusammengehörigkeit von Geist und Garten, diese Konzentration nach innen und unten, dieses Offensein nach oben und außen in den umgebenden Park mit den heiligen Bäumen ging zurück auf die Villa Hadriana in Tivoli; dort hatte Max II. sie kennengelernt. Die griechische und die lateinische Bibliothek lagen nebeneinander, und beide hatte Hadrian von einem wirklichen Garten umwachsen lassen. So hatten die Maler der Romantik diese Bibliotheken bekannt gemacht, Johann Erdmann 19
Hummel beispielsweise.

In welcher Umgebung hat die Bibliothek von Alexandria gelegen? Auf die doch diejenige von Hadrian zurückgehen wird? Wie weit in die ägyptische Wohnkultur kann man zurückgehen? Innerhalb der großen Tempelbauten: wo sind die zugehörigen Bibliotheken?

In der italienischen Renaissance sind in Humanistenkreisen derartige private Studierzimmer mit symbolischen und allegorischen Inhalten (Bildern antiker Philosophen, Dichter und Künstler, Musendarstellungen und Sentenzen etc.) dort verwirklicht worden, wo sich einzelne Fürsten intime Bibliotheks- und »Meditations«-Räume einrichten konnten. Ein Hauptbeispiel ist das Studiolo im Palazzo Ducale des Herzogs Frederigo Montefeltre, Ausbau durch den Architekten Luciano Laurana um 1465, in dem damals bedeutenden Kunstzentrum Urbino.

In der Bibliothek des Gotischen Hauses in Wörlitz (1773–86) befinden sich Bilder und Sprüche der vorbildlichen Geistesheroen.

Diese Zusammenhänge muß man kennen, um die Konzeption auch des Wintergartens Ludwigs II. zu verstehen.

Labrouste hatte in der Bibliothèque Ste. Geneviève nicht alles erreichen können; er hatte die Außenwelt, den draußen gelegenen Park nur im Untergeschoß an die Wände malen lassen können; wirklich inmitten der Bücher ist man erst im Geschoß darüber. Max II. fand keinen Platz für den Wintergarten unmittelbar neben seinem Sanktuarium. Es lag ein Stockwerk höher. Dort ließ er von demjenigen Saale, in welchem die Pflanzen überwinterten, also vom Wintergarten seines Vaters, das östliche Joch für sein Sanktuarium abtrennen, mit zwei Fenstern nach Osten zum Dache, – wo im Sommer Orangenkübel standen, eine Hindeutung auf die Welt der Gärten.

So geheim wurde das Sanktuarium gehalten, daß sich keine Abbildung außer Entwürfen Leo v. Klenzes[120] 18, 21
und einem von Wilhelm v. Kaulbach für die »Apotheose eines guten Fürsten«[121] hat finden lassen, obwohl der Raum bis 1944 erhalten war.

Es ist nun das Wintergartenprojekt Max II. im 1. Stock zwischen Königsbau und Nationaltheater zu verfolgen. Am 17. Februar und 31. August 1848 sorgte er dafür, daß ein Hofgärtner, der sowieso in England war, sich die gegenwärtig-neuesten Wintergärten der Insel anschaue[122], und vom 9. oder 14. April 1849 an[123] war der Architekt Franz Kreuter (10. 1. 1813 Lohr am Main – 10. 11. 1889 Wien) für ihn beschäftigt, dem nun die Planung des Wintergartens zufiel.

Er war in München von den Architekten Friedrich v. Gaertner und Joseph Daniel Ohlmüller ausgebildet worden. Er erbaute unter anderem das Palais des Grafen Schönborn-Wiesentheid, Ottostraße 9 (nicht
23 erhalten) und das ähnliche Palais des Grafen Dürckheim, Türkenstraße 4[124].

Kreuter gab den 9. April 1849 als ersten Termin der Bekanntschaft mit dem König an[125], offenbar in Zusammenhang mit dem Thema Wintergarten; hauptsächlich deswegen reiste Kreuter 1849–51 auch wiederholt ins Ausland, vermutlich im Auftrag Max II., da die Spesen der Kabinettskasse berechnet wurden[126] und er dem König zahlreiche Berichte sandte, die aber auch viele andere Themen, wie Eisenbahnen, Brücken, Ausstellungen berührten.

Im September 1849 war Kreuter in Wiesbaden »zur Besichtigung des dortigen Gartens«[127], noch im Herbst ging er nach England, Frankreich, Belgien, Norddeutschland zwecks »Detailstudien für diesen Bau [Wintergarten] sowie über das Eisenbahnwesen«.[128]. Vom 19. Dezember 1849 datiert ein ausführlicher Bericht über den Pariser Wintergarten; dessen Pläne hatte er »mit Details copirt« und Informationen über ihn gesammelt.[129] Er lag an den Champs Elysées und war 1846–47 entweder von H. Meynadier und Rigolet oder – nach Gottfried Semper – von Charpentier erbaut.[130] Am 20. Dezember berichtet Kreuter über einen Wintergarten in Lyon. Noch vor Neujahr war er in England.[131]

März 1850 hielt er sich in London auf wegen Wintergartenstudien und »Sammlung von Details in Kew, Chiswick und Regentspark [sic] so wie in Stough u. Brixton [Brighton, Royal Pavilion?], außerdem in Chatsworth u. Birmingham.«[132] Nach einem Bericht vom 27. April aus Chatsworth traf er dort den Bauherrn, den Herzog von Devonshire also, und Sir Joseph Paxton. »Ich habe nun alle möglichen Detailzeichnungen vom hiesigen Wintergarten und Glashäusern, wie Heitzungen, Eisen ... so daß ich, wenn heute Seine Majestät befehlen, morgen mit der Arbeit beginnen kann«.[133] Aus dieser Korrespondenz konnte das Geheime Hausarchiv später vergleichende Maßangaben über alle wichtigen Wintergärten Ludwig II. zur Verfügung stellen, als dieser danach fragte. Im Mai 1850 war Kreuter wieder in Lyon.[134] 1851 ging er im April nach Dresden, Berlin, Hamburg; zum Pflanzeneinkauf »u. zur Berathung wegen des Wintergartenbaues«; im August nach London und Dublin, wobei er die Wintergärten in Kew, Chiswick, Regents Park abermals besuchte; wegen des Baues wurde mit Sir W. Hooker und wegen der Eisenkonstruktion mit Fox und Henderson in London sowie mit Turner in Dublin »berathen«.[135]

Zur Planung und Ausführung des Wintergartens: Am 9. September 1849 begann Kreuter mit Anfertigung der Pläne.[136] Das aus diesem Monat datierende »Projekt I« sah die Anlage auf dem Dache des Königsbaues vor, wo sie schon Ludwig I. gedacht und Klenze sie abgewehrt hatte.[137] Max II. wollte sie durchaus neben seiner Wohnung in der Residenz haben. »Projekt 2« vom Oktober bezieht sich bereits auf den definitiven Platz etwa an der Stelle des Alten Hoftheaters von François Cuvilliés. Ludwig I. hatte es stillegen lassen. Kreuter kämpfte ein Jahr lang darum, es wenigstens zum Teil abzureißen. Die Innenarchitektur des Logenhauses wäre auf jeden Fall erhalten geblieben; die abgenommenen Einzelteile wurden mit Ölfarbe numeriert, um sie wiederverwenden zu können, und gelagert.[138]

Auch zum Abbruch des Äußeren wurden bald Alternativen entwickelt, schon im »Projekt 3« vom Juni 1850,[139] über das eine Relation vom Dezember berichtet: »Der gegenwärtige Plan ist sehr verschieden von den beiden früheren: im vorliegenden Projekt ist das Theater als solches erhalten, und möglichst Bedacht genommen, daß die zu demselben gehörenden Lokalitäten erhalten bleiben, damit es als Schauspielhaus wieder hergestellt und benutzt werden kann. Im früheren Projekte lag die Idee zugrunde, das [heutige National-]Theater nach dem ursprünglichen Fischerschen Plane mit zwei Flügelbauten d. h. Arkadengängen zu versehen, und den Wintergarten an die Stelle des alten Theaters auf eigens zu erbauende gewölbte Räume zu stellen. Nach den Ansichten Seiner Majestät ist diese Auffassung aber nicht die Richtige, indem die Anlage einer Straße zwischen dem Neuen Theater und der Münze [der Maximiliansstraße] keine symmetrischen Flügelbauten mehr zuläßt. Es wurde daher die Aufgabe eine ganz andere. Das Theater und der Königsbau sind zwei Prachtbauten, aus zwei verschiedenen Regierungsperioden. In der Mitte soll ein neues monumentales Gebäude aus Stein, Terracotta, Eisen, Glas etc. hinzugefügt werden. Der Raum, welcher eine sichtbare Fassade auf dem Max Josephs-Platz gestattet, ist nur 85′ lang. Es mußte daher für den Unterbau ein Baustyl gewählt werden, der bei den kolossalen Verhältnissen der nebenstehenden Gebäude sich doch noch als selbständiger und integrierender Theil der Residenz ausspricht. Die reiche Architektur aus Hausteinen, sowic der reich dekorierte Arkadengang sind wohl am geeignetsten, das Bild des Platzes zu vervollständigen.«[140]

Am 12. Januar 1851 sah das »Projekt 4« eine Vergrößerung bei Abbruch des Residenztheaters vor, folgte sonst weitgehend Projekt 3.[141] Am 1. März galt Projekt 4 zwar noch, aber das Theater sollte nun repariert statt abgebrochen werden. Vom 8. März datieren Erhebungen wegen Errichtung des Wintergartens auf der Wohnung des Oberst-Stallmeisters.[142] Am 19. März erhielt Kreuter mit Königlichem Handbillet die Bauleitung.[143] Etwa damals wurde ihm aber auch ein »großartiger Wirkungskreis in der staatswirthschaftlichen Technik« vom oesterreichischen Ministerium der Landeskultur angeboten, mit dem 1. Juli als Eintrittstermin, weswegen Kreuter am 19. Juni den König bittet, Wintergarten und »Casino auf Wörth«, die Villa auf der Roseninsel im Starnberger See, unter die Bauleitung von J. Pilgram, des Bauinspectors des Grafen Pappenheim, zu stellen; er, Kreuter, wolle monatlich einmal die »Oberaufsicht« wahrnehmen.[144] Am 1. Juni hatte Kreuter an Max II. geschrieben: »Die von Eurer Majestät anbefohlene Verkleinerung des bereits begonnenen Baues des Wintergartens könnte vielleicht so gemacht werden, daß nun die Größe des Projektes No. 3 ausgeführt würde, wodurch eine Kostenersparung von Fl. 100000 erzielt werden kann, und welche Summe hinreichend ist, um eine schöne Wohltätigkeits-Anstalt für Erziehung verwahrloster Kinder ... zu gründen.«[145] An diesem Tage wurde auch der auf Befehl des Königs am 28. Mai eingestellte Bau wieder aufgenommen. Vom 13. Juni datiert das fünfte Projekt, das eine Gesamtfläche von 5000 Quadratfuß einnehmen sollte – ungefähr ein Drittel von Projekt 4. Projekt 5 wurde samt seinem Voranschlag von 122000 fl. am 18. genehmigt. Am 5. Juli schrieb August v. Voit in einem Gutachten über die Wintergartenpläne: »Obwohl durch keinen der Pläne vollkommen dargestellt wird, wie der Neubau werden soll, obwohl ferner auch Durchschnittspläne mangeln, ... hat gefunden, daß der Bau jedenfalls mit der Summe von 100000 fl. einschließlich der Aufsichtskosten hergestellt werden kann.« Im Baubericht vom 29. August heißt es, daß »infolge der Abänderung des Planes nunmehr das alte Theater nicht mehr zum Bau des Wintergartens verwendet wird, sondern als solches erhalten werden kann.«

Im Jahre 1852 tauchte im Januar nochmals der Plan für Plazierung des Baues auf die Oberststallmeisterwohnung auf. Im Februar und März war Kreuter abwesend. Am 25. Juni begann seine Tätigkeit für das Wiener Ministerium der Landeskultur. Am 1. August schrieb der Kabinettssekretär Franz Seraph Pfistermeister an den Hofsekretär Hofmann: »Seine Majestät der König sind sehr betrübt über die traurigen Aufschlüsse bezüglich des Wintergartens und wünschen daß E. Hochwohlgeboren an alle Mittel und Wege denken, und namentlich auch mit Oberbaurat Voit darüber sprechen mögen, wie diese so schlimm gelagerte Sache zu einem besseren Ende geführt werden könne. Sobald E. Hochwohlgeboren damit im Reinen sind und sich schlüssig gemacht haben, sollen Dieselben zur Vortragserstattung kommen, aber niemandem sagen, daß hierbei auch die Etats zur Sprache kommen.« Am 4. September befahl Max Einstellung des Wintergartenbaues und der Bauten auf der Roseninsel (»Insel Wörth«) und Vorlage der Abrechnungen an ihn. Am 22. des gleichen Monats schrieb der König an August v. Voit: »Ich habe, wie Ihnen bekannt ist, 28
den Bau eines mit Meiner Residenz verbundenen Wintergartens unternommen und die Bauleitung und Ausführung dem Civilingenieur Franz Kreuter übertragen. Ebenso habe ich dem Genannten den Bau eines Casinos auf der Insel Wörth anvertraut. In Bezug auf dieses letztere habe ich die unangenehme Erfahrung gemacht, daß vom Architekten der aufgestellte Kostenvoranschlag bei weitem nicht eingehalten wird, während ich mich rücksichtlich des Wintergartenbaues überzeugen mußte, daß derselbe nicht allein zur festgesetzten Zeit (November folgenden Jahres) noch nicht vollendet sein kann, sondern auch die hierfür ausgesetzten Mittel ebenfalls nicht zureichen werden. Ich habe deshalb dem Ingenieur Kreuter unterm 4. des Monats den Auftrag geben lassen, beide Bauten einstweilen einzustellen und über den Stand derselben

Abrechnung zu pflegen«. Das dem König darauf Vorgelegte fand er unzulänglich, deshalb sollte Voit nun die Bauabrechnung übernehmen.[146] Dieser wollte noch am gleichen Tage die Rechnungen und Pläne zum Wintergarten abholen[147]. Kreuter suchte sich am 9. Oktober unter anderem damit zu rechtfertigen, daß der Hofsekretär Hofmann ungeachtet der Rechtsgültigkeit der Kontrakte Zahlungen sperren ließ.[148] Der König am 27. Dezember: »Ich übertrage die Vollendung des Wintergartens dem Oberbaurath Voit und weise Meine Kabinetts-Kasse an, die nach dem Kostenvoranschlage dazu nöthige Summe von 95.300 fl. an die Kgl. Hofbauintendanzkasse zu übergeben ... Der Bau soll bis zum 1. November 1853 vollendet sein.« Es waren neue Pläne erforderlich, da Kreuter die originalen mitgenommen hatte.[149] Diese waren überdies nach Voits Auffassung unvollständig gewesen.[150]

Der fertiggestellte Wintergarten verdeckte die Aussicht von der Ostterrasse des Königsbaues auf den Gasteig; wegen eventueller Dachänderung des Gartens, um den Ausblick wiederzugewinnen, schrieb daher in königlichem Auftrag Ministerialsekretär Franz Seraph v. Leinfelder am 5. Juli 1854 an August v. Voit, der am 26. antwortete, es sei »wohlfeiler und weniger schwierig das Bodeum [sic] auf der östlichen Terrasse des Königsbaues um ein Paar Füsse zu erhöhen«.[151]

Kreuter fertigte für Max II. auch den »Plan eines Landhauses bei St. Viglio« (Vorgebirge San Vigilio am Ostufer des Gardasees?) und einen »Stadtverschönerungsplan«.[152] Bis wenigstens zum 14. Februar 1855 zog sich die Auseinandersetzung bezüglich der Ansprüche Kreuters an die Kabinettskasse hin; an diesem Tage beantragt der mit der Angelegenheit betraute Hofmarschall Baron Zoller beim König Auszahlung von 10.947 fl. an den Architekten.[153]

22 Der Unterbau des Wintergartens war eine sehr glückliche Lösung – auf ganz schmalem Raum unter dem leichten Glasbau konnte der Architekt neben den bestehenden wuchtigen Formen nicht seinerseits monumental wirken wollen, sondern mußte im Gegenteil anmutig und detailreich sein. Selbst wenn Franz Kreuter nicht auch sonst als Vertreter eines Renaissance-Stiles bekannt wäre, hätte hier keine andere Stil-Form so glücklich und doch selbständig sich einfügen können. Kreuter verlängerte die kleinteilige, aber form-intensive Renaissance-Architektur, die nicht dem Maximiliansstil angehörte, keineswegs in die obere Zone der Eisenarchitektur hinauf, sondern brachte mit erstaunlichem künstlerischem Charakter die ganz anderen Werte von Eisen und Glas zu Form und Geltung. Fast kann man denken: Kreuter habe sogar eine Einrahmung der mächtigen Theaterfassade, der gewaltigen Säulen, mit dem durchschimmernden Grün des Wintergartens auf der einen –, und mit dem Grün der neuen Maximiliansstraße auf der anderen Seite beabsichtigt, also die Verwandlung der ursprünglich von Carl v. Fischer geplanten zwei Redoutenflügel des Theaters in Grün-Flügel geleistet. – Es wäre noch zu untersuchen, ob schon in dieser Mitte des 19. Jahrhunderts die Ähnlichkeit der Eisenkonstruktion mit dem dritten pompejanischen Stil gesehen worden ist: die über-reale Verdünnung aller Körperlichkeit in den architektonischen Formen, gleichwohl bei deutlicher Ausprägung der körperlichen Gelenke und Kapitelle, bei Erkennbarkeit der Symbolformen. Und dabei zugleich die flächenhafte Schleierwirkung, das »Wandhafte« – im Gegensatz zu der fast übertriebenen Körper-Plastik der klassizistischen Opern-Fassade.

Das Thema Glasbau beschäftigte Max II. schon bei der Planung von Hohenschwangau: »Und so schwärmte der ... Prinz wohl von Räumen aus Glasquadern gebaut, von Räumen mit Glasgewölben geschlossen, damit der blaue Himmel ihm mit seiner liebenden Sonne stets zugegen sein könne.«[154]

24, 25 Am 9. Februar 1856 erschien eine noch etwas biedermeierlich betuliche Beschreibung des Inneren des Wintergartens: »... ein reizendes Miniaturbild tropischer Anmuth ist mit diesem Wintergarten ... gelungen, und die heitersten Pflanzengestalten der gemäßigten Zone sind ihm freundlich beigesellt ... gegen die Seite des Residenzschlosses erhebt sich ein grüner Hügel. Ein Pfad führt hinauf zu einem Gartenhäuschen, worin ein Sopha und Schreibpult, an welchem der König auch zu arbeiten pflegt.«[155]

Die Konstruktion des Glashauses wurde von der Herstellerfirma, Kramer-Klett in Nürnberg (jetzt Maschinenfabrik Augsburg–Nürnberg, MAN) für so wichtig gehalten, daß sie in einem Gemälde der
26, 27, 24 Fabrik und ihrer Hauptleistungen von Eugen Napoleon Neureuther (1858) wiedergegeben wurde.[156] Das Bild ist nicht nur ein ausgezeichnetes Werk im Stile von Schwinds Kompositionen zu Sagen und Märchen auf »Münchner Bilderbogen«, sondern auch eine Vorform des »Eisenwalzwerks« von Adolf Menzel

(1869–75) und (für unseren Gedankengang viel wichtiger) eine Zeit-Parallele zu der Maschinenmusik in Wagners »Rheingold«. Auf dem Gemälde ist ein Querschnitt des Wintergartens gezeigt.

Kombination von Eisen und Baukunst kommt bei Ludwig I. nicht vor. Er hat kein Verhältnis zum Eisen. Überhaupt nicht zur Industrie.

Der Wintergarten Max II. und sein Sanktuarium haben aufeinander Bezug. Wie ja auch die Maximiliansstraße einen Bezugspunkt hatte: das Athenäum (Maximilianeum), also die ideale Bildungsstätte. Die Zusammengehörigkeit von Wintergarten und Sanktuarium ist auch die Zusammengehörigkeit von Weite und Verdichtung. Da ja die Menschen des 19. Jahrhunderts nicht Nomaden geworden sind, sondern nur Expeditions-Reisende. Heimkehrende.

Die Anlage wurde 1921 abgerissen; das Untergeschoß blieb bis 1944.[157]

In Einzelfällen war Max II. Vorgänger seines Sohnes als Theaterfürst. Die Münchner Erstaufführung des »Lohengrin« am 28. Februar 1858 begeisterte ihn derart, »daß er vier von sechs Aufführungen des Jahres besuchte«.[158] Wenigstens für kurze Zeit unterhielt er auch ein »Privat-Theater«, in dem am 18. März 1858 ein nicht identifiziertes Stück aufgeführt wurde. Das Theater wurde hierzu eigens »aufgeschlagen«; wo, ist nicht bekannt. »Arrangement u. Leitung der Theater Proben und der Theater Vorstellung« übernahm der Hofschauspieler Lang. Der »Theater Maler Quaglio« schuf »neue Decorationen« dafür. Es könnte sich um Angelo II oder um Simon Quaglio handeln. Die »adeligen Schauspielgäste« wohnten zum Teil schon den Proben bei.[159] Am 5. März 1852 lud Franz Dingelstedt, der Intendant des Hof- und Nationaltheaters, außerdem Teilnehmer an den »Symposien« von Max, seinen König schriftlich zur Vorprobe zu »König Ödipus« am 8. März ein.[160] Ludwig II. besuchte Proben (1871–72), bevor er die Separatvorstellungen einführte.[161]

Gibt es trotz der Divergenz in Maximilian II. Grundlegungen von Einheit? War er nur sicher und eigensinnig in seiner Unsicherheit? Die Fälle, in denen die Unsicherheit in architektonischen Fragen zutage kommt: am meisten vielleicht der Plan eines Riesen-Wintergartens hinter der Residenz. – Nicht-weiter-Verfolgen des Hambacher Schlosses. – Verwendung des Begriffes »Forum« für den breiten Platz auf der Maximiliansstraße. – Das Begrünen sogar noch des Max-Josephs-Platzes. – Der Bau von Feldafing (Haneberg als »Schiedsrichter«). – Die Ausschreibung für die Maximiliansstraße. – Das Verhältnis von Außenbau zu Innenbau in der Maximiliansstraße.

Sogar bei Max II. als Romantiker: das Zusammenleben mit der wissenschaftlichen Denkweise, dem übermächtigen Einfluß der »Gelehrsamkeit« im 19. Jahrhundert, soweit es rationalistisch bedingt war. Eine Parallele zu meiner Behauptung, die Kunstgeschichte habe die natürliche Bedeutung und Auswirkung (sowie den Grundriß) der Archi-Tektur ausgehöhlt. Daher auch die Unmöglichkeit, daß Ludwig I. seinen Sohn verstehen konnte. Und umgekehrt die Gleichgültigkeit, mit welcher Max II. seinen Vater weiter bauen ließ.

Zu diesem Zusammenleben mit der wissenschaftlichen Denkweise konvergieren die Verschiedenartigkeiten in Max II. Aus diesem Intellektualismus folgt, daß er nicht wie Ludwig I. eine Kosmologie um sich aufbaut, sondern eigentlich mit nur-zwei Ansätzen denkt, nämlich erstens mit der eigenen Planung (die aber nicht »rund« ist, sondern nur noch »geradeaus«) – und zweitens mit der gesamten Masse des »Originalen« (im Sinne der Vergangenheitsstile).[162] Das bedingt, daß beim architektonischen Einsatz des Königs der Stilbegriff bestimmen konnte. Einen Stil kann man vor sich herschieben, – in der Mitte eines Grundrisses muß man selber stehen. »Vor sich herschieben« – weil es eben etwas Flächenhaftes, etwas Aufrecht-Stehendes ist. Nicht eigentlich Kulisse – weil die Kulisse, wenn sie auf ihre Grund-Bedeutung zurückgedacht wird, wieder in einem Grund-Riß steht, also auf ein grundsätzliches Gebilde[163] bezogen ist, – jetzt aber ist die Kulisse weggelassen, diese Gebilde stehen ohne architektonischen Grundriß da, es gehört zum irrealen Effekt dieser Art Romantik, daß sie eben diesen archi-tektonischen Zusammenhang aufhebt. Der Aufriß ist mit der Ansicht identisch, mit dem Blick, den man irgendwohin wirft. Der romantischen Ansicht steht man immer senkrecht gegenüber, es gibt keine waagerechte Romantik.

Zur Romantik gehört die Möglichkeit, etwas – aber auch etwas ganz überraschend anderes zu tun, – es ist wie das Gehen mit verbundenen Augen in der »Zauberflöte«, – und dann die Augen aufreißen, und plötzlich ist man »dorthin« versetzt: Das Überflügeln der Ordnung im Wintergarten. Auch Ludwig II. hat in seinem Wintergarten diese Romantik angesteuert und will sie haben. Beim Weltort: alle Weltrichtungen einander genau sich entsprechend – in dieser Romantik: soll gerade die Verschiedenheit das Entsprechende sein.

Das besagte Aufrechte, der Aufriß, ist die Alternative zum Grundriß; er ist das Waagerechte, – also auch in Abhängigkeit zur Anziehungskraft der Erde, zur Schwerkraft? – Und Grundriß und Aufriß sind die beiden äußersten Einstellungen, die der Mensch theoretisch zur Anziehung der Erde haben kann, – entweder die Waagerechte oder die Senkrechte. Auf-Riß und Grund-Riß sind dann schon die durch den Menschen hergestellten (oder wenigstens von ihm gedachten) zeichnerischen Umsetzungen über die Formen, die Angaben, die er im Waagerechten oder im Senkrechten vor sich (oder unter sich) findet. Der Versuch, auch das Verhältnis von Max II. zur Archi-Tektur auf einen Grundriß zu bringen, was bei Ludwig I. so überzeugend möglich war – ? Schwer durchführbar. Bei Max II. müßte es doch, wie gezeigt, eine breite entgegenstehende Fläche sein (da er viel mehr gestreckt-zeitlich denkt als der zyklisch denkende Ludwig I.), kein Panorama, sondern eine Gegenwelt – quer vor ihm, nicht rings um ihn herum. Eine von einem Wanderer angegangene Gegenüber-Welt; sozusagen mit jedem Schritt schiebt er die ganze Breite vor sich her – oder tritt in sie ein – aber sie bleibt immer vor ihm. Wie ein Besen, Schneeräumer.

Das Wandernde, Umherschweifende – für Max mit ausgeführten oder geplanten Reisen verbunden. Am 24. Februar 1833 »sprach sich [der Kunsthistoriker Johann Karl Ludwig v.] Sch[orn] auch für die von Maximilian geplante Indienreise aus, die der Kronprinz unternehmen wollte, um außer Land und Leuten vorzugsweise die asiatische Baukunst kennen zu lernen ... Die Reise kam freilich nicht zustande.«[164] Bei Ludwig II. ist das Exotische nur »fern-und-fremd« als solches (Himalaya-Gemälde im Wintergarten, Interesse an Wagners Projekt »Die Sieger«, in Indien spielend) – innerhalb der Dichtung speziell im Zusammenhang mit dem Herrschertum.

Unmittelbar in Max angelegt und unterschiedlich zu Vater und Sohn: das Hereinholen des Landes in die Stadt (Maximiliansstraße) – Herauswachsen des Dauer-Aufenthaltes aus der Stadt in das Land (Hohenschwangau, Projekt Feldafing). Beides zusammen: im Wintergarten.

Und ein weiterer Unterschied zu Ludwig I. und II.: Maximilian hat ihre Heftigkeit nicht. Für ihn war das Königtum: Pflicht, für Ludwig I.: Macht, für Ludwig II.: Symbol.

Kronprinz

Tagebuch

Wie bildet sich Bewußtsein von geschichtlicher, von menschlicher Zeit?[165] Nicht, weil sich eben etwas ereignet. Vielmehr: weil es Menschen gibt, deren innerer Reichtum gerade darauf angelegt ist, solche Anhalte, mit denen sich ein Ereignis von einem anderen unterscheidet, zu bemerken, zu vergleichen und aufzubewahren. – So wie es Genies der Zahlen (der Mathematik) oder Genies der Töne (der Musik) gibt, – immer mit dem Aspekt, daß wir diejenigen Genies nennen, die aus dem unendlichen Gewirr der Geräusche diejenige Ordnung herstellen, die wir anderen als Musik auffassen können, – so auch: geborene Genies der Zeit-Bildung. Die aus dem Chaos des Passierenden diejenigen Merkmale herausfiltern, die zur menschlichen Geschichte zusammengesetzt werden können.

»Für besondere Tage« steht am Anfang des frühesten erhaltenen Tagebuches Ludwigs II.[166] Es beginnt mit dem 3. Juni 1858 (Fronleichnam): *Vor drei Jahren an Fronleichnam war es sehr schön Wetter, wir gingen nach Großhesselohe, vor zwei Jahren war die erste Hälfte des Tages schön wir gingen nach Nymphenburg voriges Jahr war es nicht schön; es wurde aus dem Evangelium gelesen. Nachmittags aber gingen wir nach Nymphenburg. Dieß Jahr war es wundervoll. Morgens war keine Wolke sichtbar. Wir gingen wie immer diese 3 Jahre um 7 Uhr in der Stadt spazieren um 8 sahen wir die Prozession, Arnulph glaubte anfangs bei jedem Cruzifix, es sei das Allerheiligste, später frühstückten wir, nach dem Frühstück sahen wir die Truppen abmarschieren. Um 12 Uhr gingen wir in die Frauenkirche. Später gingen wir mit dem Grafen in die Theatiner u. Ludwigskirche. Nach Tisch fuhren wir mit der Mutter, den Vettern, der Gräfin und Luise nach Grünwald u. goutierten*[167] *in Großhesselohe. Dann fuhren wir ab und sangen mit den Vettern Märsche u. Stimmen und ahmten Instrumente nach. Wir kamen Abends beim Gebetsläuten nach Hause. Gelungener hätte man sich keinen Fronleichnamstag denken können. Am ganzen Tag hörten wir Musik, besonders den Parademarsch.*

Danach ein ornamentähnlich aussehender Schnörkel, ein Segenszeichen. Bis Ende 1858 kommen einan- Abb. 14
der ähnliche Schnörkel zwischen den Tagen vierzigmal vor. Besonders kurz nach der Thronbesteigung am 11. März 1864 bis Ende August treten fast regelmäßig zu den Schnörkeln Segnungen oder Segensbitten als kurze Sätze hinzu. Die Schnörkel bleiben in den erhaltenen Tagebüchern ein stehender Zug.

Angesichts der zitierten Eintragung stürzen über denjenigen, der die späteren Schicksale Ludwigs II. kennt, fast Unvorstellbarkeiten zusammen: über Geprägtheit Ludwigs durch sich selbst, Unverwechselbarkeit, eben »Genie« in einem noch nicht dreizehnjährigen Knaben – bei ungestörter Kindlichkeit. Zwar scheint der Satz: *Gelungener hätte man sich keinen Fronleichnamstag vorstellen können* das einzige persönliche Urteil zu sein – ein paar Jahre später, vielleicht unter dem Einfluß von Richard Wagner, würde dieser Satz komprimiert sein in »Wonne« oder »hehr«. Der *Graf* ist sein und seines Bruders Otto Erzieher Theodor Basselet de la Rosée; die *Vettern* sind Ludwig, Leopold und Arnulf, Söhne des Prinzen Luitpold. 48
Die Einteilung des Jahres in die kultischen Feste des Christentums, das dem Knaben vorgegeben ist, spielt eine große Rolle. Ebenso ausgeprägt: *Truppen, Märsche.* Ein anderer Junge hätte »Soldaten« geschrieben. Hier ist schon enthalten, daß es Formationen sind, ähnlich auf dem Max-Josephs-Platz zusammengefaßt wie die Prozession in der Straße. So sachlich-zusammenfassend drückt sich ein Prinz aus. Aber: welcher Gleichaltrige hätte in einem Augenblick vier Jahre in seinem Gedächtnis präsent gehabt, aufrufbar, sofort vergleichend? Und nun, gerade mit den leisen Verschiebungen bei der jeweiligen jährlichen Wiederkehr des Ereignisses, erlebt er die heutige Gegenwart nicht als eine verwirrende, sondern als eine bestätigende

Abb. 13 Ludwig II. als Kronprinz. Januar 1862. Foto Joseph Albert

Sonderform. Eben diese Wiederkehr wird hergestellt und freudig begrüßt. Der Kronprinz vollzieht eine rituelle Wieder-Holung. Alle kultischen Feste, wie Fronleichnam, sind Wieder-Holungen. Das Jahr ist dabei aufgefaßt nicht als die ablaufende, sondern die Wieder-kehrende, die zyklische Zeit, – zu deren Wieder-Kehr, das heißt zu Wieder-Erneuerung, zur Wieder-Heilheit, zur Kontinuität man einander beglückwünscht.

An die Stelle von Vorgegebenem – wie dem Fronleichnam – treten hier, am Beginn des ersten erhaltenen Tagebuches bereits, fortlaufend immer mehr, diejenigen Ereignisse, die nur Ludwig erlebt. Sie werden bei ihrer Wiederkehr begrüßt werden; es wird sich ein ganz eigener Kalender des Jahres-Umlaufs bilden, in welchem – meist bei der jährlichen, im Falle von überwältigenden Ereignissen bei der monatlichen – Wiederkehr das Ereignis und seine Bedeutung er-innert wird. Ludwig ist nicht jemand, der Geschichte akzeptiert, die auch ohne ihn abläuft. Sondern er speichert Erinnerung, bildet Geschichte – zunächst die eigene, auf eigenes Erleben bezogene – die es nur durch ihn gibt. Gleich am Anfang ein entscheidender Charakterzug von Ludwig selbst-dargestellt: die Selbstverspinnung in der eigenen Zeit, – und in diesem Augenblick schon der ganze Mensch, das ganze Leben festgelegt, so wie es nach mehr als hundert Jahren sich herausschält aus dem Alltäglichen und Allgemein-Üblichen der damaligen (und noch der heutigen) Zeit: der immer dichtere Bau einer eigenen Welt – ihn abschirmend, schließlich immer mehr verhüllend, – aber zugleich ihn immer dichter machend, immer strahlender, unvergänglicher. In Ludwig II. sind archaische Zusammenhänge gegenwärtig und wirksam. Ein Mißverständnis dieser Selbstverspinnung durch Alltagsrationalismus: Der Ohrenzeuge Felix Philippi, Ministerialbeamter, äußert: »Er [Ludwig II.] erzählte mir einmal schwer atmend, daß er genau nach seinem Tagebuch lebe, daß er heute unwiderruflich das täte, was er vor zwei oder fünf Jahren zur gleichen Stunde und gleichen Minute getan habe: *Würde ich mein Leben nicht wie ein Uhrwerk geregelt haben, ich würde die Einsamkeit doch nicht ertragen können, sie lastet oft schwer auf mir, und ich kann sie doch nicht wegwerfen.* Der arme unglückliche Mann!«[168] Es ist unsachlich, jemand für unglücklich zu halten, nur weil er »anders« ist als man selber. Es ist aber auch bequem, und deshalb wird der König weiterhin mißverstanden werden.

Man sollte einen Ägyptologen bitten: einen ganz charakteristischen Teil dieses Tagebuchs ins Ägyptische zu übersetzen: in abendländischer Prosa des 19. Jahrhunderts sieht diese Folge kindlich, nichtssagend aus; die Sprache des 19. Jahrhunderts würde nach ganz anderen Wendungen und Beurteilungen verlangen, um ausgenutzt zu sein, – aber in den Hieroglyphen der frühen ägyptischen Zeit, wie den Jahrestafeln von Abydos, läßt sich alles genau und mit Selbstverständlichkeit niederschreiben, – diese Eintragung stammt in ihrem Charakter aus ganz anderer Vergangenheit als das unkönigliche Selbstverständnis eines Rationalisten im Jahre 1858.

Die frühen Tagebücher enthalten öfter eigene Gedichte Ludwigs. Mit der Zeit werden sie seltener; das letzte erhaltene stammt vom 17. Februar 1868, eine Beschwörung der erlösenden Macht der Lilienkrone.[169]

Die damalige Münchner Umwelt kam dieser persönlichen Begabung des Kindes zur Geschichts-Bildung entgegen. Im Jahre 1858 feierte die Stadt ihren sieben-hundertsten Geburtstag, indem sie ihre eigene Geschichte in einem Festzug darstellte, den Louise v. Kobell »das denkwürdigste Fest« des Jahres nannte;[170] ihre Schilderung hebt fast dasselbe hervor wie die des Kronprinzen, der im Tagebuch schreibt:

Montag den 27ten September war der große Festzug. Wir standen um 7 Uhr auf frühstückten dann, nahmen das Evangelium durch, u. gingen um 3/4 9 zur Mutter. Um 10 Uhr gingen wir mit Br. Wulffen [Emil Frh. v. W., Major, damals den Prinzen Ludwig und Otto als Begleiter zugeteilt] *in der Stadt herum u. besahen festlich geschmückte Häuser. Vor der Loggia* [Feldherrnhalle] *waren zwei große Fahnen, von Bayern u. München auf langen Stangen. Auf der Bank waren auch 2 große Fahnen. Außerdem sah man viele Fahnen, Kränze, Tücher u. Münchner Kindchen. Um 11 1/4 Uhr kamen wir nach Hause u. frühstückten. Dann zogen wir uns an u. gingen rüber zur Mutter. Daselbst waren Onkel Otto, Onkel Adalbert, Onkel Luitpold, Friedrich von Dessau u. Antoinette, auch Onkel Louis, Tante Mathilde, Tante Amalie u. Alexandra, Louis u. Karl. Im Bürgerzimmer waren viele Herren u. Damen. Wir warteten lange. Endlich hieß es zwischen 2 u. 3 käme der Zug. Onkel Louis sagte, man hätte die Erwartung von Schiller declamiren können. Später sahen Friedrich u. Antoinette die Photographien von Hohenschwangau an. Ich hatte mir*

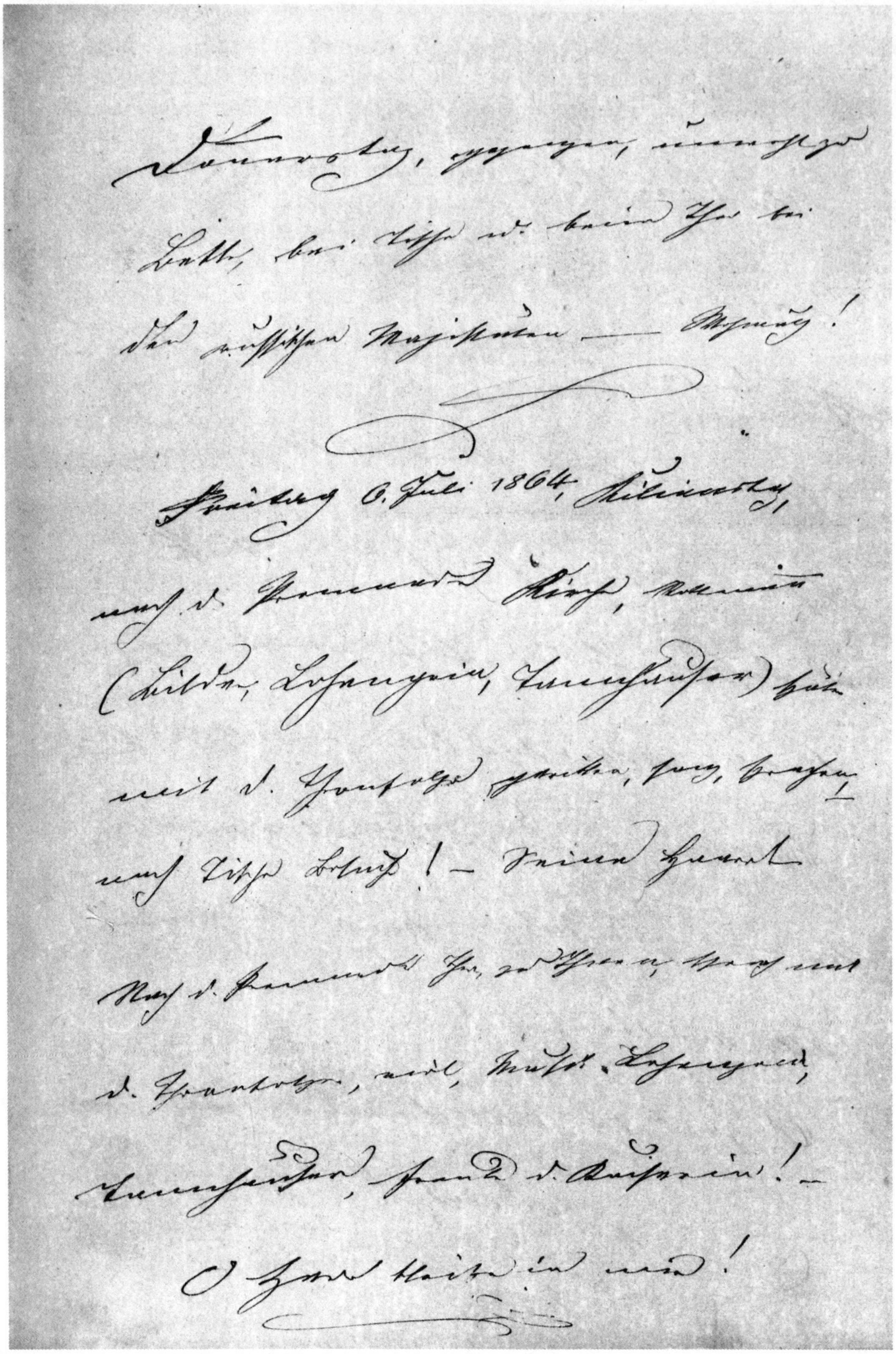

Abb. 14 Tagebucheintrag Ludwigs II. vom 6. 7. 1864: Segensbitte und kalligraphische Schnörkel

ein Buch u. las in Maria Stuart. Otto spielte. Endlich hieß es, der Zug käme. Wir ans Fenster. Der Vater war nicht da. Der Zug wartete. Endlich kam der Vater. Wir gingen alle in die Nibelungen Säle. Und sahen ihn aus verschiedenen Fenstern. An unserem waren, der Onkel Adalbert, Friedrich u. der Graf [vermutlich der Erzieher Graf de la Rosée, wie im Eintrag vom 3. Juni 1858]. *Der Zug war wundervoll. Er ging vom 12ten Jahrhundert bis ins 19te. Besonders schön waren im 12ten Jahrhundert Heinrich der Löwe, das Modell der ältesten Brücke u. ältesten Kirche in München. Besonders schön waren im 13ten Jahrhundert: die Modelle des Pilgerhauses, des hl. Geistspitals u. des Leprosenhauses in München, der alten Veste, der Kirche zum Hl. Lorenz u. der Peterskirche. Besonders schön waren im 14ten Jahrhundert: Kaiser Ludwig der Bayer zu Pferde umgeben von den Helden der Ampfinger Schlacht auch die Maultasch* [unleserlich, vermutlich Margarete M., Herzogin von Tirol, Schwiegertochter von Ludwig dem Bayern]. *Besonders schön war im 15ten Jahrhundert Herzog Ernst von Bayern. Besonders schön waren im 16ten Jahrhundert Herzog Wilhelm IV mit einem Turnierzuge. Besonders schön waren im 17ten Jahrhundert Max I mit seinen Feldherren, ein Haufe ligistischer Soldaten u. die Modelle der Mariensäule u. des Denkmals Ludwig des Bayers, Ferdinand Maria in einem Staatswagen, die Modelle der Theatiner Kirche u. Nymphenburgs. Beim 18ten Jahrhundert waren besonders schön: Gefangene Türken u. Waisenkinder. Im 19. Jahrhundert waren Besonders schön: Das Modell des Urgroßvaters wie er auf dem Max-Josephsplatze ist, das Modell der Statue des Großvaters zu Pferde, nebst den Modellen der Auerkirche, der Kliptotek u. der Bavaria etc dann die Müller mit einem großen Rade, Metzger mit Ochsen, Schlosser mit einem großen Schlüssel, Zinngießer mit einer großen Kanne, Seifensieder mit einer Pyramide von Seife, Tapezierer mit einem klein Himmelbette, Schuhmacher mit einem großen Schuh, Buchbinder mit einem herrlichen Albume, Lohnkutscher, Fiaker, das Standbild des Vaters auf einem schönen Wagen von 8 Pferden gezogen, welche Fuhrleute mit ultramarinblauen Stöcken führten. 4 Fuhrleute in blauem Sammte trugen Fahnen.*

[Schnörkel] *Hierauf kamen viele Deputirte herein, von welchen Fentsch eine lange Anrede hielt, der Vater antwortete. Hierauf sprach er, die Mutter, Tante Mathilde, Tante Alexandra u. Tante Amalie mit ihnen. Dann kamen kleine Gärtnerjungen, brachten Bouquette u. Mädchen sagten etwas auf. Dann gingen sie u. auf dem Platze sangen die Liedertafeln die Huldigungshymne. Dann gingen wir herauf und hatten sehr Hunger. Bald kam Friedrich, besah sich unsere Zimmer u. ging dann. Dann aßen wir, es war ½5 Uhr. Nachher* [?] *wollten wir mit der Mutter u. dem Vater ausfahren, es war aber zu dunkel. Wir gingen also im englischen Garten spazieren. Um ½8 Uhr gingen wir zur Gräfin u. sprachen viel vom Zuge bis ½9 Uhr. Dann aßen wir u. gingen zu Bette. Der Tag war herrlich. Alles gelang!*[171]

Gegenüber der sturen Tageseinteilung eines Gymnasiasten gibt das genaue Tagebuch-Stenogramm dieses Kronprinzen ein verkehrtes Bild. – Auch darin: eine Tages- und Reifungseinteilung, die eher nach Wilhelm Meister aussieht, – sogar mittelalterlich, – und wirklich schwer beurteilt werden kann aus den Geleisen, in welche das Erfolgs-Streben und die dazu notwendige geregelte Ausbildung uns geprägt hat.

Es ist schwierig, die notwendigen Angaben daraus ins erzählende Imperfekt zu übersetzen. – Die vollständige »Verworrenheit« – die auf der Genauigkeit des Eintrags beruht, – der nicht im geringsten »vorgeordnet« ist. – Vielleicht kann man das wieder als ein Positives erklären: dieser Tagebuch-Schreiber ist auf eine ungewöhnliche Weise nicht vor-programmiert – jeder Gymnasiast ist es mehr.

Ludwig II.: ganz mühelos mit den Worten umgehend – alle Urteile: die hohe Intelligenz bestätigend – aber niemals: nach Worten suchend, niemals irgendetwas gefeilt, – daher nicht: in dem Material der Worte denkend. Sondern eben: in dem Material der künstlerischen Formen. Oder noch dahinter: in den Formen des Königtums.

Ludwig II. ist kein »Schriftsteller«, weil er sofort Handelnder, Anordnender ist. – Der Ausdruck »Verspinnung« darf also nicht genommen werden: als ob er in Gedanken versponnen sei, oder gar in bloßer Reflexion.

Wie anders die Beschreibung Ludwigs II. wird, wenn man seinen Tagebüchern folgt. Der gesamte Tonfall wird anders, auch wenn man sich noch so sehr Mühe gibt, nur »Dokumente« und »Tatsachen« zur Sprache zu bringen. – Es ist wie Litanei, wie vorgedruckte Redewendungen. – Und nun der Versuch, vom Menschen selbst zu sprechen, der Versuch, Architekturgeschichte und Menschengeschichte zu verbinden.

Unterricht

49 Nun zu Faktoren, die vom Nicht-Ich an den Kronprinzen herangebracht wurden. Die geistige hohe Luft des Vaters; die einfache Gegenwart der Mutter, die kein Interesse an Kunst und Theater besaß[172] – von diesen beiden Gegensätzen stammt Ludwig ab. Der Unterricht: Er wurde nur privat, durch sorgfältig vom Vater ausgesuchte Lehrer geschult. Viel besser als ein durchschnittlicher Gymnasiast, auch mit einer viel höheren Gesamt-Stundenzahl: acht Stunden am Tage.[173] Vom Aufenthalt in Hohenschwangau schreibt er
48 an Sibylle Freifrau v. Leonrod, geborene Meilhaus, seine frühere Bonne, am 20. Juni 1854: *Alle Tage habe ich meine Lernstunden wie in München.*[174] Ludwig sprach ein ausgezeichnetes Französisch. Englisch: Am 25. Mai 1863 schreibt er Sibylle v. Leonrod: *Ich lese jetzt in der englischen Stunde »Romeo u. Julia«.*[175]

Ein Problematisches des Prinzenmentors, besonders auftretend im Falle Ludwigs II. als Schüler, wurde beispielhaft deutlich, als Johannes Huber, dessen Kolleg der Kronprinz in München gehört hatte, ihm privatim vortrug – besonders über sein Lehrfach Philosophie. Die Vorträge erfolgten zwischen 8. Dezember 1864 und 20. April 1865, also nach der Thronbesteigung, aber das Problem entspricht der Prinzensituation. Huber schrieb: »Deutlich erkannte ich, daß der König ... mich wie seinen Posa betrachte und daß ich bei ihm ein einflußreiches Wort sprechen könne.« So war er auch ärgerlich, daß er bei Auswahl der Lektüre des Königs nicht gefragt wurde. Kurz darauf dürften Hubers Vorträge beim König zunächst beendet worden sein, nachdem Huber sich noch über »Tristan und Isolde«, wie er selbst sich ausdrückt, »scharf kritisch wegwerfend entschied«.[176] Da er einen König als Zuhörer hat, wird der Ehrgeiz des Urteilenden, hier Professor Hubers, und sein Selbst-Geltungsbedürfnis angestachelt, ein Versagen der »Marquis-Posa-Stellung« nicht hinzunehmen, sondern mit einer Unzulänglichkeit des Königs zu erklären (Huber: Ludwig hätte ihn »unwürdig behandelt«)[177] – damit man selber in der Einschätzung als »Marquis Posa« weiterbestehen kann. Der König beendete die Zusammenkünfte nicht, weil er keinen Widerspruch ertragen konnte, sondern weil er den »Lehrer« durchschaute, der Marquis Posa sein wollte. Diese Sorte »Posa« stand immer mit vorgefaßten Meinungen vor ihm. In der Huber-Episode sind drei Anmaßungen enthalten: Lehrer sein wollen für einen Schüler, Posa sein wollen für einen Don Carlos, einflußreich sein wollen vermittelst Schüler und Don Carlos. – Der Unterjochungstrieb. – Ein indirekter Beweis, wie »märchenhaft« der Rang eines Königs auch noch bei Männern im 19. Jahrhundert ist.

Daß der Klavierlehrer des Kronprinzen diesem die Musikalität absprach – dieser Christian Wanner war durchschnittlich – beruht wohl auf dem bei Huber festgestellten Sachverhalt. Ludwig II. war musikalisch in einer von der durchschnittlichen Auffassung differenzierten Weise[178]; so kann er nicht betroffen gewesen sein von »Arithmetik«, die Wagner unter anderem bei Mozart feststellt, dem er den Begründer von seiner, Wagners, Richtung, nämlich Beethoven, entgegenhält.[179]

Auch in anderen Darstellungen des Königs sieht man nicht ihn, sondern den Berichtenden in seiner Voreingenommenheit – besonders, wenn der Berichtende den König für »unglücklich« hält[180], weil er anders ist als der Berichtende.

Theaterbesuche

Dieser Abschnitt berichtet über die Beziehung des Kronprinzen zum Theater mit Ausnahme Richard Wagners – ihm ist der Abschnitt »Vorbereitung auf Wagner« gewidmet.

Der erste nachgewiesene Theatereindruck Ludwigs datiert vom 25. April 1853. Ludwig I. schrieb: »Mit Therese in die Residenz gefahren, um die von unserem Sohn Adalbert in den Steinzimmern, in dem, wo das Billard, aufgeschlagenen Bühne die opera seria »Elisa e Claudio«, von Mercatante die Musik, in italienischer Sprache aufführen zu sehen ... Die Oper war in 4 Aufzügen abgetheilt. Deren erstem nur sollten meine vier ältesten Enkel beiwohnen. Dann wurde ihnen gestattet, auch beim zweiten zu sein. Mir zur Rechten saß Otto, neben ihm meine drei anderen ältesten Enkel, je zwei auf einem Stuhl. Nach dem 2. Aufzug begaben sich Ludwig der Ältere [später: Ludwig III.] und sein Bruder Leopold weg. Ludwig der Jüngere, der Kronprinz, vergoß Thränen, als er scheiden sollte. Ich verwendete mich bei seiner Mutter, und er und Otto durften noch den 3. Aufzug sehen.«[181]

Am 22. Januar 1859 war Ludwig in der »Maskirten Academie« im Odeon; aufgeführt wurde »Der verfolgte Arlequin oder Pierrot im Schmelzofen«.

Der Kronprinz selbst über den nächsten belegten Theaterbesuch: *Montag den 22ten Februar* [1859] *war die 2te Akademie im Kleinen Theater ... Man führte die »Zauberblume oder Allerhand durcheinander« auf.*[182] Es folgte vermutlich eine weitere Liebhaberaufführung: *Montag den 12ten März,* [1859] *waren wir um ½7 Uhr Abends mit Baron* [Emil] *Wulffen im Theater bei den Benediktinern. ... Es wurde »Der Ruhetag, der Prozess u. eine Szene aus der Posse dem falschen Paganini« gegeben.* Auf zwei Seiten sind Inhalt und Spiel beschrieben.[183] *Dienstag den 13 März* [1859] *war Theater im Cadettencorps ... Es handelte sich um den Gebrauch der Phantasie; diese trat anfangs auf ...*[184] Ludwig scheint Dilettantenvorstellungen nicht als eigentliches Theater gerechnet zu haben. Dagegen: *Am* [13.] *Januar* [1860] *wir zum ersten Male im Theater. Wilhelm Tell, an einem Freitag. Decorationen: (Vierwaldstätter See, eine Fischerhütte, links der Garten, rechts Gletscher, Berge Schwyz über dem See.) (Stauffachers Haus links, Schweizerhaus braun, im Hintergrunde Berge, näher eine Brücke bei der Landstraße.) (Zwinguri im Bau begriffen, Gerüste, auch Berge.) Zimmer Walter Fürsts rechts eine Treppe.) (Zimmer großes des Freiherrn v. Attinghausen mit gemalten Wappenschilden ausgeschmückt.) (Rütli, im Hintergrunde der See, viele Berge, besonders ein hoher rechts, Mondschein vorne ein Kreuz. Später Alpenglühen.)*

Hof vor Tells Hause, eingezäunt, auch Berge, rechts) (Wald, sehr wild, auch dürrer Baum.) (Wiese bei Altdorf, im Hintergrunde das Dorf nebst Kirche alles braun, der See, Berge, besonders Bannberg [?] *Der Hut vorne auf der Stange.)*

(Ufer des Vierwaldstätter Sees, hohe Felsen rechts u. links, links Fischerhütte, vorne ungefähr der See, Kahn darin, hinten Berge.) (Zimmer dasselbe des Freiherrn.) (Hohle Gasse bei Küßnacht, wie Wald ein Weg von oben bis auf die Scene.)

(Zwinguri wie vorher auch Berge links) (Zimmer in Tells Hause braun Links eine offene Thüre) (Donner, Blitz, Wind, Sturm.)[185]

Damit beginnt ganz regelmäßig die Aufzählung der *Decorationen* bei Theaterbesuchen, – korrigiert nachträglich, offenbar nach Notizen im Theater, dann durch Erinnerung aufgefüllt.

Der anschließende Eintrag: *Am* [29.] *Januar (Sonntag) Oberon. Decorationen: (Elfengarten, rechts u. links Schwanenbrunnen, Hintergrund großes* [?] *u. Schilfgebüsch, was sich später langsam aufthut. Versenkung, Vision (Ansicht Bagdads im Sonnenschein, etwas in der Ferne) Flugmaschine Pfauen gezogen) (Zimmer der Retia, hinten Gitter, wo der Mond durchscheint, orientalisch.)*

(Straße in Bagdad) Gegend am Meere, Häuser, Schiffe links.) (Große Höhle.) (Der Strand des Meeres, später Sonnenuntergang, zuerst Sturm, schöne Beleuchtung, Sonne roth, Schiff, das immer näher kommt, nach und nach Nacht, Mondschein Sterne, Nymphen im Meere, Elfenhain.)

(Orientalischer Garten? Springbrunnen, Sommerhäuschen, Gondel im Wasser) (Retia) (Garten mit Springbrunnen, Blick (Saal d. Roschana) (Saal der Roschana, in Tunis, orientalisch, (der Garten mit d. Springbr. wieder) Alkofen, grünes Flämmchen, Vorhang zuerst vor dem Alkofen) Oriental. Palasthof, rechts links Burgen auf Bergen auch (Tunis? Wolken.) (Elfenpalast, Feuerregen, rothes Feuer!)

Tunis? Flugmaschine, Blumenbeet?, vorne die Brunnen m. d. Schwänen (Elfentänze, Tanz der Sclavinnen, später der Sclaven. [Ganze Seite schwer leserlich.][186]

Aus dem Zeitraum zwischen dem 13. Januar und einem vom Kronprinzen nicht näher datierten *Sonntag den Juli* 1860 gibt es überhaupt keine anderen Eintragungen im Tagebuch als die über Theaterbesuche. Außer Schillers »Tell« und Carl Maria v. Webers »Oberon« erlebte Ludwig

18. März »Der Prophet« von Giacomo Meyerbeer
29. März »Die Stumme von Portici« von Daniel François Esprit Auber
21. April ein Stück mit dem eventuellen Titel »Die Recrutierung der Zwerge in Krähwinkel«
29. April »Dinorah oder Die Wallfahrt nach Ploërmel« von Giacomo Meyerbeer
24. Juni »Wilhelm Tell« von Gioacchino Rossini
12. Juli »Hans Heiling« von Heinrich Marschner
20. Juli »Fra Diavolo oder Das Gasthaus von Terracina« von Daniel François Esprit Auber

27. Juli »Zar und Zimmermann« von Gustav Albert Lortzing
3. August »Der Freischütz« von Carl Maria v. Weber.[187]

Auf zwölf engbeschriebenen Seiten elf Stücke, davon neun Opern.

Etwa zweieinhalb Jahre hindurch gehört der Bericht über die *Decorationen* als fester Bestandteil zur Aufzeichnung über jedes Stück. Gegen Ende kann man ein langsames Gleichgültigerwerden feststellen. Er ist seinem eigenen Werdegang gegenüber so kritisch, daß er – nachdem er am 29. April 1863 in der Oper »Rothkäppchen« von François Adrien Boieldieu noch einmal auf neun Zeilen *Decorationen* notiert hatte – etwa eine Woche später, als für den 7. Mai Schillers »Don Carlos« angesetzt war, am 7. oder 8. schrieb: *... von nun an nichts mehr von Decorationen in solchen Stücken.* Welchem Entschluß er freilich am 21. Juni den letzten Kurzeintrag nachschiebt: *Abends in den »Schwarzen Domino«* [von Auber], *... Decorationen I–III Akt (Ballsaal) (Zimmer) III Akt: (Zimmer d. Stiftsdamen, man sieht ins Freie.*[188].

29 Warum durchaus *Decorationen*? Warum nicht die Handlung, – die Dichtung, – die Musik? Warum nicht die Charaktere, die Schauspieler? Es ist unerwartet, daß ein junger Mensch systematisch die Dekorationen beobachtet, – nicht die Leidenschaften, die Empfindungen, nicht das menschliche Spiel: sondern den Schauplatz, mit sofortiger Systematik.

Es ist eine Methode, mit welcher Ludwig sich von der Welt des Theaters, soweit sie die seine sein wird, eine zusammenhängende Kenntnis zu verschaffen sucht, – also vergleichbar seinem Durchlesen des gesamten Shakespeare.[189] Er schafft sich einen Erinnerungs-Anhalt, bald auch einen Beurteilungs-Anhalt. Auch hier kommen wir auf die »Innen-Verspinnung«.

Diese Beachtung des Schauplatzes deutet in zwei Richtungen: Erstens auf das Gebaute, das Eingerichtete, auf die Welt-Anordnung, etwas Archi-Tektonisches. Und zweitens auf die mögliche Inszenierung. – Wenn überhaupt tätiger Theatermann (statt geborener Theaterfürst) – wäre ein solcher Jüngling Regisseur oder Architekt geworden.

Die Form, in welcher Ludwig in dem sofort an die Phase der Dekorationen anschließenden Stadium auf eine Aufführung reagiert, ist die heftige Anrede an die Gestalten, die er vor sich sieht. Zum ersten Mal im Tagebuch bei »Maria Stuart« am 21. April 1863. Dieser Name steht in Riesenschrift da, anderthalb Seiten einnehmend. *Herrliche Vorstellung ..., Fr.* [Lila] *v. Bulyowsky Maria Stuart, wundervoll gespielt, Alle gut, außer Mortimer ... der Abschied* [gemeint wohl: Abschied Maria Stuarts vor ihrer Hinrichtung] *herzzerreißend, herrliches Werk! – An Euch wende ich mich, die ihr schamlos genug seid, mit den frechen Dienern Eurer Lust in sündigem Treiben ... zu schwelgen, betrachtet die Liebe, die im Anschauen lebt, und aus hehrer Ferne ihr wonniges Glück empfängt ... Blickt auf sie die Edle, die Reine, auf Schottlands Königin ... wie das tiefste Unglück sie nur noch herrlicher macht ... und bleibt in anbetendem Staunen, mit der reinsten, der entsagenden Liebe ...* (Insgesamt zwei Seiten).[190] Die nächstfolgende Anrede dicser Art schrieb der Kronprinz am 14. Februar 1864 nach einer »Tannhäuser«-Vorstellung ein: *... arme Elisabeth! – Heinrich! O er entwand sich der Wohllusthöhle der Göttin, sein Heil ruht in Maria, er kehrt zurück, zur Geliebten, zu Elisabeth!*[191] Diese Anrede hat Ludwig als Auseinandersetzungsform nie ganz abgelegt, in diesem Sinne immer unmittelbar: Er hat immer die Gegenwart des Dargestellten gesehen – und ihn nicht vom Schauspieler trennen wollen, – daher die Beziehung zu Josef Kainz und zu anderen Darstellern und Darstellerinnen.

Autoren überragenden Ranges, mit denen sich der Kronprinz befaßte, waren erst Schiller, dann Shakespeare. Am Geburtstag, dem 25. August 1858, *schenkte mir Baron* [Emil] *Wulffen 3 Bände von Schillers-Werken.*[192] Im Einzelnen sind wir über die Lektüre und Aneignung nicht genau unterrichtet, wohl aber: daß er ganze Stücke auswendig wußte[193] und vortrug. Am 16. Juli 1863 auf der Bahnfahrt nach Hohenschwangau *declamirte Grfn. Dumoulin vor aus Maria Stuart, Glocke*[194].

Auf der Bühne hatte er gesehen:

13. Januar 1860 »Wilhelm Tell«
10. März 1861 »Maria Stuart«
26. April 1861 »Wallensteins Tod«
21. April 1863 »Maria Stuart«
7. Mai 1863 »Don Carlos«
29. Juni 1863 »Wilhelm Tell«.

Die Häufung der Aufführungen 1863 hatte ihren Grund. Ludwig schreibt an Sibylle v. Leonrod, seine frühere Aja, am 25. Mai: *Vor 14 Tagen war die Enthüllung der Schillerstatue; wir waren leider nicht zugegen. Die Statue* [von Max Widnmann, am Ostende des Maximiliansplatzes, nicht erhalten] *ist sehr schön, so oft ich daran vorbei komme, kann ich mich nicht enthalten vor Schiller den Hut zu ziehen! – Frau v. Gleichen* [des Dichters Tochter] *aß diesen Tag beim Großvater zu Mittag, bei der Enthüllung saß sie ganz einsam u. gefeiert auf einem eigens für sie angewiesenen Platze! – Denselben Abend war sie bei der Mutter zum Thee, nachher sahen wir sie; sie gefiel mir sehr gut, scheint sehr interessant zu sein. Wir erhielten auch ihre u. ihres Mannes Photographie,* [sie] *schrieb sich auch in unsere Bücher ein. Denselben Abend war ein großer Fackelzug, 2000! Fackeln!*[195] Am 5. Mai vermerkt der Kronprinz: ... *in Schillers Briefen über Don Carlos gelesen, Schwärmen für Marquis Posa! Sehnen, den Don Carlos zu sehen od. nicht? ... Doch hinein, Vorgeschmack, möchten mir alle Ideale beim Lesen u. Sehen vorschweben!*[196] Seine Vertrautheit mit Schiller war genauer und enger als die mit Goethe.

Sehr genau sind wir unterrichtet über die Aneignung Shakespeares. Im Theater hatte Ludwig vorher nur »Romeo und Julia« sehen können (am 25. April 1863). Am 25. Mai des gleichen Jahres schreibt er an Frau v. Leonrod: *Ich lese jetzt in der englischen Stunde »Romeo u. Julia«.*[197] Am 27. trägt er ins Tagebuch ein: *Shakspeares Werke erhalten, begonnen.* Es ist nicht bekannt, ob er sie von anderer Seite bekam. Bis zum 22. Juli hatte er neunundzwanzig Dramen gelesen. Daten der Lektüre sind für jedes einzeln festgehalten. Zugleich: volle Theatersaison mit anderen Werken und: konzentriertes Wagner-Studium. Also kurz vor seinem achtzehnten Geburtstag las er die gesamten Dramen Shakespeares durch, – auf einmal und zusammenhängend.[198]

Mit gleicher Systematik eignete sich Ludwig die wesentlichsten zeitgenössischen Bearbeitungen des Nibelungen-Stoffes an: zuerst Wagners »Ring«, gelesen kurz vor dem 24. Juni 1863 bis 23. Juli; dann Friedrich Hebbels Trilogie »Die Nibelungen« (1862) am 4. Januar (und als König am 15. April) 1864; am 4. Januar 1864 wurde auch zum *Vergleich* in Emanuel Geibels »Brunhilde« (1857) und Ernst Raupachs »Der Nibelungen Hort« (1834) gelesen, in der »Brunhilde« auch nach der Thronbesteigung am 16. und 17. April 1864. Dazu Sekundär-Literatur wie beispielsweise der *Ring d. Nibelungen v. Müller, es ist eine Erklärung und Einführung zum gleichnamigen Werk v. R. Wagner,* kurz vor dem 17. Dezember 1863.[199] Es ist möglich, daß auf diesem wie auf anderen Interessengebieten die Lektüre Ludwigs das aus bisher gefundenen Quellen Bekannte weit übersteigt. »Müller« ist vermutlich Franz Karl Friedrich M., Regierungsrat und Musikschriftsteller, der das Verständnis von Wagners Werk zu fördern suchte.[199a]

Zum Theaterfürsten geschaffen hat sich Ludwig nicht durch Schiller, Shakespeare, Wagner oder Erzieher, – sondern durch das Theater selber, durch den beharrlichen und leidenschaftlichen Besuch. Es gibt aus den Jahren 1860–1864 keinen anderen Lebensbereich, der mit solcher Gleichmäßigkeit und Genauigkeit rekonstruiert werden könnte. Von Anfang an und immer an weitaus erster Stelle: die Opern. Nicht Wagner (in den vier Jahren nur sieben, möglicherweise acht Besuche), sondern in gleicher Bedeutung die deutsche und die französische Oper. Von Italienern in diesen Jahren nur Donizetti, Bellini, Rossini, Verdi. Daß Wagner am 20. November 1869 glaubte, vom König »ansprechen« (d. h. verlangen) zu können, sich für mehrere Jahre »von der Beachtung des Theaters zurückzuziehen«[200], beantwortete Ludwig nicht.

Der Kronprinz besuchte zwischen 13. Januar 1860 und 4. März 1864 73 Opern (ohne Singspiele und Ballette) und 26 Schauspiele (eventuell 8 weitere – ohne die Privataufführungen).[201] Für einige wenige Tage geht aus den Tagebucheinträgen nicht hervor, ob Ludwig der Aufführung des erwähnten Stückes beigewohnt hat. Für sein Interesse ist auch die Notiz über nicht besuchte Vorstellungen beweisend.

Schopenhauer, der ja Wagner beeinflußte, hatte die Musik an die Spitze der Künste gestellt: »Die Musik ist also keineswegs, gleich den anderen Künsten, das Abbild der Ideen; sondern Abbild des Willens selbst, dessen Objektität auch die Ideen sind: deshalb ... ist die Wirkung der Musik so sehr viel mächtiger und eindringlicher als die der anderen Künste: denn diese reden nur vom Schatten, sie aber vom Wesen.«[202] Arithmetisch bestimmte »Musikalität« weist Schopenhauer am Beispiel einer Leibniz-Definition zurück; denn dann könnte die Wirkung von Musik »nicht jene innige Freude seyn, mit der wir das tiefste Innere unseres Wesens zur Sprache gebracht sehen.«[203] Die Oper als Gattung kritisiert er aber; besonders, weil die Ausstattung – also gerade das jahrelange Hauptmoment des Interesses für Ludwig – von der Musik ablenke.[204] Schopenhauer kennt also noch keine dem »Gesamtkunstwerk« Wagners vergleichbare Konzeption.

Bis auf die zweimal besuchte »Zauberflöte« und »Figaros Hochzeit«, Glucks »Iphigenie in Tauris« – gleichfalls zweimal besucht – und dessen »Iphigenie in Aulis« sowie Grétrys »Richard Löwenherz« ging der Kronprinz in Opern, die Kunst-der-Gegenwart waren.

Kurt Hommel schließt, Ludwig hätte das Schauspiel höher geschätzt, da in den Separataufführungen 60 Schauspiele 21 Opern gegenüberstehen.[205] Aber die Auftragswerke der Separataufführungen durften nicht in die Öffentlichkeit gelangen,[206] und eine Oper, als Auftrag vom König in Thema, Text, Komposition, Einstudierung, Vorführung angegeben, hätte eine so hohe Summe gekostet, abgesehen von dem Personalaufwand, daß auch ein nur von der Musik besessener König sie nicht hätte ermöglichen können. Man muß also nach meiner Ansicht argumentieren: Obwohl auch die separate Vorführung schon einstudierter Opern ungewöhnlich kostspielig war, hat Ludwig doch nie darauf verzichtet.

Offenbar hat Maximilian II. sofort begriffen, daß er keinen Grund hatte, die Unbändigkeit, mit welcher sein Sohn zum Theater drängte, zu widerstreben. Vielmehr: Er muß diese Leidenschaft sofort anerkannt, gefördert haben. Er setzte die Weisheit der Wittelsbacher Könige fort: dem Thronfolger Raum zu schaffen auf einem so ernsthaften, für so positiv gehaltenen Felde. Freilich gibt Böhm an, daß der Kronprinz »die Eintrittskarten für sich und seinen Begleiter aus seinem Monatsgeld bestreiten« mußte – Preise etwa 2 fl. 24 kr. bis 3 fl.–[207] aber er konnte nicht so viele Stücke besuchen, wenn er nur ein Monatsgeld von 12 fl. und von Juni 1860 an von 25 fl. bezog.[208]

Ungewöhnlich war die Gewalt, die Tiefe, mit der diese Welt des Theaters, der Oper von Ludwig Besitz ergriffen hatte. Für diese Selbst-Identifizierung des Prinzen zwei weitere Belege, die freilich in ihrem – fast körperlichen– Zusammenhang innerhalb der Tagebücher erlebt werden müßten. Denn auch Aufzeichnungen haben einen Körper; Schriftzüge, Verteilung auf die zur Verfügung stehenden Seiten und ihre Fläche, plötzliche Riesigkeit einzelner Worte haben ihre unmittelbare Aussage, vielmehr ihr unmittelbares Bild. Abb. 14, 15, 18

Am Jahresende 1862 schrieb Ludwig II. ein langes Gedicht ins Tagebuch; am 2. März 1864 übertrug er es mit anderen Gedichten in ein besonderes Buch, das ebenso unter Verschluß war wie alle seine Aufzeichnungen.[209] Bei aller Unbeholfenheit und Monotonie der Wiederholung drücken die Strophen doch die Intensität aus, mit welcher die Opern ihn beschäftigten, die er gesehen hatte (kein einziger Vers über ein Schauspiel ist von ihm bekannt). Das Gedicht beginnt:

Zu Ende geht das alte Jahr
Für alles Gute danke dir!
Du hast mir viel gewähret.–
Ich denke Deiner immerdar,
Gepriesen stets seist Du von mir
Gepriesen und verehret.–

Es enthält außerdem vor allem eine Folge von fünfzehn gleichartigen Strophen, in welchen jeweils der Inhalt einer Oper zusammengefaßt sein soll beziehungsweise des Musikdramas »Tannhäuser«. Es sind die 1862 erlebten Werke.

Lucrezien Borgia's Verbrechen
Sind meinem Auge nun enthüllt,
Sie will an ihrem Feind sich rächen
Und furchtbar wird ihr Trieb gestillt. –

Schluß dieses Gedichtes:

Den Genius der Zukunft lernt' ich kennen[210]
Noch gründlicher als je zuvor,
Ach meines Geistes mächtig Brennen
Es sehnt sich nach der Wonne Thor

Begeistert darf ich glücklich denn mich nennen,
Dies Wort es tönt entzückt an mein berauschtes Ohr,
Zur höchsten Höhe will ich kühn mich schwingen,
Die Strahlenkrone muthig mir erringen!

Mit dem gleichen halb unbewußten Handeln drückte Ludwig ein ähnliches Empfinden aus: durch das plötzliche Einsetzen ganz großer Einzelworte auf jeweils ganze Seiten des Tagebuchs, manchmal sogar auf Doppelseiten. Selbstverständlich verändert man das Schrift- oder Druckbild, wenn man auf etwas Wichtiges hinweisen will. Von den »Schnörkeln, Gebeten, Segenssprüchen« werden wir im Abschnitt »König« sprechen müssen. Soweit sie bei Ludwig in den ersten Jahren der Tagebuchaufzeichnungen vorkommen, sind sie weniger auffällig. Damals gibt es aber eine festbegrenzte Zeit, innerhalb welcher es eben die Opern und Wagners Musikdramen, zweimal auch Werke Schillers, sind, deren Besuch alles andere unterbricht und in seiner Bedeutung verkleinert. Deren Titel trennt und beherrscht das Vorher und Nachher. Dieser Nachdruck durch Verwendung von Ganz- oder Doppelseiten, wenn etwas Außerordentliches eintritt, was das Vorhergehende und das Folgende auseinanderhält: eben der Besuch dieses Theaterstücks, findet sich zwischen dem 24. Januar 1861 und dem 29. Juni 1863 fünfundzwanzigmal. Auffallend ist, daß dem Titel »Tannhäuser« am 14. und 28. Februar 1864 sowie »Lohengrin« am 21. Februar 1864 jeweils nur etwa ein Fünftel einer Seite gewidmet ist. Kurz darauf finden sich noch zweimal ganzseitige Worteinträge, aber nicht auf Bühnenstücke bezüglich:

Am 10. März 1864 starb König Max II. – Kurzer Eintrag am 11., ebenso am 12. auf neuer Seite angesetzt: *Sonnabend Geschäfte, begann um ½9 Uhr* – dann plötzlich das Buch herumgerissen und senkrecht in die Höhe über die ganze Seite: *König!* Am 4. Mai kam Wagner erstmals zu Ludwig II.; sein Name nimmt etwa eine halbe Seite ein. Am 9. Mai begonnen auf linker Seite mit: *Montag, Wonnetag! Wetter sehr schön (Album der Jagdhunde),* [Leopold] *Rottmann (Bilder, Tannhäuser besprochen. – Ouvertüre des Tannhäuser, wonnevoll, wonnedurchwebt! Audienzen, Deputation v. Kempten, Gasser, ausgefahren, Erinnerungen! – 2 Uhr, hehre Stunde* und wieder das Buch hergerissen und über beide Seiten hinweg: *Richard Wagner!*

Danach – nie wieder ein solcher großer Eintrag.[211]

Großjährigkeit

Diesen Begriff des Staatsrechts erfüllte Ludwig II. mit eigenen Inhalten, die zu seiner Selbst-Werdung gehören; deshalb wird hier darüber berichtet.

Seit 18. August 1863 weilte die königliche Familie in Hohenschwangau.[212] Am 24., also dem Tag vor der Mündigkeitserklärung, die mit Ludwigs Geburtstag zusammenfiel, notiert er im Tagebuch: ... *wundervolles Wetter, Traum ... Petersburg ... öder, kalter Platz, ... Constantinopel. – Vergoldete Kuppeln, viele Thürme, und d. Sophienmoschee 4 weiße Minarets ... Grfn Du Moulin*[213] *u. Orff*[214] *in dieser Stadt. – Stall hier, Hund, Kolb*[215]*, Rucker, flog vom Garten, Hof aus hinab in d. Thal ...* [folgen drei unleserliche Wörter] – *Ritten in d. Ebene, Horn, Wald nach* [?] *oben* [?] *Berge herrlich, zurück, Alles wird ein magischer Traum! ... Letzte Stunde in diesem Lebensjahr, Professor Steininger*[216] *ein Buch über Faust, Gedicht, zur Mutter, las Heinrich VI. aus*[217]*, Depesche v. Buttler*[218]*, Briefe v. Gietl*[219] *u. Reindl*[220]*, ½1 im Alpsee gefischt, Hecht v. 3* ℔ [Pfund], *las über Faust, herrlich! – Hinauf, 2 Uhr Tafel,* [unleserliches Wort] *Sänger, ¼ nach 3 Uhr nach Reutte, Breitenwang zum Decan, Wilhelm mit, Berge herrlich, Gletscher' gleich erglänzen sie glitzernd in d. Sonne Schein, Breitenwang in d. Kirche, Garten, abends beim Decan, großes Gaudi, Obst aus Meran, zurück, viele Menschen, Häuser geschmückt, Thee, Dürckheims*[221] *eingeladen, Feuer auf d. Bergen, wonniger Mondschein, Liederkranz v. Füssen sang im Hofe, theure, herrliche, hehre Lieder, bengalisches Feuer (gelb, grün, roth) schloß prachtvoll, gingen hinab, magisch, viel Volk unten, Häuser alle beleuchtet, Stall, Haus v. Grfn. Maldegem, auf d. Dache lauter Lampen, leuchtend in lichtem Schein, Transparents, Gärtnerhaus schön beleuchtet, alle, alle Leute so herzlich, Fürst* [unleserliches Wort], *hinauf, Soupé, meine Hechte, Grfn Maldegem auch eingeladen.* – Es folgen: ein Gedicht und einer der erwähnten Schnörkel.[222]

Dienstag, 25. August, Volljährigkeitstag – Wonne ihn hier zuzubringen! – Stand um ½5 auf, dann auf d. Dach, fischte im Alpsee, las in d. Abschiedsrede, im Buch über Faust, im Ringe d. Nibelungen, man schoß, schon frühe, freudig frohlockten die Berge, Wetter war herrlich, hehr strahlend, sterngleich die glänzende Sonne, Hecht v. 9½ ℔ [Pfund], *Geschenk d. Alpsees, dann 2½ ℔, fischte bis ¼ über 7 Uhr, Gratulationen, erhielt v. Grafen*[223] *Löwenkopf, von Orff*[224] *Einschreibbuch, Fr. v. Leonrod*[225] *auch, dann Gedichte, von Tante Auguste, Mappe mit Schwind's 7 Raben, von der Mutter, erhielt v. d. Eltern, letzten Kuchen, 18 Lichter, leider die letzten Leuchten! – Tasse, Bilder, Tintenfaß, Nadel mit Schwan, Uhr, Besteck, die Stalleute gratulirten, zuletzt von ihnen die kleinen, von mir erwünschten Engel, Frühstück im Garten, Kirche, Volk, gute Leute! – Chokoladenfrühstück Altane, v. d. Damen Bücher, über Shakspeare, Buchzeichen, Gratulationen Lakaien, Jungfern, später Kammerfrauen, Offizianten, Steininger*[226], *Kolb*[227], *Düflieb*[228], *Schleiß*[229], *Bergmann, Grfn. Maldegem, Riedel*[230], *Mund* [?], *11 Uhr die Füßner im Heldensaal*[231], *Bad, v. Otto Bücher, Vasen, Tasse, ½ 2 Uhr die Münchner Deputation, Steinsdorf*[232], *noch 8, Steinsdorf, Ackenrod* [?], *Nöhrung* [?],[232a], *Dominik* [?] *sagte, ich wollte mich d. Reigens d. Ahnen würdig machen, u. für Münchens Wohl sorgen, – Tafel, d. Herrn, auch Steininger u. Schleiß bei Tisch, Alle munter, dann bald darauf ins Schweizerhaus, ritt Belisar* [unleserliches Wort], *Schweizerhaus beleuchtet, zurück Mondschein, mild u. schön mit schimmerndem glitzerndem Glanze. – Stall sehr schön beleuchtet, die Leute so gut! Souper, noch auf d. Dach, Mondschein magisch, Wonne* [unleserliches Wort] *u. gewiegt.* Mit einem zwischen zwei Schnörkeln angefügten Gedicht Ludwigs endet dieser Tagebuchband.[233]

Nach Ablegung des Abiturs 1863 besuchte der Kronprinz Vorlesungen an der Münchner Universität, den Tagebüchern zufolge erstmals am 19. November – die Vorträge Professor Steiningers, bereits früher vermerkt, waren sicherlich private, da Ludwig dabei nie die Universität erwähnt. 19. November 1863: *zu Liebig*[234] *Vorlesung (Experimente).* – 20. 11.: *zu Liebig(Flammen).* – 21. 11.: *zu Liebig.* – 24. 11.: *Colloquium 10 Uhr Jolly,*[235] *Physik, dann Liebig ... (Prof. Jolly Vortrag sehr angenehm, Luftwaage ... Liebig (Sonnenähnliches Licht).* – 25. 11.: *10 wieder Colloquium (Physik, dann Liebig, Physikstunde.* – 26. 11.: *10 Physik, ... ¾12 Liebig ... 2–3 Physik (Universität).* – 27. 11.: *10 Jolly, Physik ... Liebig, (Irrlichter), 2–3 (Physik).* – 30. 11.: *10 Uhr Universität (Schall!) ... ¾12 Chemie ... Liebig, interessant erzählt, Bacon v. Verulam*[236]. – 1. Dezember: *10 Uhr Universität, zu Liebig ... 2–3 Physik.* – 2. 12.: *Universität, nach 11 Liebig.* – Ab 3. Dezember war Ludwig häufig krank; am 3. Februar 1864 *zum ersten Mal aus nach langer Zeit*[237]. Sein Tagebuch berichtet nichts von Wiederaufnahme der Vorlesungsbesuche. Was aus ihnen ins Tagebuch einging, (*Flammen, Sonnenähnliches Licht*) waren Erscheinungen, die Ludwigs Imagination anregten.

Entscheidend war beim Großjährigwerden für Ludwig II., daß er eine selbständige Wohnung erhielt. Bis dahin wohnte er mit seinem Bruder Otto, von Erziehern beaufsichtigt, im Festsaalbau der Residenz im Pavillon, welcher deren Nordwestecke einnimmt, in dem Zwischengeschoß über dem ersten Stock zum Hofgarten, nach Norden also. Die neue Wohnung lag darüber ein Stockwerk höher. Ihre fünf Zimmer und Nebenräume nahmen den gesamten Pavillon ein.

Bezüglich dieser neuen Wohnung enthalten die Tagebücher des Kronprinzen folgende Einträge: 7. Oktober 1863: *Wohnung, Ausdenken der Wohnung.* – 9. Oktober: *Wohnung.* – 12. Oktober: *Zimmer eingerichtet* – möglicherweise nach dem Text für diesen Tag nicht für sich, sondern für *Gäste.* – 13. Oktober: *Wohnung!* – 1. November: gleichlautend. – 16. November: *in d. neue Wohnung, erste Nacht –.*[238] Entsprechend schrieb er am 15. an Sibylle v. Leonrod: »*Morgen beziehe ich meine neue Wohnung.*[239] Frau v. Leonrod schrieb am 21. an Ludwig: »Die neue Wohnung ... ist, wenn ich nicht irre, der sogenannte Pavillon, ein Theil der Wohnung, die Seine Majestät der König als Kronprinz bewohnte.«[240] Am selben Tage notierte Ludwig II. im Tagebuch: *Residenzgang.*[241] Es ist möglich, daß dies erstes bekanntes Zeugnis für den Plan ist, an der Westseite der Residenz, in deren altem Teil, einen Gang zu seiner Wohnung anlegen zu lassen – einen Plan, den er als König ausführte (sogenannter »Nibelungengang«). Am 19. Januar 1864 schildert er Frau v. Leonrod: ... *in meinem Schreibzimmer, welches mein liebstes Zimmer ist, sind an den Wänden die geschnitzten Burgen (Ruinen) welche in d. Nähe v. Hohenschwangau sind, sodann hängen d. Bilder vom*
11 *Schwanenritter, (d. in Hohenschwangau gemalt sind) in diesem Zimmer, Bilder nach d. Nibelungen v. Schnorr, ein Bild v. Beethoven, eines v. Shakspeare.*[242] Ruinen in der Nähe von Hohenschwangau waren:

Vorder- und Hinterhohenschwangau – ersteres an der Stelle des jetzigen Neuschwanstein –, Hohenfreyberg und Falkenstein – wo Ludwig II. gleichfalls eine neue Burganlage plante. Die *Bilder vom Schwanenritter,* 11
entworfen von Christian Ruben, ausgeführt von Michael Neher, Albrecht Adam und Lorenzo II Quaglio 1835, zeigen die Lohengrinsage und befinden sich im Hohenschwangauer Schwanenrittersaal, damals Speisesaal[243]. Julius Ritter Schnorr v. Carolsfeld freskierte die fünf Nibelungensäle der Residenz; vollendet erst 1867. Zu dem Beethovenbild paßt, daß der Kronprinz im gleichen Briefe an Frau v. Leonrod Lektüre von Adolf Bernhard Marx, Ludwig van Beethoven, Leben und Schaffen, Berlin 1858, erwähnt.

Die *geschnitzten Burgen*: Ein ganz frühes Beispiel, daß Ludwig II. sich auf-sich-selber bezieht. Daß er »Geschichte« bildet, – ganz instinktiv, und nach und nach in immer größeren Kreisen und Formen. Diese Modelle oder Reliefs sind Wieder-Holungen.

Lohengrin-, Tannhäuser- und Fliegender-Holländer-Schale

Diese Schalen beschäftigten Ludwig II. bis zum 22. Mai (Geburtstag Wagners) 1867, also auch als König.

Am 17. September 1863 trug er ins Tagebuch von einer Partie nach Berchtesgaden ein: *Sägemühle, schöner Mann, (Siegfried ähnlich)!* Am 15. Oktober: *Reute* [sic, gemeint: Reutte, Tirol], *Gedanken an d. große Tasse.* Am 16.: *Sinnen über d. Tasse, Bilder* und: *Schrieb Plan zur Tasse.* In München wird am 21. Dezember im Tagebuch vermerkt: *»4 Uhr Herr* [Leopold] *Rottmann bei mir, die große Tasse bespro-* 30
chen!? Am 28.: *4 Uhr Herr Rottmann gekommen, Zeichnungen, Pläne, »Lohengrin«, »Ring des Nibelungen«, – Schwärmen, – In dem Vorwort zu den Opern-Dichtungen* [vermutlich Wagners] *gelesen, herrlich! – Plan gefaßt, R. Wagner zu schreiben.* Am 29.: *Lohengrin-Tasse, ... Abends in der Vorrede (3 Operndichtungen)* [Wagners] *gelesen.* Am 31.: *4 Uhr Herr Rottmann gekommen, Tasse, Bilder besprochen, Schwärmen, – ach Wagner, Wagner!!*

Am 1. Januar 1864: *Rottmann ½4 zu mir Tasse, Bilder (Lohengrin) besprochen.* Am 4.: *Herr Rottmann gekommen, Allegorien* [Ludwig gab für jede der drei Unterschalen je zwei Allegorien an; in seinem »Album«, das seine schriftlichen Entwürfe zu den Schalen und die aquarellierten Rottmanns enthält[244], finden sie sich; auf Rottmanns Entwurf zur Lohengrinschale[245] hat deren Unterschale jedoch nur eine (zweimal vorkommende) Allegorie, die sich nicht im erwähnten »Album« findet] *ihm gezeigt. Gruppierungen gesehen, Modell Unterschale.* Am 7.: *Herr Rottmann gekommen, Bild, Enthüllung* [von Lohengrins Geheimnis durch seine Gralserzählung, 3. Aufzug, 3. Szene?] *von d. Bildern gesprochen, Strahl der Sonne auf den Ritter!* An diesem Tage vermerkt der Kronprinz auch: *Traum Lohengrin.* Am 10.: *½4 Uhr Rottmann gekommen, Bilder, Schale besprochen, Schwärmen, Wonnen! ... Vorgeschmack ... Wagner?! – Burghof zu Antwerpen* [Schauplatz des zweiten Aufzuges von »Lohengrin«] *(Bild) Costüme, Lohengrin,* 30
Schwan!! – ... später geschrieben (Plan, Tannhäuser-Schale). Am 11.: *Nacht vorher Traum. Plan der Bilder, ... da d. Abend vorher Entwurf zur Tannhäuserschale begonnen! ... Herr Rottmann gekommen, Bild entworfen gezeigt (Scene im Brautgemach)* [»Lohengrin«, 3. Aufzug, 2. Szene] *... Allegorien.* Am 12.: 30
Allegorien. Am 13.: *Allegorien zur Tannhäuser-Schale fertig beschrieben.* Am 14.: *Herr Rottmann (v. d. Farben d. Bilder gesprochen), gab ihm d.: »Ring des Nibelungen«.* Am 17.: *Herr Rottmann (Bilder besprochen, alle gebracht, v. dem Schönen aus d. Ramsau* [erwähnt TB 17.9.1863] *gesprochen) ... O Lohengrin!* Am 18.: *nach 4 Herr Rottmann, Köpfe, Gestalten* [ein unleserliches Wort] *Bilder besprochen.*[246]

Die zeitlich folgende Quelle aus diesem Monat der intensivsten Beschäftigung mit den Schalen (Januar 1864) erläutert teilweise die zuvor wiedergegebenen Zitate. Am 19. Januar schrieb Ludwig an Freifrau v. Leonrod: *Nun ist ein Plan von mir in Ausführung, welchen ich schon einige Zeit herumtrage, nämlich eine große Tasse oder vielmehr Schale verfertigen zu lassen, worauf Scenen aus »Lohengrin« gemalt werden. Herr Rottmann zeichnet und malt die Bilder, ein Anderer muß sie dann auf Porzellan copiren. – Es werden vier Bilder, eines stellt die Ankunft Lohengrins in Antwerpen dar, ein anderes den Burghof von Antwerpen, wo Friedrich v. Rotemund* [statt richtig Telramund] *u. Ortrud das Werk der Rache berathen, Elsa erscheint auf dem Balkon, das 3te Bild zeigt uns das Brautgemach, wo eben Elsa ihr Versprechen bricht, das 4te Bild stellt die Enthüllung des Geheimnisses v. Seiten Lohengrins dar. – Ich ließ nach Berchtesgaden schreiben, wo ich in diesem Jahr* [richtig: am 17.9.1863] *einen jungen Mann, welcher in einer Sägmühle arbeitet, sah, welcher uns Allen durch seine Schönheit und seine Heldengestalt auffiel, diesen werde ich von Walch in Berchtesgaden photographiren und danach hier als Lohengrin malen lassen.*[247]

Am 21. Januar im Tagebuch: *4 Uhr Herr Rottmann, die 2 größeren Bilder besprochen, Brief, Mann aus Berchtesgaden* [wohl wieder der im TB am 17.9.1863 Erwähnte]; *später Album (Hohenschwangau) angesehen, Erinnerungen!* Am 25.: *… unwohl* [der Kronprinz überstand in diesem Winter den Gelenkrheumatismus[248]] *– nach 4 Herr Rottmann, Schale mit Schwan (Modell)* [die Lohengrinschale hat auf Rottmanns Entwurf Schwanenhenkel[249]]. Am 27.: *¼ 4 Herr Rottmann, Schale besprochen, Costüme, Angelo Quaglio* [Angelo II, der für die Münchner Erstaufführung des »Lohengrin« 28. Februar 1858 das Brautgemach für den dritten Aufzug entworfen hatte[250], wie es Ludwig am 2.2. und 16.6. 1861 bei Aufführungen sah und das kaum verändert auch auf Rottmanns Schalenentwürfen erscheint] *zu mir.* Am 28.: *nach 4 Uhr Herr Rottmann, Bilder besprochen.* Am 31.: *½ 4 Rottmann (Medaillon)* [vielleicht eines der Mitteltondi gemeint, das jede Unterschale auf den Rottmann-Entwürfen hat].

Am 1. Februar: *Rottmann, Medaillon, Schwäne.* Am 4.: *nach 4 Herr Rottmann, Schwan (Gyps) gemalt, Medaillon-Bildchen, Decorationen, »Lohengrin«, »Fliegender Holländer«, gesprochen, zukünftige Wonnen.* Am. 7.: *½4 Rottmann (Medaillon) Verzierungen d. Schale, unwohl.* Am 10.: *nach Tische bald Herr Rottmann, Bilder ihm gezeigt, Schwärmen!* Am 22.: *Bei Otto mit Rottmann gesprochen.* Am 23.: *11 Uhr Rottmann Bild von (Lohengrin) Ankunft, sehr schön!*

Am 4. März: *3 Uhr Rottmann (Bilder).* Am 8.: *10 Uhr Rottmann.* Am 20., also schon nach der Thronbesteigung: *(Rottmann die Bilder der Unterschale beinahe vollendet gezeigt. Erkennung Lohengrin's Art* [durch dessen Gralserzählung, 3. Aufzug, 3. Szene]. Den Text der Gralserzählung notiert der König auszugsweise am 25., nicht ganz wörtlich. Von diesem Karfreitag 1864 heißt es außerdem im Tagebuch: *unwohl, fast ganz zu Bette, Abends noch gearbeitet.* Am selben Tage ging Richard Wagner durch München, auf der Flucht vor Gläubigern, und sah an einem Schaufenster ein Portrait Ludwigs.[251]

Am 1. April: *Rottmann* [es folgen zwei Leerseiten, in welche vielleicht Abbildungen einer geplanten Schale kommen sollten] *Bilder zur Schale. (Burghof in Antwerpen, Ankunft Lohengrins, Enthüllung des Geheimnisses.)* [Wohl Lohengrins Gralserzählung gemeint]. Am 22.: *Nachmittags Rottmann, (Bilder für die Schalen besprochen, Lohengrin, Tannhäuser!)* Am 24.: *3 Uhr kam Rottmann.*

Am 1. Mai: *3 Uhr Herr Rottmann, Bilder (Lohengrin, Tannhäuser) besprochen … um die Stunde* [Kabinettssekretär Franz Seraph v. Pfistermeister] *in Mariafeld* [Gut François Wille's bei Zürich; der in Ludwigs Auftrag dort gesuchte Wagner war aber schon nach Stuttgart abgereist] *Entscheidung?! … Schwärmen!* Am 9.: *Rottmann (Bilder, Tannhäuser, besprochen) … 2 Uhr, hehre Stunde »Richard Wagner«* [der Name auf zwei Seiten verteilt; es war Wagners zweite Audienz, die erste hatte er am 4.5. nach 2 Uhr[252]]. Am 18.: *wonniger Tag! … Rottmann Bilder (Lohengrin, Tannhäuser!).*

Am 4. Juni: *Rottmann (Bilder, Tannhäuser!)* Am 12.: *Rottmann, Bilder (Tannhäuser. –)*

Am 8. Juli, in Kissingen: *Rottmann (Bilder, Lohengrin, Tannhäuser).* Am 11., wiederum in Kissingen: *Nach Tische Rottmann, Bilder (Lohengrin, Tannhäuser, fliegender Holländer).*

Am 22. Oktober schrieb Leopold Rottmann an Pfistermeister: »Ich erlaube mir die Freiheit, Euer Hochwohlgeboren in gehorsamster Ergebenheit zu bitten Seiner Majestät dem König beiliegende kleine Scizzen, welche Seine Majestät der König zu der Fliegenden Holländer Tasse projectirt haben, zur Ansicht und Correctur vorlegen zu wollen. Die größere Zeichnung betrifft die Henkel der Obertasse, die vier kleinen sind allegorische Beziehungen der späteren Hauptbilder.«[253]

In den Tagebuch-Einträgen über die Schalen tritt zwischen 11. Juli 1864 und 14. Februar 1865 aus unbekannten Gründen eine Pause ein. Am letzteren Tage heißt es: *Skizzen für Scenen aus Wagners Werken! – Schalen-Bilder!* Zwischen 19. und 27.: *Rottmann: Bilder zur Holländer-Schale!*

Am 20. März 1865: *Rottmann, Bilder.* Am 29.: *– endlich die Lohengrin-Schale vollendet! – Wie erdacht!*

Am 22. Mai: *Wonnetag, Sein Geburtstag, Richard Wagners, … Wagner ½ 1 Uhr, Endlich Ihn wieder geschaut, Seligkeit! Gab Ihm Lohengrin-Schale und Blumen, freuten Ihn …*

Die übrigen Erwähnungen der Schalen im Tagebuch erfolgen nur in größeren Abständen. Am 4. Oktober 1865: *Wustlich Schale.* Gemeint ist Otto Wustlich (1819–86), der als Porzellanmaler die Entwürfe Leopold Rottmanns auf die drei Schalen übertrug[254]. Als Entwerfer kann Wustlich nach den Quellen nicht bei den Schalen tätig gewesen sein.

Am 22. Dezember 1865: *Wonnetag, 4 Jahre seit »Tannhäuser«! Abends Rottmann mit Schalenbildern!*[255] 31, 32

Der König schenkte Wagner zum Geburtstag 1866 die Tannhäuser-Schale.[256] Beide waren vom 22. bis 24. Mai (letzterer war der Abschiedstag) in Triebschen bei Luzern zusammen; das Tagebuch erwähnt das Geschenk der Schale nicht. Dagegen ist am 22. Mai 1867 vermerkt: *gab Ihm* [Wagner] *Holländer Schale*[257]. Damit enden die Tagebucheinträge über die Schalen.

Die erwähnten *Pläne* zu den Schalen schrieb Ludwig II. in ein gesondertes Verschließbuch[258], damals als »Album« bezeichnet. Von den nach diesen *Plänen* Ludwigs gefertigten Entwürfen existieren zwei Folgen. Die eine befindet sich im »Album«. Am 22. Mai 1866 erhält Rottmann »für 18 Aquarell-Gemälde aus Lohengrin, Tannhäuser & fliegender Holländer zu dem Album Sr. M: des Königs« 2104 fl.[259] Das Album enthält achtzehn Bilder, sofern man die Blätter mit je zwei *Allegorien* als ein Bild zählt. Die zweite Folge gehört zum König-Ludwig-II-Museum, Herrenchiemsee.[260] Die Entwürfe beider Folgen entsprechen einander jeweils mit geringfügigen Unterschieden, jedoch mit zwei Ausnahmen: In einem Falle, dem Motiv aus der ersten Szene des zweiten Aufzugs vom »Fliegenden Holländer«, sind keine Unterschiede vorhanden; im anderen, den zwei Emblemen beiderseits des Mitteltondo der Lohengrin-Unterschale, zeigen die betreffenden Entwürfe beider Serien jeweils gänzlich voneinander verschiedene Motive. Das Album bringt jeweils die Bilder allein; die Folge aus dem Ludwig-II-Museum diese Bilder jeweils den Schalenaufrissen einkomponiert.

Alle drei Schalen wurden 1945 im Haus Wahnfried zerstört[261]. Es gab jeweils eine Ober- und Unterschale. Eine Bemalung der Innenseiten der Oberschalen ist nicht nachweisbar.

Leopold Rottmann (1812–81), der Künstler beider Entwurfsfolgen, die voneinander keine stilistischen Unterschiede aufweisen, war der Zeichenlehrer Ludwigs II.[262] Nach dessen Tagebuch war der Maler achtunddreißigmal wegen der Schalen bei Ludwig. Die Termine, zu denen Rottmann erscheinen muß, sind viel zahlreicher, als der Maler sie brauchen würde. Er wird bestellt, damit der »Kunst-Herr« am Entstehen des Werkes teilnehmen kann. Also eine ganz besessene Teilnahme - an jeder Nuancierung. Was erst in den Architektur-Aufträgen der großen Bau-Jahre sich wiederholt. Dies beweist den Rang der Schalen für Ludwig II. ebenso wie die Verwendung eines eigenen Verschließbuches für die Pläne. Das Nachlassen des Interesses etwa ab Juli 1864 rührt vielleicht davon her, daß das Festspieltheater von Semper eine viel größere potentielle Rolle bei ihm zu spielen begann.

Die Schalen waren Ludwigs erste eigene Leistung. Mit diesem Auftrag beginnt die Selbständigkeit als Kunstfürst, – als Bauherr, – hier beginnen die Schlösser, konkret besonders der Bau von Neuschwanstein. Die Zusammenhänge und Tiefenschichten sind so komplex, daß man fast zweifeln muß, ob man sie hier, gleich in ihrem ersten Entstehen, »in nuce«, fassen und darstellen kann, – oder ob man nicht besser täte, vom Ende des Lebens Ludwigs II., wenn man überblickt hat, was alles in den etwa zwanzig folgenden Jahren geworden ist, zu diesen Schalen zurückzukehren. Aber das Wort »in nuce« bedeutet ja, daß in der Nuß der gewaltige Baum in seiner Grundgestalt, zu seiner Entfaltung vorbestimmt, schon vorhanden ist.

Zunächst setzte Ludwig mit dem Auftrag die aristokratische Tradition fort, mit kostbaren Gefäßen einander zu beschenken. Er selbst erhielt auch derartige Gaben; eine davon beeindruckte ihn besonders: *Prachtvolle blaue Tasse mit Berliner Ansichten* führt er unter *Schöne Geschenke* zu seinem Geburtstag 1860 an; ein Jahr später bekam er zum Geburtstag unter anderem Kunstgewerbe ... *dunkelblaues Porzellanservice, rosa Tasse ...*[263] Um dieser Tradition willen waren zum Teil die fürstlichen Porzellan-Manufakturen gegründet worden. In Form, Größe und Bilderwelt knüpften diese Erzeugnisse an altgriechischen Vasen an, – auf deren Wandungen auch die Götter, die Mythen, die gesamte Welt in geheiligter Weise dargestellt waren und mit denen ebenso die Tafeln bei Banketten geziert wurden wie die Gräber nach dem Totenmahl: wo sie Spende, Heroisierung, Vergöttlichung des Auferstehenden zugleich waren. Sie sind uns nur aus Gräbern erhalten. Hierin ist Ludwig also ganz »archaisch«.

Warum wurden diese Möglichkeiten seit dem 19. Jahrhundert nicht mehr benutzt? Wegen des ganzen Veränderns des »Kunstbegriffs« durch den Rationalismus, den Kunsthandel, die Kunstgeschichte,[264] in Richtung »Originalität«, verkaufbares Kunstwerk. In früheren Zeiten ist das Kunstwerk in ganz anderem Zusammenhang. Viel sachlicher. Das Kostbare ganz »anderswo«. – Möglicherweise muß das vollständige Verschwinden des Kunstwerks – am Ende der rationalistischen Kunst-Vorstellung – kommen, um wieder zurückwenden zu können. – Immer wieder das Problem des Kunst-»Herrn«. Des Aristokraten, Königs, der die Bezugsperson der Kunst ist. Es ist kein größerer Abstand zu finden als zwischen diesem Auftrag des einsamen Kronprinzen und den gleichzeitigen Impressionisten – die eine vollständig andere Ware als »Kunst« anboten, – fern aller Gottheiten und Mythen. Wie sehr hat das kulturelle Selbstbewußtsein des 19. Jahrhunderts, soweit es rationalistisch bestimmt war, sich auf-sich-selber eingeschränkt, unfähig zu sehen, von welch weiten »geschichtlichen« Gegenwarten es noch umgeben war, innerhalb der Naturwissenschaft wie der menschlichen Kultur. Und wie hat das inzwischen noch zugenommen! Ludwig II. schuf Kunst immer als Bestätigung, als Verwirklichung, als Kulthandlung.

»Schale«: das heißt Bergung des Kostbaren im Inneren dieser Schale; Gral, Monstranz. In diesen Zusammenhang gehört Ludwigs Auftrag – und schon daß er im zitierten Brief an Sibylle v. Leonrod vom 19. Januar 1864 mit *Tasse* beginnt, aber den Schleier wegzieht und fortfährt: *vielmehr Schale,* enthüllt einen Teil des Geheimnisses.

Ein kostbares Gefäß: Es muß gesichert aufbewahrt werden; es wird nur zum Schmuck der großen Tafel, zur Zelebrierung, zum Kult herausgenommen. So ist es in Ludwig Uhlands Ballade »Das Glück von Edenhall« und in Goethes »Faust«. Bei Uhland ist die Unversehrtheit des kristallenen Trinkgefäßes, eines Feengeschenks, magische Bedingung für das Glück eines alten Geschlechtes. Für Faust verbindet sich die größte Gunst, der Tod, den ihm der Gifttrank bringen soll,[265] mit der größten Kostbarkeit:

> »Nun komm herab, kristall'ne reine Schale!
> hervor aus deinem alten Futterale,
> an die ich viele Jahre nicht gedacht!
> Du glänztest bei der Väter Freudenfeste,
> Erheitertest die ernsten Gäste,
> Wenn einer dich dem andern zugebracht.
> Der vielen Bilder künstlich reiche Pracht,
> Des Trinkers Pflicht, sie reimweis zu erklären,
> Erinnert mich an manche Jugendnacht.«[266]

35 1863, im Jahre des Schalen-Plans, beschäftigte der Faust-Stoff den Kronprinzen verhältnismäßig häufig: Im Tagebuch vermerkt er am 7. Januar: *Faust,* was so ohne Zusatz bei Ludwig bedeuten kann, daß er Faust oder mit ihm verbundene Inhalte imaginativ gegenwärtig machte. Am 1. Februar war er in Charles Gounods »Faust«. Eine Aufführung des Goethe-Werkes besuchte er erstmals am 23. März. Am 5. und 6. April (Ostern) las er darin. Am 24. August, einen Tag vor der Volljährigkeit, schenkt ihm sein Philosophie-Mentor Professor Steininger ein *Buch über Faust. Las über Faust, herrlich!*[267] Die Begeisterung für »Faust« war damals so intensiv, daß das Werk, besonders die Titelfigur, mythisch gesteigert aufgefaßt wurde.

Wenn Faust bei Goethe das Gift, das er aus der Schale trinken will, nennt:

> »Du Inbegriff der holden Schlummersäfte«[268]

so ist das die Verbindung von Schlaf und Tod, geknüpft an eine Schale. Nachdenkenswert: daß eine Schale bei Ludwig II. in nuce bereits seine Vorstellung von Betten als Sarkophagen und Schlafzimmern als Aufbahrungsräumen in sich faßt.[269]

33 Auf dem Gemälde »Titan's Goblet« von Thomas Cole (1801–48)[270] ist in der Schale eine ganze Welt enthalten, wieder in nuce. »In nuce« impliziert nicht, daß es eine vorläufige, eine Notlösung für einen Inhalt ist, sondern die angeführten Schalen sind »Träger« für Welten, die aus dieser Nuß, aus diesem Ursprung schon begriffen werden müssen und können.

Welt-Schalen sind es, die Ludwig II. als erstes schafft. Wieviel »Grundriß-Anordnung« ist in ihnen enthalten. Das Grundlegende einer Schale ist der Grundriß. Sie ist als ganzes Gebilde eben archi-tektonisch. Wer nicht imstande ist, sich in die »Mitte« der Schale versetzt zu finden (wie ein Gulliver unter den Riesen), – eben wie in der Schale von Cole –, und die Gebilde von Henkel und von Gegen-Richtung der Bilder auf der Untertasse als »richtig« anzuerkennen – eben weil er von der Mitte her die »Anblicke« der Malerei sich gegenüber findet, – ich weiß nicht, wie ich es ihm in noch anderen Worten verständlich machen könnte. Die Untertasse ist die wahre Schale bei Ludwig II., ihr Grundriß ist dem der erwähnten
zwei Decken in der Glyptothek des Großvaters (Götter- und Trojanischer Saal) und dem Grundriß der 2–4
Decke vom Schlafzimmer der Königin im Königsbau, gleichfalls Schöpfung Ludwigs I., verwandt.

Die Schale ist ein ähnliches Grund-Symbol wie das »Schachspiel«. – Wirklich eine »Entsprechung«.

Auch der Gral wird teilweise als Schale vorgestellt; häufig in der Esoterik des Mittelalters, so bei Wolfram v. Eschenbach. Bei ihm wird die Edelsteinschale später von Tempelrittern in ihrer Burg auf dem Berg Monsalvatsch behütet. Im Neuschwanstein-Abschnitt »Gral« ist der Anlaß gegeben, ausführlich nach dem Gral und nach seinen Zusammenhängen zu fragen.

Im christlichen Gralsmythos ist der Gral die Schale, in die Jesus und Judas Ischariot ihre Hände tauchten[271] und in der Joseph von Arimathäa Jesu Blut auffing. Teile der Gralserzählung aus Wagners »Lohengrin« schrieb Ludwig II. mehrfach an Karfreitagen ins Tagebuch; so auch am 3. April (Karfreitag) 1863 und am 26. März (wiederum Karfreitag) 1864 – am 20. war Rottmanns Schalenbild der Gralserzählung *beinahe vollendet.*[272] Schon Wolfram v. Eschenbach läßt am Karfreitag eine Taube eine Oblate auf den Gral legen, die ihm Wunderkraft verleiht.[273]

Das mit dem 9. Juli 1866 beginnende Tagebuch[274] hat auf der Innenseite des Vorderdeckels Aquarelle 44
einer Krone, eines Szepters und Reichsapfels und einer Schale. Diese trägt eine kirchenslavische Inschrift: »Mittels dieser Schale Herrgott ...«[275]

Inhalt der ersten Schale: die Sage von Lohengrin. – Selbstverständlich verbunden mit dem eigenen Schicksal: ein Schwanritter zu sein, in dem Schlosse Hohen-Schwangau aufgewachsen zu sein. »Lohengrin« war das erste Werk von Wagner gewesen, das Ludwig auf der Bühne erlebt hatte, am 2. Februar 1861. Ein zweites Mal am 16. Juni; »Tannhäuser« folgte am 22. Dezember. Ob die »Tannhäuser«-Aufführung am 9. Mai 1863 besucht wurde, ist fraglich. Bei der ersten erlebten Aufführung notierte der Kronprinz noch die *Decorationen.* Jetzt wie anders in der Periode der »Anrufe« an die Gestalten im Theater erlebter Stücke, am 21. Februar 1864: *Wonne, Entzücken, Lohengrin! ... Musikdrama v.* [Franz Karl Friedrich?] *Müller gelesen, ... herrlicher Tag, wonnedurchwebt, aus, engl. Garten gefahren, gegangen, Schwärmen, Seligkeit, gelesen, Ring d. Nibelungen, Lohengrin, Reitweg gegangen, Aumeister, schwärmend, Wonne athmend, ... 4 Uhr Tafel, Fürst u. Fürstin Hohenlohe-Schillingsfürst, Grf. Königsegg, Rechberg geladen, sprachen v. Lohengrin etc., Wonne, immer näher u. näher! – Tafel mit Cercle – ½ 6, immer näher – Ha jetzt erkenne ich sie wieder, Die schöne Welt, der ich entrückt, Der Himmel blickt auf mich hernieder, die Fluren prangen reich geschmückt.*[276] *O seliger Tag! – 6 Uhr: »Lohengrin!* [Aufführung] *– die mystischen, heiligen Töne erklangen, unsern profanen Sinn in die reinste Stimmung zu versetzen, wir athmen, ohne uns noch Rechenschaft geben zu können, etwas Unerhörtes, ein Heiliges unaussprechbares Geheimniß, die Vision entschwindet, wir berühren wieder die Erde, eine Welt des Truges u. des Hasses. –*

König Heinrich, viele Mannen, der tapfere Telramund, die ränkespinnende Ortrud sind versammelt, Elsa, die Reine, muß sich dem irdischen Richterspruche stellen, sie wird des Brudermordes angeklagt, ein Gottesurtheil soll entscheiden, kein Kämpfer will sich zeigen, die Jungfrau fleht zu Gott, in brünstigem Gebete, Er möge den Erlöser senden, denselben, den ihr schon der Traum gezeigt, – Wunder, o Wunder, er naht, Verbot – Elsa ich liebe »Dich!« – Er befreit! Heil, heil den Beiden! – Friedrich u. Ortrud schmieden Pläne, gegen den Ritter u. Elsa, sie nimmt das Unheil in ihr Haus auf, die schwärmende Braut in ihres Herzens Unschuld, weh! Wehe!

Ach Elsa, warum konntest Du Dich nicht begnügen! –

Das Glück ist zerstört, war ach so kurz, so kurz! – Er muß dahin! Vom Gral war Er gesandt! [Es folgen die vier Anfangszeilen der Gralserzählung:]

»In fernem Land, unnahbar euren Schritten,
liegt eine Burg, die Monsalvat genannt;
ein lichter Tempel stehet dort in Mitten,
so kostbar, wie auf Erden nichts bekannt.«

Es naht der Schwan, wehe! fort, fort! Gottfried erscheint, doch der Heiß-Geliebte, Er muß von dannen ziehn, – Elsa, ach hättest du das Fragen unterlassen!! Welch Unheil hättest Du erspart. – Sie starb. – Wonnevoll, Sänger [Albert] *Niemann Lohengrin, herrlich, unvergleichlich! – Angegriffen, Zittern, Jubeln, Schmerz, Trauer! –*

Dahin! dahin! unwiederbringlich!
O Elsa, o »Lohengrin«! Schwärmen!?[277]

Die Schöpfung der eigenen Geschichte durch Innen-Verspinnung[278]: 2. *Febr.* [1862] *Jahr von Lohengrin.* 2. *Febr.* [1863] *... glückseliger Tag, 2tes Jahr von Lohengrin.* 2. *Februar* [1864] *hehrer Tag der Erinnerung, Wonne! 3 Jahre seit Lohengrin!*[279] Auch später wird der Lohengrin-Jahrestag ins Tagebuch eingetragen.

Innerhalb der Lohengrin-Sage ist das eigentliche Geheimnis: die Gottgesandtheit des Retters. Das im eigenen Wesen begründete Verbot: den Namen zu sagen. Denn das würde die Gefahr bedeuten, verstrickt zu werden. Auch Ludwig II. hatte das Bedürfnis, sich zu verbergen, auch: »den Namen zu verweigern«,[280] sich selbst zu verweigern. Vermutlich aufgrund der Anregung durch einen Traum vom 15. Januar 1864[281] verfaßte der Kronprinz ein am 2. März in ein besonderes Gedichtbuch übertragenes[282] Gedicht, dessen Schlußklimax im Erscheinen einer Lohengrin vergleichbaren Herren- und Meistergestalt besteht, nach deren Namen nicht gefragt werden darf.[283] Es trägt den Titel *Vision;* mit diesem Ausdruck kennzeichnete Ludwig im zitierten Tagebucheintrag vom 21. Februar 1864 (»Lohengrin«-Besuch) die Veränderung durch das Theater, durch das Werk Wagners.

Der Traum vom 15. Januar: *vor ½ 11 erst auf, herrlicher Traum, entzückend! – Hohenschwangau, Balcon, reisefertig, fort, nach München, J. Seiffers* [Stallbediensteter] *fuhr,* [ich] *floh, sprang v. Bock hinab, Gebüsch, Fürstenweg, Onkel Adalbert* [begegnet, er soll von der Flucht] *nichts sagen, Teich, Großvater,* [er] *wollte schießen, fiel in Graben. Fort, sammelte Treue um mich, fern v. d. Philisterland, (Heidenthum, Götter) denn Kreuz nageln* [diese drei Wörter schwer lesbar], *Halbtraum, Venusberg, blauer See, Ritteranzug, Roß, Klänge, Trompeten, d. Andern auch Ritter, Mondschein, nach Hohenschwangau, in d. Zimmer (Mannentreue) zur Ruhe, im Tasso-Zimmer ich* [das »Tasso-Zimmer« war in Hohenschwangau sein Schlafraum], *Trompeten, Chöre, wunderbar, Ritters Nahen, Schwan ...*

Der Inhalt des Gedichtes *Vision:* Der Kronprinz will für sich das Land um Hohenschwangau ritterlich gewinnen und zu den alten Göttern zurückkehren. Als er in die verhaßte Stadt abreisen soll, flieht er. Er sammelt eine Art Gralsritterschaft um sich und wird deren König – vielleicht eine Parallele zu Parzival. Vom Heidentum wendet er sich zu Christus. Dann erlebt er das Tannhäuser-Abenteuer im Venusberg. Mit seiner Ritterschaft zieht er in Hohenschwangau ein, das sein Sitz werden soll. Am nächsten Morgen kommt der Schwanenritter, um in göttlichem Auftrage die Oberherrschaft zu übernehmen, und verbietet die Frage nach dem Namen. Alle geloben, seinen Namen von *ewigem Verschweigen decken* zu lassen.

Am Schluß dieses kindlichen, romantischen Versuches, auf eigene Ich-Vorstellung eine Gralsritterschaft aufzubauen, das Eingreifen eines eigentlichen Meisters, dem sich das bisherige »Ich« nun unterwirft, – und, obwohl es naheliegt, daß Ludwig dabei an Wagner gedacht hat, trotzdem ist im Gedicht, also in der Wunschvorstellung, dieser Meister nur die Fortsetzung des eigenen Ich, – ein Meister, der wiederum die Namens-Verweigerung als eigentliches Geheimnis, als eigentlichen Zauber und als Lebensrätsel aufgibt – was eben nur Ludwig selber, und nur in der Traumwelt aufbauen konnte, – dieser Meister Ludwigs handelt wie ein Über-Ludwig. Das Gedicht *Vision* ist für die Selbst-Suche des Prinzen aufschlußreich: die vollkommene Aufgehobenheit innerhalb der Traumwelt, – eine Gegenwart Wagners, die – von Wagner gezündet, im Kronprinzen brennend, – doch in einer Sphäre bleibt, die mit der »historischen« Gegenwart Wagners kaum zu tun hat, die »historisch« nicht einklagbar ist. Dichte Gegenwart des Künstlers und Menschen Wagner für den Kronprinzen von Bayern, zu einer Zeit, da Wagner überhaupt nichts davon weiß.

In dem Schalen-Plan kündigt sich in nuce der Bauherr an. Aber er erscheint in vorliegendem Buch nicht dort, weil die Schalen zu Wagner gehören. Sie entstanden aus dem Bann heraus, den Wagners neue Erschaffung des Mittelalters ausstrahlte. Sie gestalten Themen, über welche Ludwig II. mit Wagner zusammenhängt: und mit welchen er schon vor-Wagner als Kind und Jüngling selbständig ist. Hat Wagner erkannt, daß der König, – indem er aus der Tradition der Monarchen solche Monstranz, solchen Gral erneuerte, dem Gral des Mittelalters auf seine Weise ebenso nahe, vielleicht näher war als der Künstler, der die Sage als solche erneuerte, wieder-holte, indem er sie – nach dem Zwischen-Abgrund der historischen »Vergangenheit«, Gewesenheit, neu schuf?

Am 14. April 1869 erwähnt Wagner die »schöne grosse gemahlte Tasse mit dem fliegenden Holländer« in einem Brief an seinen Diener Franz Mrazek.[284] Am 24. ist in Wagners Brief an den Dirigenten Hans Richter wieder davon die Rede: »Ich vermisse die kostbare Tasse [Gesperrtes von Wagner unterstrichen] mit den Porzellan-Malereien vom fliegenden Holländer, welche ich vor zwei Jahren vom König zu meinem Geburtstag bekam. Warum wird sie nicht, sorgsam verpackt, nachgeschickt?«[285]

Bildliche Darstellungen zu Wagners Werk ließ der König von 1864 an durch Michael Echter (Freskenzy- 36–43
klus über den »Ring«, Szenenillustrationen nach Aufführungen), Eduard Ille, Wilhelm v. Kaulbach, Heinrich und August Spieß sowie Theodor Pixis ausführen.[286] Die Schalen waren im Verhältnis zu diesen Schöpfungen mehr Ludwigs eigene Hervorbringung, was schon aus den Tagebucheinträgen hervorgeht. Und dann: die Verbindung von Gral und Schale, also die Zusammenfassung von der Sage (mit den Bildern) und dem Gebilde. Dahinter: der Todesgedanke. Teilweise vergleichbar mit den Schalen – aber nicht Gestaltungen von Wagner-Inhalten – waren Porzellanservices, die Ludwig für sich anfertigen ließ.[287]

Abgesehen von ihrer Eigenbedeutung sind die Schalen lauter Anfänge zu späteren großen Verwirklichungen. Der Schalenauftrag entwickelt alle anderen Kräfte des Bauherrn: Burghof zu Antwerpen und Brautgemach aus »Lohengrin« sowie die Wartburg (»Tannhäuser«) wurden in Neuschwanstein wiederaufgenommen; am 28. Dezember 1863 wird der *Plan gefaßt, R. Wagner zu schreiben.*[288] Abb. 15

Herbst 1863, als das Schalenprojekt erwogen wird, bilden sich aber auch davon ganz unabhängige Vorstellungen in nuce bei Ludwig. Von der eigenen Wohnung war (im Abschnitt »Großjährigkeit«) schon die Rede. Am 6. Oktober empfindet er im Tagebuch nahe Hohenschwangau *Gegend, Berge, See indisch (Himalaya, Rosenthal)*. Rosental mit Himalaja war ein Schauplatz in der Oper »Lalla Rookh«, die der Prinz zuletzt am 31. Mai jenes Jahres erlebt hatte – am 7. Oktober stellt er diese Verbindung mit dem Eindruck vom Vortage in einem Brief an Frau v. Leonrod her.[289] Diese Imaginierung sollte für Ludwigs Wintergarten fruchtbar werden.

Vorbereitung auf Richard Wagner. Aus den Tagebüchern und Briefen des Kronprinzen

Ludwig II. hat nach Strobel[290] »bereits mit zwölf Jahren Wagners Abhandlungen ›Das Kunstwerk der 34
Zukunft‹ und »Zukunftsmusik« begierig in sich aufgenommen«.[291] Aber »Zukunftsmusik« erschien erst 1860. Die erhaltenen Tagebücher beginnen nach dem zwölften Geburtstag, am 3. Juni 1858. Von dieser frühesten berichteten Wagner-Beschäftigung ist darin nichts erwähnt, ebensowenig in Ludwigs Briefen an *Billa* v. Leonrod, geborene Meilhaus, die 1853 beginnen. »Als am 28. Februar 1858 in München zum ersten Mal Lohengrin aufgeführt wurde, erhielt er zu seinem größten Schmerz keine Erlaubnis, sich diese Aufführung anzusehen.«[292] Auch hierüber ist keine Selbstäußerung Ludwigs bekannt. Die auf die Wagner-Vorbereitung bezüglichen Stellen aus den Tagebüchern und aus dem Briefwechsel mit Sibylle v. Leonrod lauten:

2. Februar 1861: ... *waren wir in Lohengrin. Decorationen I. Act (Ufer der Schelde bei Antwerpen, rechts Bäume, links auch, nur* [?] *auch Thronstuhl auf Stufen, an den Bäumen befestigt ein Tuch, Art v. Baldachin, zurück die Schelde, das Wasser ist blau, mehr im Hintergrunde ein schönes Schloß auf einem*

Berge? mehr links auch rechts Lichtstreifen der aufgehenden? Sonne, man sieht die Gegend rechts noch bis in den Hintergrund sich erstreckend.

II) Act (Schloßhof in Antwerpen, rechts die Kemenate (Frauenwohnung) zurück mehr der Palas (Ritterwohnung), links eine Kapelle auf Stufen, gewölbt, geht man hin, am Gebäude rechts ein Erker (Balkon, Söller), an d. Herrenwohnung ein runder Erker, durchbrochen?, Thore.)

III. Act (Brautgemach der Elsa, rechts Fenster, Ofen, dann zu, Stühle auch rechts? Glockenzug, Thüre, beide in d. Mitte auch zurück, brennender Lüster hängt v. d. Mitte herab, Thüre links?) Vorhang roth auch mit Rittern, verschiedenen Verzierungen, (Ufer der Schelde wie vorher ganz.) (Schwan welcher einen Kahn zieht, zuerst in der Ferne von links nach rechts, dann nicht sichtbar, dann in d. Nähe v. rechts nach links, groß, auf dem Haupte eine goldene Krone, er zieht den Kahn an einer goldenen Kette v. Eichen-Blättern? Im Kahn rother Sammt, mit Hermelin eingefaßt, gerade so schwimmt der Schwan im ersten Act zurück, er wendet sich auch von rechts nach links in d. Nähe, schwarzer Schnabel, Tag werden langsam, Art Mondbeleuchtung, Thürmer blasen, Königsmarsch, Fenster v. Mond erleuchtet, Landschaft draußen?, Zweikampf, Zug in die Kirche, Hochzeitszug, Zweikampf, (Gottesgericht), der Schwan taucht unter, eine kommende u. fliegende Taube zieht ihn fort, ein Jüngling kommt Der Schwan bewegt noch sein Haupt aus d. Wasser.

16. Juni 1861: *Lohengrin. Herr* [Ludwig] *Schnorr v. Karolsfeld machte den Lohengrin.* [Keine Angaben von *Decorationen*].

22. Dezember 1861: *in Tannhäuser Decorationen: I. Akt (Inneres des Venusberges, zurück Wasser, Syrenen* [?], *darinnen Nymphen, links Grotte, grün erleuchtet, Kluft dann davor, links Ruheplatz.) (Gegend bei der Wartburg, die Burg rechts hoch oben, vorne rechts mehr Kreuz, Muttergottesbild mit d. Christkindchen darauf gemalt, Betstuhl davor, links Felsenvorsprung bewachsen.)*

II. Akt Saal in der Wartburg, rechts 2 Throne vorne, viele Sitze auch hintereinander, zurück draußen Thürme, rechts Stufen, zurück auch Eingang.)

III. Akt (Gegend vor d. Wartburg,) (Erscheinung des Venusberges) (Dieselbe Gegend). [Es folgt ein Schnörkel].

2. Februar 1862: *Jahr von Lohengrin.* [Am 2. 2. 1861 war Ludwig erstmals in einer Aufführung].

16. Juni 1862: *Jahr von Lohengrin.* [Am 16. 6. 1861 besuchte er seine zweite Aufführung].[293]

25. August 1862: *sprach viel mit d. Herzogin (Tascher) von … R. Wagner, Lohengrin, Tannhäuser.*

8. September 1862: *sprachen v. Wagner … gesprochen … mit* [wohl Robert] *Grf.* [zu] *Pappenheim von Richard Wagner. 21.: Wagner Tags vorher in Frankfurt Lohengrin dirigirt. 28.: 3/48 zu Ihm,* [einem romantisch Angeschwärmten, wohl Robert Graf zu Pappenheim] *spielte herrlich: der Abendstern,* [»Tannhäuser«, 3. Aufzug, 2. Scene] *Marsch zum Sängerkrieg,* [»Tannhäuser«, 2. Aufzug, 4. Scene] *aus d. Stummen v. Portici, Seiner Lieblingsoper,* [von Ludwig erstmals 29. 3. 1860 besucht, Komponist François Auber] *aus Fra Diavolo,* [von Ludwig zuerst am 20. 7. 1860 gesehen, Komponist ebenfalls Auber] *O Fenella, süßes Leben, aus dem Maskenball v. Auber,* [diese Oper, 1833 uraufgeführt, trägt auch den Titel: »Gustave III.«] *u. v. Verdi Alessandro Stradella,* [Komponist ist Friedrich v. Flotow; Ludwig besuchte erstmals am 7. 4. 1861 eine Aufführung] *Martha,* [Komponist gleichfalls Flotow, erste vom Kronprinzen besuchte Vorstellung: 4. 7. 1862] *d. lustigen Weiber v. Windsor,* [Komponist: Otto Nicolai] *Oberon,* [Komponist: Carl Maria v. Weber, erste von Ludwig gesehene Oper, 29. 1. 1860] *Freischütz,* [Komponist: gleichfalls Weber, erste von Ludwig besuchte Aufführung: 3. 8. 1860] *Templer u. Jüdin,* [Komponist: Heinrich Marschner; Ludwig sah die Oper erstmals 28. 11. 1860] *Don Juan,* [Komponist: Mozart] *herrlich* … Schon am 24. September hatte der Prinz *Ihn,* (vermutlich wieder Robert Graf zu Pappenheim) gebeten, *den Abendstern vor mir einmal zu spielen.* 2. Oktober 1862: [Der Angeschwärmte] *spielte herrlich aus dem Nachtlager in Granada,* [Komponist: Konradin Kreutzer] *Melancholie von Brüll* [Ignaz], *aus d. Stummen v. Portici, Guido u. Genoveva … Ankunft Lohengrin; Marsch von dem dritten Akt u. Treulich bewacht ziehet dahin, Wonne* … Am 4. Oktober: *Grf. Pappenheim sang mit Grf. Buttler* [vielleicht Graf Buttler-Clonebough, genannt Haimhausen, Obersthofmeister] *Erinnerungen aus Ihrer Jugend, dann aus Guido u. Ginevra: Sie wird das Alter Dir versüßen etc., O laß nur einmal Sie sehen etc., aus Catarina Cornaro,* [diese von Franz Lachner

komponierte Oper sah Ludwig erstmals am 3.11.1861] *Dulde, schweige mein Herz etc., Hinaus von d. Freude etc., aus Lohengrin, von d. 3. Akt Massenbach: Treulich bewacht etc. den Abendstern … stürzte mich auf den Zettel Tannhäuser* [wohl den Theaterzettel für die – vom Prinzen besuchte – Aufführung am folgenden Tage]. Am 5. Oktober: *Tannhäuser ½7–¾10, Wonne, wurde herrlich gegeben, Herr* [Kaspar] *Bausewein sang den Landgrafen, der Geliebte* [vermutlich wiederum Robert Graf zu Pappenheim] *war zugegen, sahen uns an, blieb bis zu Ende, Erinnerungen an Sein herrliches Spiel, dachte wohl auch daran!*

17. November: *Lohengrin et Tannhäuser v. Liszt* [Lohengrin et Tannhäuser de R. Wagner, Leipzig 1851] *bekommen u. den fliegenden Holländer.*[294] Am 24. schrieb der Kronprinz an Sibylle v. Leonrod: *Ich lese jetzt den fliegenden Holländer v.* [Frederick] *Marryat und Lohengrin u. Tannhäuser v. Wagner, dieses Buch ist von Liszt, französisch geschrieben* [vgl. vorstehend zitierten Tagebucheintrag vom 17.11.], *beide interessiren mich ungeheuer.*[295] Am 27. November: *Abends Brand* [hier wohl nicht der mit Ludwig II. befreundete Bühnentechniker Friedrich Carl Brandt gemeint,[296] weil Beziehungen zwischen Ludwig und ihm 1862 bisher nicht nachweisbar sind] *las über das Traumgesicht Philipps,* [richtig: Eriks] *im fliegenden Holländer* [2. Aufzug, 2. Scene] *über d. II. Akt in Lohengrin, Freude …* Am 28.: *las 3. Akt Lohengrin, Seine* [Lohengrins] *Offenbarung, herrlich! … las im fliegenden Holländer … Starnberg … Segelschiff näherte sich langsam, erinnerte uns an d. »Fliegenden Holländer« … sprachen viel …* [abends im Nationaltheater] *von Liszt, Richard Wagner, Meyerbeer* [,] *sagte, er habe das Manuskript von den Nibelungen gelesen, könnte es fast ohne Musik geben, so schön, Götter, Walküren, Siegfrieds Leiche verbrannt, Brunhild schwingt sich zu Pferde zum Götterreiche* [?], *Walhalla zuletzt, von Tristan u. Isolde, herrlich, von Lohengrin, Tannhäuser, er* [möglicherweise ein nicht näher bezeichneter »Prinz Georg«] *stellte Wagner als Dichter noch höher als als Componist … herrlicher Tag, von Wonne u. Seligkeit Alles durchzogen, Wohl dem, der es sagen kann.* Am 29.: *lebte in Verzückungen über das Gespräch mit Prinz Georg, mit Trautmann* [wohl nicht der Münchner Dichter Franz T., sondern Ludwigs Lehrer in Französisch[297]] *gelesen über Lohengrin.* Am 30.: *Nachmittags u. Abends über die Ouvertüre u. den ersten Akt v. Tannhäuser gelesen u. in Faust von Goethe, um 6 Uhr in den längst erhofften Faust* [die von Charles Gounod komponierte Oper].

Am 14. Dezember: *Bild v. Richard Wagner im Kunstverein.* Am 21.: *Nachmittags in Liszt's Buch* [vgl. oben zitierten Tagebucheintrag vom 17.11.] *gelesen u. im fliegenden Holländer.* Am 22.: *glückseliger Tag, Jahr von Tannhäuser.* (Der Kronprinz hatte am 22. Dezember 1861 zum ersten Male einer Aufführung beigewohnt). Am 24.: Geschenke *Lohengrin u. Tannhäuser von R. Wagner … Das Kunstwerk der Zukunft, v. R. Wagner, Wagners Lohengrin u. Tannhäuser, v. Liszt* (vgl. oben zitierten Tagebucheintrag vom 17. November). Am 26.: *in Wien erstes Conzert von Richard Wagner, enthusiastischer Beifall, aus dem Rheingold, der Walküre etc. Neue Aufführung einer großen Tondichtung von Ihm in Aussicht gestellt.* Zum Jahresschluß schreibt Ludwig ein längeres Gedicht ins Tagebuch; der auf Wagner bezügliche Schluß ist im Abschnitt »Theaterbesuche« (S. 72, 73) zitiert.

In der Nacht vom 4. zum 5. Januar 1863: *herrlicher Traum, von dem Genius der Zukunft, Richard Wagner, ich auf freiem Felde, bat Ihn die Austern zu essen, kam mir dämonisch, unheimlich vor, wie Schritte Aminens,* [die letzten beiden Wörter sind schwierig zu lesen; Amina ist eine Gestalt aus der von Vincenzo Bellini komponierten Oper ›Die Nachtwandlerin‹, infolge ihres Somnambulismus für ein Gespenst gehalten; die Oper wird im Tagebuch des Kronprinzen freilich nicht erwähnt] *dann ich zu Bette … Nibelungen von Ihm wurden gegeben, schwamm in Seligkeit,* [Anton] *Orff* [Generalmajor, November 1859 bis November 1860 Begleiter Ludwigs und seines Bruders Otto] *entzückt, Lustige Weiber v. Windsor auch,* [weder das Shakespeare-Drama noch die von Otto Nicolai komponierte Oper erlebte der Kronprinz dem Tagebuch zufolge] *Tannhäuser.* (Dieser Text gehört noch zur Beschreibung des Traumes).

O nah' Dich mir aus goldnen, hehren Pfo[…][298]
Beglückter, wonnevoller Traum,
O wurdest du in dieser Nacht geboren,
O grünte mir der Wonne goldner Baum,
Doch fast hab' ich die Hoffnung ganz verloren,

Ach die Erwartung läßt mich athmen kaum,
Noch vor der luft'ge Zug der Horen
Sich schwingt zum freien Himmelsraum
könnt' ich in jene Wonnen selig fliegen!
Im Glücke jener Zeiten freudig liegen!
Und dieß Gefühl wird streiten und wird siegen!

7. Januar: *führte Frl. Melanie Seckendorf zum Soupé, sprachen von ... R. Wagner.* Am 25.: *Nachmittags* [Lektüre] *Lohengrin vollendet.* In der Nacht vom 29. zum 30. *Traum v. R. Wagner, Nacht zuvor auch.*

2. Februar: *glückseliger Tag, 2tes Jahr von Lohengrin.* Am 5.: *erhielt v. Grf.* [mit ›dem Grafen‹ ist in den Tagebüchern Theodor Basselet Graf de la Rosée gemeint, seit 1.5.1854 Erzieher Ludwigs und seines Bruders Otto[299]] *Oper und Drama v. R. Wagner.*[300] Am 8. teilt der Kronprinz auch Frau v. Leonrod mit, daß er *neulich* von La Rosée das Werk erhielt.[301] In der Nacht vom 10. zum 11.: *Traum, Brücke, Seil hing hinab auf eine Art v. Landzunge, R. Wagner stand unten fing bunte Farbenstrahlen in einem Glase auf, falsche Reflexionen ...* Am 17.: *gelesen in ›Oper und Drama‹.*

14. März: *Militärconzert auch aus Lohengrin!*

3. April (Karfreitag): Niederschrift von Zeilen aus der Gralserzählung (»Lohengrin«, 3. Aufzug, 3. Scene). Am 6.: *in Oper u. Drama gelesen.* Am 12.: *erhielt von Otto: »Drei Operndichtungen«, las darin, herrlich!* Es handelt sich um Werke Wagners, wie der Brief Ludwigs an *Billa* v. Leonrod vom 28. April (unten zitiert) erweist. In der Nacht vom 16. zum 17.: *Traum vom fliegenden Holländer.* Am 24.: *Abends in den 3 Operndichtungen gelesen.* Am 26.: *nach Tische in dem Fliegenden Holländer v. R. Wagner gelesen.*[302] Am 28. erwähnt der Prinz Wagners Dramendichtungen in einem Brief an Frau v. Leonrod.[303]

9. Mai: *Tannhäuser seit Oktober wieder gegeben, las darin, Otto spielte, herrliche Gefühle.* Am 19.: *Nacht vorher Traum v. Lohengrin.* Am 22.: *Richard Wagners Geburtstag.*

1. Juni: *sprachen von R. Wagner.* Am 9.: *Oper u. Drama beendet.* Am 13.: *zeigte mir Professor Steininger* [Lehrer des Kronprinzen in Geschichte der Philosophie[304]]: *»den Ring des Nibelungen!« – Wonne, kann es nicht fassen, dieß Entzücken! O erfüllten auch noch die bezaubernden Töne dieses prachtvolle Werk!* Am 15.: *Wonne! – Den »Ring des Nibelungen« von Professor Steininger erhalten!*[305] *– Längst ersehnter Augenblick! Herrlicher Tag 2tes Jahr v. Lohengrin.* (Den er jedoch am 16., nicht am 15. Juni 1861 besuchte). Am 17.: *den »Ring des Nibelungen« u. »Tristan und Isolde« aus Leipzig erhalten.* Am 19.: *Zu Hause traf ich d. Bücher v. R. Wagner fertig gebunden.* Am 20.: *die Vorrede v.: »Ring des Nibelungen« gelesen.* Die Erstausgabe war in diesem Jahre erschienen; das Vorwort schließt mit dem Rufe nach einem deutschen Fürsten als Mäzen für eine Stiftung zum Zwecke von Festaufführungen, eine Stiftung, »die ihm einen unberechenbaren Einfluß auf den deutschen Kunstgeschmack, auf die Entwickelung des deutschen Kunstgenie's, auf die Bildung eines wahrhaften, nicht dünkelhaften nationalen Geistes, seinem Namen aber unvergänglichen Ruhm gewinnen müßte. – Wird dieser Fürst sich finden? – ›Im Anfang war die That.‹«[306] Am 24. schrieb Ludwig an Frau v. Leonrod: *Neulich erhielt ich die jüngst erschienene Trilogie v. R. Wagner: »Der Ring des Nibelungen«, voraus geht ein Vorspiel, das Rheingold (welches in den Fluthen des Rheines spielt) – die übrigen Theile heißen »I die Walküre, II Siegfried, III die Götterdämmerung«. – Käme Wagner doch noch dazu, dieses Werk in Musik zu setzen, was er beabsichtigt. – Auch Tristan u. Isolde v. R. Wagner besitze ich jetzt.*[307] In der Nacht vom 27. auf den 28.: *Traum v.: »Fliegenden Holländer«. – würd es wahr!*[308] Am 30. antwortet Sibylle v. Leonrod auf den Brief des Prinzen vom 24. – oben zitiert: »... von Wagner habe ich noch gar nichts gelesen; ich weiß nicht warum ich nie dazu kam. Er muß sehr anziehend schreiben, da Sie ihn so lieben; ich möchte nun gerne seine Werke kennen lernen.«[309]

Am 5. Juli 1863: *trank jeder bei Tische die Gesundheit dessen, was ihm am liebsten ist, ich d. des Geliebten,* [ein romantisch Angeschwärmter, nicht aber Wagner gemeint] *auf Gelingen des Ringes d. Nibelungen ...* Am 12.: *d. dritten Theil in Oper u. Drama wieder beendet.* Am 15.: *Nibelungensäle,* [München, Residenz, Königsbau, Erdgeschoß; wohl an diesem Tage besichtigt] *wonnige Gefühle, Vorgeschmack v. Hohenschwangau.* Laut Tagebucheintrag vom 13. war ein Aufenthalt in Hohenschwangau beschlossen worden. Am 17.: *Tristan und Isolde gelesen, Wonne! Rheingold begonnen.* Am 19.: *beendete das Rheingold, begann d. Walküre.* Am 20.: *beendete d. Walküre, las beim Fischen in: Siegfried!* Am 21.: *Schwärmen im Ringe d. Nibelungen! hatte im Schiffe Siegfried beendet, d. Götterdämmerung begonnen! Wonne, schöner Tag!* Am 22.: *las in der »Götterdämmerung«.* Am 23.: *zu den Damen an d. Platz d.* [Lektüre des?] *Ringes des Nibelungen ... beendete die Götterdämmerung, den ›Ring des Nibelungen‹! O wonnevolles Werk! unvergleichbar! ... Otto spielte aus Tannhäuser.*[310] Am selben Tage erzählt er auch Freifrau v. Leonrod: *Wundervoll ist die Trilogie von R. Wagner: »Der Ring d. Nibelungen«, heute werde ich sie beenden ... Eben spielt Otto den Pilgerchor aus Tannhäuser!* [3. Aufzug, 1. Scene] *Wundervoll!*[311] Am 24.: *las im Rheingold.* Am 25.: *ritt auf d. Ring* (Platz der Lektüre des »Ring«?) Am 29.: *Nacht vorher schöner Traum v. R. Wagner, Gespräch mit Ihm, Seine Werke etc.* Am 30.: *las im fliegenden Holländer, Tannhäuser, Lohengrin.*

Am 4. August 1863: *Lech beleuchtet (Rheingold!)* Am 6.: *den: Ring des Nibelungen ihnen gebracht.* Wer gemeint ist, wurde nicht notiert. Am 7.: *Tristan u. Isolde gelesen, wonniges Entzücken!* Am 8.: *las ... im »Ringe des Nibelungen« ... las in Liszt's Buch über »Lohengrin«* [vgl. den Eintrag vom 17. 11. 1862]. Am 9.: *ging ... zur Grfn. Fugger,* [wahrscheinlich Gräfin Fugger-Glött, Hofdame seiner Mutter[312]] *brachte ihr: den Ring des Nibelungen.*[313] Am 10. erwähnt Ludwig in einem Brief an Frau v. Leonrod eine *Photographie nach einer meiner Zeichnungen; sie stellt den Augenblick dar, in welchem »Lohengrin« sich zu erkennen gibt.*[314] Von wem diese Zeichnung des entscheidenden Momentes der dritten Szene des dritten Aufzugs stammt, ob etwa gar vom Kronprinzen, ist unbekannt. Am 13.: *erhielt v. Steininger: »die Meistersinger von Nürnberg« ... Wonne! las darin.* Am 14.: *las in d. »Meistersingern« herrlich!* Am 19.: *träumte Nacht vorher v. Herrn* [Ludwig] *Schnorr von Karolsfeld als »Lohengrin«.* Dem Tagebuch zufolge hatte der Kronprinz Schnorr am 16. Juni 1861 in der Rolle gesehen.[315] Am selben Tage schreibt er an Frau v. Leonrod: *Hier sende ich Dir den »Ring des Nibelungen« v. R. Wagner, ich denke er wird Dir gefallen wir mir.*[316] Am 20.: *sahen die Fabrik* [vermutlich in Halblech] *an, Erinnerungen an Mime, Siegfried, Nothung, Rheingold ...*[317] Am 22. bedankt sich Frau v. Leonrod für den »Ring«.[318] Ludwig am 23. in Hohenschwangau: *7 h München: Tannhäuser Wonnetag ... Ha, jetzt erkenne ich sie wieder ...* (und folgende Zeilen vom Schluß des ersten Aufzuges des »Tannhäuser«). Am 25. August 1863 (Ludwigs Geburtstag, in diesem Jahre überdies Volljährigkeitstag): *las ... im Ringe d. Nibelungen.*[319]

5. September: *kaufte die Nibelungen v. Hebbel,* [dramatische Trilogie; Erstausgabe Hamburg 1862] *las den: gehörnten Siegfried, bzw. Siegfrieds Tod.* Am 17. verband der Kronprinz mit dem Anblick eines Sägemühlen-Arbeiters Vorstellungen von Siegfried und Lohengrin, möglicherweise auch bereits von dem Plan einer Lohengrin-Schale. Die Zitate zu dieser Verwirklichung, die ja auch mit Wagner zusammenhängt, finden sich im Abschnitt über die Schalen. Am 29.: *las d. I. Akt v. »Tristan und Isolde« vor* (möglicherweise dem angeschwärmten Robert Graf zu Pappenheim).

2. Oktober: *Er* [vielleicht wieder Graf Pappenheim] *spielte aus Lohengrin, Tannhäuser, ... wonnevoll, phantasiereich.* Am 4.: *Wonnejahr v. Tannhäuser!* (Allerdings hatte der Prinz nicht am 4., sondern am 5. Oktober 1862 eine Aufführung besucht).[320] Am 7. berichtet er Frau v. Leonrod: *Gestern las ich den Nibelungenhort, von* [Ernst] *Raupach,* [1834] *neulich »Sigurd«* [Heldenspiel »Sigurd, der Schlangentöter«, Berlin 1808] *von* [Friedrich Frhr. de la Motte –] *Fouqué.*[321] Die Raupach-Lektüre ist auch in einer Tagebuchnotiz, die vom 6. oder 7. stammen muß, erwähnt. In einer Eintragung vom 29. oder 30. ist von einem *Verzeichnis d. Werke v. Richard Wagner* die Rede.[322] Ein solches Verzeichnis fertigte am 19. November die Münchner Buchhandlung Christian Kaiser für Ludwig an.[323]

8. November: *Bücher Briefe R. Wagners, Buch über ihn, las, Schwärmen, Wonne! – (Beendete v.* [1 unleserliches Wort, wohl: »Franz Müller«] *›Richard Wagner u. das Musikdrama‹.* Am 9.: *las ... in Briefen v. Wagner.* Am 11.: *»Kunst und Revolution«* [von Wagner] *angekommen, ... lesen in der Nacht »Kunst und Revolution«.* Am 20.: *Lohengrin.* (Kein Theaterbesuch). Am 27.: *las über »den Ring des Nibelungen« erhalten v. Professor Steininger* [vgl. Tagebuch vom 13. und 15.6.] ... *Erinnerungen an voriges Jahr, Fliegender Holländer, Lohengrin: Wonnen!* Am 28.: *las über d. »Ring des Nibelungen«, Wonnen! ... Nach 9 Uhr ... gelesen ... »Ring«.* Am 29.: *las wieder über d. Ring ... Siegfried, später Götterdämmerung.* Am

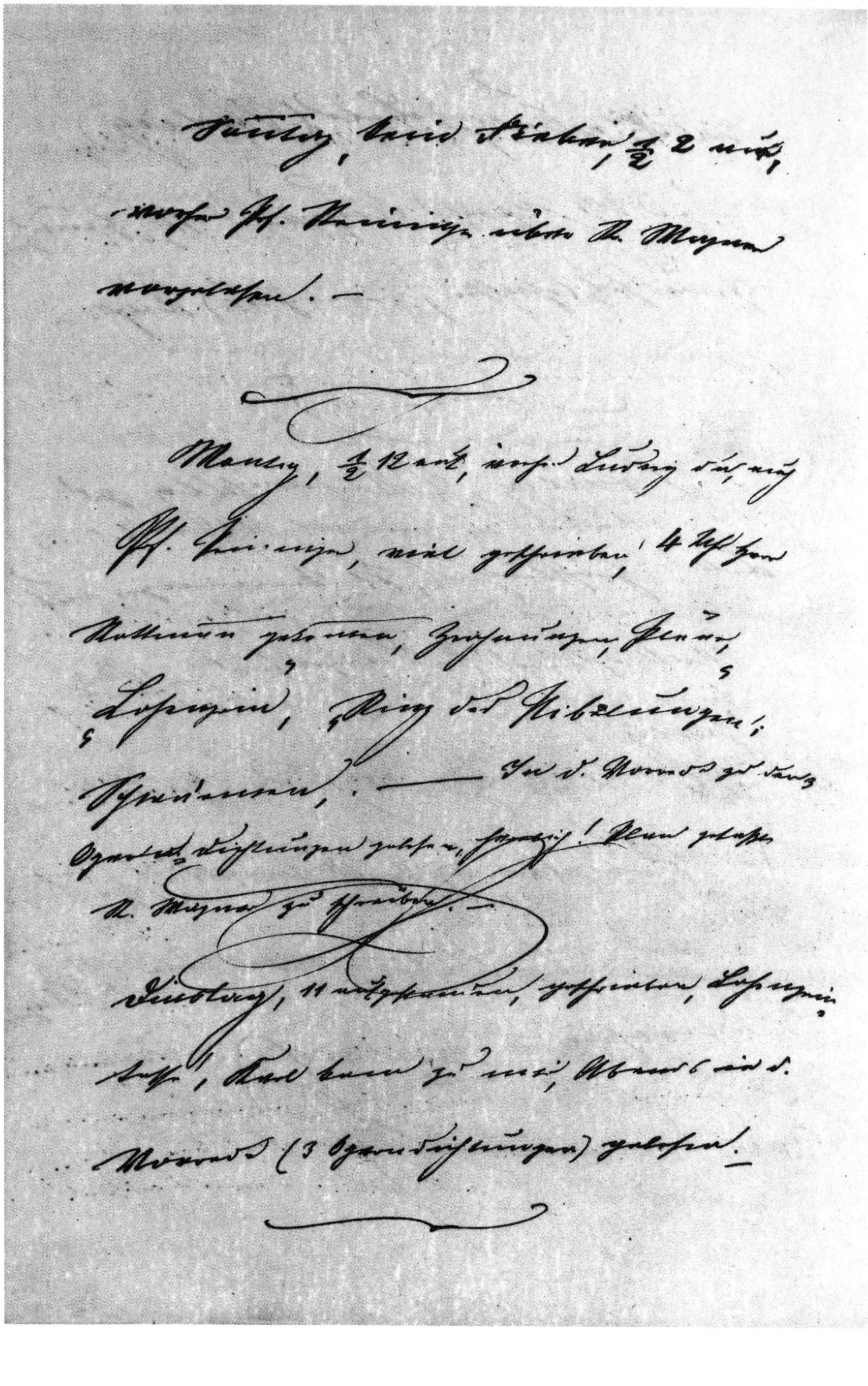

Abb. 15 Tagebucheintrag Ludwigs II. vom 28. 12. 1863: »Plan gefaßt, R. Wagner zu schreiben«

30.: *las Ring ... Wonnen! ... über d. Götterdämmerung, d. Charakter d. Helden ... vertieft: »Ring d. Nibelungen!«*[324]

1. Dezember: *las Wagner über Liszt* [vielleicht: »Über Franz Liszt's Symphonische Dichtungen. (Brief an M. W.)«[325]] ... *las über Zukunftsmusik ... später wieder Wagner.* Am 5.: *Traum Lohengrin, Fliegender Holländer.* Am 7.: *Musik aus Lohengrin, Wonne!* Am 8.: *gelesen: v. Bach – Wagner, über Wagner.* Am 11.: *Musik aus Lohengrin ... R. Wagner! ... Traum, Reiten,* [1 unleserliches Wort] – *Ring des Nibelungen.* Am 13.: *R. Wagner!!?* Am 16.: *viel in* [Joachim] *Raffs: Wagnerfragen* [»Die Wagnerfrage«, Braunschweig 1852] *gelesen ... ach Wagner, Wagner!* In der Nacht vom 17. zum 18.: *Traum – Nacht – Lohengrin ...*[326] Am 17. schreibt Ludwig an Frau v. Leonrod: *sehr freue ich mich auf den Tenoristen* [Albert] *Niemann aus Hannover, welcher im Februar hier unter anderem als Tannhäuser und Lohengrin auftreten wird. Nächstens wird der Fliegende Holländer v. R. Wagner hier gegeben werden ... Du hast also den Ring des Nibelungen fertig gelesen. – Wagner wählte den Stabreim für dieses Werk, Er erkannte denselben für den geeignetsten zum Mythos, da auch das Volk, als es noch Mythosschöpfer war, in dieser Form dichtete. – Neulich las ich den Ring d. Nibelungen v.* [Franz Karl Friedrich?] *Müller, es ist eine Erklärung und Einführung zum gleichnamigen Werk v. R. Wagner. – Dieses Buch macht den Leser mit vielen Schönheiten bekannt, welche beim Lesen des anderen Werkes oft verloren gehen; da es etwas völlig neues f. die jetzige Zeit ist. – Ich empfehle Dir dieses Buch sehr zum Lesen!*[327] Am 22.: *Wonnetag, 2 Jahre Tannhäuser.* Am 22. Dezember 1861 hatte der Kronprinz seine erste Aufführung des Werkes besucht. Am 23.: *Lohengrin.* Am 24. nennt er unter den von seinem Bruder Otto erhaltenen Geschenken *Bild (Nibelungen).* Am 26.: *Prof. Steininger über Wagner vorgelesen.* Am 27.: fast gleichlautender Eintrag. Am 28.: *Pläne, »Lohengrin«, »Ring des Nibelungen, – Schwärmen, – In dem Vorwort zu den Opern-Dichtungen gelesen,* [wo Wagner am Schlusse nach einem deutschen Fürsten als Mäzen ruft; zitiert S. 84] *herrlich! – Plan gefaßt, R. Wagner zu schreiben.* Am 29.: Abb. 15
Abends in der Vorrede (3 Operndichtungen) gelesen. Wie am 28. handelt es sich gewiß um das Vorwort zur Herausgabe der »Ring«-Dichtung. Am 30. Dezember 1863: *R. Wagner ... in d. Vorrede* [wohl abermals der zum »Ring«] *gelesen ... Beschreibung d. Decorationen u. Costüme v. »Lohengrin« gekommen interessant! gelesen, betrachtet. – Traum, Schwanenritter's Nahen im Kahn, Nymphenburg, Schwan emporgeflogen, Hohenschwangau.* An diesem Tage fand auch Ludwigs eigentliche Weihnachtsbescherung statt – vermutlich, weil er am 24. laut Tagebuch teilweise bettlägerig war. Am 30. verzeichnet er unter den Geschenken *Bild (Empfang Brunhildens in Worms),* vielleicht ist auch hier eine Darstellung aus Wagner gemeint: Ankunft Gunthers und Brünnhildes vor der Halle der Gibichungen am Rhein (»Götterdämmerung«, 2. Aufzug). Am 31.: *Schwärmen, – ach Wagner, Wagner!!*

1. Januar 1864: *nach Tisch Concept, Brief an R. Wagner, ach Erfolg, Erfolg!!* Am 2.: *Buch über R. Wagner begonnen.* Am 3.: *Tag vorher mit Prof. Steininger über d. Möglichkeit d. Besorgung meines Briefes an R. Wagner gesprochen.* Am 4.: *Angabe d. Decorationen u. Costüme v. Tannhäuser erhalten ... eigene Gefühle, Schwärmen, »Tannhäuser«, »Lohengrin«, Venusberg (Traum, Brief) ... Las im »Nibelungenhorte« (Raupach),* [vgl. oben zitierten Brief Ludwigs an Frau v. Leonrod vom 7. Oktober 1863] *»Brünhilde« (Geibel),* [Emanuel G., Tragödie »Brunhilde«, Stuttgart 1857] *die Nibelungen (Hebbel)* [vgl. Tagebuch vom 5. September 1863, oben zitiert]. – *Vergleiche.* Am 5.: *in »den Nibelungen« gelesen ... Angabe d. Dekorationen u. Costüme v. »Tannhäuser« angesehen, gelesen. – Schwärmerei, Vorgeschmack? auf künftige Seligkeit!* Am 6.: *Abends noch spät ... Nibelungen gelesen ... treuen Siegfried, ... Brunhild.* Am 7.: *März = R. Wagner ... Treuer Lohengrin.* Am 8.: *Nibelungen (Prosa) ... Schwärmen ... Buch über Wagner.* Am 10.: *Vorgeschmack ... Wagner?! – Burg zu Antwerpen, (Bild)* [Schauplatz des 2. Aufzuges von »Lohengrin«] *Costüme, Lohengrin, Schwan!!* Am 13.: *Traum Nachtwache ... Lohengrin ... Geister-Schiff?!* Am 15.: *Traum ›Tristan und Isolde‹.* Am 17.: *O Lohengrin.* Am 19.: *Abends über d. Tannhäuser in Paris gelesen.*[328] Wahrscheinlich handelt es sich um Wagners: »Bericht über die Aufführung des Tannhäuser in Paris. (Brieflich.)«, datiert »Paris, 27. März 1861.«[329] Am 24.: *Lohengrin* (kein Theaterbesuch). Am 30.: *Lohengrin!* (keine Aufführung). Am 31.: *Tannhäuser* (gleichfalls kein Theaterbesuch).

1. Februar: [Cola di] *»Rienzi« v. J.*[ulius] *Grosse begonnen.* Die Tragödie erschien Leipzig 1851. Am 2.: *hehrer Tag der Erinnerung, Wonne! 3 Jahre seit Lohengrin ...* [d. h. seit der ersten von Ludwig erlebten

Aufführung] *Musik aus Lohengrin, Fanfaren, wann wiedersehen u. hören, Knospen der Hoffnung entfaltet Euch; in Rienzi gelesen.* Am 3.: *in* [Franz Karl Friedrich?] *Müllers Buch über R. Wagner, Lohengrin, – Elsa (Einsame Blume!)* Am 4.: *Decorationen, »Lohengrin«, »Fliegender Holländer« gesprochen, zukünftige Wonnen nahtet Ihr!* Am 5.: [Tenorist Albert] *Niemann, Tannhäuser … 2mal Lohengrin, – Wagner …) Wonne! Glückseligkeit! – Über Schwäne nach u. vor Tisch gelesen, wilde! – Abends … Musikzeitung, R. Wagner! Wonne! Tristan u. Isolde, Schnorr … Schwärmen, – Schöner Tag!* Am 6.: *Nachmittags erfahren: Sänger Niemann, Wonne! sich daran knüpfend.* (»Erfahren« hatte er vielleicht, daß sein Wunsch nach einem Gastspiel des Tenoristen als Lohengrin in Erfüllung gehen würde: Aufführung am 21. Februar).[330] Am 7. Februar 1864: *8 Tage vor? Tannhäuser? – O Hoffnung –.* Am 9.: *Schwärmen, Vorgeschmack (Tannhäuser!* Am 10.: *Traum, Fliegen, Frankreich, Sänger, nicht Selbstmord verhindert, Anfangsmusik zu Lohengrin! erwacht!* Am 11.: *Traum, Nymphenburg, Schnorr v. Karolsfeld* (wohl der Wagner-Sänger Ludwig Schnorr v. Carolsfeld). Am 12.: *Traum, liefen durch die unteren Zimmer, flog zum Fenster hinaus, Berg mit Schloss, unten Fluß, Heerde, Soldaten, Haus, Frl. v. Redwitz,* [vielleicht Therese Freiin v. R., Hofdame von Ludwigs Mutter] *Venus, Tannhäuser, Wagner!?* Am 13.: *Tag vor »Tannhäuser«. Herrlich!* Am 14.: *wonnevolles Entzücken, Schwärmen! – Abend, Abend! – Alles wie Mai! – … Wonnen durchzogen; in: »Fliegender Holländer«, »Tannhäuser«, »Lohengrin«, »Tristan und Isolde«, »Ring des Nibelungen« vertieft! – … Vorgeschmack hehrer Seligkeit, kann ichs fassen, Heute, heute! – Diese Klänge! – Entrückt in weite Ferne, nah zugleich! – Die Engelreine, den reuigen Geliebten! – Die Minnesänger; Wolfram, Immer näher, Ausbruch der Wonne!* [Anschließend: *Ha jetzt erkenne ich sie wieder* und die 7 folgenden Zeilen vom Schluß des 1. Aufzugs] … *Tannhäuser, – Wonne, 6 Uhr in das Theater, zum ersten Male in diesem Jahre! »Tannhäuser«* [in größerer Schrift] *Sänger Niemann aus Hannover Tannhäuser alle Erwartungen übertroffen, herrliche Stimme, Spiel, Schönheit! – Wonneschauer, durch u. durch erschüttert, zitternd; arme Elisabeth! – Heinrich! O er entwand sich der Wohllusthöhle der Göttin, sein Heil ruht in Maria, er kehrt zurück, zur Geliebten, zu Elisabeth! Ach noch ist sein Sinn nicht rein, das Herz nicht geläutert, er preist öffentlich mit Frevelstimme die Reize der Venus, Elisabeth bittet für ihn bei den Erzürnten, er eilt nach Rom! –*

Wehmuthsvoller Abend, der Sonne letzter Schein, Elisabeth in brünstigem Gebet, Wolfram! Sie kehren begnadigt zurück, weh! – Er ist nicht unter ihren Reihen! – Abendstern! – Heinrich (bleich u. zerstört) in Rom gewesen, der Papst vergab nicht dem reuigen Sünder, Fluch ihm! – Elisabeth bat für ihn, starb. – Er ist entsühnt, Wunder, Halleluya! Am 15.: *Steininger, sprachen über Niemann, … sprachen von gestern.* Am 16.: *Niemann.* Am 17.: *(Traum, R. Wagner, Werke.) … Niemann.* Am 18.: *Zweite Gastvorstellung d. Sängers Niemann, Troubadour. – Traum: Fliegender Holländer, Hohenschwangau, entfliehen.* Am 19.: *Niemann … Traum, Musik, Niemann.* Am 20.: *(Ring des Nibelungen) Wonne! – Zettel von Lohengrin, hehre Freude, heiter froh! – Vorgefühl kommender Seligkeit … Lohengrin!* Der *Zettel* dürfte der Theaterzettel für die »Lohengrin«-Aufführung des folgenden Tages gewesen sein. Am 21.: *Wonne, Entzücken, Lohengrin! … Musikdrama v.* [Franz Karl Friedrich?] *Müller gelesen, … schwärmen, Seligkeit, gelesen, Ring d. Nibelungen, Lohengrin, … 4 Uhr Tafel, Fürst u. Fürstin Hohenlohe-Schillingsfürst, Grf. Königsegg, Rechberg geladen, sprachen v. Lohengrin … Wonne, immer näher u. näher! … 1/26, immer näher, – Ha jetzt erkenne ich sie wieder* [und die drei Folgezeilen; Schluß des 1. Aufzugs von »Tannhäuser«, von Ludwig auch am 14. zitiert, s. dort] *O seliger Tag!* – 6 Uhr: [in größerer Schrift:] *»Lohengrin«!* [Aufführung] – *Die mystischen, heiligen Töne erklangen, unsern profanen Sinn in die reinste Stimmung zu versetzen, wir athmen, ohne uns noch Rechenschaft geben zu können, etwas Unerhörtes, ein Heiliges, unaussprechbares Geheimnis, die Vision entschwindet, wir berühren wieder die Erde, eine Welt des Truges und des Hasses.* Die weiteren Tagebuchpassagen zur Wirkung der ersten Lohengrin-Aufführung sind bereits im Abschnitt »Lohengrin-, Tannhäuser- und Fliegender Holländer-Schale« (S. 79, 80) zitiert.

Am 22. Februar 1864: *herrlicher Tag, noch erschüttert … Lohengrin, Schwärmen, Rehe gesehen, ach, an Siegfried erinnert.* Am 23.: *3 Uhr Intendanzrath* [Friedrich] *Schmitt, v. Lohengrin, Niemann,* [August] *Kindermann, Schwan* [?] *gesprochen.*[331] (Der Sänger Kindermann übernahm mehrfach Wagner-Rollen.[332]) Am 24.: *nach 1/21* [Hofphotograph Joseph?] *Albert,* [1 unleserliches Wort] *v. Lohengrin) … (Niemann gesprochen.) ... (Faust, R. Wagner, der eigentliche, der beste Erzieher, Menschenliebe).* Am 26.: *»6 Uhr Faust,* [Oper, komponiert von Charles Gounod] *Sänger Niemann sehr gut.* Am 27.: *11 Uhr Albert viel von Sänger Niemann gesprochen (Lohengrin) zu mir! zu mir? Schwanenknöpfe gekauft, mitgegeben, Schwärmen, sehr aufgeregt, Niemann!*[333] *Albert* wird der Hofphotograph Joseph A. gewesen sein; er stellte den Sänger Niemann dem Kronprinzen vor;[334] die Manschetten- oder Chemisettknöpfe waren vielleicht als Geschenk für Niemann bestimmt. Am 28.: *Wonnetag! – Drüben in »Tristan und Isolde«! gelesen ... nach 1 Uhr Maximiliansstraße, nicht Niemann gesehen, ... (im »Ringe des Nibelungen«) gelesen ... viel an Tannhäuser gedacht, Glockengeläute, (Eisenach) ... immer näher, näher 6 Uhr in: Tannhäuser!* [Aufführung] *Niemann Tannhäuser! – Herrlich alle gesungen, wonnevolles Kunstwerk! Diese Dichtung, diese Töne! Befreit aus dem Venusberg, zur Oberwelt zurück, Elisabeth, o Wonne zu Ihr! – Sängerfest, wehe, Er im Venusberge, nach Rom! – Nicht Vergebung, Wunder! – Der Stab grünt, Elisabeth gestorben, für Ihn, den Heißgeliebten, Sänger! – Gerettet. »Halleluya«!* Am 29. wird Niemann mehrfach erwähnt; um diese Zeit fährt der Prinz jeden Tag in die Maximiliansstraße, an deren Anfang das Nationaltheater steht, um Niemann zu sehen (meist vergeblich).

1. März: *Niemann beim Vater, Ihn gesehen.* Am 3.: *(Treuer Niemann bei mir) ½10* [Joseph] *Albert zu mir, von d. Knöpfen, v. Niemann gesprochen ... 11* Angelo [II] *Quaglio, Zeichnungen u. Dekorationen von Lohengrin gebracht, ... 3 Uhr Niemann zu mir, sehr aufgeregt, Herzklopfen, Ihn unten* [in den Räumen des Vaters, Hauptgeschoß der Residenz] *gesehen, Flügelthüren auf, trat herein, Wonne! – Für die Knöpfe u. Kränze* [letztere erhielt er von Ludwig am 28.2. laut Tagebuch des Prinzen] *gedankt, nimmt sie mit, freute sich meine Knöpfe den Seinen gleich zu sehen, sprachen v. hier, von der Kunst, o Kunst! Von R. Wagner, Rienzi, Fliegendem Holländer, Tannhäuser, Lohengrin, Tristan und Isolde, Meistersinger v. Nürnberg, Ring des Nibelungen; – Tristan u. Isolde zu schwer, Sammt gebunden,: »Meinem Tristan u. Freunde«! Rheingold, bat um mein Bild, schrieb sich ein: Ohne Farben keine Blume, ohne Seele kein Gesang! Wie wahr! – Schöner, herrlicher Mann! – sprachen von Opern: Faust, Ernani, Schweizerfamilie etc., Gounod, Verfall der Kunst! versprach zu kommen! – sprach fast ¾ Stunden, schöner Augenblick, fort, wehe! – Ich sehr aufgeregt, erfreut, glühend! ... Letzter Tag, daß Er in München! – Wehe!*[335] Bei Max II. hatte Niemann bereits am 22. Februar Audienz gehabt.[336] Am 4.: *1 Uhr zu* [Joseph] *Albert, photographieren, lebensgroß für Niemann, viel von Ihm gesprochen, Seine liebste Erinnerung, ich! ... Träume schon früher Lohengrin ... Niemann.* Am 6.: *(Photographien, Niemann) Erinnerung, fortlebend! stets! ewig!* Am 9.: *zu* [Joseph] *Albert gefahren, Photographien, (Goethe) Shakspeare, Faust, Lohengrin, Tannhäuser Niemann.* Am 10. März 1864 starb König Max II. – Ludwig II., König von Bayern. Am 25. (Karfreitag) trägt er Zeilen aus der Gralserzählung (»Lohengrin«, 3. Aufzug, 3. Scene) ins Tagebuch ein, wie er das auch an anderen Karfreitagen zu tun pflegte. Am 31.: [Joseph] *Albert (Photographien) Niemann.*

5. April: *In R. Wagners wonnevollem »Oper u. Drama« über den Staat gelesen!* Am 6.: *über Wagner gesprochen.*[337] Am 10.: *mit dem Freund* [Prinz Wilhelm v. Hessen?][338] *ausgefahren, ... viel gesprochen, ... v. R. Wagner!* Am 11.: *Hoffnung o Wagner! Hehrer Geist!* Am 12.: *mit Ihm gefahren,* [vermutlich Wilhelm v. Hessen] ... *sprachen v. ... R. Wagner.* Am 13.: *»Tannhäuser« gemalt bekommen.* Am 15.: *Bilder: »Lohengrin«! Alice* [wohl die laut Tagebuch vom 9. zugleich mit *Onkel Karl, Louis, Wilhelm* Angekommene; es könnte Alice Maud Mary, damals Gemahlin des hessischen Thronfolgers Prinz Ludwig, gemeint sein] *aus d. Nibelungen v. Hebbel* [gemäß dem oben zitierten Tagebucheintrage am 5. September 1863 erworben] *vorgelesen.* Am 16. April 1864: *in Brunhild v.* [Emanuel] *Geibel gelesen (Heldenzeit!)* [vgl. oben zitierten Tagebucheintrag vom 4. Januar] ... *sprachen ... v. R. Wagner ... lasen dann in d. Frithjofssage!* Am 17.: *Depesche v. Pfistermeister, ihm nachher geschrieben, o Hoffnung! – gelesen, Frithjofssage, Brunhild* [wahrscheinlich wie am 16. die Tragödie von Geibel], *der Freund* [las?] *im »Ringe des Nibelungen!«*[339] Am 10. war Pfistermeister im Auftrag des Königs nach Wien gereist, um Wagner dort zu finden, aber vergeblich; am 17. depeschierte er an Ludwig jedenfalls über Wagners erfolgte Flucht in die Schweiz; der König antwortete am selben Tage, gleichfalls telegraphisch: Pfistermeister möge Wagner nachreisen.[340] Am 20.: *6 Uhr Pfistermeister, zurück R Wagner nicht gesehen!* [Pfistermeister berichtete, daß er Wagner nicht angetroffen hatte] ... *O Wagner!* Am 21.: *mit dem Freunde gegangen, viel von R. Wagner gesprochen, Pläne,*

künftige Wonnen! Am 22.: *Musik, Tannhäuser, Lohengrin, hehre Wonne! Entzücken!* Am 23.: *Hoffnung. Zürich.* [Mariafeld, ein Gut François Willes bei Zürich, war eine der Stationen Wagners seit der Flucht aus Wien] *Lohengrin (Brautzug, Verbot) ... 3 Uhr Bild,* [Joseph?] *Albert (Lohengrin) Niemann ... Bild von »Lohengrin« Herrlich gearbeitet, wundervoller Untergang der Sonne, Wie dort die Sonne untergeht in ihrer Klarheit, so unausbleiblich kommt der Tag der Wahrheit!*[340a] – *Hoffnung, Wagner, Wagner!* Am 24.: *Wonne, Ouvertüre v. »Tannhäuser«!* Am 25.: *Frau Dustmann* [Luise D.-Meyer] *Sängerin (über Wagner gesprochen, ihre Rollen, Elsa p.) ... Pfistermeister, Ring,* [Rubinring für Wagner, vgl. den Eintrag vom 29.4.] *R Wagner, Hoffnung!*[341] Kabinettssekretär Pfistermeister hatte vermutlich wegen des Auftrags, Wagner zu finden, Audienz; als es ihm am 3. Mai im Hotel Marquardt in Stuttgart gelang, übergab er vom König einen Rubinring.[342] Am 27. berichtet Ludwig Frau v. Leonrod: *Ich besitze nun eine große, gemalte* [= kolorierte] *Photographie von Niemann als Tannhäuser (im Wartburgsaal, d. Harfe spielend.) Und als Lohengrin, im Kahn v. Schwan gezogen.*[343] Wahrscheinlich beziehen sich die Einträge im Tagebuch vom 3., 4., 6., 9. und 31. März sowie vom 23. April – sämtlich oben zitiert – in denen Joseph Albert, Niemann, Lohengrin und Tannhäuser vorkommen, auf diese Photographien. Am 28.: *blieb zu Hause, frischte freudig den Sinn auf, las in: »Kunstwerk der Zukunft« u. in: »Kunst u. Revolution«! – O Hoffnung auf hehre Tage! – Menschen! – Nicht Philister; – Griechen! Volk in Noth! Verfluchter Luxus! Echte Kunst! Menschen erlösend!*[344] Ab *Menschen* ist der Text eine Verdichtung wesentlicher Ideen aus den beiden angeführten Wagner-Schriften: dem »Luxus« (Willkür, Mode) wird die innere Notwendigkeit griechischer Kunst entgegengehalten, speziell das Drama, wo der »schöne und starke freie Mensch«, insbesondere der prometheische, sich selbst in seiner Göttlichkeit erschafft.[345] In Vereinigung aller Kunstgattungen im Gesamtkunstwerk des Musikdramas erlöst sich der Mensch, erlöst sich das Volk.[346] Am 29.: *in: »Kunst und Revolution« gelesen. – O Menschen, bekehrt euch zur wahren Kunst! ... gab Pfistermeister Ring u. Photographie für den »Einzigen!«* Den Rubinring – vgl. den oben zitierten Tagebucheintrag vom 25. – und das photographische Bildnis des Königs übergab Pfistermeister am 3. Mai an Wagner.[347] Am 30.: *½11 Pfistermeister fort, Hoffnung auf Euch Tage der Wonne!* An diesem Tage brach Pfistermeister wieder auf, Wagner zu finden.

1. Mai: *3 Uhr Herr Rottmann, Bilder (Lohengrin, Tannhäuser) besprochen,* [Leopold Rottmanns Entwürfe für die Lohengrin- und Tannhäuser-Schale] ... *um die Stunde* [Pfistermeister] *in Mariafeld* [vgl. oben zitierten Tagebucheintrag vom 23. April; Wagner war aber schon nach Stuttgart weitergereist] *(Entscheidung?!*[348] Am 3.: *Depeschen von Pfistermeister* [dieser hatte um 10 Uhr mit Wagner gesprochen und telegraphierte nun dessen Ankunft in München für den 4.[349]] ... *morgen, Hoffnungsstern erstehe!? ... Mittwoch* [durchstrichen, weil es sich noch um Dienstag, den 3., handelt] *Abends 11 Uhr kam noch Pfistermeister, Alles geht gut, wonnevolle Botschaft, der Ersehnte hier, Brief von Ihm! Höchst erregt, Entzücken, Wonnen athmend! – Nacht sehr unruhig, Traum von Ihm, wüst durcheinander gemengt!*[350] Der erwähnte Brief Wagners ist vielfach abgedruckt worden.[351] Dem Tagebuch zufolge trat Richard Wagner am 4. Mai 1864 nach 2 Uhr erstmals vor den König.

Alle »Themen«, alle »Verspinnungen«, die bisher von Ludwig II. begonnen oder durchgeführt wurden, werden an Intensität überboten durch die Verbindung mit Richard Wagner. Es ist dasjenige Ludwig-II-Thema, das von anderen Autoren am genauesten durchgearbeitet ist[352], und doch bleibt auch gegenwärtig die Besinnung: daß es in der Auffassung der bisherigen Forschung gelegen hatte, nur einer der beiden Männer sei der künstlerisch-schöpferische gewesen, während die Bedeutung des anderen darin gelegen habe, daß er König war und über die Möglichkeiten verfügte, dem Meister die wirtschaftlichen Grundlagen zur Verfügung zu stellen, – aber das hing damit zusammen, daß Ludwig II. als Bauherr des 19. Jahrhunderts nicht erforscht, nicht beachtet war. Und wo diese Forschung erfolgte, war sie mehrfach von der These »Architektur-als-Kulisse« begleitet, das heißt einer Unterordnung des Bauwerks unter das Wesen des – als übergeordnet gedachten – Theaters.

Die Zusammengehörigkeit mit Wagner beginnt in Ludwig viel früher, als Wagner von einem Kronprinzen von Bayern etwas gewußt hat – die Freundschaft muß also nach rückwärts erweitert dargestellt werden, und nicht nur bis zum 2. Februar 1861 zurück, als Kronprinz Ludwig zum ersten Male den »Lohengrin« erlebte, sondern darüber hinaus, in die Kinderwelt des Schwanenrittertums, Hohenschwangaus mit seinen

Fresken – diese Kinderwelt hat man sich immer vorgestellt. Aber wie mit dem ersten eigentlichen Theaterbesuch des fünfzehnjährigen Prinzen am 13. Januar 1860 der Theaterfürst sich formt, ja schon vorhanden ist, so spätestens mit dem ersten Besuch des »Lohengrin« derjenige, der allein – ganz allein! immer allein! die Freundschaft zwischen dem König von Bayern und dem Künstler Richard Wagner gewollt, vorbereitet, geschaffen hat, – in der Minute, wo Wagner das Bild des jungen Königs im Schaufenster sah (am 25. März 1864 in München[353]) – und hastig wieder abfuhr, – wußte dieser junge König so gut wie alles von Wagner, aber Wagner wußte nichts von ihm. Und so blieb es durch die folgenden Jahre, auch über den Tod Wagners hinaus: unaufhörlich hat Ludwig gelernt, um den Künstler ganz zu verstehen. Wagner hat das nicht ebenso intensiv in Bezug auf Ludwig getan; teilweise beruht die Unterlassung auf dem sacro egoismo der Werkbesessenheit des Tondichters.

Nicht der Ältere gewährte dem Jungen den Platz, auf welchem er schöpferisch werden konnte. Sondern der Junge gewährte dem Älteren seine Vollendung, seine Vollständigkeit und Verwirklichung. Die Genialität dieser Verbindung liegt ausschließlich bei Ludwig II.

Freilich ist es nur die Hälfte, daß er eingreifen und Wagner aus allen Schwierigkeiten herausreißen konnte – Wagner in einem Brief vom 4. Mai 1864, dem Tage der ersten Audienz: »... wenn er nur leben bleibt; er ist ein zu unerhörtes Wunder!«[354] Durch die Tagebuch-Texte des Prinzen wird deutlich: daß auch dem »Menschen« Ludwig II. ein gleiches Wunder geschehen war. Jahrelang war er ein immer mehr drängender Jüngling gewesen, aber ohne Möglichkeit zu wirksamem Versprechen und Tun. Innerhalb eines Tages war er »begnadet« mit der Fähigkeit zu helfen – war er umstrahlt mit dem Glanz, mit der Gottesgnade des Königtums. Eigentlich muß man in diesem Augenblick die »Existenz« des Königseins von dem »Menschen« Ludwig II. ablösen, – so wie man bei Wagner auch immer wieder sich gezwungen sieht, das Genie und den Menschen voneinander zu trennen, – sich das Genie klarzumachen, um den Menschen und seine Unzulänglichkeit ertragen zu können.

Wenn es der Kronprinz ist, der die Beziehung aufbaut, nicht dagegen Wagner, – der von dem Kronprinzen gar keine Ahnung hat, – dann muß irgendein Drittes doch das Verbindende gewesen sein(?). Nicht einfach das »Schwanenrittertum«, sondern eher irgendeine bestimmte Art von Romantik. Um nicht zu sagen: von atonaler Künstlerschaft und von ungeordneter, besessener Musikalität – die sich nachträglich als auch von Gesetz und System durchdrungen herausstellt.

Aus den zitierten Tagebuchnotizen geht hervor, wie genau sich Ludwig zu unterrichten suchte, mit wem er es zu tun habe. Er suchte den größtmöglichen Überblick über alles, was Wagner geschrieben und geleistet hatte. Nur durch diese Zitate kann die Unbeirrbarkeit und das »Schicksal« genau gezeigt werden: wie sehr der junge Ludwig Wagner »voraus« war in seiner Freundschaft. Auch diese Freundschaft muß ja (im Sinne des späteren Ludwig II.) eine Probezeit, dann aber auch: unbeirrbare Sicherheit der erreichten »Richtigkeit«, der erreichten Genauigkeit haben (wie die Bauten des Königs) – von welchen Mechanismen Wagner gar nichts wissen konnte, natürlich auch der König nicht, – weil er sich selber ja erst im Laufe seines Wirkens kennenlernte. Welche elastische, unbeirrbare, stählerne Durchhaltekraft bei Ludwig vom Anfang bis zum Zusammensturz.

Aus den Tagebüchern erfahren wir auch Einzelheiten zur Einstimmung des Kronprinzen auf Richard Wagner, die differenzierter sind als sie Sebastian Röckl schilderte. Die Aufführungen von »Lohengrin« und »Tannhäuser«, die Ludwig besuchte, werden in den Tagebüchern sofort zu Jahres-Wiederkehren, zu Beispielen von innerer Verspannung, Wieder-Holung. Am 2. Februar 1862: *Jahr von Lohengrin.* Wir erleben das erste Mal in diesem Wagner-Zusammenhang: die Historisierung der eigenen Zeit. – Und sie erfolgt sofort. (Am 2. Februar des Vorjahres hatte er die erste Vorstellung – seine erste Wagner-Vorstellung überhaupt – besucht). Rechnung nach der eigen-geschaffenen Zeit. – Wieder ein Hinweis auf die zunehmende Eigen-Verspinnung; die Innen-Welt gleich Innen-Geschichte. Am 16. Juni 1862 wird wieder vermerkt: *Jahr von Lohengrin.* Also sogar die von Ludwig erlebte Zweit-Aufführung wird sofort zur Jahres-Wiederkehr. Analog wird mehrfach am Karfreitag beziehungsweise in der Karwoche als zu imaginierender Ritualtext die Gralserzählung aus »Lohengrin« (3. Aufzug, 3. Scene) notiert, d.h. einzelne Zeilen davon: Karfreitag, 3. April 1863; Karfreitag, 25. März 1864; Karwoche (zwischen 10. und 16. April 1865).

Aufgrund der Tagebuch-Aussagen muß man bei Ludwig auseinanderhalten: einerseits das Theater, in ganzer Breite, immer gleichbleibend, unaufhebbar (auch nicht durch alle Wagner-Eindrücke); Aufstellung und Darstellung sämtlicher erlebter Theaterabende – und, gelöst davon, das Verhältnis zu Wagner. Persönlich wird Wagner im Tagebuch erst seit 1862, vom Geburtstag des Königs, dem 25. August, an ins Auge gefaßt. Daß Wagner nicht das Theater in der Innenwelt Ludwigs II. verdrängt, wird durch die hingerissene Tagebuchschilderung des Vorspielens aus dem damaligen Opernrepertoire durch einen der ersten und intensivsten Schwärme des jungen Ludwig – vermutlich Robert Graf zu Pappenheim – erwiesen; ein Vorspielen schon zu der Zeit, als die Vorbereitung auf Wagner eine intensive ist: Am 8., 21., 24. September, am 2. und 5. Oktober 1862 ist dieses Vorspielen eingetragen; Beispiel des Zusammenschwärmens von einem »Ihm« und von gängigen Opern; interessant, weil gerade dieser Angeschwärmte Kompositionen Wagners besonders selbstverständlich in die allgemeine Opern-Kultur einordnet.

Es wurde der Wagner-Traum der Nacht vom 4. zum 5. Januar 1863 wiedergegeben, dazu das Gedicht Ludwigs vom 5., das sich auf den Traum bezieht. Das Gedicht ist nun doch mehr als ein kindliches Stammeln – ganz konventionelle Form, aber der eigene und einmalige Inhalt! Es ist die Riesigkeit eines eigenen Entwurfs. Die vollständige Erfüllung: soweit es Wagner betrifft. Dahinter noch verborgen, selber noch nicht geahnt, die zweite, eigene Erfüllung.

Aber das Unbedingte und Unbeirrbare: jeweils im T r a u m längst gebildet. (Die übrigen Kronprinzen-Träume von Wagner oder von seinem Werk: im Jahre 1863 die Nächte vom 28.–29. und 29.–30. Januar, 10.–11. Februar, 16.–17. März, 18.–19. Mai, 27.–28. Juni, 28.–29. Juli, 18.–19. August, 4.–5., [eventuell 10.–11.], 17.–18., 29.–30. Dezember. Im Jahre 1864: 3.–4., 12.–13., 14.–15. Januar, 9.–10., 10.–11., 11.–12., 16.–17., 17.–18., 18.–19. Februar, 3.–4. März. Als König träumte er in der Nacht vor Wagners erstem Erscheinen, 3.–4. Mai 1864, von ihm.)

Wagner oder etwas auf ihn Bezügliches kommt in den erhaltenen Tagebüchern des Kronprinzen an 154 Tagen vor. Auf der Bühne erlebte er von seinen Musikdramen »Lohengrin« dreimal; »Tannhäuser« viermal (möglicherweise fünfmal).

Die Bedeutung von Dritten bei der inneren Vorbereitung auf Wagner wird durch die Aussagen der Tagebücher und des Briefwechsels mit Frau v. Leonrod entscheidend verringert, wenn nicht umgekehrt. So schreibt Böhm: »Die Hofdame der Königin-Mutter, Gräfin Fugger[-Glött], die ihm ... Werke von Wagner schenkte, und andere Persönlichkeiten des Hofes glaubten durch die etwas schwierige Lektüre dieser Werke die Begeisterung des Kronprinzen für Wagner abzukühlen; allein sie täuschten sich.«[355] Das Tagebuch, in dem wiederholt der Empfang von Wagner-Schriften durch Dritte verzeichnet steht, berichtet davon nichts; im Gegenteil ist am 9. August 1863 eingetragen: *ging ... zur Grfn. Fugger, brachte ihr: den Ring des Nibelungen.*[356] Sebastian Röckl schreibt über die Münchner »Lohengrin«-Erstaufführung, 28. Februar 1858, die übrigens der Zwölfjährige ohnedies unbedingt sehen wollte[357]: »Es wohnte ihr ... Baronin Meilhaus, Erzieherin des Kronprinzen Ludwig, bei, welche tiefergriffen von den Schönheiten des Werkes ihrem poesievollen ... Zögling, dem durch seinen häufigen Aufenthalt in Hohenschwangau die Schwanenrittersage schon lieb geworden war, den Inhalt der Oper [!] erzählte und damit das lebhafte Interesse des Kronprinzen für den Dichter erweckte.«[358] Die erhaltenen Tagebücher setzen mit dem 3. Juni 1858 ein; der Briefwechsel mit Sibylle Meilhaus – erst am 17. August 1860 durch Heirat Freifrau v. Leonrod[359] – beginnt 1853; beide Quellen enthalten nichts über diese Anregung. Dagegen antwortet Frau v. Leonrod am 30. Juni 1863 auf einen Brief Ludwigs vom 24., in dem von Wagner die Rede ist: »... von Wagner habe ich noch gar nichts gelesen; ich weiß nicht warum ich nie dazu kam. Er muß sehr anziehend schreiben, da Sie ihn so lieben; ich möchte nun gerne seine Werke kennen lernen.« Der Prinz sandte ihr darauf den »Ring«, wofür sie am 22. August dankt und am 11. Oktober berichtet: »In dem Ring des Nibelungen sind wir bis zum Siegfried gekommen. Bis jetzt kann ich mich mit Anlage und Sprache noch nicht recht befreunden. Es liegt wohl eine ungeheure Phantasie darin; allein ich vermisse die Aesthetik; die Sprache ist oft hart, die Ausdrücke unedel, und die Götter betragen sich abscheulich. – Wie man die Worte sollte singen können, begreife ich nicht. – Doch möchte ich mir kein vollständiges Urteil erlauben, so lange ich das Buch nicht ganz durchgelesen habe.«[360]

Zur Vermeidung von Mißverständnissen muß an dieser Stelle gesagt werden: Richard Wagner ist in diesem Buch ein Thema, da es zeigen möchte, wie Ludwig II. sich vor-während-nach-Wagner entwickelte und verhielt, aufgrund seines Selbstverständnisses. Erstaunlich ist die Unabhängigkeit des Königs, die im übrigen die Bedeutung Wagners nicht schmälert. Der Abschnitt »Kronprinz« ist hier zu Ende. Die »Themen« alle, – zuletzt die Vorbereitung auf Wagner – die aus der Jugend Ludwigs gebracht werden – sind ein Versuch von Gerechtigkeit gegenüber dem Menschen, – der mit einundvierzig Jahren schon abgezwungen wurde – und der bisher wie aus dem Nichts auftauchend als König, wie ein vorher unbeschriebenes Blatt, wie vorher nicht-vorhanden geschildert worden ist. Sein wirkliches Leben, seine Intensität ist nun um ein ganzes, leidenschaftliches und reiches Kronprinzen-Leben nach vorn erweitert, – fast ausschließlich aus ihm selber, aus seinen eigenen Aufzeichnungen heraus. Angesichts dieses Reichtums des Kronprinzen mußten alle Themen nebeneinander entfaltet werden, – die Keime für alles, was Ludwig II. in seinen wenigen Jahren geleistet hat. Wie anders erscheinen nun diejenigen Menschen, die mit ihm zu tun hatten, die ihn beurteilten und ihn zu lenken versuchten.

Eine sich bildende Persönlichkeit, schon hier mit ganz anderen Inhalten gefüllt als denjenigen, die von ihm erwartet werden. Diese andere, nicht-seine, Gegenwart kommt ihm wie ein *wüster Traum* vor.[361] Seine Gegenwart ist vielmehr – nicht etwa bloß ein Angeschwärmter wie Robert Graf zu Pappenheim oder Albert Niemann, überdies nur gegenwärtig, insofern sie mit Inhalten der künstlerischen Imagination Ludwigs zusammengeschwärmt werden konnten, – sondern beispielsweise: das Theater, Schiller, Shakespeare, Richard Wagner, die Nibelungensäle der Residenz. Am 15. Juli 1863 wird im Tagebuch notiert: *München, Nibelungensäle, wonnige Gefühle, Vorgeschmack v. Hohenschwangau.* Für den Anschluß an die Residenzbauten und Denkweisen seines Großvaters wichtiger noch der Eintrag vom 10. Februar 1862: *... kam Prince of Wales* [der spätere Eduard VII.] *zur Mutter und Louis. Wir sie in beide Theater, Nibelungen- und Odyssee-Säle geführt.* Und am 17. August 1863: *mit dem König* [Wilhelm I. von Preußen] *in die Nibelungen-Odyssee Säle.*[362] Dazu: Hohenschwangau und seine Landschaft. Also kündigt sich an, entfaltet sich die gesamte Welt der kommenden zweiundzwanzig Regierungsjahre. Aber: welcher Weg von diesen Ansätzen bis zur genauen Ausformung in endgültiger Größe und Gestalt, – bis zu Herrenchiemsee!

Abb. 16 Ludwig II. im März 1867. Foto Joseph Albert

Theaterfürst

Es muß etwas »Verwandtes«, Entsprechendes geben zwischen dem Theater als Kunstwerk und Ludwig II. Abb. 16
als König. Etwas ungefähr in der Richtung von Novalis: »Ein wahrhafter Fürst ist der Künstler der Künstler; das ist, der Director der Künstler. Jeder Mensch sollte Künstler seyn. Alles kann zur schönen Kunst werden. Der Stoff des Fürsten sind die Künstler; sein Wille ist sein Meißel: er erzieht, stellt und weist die Künstler an, weil nur er das Bild im Ganzen aus dem rechten Standpunkte übersieht, weil ihm nur die große Idee, die durch vereinigte Kräfte und Ideen dargestellt, exekutirt werden soll, vollkommen gegenwärtig ist. Der Regent führt ein unendlich mannichfaches Schauspiel auf, wo Bühne und Parterre, Schauspieler und Zuschauer Eins sind, und er selbst Poet, Director und Held des Stücks zugleich ist.«[363]

Der Rationalismus sucht das Staatsleben auf Vernunft, auf Prosa zu gründen. – Die früheren Jahrtausende haben den Staat auf Poesie, überhaupt auf Kunst, Form, Rhythmus gegründet.

Dem Theaterfürsten Ludwig II. fehlt jede Fähigkeit, Rollen zu spielen (oder zu inszenieren).– Er ist nur eine einzige Person, nämlich der König. Und da es nur ihn gab, hielten ihn Menschen, die ihn sahen, für jemanden, der eine Rolle spielt – aber zum Rollenspiel gehört, daß man mehrere Rollen spielen kann. Wie den Stil gibt es auch die Rolle nur als Plural. – Daher war Ludwig auch außerstande, den Schauspieler als Rollenspieler zu sehen – er hielt ihn – endgültig – für den, als den er ihn zuerst auf der Bühne gesehen hatte. Beispielsweise Lila v. Bulyowsky war ihm als Maria Stuart gegenwärtig. Belanglos waren daher ihre Unfähigkeit, ihn zu verstehen sowie ihr wahrscheinliches Streben nach einer mariage du côté gauche.[364]
Joseph Kainz wurde vom König aufgrund seines Spieles in der Separatvorstellung am 30. April 1881 von 35
Victor Hugo's »Marion de Lorme« mit *Didier* angeredet; so in den Briefen vom 22. Juni, 18. Juli und 31. Juli 1881 – die beiden letzteren schrieb Ludwig, nachdem Kainz bereits mehrfach penetrant geworden war.[365]

Im gleichen Jahre äußerte Ludwig II.: *Ich hüte mir meine Ideale ängstlich und bemerke nur ungern kleine Schwächen, um die Harmonie des Ganzen nicht zu stören ... Bei dem Schauspieler geht es mir ebenso; ich erblicke im Darsteller nur den Menschen, es erscheint mir daher der Darsteller einer edlen Rolle als ein edler Mensch.* Als Kainz (dem der König dies sagte) entgegnete, er halte sich für keinen Bösewicht, wolle aber doch den Franz Moor spielen, rief Ludwig: *Niemals dürfen Sie einen so verabscheuungswürdigen Charakter darstellen.*[366]

Diese Weigerung, zwischen dem Schauspieler als Mensch und der von ihm gespielten Rolle zu unterscheiden, macht die besondere Form des »geistigen Grabens« deutlich, der Ludwig II. von der Handlungsausführung des Theaters trennt – Weigerung also, die »Mache« als solche, als Handwerk anzuerkennen und sogar in ihrer Qualität zu verehren. Der Theaterfürst spielt also selbst gar keine »Rolle«. Er ist selbst weder Schauspieler noch Regisseur, – er lebt in der Vorstellung vom Theater als immanenter Gegenwart.

Richard Wagner

Wagner berichtet vom 25. März 1864 in München: »Vor wenigen Tagen war der den Bayern so lieb 34
gewordene König Maximilian II. gestorben, und hatte seinen Sohn in dem so jugendlichen, dennoch bereits zum Antritt der Regierung berechtigenden Alter von 18½ Jahren, als Thron-Erben hinterlassen. An einem Schaufenster sah ich ein Porträt des jungen Königs Ludwig II., welches mich mit der besonderen Rührung ergriff, die uns Schönheit und Jugend in vermuteter ungemein schwieriger Lebenslage erweckt.«[367]

Dieser Text ist erst sehr viel später geschrieben. Zeitlich früher steht in einem Brief an Ludwig vom 14. April 1865: »In einem Seitengässchen erblickte ich am Fenster eines Bilderladens zum erstenmal das Bild des jugendlichen Nachfolgers des so eben geschiedenen Monarchen. Mich fesselte die unsägliche Anmuth dieser unbegreiflich seelenvollen Züge. Ich seufzte. ›Wäre Er nicht König, den möchtest Du wohl kennen lernen‹, – sagte ich mir. ›Nun ist er König, – Er kann von Dir nichts erfahren!‹ Schweigend und einsam wanderte ich weiter. – So traurig ich war, feierte ich doch an diesem Charfreitag den Empfängnisstag meines ›Parzival‹ –, ja, das Bild in dem kleinen Gässchen hatte mich unwillkürlich wieder auf meinen Helden geführt: der junge König und Parzival verschwammen in Eines; schwach dämmerte das Ahnen – ich war so tief hoffnungslos! –«[368]

Es macht nachdenklich, daß die populäre Biographie Ludwigs II. von Werner Richter mit diesem ersten Blick beginnt, den Wagner auf die Photographie des Königs richtet.[369] Wieviel an Voreingenommenheit liegt darin, und wie notwendig ist es, einmal die ganze Geschichte Ludwigs II. aufgezeichnet zu haben, die eben nicht mit einem Wagnerblick beginnen kann. Trotz aller Bedeutung Wagners für Ludwig: Wagner ist der vom Theaterfürsten möglich gemachte Theater-Schöpfer, nicht umgekehrt. – Und innerhalb der Eigenständigkeit Ludwigs ist das Theater zwar die zeitlich-erste, aber der Bedeutung nach zweite Wirklichkeit des Königs: die erste ist sein Bauherrentum. Ludwig ist nicht durch Wagner eine Biographie wert, sondern aus sich selber und aus dem Zusammenhang der Könige von Bayern.

Unter dem Urgroßvater vor etwa fünfzig Jahren war das Nationaltheater in München erbaut worden; das Cuvilliéstheater vor einhundertzehn Jahren. Aber keiner der Vorfahren gewann für sein Hoftheater auch den größten lebenden Theaterschöpfer. Der Großherzog Karl August in Weimar hatte Goethe und Schiller gewonnen und gehalten; Ludwig II. berief Wagner. Bezeichnenderweise war sich der König bewußt, daß seine Berufung Wagners verglichen werden durfte mit der Berufung Goethes durch Karl August von Sachsen-Weimar (vgl. die Erwähnung S. 104).

Wagner war gleichaltrig mit Maximilian II. Auch Ludwig I. erlebte den Anfang, den Aufstieg, den Triumph Wagners bis 1868 mit. Warum hat nicht einer dieser Könige diesen größten Gesamtkünstler des 19. Jahrhunderts erkannt und gefördert? Warum war es erst der um zweiunddreißig Jahre jüngere Ludwig II., und warum so unfehlbar, so ohne Zögern und Schwanken? Kein Künstler um Ludwig I., der so viele Künstler kannte und förderte, kann mit Richard Wagner gleichgesetzt werden; keinen anderen Künstler als Richard Wagner hat Ludwig II. je als sich ebenbürtig anerkannt: Der bedeutendste Theaterfürst überhaupt.

Nicht Wagner sah als erster auf Ludwig, sondern umgekehrt: seit mindestens drei leidenschaftlichen Jahren hatte der Kronprinz mit Einsatz aller ihm zur Verfügung stehenden Mittel den Künstler zu erkennen begehrt; in dem halben Jahre vor dem Tode des Vaters war kaum ein Tag vergangen, an welchem der Achtzehnjährige nicht an Wagner dachte.[370] Und er setzte dieses Begehren, ihn in seiner Herkunft, seinem Wollen, seinem Denken ganz kennenzulernen, unaufhörlich fort. Wagner dagegen wußte wenig über München, Bayern und seine Fürsten, und unternahm auch in den folgenden neunzehn Jahren wenig, um sie kennenzulernen. Äußerungen wie die folgende (aus dem Jahre 1865) bleiben bei ihm Ausnahme: »Ein wunderbares Geschick hat zur Zeit des Hereinbruches des eigentlichen klaffenden Elendes über Deutschland einen jungen Zweig der alten Wittelsbacher Dynastie auf den Thron Bayerns geführt. Der erste dieser Könige gab, als erster deutscher Fürst, seinem Volke eine Verfassung, wodurch er bewies, dass er das Mistrauen [sic] der übrigen deutschen Fürsten gegen ihre Völker nicht theile, sondern den Geist des seinigen vertrauungsvoll verstand. Der Zweite begriff noch deutlicher den Quell der eigentlichen deutschen Herrlichkeit, und gab, als erster deutscher Fürst, der deutschen bildenden Kunst einen ersten, wunderbar fördernden Sitz. Dem Schöpfer des deutschen Kunststyles folgte, als dritter in jener Reihe, der Förderer der nationalen Wissenschaft, der Pfleger der Kunde des Volkes von sich selbst, seiner Geschichte, seiner Bedeutung. Was kann dem wunderbar begabten jugendlichen Erben des Werkes seiner edlen drei Vorfahren anderes aufbehalten sein, als die Krönung und Vollendung dieses Werkes? Wer Geschichte verstehen will, er blicke hierher ...«[371]

Wagner selbst drückt einmal das Verhältnis zu Ludwig II. richtig aus: »Ja! Er fand mich!«[372]

Ludwig II. und Richard Wagner: das Schaffen – nein, das Leben – einer ganz besonderen, eigenen, bisher unbekannten und unwiederholbaren Verbindung von Theater-Fürst und Theater-Künstler.

Es gehört zu den Mißverständnissen des 19. Jahrhunderts, (soweit es rationalistisch bedingt war) über sich selber, daß die Kunst dieses Jahrhunderts ganz auf den Künstler als den produktiven Menschen verlagert erschien – was sie eigentlich nur innerhalb derjenigen Kunst sein konnte, die im Haus-Betrieb hergestellt werden konnte: der lyrischen Dichtung, der Malerei. Dieses Mißverständnis verhindert Erkennen des Besonderen der Verbindung Ludwig–Wagner: die Bezeichnung »Theaterfürst« ist keine rational anerkannte Berufsbezeichnung – so fügte sich übrigens auch Wagner keiner üblichen Berufsbezeichnung mehr ein, weder »Dichter« noch »Compositeur«, und doch auch nicht »Bühnen-Weih-Festspiel-Inszenierer«.

Nicht einmal Wagner selber, sondern nur manchen Wagnerianern kommt es nachträglich so vor, als sei der Einsatz Ludwigs II. für Wagner »selbstverständlich« – und nur von der Position Wagners aus zu beurteilen. – Wagner selber hat das Wunder-hafte, Außerordentliche, Nicht-Selbstverständliche immer gewußt und empfunden. Am Tage der ersten Audienz, dem 4. Mai 1864, schrieb er an Eliza Wille: »Ich wäre der undankbarste Mensch, wollte ich Ihnen nicht sofort mein grenzenloses Glück melden! Sie wissen, daß mich der junge König von Bayern aufsuchen ließ. Heute wurde ich zu ihm geführt. Er ist leider so schön und geistvoll, seelenvoll und herrlich, daß ich fürchte, sein Leben müsse wie ein flüchtiger Göttertraum in dieser gemeinen Welt zerrinnen. Er liebt mich mit der Innigkeit und Gluth der ersten Liebe: er kennt und weiß alles von mir und versteht mich wie meine Seele. Er will, ich soll immerdar bei ihm bleiben, arbeiten, ausruhen, meine Werke aufführen; er will mir Alles geben, was ich dazu brauche; ich soll die Nibelungen fertig machen, und er will sie aufführen, wie ich will ... Ist es nicht unerhört? – Kann das anders als ein Traum sein? – Denken Sie sich, wie ergriffen ich bin! ... Von dem Zauber seines Auges können Sie sich keinen Begriff machen: wenn er nur leben bleibt; er ist ein zu unerhörtes Wunder!«[373] Und am 15. Juli 1865 heißt es in Wagners Brief an August Röckel: »Ich kann nicht sagen: es bleibt dabei, dass dieser Jüngling der schönste und edelste Mensch ist, den ich mir vorstellen kann, sondern ich muss gestehen, dass diese Ueberzeugung sich zu einer wirklich exstatischen [sic] Schwärmerei in mir ausbildet. Ich – weiss Gott! – komme mir manchmal vollständig klein und ungrossmüthig neben dieser Vollendung vor.«[374]

Die beiden Freunde sind viel mehr, als es die einseitigen Wagner-Anhänger wahrnehmen. Am 30. Dezember 1880 schrieb Wagner an Ludwig II.:

»Blick' ich auf Ihn, nicht neues Jahr,
nicht altes Jahr werd' ich gewahr:
Fern jeder Erd'- und Himmels-Zeit
Erblick' ich nur die Ewigkeit!«

Gemeint war der König,[375] der eigene Innenzeit bildet, der wieder-holt. Auch aus anderen Tatsachen, die hier teilweise noch eingehender dargestellt werden sollen, fällt Licht auf das besondere und nicht immer einverständliche Verhältnis Ludwig II. – Wagner.

Nicht durch Wagner wurde Ludwig ein Theaterfürst, sondern durch sich selber und durch Besuch des Theaters bereits seit 1860.

Dieser (bedeutendste) Theaterfürst des Jahrhunderts berief sofort den (bedeutendsten) Bühnenkünstler des Jahrhunderts an seinen Hof, übernahm bis zu dessen Tode persönlich (ohne Staatsgelder anzugreifen) die Sorge für die wirtschaftliche Unabhängigkeit des Künstlers und ermöglichte die Vollendung und Aufführung aller seiner Werke.

Da der junge König sofort erfahren mußte, daß Wagner, während er seine eigenen Werke zu verwirklichen suchte, zugleich das Theater verachtete, trennte der König in kürzester Zeit, noch 1864, seine Sorge für das Theater von seiner Sorge für Wagner, schirmte das Theater gegen Wagner ab. Ludwig II. setzte, nach Ablauf der Hoftrauer, seit dem 26. Juli 1864 die Theaterbesuche in der ihm genehmen Dichte fort,[376] ohne Wagner darüber zu informieren. Und niemals gab er dem Drängen Wagners nach, die Intendanz der Münchener Hoftheater mit seinen Schützlingen zu besetzen, außer in den Fällen von Intendanzrat Friedrich Schmitt und Franz Lachner. Durch seine Stetigkeit und Ruhe stabilisierte und erhielt der König Wagner –

hielt ihn zugleich aber ab, eine Rolle für alles spielen zu wollen. So hat Ludwig II. die Vollendung von Wagners Werk ermöglicht: das am vollständigsten vorhandene künstlerische Werk des 19. Jahrhunderts.

Ludwig richtete die Separat-Aufführungen ein – eine merkwürdige, nirgends sonst zu findende Form künstlerischer Anteilnahme, die das Theater (ohne Wagner), das Wagner-Theater, – und das Bauherrentum vereint.

Der König schuf das eigene Werk als Bauherr: in seiner Residenz-Wohnung ganz und im Wintergarten fast ohne Wagner – das Gemälde des Himalaya hängt mit dem Stoff zu »Die Sieger« zusammen, dessen Vollendung Ludwig vergeblich von Wagner erhoffte – in Neuschwanstein begann er die *Reminiscenzen* zu Wagner. Aber: Wenn auch viele Wunder in der Verbindung Ludwig–Wagner geschehen konnten, ein Wunder mußte ausbleiben: daß Richard Wagner die Weisheit der Wittelsbacher Könige gehabt hätte, dem Jüngeren den inneren Raum freizugeben, auf welchem er Archi-Tektur schaffen konnte. Wagner bewies fast keinerlei Anteilnahme am Bauen des Königs. Am 23. August 1865 schrieb er an Ludwig: »Vor kurzem begab ich mich in den neuen Gang Ihrer Residenz: das erste Bild aus dem Rheingold sprang mir entgegen; ich las mit goldenen Lettern die Schrift:

›Der Welt Erbe
gewänne zu eigen
wer aus dem Rheingold
schüfe den Ring!‹ –[377]

Mich schauerte es. Die Freundin [Frau Cosima] war mit. Wir sahen uns ergriffen an. Da stand es, in einem alten, edlen Königsschloss: über meinem Werke wölbt sich das Monument. – Es ist wundervoll, unerschöpflich ernst und tief, dass diess in diesem Königsschlosse vor sich geht!«[378] Es handelt sich um den nicht erhaltenen »Nibelungengang« im zweiten Stock, an der Residenzstraße, von dem eine Treppe zur Wohnung Ludwigs II. im dritten Stock führte. Mit Auftrag des Königs vom 2. November 1864 freskierte Michael Echter den Gang mit dreißig Bildern aus dem »Ring«. Eine vollständige Serie Kopien danach von Franz Heigel schenkte Ludwig an Wagner, der sie in der Halle von Wahnfried zu einem Fries vereinigte. Die Bilder dieses ersten Freskenzyklus Ludwigs II. wurden auch für eines seiner Porzellanservice verwendet.[379] Hier, bei dieser Bilderfolge, wirkte Richard Wagner einmal an einem Vorhaben des Königs mit. Am 13. September 1865 schrieb Wagner an ihn: »... spreche ich ... dem braven Echter das Lob unermüdlichsten und redlichsten Fleisses [aus]. Er hat viele seiner Entwürfe nach meinem Wunsche nun schon zum dritten Mal abgeändert. Ich fasse nun wirklichen Muth zu seiner Arbeit, und glaube, dass wir mit diesen Bildern eine wichtige Vorarbeitung für die einstige Aufführung des Nibelungenwerkes erhalten. Diese Bilder verdienten mindestens in guten Holzschnitten vervielfältigt, und vielleicht mit einer schönen Ausgabe des Gedichtes veröffentlicht zu werden!«[380] Am 17. März 1867 notiert der König im Tagebuch: *meine Zimmer gezeigt* (d.h. Wagner die Räume in der Residenz gezeigt.)[381] Frau Cosima schrieb dem König über die gerade im Gange befindliche Umgestaltung dieser Räume am 29. Dezember des gleichen Jahres: »Der Freund [Wagner] erzählte mir, es sei wunderschön geworden in den Königlichen Gemächern und Seitz habe sich gut bewährt.«[382] (Gemeint war der Maler, Bildhauer und Innenarchitekt Franz Seitz). In der Nacht vom 24. auf den 25. Dezember 1880 schreibt Ludwig II. an Wagner: *ich sende Ihnen, angebeteter Freund, einen Briefbeschwerer mit dem Schlosse, von welchem aus ich dieses schreibe; bitte gedenken Sie bei dessen Anblick mein in Liebe und stellen Sie die kleine Gabe auf Ihren Schreibtisch.*[383] Wagner antwortet am 30.: »Da kamen denn wieder wunderbare schöne Geschenke nach Wahnfried: ... das goldene Schwanen-Schloss selbst, traumhaft, wirklich – wie es da vor mir steht! Dort also, in dem goldenen Felsen-Schlosse, vor trübseliger Wetter- und Weltluft sich bergend, habe ich mir in dieser weihevollen Geburtszeit des Erlösers den lieben Herren zu denken, – abgeschieden, einsam, wie das liebende Herz, dessen Schläge niemand vernimmt und nur von Gott gezählt werden. Wer dieser elenden Welt noch ein Gedicht schenken wollte, der könnte ihr diesen einsamen König dichten: dürfte sie Ihn verstehen! –«[384] Frau Cosima vermerkt über das Geschenk in ihrem Tagebuch am 27.: »R.[ichard] erhält einen schönen Brief des Königs, der ihm ein Renaissance-Kästchen und sein neues Schloß bei Hohenschwangau in Bronze-Modell zusendet.«[385]

Da also Wagners Anteilnahme der Bedeutung von Ludwigs Bauen nicht entsprach, schuf der König ohne Wagner weiter – in den Visionen war Ludwigs Werk 1871 schon vollständig.

Hier folgen wesentliche Tagebuch-Einträge des Königs über Wagner, von dessen erster Audienz bis zum 24. September 1869. Wie die Ludwig-Forschung hat auch die Wagner-Forschung diese Quelle bisher nicht benutzt. 4. Mai 1864: *nach 2 Uhr Wonne, schönste Hoffnung erfüllt, d. Ersehnte kam: »Richard Wagner!«* [der Name über beide Seiten in Großschrift] *sprachen – 3/44 Uhr v. d. Verfall d. Kunstzustände, Wehe! – Von seinem Lebenslauf, Werken! »Tristan u. Isolde«, »Lohengrin«, »Tannhäuser«, »Meistersinger v. Nürnberg«, »Ring des Nibelungen«! Musik Extase! – Hehre Wonne! Strahlensonne! Ihn zu sehen, Zu vergehen, Ihn zu fassen, nie zu lassen, Ihn zu halten, mit Gewalten, hehr Geschick! Wonne Glück!* Am 5.: *Schrieb »Ihm« … »Tristan und Isolde«! … O Wagner, Wagner!* Am 6.: *Wagner! … O Wagner!* Am 8.: *Wagner!* Am 9.: *Wonnetag! … Ouvertüre des Tannhäuser, wonnevoll, wonnedurchwebt! … 2 Uhr, hehre Stunde »Richard Wagner!« – sprachen: von Seiner Freude nun der Kunst in ungestörter Ruhe leben zu können! – Seinen Verhältnissen; dem zu gewinnenden Einfluß auf das Theater, der Schrift, welche seinen Geistesgang bekunden wird, Seinen Werken, Plänen, Parcival, welcher nach langem vergeblichem Suchen u. ernstestem Streben, die Burg des Hlg. Grales auffinden wird, (geläutert die Seele hervorgeht! –) Buddha, indische Sage, Seelenwanderung, Erinnerung (Musik) an die Vergangenheit! – Ouvertüre zu Lohengrin, sprachen v. »Tristan u. Isolde«! – Ring des Nibelungen, Brünnhilde, Heilige Braut! – Von der Erlösung, Mitleiden, Liebe! – sprachen bis nach 1/24 Uhr. Hohe Wonne (Vorlesen, Bülow) – O wie ein Traum, kaum wag ich zu* [ein unleserliches Wort]*! – Das heilige Geheimniß des Wesens d. Grals, Lohengrins Abfahrt, Fahrt auf dem Meere! – Erregen des Liebes Verlangens, Glühendes Umfangen, Lohengrins, Elsas! – Wonne! sprechen kann ich nicht! – O hehrer Geist! Heilige Gaben sind dir verliehen! – Sonne des Lebens, leuchte dem Sehnenden stets!* Am 15.: *»Richard Wagner« zu mir, 12 Uhr, wie herrlich! – Las 2 Akte der »Meistersinger von Nürnberg« vor, – hehre Stunde, wonniges Glück, aus Seinem Munde, selig Geschick! … Abends: Das hehre Licht!* [gemeint Wagner] *zu mir, sprachen (Begeisterung, Programm, Wonnen, Wunder! – Beethoven, Seinen Werken! – las fast den 3. Akt* [wohl: der »Meistersinger«] *zu Ende, 3/410 Uhr!* Am 16.: *(Traum »Tristan und Isolde« R. Wagner) … 12 Uhr Wagner, beendete auf d. Balkon: »die Meistersinger von Nürnberg«! Herrliches Werk! las d. 1. Akt von: Tristan u. Isolde vor! O Hehre Wonnen, – Selige Stunden! – Urkräftiges Werk, menschliche Leidenschaft! – Sprachen über Niemann, unsere jetzigen Theaterzustände, Reform; Pläne! Blieb – 2, O Hehrer Geist, wohl mir!* Am 17. Mai 1864: *»R. Wagner« zu mir 2 Akte aus »Tristan und Isolde« gelesen! – Wonne nicht zu beschreiben! – Liebe! Untergehen, um aufzugehen in seliger Liebe! Einzig nun bewußt, höchste Liebeslust! – sprachen von Seinem Glück, u. Seligkeit, ich vermochte es! Sprachen davon, wie eines Seiner Werke! aus d. andern hervorging! – Von der Musik zu »Tristan und Isolde«; o Seligkeit! … O herrliche Werke!* Am 18.: *nach 12 Uhr: »Wagner«! »Rheingold« begonnen!* [vermutlich die Vorlesung durch Wagner] *O reiner Äther der Kunst, welch' ein Werk!* – Am 19.: *1/212 Uhr: »Wagner«! – Beendete das Rheingold, las 2 Akte der Walküre! – O welche Wonne! Blieb – 2 Uhr; – Wuotan, Sigmund, Sieglinde! – Brünnhilde – Heilig! erhaben! … vor 1/210 das hehre Licht!* [Abendbesuch Wagners] *– Beendete d. Walküre, o wie herrlich!* Am 21.: *R. Wagner zu mir, Vorabend von Seinem Geburtstage – Begonnen den »Siegfried«! Wonne! O nun wird Ihm Ruhe werden, das Leben leuchte Ihm sonnenhell!* Am 22.: *wonnevoller Tag, unfaßbar, Sein Geburtstag, Ihn hier zu feiern! – … kam zu mir, gab Ihm mein Bild, freute Ihn sehr, las den »Siegfried« zu Ende, Hehrer Held, seliger Freier, Siegfried! Sprach noch mit Ihm Wagner! – (hier es zu feiern!) – O Glück!* Am 23.: *Wagner las in d. Götterdämmerung! ach Brünnhilde … Wagner glücklich bei mir, ach was bin ich gegen Ihn!* Am 25.: *R. Wagner, beendet den »Ring des Nibelungen«, Ach Brünnhilde! Alles enthüllt! – Siegfried!* Am 29. Mai 1864: *8 Tage seit »Wagners« Geburtstag.*

Am 5. Juni: *14 Tage seit Seinem Geburtstage.*

Zwischen 15. und 25. Juli: *Wagner! bei mir, sprachen v. d. Verfall d. Zustände, seinen Plänen, – Aufführungen!* Um den 20.: *In der Decorationsprobe des Fliegenden Holländers! – R. Wagner auch in der Probe, gab Verbesserungen an, Sturm, Schiffe, Fischerhütte, Bild, Verklärung, sprach mit* [Intendanzrat Friedrich] *Schmitt über Verbesserungen im Repertoire. Classische Stücke, Seine Werke!* Am 26.: *1/22 Uhr*

Richard Wagner u. Herr [Hans] *v. Bülow! – Herrlich aus d. »Walküre« gespielt u. gesungen, O herrliches Werk! – Aus Lohengrin! – Herrliche Stunden, erregt, gehoben, hehre Stimmung!* Am 27.: *½2 Herr v. Bülow, Wagner unwohl! – Spielte, Vorspiel zu: »Lohengrin« u. Vorspiel d. III. Aktes, Ouvertüre zu »Tannhäuser«, einiges aus dem »Fliegenden Holländer« Themen: Aus dem »Ringe des Nibelungen«, Marsch aus »Tannhäuser« herrlich! – War gerührt, v. Wagners Glück, nannte mein Eingreifen in Sein Schicksal Wunder! – O Wonne! – Aßen zusammen zu Mittag, sprachen über seine eigenen Verhältnisse, über Rendsburgs Besetzung* [anläßlich des Vollzugs der Exekution in Schleswig-Holstein durch den Deutschen Bund], *über Preußen, Berlin!* Am 28.: *½2 R. Wagner mit Herrn* [Karl] *Klindworth* [Pianist, Schüler Franz Liszts, Wagner-Anhänger], *Herr v. Bülow leider unwohl, spielte, sang, aus »Siegfried«, »Tristan u. Isolde«, o Herrlich! – Welche Stunden; – sprachen v. den Aufführungen; spielte aus: »Lohengrin«! – Beide bei mir zu Tische, sprachen von der Kunst (Paris, Zürich), Wagners Werken, Großherzog v. Baden, Herrn v. Bülow.* Am 29.: *2 Uhr Wagner! Herr v. Bülow, Klindworth, spielten, sang aus: »Die Walküre«, »Tristan u. Isolde«, Ouvertüre zum »Fliegenden Holländer«, Faustouvertüre, – Cis moll Symphonie von Beethoven, 4½ bei mir zu Tische, sprachen v. den traurigen Verhältnissen (Kunst), Paris, der Verderbtheit der Menge, der Aufführung jener hehren Werke! Ach, schöne, hehre Stunden! – danken mir, o meine Freunde, ich bin nichts ER Alles: … später mein Bülow bei mir, sprachen lange, viel über »Wagner« Seine Religiösen Ansichten, Ansichten über die Kunst, über die Ermöglichung der Aufführung Seiner neuen Werke!: hauptsächlich »dem Ringe des Nibelungen«! – O Wonne, die ich nie geahnt! – erzählte ihm, daß ich mich durch kein Gerede habe abschrecken lassen, meine Grundrichtung zu verlassen/ Abschied von meinem lieben Bülow! bald?! Ihn wieder.*

7. Oktober: *Das Hehre Licht zu mir!* [Wagner hatte Audienz] – *ergriffen, Plan zur Vollendung des »Ringes des Nibelungen«! – Wonne, ach nicht zu fassen!*[385a]

Am 4. Dezember 1864: *Wonnetag »Der fliegende Holländer« … ½7: »Der Fliegende Holländer!« »Richard Wagner« dirigirte! O wie hätte ich das je hoffen können! Großer Beifall – gegen 10 Uhr. – Gelungen. – Wer rettet Ihn, den Verfluchten, der unstät auf den Meeren umherirrt, den die Ruhe flieht? – Ein Engel entzieht dem Verderben den Sünder, den Gefallenen, Senta opfert sich für Ihn, den alle Hoffnung flieht, die Liebe erlöset Ihn, es endigt der Fluch!* Am 5.: *Abends 7 Uhr endlich wieder das Hehre Licht!* [Wagner] – *Wonne! – sprachen – ½10 Uhr über die Proben u. d. Aufführung des »Fliegenden Holländers«! – Der Verfall der Kunst! wehe über d. Menschen, über die Gemeinheit! über Seine Werke, die Liebe (Senta, Sehnsucht zu erlösen, Elisabeth die tief beleidigte, rettet den Geliebten, der ihr das Herz durchstach, Elsa, Isolde, Sehnen nach d. Tode, dem Nichtsein auf der Erde, Brünnhilde, die Wissende, Entsagende, Erlösende! – O hehre Stunden mit Ihm!* Am 10.: *Viel über: Oper u. Drama gelesen … der Einzige* [Wagner] *wünschte, ich in die Probe* [von Wagner dirigierte Probe für das gleichfalls von ihm dirigierte Konzert aus seinen Werken am 11. Dezember 1864], *mit Freuden … Nach 6 Uhr in die Probe, der Hehre dirigirte, Ouvertüre zu Faust, aus den »Meistersingern«, »Tristan u. Isolde«, »Walküre«, »Siegfried« – »Tannhäuser«! – Nicht zu beschreiben! – In nie gekannte Sphären entrückt, Wonne athmen, Geistes Wehen, ohn Vergehen, selig ewig! – Welt Entrücken, Hehr Beglücken! – Wogen der Brust! – Heilige Lust! – Tristan, Isolde! Nürnberg, Sachs, Walther … Ring des Nibe*[lungen]*! Wonne! … Brünnhild … Siegfried! – Wuotan …!! Walküren, – Ritt – Walhalls Wonnen, – Welt gewonnen! … Heilige Elisabeth!* Am 11.: *Abends ½7 erneuerte Wonnen v. gestern! – Hehr und heilig!* Gemeint ist das Wagner-Konzert. Am 14.: *Wagner Abends bei mir: von der Traurigkeit, d. Verderbtheit d. Künstler und des Volkes, Semper, großes Theater, National-Denkmal, … Indien … Tristan … Die Sieger.* Gottfried Sempers Name taucht hier erstmals in den Tagebüchern auf. Am Vortage, dem 13. Dezember, hatte Wagner Semper geschrieben: »Der König von Bayern wünscht, daß Du in seinem Auftrag in München ein großes Theater im edelsten Stile … bauen sollst.«[386] Seinen Entschluß zum Bau dieses Festspielhauses zur Aufführung der Werke Wagners hatte der König dem Komponisten am 26. November 1864 mitgeteilt.[387] Die Stichworte *Indien* und *Die Sieger* beziehen sich auf Wagners Vorhaben, die buddhistische Erlösung unter dem Titel »Die Sieger« zu gestalten; das Werk blieb unvollendet; der Tagebucheintrag Ludwigs II. vom 9. Mai 1864 über ein Gespräch mit Wagner: *Buddha, indische Sage, Seelenwanderung* (oben zitiert) könnte sich auf das Thema beziehen. Vermutlich ist mit dem Wort *Pro-*

gramm, das sich im Tagebuch am 15. Mai 1864 im Zusammenhang mit einer Wagner-Audienz findet (zit. S. 99), das »Programm für den König« gemeint, welches nach Strobel der Künstler Ende Mai dem König vorlegte. Danach war die Vollendung von »Die Sieger« für 1869–70 vorgesehen.[388] Am 22.: *Wonnetag 3 Jahre »Tannhäuser«! – Prof.* [Ludwig] *Nohl* [Musikschriftsteller, Wagner-Anhänger] *bei mir ... Abends Herr v. Bülow, spielte aus: »Beethoven«, »Wagner« – »Fliegender Holländer«, »Lohengrin«, »Rheingold«, »Walküre«.*

11. Mai 1865: *Generalprobe von: »Tristan und Isolde«! erste Aufführung für mich! von 10 – 1/4 nach 3 Uhr Eindruck unbeschreiblich, Darstellung vollkommen! – Macht der Minne! – Der tückische Tag trennte die Treuen, gesühnt soll Morolds Tod werden, siehe nicht zum Tode gereicht Ihnen der Trank, er ward zum sehrendsten Zauber für Beide, das Werk nahm Frau Minne in ihre Hand, die Todgeweihten nahm sie in Pfand, selbst es zu wenden, selbst es zu enden! – Und siehe, den Tod brachte die Liebe! – Die zehrende Kraft des Zaubers verschwand, das furchtbare Sehnen es ward nun gestillt, des Todes Thore öffneten sich, des Tages Glanz er ist nun verglimmt, der Sonne Strahl er glüht nicht mehr, er wich der Nacht, dem wonnigen Walten der ewigen Nacht! ... Versinken ... ertrinken ... unbewußt ... höchste Lust!* – [ab »Versinken«: ungenau zitierte Schlußzeilen des »Tristan«] *Seliger Tag, heilige Stunden! Erfüllt, mächtiges Sehnen gestillt, Vorüber schmachtendes Bangen, gestillt mein drängend Verlangen!* Am 22. Mai 1865: *Wonnetag, Sein Geburtstag, Richard Wagner's ... Wagner 1/2 1 Uhr, Endlich Ihn wieder geschaut, Seligkeit! Gab Ihm Lohengrin-Schale und Blumen, freuten Ihn, sprach mir von Seinen Geschenken, »Stierknöpfe! – Pfauen für den Garten, Wotan u. Frigga, sprachen v. d. Sternenseherin, unsre Gestirne zusammen! – Wir Beide uns bestimmt! – Ew'ge Liebe, ew'ge Treue, von »Tristan und Isolde« – Künstlerpaar* [Ludwig und Malwina] *Schnorr!* [beide waren Wagner-Sänger] – *Ihm geschaffen! – Alles wird in Erfüllung gehen! Vollkommene Aufführung Seiner Werke, Vollendung Festtheater Semper! ... Regierungsrath Franz Müller kam dann zu mir, über seine Schrift über »Lohengrin« etc.* [»Lohengrin und die Gral- und Schwan-Sage. Ein Skizzenbild. Zur Einführung in das Drama Richard Wagners« erschien in München erst 1867] ... *Parcival! Froh bewegt, himmlisch erregt!*

Die »Sternenseherin« ist wahrscheinlich Frau Dangl aus München. Am 22. Februar 1865 hatte sie Wagner vorhergesagt, der König sei zu Großem bestimmt und Wagner sei berufen, ihn zu schützen.[389] Wagner zufolge prophezeite sie im Sommer 1865 auch, daß er bald nicht mehr in München sein werde;[390] dies traf ein; am 6. Dezember ließ Ludwig den Komponisten auffordern, Bayern für einige Monate zu verlassen. Frau Dangl beeinflußte Wagners Sicht des Königs nachhaltig. Am 20. August 1865 schrieb Wagner in sein »Braunes Buch«, ein nicht für die Öffentlichkeit bestimmtes Tagebuch: »Ach, Himmel! Wer erkennt denn den Menschen neben sich? Was wissen unsre liebsten Freunde von uns? Wenn's ihnen nicht von den Sternen kommt, wie Parzival, keiner findet es aus sich heraus, wer der Andere ist.«[391] »Parzival« nannte Wagner im »Braunen Buch« und im engsten Kreise den König. Wenige Tage später vermerkt Wagner im »Braunen Buch«: Nur einen habe er jemals getroffen, der das göttliche »Müssen« in seiner Seele hatte – Parzival, sein Sohn im Heiligen Geist.[392] Im Brief an Wagner vom 2. Juni 1868 unterschreibt Ludwig *Parzival.*[393] Für diese Identifizierung waren – außer der ganzen Persönlichkeit des Königs – Ideen Wagners über das Priesterkönigtum des Grales wesentlich, Ideen, wie er sie im Sommer 1848 in »Die Wibelungen« niederlegte.[394]

4. Juli: *Doch ich hoffe fest, siegen wird das Ewig-Erhabene, Heil Ihm! Anbetung dem Hehren! – Nie lasse ich von Ihm: wenn Alles sich ändert, Vieles zu Grunde geht, meine unerschütterliche Liebe u. Treue zu dem Heiligen Freunde wird ewig bestehen, sie verweht kein Gewittersturm, mächtig ist ihre Kraft, sie ist die Heil-Bringende! – Wohl Ihm dem Leidenden, der in den Tod Getreue ward geboren! Es blüht das Werk der »Erlösung«!*

11. November 1865: *»ER« nahte, der Hehre kam!* [nach Hohenschwangau, bis 18. November, nachdem Ludwig und er sich länger nicht gesehen hatten] *Sonne schien wieder, selbst die Natur jauchzt Ihm entgegen, um 2 1/2 Uhr zu mir! – Heilige Stunden, Er glücklich! Wonne des Gedankens, (Parcival, Gralsburg) – sprachen über Seine Werke, furchtbare Lebensschicksale, blinde Menge; Gleichniß, Volk (d. Andächtigen im antiken Tempel) Minister Priester mit d. Gebräuchen, Ceremonien), der König (Gott). Sprachen über*

Herrn v. Bülow, trefflicher Charakter, Ihm treu; das Festtheater d. Zukunft; [das unausgeführte Projekt Sempers für München ist gemeint] *die Bedeutung Unserer Liebe (nicht von d. gemeinen Menschen erfaßt; Sein Geist der vollkommensten Schöpfungen gewiß) – Welche ungeahnte Wonnen blühen Uns noch!? – Ist es ein Traum! Bin ich auf Erden!? Nun Alles zu bestimmen, über alle Handlungen Klarheit! Sprachen bis ¼ nach 4 Uhr … Um ½8 d. Geliebte, »ewig« Theure! Im trauten Zimmer bei Quellengemurmel, Mond u. Sternenglanz. Uns gesprochen, über d. bei der Schule* [für München geplante Musikschule] *anzustellenden Lehrer, den Sänger* [Heinrich] *Vogl,* [Wilhelm v.] *Kaulbach, den neuen Carton aus »Tell«* [von Kaulbach], *traut wie ein Bruder, o herrliche Stunden.* Kaulbach schuf für den Münchner Verlag Friedrich Bruckmann eine Schiller-Galerie, die aus dem »Tell« die Szene enthält, in der Baumgarten vergeblich die Fischer beschwört, ihn über den See zu fahren. Außerdem fertigte er eine Folge von fünfzehn Kartons im Auftrage Ludwigs II., als »Kaulbach-Gallerie« bekannt, die gleichfalls eine Darstellung aus »Tell« enthält; übrigens auch drei Momente aus Wagners Musikdramen.[395] Am 12.: *Bläser von den Thürmen herab den Tag verkündend, Lohengrins heilige Klänge, ein herrlich schöner Tag, um ½12 der Einzige, Unvergleichliche zu mir, sprachen über d. Freuden des nahenden Winters, (Bruchstücke aus dem Ringe d. Nibelungen), Heranbildung, Verderbniß der jetzigen Musikzustände, Kornelius* [Komponist Peter Cornelius, Freund Wagners], *Tannhäuser-Vortragsreihe, über den Blödsinn der Menge, so glücklich bei mir! … Keime im deutschen Volk, o welch ein göttlicher Gast zu Hause … über den falschen, vorgegebenen Kunstsinn bei den Großherzogen von Baden u. Sachsen-Weimar; ach wie entfernt vom Rein-wahren! – Alles d. Erfüllung sich nahend, – entdeckte mir das schändliche Intriguenspiel! Wehe den Falschen, sie werden durchschaut, ein neuer, Unbefangener nahe! – Nach Tische d. Hoboisten Abendstern* [»O du mein holder Abendstern«, »Tannhäuser«, 3. Aufzug, 2. Scene], *2 Stücke aus d. Fl. Holländer gespielt, 1 Rienzi, 1 Lohengrin, (Don Carlos) nach ½9 Uhr der Hehre zu mir; Thee, sprachen über Fr.*[au] *v. Bülow, d. eigenen Träume … Liszt, Verhältniß zur Mutter v. Fr. v. Bülow, Geschwister; – … Las mir vor aus Seiner Lebensgeschichte, o herrlich! welche Stunden (Thränenvergießen nach Träumen v. Shakespeare, Beethoven) frühe Kindheit, Jugendjahre, Erregtheit, Familienverhältnisse, erste dichterische Versuche, Tod des Vaters, Stiefvater, Abschied von d. Technik d. Zeichnenlernens, Neigung zum Theater, heilig, was zu ihm gehörend, Geister-Furcht, Reise nach Prag, Harfenspieler (Non plus ultra) Freischütz, erstes Schauspiel, Studentenzeit, wildes Umherschweifen, Confirmation; – … o Gott, segne Uns, ewig währt unser Geistesbund. – Amen!* Am 13.: *vor 12 Uhr der Wonnevolle, Frühstück, feste Zuversicht, um ½2 Uhr mit Ihm gefahren, Tag herrlich! – Heiliges Schweigen – selig mit Ihm zu sein, wie ein Traum – am Alpsee (R*[ing] *des Nibel.*[ungen]*) erzählte von Seiner Schweizerreise,* [1 unleserliches Wort] *(Schwyz) herrliche Stellen in d. freien Natur, mit künstlerischen Intentionen verbindend, Pinswangerthal! Ihm sehr gefallen; sprachen über das Festtheater, Semper, Säulenordnung mit den musikalischen, sich wiederholenden Motiven vergleichend, hehrer Bau, durch den mystischen Zwischenraum* [»Abgrund« des Orchestergrabens] *das Volk von der vorgeführten Welt traumgleich geschieden … Berge herrlich, im Hintergrunde der durchsichtig blaue Himmel; Seine Jugendgedanken über ein Königsschloß erfüllt* [offenbar: durch das Erlebnis Hohenschwangaus] *– über Franz Müller* [Verfasser von Schriften über Wagners Werke[396]], [Franz] *Grandaur,* [er sollte im Sinne Wagners eine zu begründende Musikzeitschrift redigieren] *Geister-Hoffmann, (Werk über »Don Juan«)* [Ernst Theodor Amadeus Hoffmann, Don Juan, aus: Phantasiestücke in Callot's Manier. Bamberg 1814, Bd. 1–4] *Jean Paul,* [Heinrich] *Porges* [Journalist und Chordirigent, Freund Wagners], *Ihm Sein Leben weihen! … sprachen v. Erziehung, widersprechende Charaktere nie, nie zu einen … Körner (Muskete, Ladstock), Dichtungsformen, Jamben, (Tristan, Parcival) Ausführung der rein-dramatischen Werke* [Wagners] *(Achilleus, Friedrich Barbarossa, Jesus von Nazareth) froh, wieder in Bayern zu sein! – Über den hehren Festbau, Tannhäuser! neue Aufführung, Wotan, Siegfried. Sein Kunstwerk – zu Mittag, spät, o Wonnen! wie in Verzückung, über die Musteraufführungen v. Tannhäuser, Lohengrin, über Tristan, Gesetz d. Liebe! Keine irdischen Schranken kennend; jubelnder Schluß d. 1. Aktes (Tannhäuser) Lohengrin, Anfang des III. Aktes, Nahen des Heerbanns, d. Königs, endlich Ertönen des Helden-Motives beim Erscheinen Lohengrins, 1867 jene wonnigen Musteraufführungen, o es ist zu herrlich! mit Ihm hier, dem Einzigen, dem Herrn meines Lebens, d. Gottgesandten! – Kam zum Thee, dann in d. Lebensgeschichte* [Wagners] *gelesen, Liebe;*

Schwärmen für die großen Dichter u. Componisten, Tod Webers u. Beethovens erfahren, tiefer, schmerzlicher Eindruck, geisterhafte Quinten stets Grauen erregend; Geist d. trocknen Studien abgeneigt, Seine eigenen Bahnen wandelnd! – Heilig, Heilig! – Am 14.: *zu meinem 2. Frühstück d. Geliebte, Einzige gekommen, sprachen von Fr.* [Malwina] *v. Schnorr, (Lehrerin bei Unsrer deutschen Kunstschule)* [die ein Plan blieb] *Ihm wohl! Um ½2 Uhr bei herrlichem Sonnenschein hinauf aufs Schweizerhaus, sprach mir v.* [Ernst Theodor Amadeus] *Hoffmann (Nußknacker u. Mausekönig etc.)* [»Nußknacker und Mausekönig« erschien in: Kinder-Mährchen. Von E. (recte: C.) W. Contessa, Friedrich Baron de la Motte Fouqué und E. T. A. Hoffmann. Bd. 1. Berlin 1816] *führte Ihn zur Marienbrücke, gefallen,* [1 unleserliches Wort] *um d. Bild, dann Jugend* [Name der Anhöhe, auf der Neuschwanstein erbaut wurde] *(Drache), von Göthes Reise in d. Schweiz mit d. Großherzog v. Weimar* [vgl. S. 96], *Seine* [Wagners] *Schweizertouren, Charakter jenes Volkes, praktisch ohne idealen Sinn, zwischen Lieben und Hassen traurig durch d. Leben ziehn, oben zu Mittag, v. d. Preußen gesprochen, Seine Frau* [Minna Wagner geb. Planer], *ohne höheres Verständnis, schwere Zeiten, leidend unter d. Ehe, dann über d. Festbau* [das geplante Semper-Theater], *neue Instrumente (Ring d. N.) hinab, der Tag verging, über Liszt, eigenen Lebenslauf (Weimar) Scheinen u. Sein (Jesuiten-Maxime) Sein Zeichen im Himmel, dort steht es ewig, Musik-Ertönen; – Musik im Schloßhof (Marsch aus Tannhäuser, Abendstern, Lohengrin, Finale d. I. Aktes, Vorspiel zum 3ten Fl. Holländer, Mahnen an Sein Schicksal, Erlösung, tiefe, heilige Rührung, Brief darauf an die Freundin,* [im Briefwechsel Ludwig–Wagner Bezeichnung für Frau Cosima] *d. Hehre ½ 9 zu mir, Biographie (wildes Leben unter reckenhaften Studenten), Aufgeben d. Spiels gewarnt durch höhere Macht; (Engel, der ihn gerettet, – der heiligen Kunst sich zugewendet.*

Am 15. November 1865: *um 12 Uhr zum 2ten Frühstück, sprachen über d. traurigen Zustände, d. Protektionswesen, den zu gewinnenden Sänger, Entfernung der Gemeinen, Geistlosen, Bayern selbständig für sich! – Stark allein! – Ritt über Pinswang, heilige Plätze … Der Einzige zu Tische, über Lohengrin, gesprochen Fr.* [Malwina] *v. Schnorr,* [vgl. Eintrag vom 14.] *wonnig erregt, Sein Geschick! – O diese Werke, diese Sonnen, die ewig strahlen. (Musik im Hofe, Ouvertüre zu Freischütz, Oberon, Euryanthe,* [Opern von Carl Maria v. Weber] *Egmont,* [von Beethoven] … *d. Theure kam, sprach v. Wien, d. Concerten (Aufführung des Tannhäuser in Paris, Fürstin* [Pauline] *Metternich sich beim Kaiser* [Napoleon III.] *verwendend; / diess neulich/) Kaiserin v. Österreich, d. verfluchten* [v.] *Könneritz,* [entweder der Hofopern-Intendant in Dresden oder der Kgl. Sächsische Gesandte in Wien, der bei der Erzherzogin Sophie behauptete, Wagner habe 1848 das Schloß des Königs von Sachsen abgebrannt,[397] gemeint] … *Über d. Unterlassung seiner Berufung.*

Am 16.: *wieder Sonnenschein (die Sonne v. Hohenschwangau)* [Anspielung auf den Titel eines Gedichtes von Wagner vom Vortage[398]] *Um 12 der Hehre! – Las nach dem Frühstück d. Dichtung des »Tannhäuser« Nicht zu schildern! Göttlich! – Erlösung durch die Reine, Heilige, der er, der Sünder, das Herz gebrochen, Macht der Liebe, der alles duldenden, der niemals zürnenden, der mild verzeihenden! Selig der Sünder, dem Sie geweint! Mit dem Trauten aus dem Schlosse (Panzer, silberne Rüstung des Grals-Helden) nach d. Pindarplatz, Ruhe so erhebend, so wohlthuend; wo die Adler sungen u. heilige Wasser von den Bergen rannen! Schöne Zeiten (Edda, Voluspa) den Fischertanz, von vor 2 Jahren, gelesen in Seinen herrlichen Dichtungen; – über d. Fl. Holländer; mit Ihm, mit Ihm; ha jetzt erkenne ich sie wieder* – [diese Zeile vom Schluß des 1. Aufzuges von »Tannhäuser«, auch die folgenden Zeilen, zitiert Ludwig II. mehrfach im Tagebuch] *über das alte deutsche Volksbuch! Stoffe Seiner Werke, Parcival, tiefer Eindruck von damals* [der König erinnert sich hier an die intensive Lektüre von Wagners Werken im Juli und August 1863, ebenfalls in Hohenschwangau; vgl. Abschnitt »Vorbereitung auf Wagner«] – *hinauf! – Dann zu Tische, über die früheren Zeiten, Klagen, blieb unverstanden von seinen elenden, gemeinen Menschen! – Nun wirken, hehre Bahnen nicht erschwert d.*[urch] *die kurzsichtig-blöden Menschen. – Bei Ihm! IHM! – Musik im Hofe (Ouvertüren: Iphigenie in Aulis,* [von Wagner 1846 überarbeitete Oper Christoph Willibald Glucks] *Figaro, Zauberflöte, Titus)* [diese drei von Mozart] *Er kam, hehre Gespräche, sterben an Seinem Todestage, d. Freundin* [Frau Cosima] *8 Tage darauf, von seiner Stern-Seherin* [vgl. Erläuterung zum Eintrag vom 22. Mai], *ich rein, Regierungszeit, mir immer deutlicher, IHM geboren, Ihm erkoren! – Ernst, heilig! Dichtung des »Fliegenden Holländer« vorgelesen, (Vorbild Unsres Geschickes; Treue bis zum Tod, der Unselige endlich nach fürchterlichen Qualen die ersehnte Ruhe, den »ewigen Frieden« gefunden!*

Am 17.: *der Theure mir poetischen Gruß gesandt, sende Ihm Schwanenuhr ... freute Ihn innig (Brief von der Freundin;* [Frau Cosima, an den König] *selige Zeit, Muth nun zu allem! – ...* [Wagner] *kam zu Tische, über d. Freundin, die so dringend nöthigen Reformen, Dir bin ich ganz zu eigen, nun laß mich Gehorsam zeigen! – Der Theure im Hofe (Ouvertüre Iphigenie* [in Aulis, vgl. Eintrag vom 16.], *Egmont,* [von Beethoven] *Freischütz* [von Carl Maria v. Weber] *selbst dirigirt) aus »Lohengrin« »Tannhäuser«* [Marsch[399]] *»Fliegender Holländer« – Um 9 Uhr zu mir, nach dem Thee die Dichtung des »Lohengrin« vorgelesen, jubelnd auf jenen ersten Keim zurück; o dieses Werk vollständig vorgeführt zu sehen! – Verstandensein durch die Liebe, Wehe Elsa hat den theuren Schwur gebrochen! Erkannt muß er von hinnen ziehn! – gebrochnen Herzens, unter den tiefsten Seelenqualen, inbrünstiges Gebet, Trost von Oben!* Die Uhr sandte Ludwig II. bereits am 16. mit datiertem Begleitbrief an Wagner: *Wenn Sie den dunkelblauen Deckel ... öffnen, werden Sie ein Bildchen (Lohengrin im Nachen) sehen ... Ich lege Knöpfe mit Schwänen bei mit dem hellstrahlenden Kreuze, dem Zeichen der Erlösung, des ewigen Heils.*[400]

Am 18.: *(Bläser d. Morgenruf v. d. Thürmen), der Himmel trauernd. Gedicht von Ihm,*[401] *... zum Mahl kam ER! – Keine Klage, ewig weben sie in Uns die wonnigen Tage! – Zur That, zur That! – Über* [Wilhelm v.] *Kaulbach,* [den Philosophen Ludwig Andreas] *Feuerbach (Religionsform mit ihrem wahrhaften Wesen verwechselnd!) »Kunst u. Klima«,* [Abhandlung Wagners aus dem Jahre 1850], *Hinab um ½2, zusammen fort, zu Wagen, hehr gestimmt; jene trauten Orte gezeigt (Tristan) über den erhabenen Sinn der Sagen gesprochen, die »aufgeklärte« Zeit sie vermag nicht solche Wunder zu zaubern, über die 4 großen Partituren / einzig, unvergleichbar; über d. elenden Menschen, Verwandten etc. neue Kräfte, Alles durchdringend, frisch erfassend; immer schaffen, einsam vom nichtigen Getriebe sich zurückziehend, mit Ihm, für »IHN«! – Nicht umsonst gelebt, die Welt wird es erkennen; Bund zwischen Goethe u. dem Herzog v. Weimar* [vgl. S. 96]; *andere Beweggründe. – Nicht diese Tiefe, nicht diese Weihe! Über das Liebesmahl der Apostel,* [von Wagner; »Eine biblische Szene für Männerstimmen und großes Orchester«, 1843] *(der Hl. Geist sie erfassend, von oben Stimmen (PARCIVAL) Seitenstück zu »Lohengrin« (Musik) traut, tief beziehungsvolles Gespräch zwischen dem Helden u. d. Schwan; In Biesenhofen* [Bahnstation] *(Schneider, Hamlet, »Torquato Tasso«! – Abschied treuliebend in Ewigkeit.*[402] Den Philosophen Feuerbach hatte Wagner schon um 1849 gelesen; seine damals entstandenen Schriften, wie »Die Kunst und die Revolution«, nennt er selbst von Feuerbach angeregt.[403] Auch Ludwig II. las Feuerbach, besonders im März 1865; am 20. verdichtet er Feuerbachs Religionsphilosophie in einem Tagebucheintrag.[404] Feuerbachs Auffassung vom Schöpferischen im Menschen, von der Bedeutung von Phantasie und Empfindung hierbei und die Unterscheidung von Form und Wesen der Religion begeisterten den König damals; der spätere Materialismus des Philosophen dagegen mußte ihn abstoßen – auch wenn darüber nichts von ihm aufgezeichnet wurde.

Diese Tage von Hohenschwangau mit Wagner (11.–18. November 1865) wurden Gegenstand der Zeit-Verspinnung bei Ludwig: Noch im letzten seiner Briefe an Wagner, geschrieben in Hohenschwangau am 26. November 1882, heißt es: *Mit herzlicher Freude erinnere ich mich der November-Tage d. J. 65, die wir hier gemeinsam verlebten; es war eine herrliche Zeit!*[405]

Noch am 18. trägt der König die berühmten Schiller-Worte ein:

> *... der Sänger macht den dürren Scepter blühn*
> *Er flicht mir den unsterblich grünen Zweig*
> *des Lebens in die unfruchtbare Krone*
> *Er stellet herrschend sich dem Herrscher gleich,*
> *Aus leichten Wünschen bauet Er sich Throne,*
> *Und nicht im Raume liegt Sein heilig Reich,*
> *Drum soll der Sänger mit dem König gehen,*
> *Sie beide wohnen auf der Menschheit Höhen!*[406]

Am 31. Dezember: *O göttliches, herrliches Tristan-Jahr!*

29. April 1866: *»Freischütz«* [von Carl Maria v. Weber] *deutsches Werk! Doch des Einzigen* [Wagners] *Werke wie Flammenmeer in hehrem, göttlichem Glanz zu freundlichem Stern sich verhaltend!*

11. Mai: *1 Jahr seit der Hauptprobe zu »Tristan und Isolde«! Unvergeßlicher Tag.* Am 17.: *Plan mit dem lieben Paul* [Fürst v. Thurn und Taxis, später Paul v. Fels, Flügeladjutant des Königs] *entworfen, Sendung nach Luzern!* [gemeint: Sendung von Fürst Paul zu Wagner nach Triebschen bei Luzern[407]] – *Um diese Zeit Sehnsucht nach dem Einzigen mit Flammengewalt erwacht, nicht länger die Trennung zu ertragen!* Am 18.: *Abends, Paul nach München.* Am 19.: *um 6 Uhr Er* [Fürst Taxis] *fort, wichtige Reise nach Luzern angetreten, traf Abends dort ein: »Friedrich Melot«* [dies in Anspielung an den Freund Tristans das Pseudonym des Flügeladjutanten, der im engeren Kreise »Friedrich« genannt wurde]. Am 20.: *beglückende Nachricht. – Selig.* Gemeint ist ein Brief von Frau Cosima.[408] Am 21.: *Plan gefaßt, zum Einzigen* [Wagner] *zu ziehen* [schon am 15. Mai 1866 hatte er abdanken wollen[409]]. Am 22. (Wagners Geburtstag): *Mitternacht schlug, der große Tag* [des Aufbruchs zu Wagner] *brach an! ... mit Post über 3 Stunden nach Biesenhofen, Kälte groß, Verklärung Isoldens vorgeschwebt, dort geruht, Eilzug nach Lindau, Sonne des heiligen Tages empor, Dampfschiff nach Romanshorn, (Kaufmann gesprochen). Nach Zürich, Friedrich* [Fürst Paul Taxis] *benachrichtigt, mit Extrazug nach Luzern (Erinnerungen an die erste Fahrt)* [20. bis 31. Oktober 1865 besuchte der König erstmals die Schweiz] *dort vor 7 Uhr »Hotel des balances« nach ihm* [Fürst Taxis] *gesandt, entgegen, Triebschen zu* [1 unleserliches Wort] *ich sehr erregt, Friedrich entgegen, fuhren nach dem Hause, in wachsender Aufregung, die Freundin* [Frau Cosima] *dort (als »Parcival« mich verehrt, Friedrich, der treue Freund zu Ihm, dem Herrn meines Lebens mich geführt zu dem Einzigen, dem Quell der heiligen Wonnen, zum ew'gen Geistesbronnen! – Mein Bild geschmückt! Wo 3 versammelt sind in meinem Namen! ... Macht des Glaubens, Wunder! – sprachen über das auszurottende Unkraut, Presse, kgl. Ansehen, gingen zum Abendtische, so traut, so überselig! Sprachen über mein Kommen! – über die Bedeutung des Namens »Lohengrin« – Sonnenantlitz! – Sah Lorbeerkranz; setzte sich an den Flügel; spielte: die Gluth die etc. etc. Dir hohe Liebe töne! – dann aus »Tristan u. Isolde« »Ich war wo ich von je gewesen«* [3. Aufzug] *etc. etc. So starben wir etc.* [2. Aufzug]. Am 23.: *Morgenruf aus Lohengrin u. Gralsgruß* [vielleicht der am 12. November 1865 von Wagner dem König in Form von Noten gesendete[410]] *von Ihm! gespielt, nicht um 6 fort, geblieben! – ... bleibe morgen; welch ein Tag, gingen in den Garten (Freundin, Friedrich) sprachen über meine Umgebung! – ... über Franz Müller,* [den Verfasser von Schriften über Wagners Werke[411]] *Charakter d. Kundry,* [Gestalt aus »Parsifal«] *(weibl. Holländer) Drang nach Erlösung! »Parcival« v. Wagner und Wolfram,* [v. Eschenbach] *bei diesem der wahre Inhalt, das Wesen der Dichtung gänzlich unberührt, über den griechischen Geist, Theater, ernstes Drama – Satyrspiel, ... d. Theure sang (Tristanmarsch, kühner Melodienbau) heitere Späße, Berliner Grobheit, Auffassung der neunten Symphonie,* [Beethovens[412]] *Conzert in Dresden,* [August v.] *Lüttichau* [Hoftheater-Intendant in Dresden] *(Tannhäuser, Oberon* [Oper von Carl Maria v. Weber]*) italienische Musik (Rossini, Bellini, Donizetti; Verdi) Coloratur, weiche, sinnliche Melodie,* – [Jean Jacques] *Offenbach, Verfall d. Kunst, bis zum offenbaren Blödsinn; Haschen nach Effekt, Explosion d. Gefühle; – ... über* [Wilhelm v.] *Kaulbach, Eindruck seiner bornirten Frau* [Josephine geb. Sutner] *von »Tristan«,[413] über die Pilatussage,[414] jene Sternseherin,* [vgl. Erläuterung zum Eintrag vom 22. Mai 1865] *vieles Wahre sagte sie! – Sie war für den Freund der Typus des Volksgeistes, Anhänglichkeit zum Königshause zeichnet sie aus, von Liszt, (Amsterdam) ... sprach über das Vergangene in Paris, über* [Sänger Albert] *Niemanns Erbärmlichkeit* [Niemann sang die Titelrolle bei der Pariser Erstaufführung des »Tannhäuser« am 13. März 1861; während der Vorbereitung gab er zersetzenden Stimmungen nach[415]], *Fürstin* [Pauline] *Metternich,* [sie trat 1861 in Paris für »Tannhäuser« ein] *von der Kunstschule,* [wohl der von Ludwig und Wagner für München geplanten] *Toast auf Gedeihen des Ringes des Nibelungen, dann von heiteren Dingen,: »Richards Wanderleben« ... Hamlet, Monolog: »Sein oder Nichtsein«* [3. Aufzug, 1. Szene]. Am 24.: *beim Erheben selige Töne, »Lohengrin« Ende der glücklichen Zeit; die Theuren begleiteten Uns zur Bahn: »der Schwan lebt noch«! – »Herr meines Lebens« – Sein letztes Wort! Er muß, muß erlöst werden! – Heil Ihm! Heil Uns dreien!* – [vermutlich: Ludwig, Wagner, Frau Cosima].[416]

Anfang Juni: *Unangetastet durch traurige Tage, erhaben! ... las zu Anfang Juni »Lohengrin« (Fr.*[anz] *Müller) Hehre Bedeutung d. Gralsage, Parcival Artuskreis, Sage vom Schwan-Ritter. – Der Mensch, der schwer Fehlende, der Sünder, welcher von seinem Gott sich abwendet, wird geläutert, durch Zerknirschung u. Buße, durch Kämpfe jeglicher Art und gewinnt die Herrlichkeit des Hlg. Grales! erschaut die Wonnen Gottes, nach vollbrachtem Erlösungswerke! – Der Mit-leidend Leidvolle, wissende Thor!*

24. Juni: *Bild von* [Wilhelm v.] *Kaulbach: »Isoldens Verklärung«!*[417]

4. Juli: *Bilder: »Brünnhildens Tod«.*[417a]

Zwischen 24. Juli und 4. August 1866: *Siegfried-Statuette ward in Marmor vollendet* [von Caspar Clemens Zumbusch] *Dekorationen »Tannhäuser« »Lohengrin«, ... Las auch in* [des Philosophen Ludwig Andreas] *Feuerbach's Schriften,* [vgl. Erläuterung zum Eintrag vom 18. November 1865] *über das Wunder u. d. Geheimniß des Gebetes. Viel Wahres mit Unseligem, sehr Verderblichem vermengt.*

5. August: *wie überhaupt in dieser Zeit, viel in Feuerbach gelesen: (Vorstellung von Gott u. dem himmlischen Leben die nämliche) über das Jenseits, idealisirtes Dießseits, Widerspruch in den Sakramenten (Abendmahl), über das Mönchthum, die Trinität u. Maria, über den leidenden Gott, das Geheimniß der Auferstehung ...* [Wilhelm v.] *Kaulbachs Bilder aus den ewigen Werken* [Wagners[418]] *mir vorgeschwebt!* Am 8.: *Las noch spät über das Wesen der Menschen, der Religion, d. Widerspruch in der Offenbarung, d. Widerspruch in dem Wesen Gottes!* (Es handelte sich demnach sicherlich wieder um Lektüre Feuerbachs, der vor seiner materialistischen Spätphase dem Menschen die Möglichkeit zuschrieb, vermittels Potenzierung seines Wesens ins Unendliche Gott zu schaffen.) Am 25. August 1866: *mein Geburtstag! ... erhielt durch ihn* [Fürst Paul Taxis] *in des Theuren Namen die Originalpartitur der »Walküre«! – Unermeßlich kostbares Geschenk, mir werther und theurer denn alle Königreiche der Erde oder alle Schätze von Indien, – von der Freundin* [Frau Cosima] *Bild des Geliebten* [Wagners] *im Alter von 25 Jahren ... Las in dem wonnevollen Werke der »Walküre«! Begeistert!* 22. September: *in Feuerbach* [gelesen] *über das tiefe, von der Welt unverstandene Wesen des Geistes!*

12. Oktober: *um 4 Uhr der Gott bei Tische. – W*[agner]*! Bis ½7 Uhr, ewig unvergessene Stunden; erzählte viel von Seiner Vergangenheit, Freuden u. Leiden!*

24. Dezember 1866: *erhielt Pferde-Bändiger v. Bronze, Schwan, Faust-Bilder* [Maler und Bildhauer August v.] *(Kreling).*[419] *Von dem geliebten Freunde (Partitur »Liebesverbot«)* [»Das Liebesverbot oder Die Novize von Palermo«, große komische Oper Wagners, 1834/35] *v. d. treuen Freundin* [Frau Cosima] *Bild d. trauten Triebschen, Wohnung, wo d. Heilige, große Freund selig an wonnigen Werken webt.*

10. März 1867: *drei Jahre sind verflossen seit dem Dahinscheiden des Vaters, 3 Jahre trage ich die Krone, ich weiß, warum ich König wurde, treu will ich dem Herrn meines Lebens* [Wagner] *bleiben, deutlich fühle ich es aufs neue: »Ein guter Mensch in seinem dunklen Drange ist sich des rechten Weges wohl bewußt«* [Goethes »Faust«, Prolog im Himmel] *... der alte Zauberer R W. –* [Wagner] *Nach 1 Uhr nahte ER endlich, endlich wieder, Heil der Stunde, vorüber die fürchterliche Trennungsfrist! Bleibt am seligen Ufer des geliebten* [Starnberger] *Sees, doch zum Besuche zu Bülows, im Mai zu mir an die wonnigen Wogen des ewigen Wasser Reiches, wo den Frohlockenden Himmlische Freuden heilig umstrahlen! – »Meistersinger« vollendet!* [die Orchesterskizze am 5. März[419a]] – *Aufführung zur Vermählungsfeier* [des Königs mit Sophie Charlotte, Herzogin in Bayern; Verlobung: 22. Januar 1867, Lösung der Verlobung: 7. Oktober] *Beziehungsvoll! wunderbar, Flügelschlag des Dämons. Deutsche kommen, Sachsen, Franken, Bayern, Schwaben! (Constantin Frantz).* [Politiker und Publizist, für den Wagner Ludwig II. zu interessieren suchte] *Trauriger Verfall der Kunst, Paris, Malerei, Sinnlichkeit, Gegenmacht im Herzen Deutschlands, aus der Tiefe des Geistes u. Gemüthes, von oben herab kommt die Rettung, Erlösung, wie die Taube des Grales!*

22. Mai 1867: *Geburtstag des heiligen, großen Freundes Brief der Freundin* [Frau Cosima] *freudevoll, ... vor 2 Uhr kam d. ewig über alles Theure: Richard Wagner! Beglückwünscht, gab Ihm Holländer Schale, (Clavir) froh, selig des Wiedersehens, sprach über Sein Bleiben, Aufführungen von »Lohengrin« u. »Tannhäuser« im Sommer, über die Bedeutung Glucks, (Armida) die über Ihn v. d. sächsischen Hofschranzen ausgehenden Verläumdungen, über d. Vollendung d. Meistersinger, Semper (Theater, Scheidung d.*

realen von d. idealen Welt) [wohl gemeint: der »mystische Abgrund« des Orchestergrabens] *Hinübersehen in den Traum. – Das Wecken des deutschen Geistes, (Musikschule, Aufpflanzen der Fahne) Verfall d. Kunstzustände v. d. Fürsten ausgehend. – Er wandte sich an einen deutschen Fürst. Wohl mir, ich war der Ersehnte. – Heil, Anbetung Ihm, Segen dem Riesengeiste, dem Erlöser!*

6. Juni: *fand Brief v. Richard Wagner,*[420] *ritt zu ihm nach Starnberg (Hugibert)* [Name des Pferdes, auf dem der König nachts zu Wagner ritt, dem er die Villa Prestele bei Starnberg hatte mieten lassen] [Wagner] *stand auf, hatte sich schon gelegt, erfreut, sprachen über die bevorstehenden Aufführungen v. »Lohengrin«, »Tannhäuser«, »Meistersinger«,* [die Uraufführung war aber erst am 21. Juni 1868] *spielte mir vor, sang, hehre Genüsse; war froh über mein Kommen, will hier noch bleiben (wie lieblich duftet doch der Flieder)* [»Die Meistersinger von Nürnberg«, 2. Aufzug, ungenau zitiert] – *½1 Uhr, gottvoller Beschluß der himmlischen Tage.* Am 11.: *um 12 Uhr Beginn der Generalprobe zu »Lohengrin«* [Neuinszenierung] *aufs neue tief ergriffen u. hingerissen begeisterungsvoll durch dieß wonnen-verleihende Werk! Zu ersehen, wie herrlich es ist, da eine mangelhafte, in vielen Punkten sehr schlechte Generalprobe schon im Stande war, solch' tiefen Eindruck zu hinterlassen, was vermag erst eine vollendete Darstellung! Welche Wunder wird sie wirken! – Liebende Anbetung, ehrfurchtsvolle Bewunderung dem Geiste, der es erdacht, geschaffen das ohnegleiche Werk!* Ludwig II. kritisierte an der Probe besonders Joseph Tichatschek in der Titelpartie und Frau Bertram-Mayer als Ortrud.[421]

22. September: *Wonne: Tannhäuser Tag! ... »Tannhäuser«! – Mein eignes inneres Selbst ist unzertrennlich damit verbunden, in diesen Werken, dem darin heilig u. segenverleihend sich offenbarenden Geiste will ich leben u. sterben, aus solchem Werte ist wahrer Trost zu schöpfen, Balsam sämtlicher Wunden zu suchen, aus diesem Werke kann der Sünder wahre Sühne kennen lernen, Erhebung finden nach Leidensnacht mehr als aus dem so oft nichts sagenden, nichts bedenkenden Gottesdienste in den Tempeln, in denen so selten wahrhaft der göttliche Geist waltet!* Am 29. September 1867: [nach Besuch einer Lohengrin-Aufführung] *Ewig bleibt es mir wahr: der schönste, einzig zu ersehnende Tod wäre, sogleich nach dem Mit-Erleben solcher Wonnen, die nur Wagner bieten kann, ertrinken, versinken zu dürfen in des W tönendem All! Höre ich nur diese Weise diese wundervoll u. leise – mild versöhnend aus ihm tönend – Vorstellung wunderbar schön,* [Franz] *Nachbaur Lohengrin, Telramund mangelhaft, doch Eindruck nicht verdorben, da Erinnerung an den letzt erschauten mächtig – o furchtbares, nicht zu ertragendes Trennungsweh! – Unverstanden, die unheilbare Wunde tief im Herzen muß er die profane Welt verlassen, in die Er kam, Erlösung bringend, wie ein Gott strahlend und siegreich die Wolken der Finsterniß zerstreuend –.*

Um den 15. Oktober: *Dekorationsskizzen zu den »Meistersingern« 1. Akt u. 2. Wonnen stehen bevor!* Diese Studien: Inneres der Nürnberger Katharinenkirche und Straße in Nürnberg von Angelo II Quaglio und Heinrich Döll sah der König vor Wagner – ein Beweis für die Fortdauer seiner Anteilnahme an Bühnenbildern.[422] Schon am 11. hatte Ludwig an seinen Hofsekretär Lorenz v. Düfflipp geschrieben: *Sie werden mittlerweile den Brief des Hptm.* [und Flügeladjutant Karl Theodor v.] *Sauer erhalten haben, der Ihnen die Auflösung der ganzen Verlobungsgeschichte* [die Verlobung des Königs mit Herzogin Sophie Charlotte in Bayern war am 7. Oktober gelöst worden; eine Liaison der Braut mit Edgar Hanfstaengl, dem berühmten Photographen, während der Verlobungszeit ist erwiesen[423]] *mittheilt, sorgen Sie dafür, daß der Hauptspektakel vermieden werde, man soll erfahren, daß mit Einverständniß beider Theile die Sache rückgängig gemacht wurde; in der That es war so besser, großes Unheil, das sicher nicht ausgeblieben wäre, ist nun abgewendet. Ich rechne darauf, daß bald die Photographien nach den Bildern von* [Eduard] *Ille u.* [August] *Spieß u.* [Theodor] *Pixis*[423a] [alle drei wurden von Ludwig II. mehrfach mit Darstellungen aus Wagners Musikdramen beauftragt] *vollendet werden, daß ich bald die Abbildungen der Staatswagen Ludwig XIV erhalte; ich möchte so bald als möglich eine Zeichnung meines neuen Salons in München erhalten; da die frühere ungenügend ist.* [die »frühere« ist wohl einer der Entwürfe Eduard Riedels für die Wohnung Ludwigs in der Residenz; die meisten dieser Entwürfe sind »4. Juni 1867« rechts unten datiert[424]] *... Ich möchte bald die Skizzen zu den »Meistersingern« vorgelegt erhalten,* [Franz] *Seitz kann um so eher daran gehen, da er für die Vermählungsfestlichkeiten nichts mehr zu thun hat.*[425] Seitz war dann wegen der Dekorationen für die »Meistersinger« im November bei Wagner.[426]

26. Dezember 1867: *kam endlich der treu geliebte Freund zu mir »Richard Wagner« nachdem ich »Johann v. Paris« verlassen hatte, gerade diese Oper, wie beziehungsvoll, o höchst wunderbare Fügung, Alles, Alles soll nun werden, Uns schützt Götter-Macht! Viel besprochen …*

16. März 1868: *Abends* [Hans v.] *Bülow bei mir Herrlich gespielt lange gesprochen, »Rienzi«, »Tannhäuser«, »Lohengrin«, »Tristan«, »Meistersinger«, »Rheingold« … denselben Abend R. Wagner hier angekommen.*

4. Mai: *4 Jahre seitdem mein Schicksal eng mit dem Seinigen verbunden war, seitdem Er zum ersten Male mir genaht.* Am 4. Mai 1864 (siehe den Eintrag dieses Tages) hatte Wagner erstmals Audienz. Am 22.: *Geburtstag des ewig Theuren, einzigen Freundes, um 1/22 Uhr zu mir, glücklich u. heiter, Meistersinger! – gab Ihm Marmorstatuette des »Tristan«* [von Caspar Clemens Zumbusch] *Bild nach Lohengrin's Ankunft v.* [Michael] *Echter, erhielt durch Ihn von d. Freundin* [Frau Cosima] *Bild von Triebschen, heute vor 2 Jahren.* [Am 22. Mai 1866 war Ludwig II. bei Wagner in Triebschen; vgl. Eintrag 22.–24. Mai 1866] … *sprachen über Shakespeare, wunderbare Kenntniß d. Menschen u. ihrer Leidenschaften,* [bei Shakespeare] *über Goethes Faust, Verbindung d. I. u. II. Theiles, d.* [ie] *Schweizer u. Franzosen, mißverstandene Freiheit, nannte es ein Königsfest, vorher aber Walthers* [v. Stolzing aus den »Meistersingern«?] *Traum, Ideal des Weibes, auf der Rückfahrt über d. künftige Aufführung des Tristan, Charakter d. Isolde, das entsetzliche Bewußtsein, daß ihre Liebe hoffnungslos ist, sie nie den Geliebten wird besitzen können, Leben od. Tod,* …

11. Juni: *im Laufe des Tages d. Zimmer u. Säle* [der Münchner Residenz] *betrachtet, die herrlichen, so nahe verwandten Nibelungen* [Nibelungensäle, Königsbau Erdgeschoß] … *1/27 »Der fliegende Holländer« – »Sehnsucht nach Ruhe aus den Stürmen des Lebens« Tief erschütternd, Treue bis zum Tod. So begann Er!* Am 19.: *erster Meistersinger-Tag, den ich Glücklicher erwacht … 1/26 Beginn d. Hauptprobe für Uns ersten Vorstellung d. »Meistersinger von Nürnberg«. Himmlisch! gelungen in jeder Hinsicht. Gottvolles Werk.*

29. Juli: *Abends im Residenztheater herrliches Konzert: aus Rienzi, Lohengrin, Tristan und Isolde, Meistersinger, Nürenberg, Tannhäuser;* [Franz] *Nachbaur Grals-Erzählung* [»Lohengrin«, 3. Aufzug, 3. Scene] *u. Gesänge Walthers v. Stolzing* [»Meistersinger«] *hinreißend schön vorgetragen.*

Kurz nach dem 22. März 1869: *dritten theuren Brief in diesem Jahre vom fernen Freunde erhalten (Ring des Nibelungen, Walküre, Bühnenfestspiele, wohl zu beherzigen.* Am 22. März hatte Wagner an Ludwig II. geschrieben, die vom König für 1869 befohlenen Aufführungen von »Rheingold« und »Walküre« sollten nicht als »gewöhnliche Opernabende« gegeben werden, sondern »durchaus Feste, »Bühnenfeste« – sein«.[427]

22. Mai: *des großen Freundes Geburtstagsfest, nicht gefeiert, erst bei Siegfrieds Vollendung …*[427a]

Soweit die Tagebücher. Die zweite – viel umfangreichere – Primärquelle zur Beziehung Ludwig II. – Wagner ist der Briefwechsel beider. Hier wird nur summarisch quantifiziert – aber wie schnell geht diese Methode in »Abwägen« über (und das heißt dann schon nicht mehr »wiegen« oder zählen, sondern eine-Bedeutung-erraten, für-möglich-halten). In der Zeit des Briefwechsels (1864–83) richtete Wagner an den König 258 Briefe, 14 Gedichte, 4 sonstige Schreiben und 70 Telegramme (darunter 9 weitere Gedichte Wagners). Der König richtete an Wagner 183 Briefe (darunter drei mit Gedichten), 2 Gedichte und 86 Telegramme (darunter ein weiteres Gedicht Ludwigs).[428] Somit stehen 346 Mitteilungen Wagners immerhin 271 Äußerungen des Königs gegenüber. Aber wenn man die Länge ansieht, wird man finden (geschätzt), daß nur ein Sechstel vom König geschrieben ist. Und nochmals verschiebt sich das Verhältnis zu Wagner hin, wenn man den Inhalt der Briefe ansieht. Wagner spricht hauptsächlich von sich, nicht vom König. Der König hingegen spricht hauptsächlich von Wagner. Der großen Äußerungsfähigkeit des einen steht die Verschlossenheit und Verborgenheit des anderen gegenüber, – ganz abgesehen vom Altersunterschied: bis zum 25. August 1866, dem einundzwanzigsten Geburtstag, dem Tag der »bürgerlichen« Mündigkeit Ludwigs waren 300 Dokumente geschrieben, fast die Hälfte. Innerhalb dieser Zeit hatte der junge König nicht zeigen können, daß er mehr sein werde als ein »Ermöglichender«. Als er ein Jahr später begann, »von sich zu sich zu kommen« und ein Bauherr zu werden, verweigerte Wagner fast jede Kenntnisnahme und nahm auch später nur sehr wenig Anteil.

In dem Maße, in dem Ludwig II. sich selbst erschafft, treten auch in den Tagebüchern an Wagners Stelle mehr Visionen und Ausführungen der eigenen Verwirklichung.

In den folgenden Abschnitten wird versucht: an einzelnen, möglichst genau zusammengehaltenen Worten, Begriffen, Vorstellungen zu zeigen: welch ein Unterschied zwischen Wagner und dem König, zwischen dem »Dichter-und-Komponisten«, und dem »Theaterfürsten-und-Bauherrn« immer bestand.

Wagner-Thema: »Verachten«

Am 4. Mai 1864 stand Wagner zum ersten Mal vor Ludwig von Bayern. Am 14. schrieb er an Mathilde Maier: »der König verachtet mit mir das Theater; wie töricht wäre ich, wollte ich nur im mindesten mich damit abgeben«; am 20. an Wendelin Weissheimer: »Der König verachtet mit mir das Theater«; am 26. an Eliza Wille: »Alles, was wir beide innerlich verachten, geht ruhig seinen Gang fort. Wir kümmern uns nicht darum«.[429]

Bei Wagners Verachtung des Theaters ist zu differenzieren. Einerseits kritisiert er beispielsweise bei Schauspielern und Publikum die Konvention, das Drama bloß intellektuell aufzufassen: »Hier bleibt das Theaterpublikum sich als solches ganz ebenso selbst bewußt, wie der Schauspieler von dem deutlichen Gefühle seiner eigenen Persönlichkeit, ganz wie außerhalb des Theaters, eingenommen bleibt. Was zwischen Beiden verhandelt wird, die vorgebliche dramatische Täuschung, wird zur reinen Übereinkunft, auf deren Grundlage hin man sich einbildet, eine »Kunst« auszuüben oder zu beurtheilen.«[430] Diese Reduziertheit auf das bloß empirische Ich fand sich bei rationalistisch bestimmten Zeitgenossen. Wagner faßt zusammen: »Die Kunst hört, genau genommen, von da an Kunst zu sein auf, wo sie als Kunst in unser reflektirendes Bewußtsein tritt.«[431] An anderer Stelle sagt Wagner: mit Reflexion, der rationalistischen Erkenntnisart etwa im Sinne Georg Wilhelm Friedrich Hegels, sei keine Kunst hervorzubringen.[432] Diese Argumentation Wagners impliziert freilich nicht die andere Restriktion, die auf die »naive« Kunst vor der Aufklärung. Vielmehr soll nach Wagner Schauspieler und Zuschauer – und überhaupt jeder, der schaffend oder aufnehmend mit Kunst zu tun hat – sich intuitiv-imaginativ in das Werk versetzen, von ihm stimmen lassen zum »Zustand von Entrücktheit«.[433] Das entspricht dem von Schiller »sentimental« genannten Bewußtseinsstatus,[434] der gegenüber dem »naiven« für überlegen, ja für überzeitlich gültig gehalten wird.[435] Wagner machte sich Schillers Unterscheidung von naiv, sentimentalisch und reflexiv zu eigen und bezog sich auch direkt auf ihn.[436] »Nach einer Aufführung des König Lear durch Ludwig Devrient blieb das Berliner Publikum nach dem Schlusse des letzten Aktes noch eine Zeit lang auf seine Plätze festgebannt versammelt, nicht etwa unter dem sonst blühenden Schreien und Toben eines enthusiastischen Beifalles, sondern kaum flüsternd, schweigend, fast regungslos, ungefähr wie durch einen Zauber gebunden, wider welchen sich zu wehren Keiner die Kraft fühlte, wogegen es Jeden [sic] etwa unbegreiflich dünken mochte, wie er es nun anfangen sollte, ruhig nach Hause zu gehen und in das Geleis einer Lebensgewohnheit zurückzutreten, aus welcher er sich undenklich weit herausgerissen empfand.«[437]

Das liest sich ähnlich wie die Tagebucheintragung Ludwigs II. über seinen Lohengrin-Eindruck bei der Aufführung vom 21. Februar 1864: *die mystischen, heiligen Töne erklangen, unsern profanen Sinn in die reinste Stimmung zu versetzen, wir athmen, ohne uns noch Rechenschaft geben zu können, etwas Unerhörtes, ein Heiliges, unaussprechbares Geheimniß, die Vision entschwindet, wir berühren wieder die Erde, eine Welt des Truges u. des Hasses.*[438] Was also sentimentalische Entrückung angeht, war Ludwig II. mit Wagner eines Sinnes, und zwar ganz aus sich selbst, ohne Einfluß von Wagner, von vornherein, und wahrscheinlich mehr als die meisten Zeitgenossen.

Der König handelte auch gemäß der Übereinstimmung mit Wagners Kritik von Theatermißständen. Er setzte ab 1. Januar 1868 Karl Freiherrn v. Perfall in der Leitung des Münchner Hoftheaters an die Stelle von Intendanzrat Friedrich Schmitt und am 31. Januar wurde die – vorerst vorläufige – Pensionierung des Generalmusikdirektors Franz Lachner ausgesprochen.[439] Bereits am 21. November 1867 hatte er an Wagner geschrieben: *seien Sie überzeugt, daß ich fortwährend damit beschäftigt bin, diesen Augiasstall zu reinigen und ich darf sagen, die Sachen stehen dort nicht schlecht; Lachner und Schmitt haben ihre Schuldigkeit gethan und ihre Aufgabe erfüllt (nämlich das Theater zu einer Anstalt für Lappalien, für nichtiges*

Amusement herabkommen lassen); ja ich sage Aufgabe, denn mein Vater liebte die seichte italienische Oper, das französische Lustspiel und das Ballet, wenn er auch auf anderem Gebiete noch so Erhabenes geschaffen hat, wovon ich gerade in der letzten Zeit mich mehr denn je zu überzeugen Gelegenheit fand.«[440]

Insofern aber Wagner mit Verachtung des Theaters zu einem Ausschließlichkeitsanspruch für sich tendierte – wenn auch aus dem sacro egoismo des Meisters – so täuschte er sich bezüglich Ludwigs II. als König und als Theaterfürst, wenn er Übereinstimmung annahm, wie in den drei zitierten Briefstellen vom Mai 1864. Schon durch die fast stereotype Erwähnung eines Verfalles der Kunstzustände überhaupt in den Gesprächen mit Ludwig – dessen Tagebucheinträge, oben zitiert, voll davon sind – suchte Wagner ihn zu weitgehendem Verachten zu bewegen.

»Verachten« wird im 19. Jahrhundert von künstlerischen Menschen verwendet, um sich von einer unkünstlerischen Umgebung zu unterscheiden:

»Dreifach haben sie mir gezeigt,
Wenn das Leben uns nachtet,
Wie man's verraucht, verschläft, vergeigt,
Und es dreimal verachtet,«

dichtet Nicolaus Lenau in »Die drei Zigeuner«.[441] Aber es ist nicht die Aufgabe eines Königs, zu verachten, sondern: die Mitte zu sein. Ein König des 19. Jahrhunderts war nicht elitär, sondern von Gottes Gnaden, und zugleich durch die Konstitution mit dem Staat und den Staatsangehörigen verbunden.

Und: Obwohl Wagner am 15. Juli 1865 an August Röckel schreibt: »Ich – weiss Gott! – komme mir manchmal vollständig klein und ungrossmüthig neben dieser Vollendung vor«,[442] (gemeint Ludwigs II.), war er sich häufig nicht bewußt, daß Ludwig schon in dem Augenblick, als er vor ihm stand, ein vollständiger Theaterfürst war, mit einer königlichen Weite der Kenntnis, – der gegenüber Wagner sich hätte anstrengen müssen; ihm schon in diesem Augenblick gewachsen, vielleicht sogar überlegen, – und ganz sicher völlig unbeeinflußbar in seinem Wachstum, auch durch Wagner. Überdies konnte auch ein »Festspielzyklus« – alle paar Jahre – mit Werken eines Einzigen sich entwickeln oder gar am Leben erhalten werden nur, wenn er die Spitze, das Außerordentliche auf der breiten und hochgebauten Plattform des vorzüglichen Ordentlichen war.

Mit dem Ausschließlichkeitsanspruch des Künstlers suchte Wagner das, was nicht in seiner Welt anwesend und mitwirkend war, als Nicht-Welt, als Nicht-Zustand darzustellen und Nicht-Beachtung davon auch beim König durchzusetzen. Am 20. November 1869 schreibt er an Ludwig: »Wollen Sie mein Werk wie ich es will, – oder: wollen Sie es nicht so? – ... Zunächst würde ich dann nur ein Opfer von Ihnen ansprechen. Es heisst: Sich für einige Jahre von der Theilnahme am Theater, ja – von der Beachtung des Theaters zurückziehen.«[443] Die Aufführung seiner eigenen Werke durch den Theater-Fürsten in München suchte Wagner zu verhindern, – am 1. März 1871 wendet er sich an den König: »Ich vollendete, sobald einige Ruhe in meine Lebensbeziehungen zurückkehrte, die Composition des »Siegfried«, während mich zugleich der unsägliche Schmerz der Aufführung des »Rheingoldes«, gegen meinen Willen und ohne meine Mitwirkung als Münchener Opernvorstellung, traf. Dank den himmlischen Mächten, die mir mit jeder Selbstaufopferung treu beistanden, durfte ich mich erholen, und nachdem ich das schmerzlichste Gefühl des Vater's, dem man sein Kind entrissen, um es der Prostitution preiszugeben, überlebt, warf ich mich, wie zur Selbstbetäubung, auf die Composition auch der »Götterdämmerung«, von welcher ich einen grossen, besonders schwierigen Theil wirklich ausführte. Hierüber traf mich nun der zweite Schicksalsschlag: kein Bitten, kein Flehen vermochte es, der »Walküre« das gleiche Loos wie dem »Rheingold« zu ersparen; ich musste erleben, dass auch dieses Werk, welches mir selbst noch ein tief geheimnissvolles Räthsel – nur durch mich selbst zu lösen – war, in den Pfuhl des mir in der Seele verhassten Theaters und seiner widerwärtigen Routine geworfen wurde! –

Was sind mir nun jene Werke? Waren sie früher bange, erlösungsbedürftige Gespenster, was können sie mir jetzt anderes sein, als besudelte Fratzen?«[444] – Man wird eingestehen, daß es Wagner an Mut vor dem Königsthron nicht fehlte. Man wird erkennen, daß der Briefwechsel zwischen zwei Männern, die solche Sätze aneinander schrieben und sie ertrugen, ohne aneinander irre zu werden, von einer wahren Freundschaft zeugt, nicht von einer Interessengemeinschaft. Ludwig unterschied längst zwischen dem Theater, dem Werke Wagners und der Persönlichkeit Wagners.

Ein jahrelanges Nicht-Beachten des Theaters: Was sollte der Angesprochene während dieser Jahre eigentlich tun? Ist Nicht-Beachten eine Beschäftigung? In welche merkwürdige Welt des »Nicht« führt diese Denkweise hinüber, in einen Schwebezustand zwischen Überhaupt-Nicht und Vorläufig-Nicht, zwischen Noch-Nicht und Jetzt-Nicht. Wenn er später für Bayreuth die Zusammensetzung »Bühnen-Weih-Fest-Spiel« erfand, – und wenn man die beiden Worte Bühne und Spiel für Theater halten wollte, würden dann »Weihe« und »Fest« für sich allein bestehen können? Setzen beide Begriffe nicht voraus, daß sie sich abheben und außerordentlich sind, gegenüber der einfachen Bühne und dem einfachen Spiel, daß es aber Bühne und Spiel geben muß?

Einmal ging Wagner so weit, dem König von Bayern und Theater-Fürsten zu schreiben: »so verweise ich Sie auf eine geneigte nochmalige Durchlesung meiner Gedenkschrift über die Musikschule [die für München geplant war]. Führen Sie strikte aus, was ich darin verzeichne: ohne die Schule ist das Theatergebäude [das geplante Semper-Festspielhaus für München] ein kindischer Tand. Beginnen Sie sofort mit der Ausübung der nöthigsten Gerechtigkeit gegen [Hans v.] Bülow, der – so will ich hoffen! – hierdurch vielleicht gerettet und neu belebt werden kann. Ernennen Sie ihn sofort zu Ihrem Kapellmeister, und schmücken Sie ihn mit dem so sehr verdienten Orden. Diess der allererste Anfang, an welchem nur zu ersehen sein soll, dass es Ihnen Ernst ist.«[445]

Der Konflikt Wagner–Ludwig II.: das sind sozusagen Königreiche, die miteinander in Widerstreit geraten. Königreiche des Geistigen. Denn der König ist stets selbständig gegenüber Wagner. Anfangs freilich ist in den schriftlichen Zeugnissen die Selbständigkeit des jungen Königs noch verdeckt. In Wirklichkeit ist sie schon da, unbeugsam. Gottfried v. Böhm hält die folgende Äußerung Friedrich Pechts für zutreffend: »Eine Günstlingsherrschaft existierte in Wahrheit gar nie. Es zeigte sich sehr bald, daß der König zwar wohl Wagners Umgang gelegentlich liebte, aber nicht im geringsten geneigt war, sich durch ihn oder irgend jemand anderen übermäßig beeinflussen zu lassen.«[446] Die Theaterbesuche Ludwigs II.[447] beweisen seine Selbständigkeit als Theaterfürst ebenso wie die beiden Reisen in die Schweiz, die Schiller und den Stätten des »Wilhelm Tell« galten: 20.–31. Oktober 1865 und, zusammen mit Joseph Kainz, 27. Juni–14. Juli 1881 oder die Schaffung eines hohen Niveaus bei seinen Hoftheatern mit dem Intendanten Karl Freiherrn v. Perfall zusammen.[448] Entscheidenster Beweis von Ludwigs Unabhängigkeit sind natürlich die Separataufführungen.

Niemals ist Ludwig II. nach einer Wagner-Aufführung mit dem Meister beisammen geblieben, – hat sich nie dem Kreise, dem Klüngel, der Verbrüderung nach einem solchen Abend angeschlossen, – woran doch jeder Theatermann gewöhnt ist. Daß Ludwig sich und Wagner durch dieses Ausweichen erhalten hat, ist sicher. Nur dadurch ist dieser Freundschaftsbund möglich geblieben.

Am 21. März 1867 schrieb Wagner dem König: »Wie wollte ich nun aber, mein holder Freund, nicht anerkennen, dass der Hoheit meines Ideales die Schönheit und Energie Ihres Willens zum mindesten gleichkommt?«[449] Hier zeigt Wagner vielleicht die größte Einsicht in die Unerschütterlichkeit des Königs.

Die »Überwindung der Vaterfigur«, wie man heute gerne sagt, die Konfrontation mit Wagner setzte schon ein, bevor Ludwig II. sein eigentlich-eigenes Feld gefunden hatte: die Architektur (Ludwig dachte in Archi-Tektur, nicht in Gesang und nicht in Musik). Er widersetzt sich dem Willen Wagners schon in dessen eigenstem Gebiet: Aufführung der Werke. Und setzt sich durch (vgl. die zitierte Klage Wagners vom 1. März 1871). Hierzu gehören die Vorgänge um Joseph Tichatschek als »Lohengrin« in der Hauptprobe vom 11. Juni 1867[450]. Ludwig II. erwartete rollengemäße Stimme und Erscheinung bei Darstellern – siehe seine Äußerung zu Joseph Kainz von 1881 (S. 95). Tichatschek genügte nicht; ungeachtet der Begründung des Königs widersetzte sich Wagner Tichatscheks Auswechselung; aber der König erreichte sie doch. Später sah Wagner ein, daß diese Besetzung ein Fehler gewesen war.[451] Tichatschek war am 20. Oktober 1842 der erste »Rienzi« und am 19. Oktober 1845 der erste »Tannhäuser«; Wagner zeigte sich 1867 auf ihn fixiert – eine »Selbstverspinnung« wie so oft bei Ludwig II. – die nun als »zyklische Wiederkehr« bestimmt bleiben soll. Wagner wollte durchsetzen, daß die Zeit zwischen 1842 und 1867 nicht vorhanden sei. Daß also nur zyklische Zeit, aber nicht driftende Zeit Geltung habe. Entsprechend war seine Fixierung auf Anschluß an die Dekoration Edouard Desplechins (Tannhäuser-Sängersaal auf der Wartburg, 2. Aufzug) vom 13. März 1861 (Pariser Aufführung) bei der Neuinszenierung 1867 – ungeachtet der ausdrücklichen Meinung des Königs, die Wagner schon während der Vorarbeiten mitgeteilt wurde, wovon noch die Rede sein wird (S. 114).

Die Tichatschek-Angelegenheit trifft zusammen mit den Anfängen der Selbstfindung Ludwigs II. aus sich selbst, also nicht mehr durch Jüngerschaft. Zwischen dem 1. und dem 4. Mai 1867 vermerkt er im Tagebuch: *Wachsen des Königs-Gefühles* (mit größeren Buchstaben als gewöhnlich).[452] Am 10. September 1868 kehrt derselbe Ausdruck dort wieder.[453] Am 31. Mai bricht er zur Wartburg auf – dieser Mai 1867 ist offenbar ganz entscheidend für das »Selbstwerden« Ludwigs. Kurz nach dem 8. Juli: *Entschluß gefaßt, nach Paris, Vorbereitungen getroffen.* Am 20. tritt er die Reise an, sieht die Weltausstellung, Schloß Pierrefonds, den Louvre, die Tuilerien (Rückkehr am 28.) In der zweiten Jahreshälfte beginnt die durchgreifende Umgestaltung seiner Residenzwohnung, also die Ausführung seiner ersten Raumgruppe, begleitet von intensivster Lektüre über das Zeitalter Ludwigs XIV.[454]

Unabhängig vom bisher Angeführten war ein Grund für die stete Selbständigkeit neben Wagner: dieser konnte innerhalb seines Künstlertums erlöst werden – Ludwig II. dagegen reichte viel weiter, in die eigentliche Religion, das eigentliche Sein als Mensch. Es wäre für ihn nicht genug gewesen, wenn er nur-durch-Wagner – innerhalb seines künstlerischen Sehnens erlöst worden wäre.

Und: Im Grunde ist Ludwig II. mehr geschichtlich als mythologisch geprägt. Dagegen Wagner ruht nicht in der »Gewesenheit«, steht also dem religiösen Mythenbildner oder -lehrenden näher. Er respektiert die Geschichte nicht als Gewesenheit, sondern ist ein »Mythologe« – der jeweils aus Mythen, aus Ur-Gedanken, Ur-Erlebnissen heraus lebte und schuf. Manches davon wurde »anarchisch« genannt. Aber dieses angeblich »Anarchische« Wagners beruht auf einem eschatologischen Anliegen, ist zusammenhängend mit dem Bewußtsein, der »Prophet Gottes« zu sein – und nunmehr das durch sich selber (im Namen Gottes) Verkündete auch zum End-Ereignis, zum Abschluß der Geschichte zu machen.[455] Während ein König nicht Endzeit verkündet und herbeiführt, sondern die Mitte bildet. – Nicht Ludwig II. liegt in Wagner, sondern Bayreuth liegt in Bayern. Wagner selbst begründet ja die Wahl für die Festspiele mit Bayreuths Lage in Deutschlands Mitte und mit Bayreuths Geschichte, als Gewesenheit aufgefaßt: »Wem träte nicht aus diesen wenigen Zügen ein Bild des deutschen Wesens und seiner Geschichte entgegen, das im vergrößerten Maaßstabe uns das ganze deutsche Reich widerzuspiegeln möchte? [sic]«[456] Mit dem Festspielhaus erbaute er sich eine eigene Residenz, seine eigene »Mitte«, auf welche die Straßen von allen Himmelsrichtungen zusammenkamen – wie konnte es anders sein, wenn er der Herrscher seines Werkes sein wollte. Er hat – wie jeder Welt-Herr – instinktiv gewußt, was ein Weltmittelpunkt sei, wie von ihm die Weltordnung ausgehen müsse, in alle vier Weltrichtungen. In sehr starkem Maße – aber anders als ein König, der es konstitutionell tut – hat er sich persönlich für diesen Weltmittelpunkt gehalten. Aber: Architektur als Kunst, gar als Symbol, hat Wagner für eine nachgeordnete Angelegenheit gehalten.

Wagner-Thema: Landschaftsmalerei als Ende aller Architektur

Der Leitsatz zu diesem Thema steht in Wagners Schrift »Das Kunstwerk der Zukunft«, erschienen 1850, in der Zeit seiner höchsten Eingebung:

»Die Landschaftsmalerei aber wird, als letzter und vollendeter Abschluß aller bildenden Kunst, die eigentliche, lebengebende Seele der Architektur werden; sie wird uns so lehren die Bühne für das dramatische Kunstwerk der Zukunft zu errichten, in welchem sie selbst lebendig, den warmen Hintergrund der Natur für den lebendigen [,] nicht mehr nachgebildeten, Menschen darstellen wird.«[457]

Die Berufsbezeichnung der Mitarbeiter von Wagner ist »Theatermaler«, nicht »Bühnenbildner«, wie wir den vergleichbaren Beruf heute nennen. Die Bezeichnungen sind nicht willkürlich. Nacheinander gab es: die Kulissenbühne mit perspektivischem Tiefensog der Barockzeit, die Reliefbühne des Klassizismus, die Bühne der Theatermaler und die Bühne mit dreidimensionalen Gebilden und Rundhorizont.

Das Zeitalter der »Theatermaler« hat sehr wenig mit der Kulissenbühne der Barockzeit zu tun. Es ist eine ganz besondere, eben für die Mitte des 19. Jahrhunderts charakteristische Ausformung: diejenige Sehweise, die sich mit Landschaftsmalerei allein verwirklichen läßt. Seitdem freie, dreidimensionale Teile unter einem Rundhorizont ausgebreitet werden, sind die dabei tätigen Künstler Bühnenbildner, die keine Landschaft mehr vor sich sehen. Richard Wagner gehörte nach seinem gesamten künstlerischen Werk in die Zeit der Landschaftsmaler. Das heißt, er hatte eine künstlerische Phantasie, deren mythischer Grund die Landschaft war. Wesentlich mehr als die Hälfte der Szenenbilder[458] sind – vorwiegend dunkle, dramatische – Landschaften. Wo Innenräume gegeben sind, öffnen sie sich breit zu einem landschaftlichen Ausblick wie die Gibichungenhalle (»Götterdämmerung«, 1. und 3. Aufzug) oder sind von Landschaft durchwachsen wie die Hundinghütte (»Walküre«, 1. Aufzug). Die Straße in Nürnberg (»Die Meistersinger von Nürnberg«, 2. Aufzug) ist im Sinne dieses 19. Jahrhunderts (Maximilianstraße in München!), aber nicht des Mittelalters, mit dickstämmiger Linde, Gesträuch, Fliederbaum begrünt. (Die Akte des im gleichen Jahre wie Wagner geborenen Verdi spielen überwiegend in gesellschaftlichen Innenräumen.)

Zur Musik von Wagner gehört ein Waldweben, gehört das Rauschen des Rheines, die Lohe um den Brünnhildenfelsen. Solche Töne haben die Komponisten des 18. Jahrhunderts nicht gehört, und die des 20. können sie nicht mehr hören. Wenn sie mythische Vorstellungen von Feuer im Verständnis des 20. Jahrhunderts hervorrufen wollten, müßten sie die wabernde Lohe ersetzen durch die Atompilze mit Milliarden Graden von Hitze, durch die weder Siegfrieds Mut noch Wagners Musik mehr dringen könnte.

Schon mit dem Impressionismus, doch auch noch einer Landschaftsmalerei, war die künstlerische Phantasie verändert. Wenn man versuchte, wieviel Impressionismus Bayreuth vertragen hätte, und umgekehrt, wieviel Wagner der Impressionismus, würde man sofort merken: nichts. Keine Szene Wagners könnte in einer impressionistischen Landschaft spielen, sie wäre viel zu hell und übersichtlich. Bekanntlich gibt es keinen impressionistischen Mondschein, (wie es den romantischen gibt) die Nacht kommt dort nicht vor. Wagner war schöpferisch, indem er eine solche Landschaft »hörte« und instrumental verwirklichte; er war aus zweiter Hand, indem er sie vor sich sah; diese Sehbarkeit der Landschaft war durch Friedrich Preller den Älteren und seine Schule sowie durch andere besetzt. Gegensätze und Harmonien des Raumes wurden nicht perspektivisch in die Tiefe gezogen, wie in der Kulissenbühne des Barock, sondern waren durch Dämmerungen und Aufleuchtungen verflochten, durch »Diaphanien«.

Eine Landschaftsphantasie, die Symbolik mit Realitäts-Illusion verband, – ein Wagner, der gerade diejenigen Gestaltungen, die nicht naturwissenschaftlich waren, die Rheintöchter, die Walküren, die Regenbogenbrücke nach Walhall, die Wandeldekoration vom Waldtal zum Gralstempel im ersten und dritten Aufzug von »Parsifal«, mit äußerster technischer Illusion verwirklicht sehen wollte, – der in einem Jahrhundert raschen Wandels doch eine augenblickliche Aufführung als mustergültig für alle Zeiten fixiert wissen wollte: »daß bezüglich der Szenerie und der Regie genau nach dem Münchner Vorbild verfahren werden möge. Da ich dort in nichts beschränkt war und die vollste Macht hatte, meine Ideen glücklich zur Ausführung zu bringen, darf ich annehmen, daß jede Änderung des Charakters der hieraus resultierenden Darstellung gegen meinen Sinn sei und meine Intention entstellen würde ...«[459] – wie hängt das alles zusammen?

Über den Begriff »Fixierung« (ähnlich dem Begriff Kristallisation, den Stendhal gebrauchte) lassen sich Historismus, Naturalismus, Illusion des »Realen« zusammendenken. Aus unserem Abstand – da wir ja dem »Realismus« (Naturalismus)[459a] des 19. Jahrhunderts nicht mehr glauben, daß er real gewesen sei, daß die »Natur«, auf die er sich bezog, natürlich, das heißt nicht weiter definierbar, sondern eben natur-gegeben gewesen sei, – aus diesem Abstand können wir erkennen, daß ein bestimmter, ins Unbewußte reichender Trieb einer jeden Fixierung zugrunde liegt, eine Besitzergreifung, ähnlich der Besetzung eines Landes durch einen Eroberer, ähnlich dem Aufpflanzen einer Fahne auf einem neu betretenen Boden, – eine Fixierung des erreichten Punktes, von der aus das weitere Leben eingerichtet wird, wie weit und in welcher Richtung man sich von der Landefähre vorwagen kann, um sicher zum Fixpunkt wieder zurückkehren zu können, es ist lebensentscheidend, – die Besitzergreifung also als psychischer Trieb, als Wiederholung von mythischen Riten, – eine solche Verwurzelung des »Realismus« (Naturalismus) im Mythischen und Psychischen können wir heute erkennen, aber die Welt des 19. Jahrhunderts, soweit es rationalistisch bestimmt war, wußte nichts von ihr, sie war nur unbewußt, selbstverständlich vorhanden.

Sofort wird das sonst so schwer verständliche Bestreben Wagners verständlich. Es steht neben der ebenso schwer verständlichen Zeit-Beziehung des Königs: *Würde ich mein Leben nicht wie ein Uhrwerk geregelt haben, ich würde die Einsamkeit doch nicht ertragen können, sie lastet oft schwer auf mir, und ich kann sie doch nicht wegwerfen.* (Ludwig II.[460]) Es handelt sich um das auch im 19. Jahrhundert vorhandene Bedürfnis, kanonische Fixierungen zu bilden, – das heißt doch, in die Terminologie anderer Zeiten zurückübersetzt, die Heiligsprechung eines Vorgangs, die Verpflichtung der Nachfolgenden auf diesen Kanon, auf die »Erhabenheit«, um die Sprache Wagners zu benutzen.

Eine solche geistige Fixierung ist bei der Landschaftsmalerei wesentlich. Es hat doch keinen Sinn, auf »natürliche« Landschaft und »natürliches« Feld zu verweisen und dem Landschaftsmaler vorzuwerfen, er »ahme nur nach«. Die Natur ist Natur und hat als solche mit dem Menschen wenig gemeinsam. Die als »Landschaft« bezeichnete Natur ist eine nur durch den Menschen geschehende Ergreifung, Wieder-Erkennung[461]. Aus Bäumen und Feld die Landschaftsmalerei geschaffen zu haben, ist eine Leistung der Landschaftsmaler. Und nun wird die Landschaft zum festen Ort, von ihr geht die kommende Handlung aus, die ursprüngliche Fixiertheit muß wiederholt werden, wie im Mythos die vorbildliche Handlung eines Helden.

So fixierte sich, in einem Ur-Erlebnis, 1842 das Tal vor der Wartburg in Wagner: »Einen wirklichen Lichtblick gewährte mir die Begegnung der Wartburg, an welcher wir in der einzigen sonnenhellen Stunde dieser Reise vorbeifuhren. Der Anblick des Bergschlosses, welches sich, wenn man von Fulda herkommt, längere Zeit bereits sehr vortheilhaft darstellt, regte mich ungemein warm an. Einen seitab von ihr gelegenen ferneren Bergrücken stempelte ich sogleich zum »Hörselberg«, und construirte mir so, in dem Thal dahin fahrend, die Scene zum dritten Akte meines »Tannhäusers«, wie ich sie seitdem als Bild in mir festhielt, und später dem Pariser Decorationsmaler Dépléchin [sic, gemeint Edouard Despléchin], mit genauer Angabe meines Planes, zur Ausführung anwies.«[462]

Im Tannhäuser liegen die sogenannte Landschaft und der sogenannte Historismus gleichartig nebeneinander. Auch sogenannt-historische Ereignisse sind nur Vorgänge, nur chaotisch. Erst durch den beobachtenden Menschen wird daraus ein Ereignis, erst durch den sich erinnernden (wieder-holenden) Menschen formt sich Geschichte,[463] und nun kann von einer fixierten Einzelheit der Geschichte aus ein ganzes Feld der Vergangenheit besetzt werden: Da es den Sängerstreit in irgend einer »wirklichen« Zeit nicht gegeben hat, ist schon die Angabe, er spiele zu Anfang des 13. Jahrhunderts und auf der Wartburg, eine romantisch-historistische Fixierung. Wagner, der die Einrichtung des Sängersaals in Paris für die Tannhäuser-Aufführung am 13. März 1861 miterlebt hatte, wo Despléchin ihm spätgotische Formen gegeben hatte, »fixierte« ihn nun in dieser Spätgotik und dachte von ihr aus nach allen Seiten; er wollte ihn zur Musterform erklären und setzte ihn auch für die Erstaufführung der Neueinstudierung in München 1867 durch. Aber kurz vorher war Ludwig II. persönlich zur Wartburg gefahren (am 31. Mai). Er hatte auf seine Weise von dem »Felde« Besitz ergriffen und brachte von dort seine eigene Fixiertheit zurück. In diesem Jahr wurde der neuromanische Sängersaal der Wartburg fertig. Der König erklärte es für einen *nicht gerechtfertigten Anachronismus,* daß Wagner den Sängerkrieg in Spätgotik spielen ließ, *da zu der Zeit, welcher die Tannhäuser-Sage angehört, die gothische Baukunst nicht bekannt gewesen sondern die byzanthinische.*[464] Die Fixierung Ludwigs II. war intuitiv-schöpferisch geschehen und zugleich mit dem Sinn für die richtige historische »Datierung«. Seine Begründung war nachträglich und suchte sich einer wissenschaftlichen Richtigkeit zu bedienen, weil eine solche Wissenschaft für unwidersprechbar gehalten wurde.

Man muß auch andere Gedanken Wagners und seiner Zeitgenossen prüfen. Der Ausdruck »Gesamtkunstwerk«[465] kann freilich nicht allein helfen. Es war schon damals deutlich, daß durch Wagner sich nur Wagner, nicht aber eine Gesamtheit von Künsten verwirklichen würde. Im 13. Jahrhundert waren alle Künste »unmittelbar zu Gott« gewesen. Es kam nicht vor, daß der Verfasser eines Mysterienspieles die Kathedrale nur insofern gebaut wissen wollte, als davor oder darin sein Spiel aufgeführt werden konnte. Wohl aber dachte Wagner so: »Die Architektur kann keine höhere Absicht haben, als einer Genossenschaft künstlerisch sich durch sich selbst darstellender Menschen die räumliche Umgebung zu schaffen«.[466] Die Architektur war nicht selber Symbol, sondern nur Hülle. So wurde sie von Wagner in Bayreuth gebaut, entkleidet von derjenigen Selbstverwirklichung, die sie durch die künstlerische Intensität Gottfried Sempers (in dessen Projekten für ein Wagner-Festspielhaus in München) erreicht haben würde.[467]

Die Architektur ist durch die Landschaftsmalerei nicht nur als Symbolform, sondern auch mit einem ganz anderen Wert: mit dem Grundriß, in die Nicht-Existenz versetzt. Wagners Kunst hat nur die Aufriß-Form. Diese Landschaftsmalerei ist ausschließlich verständlich an einer streng aufrechten Fläche! Sie ist bezogen auf das Aufrecht-Sehen, auf die aufrechte Orientierung des Menschen in der Welt. Das szenische Bild Wagners gehört zu der Grundfigur des Teppichs – nicht dem Bodenteppich, sondern dem »Umbehang« (Titel des verlorenen Hauptwerkes des neben Wolfram von Eschenbach und Walther von der Vogelweide dritten ganz großen mittelalterlichen Dichters, Bligger von Steinach). Dieser Umbehang ist als Wand-Gobelin über die roh-belassenen Wände des Saales gehängt.

Wagners äußerste Leistung: die Ver-rollung, die Vorüber-Ziehung eines solchen Teppichs im »Parsifal« (erster und dritter Aufzug). Er machte den »Aufriß« der Theatermalerei wandelbar. Das Letzte, was innerhalb der Wagnerischen Szenen-Phantasie möglich war, diese Einrichtung: daß die senkrecht stehenden, flachen Leinwände, auf welchen die Landschaften gemalt waren, zwischen zwei senkrecht stehenden Zylindern aufgerollt – und während der Aufführung von einem Zylinder zum anderen hinübergezogen werden sollten. Gurnemanz, während er vor dieser abrollenden Leinwand auf der Stelle tritt, sagt dazu: »Du siehst, mein Sohn, zum Raum wird hier die Zeit.«[468] (Die Wandeldekoration wurde von Wagner nicht erfunden, aber verbessert. Eine ihrer hervorragenden Ausprägungen verwendete Charles Kean in seiner Inszenierung von »A Midsummer Night's Dream« 1856 im Londoner Princess's Theatre zur Darstellung des Wanderns der Liebenden durch die Wälder (dritter Aufzug, zweite Szene); der Entwurf stammte von Thomas Grieve.[469])

Siebzehn Jahre später war die Dreh-Bühne erfunden, an die Stelle der hängenden senkrechten Landschaftswand war das kompakte dreidimensionale Gebilde der Bühnen-Bildnerei getreten, das elektrische Licht beherrschte die Bühne: Ablösung des Aufrisses durch den Grundriß. – Nicht der Aufriß wurde vorbeigezogen, sondern der Grund-und-Boden wurde gedreht: durch die Erfindung der Drehbühne, erstmals 1898 in München installiert durch Lautenschläger[469a]). Die landschaftliche Schilderung in Wagners Musik ist vermutlich ganz genau gedacht und musikalisch gegeben; es wäre zu verwundern, wenn sie in der heutigen Wiedergabe verständlich wäre – wahrscheinlich geht uns das Ganz-Innere, Ganz-Deutliche in der Wagnermusik schon verloren. Weil es die Bühnen-Landschafts-Malerei nicht mehr gibt, sind korrekte Wagner-Inszenierungen gar nicht mehr möglich. Das Werk ist dann nur noch Oratorium, es ist abstrakt belebte konzertante Aufführung.

Gegen alle Veränderung seiner von ihm selber gedachten Inszenierung hat Wagner sich gewehrt. Kein Wunder, daß auch Frau Cosima sich so verzweifelt gegen die neue Bühnentechnik wehrte. Eine Veränderung ist nur möglich, indem der Wagnerische Zusammenhang preisgegeben wird: und das ist eben das kulminierende 19. Jahrhundert. Die gegenwärtigen Regisseure unterschätzen vollständig das 19. Jahrhundert. Sie halten es für überholt, für überflüssig, fast für lächerlich. – Wagner selber würde sie »verachten«, – weil sie sich mit so wenigem künstlerischem und menschlichem Inhalt zufriedengeben, – und das »Mehr« des 19. Jahrhunderts (die damalige Wahrheit) gar nicht entbehren.

Zwar schuf Ludwig II. Architektur, nicht Landschaftsmalerei, mit Wagner-Reminiszenzen im Falle Neuschwanstein, dessen Besuch Wagner übrigens verweigerte. Aber wer aus den Angaben von Wagner über den Lohengrin-Hof Architektur machen will, muß alles erst selber schaffen. Statt Schlösser hätte man aus Wagner Landschaften entwickeln können – das hätte Fürst Herrmann Pückler-Muskau getan[469b].

Weil Wagners Phantasie den Aufriß voraussetzt, umfaßt sein Werk nur ausnahmsweise diejenige Gattung von Tanz, die sich auf das Architektonische bezieht, auf den Grundriß. Im Tanze können die aufgesetzten Füße einen Grundriß zeichnen. Wagners Werk entwickelt sich im feierlichen Zuge, es prozediert, in einer Richtung. Es »läuft« nicht »ab«, wie scheinbar die Zeit, sondern eben: es prozediert. Wagner ist der vollständige Erstrecker der Musikzeit. Die Ausnahme ist der Tanz im dritten Aufzug der »Meistersinger«.

Auf das Thema »Landschaftsmalerei« wurde hier ausführlich eingegangen, weil verschiedene Autoren auf die Beziehung der Architektur Ludwigs II. zum Theater die Formulierung »Architektur als Kulisse« anwendeten (»Kulisse« wurde dabei global mit »Szenenbild«, »Dekoration«, gleichgesetzt. Hier gibt es jedoch grundsätzliche Unterschiede).

Wagner-Thema: »Traum«

Richard Wagner bezeichnet seine Werke als »Träume«.[470] Uns ist diese Konzeption am geläufigsten aus Friedrich Nietzsches »Geburt der Tragödie aus dem Geiste der Musik« (1871)[471], mit einem Vorwort an Wagner erschienen, in dem nicht nur das Kunstwerk, sondern das gesamte Leben als ein apollinischer Traum, geträumt über dem Chaos des dionysischen Rausches, erklärt wird. Dieses Frühwerk Nietzsches, von Wagner mit einem enthusiastischen Urteil an König Ludwig gegeben,[472] ist von Wagner abhängig. Man braucht nur Wagners Schriften »Oper und Drama« (1851) und vor allem »Beethoven« (1870) zu lesen. Schopenhauers Lehre, auf die wiederum Wagner verweist,[473] dahinter indische Weisheit, Wagners Werke, Nietzsches früher Entwurf und die Bauten Ludwigs II. bilden eine merkwürdige Schicht von Traum-Werken innerhalb des 19. Jahrhunderts.

Wagner schreibt: Musik versetze in einen »traumartigen Zustand«, der ungestörte »Wahrnehmung ... unserer eigenen inneren Welt« ermögliche[474], weil der Musiker das »innerste (Traum-)Bild der Welt« wahrgenommen hätte.[475] Nicht allein Musik sei Traum: »Wenn wir die Musik die Offenbarung des innersten Traumbildes vom Wesen der Welt nannten, so dürfte uns Shakespeare als der im Wachen fortträumende Beethoven gelten«.[476] Und: »Das Werk der edelsten Kunst wird von ihm [einem König] gern zugelassen werden, um, an die Stelle des Ernstes des Lebens tretend, ihm die Wirklichkeit wohlthätig in den Wahn aufzulösen, in welchem sie selbst, diese ernste Wirklichkeit, uns endlich wiederum nur als Wahn erscheint: und im entrücktesten Hinblicke auf dieses wundervolle Wahnspiel wird ihm endlich das unaussprechliche Traumbild der heiligsten Offenbarung, urverwandt sinnvoll, deutlich und hell wiederkehren, – dasselbe göttliche Traumbild, das, im Disput der Kirchen und Sekten ihm immer unkenntlicher geworden, als endlich fast unverständliches Dogma ihn nur noch ängstigen konnte. Die Nichtigkeit der Welt, hier ist sie offen, harmlos, wie unter Lächeln zugestanden: denn, daß wir uns willig täuschen wollten, führte uns dahin, ohne alle Täuschung die Wirklichkeit der Welt zu erkennen.«[477] Die Wagner-Abhandlung, aus der dieses Zitat stammt, wurde auf Wunsch des Königs und eigens für ihn verfaßt.[478]

Der Künstler als Schöpfer bedarf des Traumes. Ludwig II. schreibt am 27. August 1865 an Wagner: *Nun wollen wir, Ihre Freunde, rüstig arbeiten und fördern, während der Geliebte, der göttliche Freund, gänzlich der Erdenwelt entzogen werden soll, um einzig in Seinen wonnigen Reichen zu träumen, zu schaffen ... ich weiß, wozu wir bestimmt sind; der kühnste Traum w i r d verwirklicht werden; wir werden nicht umsonst gelebt haben ... Träumen Sie selig in Ihren hehren Welten, großer Freund; ich will den Schein der Tagessonne fern von Ihnen halten, im Vereine mit Ihren anderen treuen Freunden!*[479] Wagner am 7. September des gleichen Jahres an den König: »... was mir einzig die Welt erträglich macht, ist, wenn ich sie nur noch wie im Traume sehe. Ich kenne sie, ich trage sie in mir, ich brauche sie nicht mehr mit offenen Augen zu sehen, um sie zu verstehen. Im Traum sehe ich diess Abbild, aus dem ich meine Kunstwerke schaffe: aus diesem Traum mich wecken, heisst: mich dem Leiden überliefern. Mein König! Ich muss es nun bald wissen, ob ich mich an diesen Traum gewöhnen darf: je lieber ich ihn gewinne, desto grausamer würde das Erwachen werden. Noch einmal, und – wenn es sein kann – bald, habe ich Alles zu ordnen, vollständig und würdig hinter mir abzuschliessen, um mich ganz in meinen schaffenden Traum einzuschliessen. Darf ich sicher sein?«[480] Ludwig antwortet am 11.: *Mein Theurer, nie sollen Sie aus dem seligen Traume geweckt werden, der Ihnen das Abbild zeigt, von welchem aus Sie Ihre Kunstwerke schaffen; das irdische Leiden soll Ihnen auf immer fern bleiben; – leben Sie Ihrem Ideale, bleiben Sie auf ewig der niederen Welt entrückt, schaffen Sie im goldenen Reiche der Wolken! Sie in diesem Zustande zu erhalten, die Erdensorgen und -schmerzen von Ihnen zu scheuchen, das lassen Sie meine Sorge sein!*[481]

Das Gesamt-Kunstwerk: hängt mit dem Begriff »Traum« zusammen; dieser Traum gehört in den Bereich der »Idee« – der selbstproduzierten Phantasiewelt des »schöpferischen« Menschen.

Eine solche Konzeption: das Kunstwerk, ja das ganze Leben sei Traum, hätte Goethe noch nicht fassen können. Im »Klassizismus« war die alte treuherzige Erklärung der Kunst, daß sie nützen oder erfreuen solle, (aut prodesse aut delectare) noch zu lebendig, und die Wirklichkeit, zu der die Kunst gehörte, noch zu handfest. Das Kunstwerk als Traum zu verstehen, bedeutete, es zu idealisieren, ihm keinen festen Platz im natürlichen menschlich-gesellschaftlichen Leben mehr anzuweisen, sondern es als Spiegel des gesamten Daseins aufzufassen. Dadurch war die Bedeutung der Kunst auf der einen Seite ins Ungeheure vergrößert, auf der anderen Seite war ihre Wirklichkeit abgetrennt vom nüchternen Leben. Kein Wunder, daß die nächste entschiedene Veränderung in dem Verhältnis von Kunst und Leben, die mit dem Impressionismus begann, aber heute noch andauert, die Kunst wieder zu »verwirklichen« sucht und dabei freilich vor allem die Formgesetze der Kunst, schließlich zeitweilig das Abstrakte in ihr betonen muß. Daß also die moderne Kunst partiell von den Inhalten der Kunst absieht. (Oder gerade die Banalität des Lebens, nicht die Erhabenheit, zum Thema der Kunst erklärt.)

Die alten Inhalte der Kunst, also etwa Mythologie, Christentum, Geschichte, kurz alles, was man als Historismus zusammenfaßte, spielten im »Traumkunstwerk« noch eine wesentliche Rolle. Der Traum brachte die alten Bilder noch einmal herauf und setzte sie neu zusammen. Richard Wagner war der letzte historistische Künstler von Weltrang; eine rein-formale Kunst wollte er nicht schaffen. Wie weit der Ausdruck »Traum«, den Wagner, und schon Schopenhauer, und noch Nietzsche brauchten, sich mit der heutigen Auffassung vom Träumen deckt, sei dahingestellt. Wir wissen durch die Forschungen Freuds und durch die Tiefenpsychologie: daß der Traum nicht schlafstörend wirkt, sondern schlaferhaltend. In einem solchen Sinne hat der Historismus, indem er die vergangenen Zeiten noch einmal durchträumte, die Kultur des Abendlandes um hundert Jahre verlängert. In diesem Sinne hat Wagner sein Schaffen eingesetzt, um das Aufwachen, die Ernüchterung, die Nacktheit, das Chaos zu verhindern. Es gibt einen Zusammenhang zwischen Traum und Märchen, Traum-Fähigkeit, Traum-Notwendigkeit; was geschieht, wenn die Traum-Möglichkeit in der gegenwärtigen »Erziehung«, die nur das »Leben« gelten läßt, immer weiter beseitigt wird? – Kindischer Terror?

Was Wagner instinktiv tat, das stilisierte der junge Friedrich Nietzsche in seiner Schrift »Richard Wagner in Bayreuth« (1876)[482] mit einer verblüffenden Modernität des Verfahrens: einer Negation der gesamten Gegenwart, nicht nur des Theaters (wie auch Wagner), sondern auch von »Bildung, Staat, Volk, Wirtschaft, Handel, Recht«, um dann in einer rhetorischen Meisterleistung den »Lichtbringer« aufzubauen, den wir heute den mythischen Ordnungshelden nennen würden, den Stifter von Gesittung, Recht und Kunst, für die Zukunft, den er – im Jahre 1876 noch nicht Friedrich Nietzsche, sondern noch Richard Wagner nannte, gerade noch, ehe er »aufwachte«, um Wagner dann Schauspielerei und Krankheit vorzuwerfen, um sich selber gesund nennen zu können.

Und König Ludwig II., der sich nicht aus dem Historismus löste, der vielmehr daran festhielt, als Mitte die zyklische Wiederkehr der Zeit zu stiften, der also Wagner ähnlicher blieb, dabei um ein Jahr noch jünger als Nietzsche, verharrte er ohne »Aufwachen«? Nein, er wußte es, deutlicher als Wagner, daß es eine Traum-Welt war, eine letzte Insel; ja, er zeigte dem älteren Künstler sogar, wie »Königstraum« und »Musiktraum« zusammenhingen: ... *seien Sie versichert, daß ich gerade dadurch, daß ich innerlich der schalen Welt keine Conzessionen machte, das Heiligthum der idealen Anschauung unverletzt in mir bewahrte, vielleicht die Vollendung des großen Nibelungen-Werkes gerade dadurch indirect Ihnen ermöglicht habe.* (1872)[483]

Wäre es denkbar, daß ein und derselbe Traum entstünde in mehr als einem einzigen Träumer? Wagner jedenfalls wollte seinen eigenen Traum verwirklichen, er konnte nur mit solchen Künstlern zusammenarbeiten, die nicht »unmittelbar zu Gott« waren: »... möge es mir nun aber auch überlassen sein, meine Mitarbeiter mir unter Solchen auszuwählen, die mir nicht ihre Ideen bringen, sondern vorerst die meinigen zu verstehen suchen.«[484]

Die Selbstschilderung Wagners vom 1. März 1871 (zitiert S. 110) sollten wir ganz wörtlich nehmen und einsehen, daß sie am ähnlichsten einem Traumzustand ist, den man mit allen Mitteln festhalten und ins Leben bringen will. Aller scheinbare Luxus, alles Wattieren der Wände mit kostbaren Stoffen, Farben und

Parfümen, mit denen sich Wagner umgab, ist verstehbar aus diesem Muß: seine Traumfähigkeit sich zu erhalten, schlafwandeln zu können.[485]

Und Ludwig II. schreibt zwischen 25. und 31. August 1867 ins Tagebuch: ... *vielleicht träumt man auch im Grabe noch fort ein langer, ewiger, unendlicher Traum von – (seliges Gedenken, himmlisches Versenken) Mächtig süßes Sehnen, wonnevolles Wähnen! O es ist süß himmlisch süß, eingewiegt zu werden in den Schlaf des Todes von der Stimme des Geliebten.*[486] Im Sinne von Shakespeare:

> »We are such stuff
> As dreams are made on«[487]

ist Ludwig II. sicher ein Traumkönig. – Nach der Realität der Staatsverfassung, die das Gegenteil von Traum sein sollte, ist er sicherlich in der Realität ein König. Real bleibt: die unbändige Tatkraft dieses Menschen. Auch das »Träumen«, das »lange-verzaubert-Sein« ist dieser Bestimmung vom Handeln nicht entgegen. – Alles ist Bestandteil einer »künstlerischen« Natur.

Wagner, Nietzsche, Ludwig – waren alle viel weiter voneinander getrennt, als sie wissen konnten – alle innerhalb ihrer besessenen Einsamkeit handelnd. Der Briefwechsel Ludwig II./Wagner: ein ergreifendes Dokument dieser besessenen Einsamkeit.

Separat-Aufführungen[488]

Wie auf anderen Gebieten – beispielsweise der Vorbereitung auf Wagner – verlängert das Zeugnis der Tagebücher auch hier die Geschichte Ludwigs II. nach rückwärts, in seine Frühzeit; es gibt Vorstufen zu den Separat-Aufführungen, angeführt in der Liste der Theaterbesuche des Königs vom 26. Juli 1864 bis zum 19. Dezember 1869 (Anhang 5). Vergleichbares bei Maximilian II. wurde bereits erwähnt (S. 61).

Gleich der erste Theaterbesuch Ludwigs als König, nach der Trauerzeit für den Vater, am 26. Juli 1864, war unbeeinträchtigt von Publikum: eine Probe zur Oper »Faust« (auch: »Margarete«), komponiert von Charles Gounod. Knapp vorher (zwischen dem 16. und 25. Juli) besuchte er die Dekorationsprobe des »Fliegenden Holländers«, freilich kein eigentlicher Theaterbesuch.[489] Bis zum 6. Mai 1872, dem Tage der ersten eigentlichen Separataufführung,[490] erlebte der König nachweislich fünfzehn Proben oder Aufführungen von Dramen oder Konzerten ohne Publikum oder nur mit Geladenen; außer der Oper »Faust« handelte es sich ausschließlich um Wagner-Werke. Die Aufzählung dürfte unvollständig sein – die Einträge Ludwigs nach dem 19. Dezember 1869 liegen ja nur in den von Erwin Riedinger unter dem Pseudonym Edir Grein veröffentlichten Bruchstücken[491] vor.

Wie durch die Ermöglichung Wagners, so war Ludwig II. auch durch die Schaffung der Separat-Aufführungen der bedeutendste Theaterfürst überhaupt. Ein Äußerstes des Theater-Wirkens. Eine Unglaublichkeit, Unglaubwürdigkeit in jedem anderen Jahrhundert, möglich nur in diesem aufs äußerste disziplinierten 19. Jahrhundert. Eine extreme Form, die es einmal geben mußte; man könnte die Geschichte aller Theaterkunst nicht vollständig schreiben, wenn diese Separataufführungen nicht einmal verwirklicht worden wären – ganz ruhig, wahrscheinlich ganz unvergleichlich, und ganz wirklich. Neben der Wagner-Ermöglichung und der Archi-Tektur eigentlich die dritte Selbst-Leistung, ganz aus Ludwig selbst entstanden. Man muß sie ausschließlich von Ludwig II. aus verstehen – natürlich gehören sie zu dem »Theaterfürsten« – niemand anderer als Ludwig hätte sie verwirklichen können. Sie sind am selbstverständlichsten vollendet mit ihm selber, mit seiner Präsenz.

Bei aller Selbst-Leistung: der König war der Erbe einer langen Reihe von Monarchen, denen ihre Bühne unumschränkt gehört hatte. Er wußte nicht nur, daß er es selber bezahlte, sondern daß es die Geschichte des Theaters war, fürstlich zu sein, an den Höfen gepflegt zu werden. Der Vater tendierte wenigstens in einzelnen Fällen zu publikumsfreien Theatererlebnissen, und Wagner unterstützte mehrfach bei Ludwig II. die Neigung dazu. Am 10. Dezember 1864: *der Einzige wünschte, ich in die Probe, mit Freuden.*[492] Wagner dirigierte an diesem Tage wie beim Konzert des folgenden aus eigenen Werken. Über die »Tristan«-Probe vom 11. Mai 1865 schreibt er: »Wie ein Zaubertraum wuchs das Werk zur ungeahnten Wirklichkeit: die erste Aufführung, ohne Publicum, nur für uns als Generalprobe gegeben, glich der Erfüllung des Unmöglichen.«[493] Und am 6. Juni 1867 an den König: »Kommen Sie, ich bitte herzlich, Samstag zur Generalprobe des Lohengrin! Sie soll, wie jene des Tristan, als eine erste Aufführung für Uns gelten: der wirklichen Aufführung vor dem Publikum werde ich nicht mehr beiwohnen.«[494] Statt am Samstag, dem 8., fand die Probe am 11. statt; der König war anwesend.

Die Schaffung der Separataufführungen war die dritte Verwirklichung des Theaterfürsten Ludwig II. Er beginnt damit, daß er seine schützende Hand über der Institution des Theaters hält. – Und darunter doch zuallererst: Richard Wagner. Zugleich aber: tut er nicht einfach das, was nunmehr Wagner verlangt, sondern schützt und stützt die Institution des Theaters auch vor Wagner-selber. – Die eine Handlung ist genau so einmalig, wie die andere. Welche »Gönner« Wagners haben denn, außer daß sie Wagner schützten, auch noch anderes Theater geschützt? Drittens hat Ludwig aus dem Theater dann herausgeholt, was es sein kann: die ihm-mögliche-Geschichtlichkeit, die ihm mögliche Wieder-Holung. Das Theater wird also durch den Fürsten in eine andere Richtung als die der Flucht in die Kulissenwelt gezogen. Für ihn ist es – sofern auf der Bühne wieder-geholt wird – »Portal« zum Geschichtlichen, zum »Wirklichen«. »Verwirklicht« wird im Theater das historische, das historistische Sein. Der Theater-Sinn des Königs hat etwas mit der Möglichkeit für den Menschen zu tun, »wirklich« zu werden, – was er durch empirisches Vorhandensein zu einem bloßen Tages-Datum nicht werden kann.[495] Dadurch unterscheidet sich Ludwigs Theater-Auffassung von dem »Kulissen«-Begriff des Durchschnittsbesuchers, den Wagner schildert: Reflexion, welche Fiktion nicht als Poesie, sondern nur als Täuschung kennen kann, macht dadurch Nachvollzug der Kunst des Theaters unmöglich; dieser Reflexion bleibt also als Gegenstand ihrer Wahrnehmung im Theater nur die »Mache« übrig, die Ludwig II. gerade von sich wies.[496]

Ein Theaterstück, ein Trianon: sind die königlichen Herstellungen des echten Verhältnisses zur Gewesenheit. Bürgerliche Herstellung: ist ein wissenschaftliches Buch.

»Ludwig II. ... befahl seine Dekorationsmaler [Heinrich] Döll, [Christian] Jank und Angelo [II] Quaglio auf seine Kosten studienhalber in die Schweiz an die Stätten der »Tell«-Sage und nach Frankreich an die historischen Orte der Jeanne d'Arc, nachdem er an diesen selbst verweilt hatte«.[497] Hommel vergleicht in dieser Hinsicht die »Meininger« Inszenierungen des Herzogs Georg II. von Sachsen-Meiningen.[498]

Der Theaterfürst kann mit der Angabe der Stücke, die er herstellen läßt, einen Kosmos darstellen. (In diesem Sinne ist Herzog Georg II. viel weniger ein Theaterfürst – weil er nur vorhandene Stücke spielen, dagegen keine schreiben läßt.)

Die Separataufführungen betreffen nicht nur den Theaterfürsten, sondern auch den Bauherrn und den König. In diese Vorstellungen sind »Verwirklichungen« der Baupläne übergegangen, die als Bauten nicht durchführbar waren. Die Stücke waren Teile von Ludwigs architektonischer Phantasie, eng zusammenwirkend mit Wort und dramatischer Entfaltung. So stand »Theodora« von Victorien Sardou (erste Separataufführung am 4. Mai 1885)[499] für Ludwigs Projekt eines byzantinischen Palastes – schon am 28. April 1869 heißt es im Tagebuch: *Werk über den Kaiserpalast zu Byzanz* [gelesen]. Am 5. Juni: *Plan des byzantinischen Schlosses mit erneuter Macht aufgetaucht, in großartigen Umrissen, ανακτοϱον in vollstem Sinne des Wortes Tempel der himmlischen u. irdischen Majestät, des λογοσ und βασιλευσ.* Am 24. Juni 1869: *Byzant. Schloß vorgeschwebt, blau Email od. Lapislazuli ... Byzant. Mittelalt.* Am 9. Juli: *Gel*[esen] *Byzanz d. Mittelalt.* Am 12.: *über Byzanz* ([Karl] *Schnaase, Krause) viel gelesen, Wachsen des mit Liebe gehegten Planes!* Zwischen 13. und 15.: *Byzanz, Werk über die Herrscher gelesen der alten Welt* ... Zwischen 16. und 29.: *In jenen Tagen über die byzantinische, russische, arabische Kunst gelesen.* Am 29. Juli 1869: *der byzantinische, strenge Kunststyl soll im Leben bei Mir sich bethätigen, keine einzige Ausnahme ist gestattet, sei despotisch gegen Dich selbst, denn wenn Du vor allem Dein Eigener Autokrat bist, darfst Du es Anderen sein!*[499a] Am 8., 10. und 27. Mai 1885 erteilt der König für »Theodora« Befehle, vorzugsweise zur Architektur der Theatermalerei.[500]

»Sakuntala« (erste Separataufführung am 7. November 1877) und »Urvasi« (erste Separataufführung am 8. Mai 1885), beide von Kalidasa, einem Inder, etwa 6. Jahrhundert nach Chr. lebend, sowie die Oper

»Der König von Lahore« (Musik von Jules Massenet, erste Separataufführung am 8. Mai 1879) führten indische Architektur vor.

Außer Architekturphantasien waren die Separataufführungen »Landschaften«, »Fernen« und »Zeiten«, aber weniger Handlungen. – Lebende Bilder.

Bei solchen Bezügen zur Bühne: war die Architektur Ludwigs II. etwa doch »Kulisse« (»Kulisse« dabei global mit »Bühnenbild«, »Dekoration« gleichgesetzt)? Einmal abgesehen davon, daß die damaligen »Dekorationen« aufrißbestimmt waren, während Architektur den Grundriß voraussetzt – »Kulisse« ist kein Endzustand, den man nicht mehr weiter definieren kann, keine »Natur«, sondern ein Teil, mit dem etwas dahinter Liegendes, die Theateraufführung, das Theaterereignis, möglich wird. Aber auch das Theater ist nicht »Natur«, ist vielmehr seinerseits auch ein Durchgang, eine Diaphanie, eine Epiphanie, – auf etwas, was dahinter liegt, ein Menschliches, ein Allgemeines, – eine Deutung eines Ganzen – ein Symbol.

Es liegt anscheinend in der Natur des Menschen, irgend etwas als das Selbstverständliche, das Letzt-Gegebene anzusetzen, vielmehr es gar nicht mehr in Zweifel zu ziehen, das »Natürliche«, das Leben oder was immer – am deutlichsten ist es wohl in der Naturphilosophie angesetzt und enthalten, – als die Natur als Naturans angestaunt und verehrt wurde[501], – als Synonym für Gott, der alles wunderbar geordnet habe.

Aber das Theater ist nicht »Natur« in diesem Sinn. Man kann nicht die Reihenfolge ansetzen: auf der einen Seite das Theater – als »natürlich« – und auf der anderen Seite die »Architektur«, die sich nachahmend dazu verhalte. – Die Architektur verhält sich nicht nachahmend, weil sie ja einen abstrakten Formenkanon hat: im Gegensatz zu allem Natürlichen. Die Architektur könnte das Theater also nur insofern nachahmen, als die historischen Formen nachahmbar sind.

Also: Theater und Architektur sind nebeneinander, nicht nacheinander, sind einander gleich insofern, als beide das Dahinterliegende mit Symbolen zu umgeben, zu deuten suchen.

Zum »Königsgefühl«[502] Ludwigs II. gehört bei den Separataufführungen der ganze Bereich des französischen 17. und 18. Jahrhunderts; die Stücke wurden überwiegend von ihm in Auftrag gegeben. Hier handelt es sich eigentlich nicht um »Theater«, sondern um »Geschichtlichkeit«, um Wieder-Holung, Wieder-Vorstellung einer »klassischen« Zeit.

Wie andere Verwirklichungen Ludwigs wurde auch diese zielsicher zu dem eigentlich-Möglichen, zur Vollständigkeit entwickelt. – Es war niemals durchführbar: daß niemand im Theater sei. Wohl aber: daß niemand ihn anstarre – dem Schauspieler, Regisseur, Dramaturg und Intendant Ernst v. Possart sagte er: *Ich kann keine Illusion im Theater haben, solange die Leute mich unausgesetzt anstarren und mit ihren Operngläsern jede meiner Mienen verfolgen. Ich will selbst schauen, aber kein Schauobjekt für die Menge sein!*[503] Bei der Separierung der Aufführungen blieb diese Majestät über das Theater nicht stehen. Sie ordnete auch an: welche Stücke gedichtet und einstudiert werden sollten und kümmerte sich um jede Dekoration, jedes Möbelstück, das auf der Bühne verwendet wurde; aber nicht um die eigentliche Führung der Schauspieler – der Theaterfürst ist nicht Regisseur.

Innerhalb der Separataufführungen waren die acht »Parsifal«-Vorstellungen zwischen dem 3. Mai 1884 und dem 29. April 1885[504] möglich, die eigentlichen Totenfeiern, die wirkliche Verehrung, die wirkliche geistig-künstlerische Vereinigung Ludwigs II. mit Wagner.

König

Unser Buch sucht König Ludwig II. in seiner Gewesenheit nicht »umzufunktionieren« oder zu bestreiten, sondern ihn – und damit das 19. Jahrhundert – zu verstehen. Der Abschnitt »König« enthält also nicht allgemeine Geschichte im Sinne der bisherigen Literatur, sondern Angaben zur Auffassung des Königtums bei Ludwig II. und – vorher – zur Auffassung vom konstitutionellen Monarchen im 19. Jahrhundert.

Bezugsperson

Seit jeher ist der König diejenige menschliche Figur, auf welche die Zeit bezogen wird; abgesehen von den wenigen Gottesgestalten wird vorwiegend nach den Königen gerechnet. Sie befinden sich in der Weltmitte, sind der Bezugspunkt.

Menschen bemerken den König, wenn er an der von ihnen als Fortlaufen vorgestellten Zeit handelt. Insofern sie nur das Historisch-Geschehende, das Hintereinander sich merken – vielmehr wahrnehmen – können, ist der Bezugs-Mittelpunkt aus dem Bewußtsein der Menschen verschwunden. So wie sie den eigenen Herzschlag nicht merken, – es sei denn vielleicht in dem Augenblick, wo er stehenbleibt, – so bemerken sie die Gegenwart des Königs nicht, – es sei denn, er passe sich ihrer Vorstellung an und sei außerdem ein Heerführer, ein Usurpator, ein Gesetzgeber und ähnliches.

Derjenige, der das »Königtum«, auch die »Mitte«, den »Mythos«, die »Kunst« zerstört, indem er alles zu einem Ablauf, zu einer Un-Wiederholbarkeit macht, (– während Königtum, Mitte, Mythos, Kunst, Ritus ihrem Wesen nach nicht ablaufen, sondern wiederholbar sind, wiederkehrend, zyklisch –): es ist der Historiker. So ist auch der Kunst-Historiker Zerstörer der Kunst, indem er sie dem Ablauf preisgibt. Er ist der größte, genaueste und wirksamste Interpret – und zugleich ihr Auflöser. Er selber liefert die Methode, mit der alles Heilige unwiderruflich abgebaut und zerstört werden kann. »Abbau« der Historie: vergleichbar dem Abbau einer der kostbaren Minen der Erde, die nicht mehr nachwachsen.

Immer wieder ist in der Literatur die Irrung festzustellen: als sei der König auch der Historiker und auch der Kunsthistoriker. Ebenso: als sei er der »Architekt«, der »Maler«, »Dichter« – und dann wird er gemessen an diesen »bürgerlichen« Berufen. An Ludwig II. handelt: jedes Kind, jeder Primaner, jeder Journalist – alle wollen sich an ihm und an dem Typus »König« verwirklichen. Da er ja König ist, als solcher gegen die öffentliche Meinung: willenlos und schutzlos. Als Beispiel wurde die Marquis-Posa-Aspiration des Universitäts-Professors Johannes Huber angeführt, (der dem jungen König vorübergehend Privatissima hielt, vgl. S. 68). Aber Ludwig II. ist nicht der Fachmann, nicht der Kollege, sondern der Förderer, der Anordner, oder noch weiter zurückgenommen: die Bezugsperson, derjenige Abstand, den eine menschliche Handlung braucht, der notwendig ist wie die Distanz bei dem Fixstern, an dem man sich orientiert. Der König ist die Instanz, vor der sich die Handlung verantwortet, – aber nicht die, durch die sie entsteht.

So ist insbesondere der konstitutionelle Monarch des 19. Jahrhunderts nicht derjenige, der selber den Staat führt, sondern die »Auslöse-Figur«: überall sich zurückhaltend, die Bezugsperson, der man die Vorschläge macht, die dem »Verantwortlichen« (beispielsweise einem Minister) die Möglichkeit gibt, seine Ideen an der möglichst-konstanten, möglichst weit entfernten Instanz zu klären und selber zu beurteilen.

Abb. 17 Ludwig II. im Dezember 1864. Foto Joseph Albert

Damit man also jemand zum König erzieht (wie die regierenden Könige die Kronprinzen), muß man die Weisheit der bayerischen Könige haben, dem Thronfolger Raum für Selbständigkeit zu gewähren, wie er dereinst sie als König ebenso den Verantwortlichen ermöglichen soll – und nur so ist verstehbar, daß Maximilian II. offenbar Ludwig II. vollständige Freiheit gelassen hat, Theater zu besuchen.

Die Möglichkeit der eigenen Freiheit des Menschen beruht auf der Gebundenheit an eine »Bezugsperson« – vergleichbar der Freiheit der Bewegung, die auf der Gebundenheit an die Schwerkraft beruht. Wenn innerhalb des 19. Jahrhunderts nicht das Bewußtsein vorhanden gewesen wäre: daß das König-Tum als Bezugs-Mitte einen Sinn habe, – wäre es, nach so vielen Revolutionen, vollständiger und früher verschwunden.

Konstitutionelles Königtum ist das Gegenteil von »kommunistischer Praxis«, von dem Verfahren, mit einer Minderheit eine Mehrheit in die Gewalt zu bekommen. – Konstitutionelles Königtum hat die »Macht« soweit ja schon in der Hand, als es die Bezugs-Mitte ist. – Aber auch nur dieses, und darin streng sich beschränkend. – Das unaufhörliche, täppische, überhebliche Eingreifenwollen ist ja gerade nicht die Weisheit des eigentlichen Königs.

In der Gegenwart: wird das Königtum ersetzt durch Formen der Gewaltanwendung, des Terrors, der Über- und Unterhöhung.

Es gehört zu den unaufhörlichen Einebnungen, denen unsere Existenz sich – gegen besseres Wissen – unterwerfen muß, daß die außerordentliche Vielschichtigkeit menschlichen Lebens, die geschichtliche Gewordenheit und Gewesenheit, – unentwegt nivelliert wird. In ihren grund-gegebenen Anordnungen waren die Menschen Bauern–Handwerker–Bürger–Studierte–Edelleute–Fürsten–Könige. Das 19. Jahrhundert hatte von diesen jahrtausendealten Einteilungen noch die Formen – tauschte sie aber in einer seiner Teilströmungen im Laufe der Zeit in die grundsätzliche Behauptung um: die Menschen seien »gleich«, sollten gleiche »Chancen«, gleiche Lebensläufe haben. Eine entsetzliche Verarmung der menschlichen Möglichkeiten. Es soll nur noch Gleiche-Chancen-Berechtigte geben, – die alle auf die gleiche Weise erzogen, alle gleich denken und fordern, – und dadurch den Haushalt unserer Erde, unserer Geschichte in kurzer Zeit verwüsten werden. – Ein Blick auf die noch vorhandene geographische Vielfalt unserer Welt sollte uns längst klargemacht haben, wie entsetzlich es ist, wenn die Meere alles überschwemmen oder die Wüsten sich ausbreiten oder die Gebirge verschwinden, – aber sie verschwinden. Unser geschichtliches Dasein ist eine der geologischen Schichtung ähnliche Geschichtetheit. – Wer behauptet denn, daß das Gebirge »wertvoller« sei als das Meer, – aber verschieden sind sie, und aus dieser Verschiedenheit besteht irdisches Leben: das gilt auch von den Schichten, die in Ludwig II. sind (ich will nicht ihn preisen, ihn lieben, – nur: ihn verstehen, ihn schildern. Diejenigen Gedankengänge auf ihn anwenden, die vor seiner Zeit für Fürsten galten, und diejenigen, die im 20. Jahrhundert mir beigebracht worden sind, – und die nun auch die meinen sind – ...)

In mir: die Tiefenschicht des Verwaltungs-Bürgertums, des akademischen Bürgertums, – des Historikers – mit dem einzigen »Urerlebnis« des Anfangs: daß mich das Antlitz Amenemhets III.[505] betroffen hat – daß ich jäh in eine Zeit vor viertausend Jahren versetzt war, – von der ich sofort begriff, daß sie mit den Denkformen des 20. Jahrhunderts nicht verstanden, geschildert werden könne.[506] (Das »Verstehen« ist Eines; das Genau-Belegen-Können, mit den Worten des Königs selber, ist das Andere. Aber das »Verstehen« ging voran).

Nivellierende Gleichheit ist nicht »machbar«. Es wird sich ein »Big Brother«[507] an die Spitze schwingen, dem kein Hintergrund zur Verfügung steht wie »Gottes Gnade«, keine innere Kraft und Distanz und der keinen Wert mehr legt auf eine Geltung vor der Ewigkeit – in Wirklichkeit: vor dem großen Abstand, vor der Unbeeinflußbarkeit – sondern in wörtlichem und grobem Sinn: vor Seinesgleichen, das heißt willkürlich. Wie lange kann der Mensch leben ohne eine Instanz oder auch nur einen Bezugspunkt, der »unbeeinflußbar« ist?

Freilich ist der König erreichbar – aber nur im Märchen, nur durch das Tapfere Schneiderlein. – Daher alle diese archetypischen Märchen.

Die Fiktion: daß alle gleiche Chancen haben sollen (für gleich begabt gehalten werden), daß alle auf Eintönigkeit der Lebensläufe eingeebnet werden, auf den gesamtheitlichen Neid (anstatt Reichtum des

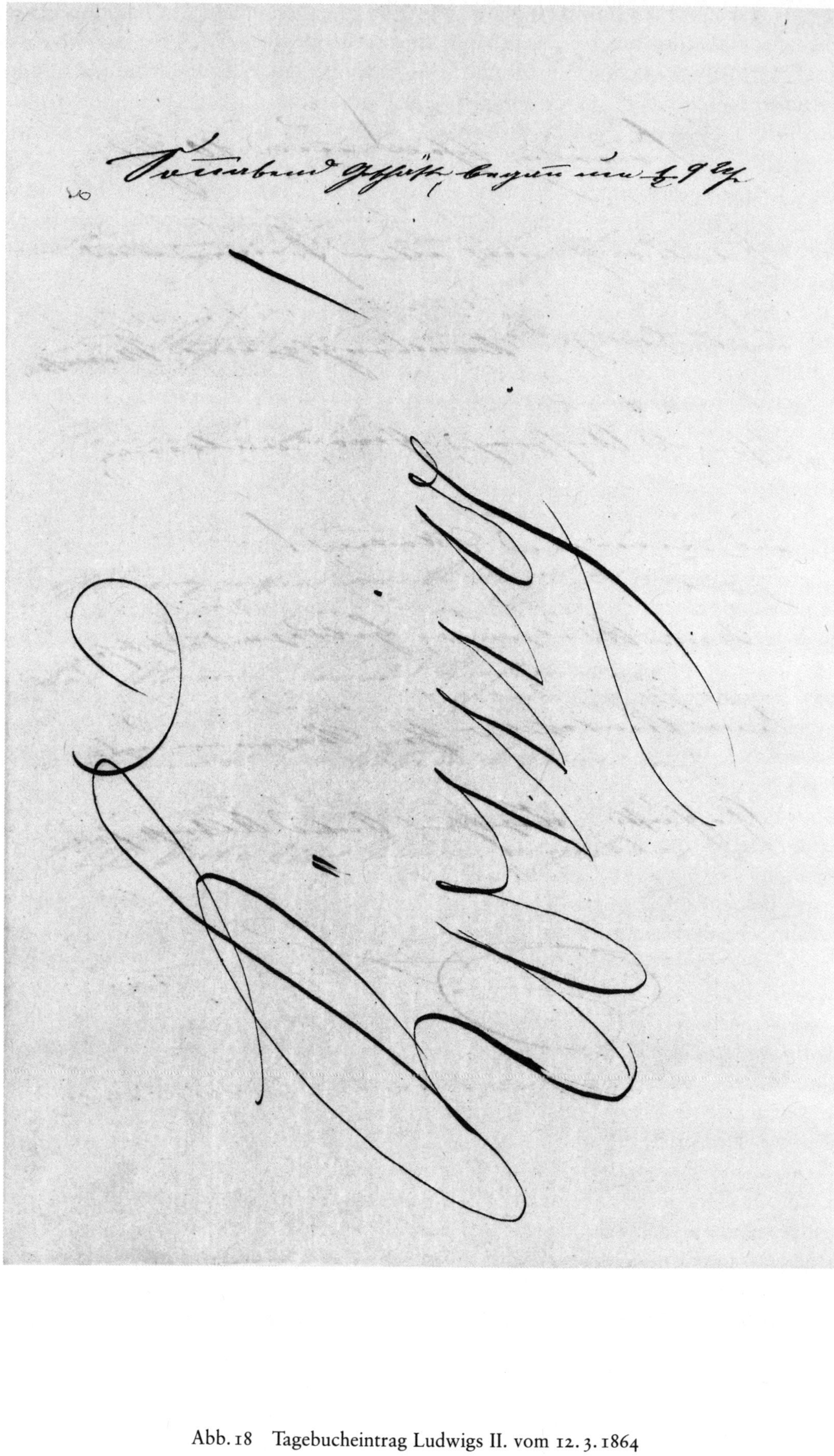

Abb. 18 Tagebucheintrag Ludwigs II. vom 12. 3. 1864

Vielen Neid des Ganzgleichen) – Implikation der Würdelosigkeit derjenigen, die nicht im Fernsehen gezeigt werden, die keine Schlagzeilen machen, diese »Gleichheit« ist eigentlich banal rechnerisch. Es ist Ausdruck der Anonymität, der Aufhebung der Individualität. – Gerade im gleichen 20. Jahrhundert, in welchem man medizinisch, erbbiologisch feststellt, wie sehr von der Befruchtung an der Mensch ein Individuum ist, – wo man die Identitäts-Nachweise mit Hilfe der Papillarlinien erfunden und einklagbar gemacht hat.

Es gibt immer nur: die »Naturgesetze«, – (zu denen beispielsweise die Anziehungskraft der Erde gehört, für alle Archi-Tektur das Grund-Gesetz). Man soll doch nicht glauben, daß im 20. Jahrhundert alle diese Kräfte nicht mehr bestünden. Es wäre ein Kopf-in-den-Sand-Stecken der Gegenwart, gegenüber den eigenen inneren Steuerungen. Dieses Buch hat nur einen Sinn, weil diese Kräfte zu den seelischen Anordnungen des Menschen gehören.

Solange die Demokratie verständig ist, – das heißt eben: zu verstehen sucht, – kann sie mit dem Königtum sehr gut zusammenleben, ja offenbar: braucht sie es und schafft es nicht ab. (Beispiel: das englische Königtum).

Die Gedanken zur gleichmacherischen Einebnung stehen hier, weil sonst die Gehaltenheit Ludwigs innerhalb der Könige ganz unverständlich ist, nicht berichtet wird: weil es sich sonst doch nur darum handelt: die Kunst jeweils gemäß dem Status der permanent veränderten »Gesellschaft« ganz neu präsentieren zu wollen.[508]

Seiender[509] und tätiger König

Philipp Wolff-Windegg schreibt: »Der König entfremdet sich in dem Maße dem Sinne seines eigentlichen Wesens, wie er über die Sanktion, die in seinem Amt liegt, die Mittelpunktfunktion, hinausgreift, in dem Maße also, wie er sich vom Auftrag des Herrschens in das Geschäft des Regierens abdrängen läßt. Wir sahen im mythischen König den Wirkenden, aber Tatenlosen.«[510] »Tatenlos« bezieht sich also auf die »Regierung«, bedeutet nicht: in allem passiv. Erfüllt ja der Monarch die Aufgabe der Bezugsperson, welchem Begriff der vorhergehende Abschnitt gewidmet ist. Der vorliegende befaßt sich mit dem inneren Status, der Voraussetzung für das König-Sein ist. Dieses Sein ist dem Handeln in der Welt transzendent; zu dem Einzelfall weltimmanenten Handelns, den Wolff-Windegg »das Geschäft des Regierens« nennt, hat das König-Sein keine Beziehung.

Vorliegendes Buch über Ludwig II. befaßt sich mit ihm als dem »seienden« König. Der Historiker, insofern er alles zu einem Ablauf macht, hat es dagegen grundsätzlich mit dem »handelnden« König zu tun, er kann nur in der Ausdeutung auch die andere Seite einer sonst – besonders bei Ludwig II. – schwer verstehbaren Verhaltensweise berücksichtigen.

Am 10. März 1864 war König Maximilian II. gestorben. Am 12. beginnt der Eintrag in Ludwigs Tagebuch: *Sonnabend Geschäfte, begann um ½9 Uhr* – dann reißt er plötzlich das Buch herum und schreibt senkrecht in die Höhe über die ganze Seite: *König!* in sehr großen Buchstaben.[511] Ein Jahr später, Abb. 18
am 10. März 1865, wird die »Verspinnung« zum Thronbesteigungstag hergestellt und dieser damit Teil der Geschichtsbildung gemäß der eigenen Innenzeit: *Todestag d. verstorbenen Königs, ich 1 Jahr König!*[512] (Das letzte Wort in etwas vergrößerter Schrift). Am *Josephstag* 1864: *nach Tisch in d. oberen Zimmern d. Vaters, Sanktuarium.*[513] Wenn mit »Joseph« der Nährvater Christi gemeint war, handelte es sich um den 19. März; war Joseph von Arimathäa gemeint, (der im Gralsmythos eine wesentliche Rolle spielt), um den 17. Nach den bekannten Quellen war dies das erste Mal, daß Ludwig II. das Sanktuarium seines Vaters betreten hat.

Das mit dem 9. Juli 1866 beginnende Tagebuch[514] hat auf der Innenseite des Vorderdeckels Aquarelle 44
einer Krone, eines Szepters, eines Reichsapfels und einer Schale; letztere mit der kirchenslavischen Inschrift: »Mittels dieser Schale Herrgott ...«[515] Vermutlich handelt es sich um Entwürfe (oder Darstellungen ausgeführter) Gralskönigs-Insignien. Die Verwendung der kirchenslavischen Sprache kann zwei Gründe haben: einmal kann es eine Allusion auf Imaginationen transzendentaler Majestas sein, die von der Zarin

Maria Alexandrowna, Gemahlin Alexanders II., der einzigen Tochter des Großherzogs Ludwig II. von Hessen-Darmstadt (als solche mit dem Vornamen Marie) angeregt wurden, von der im Abschnitt *»Meine Kaiserin«* die Rede sein wird. Denn das Kirchenslavisch lebte zu Ludwigs II. Zeiten in den kirchlichen Büchern und in der Liturgie der griechisch-katholischen Slaven, also auch der Russen, fort. – Und zum anderen werden die Katharer mit Gralsmysterien in Verbindung gebracht – unter anderen von Wolfram von Eschenbach[516] und einer seiner Quellen, Chrétien de Troyes.[517] Die Katharer aber waren von den Bogumilen beeinflußt, die besonders in Bulgarien zahlreich waren, wo bereits vor ihrer Zeit das Altkirchenslavisch gebräuchlich war.[518] Einer der namhaftesten und gründlichsten Forscher über die Katharer war
50 damals der Stiftspropst Ignaz v. Döllinger in München,[519] der zu Ludwig II. in mehrfachen und intensiven Beziehungen stand: »... unter den vielen Aufschlüssen, die er besonders zur Osterzeit von Döllinger verlangte, befanden sich oft Fragen nach biblischen Stellen über das Königtum.«[520]

Eine Krone, von Ludwig II. selbst gezeichnet, schließt den Eintrag im Tagebuch vom 18. Oktober 1865, neben Zeichnungen einer Sonne, die nach dem Eintrag hinter einem Berg untergeht, und eines Sternes (des Abendsternes?) Die Krone ähnelt der alten römisch-deutschen Kaiserkrone, früher irrigerweise Karl dem Großen zugeschrieben; dieser figuriert in den Herkunfts-Sagen-Fresken auf Hohenschwangau – beispiels-
9 weise im Berthazimmer in dem Bilde von Moriz v. Schwind gegenüber dem Erker: Bertha mit ihrem Knaben Karl (dem späteren Karl dem Großen) duch Pippin heimgeführt. Die Hohenschwangauer Fresken zählen ja zu den prägenden Jugendeindrücken Ludwigs II. Die Sonne dürfte noch nicht auf den Roi Soleil zu beziehen sein; von ihm ist erst später im Tagebuch die Rede. Ein Stern (in einem der als Segenszeichen schon erwähnten »Schnörkel«) findet sich bereits am 21. Juni 1865 mit dem Eintrag: *Beginn mit Aufgang der Sonne, der Berge himmlischer Luft, des liebenden Lichtes Erleuchtung, den seligen Strahlen des Tags, der Sterne erlöschendem Schein!* Mit diesem Tage der Sommersonnenwende beginnt der Tagebuchband; die erste Seite allerdings ist ausgeschnitten. Hier ist wohl sicher der Morgenstern gemeint, der als fackeltragender Putto auf dem Deckenbilde des Salon de l'Oeil de Boeuf in Herrenchiemsee dargestellt ist. Der Eintrag vom 29. Juni: *4 Uhr auf, Sonne stieg empor, göttlich, siegendes Licht! – Über jenem Berge! Glanzvolle Gluth, blendet den Blick!* ist wiederum von der Zeichnung einer Sonne hinter einem Berge begleitet.[521] Am 22. Mai 1866 notiert der König die Deutung des Namens »Lohengrin« aus einem Gespräch mit Wagner als *Sonnenantlitz*.[522] Am 9. oder 10. August 1866 zeichnet er wieder eine Sonne ein.[522a] Zwischen 17. und 21. März 1867 vermerkt Ludwig II.: *Über Ludwig XIV. gelesen, Herrschergewalt, Zeit der Blüthe, des Glanzes des Königthums; Allmacht, Glorie der Majestät, königliche Gottheit.*[523] Das ist das erste Mal, daß der Stoffkreis der französischen Bourbonen von Ludwig XIV. bis Ludwig XVI. im Tagebuch erwähnt wird. »Ludwigs II. Taufpate war König Ludwig I., der auch dem Enkel den Namen vererbte. Ludwig I. aber war 1786 in Straßburg, als dort sein Vater, der spätere König Max I. Joseph von Bayern [aus der wittelsbachischen Linie Pfalz-Zweibrücken], das Regiment Zweibrücken, ein französisches Kürassierregiment, kommandierte, von keinem Geringeren als von König Ludwig XVI. von Frankreich über die Taufe gehoben worden. Der Bayerische Königsname »Ludwig« geht also direkt auf die Bourbonen zurück.«[524] Gab es zwar die große Tradition des Ludwig-Namens im Hause Wittelsbach seit dem Mittelalter, vor allem seit Kaiser Ludwig dem Bayern, so bekam dieser Vorname durch die Taufe Ludwigs I. neue Bedeutung. Mithin ist auch die oft politisch mißverstandene Beschäftigung des Königs mit dem ancien régime – wenigstens teilweise – aus diesem Zusammenhang zu verstehen. Das Jahr 1867, in welchem sie beginnt, wurde für Ludwigs Selbst-Werdung in vielfacher Hinsicht entscheidend. Für die damals einsetzende umfassende Erweiterung seiner Kosmologie mag zeugen, daß er zwischen dem 21. März und dem 1. April Reisen nach Rom und Jerusalem plant.[525]

Zwischen dem 1. und 4. Mai 1867 vermerkt Ludwig II. im Tagebuch: *Wachsen des Königs-Gefühles.*[526] *Königs-Gefühl* ist Ludwigs Ausdruck für den Status des seienden Königs. Vorausgegangen waren dem Tagebuch zufolge nachstehende Eindrücke: am 24. April das 200. Hauptfest des Bayerischen Haus-Ritter-Ordens vom Hl. Georg in der Residenzkapelle zu München; der König war der Großmeister. Es war das erste Ordensfest, bei dem er persönlich präsidierte und Knappen zu Rittern schlug: [Stiftspropst Ignaz v.] *Döllinger hielt geistvolle Anrede ... bedeutungsvolle Sitten u. Gebräuche aus dem Mittelalter, wohl zu pflegen u. zu erhalten! … gepriesenes, gotterfülltes Mittelalter! … Um ½4 Uhr große Tafel mit meinen Rittern im Wintergarten, Musik, hehre Klänge, würdiger Schluß der mächtig, nie vergehenden Tage.*[527] Die Festbankette fanden vom 24. April 1750 bis 1913 im allgemeinen in den Reichen Zimmern der Residenz statt.[528] Von nun an beschäftigte sich Ludwig mit dem Orden als mit einer Erscheinungsform ritterlicher Symbolverwirklichung ständig; das jährliche Fest sah ihn allerdings am 27. April 1880 zum letzten Male.[529]

Die sonstigen Eindrücke unmittelbar vor dem ersten Eintrag über das *Königs-Gefühl* waren zwischen
dem 1. und 4. Mai 1867: *Bild des »Fliegenden Holländers« von* [Heinrich und August] *Spieß, Carton v.* 36
[Wilhelm v.] *Kaulbach, Abschiedsscene aus »Maria Stuart«!*[530] Das Gemälde der beiden Spieß, signiert und »1867« datiert, kam in die Räume des Königs in Schloß Berg.[531]

Nach dem *Königs-Gefühl* schließen sich folgende Stichworte an: *Bilder als Großmeister, Georgifest (Ritterschlag) Residenztheater Ludwig XIV. Scene aus Elisabeth Charlotte Gang zum Throne voriges Jahr!*[532] »Elisabeth Charlotte« war ein Schauspiel von Paul Heyse um die Herzogin von Orléans (Gemahlin des Bruders Ludwigs XIV.) dieses Namens (»Lieselotte von der Pfalz«), das Ludwig II. mehrfach gesehen hatte (siehe Anhang 4 und 5), jedoch nach den Quellen nicht im Jahre 1866. Die *Scene* aus dem Stück ist wahrscheinlich ein Aquarell von Gustav Seeberger von 1867[533]; dargestellt ist vermutlich der Moment des Erscheinens des Grafen v. Wied vor Ludwigs XIV. Throne. Bereits der Eintrag vom 13. März 1867: *(Zeichnung Residenztheater, Lieselotte)*[534] könnte sich auf das Bild von Seeberger oder einen Entwurf dazu beziehen. Das Stück wurde im Residenztheater aufgeführt.

Am 10. September 1868: *stetes wonniges Wachsen des kühnen Königs-Gefühles, stets über mein großes Königs-Vorbild* [Ludwig XIV.] *mich entflammend, Lebensstoff daraus ziehend.*[535] In dieser Zeit las der König intensiv über das Zeitalter der französischen Ludwige und wirkte persönlich an der begonnenen Umgestaltung seiner Wohnung in der Münchner Residenz mit, wie gleichfalls seine Tagebuchaufzeichnungen erweisen. Derartige Eintragungen zum Seienden König, die zu konkreten Bauvorhaben in Bezug stehen, werden – in Beispielen – bei Besprechung der Bauten angeführt.

Am 20. Juni 1867: *Fronleichnams-Fest, tiefe Bedeutung (Hl. Abendmahl) ½8 Amt, Prozession (Königs-Macht u. Glanz!)* Zwischen 23. und 26.: *über Ludwig XIV. u. das wahre Königthum gelesen.*

Am 18. August 1867: *Napoleon u. die schöne liebenswürdige Eugenie nach München begleitet … (das Herrscherthum »von Gottes Gnaden« bedeutet ihm nichts …*

8. Januar 1868: *in »König Richard II«. Heil Shakspeare! Preis d. Ruhme Deines großen Geistes, Du Kenner der menschlichen Leidenschaften wie Keiner!*

> *Nicht alle Flut im wüsten Meere kann*
> *Den Balsam vom gesalbten König waschen;*
> *Der Odem ird'scher Männer kann des Herrn*
> *Geweihten Stellvertreter nicht entsetzen …*[536]

Es folgen weitere Zitate aus August Wilhelm v. Schlegels Übertragung von »Richard II.« (3. Aufzug, 4. Scene und 4. Aufzug, 1. Scene) und die Meditation: *Wunderbare, magische Gewalt des königlichen Namens! Du borgtest Deine Macht nicht von der Stärke der Waffen, nicht von dem Rechte über Leben u. Tod, u. Ehre der Menschen, nicht von den Schätzen, die des Fürsten Hand vertheilen kann, nicht von dem Glanze, der den Thron umleuchtet, – Du bist eine Macht von Oben her, ein Glaube, der die Geister bindet, wie das stille Gesetz der Schwere die Welten, u. weil Gott solchen Glauben für Uns Könige in die Herzen der Menschen gelegt, darum nennen wir uns mit Recht:*
»Von Gottes Gnaden Könige«.

Ob der König vorstehenden Text verfaßt hat, ist unbekannt. – Im Oktober des gleichen Jahres verzeichnet er immer wieder Lektüre von Büchern über Krönungen und andere monarchische Zeremonien.[537]

Ludwig II. war nicht: Verwaltungspraktiker, Politiker, Militär, öffentliches Schauobjekt (sein eigener Ausdruck: *Ovationsopfer*[538]) – also im Sinne von Philipp Wolff-Windegg nicht in das »Geschäft des Regierens« abgedrängt.[539] Und er war in der Kunst nicht Parteigänger eines einzelnen »Stiles«.

Er war die Bezugsperson: überall sich zurückhaltend; nur die auslösende, die anordnende Figur, – an welcher die anderen schöpferisch werden können. Dahinter aber steht als Sanktion: das *Königsgefühl,* der Seiende König. Diese »abstrakte Majestät« aber ist er unbeugsam und stellt sie dar, aus sich selbst – wo Anregung vorliegt, wie jene durch die Zarin Maria Alexandrowna (Abschnitt *Meine Kaiserin*) – hat er diese sich ein-verleibt, ein-gebildet, zu eigen gemacht.

Bei Aufzeichnung vom *Wachsen des Königs-Gefühles* zwischen dem 1. und 4. Mai 1867: In diesem Augenblick hing die gesamte Neu-Werdung des Zweiundzwanzigjährigen mit diesem Gefühl zusammen. – Da er so wenig von sich selbst redet, muß man es wirklich herausstreichen, unterstreichen: Selbständigkeit auch gegen Wagner hat ihre ersten entscheidenden Durchbrüche (Auswechselung des Sängers Tichatschek nach dem 11. Juni, in diesen Tagen auch Einspruch gegen Wagners Gotik beim Lohengrin-Sängersaal; siehe S. 111, 112 und 114); am 23. Mai ist im Tagebuch von *Zimmerbildern Styl Ludwig XIV.* die Rede (sicherlich Umgestaltung der eigenen Wohnung in der Residenz gemeint; die frühesten, von Eduard Riedel stammenden Entwürfe sind teilweise »4. Juni 1867« datiert[540]); am 31. Mai bricht er zur Wartburg auf (die mit entscheidend für die Vision des künftigen Neuschwanstein werden sollte, dessen Plan zuerst um den 16. April 1868 auftaucht); am 20. Juli tritt er die erste Reise nach Paris an (Besuch von: Weltausstellung, Louvre, Tuilerien, Fahrt nach Schloß Pierrefonds, dessen Wiedererbauung durch Viollet-le-Duc im Gange war, also Vorbereitung der Visionen auch zu den Bauten des bourbonischen Stoffkreises).[541]

Ludwig II. hielt sich für einen König; das ist keine Gestörtheit –, da er es nach den Vorstellungen seines Jahrhunderts war. Ebenso hielt er sich für einen König »von Gottes Gnaden« – auch das teilte er mit seinem Zeitalter und darüber hinaus mit dem christlichen Abendland. Wenn dies Gestörtheit war, so müßte man das ganze Abendland für gestört erklären.

Mißverstanden wird er dort, wo »gesellschaftlich« angepaßtes Verhalten allein für normal erklärt wird, wo also an Stelle der Freiheit des Individuums der Zwang einer Vorstellung von Kollektiv tritt. Wobei der König als gesund gilt, wenn er die Bezugsrolle, eben als Rolle, diesem Diktat gemäß spielt. Andererseits aber in die Gefahr kommt, für nicht normal gehalten zu werden, wenn er wirklich davon überzeugt ist, König zu sein (gleich: »von Gottes Gnaden«). Ludwig II. nahm dies ernst, mit kaum noch vorstellbarer Intensität. Man darf daher nicht Ludwig II. für »theatralisch« halten, sondern andere Fürsten, welche nur »die Rolle spielten« und zuweilen das Königtum ausdeuteten und ausnutzten zum »Regieren«. So sprach Ludwig II. von *Servilität nach unten.*[542]

Mißverstanden wird der seiende König auch, wo er aus der Mitte gerissen, für eine Partikel der Ganzheit beansprucht werden soll. Das heißt partem pro toto setzen, die Ganzheit atomisieren. Schon im Gebiet der Kunst: verlangt der Künstler oder von Kunst-betroffene, daß der König gerade seine Version anordnen, gutheißen und vertreten solle. Die Vertreter eines bestimmten Stils halten nur diesen für den »richtigen«. Die Propagandisten des Impressionismus verachten Ludwig II., weil er keine Impressionisten angekauft hat. Auch wer den Ausdruck »Märchenkönig« für Ludwig braucht, ist seinerseits dem Märchen unterlegen, möchte sich mit Märchenfiguren umgeben. Der König hält sich nicht für eine Märchenfigur, weil er ja wirklich König ist.

Der seiende König faßt das Königtum als Symbol auf. Bei Novalis heißt es: »Ein wahrhaftes Königspaar ist für den ganzen Menschen, was eine Constitution für den bloßen Verstand ist. Man kann sich für eine Constitution nur, wie für einen Buchstaben interessiren. Ist das Zeichen nicht ein schönes Bild, oder ein Gesang, so ist Anhänglichkeit an Zeichen, die verkehrteste aller Neigungen. – Was ist ein Gesetz, wenn es nicht Ausdruck des Willens einer geliebten, achtungswehrten [sic] Person ist? Bedarf der mystische Souverain nicht, wie jede Idee, eines Symbols, und welches Symbol ist würdiger und passender, als ein liebenswürdiger treflicher [sic] Mensch?«[543]

Im Sinne Ludwigs II. ist es kein Widerspruch, wenn das Symbol, der König, der unbezweifelbar ist, nach dem die anderen sich ausrichten können, nicht immer sichtbar ist, vielleicht sogar unsichtbar, – wie der Pol auf der Erde nicht zu sehen ist, – und doch zeigt die Kompaßnadel dorthin. Das ist freilich in einer Zeit der Fernseh-Vorführung des jeweils agierenden Regierungs-Chefs für viele Menschen sehr schwer faßbar.

Diese Mitte, dieser Pol muß kostbar sein, – in gleichem Denk-Zusammenhang, in welchem der Christ schon im Mittelalter um die – unscheinbare – Oblate, welche Christi-Leib-und-Blut nicht »bedeutet«, sondern »Ist«, das kostbare Gebilde der goldenen Monstranz formt. Die Schlösser Ludwigs II. sind die »Fassung« des Königtums. Sie sind nicht erbaut, weil ein Mensch, »der es sich leisten konnte«, in »Luxus« und »Pomp« wohnen wollte. Als Mensch, als bloß empirisches Ich, war Ludwig II. anspruchslos – ohne weiteres in ganz einfachen Jagdhütten wohnend; sein Schlaf- und sein Speisezimmer im Königshaus auf dem Schachen (beide Räume sind erhalten) sind bescheiden wie die Dienerschaftsräume seitlich des Ganges im ersten Stock des Palas von Neuschwanstein (diese Räume sind gleichfalls erhalten). Die Funktion der Architektur erfüllt sich nicht im Abwohnen, die des Königtums nicht in »Medienereignissen«.

In der Geballtheit der Jahre 1867/68: mit den Entscheidungen über alle Lebensbereiche – über Wagner, über das *Königsgefühl,* über die Reinheit als Grundlage des Königseins (vgl. den Abschnitt »Schwüre«) zeigte sich die Möglichkeit: das Königtum zu b a u e n, als Symbol, – es dadurch der Anfechtung, dem »Unrein-werden«, der irdischen Zerstörung zu entheben.

Der »wirkende«, aber »tatenlose« König ist also kein bloß Reflektierender. Ludwig II. ist unbefangen, nicht gestempelt; Unbefangenheit kann freilich zur Passivität drängen (Parzival, der nicht fragt). Das Besondere bei Ludwig ist: stets sofort zu handeln. Und dieses Handeln verlagert sich bei ihm auf die Ebene derjenigen Transzendenz, die von Wolff-Windegg »Wirken« genannt wird. Es bedeutet: die Mitte zu kennzeichnen. Sie sichtbar zu machen. Und das kann man nur, indem man sie dem Mißverständnis entzieht: ein König sei derjenige, der der fleißigste Kanzleibeamte sei. Oder: sei derjenige, der am siegreichsten Kriege geführt habe. Das sind Geschäfte des »tätigen« Königs, er kann darüber allenfalls mit sich selbst und anderen debattieren. – Der Seiende König handelt nicht politisch, aber das Sein stellt er handelnd dar, nicht reflektierend (Ludwig II. tut es durch Archi-Tektur). Daher er nicht zu reflektieren braucht über das Sein-des-Königs. – Vielmehr hat Ludwig sofort zu tun mit demjenigen Teil in sich selber, der nicht übereinstimmt mit dem seienden König. Und wendet sich darüber nicht an sich selbst oder an Menschen, sondern sofort an Gott (vgl. den Abschnitt »Schwüre«). Deutlicher noch wird das sofortige Handeln Ludwigs II. an dem Vergleich mit den jahrelangen Selbstanzweiflungen des Vaters bezüglich des Bauvorhabens der Villa in Feldafing (S. 50, 51).

Auch derjenige, der alle diese Gedanken für eine Irrlehre hält, möge sich überlegen, wie er es erklären kann, daß die Sterne sich aus Spiral-Nebeln gebildet haben. Daß die »Materie«, unter den einwirkenden Kräften der Anziehung und Abstoßung (die Schwerkraft zieht der König selbst metaphorisch im gleichen Konnex im zitierten Tagebuch-Eintrag vom 8. Januar 1868 heran) – einen Mittelpunkt bildet, eine Rotation, eine Kugel-Gestalt. Damit ist nicht behauptet, daß astral-physikalische Gesetze einfach der Gesellschafts-Bildung entwickelter Staaten zur Erklärung dienen könnten –, aber zum Nachdenken?

Ob die einfache Ich-Du-Beziehung, die dem »Contrat social« Jean Jacques Rosseau's[544] zugrundeliegt, die innerhalb der bisherigen menschlichen Geschichte manchmal versucht worden ist, sich aber nie lange gehalten hat, – und heute wieder in Frage steht, – ob sie sich als ebenso »realistisch« erweist wie die Umkreisung, – die Umschreitung, – wie: der Lauf der Sonne, des Sternenhimmels?

»Meine Kaiserin«

Im letzten Abschnitt wurde erwähnt, daß eine Anregung für das *Königs-Gefühl* von der Gemahlin Alexanders II. von Rußland ausging. Dieser in der Literatur bisher nicht erscheinende Sachverhalt wird hier an Hand der wichtigsten einschlägigen Stellen der Tagebücher Ludwigs II. dargestellt.

Prinzessin Marie von Hessen-Darmstadt, Tochter des Großherzogs Ludwig II., wurde am 8. August 45
1824 geboren. Am 16. April 1841 (nach dem damals in Rußland noch gültigen alten Stil; der Tag entspricht dem 28. neuen Stils) wurde sie dem damaligen Thronfolger, ab 18. Februar (2. März) 1855 Zar, vermählt. Sie führte nun den Namen Maria Alexandrowna. Die Kaiserin war 21 Jahre älter als Ludwig II. Ihre Persönlichkeit war teilweise der Ludwigs II. ähnlich.[544a] Anton Memminger[545] und Christopher McIntosh[546]

nehmen an, daß Ludwig mit der 1853 geborenen Tochter der Zarin, Großfürstin Maria Alexandrowna, verheiratet werden sollte. Böhm[547] bezweifelt dies; die Tagebücher enthalten nichts von derartigen Plänen. Die Großfürstin wurde am 23. Januar 1874 dem Herzog Alfred v. Edinburgh (ab 22. August 1893 Herzog v. Sachsen-Coburg und Gotha, zweiter Sohn des Prince Consort Albert und Königin Victorias) angetraut.

Sowohl die Zarin als auch Kaiserin Elisabeth v. Oesterreich (auch sie kommt im Tagebuch vor) sind nicht mit *T. Kaiserin* (Tagebuch 6. November 1860), am 1. Mai 1862 ebendort ausgeschrieben: *Tante Kaiserin,*[548] zu verwechseln. Letztere war Caroline Auguste (1792–1873), Tochter König Max I. Josephs, vermählt am 29. Oktober 1816 mit Kaiser Franz I. v. Oesterreich. Zwar nennt Ludwig II. auch die Zarin im Briefwechsel *Tante*, so am 2. April 1869,[549] jedoch nie in den vorliegenden Tagebuchbänden.

Die erste Erwähnung der Zarin in den letzteren datiert aus Kissingen vom 20. Juni 1864: *saß zwischen d. Kaiserin v. Rußland u. dem Prinzen Wasa.* Es handelt sich um Gustav, Vater der Königin Carola v. Sachsen, der sich – wegen Abstammung von der 1689 ausgestorbenen jüngsten Linie dieser schwedischen Familie wieder »Wasa« nannte. Am 24. war Ludwig lange bei der Zarin. Am 25.: *zu meiner Kaiserin; leider Prinz Alexander* [von Hessen–Darmstadt] *dort.* Am 27.: *meine Kaiserin.* Am 28.: *Blumen der Kaiserin.* Am 30.: *dachte viel an die Kaiserin.*

3. Juli: *Zur Kaiserin!* Am 6.: *Kaiserin mich Du* [genannt]*!* Am 11.: *saß zwischen Ihr, der Kaiserin, m*[eine]*r. Kaiserin! – dem Engel! – u. Prinz Alexander.* (Wie am 25. Juni: von Hessen–Darmstadt). Am 12. und 13.: *zur Kaiserin!* Am 15.: *Wehe, fort, ... zum Curhaus, alle dort, Abschied, russische Hymne ... Dahin die Wonnetage! in goldigem Glanze! – Trauer tritt ein, o schöne Zeit; – Mutter, Engel, Bruder theuer!* Mit den Letztgenannten ist offenbar die Zarenfamilie gemeint. An diesem Tage reiste der König von Kissingen ab. Dort war gleichzeitig mit der Zarin auch Kaiserin Elisabeth von Oesterreich mit ihrem Gemahl gewesen; Ludwig vermeidet Verwechslungen zwischen beiden bei seinen Aufzeichnungen, indem er Elisabeth stets als *Kaiserin v. Oesterrreich* bezeichnet.

Am 27.: *Freude weg.* [en] *Schwalbach, zur Mutter.* Gemeint ist die Zarin, welche sich in Bad Schwalbach bei Wiesbaden aufhielt. Am 30.: *7 Uhr nach Schwalbach abgereist.* Am 31.: *morgens d. Kaiserin begegnet ... 12 zur Kaiserin mein Bild gebracht.*

1. August 1864: *der Kaiserin auf d. Promenade begegnet ... 6 Uhr mit d. Mutter, Alexe u. ich zur Ruine Hohenstein. Alexe* ist vielleicht die elfjährige Großfürstin Maria Alexandrowna. Am »22.« (verschrieben für: 3.): *der Mutter Namenstag ... Morgens Sie begegnet ... 12 Uhr zu Ihr, Glück gewünscht ... ½7 Uhr Tableaux* [Lebende Bilder] *v. russischen Mädchen, ach wie schön d. Zeit! mit meiner wahren Mutter zu sein! ... ach Sie nach Hohenschwangau!* Königin Marie von Bayern, Ludwigs II. Mutter, hatte natürlich gleichfalls am 3. August Namenstag; der Kontext der Eintragung erweist jedoch, daß wiederum die Zarin vom König als *Mutter* bezeichnet wurde. Am 4.: *Reisetag, Sie noch begegnet.* Am 6. gab es jedoch ein Wiedersehen. Am 7.: *Vorabend vor d. Geburtstage* [der Zarin]; *... d. Mutter im Voraus gratulirt, – Vater ich bete für »Sie«!* Am 8.: *Zur Mutter, mit Ihr v. Confessionen gesprochen, o Heilige!* Am 10.: *Nach 11 zur Mutter ... sprachen, ... unsere Confessionen, Beichte, Abendmahl, O Heilige! – Engelrein, Abschied, – Wehe! ... Im Geiste stets bei »Ihr«!* Zwischen 9. und 22.: *Brief von d. Kaiserin!*[550]

Nacht vom 27. zum 28. Juli 1865: *Traum ... Kaiserin v. Rußland!*

7. August: *d. Kaiserin geschrieben.*[551]

8. August 1866 wird der Geburtstag der Zarin erwähnt.

Zwischen 8. und 20. Juli 1867: *über Kaiser Nikolaus* [von Rußland] *gelesen, Gewalt, Gottheit auf Erden, Majestät des Monarchen. Ritt, Erstehen des Bildes der Kaiserin:* Es folgt ein Gedicht Ludwigs auf die Zarin als Epiphanie der Majestät: *Im Strahlenkranz der Krone/Die wie die Sonne blitzt.* Die Schlußstrophen lauten:

Nicht kann ich König heißen
Darf weilen ich bei Ihr,
Als Sohn will ich sie preisen
Ja: Mutter ist sie mir. –

Ihr danke ich mein Leben
(Dieß ist nicht eitler Wahn)
Sie erst kann mich erheben
Den Knecht, den Unterthan.

3. August: *Namenstag meiner Kaiserin.* Am 8. wird ihr Geburtstag erwähnt.

19. Juli 1868: *der angebeteten Kaiserin Nachts noch geschrieben.* Da ein Wiedersehen mit der Zarin in Kissingen folgte, dürfte wiederum diese gemeint sein.

2. August: *Morgens 6 Uhr in Kissingen, Besuch u. Tafel bei den Majestäten von Rußland.* Am 3.: *Namenstag der Kaiserin, Gottesdienst der orthodoxen Kirche, feierlich, erhaben.* Am 4.: *Nachmittags 4 Uhr bei der Kaiserin, der Heiligen Angebeteten, blieb bis ¾6 Uhr, dringende Ermahnungen an mich gerichtet, ernst u. streng u. doch engelsmild dabei, sprach so überzeugend, aus jedem Worte erkannte ich den Ausdruck des zärtlich besorgten, liebenden Mutter-Herzens; versprach Ihren Ermahnungen Folge leisten zu wollen. »Wer bliebe kalt, hört er des Engels Flehen«!* Am 5.: *Thee bei d. Majestäten. In d. folgenden Tagen mit den Majestäten auf d. Promenade (Bild v.* [Alexander v.] *Kotzebue gesehen, Einnahme v. Riga durch Peter den Großen).* A. v. Kotzebue, Sohn des ermordeten Dichters August v. Kotzebue, war Hofmaler Alexanders II. mit dem Sonderauftrag, die großen Siege der Russen in Historien- und Schlachtengemälden festzuhalten. Er hatte die Erlaubnis, in München zu leben, war aber gehalten, von Zeit zu Zeit seine Werke dem Zaren vorzustellen. Am 8., dem Geburtstag der Zarin: *Messe d. orthodoxen Kirche.* Am 9.: *lange bei der Kaiserin, über Politik, die Krönung, die Macht des Czaren gesprochen, auch d. Kaiser beim Abschied, hinreißend herzlich u. liebevoll, trauriger Abschied. – Gegen ½8 Kissingen verlassen.* Es folgen drei Seiten Bekräftigungen des Eindruckes der Zarenfamilie und -krone.

20. September: *die freudige Nachricht erhalten über den Besuch meiner Kaiserin.* Am 21.: *sehr erregt durch den gestrigen Tag, durch das Kommen der Kaiserin.* Am 22.: *Vorbereitungen zum würdigen Empfang d. geliebten, erhabenen Gastes.* Am 26.: *sehr aufgeregt, … nach Pasing, nach 5 Uhr daselbst meine Kaiserin begrüßt, fuhren nach Starnberg, mit dem Dampfschiffe nach Berg, beglückender Tag, die geliebte Gegend geheiligt durch Sie; ja erst durch Sie empfing sie die wahre Weihe, durch die Wonnen mir wurden; die beseligenden Folgen, die daraus mir erblühen, werden noch lange, lange Zeit Heilbringend, Kraft verleihend mir sein. – Um 8 Uhr Souper, Musik u. Gesang, darauf mit der Kaiserin im Parke mondbestrahlt gegangen, viel, traut gesprochen über die verschiedenen staatlichen Einrichtungen, das Wesen der Monarchie, Rußland, gottvoll, unvergeßliche Nacht; Heil dem Czaren, Anbetung dem Strahl der allmächtigen Krone.* Am 27.: *Frühstück mit der Kaiserin, Messe, um 11 Uhr Fahrt längs des Sees bis St. Heinrich,* [folgt ein unleserliches Wort] *herrliche Stunden, ½5 Frühstück, Gespräch über d. Heirathen, fatale Nachricht, gottvoll bei Ihr. Seliges Berg, verklärt durch Ihre Gegenwart, um ¾4 Uhr mit der angebeteten Kaiserin, begleitet von Herren u. Damen auf* [Ludwigs Dampfschiff] *»Tristan« nach d. Roseninsel, dort Oberon's Traum* [?] *Tafel, Musik, gehobene Stimmung, lustwandelt, strenge Urtheile, so überzeugend u. wahr gesprochen, Engel, Prinzip des Guten u. Reinen, Heil, Segen! auf Dein geliebtes Haupt! – Fahrt nach Possenhofen, dann auf d. See bis gegen Tutzing, Souper auf der magisch, bunt erleuchteten Roseninsel, hehrer Abend, mit Musik zurück nach Berg, zauberhaft feenartiger Anblick in strahlendem Glanze. Schloß, Park u. Gegend, Wasserstrahl, orientalischer Wundertraum!*[552] Die *Fahrt nach Possenhofen* erfolgte in Begleitung der Zarin; beide trafen mit der Herzogin Sophie Charlotte in Bayern dort zusammen, mit der Ludwig II. vom 22. Januar bis 7. Oktober 1867 verlobt gewesen war und die am folgenden Tage, dem 28. September 1868, dem Herzog Ferdinand v. Alençon, einem Enkel Louis Philippes, vermählt wurde.[553] Der *Wasserstrahl* in Berg, von dem der König im Eintrag vom 27. schreibt, war vermutlich die zweite Fontaine, die der Hofgärtner Carl v. Effner für den Besuch der Zarin improvisiert hatte.[554] Am 28.: *um ½9 die Kaiserin leider schon fort, begleitete Sie fort, bis Innsbruck … trauriger Abschied.*

14. November 1868: *d. Kaiserin bis Kufstein entgegen, Abends 8 Uhr der Engel eingezogen, der gute Geist.* Am 15.: *unruhig, die Kaiserin nicht allein gesprochen … Heil dem Kaiser u. der Kaiserin, Segen den Gesalbten des Herrn.* Am 16.: *8 Uhr die Kaiserin bis Nördlingen begleitet, trauriger Abschied.*

Zwischen 5. und 12. August 1869: *Gott segne die Kaiserin.*[555] In dem Druck von späteren Tagebuchaufzeichnungen Ludwigs, herausgegeben von »Edir Grein« ist für einen 3. August (wahrscheinlich 1871) wiedergegeben: *Fahrt auf dem See im Mondenglanz am 3. dem Namenstag der Kaiserin …*[556] Der Herausgeber bezieht das irrigerweise auf Kaiserin Elisabeth, »die einzige lebende Frau, von der er in seinem Tagebuch flüchtig spricht.«[557]

(Im vorliegenden Buch sind weitere Tagebucheinträge, in denen vom Zarentum die Rede ist, im Abschnitt »Schwüre« zitiert).

Bei Ludwigs Auffassung der Zarenmajestät spielte Ignaz v. Döllinger, vielfach sein Berater bezüglich transzendentalen Königtums, vielleicht eine Rolle. Döllinger gehörte zum Kreise Franz v. Baaders und war von dessen »Sur l'Eucharistie« beeinflußt (im Auftrag des russischen Ministers Golicyn unter Alexander I. als Lehrbuch für den russischen Klerus verfaßt).[557a]

47 Bekannt ist die seelisch-geistige Beziehung Ludwigs II. zu seiner Cousine Elisabeth, Herzogin in Bayern, am 24. April 1854 dem Kaiser Franz Joseph I. vermählt. Vom 1. August 1860 an[558] wird sie gelegentlich im Tagebuch erwähnt – am 8. oder 9. Februar 1867 heißt es: *ein Götterbild, erhaben, engelgleich, wehe, sie verließ uns wieder, die Theure, Erhabene.*[559] Diese Beziehung beruhte auf einer tiefen, geradezu verblüffenden inneren Wesensähnlichkeit.[560] Anregungen für das *Königs-Gefühl* lassen sich aber nur in einem Falle nachweisen. Am 1. Juli 1867 schreibt der König: *d. Kaiserin um ½8 Uhr Possenhofen verlassen, durfte Sie zu meiner großen Freude bis nach Traunstein geleiten, Erinnerungen, Kissingen,* [wo Ludwig Elisabeth beim Séjour Juni–Juli 1864 öfter sah] *trautes Beisammensein, wundervolle Güte u. Freundlichkeit (Ungarn, Königskrönung) Rustan* [der Mohr der Kaiserin] *Mond, Ischl, Mitternacht Abschied.*[561] (Am 8. Juni war Elisabeth zur Königin von Ungarn gekrönt worden). Am 26. September notiert Ludwig: *Königin v. Ungarn*[562] vermutlich als Gegenstand einer Lektüre – wie er ja 1867 besonders intensiv über Krönungen und Zeremoniell liest.

Kurz vor Antritt seiner Reise nach Paris (Abfahrt am 20. Juli 1867) schreibt Ludwig II. an Frau Cosima: *auch bin ich begierig auf die Kaiserin,* [Eugénie] *von der ich schon so viel gehört habe. Kaum glaube ich, daß sie meinen Kaiserinnen von Österreich und Rußland an die Seite zu stellen sein wird.*[563]

Im Gegensatz zu Maria Alexandrowna und Elisabeth ist die Braut, (Verlobungszeit: 22. Januar bis 7. Oktober 1867) Sophie Charlotte, Herzogin in Bayern, im Tagebuch relativ selten und kurz erwähnt und nie in Zusammenhang mit den eigentlichen Inhalten Ludwigs, ausgenommen den Eintrag vom 16. März: *Sophie den theuren Freund das erste Mal gesehen, bedeutungsvolle Stunde!*[564] Es handelte sich bei dem *Freund* um Wagner, wie der Brief des Königs an diesen vom gleichen Tage erweist.[565] Irgendwelche Folgen hatte dieses Kennenlernen jedoch nicht. Ludwigs Selbst-Werdung und sämtliche Interessengebiete wurden dem Tagebuch zufolge von der Verlobtheit und von der Braut überhaupt nicht berührt; die Aufzeichnungen ergeben auch zu keiner Zeit Anhaltspunkte für irgendeine Initiative des Königs, von sich aus sich zu verloben, soweit die Tagebücher vorliegen. Zu der Quellensituation in diesen stimmt die Beurteilung der Braut durch Ludwig II. gegenüber Wagner.[566] Ihre Schwester, Kaiserin Elisabeth, sprach sich anläßlich von Sophies Affäre mit Dr. Glaser im poetischen Tagebuch gleichfalls eindeutig aus (April und Juni 1887).[567] Ludwig II. in seiner Ritterlichkeit veranlaßte Lorenz v. Düfflipp, eine Version von Lösung der Verlobung in beiderseitigem Einverständnis zu verbreiten, bewahrte also über Sophies kurzfristige Liaison mit Edgar Hanfstaengl Schweigen.[568]

Schwüre

Dieser Abschnitt handelt vom Ritual Ludwigs II., das auf Reinheit des Seienden Königs zielt, gemäß der Aussage der Tagebücher.

Abb. 14 Wie die Archi-Tektur König Ludwigs II., haben auch die Schwüre eine Folge von immer größerer Wirklichkeit, bis das Äußerste erreicht ist. Das erste: sind die Segenszeichen, die Schnörkel. Das zweite: die ausgeschriebenen Segenssprüche, die sofort mit der Thronbesteigung beginnen. Das dritte: die eigentlichen Schwüre, die Reinheits-Beschwörungen.

Am 10. März 1864 verstarb Max II. Vom 13. datiert Ludwigs erste Segensbitte: *Lieber, gnädiger Gott! – Vater im Himmel! – Völlig ergeb ich mich in Deinen Hlg. Willen; Du hast meinen Vater von dieser Erde abgerufen, Du wirst Deine weisen Absichten dabei haben! – Auf mich hast Du eine schwere Last gewälzt! – Wie soll ich sie tragen, wenn Du mich nicht unterstützest! – Heiliger Vater, sende Licht in meine Seele, gib mir Muth u. Kraft, meine schwere Pflicht recht zu erfüllen, im Namen des Erlösers, in Deinem Namen*

Gebenedeiter! – beginne ich meine Regierung! Am 14.: *O Herr, verlaß mich nie! – Vergib mir meine Sünden, stärke mich stets!* Bis zum Jahresende findet sich nahezu jeden Tag eine solche kurze Segensbitte am Ende der Tageseinträge, wie Abendgebete, – manchmal von einem kalligraphischen Schnörkel gefolgt, der häufig wie eine Variation über das »L« aussieht.

Der erste *Schwur* datiert vom 7. Mai 1864: *Meiden will ich fürwahr, fortwährend mit Gott! jedes Laster! – Leuchte auch ferner mir Licht, das nur das Reine verleiht!*[569]

Zwischen 6. und 11. Februar 1865: *Gesetz! Heute wegen des Traumes – morgen? – Sonnabend, rein* [?] *zu sein! – Sonst nur, wenn es »nothwendig«! ist.*[570] 29. Juni 1865: *Gesetz (genau aufrecht zu erhalten) Nicht mehr in die strahlende Sonne, Walter mit Maaß, nie zu Pferde im Mondschein,* [Friedrich] *Völk* [Reitknecht] *nur an seinem Platz, sonst nur in besonderen Fällen, beide nie am ständigen Aufenthaltsorte, Strafe bei Übertretung! – Gegeben am 29. Juni in den Bergen 1865. Ludwig.* 26. August 1865: *Gesetz Gegeben am Tage, der meinem Geburtstage die Hand reicht, bei dem Schein von Tristans Name, bei dem Schatten von O.W. v. T. O. T. g. G. tritt von Dienstag an in Kraft. Gegeben vom Kunst-Erglühten, vom Gott-Gesandten, vom Jung-Erblühten, vom Geist-Entbrannten! Du weißt, was Du thust, halte es wohl! Bleibe Dir treu! – ich will! ich will! Ludwig.*

27. Februar 1866: *Abends: »Jungfrau von Orleans! Furchtbarer Heiliger, Deine Hand ist schwer! – Kennen gelernt!*[571]

13. Juni 1867: *Gelöbniß in d. Kapelle* [in Linderhof, erbaut 1684] … *gedachten d. Schwures.* Der König war in Begleitung von Stallmeister Richard Hornig. Am 18. September: *(Bild entworfen, welches versenkt werden soll im Schoße d. Erde um von ewig Heiligen, reinen Himmelswonnen Zeugniß zu geben.) Tafel nah am Schlosse,* [wohl: Berg] *Ritt auf Liutbrand* [Pferdename] *mit* [Reisefourier Karl] *Hesselschwerdt … Plan, morgen Abend! Noch köstlicheren Samen bergen wir freudig in der Erde Schoß!* Über den *Plan* gibt das Tagebuch keine Auskunft. Am 25.: *gestern die Tristan-Bilder erhalten, die für der Erde Schoß bestimmt sind, Wohl Euch!* Am 20.: *Ludwig II. von Gottes Gnaden König von Bayern, Pfalzgraf bei Rhein, Herzog von Bayern, Franken und in Schwaben etc. etc. Wir schwören bei Allem was Uns verehrungswerth u. Heilig der in Uns waltenden Kraft nur mehr bei wahrer, drängender Nothwendigkeit Folge leisten zu wollen! – Zur Bekräftigung dieses Heiligen Gelöbnisses und ausgesprochenen Königlichen Willens fügen Wir Unsere Eigenhändige Unterschrift bei und das königliche Siegel. – Gegeben zu Berg am Tage welcher den beiden nie zu vergessenden Aufführungen des Tannhäuser die Hand reicht u. 8 Tage vor der letzten des Lohengrin. Ludwig* [Siegel]. 7. November: *aus dem Ideale, das in mir lebt, zu herrlicher Vollendung auf Erden mich zwingt, zur Verwirklichung in Wagners Geist, will ich die Kraft schöpfen, die das Nichtige als solches mich erkennen lehrt, so daß das Verderben, wenn es auch tückisch in schönem, glänzendem Schein mir nahen will, nicht wieder mich blenden kann, stark in Heiliger Liebe zum ewig Erhabenen, Edlen, treu dem großen Freunde, eingedenk des 20. Sept. 1867, der nie seine Gültigkeit verlieren darf; bei Strafe des ewigen Verderbens, bei Verlust des allein beseligenden, wahrhaftigen Heiles; – Allrauner, rächender Gott, Schwurwissender, Eideshort! Wotan Wotan! wende Dich her! Helle Wehr! Heilige Waffe! Hilf meinem ewigen Eide!*

Am 1. Jan. 1868 die Huldigungen auf dem Throne entgegengenommen … So wahr ich Heute die Stufen des Königs-Thrones emporschritt, umgeben vom Glanze, umleuchtet von den ewigen Strahlen der Majestät, das sichtbare Abbild Gottes auf Erden, das nicht fehlen, nicht sündigen kann, so wahr werde ich in diesem Monde keinenfalls es wieder thun, eingedenk des Eidschwures vom 20. Sept. 1867 und der Heiligen Lehren Parcivals! – Wie Du mich schirmst in meiner Noth, / So halt' in Treu ich Dein Gebot. (Diese Verszeilen sind Worte Elsas zu Lohengrin.[572]) Am 14.: *O Gott zu stark waren die Folgen des Eindrucks von König Richard* [am 8. hatte der König einer Vorstellung von Shakespeares »König Richard II.« beigewohnt] *– ich mußte fehlen, wehe mir, noch beseelte mich nicht die Heldenstärke, die lieben und entsagen lehrt; doch bald naht das Unterpfand nie zu erlahmender Kraft, das Trost u. Gnade bringende Unterpfand, geweiht durch des Thrones Heiligkeit, den Abglanz der ewigen u. allvermögenden Majestät des Himmels.*

2. Februar: *das Unterpfand überirdischer Kraft u. Herrlichkeit, nie zu trübende, unantastbare Majestät endlich genaht …* Am 17.: *Im Januar 1. u. 14. Februar 15. u. 18. – März nicht dieß sei Gesetz!* Am 18.:

Die Lilienkrone war noch nicht erschienen
Zu schützen mich vor neuem tieferem Fall
Doch naht sie, um den König zu entsühnen,
Deß Wort vergeblich nimmermehr verhall
Ihr mächt'ger Strahl wird Riesenkraft verleihen
Und sie allein vermag Vergangnes zu verzeihen.

Das Königliche Wort wirkt über Alles,
In allem zeigt der Zauber sich gewaltig
den wundersam das Königswort umschließt.
Am 18. Februar 1868 Ich der König.

Im Tagebuch folgt ein herausgeschnittenes Blatt. Am 22.: *Erscheinen der Lilienkrone, der unerschöpfliche Gnadenquell, dessen Symbol sie ist, wird mit Wunderkraft den restlos Strebenden beseelen, das Bild göttlicher Kraft, unnahbar, heiliger Majestät. Diese Nacht Beginn der hehren Weihe auf des Thrones gotterfüllter Höh.*

Erneuerung des Heiligen Gelöbnisses Charsamstag 11. April 1 Mond vor der Zeit der Freuden, der Wonnen, Entsenden der Treuen nach jenem bedeutungsvollen Ort an des Sees seligen Gestaden, dem Zeugen ewigen Sieges, dem Quell der reinsten, nie vergehenden Wonnen (Taube aus der Arche entsendet, wie Noah, noch blüht der Ölzweig nicht ... Sei treu, dann trennt Dich nichts vom Königs-Thron.

10. Mai 1868: *Abends Abschied vom Throne genommen, die Heiligen Stufen noch einmal emporgeschritten.* Gemeint ist der Thron Ludwigs I. im Thronsaal des Festsaalbaues der Münchner Residenz (Ludwig II. weilte am 10. Mai in München, und allein dieser Thronsessel hatte mehrere Stufen). 6. Juli: *es beginnen die drei Weihenächte (»es thut in nächtlich heil'ger Stund' der Herr sich durch ein Wunder kund!«) – Symbol der Vereinigung der Heilig idealen Liebe mit der Majestät, dem Strahlen der Krone, des Geistes der beiden* [1 Wort unleserlich] *dem der Poesie u. dem der absoluten Monarchie; fest u. untrennbar!* Am 14.: *doch Kraft zum Widerstehen gewonnen durch das Gesetz vom 20. Sept. 1867, durch den Zauber-duft, der der Königlichen Lilie entströmt, durch den Strahlenglanz der Krone.* [folgt ein Monogramm, offenbar aus zwei »L« gebildet] – *Nicht mehr im Juli, nicht im August, Fortschritt durch Gottes Hülfe seit dem vorigen u. vorletzten Jahre, Muth u. festen Vorsatz gefaßt, in des Erlösers Namen! (Der Muth des Glaubens sei Ihm neu gegeben, daß auch für ihn einst der Erlöser litt.* Am 21.: *traurige tief zu beklagende Stunden folgten, doch nun in der That aus dem Fall Erhebung gefunden, mit Gottes und des Königs Hülfe das Feuer in die rechte Bahn geleitet. – April–Mai 4, Juni–Juli 3, August–September 2, Oktober–November 1 der Erlöser wird weiter zum Guten helfen; der Herr wird salben dich mit Seiner Kraft! Keinenfalls mehr es sei geschworen beim Andenken an den großen König Ludwig XIV und an die blühende Zeit des deutschen Mittelalters. Ich der König. – (So wahr ich König bin u. die Krone mir das Höchste ist. –)*

19. August: *Wahr ist der Spruch »dieß aber ist der Fluch der bösen That, daß sie fortzeugend Böses muß gebären«*[573] *das Geschehen (10. Aug.) ist hier nicht Fall zu nennen, mehr als Symbol des noch einmal seine verderbliche Macht versuchenden Bösen aufzufassen, doch das Fortzeugen der lichtscheuen That ist überwunden durch die siegende Gewalt des Guten; durch das strahlende, reine Licht der heiligen Czaren-Krone, der ich mich unterwerfe, anbetend, liebend u. glaubend; hoffend auf Heil, auf Erlösung. – Von nun an ist der Lebenszweck Vereinigung der Idealität mit der Wirklichkeit. – Das Ideale sei mir vorhanden, nicht, wie oft die Jugend träumt, um sich von der Wirklichkeit loszusagen, ein bloßes Schattenreich zu sein, in einsamer Höhe zu verharren, oder den kühnen Flug nach unermeßlichen Räumen zu richten; sondern die Wirklichkeit läuternd zu durchdringen, sie zu durchgeistigen u. von ihrer Zufälligkeit zu befreien, von d. Stufe der Gewöhnlichkeit u. Beschränktheit in die Sphäre der Vollkommenheit zu erheben; – die Wirklichkeit aber, um dem Ideale zur Gewinnung bestimmter substantieller Gestalt sichere Wege anzubahnen, auf welchen es Dasein u. Erscheinung erlange, der erreichbaren Höhe zustrebe, deren Gipfel die Stätte des ächten, in sich einigen, über alles Zufällige erhabenen, den gewöhnlichen Erdensohn abstreifenden Menschenthums erschauen läßt. Jenes die Schwungfeder, dieses die Lenkfeder. – Ohne Ideal*

bleibt die Realität ein träger oder todter Körper, ohne Realität schwebt das Ideal in der Luft, ist ein Scheinideal. Beide haben, jedes nach seiner Kraft u. seinem Wesen, im Boden des Lebens zu keimen, das nicht nach unten, sondern nach oben seine Blüthen treibt, seine Früchte nutzbringend entfaltet. (Treu, nach dem in den »Meistersingern« sich offenbarenden Geiste zu leben) Der sinnliche Reiz ist abgeschafft, hat aufgehört als Genuß zu bestehen! – Ich halte es, so wahr der Czar mir helfe und Sein Heiliges Wort! – Geschworen bei dem Andenken an den Großen König. – [Vermutlich: Ludwig XIV.] *So gegeben auf dem Soiern* [wo ein Königliches Jagdhaus stand] *am 19. August 1868.* Kurz vorher, am 9., hatte Ludwig von der Zarin Abschied nehmen müssen (Tagebucheintrag zitiert S. 131).

24. Oktober: [Hofsekretär Lorenz v.] *Düfflipp lange da, Wohnung, Service, Bett Ludwigs des Großen besprochen, Wunderwerk, das Gelübde vor dem Thronhimmel des königlichen Bettes erneut.* [Es folgt ein Schnörkel.] … *zum Übernachten nach Berg, mußte leider 3 volle Tage bleiben zur Buße! (Nicht genügend war es, zur Erlangung des Heiles im Anschauen des Heiligthumes mich zu vertiefen. Wohnung* und *königliches Bett:* hier handelt es sich vermutlich um die Räume Ludwigs in der Münchner Residenz.

3. November: *Platz für die neu zu bauende Kapelle ausgesteckt* [in Linderhof; vgl. den Schwur-Eintrag vom 13. Juni 1867] *u. an der Stelle wo ein Mord geschah kann sühnend sich ein Gotteshaus erheben. – Lilien-Nächte »Domine salvum fac Regem« – Segne u. beschirme Deinen Knecht, o Herr, bewahre ihn vor der Sünde, die ihn Dir u. Deiner Gnade u. Erbarmung entfremdet.* 1875 schuf Ferdinand Knab einen Aquarellaufriß für die neue Kapelle, die Projekt blieb.[574] Am 15.: *der mächtige Strahlenglanz, der der Czarenkrone entströmt, möge das Schlechte auf ewig in mir verzehren.* Die Zarin weilte an diesem Tage in München.

27. Dezember 1868: *Nachts Vereinigung des Ideals mit der nothwendigen Wirklichkeit im Schwur vor dem Thronhimmel des Königlichen Bettes, nicht unter 4 Wochen dieß schon viel, geschworen bei Gott u. dem Ausspruche u. Gedanken des Großen Königs »l'Etat c'est moi« (Tmeicos-Ettal.) Die Kraft des Allerhöchsten wird dich überschatten, so wahr mir Gott helfe und Sein heiliges Wort! – »Nec pluribus impar!«* (Devise des Roi Soleil). Vor dem Thronhimmel des Königsbettes (wohl dem eigenen in der Residenz in München) war schon am 24. Oktober ein Schwur erfolgt (oben zitiert). Das Anagramm *Tmeicos-Ettal* war am 5. Dezember entstanden,[575] es bezeichnete Ludwigs Bauvorhaben einer Wieder-Holung von Versailles.

Im Jahre 1869 nimmt der Umfang der Schwüre deutlich zu, auch ihre Häufigkeit. 7. Februar: *Rückfall in den alten Fehler einzig durch das nichtige eitle leere Wesen u. hohles Getreibe des Faßnachtssonntages zu erklären. Erneuerung des heiligen Schwures vor dem Königlichen Heiligthume in Inbrunst dahingestreckt ausgesprochen. »Liebe Gott, weihe dich Ihm! »Timete Deum, honorificate Regem!« Heiliget Euch! – Noch mußte der tiefe Fall der übermächtigen Überhebung folgen, um erst später die Heiligung vollziehen zu können, bedarf es Tage der Heiligung u. Buße.* Am 21.: *Fall der durch das Schicksal bestimmt war, am 7. 14. u. 21. Febr. d. J. mußte das Traurige geschehen, doch nach dem 3maligen, traurigen Fall kommt die Erlösung (Freitag 9 Tage u. Nächte ohne Regung u. Kuß) völlige Erhebung nach 3 mal 3 in Heiligung hingebrachten Tagen u. Nächten, die Königlichen Stufen-Tage, daraus wird Überwindungsstärke, wie sie nur Königen und Helden zutheil werden kann* [ein unleserliches Wort folgt] *vollen, (der wahre König drin im Herzen wird Dir auferstehen etc. –) Fürchtet Gott, ehret den König! – Tastet meine Gesalbten nicht an! – Anbetung u. Küssen der Wundmale Unsres Erlösers, unsres Königs u. Gottes.* Zwischen 23. und 28.: *Straucheln nach 3 Wochen, nicht mehr in 8 sage acht! Geschworen bei dem Klange der vielbedeutenden, inhaltsschweren Namen Tristan und Isolde, Siegfried! freu sich des Siegs. Richard Wagner! Höre mich Wonniger, Dich rufe ich Ewiges Wunder rächet mich! Allrauner, Schwurwissender Wotan, Wotan wende dich her Allrächender Rascher im Strafen Ruhiger, Weiser im Rathen Ohne Reue will ich dir folgen Hilf meinem ewigen Eide!*

Zwischen 9. und 13. April: *trotz letzten Falles am 9. April 1869 endliche, wirkliche Erlösung, sodaß kein thatsächlicher Rückfall mehr möglich, durch die wahrhafte, wirkliche und innige Vereinigung mit dem Erlöser im hl. Abendmahl, beseligt mich die unwiderrufliche, endgültige Erlösungs-Wonne, in der heiligen Nische des Byzantinischen Gotteshauses* [Allerheiligen-Hofkirche in München?] *schließt Christus, der Heiland den Bund mit Seinem tief gesunkenen Knechte, dem Gesalbten des Herrn, der nie von Ihm lassen will bis zum Tode.* Am 28.: *Nicht zu entschuldigender, tief beklagenswerter, schmerzlich zu bereuender Fall erfolgte … Es folgten die Bußtage … Das erlösende, stärkende Bad, (Kreuzes- u. Kronen-Mai-Wagner-Zauber) 1 Nacht unter dem Thronhimmel des königlichen Bettes, Kronen-Wacht – Am 4ten Mai der wonnige Erlösungstag.*

10. Mai: *Abend Abschied vom Throne.* Hier liegt eine rituelle Zeit-Verspinnung vor – am gleichen Tage des Vorjahres wurde ebenfalls feierlich vom Thron Abschied genommen (der Eintrag ist zitiert). Am gleichen Tage 1869 noch: *Um Mitternacht feierliche Versieglung des Wunderblattes, des am 6ten geschriebenen!* Am 23. oder 24.: *Beim Dom zu Rheims u. seinen glorreichen Erinnerungen geschworen nicht mehr (nach allen Kräften.* (In der Kathedrale zu Reims wurden seit 1179 die französischen Könige gekrönt – also auch Karl VII. nach den Taten der Jeanne d' Arc, für Ludwig II. durch Schiller geheiligt).

Zwischen 25. Mai und 3. Juni: *De par le Roy! – Nur gestattet, wenn in der Nacht der neu anbrechende Monat dem scheidenden die Hand reicht. – Nur eine Strafe gibt's für dein Vergehen! u. sie war gerecht, diese Strafe! ich darf nicht klagen! – Bessere dich! – 3 Tage in Berg.* Schon beim Schwur vom 24. Oktober 1868 werden drei Tage Aufenthalt in Berg als Buße erwähnt. Am 23. Juni 1869: *Nachts 7 Tage vor der bestimmten Zeit das gnädig Zugelassene vorgenommen, daher vom 30. Jun. auf 1. Juli nicht, erst wieder 31. Jul. auf 1. Aug. Geschworen bei den erhabenen Namen von Tristan und Isolde, den Andenken an dieß gottentsprossene Werk! – ICH »der König«!* [darunter Zeichnung eines Trinkhorns]

Vergessens güt'ger Trank
Dich trink Ich sonder Wank.[576]

Schon bei den zitierten Schwüren vom 26. August 1865 und zwischen 23. und 28. Februar 1869 sowie bei dem Ritual der Versenkung von Bildern in die Erde (18. und 25. September 1867), ebenfalls zitiert, ist von Tristan die Rede. 25. Juni 1869: *(Nachm. um ¾ 3 der Leibes- u. Tilgungstrank drüben genossen, hat die Kraft das in seinen 8 Tagen Gefehlte ungeschehen zu machen).*

2. Juli: *im orient. Kiosk geschw.*[oren] *nicht mehr so! 9 mal … bei Regen nach dem Hochkopf,* [auf dem ein Königliches Jagdhaus stand] *Rast, Genuß des symbolischen Brotes u. Weines u. vom Baum des Lebens genossen, d. die Wirkung d. vom Baum d. Erkenntniß Genommenen schwächt. Sei stark, sei treu, überwinde, werde entsagungsstark!* Der *Kiosk* stand in Berg, wo sich der König damals aufhielt. Am 29.: *der byzantinische, strenge Kunststyl soll im Leben bei Mir sich bethätigen, keine einzige Ausnahme ist gestattet, sei despotisch gegen Dich selbst, denn wenn Du vor allem Dein Eigener Autokrat bist, darfst Du es Anderen sein! – Geschworen bei dem Andenken an den großen König,* [wohl Ludwig XIV.] *gib mir Deinen Segen, Erlöser, u. auch Du Hlg. Gottes-Mutter.*

1. August: *Erlösungstag … zum Horntrank!* [daneben Zeichnung eines Trinkhorns; vgl. den zitierten Eintrag vom 23. Juni] *Louis XVI, vive le Roi.* Am 10.: *Im Interesse der Frische u. Stählung des Geistes u. Körpers ist von nun an das Schlafen über 8 Stunden verboten. So geschehen Linderhof 10. Aug. 1869 Ludwig.* (Siegel mit Königswappen).

9. September: *De par le Roy! – Enthaltsamkeit von Aufregungen, dem Genusse des Weines, Stärkung durch Nüchternheit u. geistige Genüsse, Bewegung, Naturgenuß. – Gott segne u. behüte mich. – Gegeben zu Hohenschwangau den 9. Sept. Nachts Ludwig.* Am 21. der erste Schwur in französischer Sprache, eine ganze Seite einnehmend: *De Par Le Roy il est ordonné que d'a présent on ne doit ceder aux exigences du sensualisme que quand il est essentiellement necessaire, jamais pour y prendre du plaisir; les joix de l'esprit doivent dompter ceux du corps; c'est la volonté de Sa Majesté que la vraie royauté absolue se manifeste dans ce cas. Nous jurons de vouloir suivre cette loi avec l'aide du Seigneur, du Christ qui nous a sauvé du peril, qui a racheté les pêches de l'humanité. Fait à Polling le 21 sept. 1869 Louis.* Am 27.: *letzter Sturm d. Sinnlichkeit vor dem Einlaufen in den Hafen der Seligkeit u. inneren Ruhe, Ausruhen auf den weichen Polstern eines orientalischen Märchentraumes, letztes Ausstoßen seiner nun für immer gebändigten Macht durch das Wunderhorn Oberons, emporgetragen zu seligen Höhen auf dem schwebenden Wagen der Luft, um siegreich, machtvoll herab zu kommen als kräftiger, sich selbst besiegender König! So wahr mir Gott*

helfe u. Sein heiliges Wort, u. des Königs erhabener Wille. – Stark ist der Zauber des Begehrenden, stärker der des Entsagenden. – Heil gekommen durch den Erlöser, Segen durch das Gedächtnis an den großen König. Vive le Roy![577] In Carl Maria v. Webers Oper »Oberon«, der ersten Oper, die Ludwig erlebte, (am 29. Januar 1860) gibt Oberon dem Ritter Hüon von Bordeaux ein Horn, dessen leiser Ton ihm jederzeit Schutz verleihen, dessen starker Klang aber den Elfenkönig, den Geber, selbst herbeirufen wird.

Von den späteren Schwüren werden zwei wegen ihres Bezuges zum Bauen wiedergegeben. Es muß aus Erwin Riedingers (»Edir Greins«) Druck zitiert werden, was nur mit Vorbehalten geschehen kann. Ein Vergleich mit den Tagebüchern von 3. Juni 1858 bis 11. November 1869 ergibt zwar, daß nach Inhalt und Stil das meiste von Riedinger Herausgegebene echt sein muß. Vollständig könnte dieser Druck aber nur dann sein, wenn der König nach dem 11. November 1869 schlagartig dazu überging, nur noch ausnahmsweise überhaupt etwas einzutragen und zwar fast ausschließlich Schwüre. Dieser Gegensatz zur gesamten vorherigen Praxis der Tagebuchführung wäre freilich unerklärlich.

Riedinger war, wie besonders seine »Kommentare« erweisen, weder kompetent noch exakt,[578] und überdies tendenziös. Mehrfach erfolgten plumpe Fälschungen: ein und dasselbe Faksimile-Klischee wird bei verschiedenen Eintragungen abgedruckt.[579]

Nacht auf 13 Sept 77 Verflucht das Blenden der Erscheinung, das sich an unsre Sinne drängt. – Geschworen nie u. nimmer, nimmer wieder, i. J. der Vollendung des Linderhofes u. i. J. vor Beginn des Chiemsee-Baues (Versailles!)[580] Der Grundstein von Herrenchiemsee wurde am 21. Mai (einen Tag vor Wagners Geburtstag) 1878 gelegt.[581]

Am oder nach dem 1. März 1881: *Im Namen der heiligen, Königlichen Lilien März, April, Mai, die drei Monate der sinnenden Betrachtung, Erlösung »29. September« beim Betrachten, zuerst (salle des gardes, salle de valets de pieds* [Lakaien], *grande antichambre) beim Erschauen de la chambre du Roy, de (balustrade sacrée, estrade, lit Royal) la grande galerie, salon de la guerre, salon de la paix!*[582] Es handelt sich um Räume in Herrenchiemsee. Am 29. September 1881 weilte der König auch dort und besichtigte in diesen Tagen die Chambre de parade (*chambre du Roy,* das rote Schlafzimmer), Gallerie des glaces (*grande galerie*) Salon de la guerre und Salon de la paix – alle genannten Räume vollendet, und das Übrige vom Appartement Ludwigs XIV. begonnen.[583] Die Schreibweise »Roy« war in dessen Epoche, dem »grand siècle«, gebräuchlich.

Am 24. Februar 1880 schrieb Ludwig II. ein Schwurdokument, signiert *Louis,* das er in seine fünfte Regierung datiert.[584] Christopher McIntosh sieht hier einen Beweis, daß der König an Reinkarnation glaubte. Seine vier Vorgänger wären dann gewesen: Ludwig XIV.–XVI. und Ludwig XVIII. (Ludwig XVII. regierte ja nicht). McIntosh weist auch auf die Überzeugung Wagners davon hin, der dem König am 8. August 1865 schrieb: »Was solch ein Brief [Ludwigs II.] mir immer wieder ist ... Die schönsten und tiefsinnigsten Mythen und Dogmen der Völker werden da neu von mir durchlebt; und der edle Glaube an eine Seelenwanderung wird mir zur innig gefühlten Wahrheit. Ich empfinde deutlich, wie ich mehrere Leben lebte, in mir, in Dir, in Ihr, [Frau Cosima] in meinen Lieben: und fühle ich mich dort leben, so empfinde ich die Wonnen des Todes, der Erlösung, des Nichtmehrseins. Welch geheimnissvolles Räthsel? Es ist das Mysterium der Liebe, der nicht mehr begehrenden, der nur noch gebenden, sich-gebenden, sich-befreienden.«[585]

Die Schwüre, diese Selbst-Beschwörungen, sind Handlung, nicht aber Buß-Übung im Sinne einer Moral-Theologie. Keine Selbstgespräche, sondern Kulthandlungen gegenüber dem Sakrament. Auch als Bauherr war Ludwig II. kein reflektierender Mensch – darin im Gegensatz zum Vater; es sei an dessen Selbstzweifel bezüglich seines Feldafing-Villenvorhabens erinnert (S. 50, 51). So erschließen sich von den Schwüren her die Tagebücher. Sie enthalten fast keine tagespolitischen Gedanken oder Angaben und überhaupt keine Selbstbefragung, kein eigentliches Selbst-Diskutieren. Man kann sie nur dann benutzen, wenn man es begriffen hat, daß Ludwig ein »Tätiger« war (tätig nicht im Sinne von Regierungsgeschäftigkeit; das Tun bezieht sich bei ihm auf den »Seienden« König). Deshalb ist es nicht möglich, aus den Tagebüchern einzelne, noch so erstaunliche, aber aus dem Zusammenhang gerissene Äußerungen (Sentenzen) zu entnehmen, – weil der König kein reflektierender Mensch war. Man kann sie nur benutzen (dann freilich erstaunlich) –

wenn man den Gesamtkomplex schon erraten hat, wenn man es begriffen hat, daß der König ein »Tätiger« war, aber nicht in Gedanken, Worten, Musik oder Malerei, sondern in Riten (kein Tagebuch, sondern ein Riten-Kalender), auch als Theaterfürst und als Bauherr. – Darin dem Gesamtbereich »Künstler« viel näher als dem Gesamtbereich »Regierer« oder »Wissenschaftler«. (Regierer: statt König. Denn König war er mehr als alle anderen.) – Nicht Reflexion, sondern Einspinnung. Tagebuch als »Verdichtung«.

Weil Ludwig der unmittelbar Handelnde ist, ist er kein Dichter. Dem Material der Dichtung, nämlich der Sprache, hat er niemals eine eigene Aufmerksamkeit zugewendet. Er benutzt sie, sehr sicher, sehr schnell – aber an keiner Stelle »feilt« er an der Sprache, auch nicht in seinen Gedichten. Ebenso genügt das Wort seinen Vorstellungen nicht: so verkehrten auch Tschaikowsky und Nadeschda v. Meck nicht mündlich, sondern durch Musik. Von diesen Vorstellungen tritt eine Überfülle synchron auf und soll festgehalten werden: auch deshalb das Abgerissene der Sprache.

Ich habe versucht, es von innen zu lesen – das muß man bei dem Tagebuch Ludwigs II. vornehmlich machen. Auch muß man es ganz genau kennen, um den einzelnen Satz richtig einordnen zu können. Kein Zweifel, daß es eine Einheit ist.

Um einsichtig zu machen, daß Inhalt und Form vollkommen sachlich, verständlich sind: müßte man das Tagebuch ins Ägyptische übersetzen und in der Art der Königslisten ordnen. Die stets und stereotyp wiederholte Form der Anrufung. Die Beschwörungen, der Zusammenhang mit der Erlösung. Die Einteilung der Jahre gemäß bestimmter Ereignisse, nach denen ihr Jahr bezeichnet wurde (Ludwig II. beispielsweise am 2. Februar 1862: *Jahr von Lohengrin,* den er am gleichen Tage des Vorjahres erstmals erlebt hatte).[586] Hierin also Ablösung vom Nacheinander, von der bloßen Jahreszählung, vielmehr den ursprünglichen Zustand wiederherstellend – einen Zustand, dessen Kenntnis »direkter« Art beim König nicht nachweisbar ist.

Das Tagebuch ist ein Ort, wo Ludwig II. mit sich allein ist. Dalai-Lama, der sich abkapseln muß, der nur um seine eigene Mitte kreisen muß. – Nicht mehr wichtig, was die »Umwelt« verlangt. – Die Uhr, die nicht von außen aufgezogen zu werden braucht.

Die Schwüre erfolgen um der Integrität des Seienden Königs willen. Was konkret mit dieser Reinheit nicht übereinstimmte, ist in den Tagebüchern nicht erwähnt; etwa von Physischem, wie von Körpern oder deren Teilen, ist nirgends die Rede. Die Quelle enthält keine Mediensensationen. Einige Male kommt das Wort *Kuß* vor.[587] Aber die Inhalte und Begriffsassoziationen des Zeitalters Ludwigs II. waren andere als die des 20. Jahrhunderts. Und bei der Vielfalt von Ausdrucksformen des 19. Jahrhunderts im allgemeinen und Ludwigs im besonderen kann *Kuß* unter anderem bedeuten: Symbol von Schwärmerei für einen Menschen, dann vom König als solchem rituell gemeinten Kuß – mehrmals ist das eindeutig der Fall[588] – dessen Objekt statt eines Menschen auch ein Gegenstand sein kann; auch kann *Kuß* eine Metapher sein.

Wie physische Objekte nicht vorkommen, so begegnen auch keine Verhaltensweisen, die sich darauf beziehen. Erwähnt werden Handlungen, die der König rituell auffaßte. Nicht nur durch Unterlassen eines Verhaltens, sondern auch durch Ritualisierung sollte die Integrität des König-Seins erhalten werden. Die Kulthandlungen sind aber nicht genau beschrieben.

Folgende wichtige Elemente der Schwüre als Ritual enthalten die zitierten Einträge – und auch weitere, die aus dem Riedinger-Druck stammen:

Anfänglich wird häufig bei der Welt Wagners geschworen: bei Tristan am 26. August 1865, zwischen 23. und 28. Februar und am 23. Juni 1869. Am 18. und 25. September 1867 wird eine Versenkung von Tristan-Bildern in die Erde erwähnt. Bei der Verwirklichung des eigenen Ideales in Wagners Geist wird geschworen am 7. November 1867. Bei Wotan am selben Tage und zwischen 23. und 28. Februar 1869. Bei Parcival am 1. Januar 1868. Bei Siegfried zwischen 23. und 28. Februar 1869 und bei Wagner im selben Eintrag.

Mit der Wagner-Welt hängt in einigen Fällen das Trinkritual zusammen. Ein Vergessenstrank wird in Gestalt eines »Tristan«-Zitates mit beigefügter Zeichnung eines Trinkhorns am 23. Juni 1869 erwähnt, ein *Leibes- u. Tilgungstrank,* der Gefehltes ungeschehen macht, am 25., ein *Horntrank,* wieder mit Zeichnung eines Trinkhornes, am 1. August des gleichen Jahres. In »Siegfrieds Tod« trinkt der Held aus einem von

Gudrune gereichten Horne; dann trinken Siegfried und Gunther Blutsbrüderschaft, gleichfalls aus einem Horn.[589] In »Parsifal« bringt Kundry Wasser in einem Horn, besprengt Parsifal und gibt ihm zu trinken.[590]

Auch das schutzverleihende Horn Oberons (vgl. S. 136) kommt vor: Am 27. September 1869 *letztes Ausstoßen seiner nun für immer gebändigten Macht durch das Wunderhorn Oberons.* Zu einem unbekannten späteren Zeitpunkt heißt es *Wiedergeburt durch Oberons Wunder-Horn*[591]; in beiden Einträgen wird das Oberons-Horn dem orientalischen Stoffkreis zugeordnet.

Mit dem *Wachsen des Königs-Gefühles*[592] treten Bezüge zu königlichen Insignien auf: Er steigt völlig allein die Thronstufen hinauf (1. Januar, 10. Mai 1868), nimmt Abschied vom Thron (10. Mai 1868 und am selben Tage 1869), vollzieht eine nächtliche Weihe auf dem Thron (Beginn 22. Februar 1868) und Gelöbnisse vor dem *Thronhimmel des königlichen Bettes* am 24. Oktober und 27. Dezember 1868. *1 Nacht unter dem Thronhimmel des königlichen Bettes, Kronen-Wacht*: 28. April 1869. Ein Bezug von Thron und Schwur wird auch am 11. April 1868 hergestellt. Die Krone selbst wird beschworen am 14. und 21. Juli desselben Jahres. Schwurtexte erhalten den Charakter einer vom König als solchem ausgestellten gesiegelten Urkunde am 20. September 1867 und am 10. August 1869, auch später. Auf die erstgenannte »Urkunde« bezieht sich Ludwig dann mehrfach: am 7. November 1867 und am 1. Januar und 14. Juli 1868.

Der bourbonische Stoffkreis kommt bei den Schwüren erstmals mit Beschwörung der *Königlichen Lilie,* der Fleur de Lys, am 14. Juli 1868 vor. Von Erscheinung der Lilienkrone zur Entsühnung ist am 18. und 22. Februar 1868 die Rede; vielleicht ist sie auch mit dem *nahenden Unterpfand* in den Eintragungen vom 14. Januar und 2. Februar desselben Jahres gemeint. Am 3. November werden *Lilien-Nächte* erwähnt. Bei Ludwig XIV., dem Roi Soleil, wird am 21. Juli 1868 geschworen; er dürfte auch am 19. August und 27. Dezember dieses Jahres mit dem *Großen König* gemeint sein, der am 29. Juli und 27. September 1869 wiederum angerufen wird. Am 1. August 1869 wird auf Ludwig XVI. Bezug genommen, auf den Dom zu Reims, Krönungskathedrale der Könige Frankreichs, am 23. oder 24. Mai 1869. Mehrfach wird ein Schwur in Französisch abgefaßt, zuerst am 21. September 1869. Einmal wird die Überzeugung beschworen, durch Reinkarnation selbst der legitime Sukzessor des Roi Soleil zu sein (24. Februar 1880, vgl. S. 137).

Das Zarentum wird analog zum französischen ancien régime aufgefaßt: Bei der Zarenkrone wird am 19. August und am 15. November 1868 geschworen, beim Zaren am 19. August dieses Jahres.

Intensiv imaginierte Elemente der Schwüre sind die eigenen Bauten. Mit der Anwesenheit des Bauwerkes schafft Ludwig II. sich selber den »Bezug«. Das ist etwas anderes als das »Schöne«. – Man müßte sagen: das »Gültige«. Schwüre vor oder unter dem Thronhimmel des Bettes (der selbstgestalteten Räume in der Münchner Residenz?) wurden erwähnt. Der Plan einer Wieder-Holung von Versailles taucht im Tagebuch vermutlich am 2. September 1868 auf, an dem den König die *genaue Eintheilung des Königsschlosses Versailles*[593] beschäftigt. Bereits am 27. Dezember wird bei diesem Bauvorhaben geschworen, das am 5. *Tmeicos-Ettal* getauft und dadurch mit Ludwigs Er-Innerung der Überlieferung von Ettal als Gralskirche verbunden wurde[594] – damals wurde ja noch das nahe Graswangtal als Standort für das wiedergeholte Versailles erwogen. In der Nacht auf den 13. September 1877 wird bei Linderhof und Herrenchiemsee geschworen, am oder nach dem 1. März 1881 bei Räumen in letzterem Bau; vom Paradeschlafzimmer prägt sich Ludwig sogar Einzelheiten ein: *balustrade sacrée, estrade, lit Royal.* Beim *byzantinischen Kunststyl* schwört er am 29. Juli 1869.

Konsequenterweise verurteilt das königliche Selbst Ludwigs dessen bloß empirisches, fehlendes Ich gegebenenfalls zum Verbanntsein aus den eigenen Schöpfungen: Bußaufenthalte in Schloß Berg werden am 24. Oktober 1868 sowie zwischen 25. Mai und 3. Juni 1869 vermerkt. Der unkönigliche Eindruck von Schloß und Ménage, über den sich Chlodwig Fürst zu Hohenlohe-Schillingsfürst am 5. August 1867 und Robert v. Mohl im Oktober 1871 angesichts des sonstigen Bauherrentums Ludwigs II. wunderten,[595] war beim Verbannungsort von Ludwig II. vermutlich beabsichtigt. Hier wollte er sich, wenn es notwendig war, zum Königsein und zu dessen Schauplätzen wieder emporläutern.

Weitere Elemente des Rituals sind: *Genuß des symbolischen Brotes u. Weines u. vom Baum des Lebens genossen, d. die Wirkung d. vom Baum d. Erkenntniß Genommenen schwächt.* (2. Juli 1869). *Nicht mehr in die strahlende Sonne* (zwischen 6. und 11. Februar 1865). Schwur beim *Andenken ... an die blühende*

Zeit des deutschen Mittelalters (21. Juli 1868). *Um Mitternacht feierliche Versieglung des Wunderblattes* (10. Mai 1869). *Völlige Erhebung nach 3 mal 3 in Heiligung hingebrachten Tagen u. Nächten, die Königlichen Stufen-Tage* (21. Februar 1869). Drei *Weihenächte* (Beginn 6. Juli 1868).

Der sinnliche Reiz ist abgeschafft (19. August 1868), weil bei Hingabe an einen Außenreiz der König aus seiner Mitte gerissen wird, sein Selbst verliert, nicht sein *Eigener Autokrat* (29. Juli 1869) ist, sondern beherrscht wird. Aber, wie erwähnt, genügt das bloß Negative, das Unterlassen einer Verhaltensweise, nicht: *Mit Gottes und des Königs* [in sich oder Ludwigs XIV.?] *Hülfe das Feuer* [wohl identisch mit der *in Uns waltenden Kraft,* 20. September 1867] *in die rechte Bahn geleitet* (21. Juli 1868). Er gelobt sich Einhaltung selbst festgesetzter Zeitpunkte bei einer ungenannten Verhaltensweise: *wenn es »nothwendig«! ist* (zwischen 6. und 11. Februar 1865; ähnlich am 20. September 1867). Er bestimmt Tagesdaten am 17. Februar, 14. Juli, 21. Juli und 27. Dezember 1868, am 23. Juni 1869, am oder nach dem 1. März 1881. Solche Tage werden manchmal oder stets durch Operationen der Zahlenspekulation bestimmt; zweimal wird, wo das Ergebnis einer unbefriedigende Zahl ist, diese durch Umstellung ihrer Ziffern in eine befriedigende umgewandelt.[596]

Die Voraussetzungen Ludwigs II. für die Schwurrituale sowie diese Verhaltensweise selbst sind keine Absonderlichkeit, sondern gehören zu einer Hauptrichtung der Kultur des 19. Jahrhunderts, insofern es romantisch gestimmt war. Auch im München Ludwigs I. hatte diese Richtung ein Zentrum, war zeitweilig herrschend. Hauptvertreter waren unter anderen: Friedrich v. Schelling (in München ab 1806, gestorben 1854), Franz Xaver v. Baader (gestorben 1841), Joseph v. Görres (gestorben 1848), der übrigens schon 1813 in der Einleitung seiner »Lohengrin«-Ausgabe interessante Spekulationen anstellte[597], Gotthilf Heinrich v. Schubert (gestorben 1860), Johann Nepomuk Ringseis (gestorben 1880) und – erst ab 1833 – Clemens Brentano (gestorben 1842). Die Genannten wirkten bekanntlich in Dichtung und Wissenschaft; besonders an der Bayerischen Akademie der Wissenschaften und an der Münchner Universität.

Verbindungen bestanden auch zur bildenden Kunst, beispielsweise zu Mitgliedern der Künstlergesellschaft von den drei Schilden, welcher unter anderen Ludwig v. Schwanthaler, Peter v. Cornelius und Franz Graf v. Pocci angehörten. Letzterer schrieb ins Tagebuch Ludwigs II. zwischen 16. und 23. April 1868 ein Gedicht über romantisches Burgenbauen; um den 16. April »dämmerte« dem König erstmals der Plan zum Bau Neuschwansteins.[598]

Franz v. Baader, der zu allen obengenannten Dichtern und Wissenschaftlern intensive Wechselbeziehungen unterhielt, sie und andere durch »fermenta cognitionis« anregend, war vornehmlich durch Jakob Böhme und den Philosophen Louis-Claude Marquis de Saint-Martin (1743–1803) beeinflußt und beeinflußte seinerseits Schellings spätere Philosophie, besonders durch Hinweis auf Jakob Böhme. Baader war Philosoph und Theologe; er wurde Mitglied der Bayerischen Akademie der Wissenschaften und hielt von 1826 bis zu seinem Tode an der Münchner Universität Vorlesungen über spekulative Dogmatik. Die Art seiner Religionsphilosophie gehört nach der Ausdrucksweise der Zeitgenossen zur »Magia Divina« – zum Unterschied von der »Magia naturalis«, wie sie in München etwa Karl v. Eckartshausen vertreten hatte,[599] dem Baader noch persönlich begegnet war.[600]

Baader kommentierte sämtliche gedruckten Schriften Saint-Martins; das Material wurde aus dem Nachlaß Baaders großenteils herausgegeben.[601] Die im folgenden zitierten Stellen daraus entsprechen weitgehend den Voraussetzungen Ludwigs II. für seine Schwüre als Ritual. Magie wird definiert als »das Medium der Generation [Hervorbringung] und der Sensibilisation.« Ähnlich an anderer Stelle: »Medium zwischen dem insensiblen und dem sensiblen Zustand«.[602] Ludwig II. ruft Namen, wie Tristan oder Ludwig XIV., als Eideshelfer an, weil er in den Trägern dieser Namen Erscheinungen vom Divinen erschaut. Baader kommentiert Saint-Martin: »Namengeben ist seine Macht in etwas Senken. Rufen bei Namen ist solche Erwecken. Der Genannte ist darum dem Nennenden gehörig. Name ist Base [Basis] des Rapports, was für Rufen und Anrufen gilt.«[603] Der König ist überzeugt, fünfte Inkarnation des Sonnenkönigs zu sein. Baader schreibt über Saint-Martins Annahme einer »Präexistenz der menschlichen Seele« und zitiert ihn; unter anderem wird angegeben, es gäbe Abgeschiedene, »die auf künftig Geborenwerdende warten«.[604] Ludwig transponiert Ziffern mehrstelliger Zahlen, sofern diese Zahlen als Ergebnis einer Operation unbefriedigend sind. Baader formuliert in Anschluß an Saint-Martin zur Auffassung von Zahlen als Trägern transzendentaler Bedeutungsinhalte: »Das ewige Wort bringt Alles nach Zahl, Maass und Gewicht hervor.« »Die Kräfte der Dinge sind nicht in den Zahlen, diese aber sind in jenen und entspringen von ihnen.«[605] Hierzu Novalis: »(Magie.) Sympathie des Zeichens mit dem Bezeichneten (Eine der Grundideen der Kabbalistik.)«[606] Aus einer Abhandlung Saint-Martins über Numerologie[607] fertigte Baader zusammenhängende Auszüge,[608] die besonders von erkennender Vereinigung mit Gott aufgrund von Kenntnis der Zahlenbedeutungen handeln. – Die westliche Numerologie basiert auf Pythagoras. Das Umstellen von Ziffern, wie es Ludwig II. praktizierte, ist nichts anderes als die Anwendung eines Prinzips von Temurah (einer kabbalistischen Operationsmethode, bei der unter anderem Anagramme gebildet werden) auf Zahlen.[609] Übrigens hatten die hebräischen Buchstaben (ebenso die arabischen des Korans) Zahlenwerte. Die klassische Kabbala gewann im wesentlichen im 12. und 13. Jahrhundert ihre Gestalt.

Unter sehr zahlreichen möglichen Bezugspunkten für die Schwüre wurde hier gerade Baader gewählt, weil er ein Hauptvertreter derjenigen Kultur war, die der Großvater Ludwigs II. ins Leben rief und förderte, nach der Verflachungsperiode, die sich in der Säkularisation kulturzerstörend betätigte; außerdem, weil unter den vom Selbst Ludwigs II. berufenen Beratern in Problemen des König-Seins der schon mehrfach genannte Ignaz v. Döllinger noch dem Baaderkreis angehörte, also direkt von Ludwig II. zu ihm rückver- 50
bindet.[610]

Anliegen ist eine Anabasis zu erkennender Vereinigung mit Gott, besonders auch als Erfahrung des Unendlichen schon im Endlichen, unter Transgression verstandesmäßiger Vermittlungen. Das älteste einzelne Grundelement bei diesem Streben ist Reinigung und Sühnung – bereits bei den antiken Mysterien: Ludwig II. ist ein »archaischer« Mensch.

Außer Baader ist derzeit noch ein weiterer Bezug als möglich erkennbar, der Ludwigs II. zu seinem Leibwundarzt Max Josef Schleiß v. Löwenfeld, 1809 (Sulzbach/Oberpfalz) – 1897.[611] Einer seiner Vorfahren war der Arzt Bernhard Joseph Schleis(s) v. Löwenfeld (1731–1800), der jahrzehntelang bis zu seinem Tode in Sulzbach wirkte. Die Pfalz-Sulzbachische Linie der Wittelsbacher erhielt mit Karl Theodor die Kurpfalz (1742) und Bayern (1777). Sie erlosch 1799. Schleiß wurde als Leibarzt der Herzogin Dorothea Franziska v. Sulzbach und kurfürstlicher Hof- und Medizinalrat von Kurfürst Karl Theodor im Jahre 1760 zum Pfalzgrafen ernannt. Die Sulzbacher Regenten machten ihr Gebiet seit dem 17. Jahrhundert zu einem Zentrum der in vorstehendem Absatz gekennzeichneten Bestrebungen, unter anderem kabbalistisch und alchemistisch wirkend, einem Zentrum, das in einzelnen Vertretern europäische Bedeutung erlangte. Ein Höhepunkt wurde um die Mitte des 18. Jahrhunderts erreicht, wobei Schleiß eine führende Rolle spielte; sein Kreis regte in Einzelnem unter anderen auch Saint-Martin, Baader und Schelling an.[612]

Ausnahmecharakter haben beim Schwur-Verhalten Ludwigs II. allein die Konsequenz, Intensität und Sensibilität. Für einen Seienden König gibt es keine bequeme Flucht in die Anpassung, in das »Sich-Arrangieren«. Er konnte keinen Ausweg der Vertuschung finden oder Gottes Anspruch etwas herunterhandeln, um das Königtum »billiger zu bekommen«.

Irgendwelche Bezüge zum Sektenwesen, wie es im ausgehenden 20. Jahrhundert auftritt, bestehen nicht.

Die Schwüre sind das innerste, mit dem Königtum, mit der Erwähltheit zusammenhängende Ritual des Königs, soweit die bekannten Quellen gehen. Der Gottheit, der Transzendenz, dem Schicksal, dem Tode kann der Mensch sich nur vorübergehend in persönlich-menschlichem Gespräch nahen. Im Ganzen muß er sich dazu in Riten, Liturgien, Formen der Kunst verhalten. Bei Ludwig II. war ein solches Verhalten in Form der Schwüre notwendig mit der Heiligkeit, der durch das Königtum ganz-veränderten Stellung Gott gegenüber. Dieser König, der sich in der Eigenschaft, Richtungsmittelpunkt zu sein, nach dem man sich ausrichten kann, direkt auf Gott bezogen weiß, macht dieses Geheimnis, dieses Heiltum des Königseins abhängig von der »Reinheit«. Das Königtum gilt ihm als die höchste Instanz auf Erden. Der König hat also keine Möglichkeit, sich seinerseits an eine irdische Instanz zu wenden. Die übergeordnete Instanz kann für ihn nur Gott sein oder Personen, auch Gegenstände, (Gral, Krone), die er als Epiphanie sich imaginiert. Und er setzt das Pfand ein: Das ist sein Königtum. Wenn er den Schwur nicht hält, dann ist es und er als König verloren.

Er ist nicht a priori identisch mit dem Königtum, sondern steht als bloß empirisches Ich vor diesem Selbst, diesem Amt, dieser Bestimmung. Zugleich ist sie durch die Geburt als Thronerbe unzweifelhaft mit ihm gegeben, also kann er sich nicht auseinandersetzen mit ihr wie durch Dichtung, – sondern: da es ein Abstand sein muß, eine Überwindung des Auseinanderfallens – durch »Reinheit«. Keine Schizophrenie zwischen sich und der Majestät – wohl aber eine Aufgabe. Er kämpft unaufhörlich darum, die Sakrosanktheit auf sich beziehen zu dürfen. Nicht als Mensch, sondern als König von Gottes Gnaden kann Ludwig II. das Leben aushalten. Er verwandelt sich in durchaus wachem Zustand, also in Besinnung über sich selber (nicht in Selbstzweifeln!), in die Symbolfigur des Königtums.

Es ist dabei vielleicht eine angenommene, vielleicht eine angeborene Grundhaltung: daß es sofort zur Handlung wird. – Daher das Reifen nicht durch Entwicklung während der Untätigkeit, sondern während des Handelns, immer erneut aufgenommen und wieder-holt. – Schwüre als königliche Urkunde, unterfertigt und gesiegelt: eine in-sich-bestehende und bindende Wirksamkeit.

Es kann bei Ludwig II. den Ausdruck »Märchenkönig« im landläufigen Sinne gar nicht geben, weil er ja wirklich König, Seiender König, ist. Bei ihm entsteht aus diesem Umstand, aus dieser ihm auferlegten Aufgabe: die ganze Schicht der Schwüre.

Hauptstoffkreise, aus denen Elemente der Schwüre genommen sind: Wagner und die französischen Bourbonen, wurden auch im Bauherrentum verwirklicht. Hier ist ein Zusammenhang mit der Kunst, Kunst als etwas, das betroffen macht und hingenommen werden muß, – als das »Fernste«, was es innerhalb des menschlichen Lebens gibt.

Das Leben Ludwigs II. hat irgend etwas Vollendetes – auch in seiner scheinbaren Unvollendetheit. – Genauso wie die Schlösser. Man kann es nicht verbessern. Auch dieses Leben hat etwas von der unvergleichlichen Qualität des 19. Jahrhunderts.

Das Einzig-Unerreichbare für alle anderen, die etwas Gleiches möchten, bleibt: daß er wirklich König war.

Eine einzige zusammenfassende Äußerung von Ludwig II. selbst zu dem ihm Entgegengeworfenen (»Objekt« in wörtlicher Übertragung), zum Nicht-Ich, wurde bisher veröffentlicht. Sie erfolgte im Februar 1882 gegenüber dem amerikanischen Schriftsteller Lew Vanderpoole, geboren 1855.[613] Der König ging bei dieser Klarstellung von einem Vergleich zwischen sich und Edgar Allan Poe aus.

Haben Sie Poe gekannt? … Ach, natürlich nicht: Sie sind ja zu jung! Wie schade; einen Augenblick dachte ich, einem Menschen gegenüberzusitzen, der diesen wunderbarsten aller Schriftsteller gekannt hat und der mir etwas Genaues über sein Leben hätte erzählen können. Für mich ist Poe einer der größten Menschen, die je geboren wurden. Aber wie so manches Juwel war er verurteilt, seinen Glanz durch beständiges Reiben an gemeinen Steinen einzubüßen. Wie muß er gelitten haben unter den rauhen Niederträchtigkeiten, die auf ihn niedergingen! Und was für verständnislose Dinge wurden von ihm gesagt, als der Tod ihm seine scharf treffende Feder entwunden hatte![613a] *– Vielleicht verstehen Sie meine Anteilnahme, wenn ich Ihnen versichere, daß ich meinen Thron dafür geben würde, eine Stunde lang mit Edgar Allan Poe sprechen und die einzigartigen seltsamen Gedanken erfahren zu können, die ihn offenbar sein Leben lang beherrschten … so will ich Ihnen etwas anvertrauen, was mich immer beschäftigt, seit ich mit den Werken Ihres großen amerikanischen Landsmannes bekannt wurde. Ich habe früher schon – nach langem Zögern, da mir mein Vorhaben vermessen schien – versucht, diese Ideen aufzuschreiben, verbrannte aber schnell, was ich zu Papier gebracht …*

Ich glaube, daß, aus Gründen, die ich Ihnen noch erklären werde, eine bestimmte Ähnlichkeit zwischen Poes Natur und der meinen besteht. Aber verstehen Sie darunter nicht mehr, als ich sagen will. Ich vergleiche nur unsere Anlage, darüber hinaus besteht keine Ähnlichkeit. Poe hatte sowohl Genie wie Persönlichkeit. Mir fehlt beides. Er hatte ferner soviel Kraft und Zähigkeit, daß er, bei aller Empfindsamkeit, imstande war, der Welt Trotz zu bieten. Auch das ist mir versagt. Nicht, daß ich ein Feigling wäre, im gewöhnlichen Sinne des Wortes; denn Schmerz und Tod können mich weder schrecken noch einschüchtern.

Gleichwohl: jede Berührung mit der Welt verletzt mich, meine Natur ist, ganz wie die Poes, von einer übermäßigen und unbegreiflichen Empfindlichkeit. Beleidigungen verletzen mich so tief, daß sie mich entwaffnen, sie drücken mich zu Boden, und sicherlich werden sie mich eines Tages vernichten. Selbst die Demütigungen, die ich als Kind erdulden mußte,[614] brennen noch fort wie offene Wunden. Ein scharfer oder forschender Blick – und sei es der eines gewöhnlichen Bauern – kann mich stundenlang bedrücken. Ein abfälliger Zeitungsartikel macht mich unsäglich elend. Mein Inneres ist sensibel wie eine photographische Platte: jeder leiseste Eindruck ist unverwischbar eingeprägt. Ich kann wahrhaftig ohne Übertreibung sagen, daß ich von Natur aus wohlwollend und großzügig bin. Und doch habe ich in meinem ganzen Leben nicht eine Wohltat erwiesen, die der Empfänger mich nicht später hätte bereuen lassen.[615] Das Leben enttäuscht mich in dem Grad, wie mich die Menschen verdrießen. Ich mache die Bekanntschaft eines Menschen von angenehmem Äußeren und guten Manieren, ich glaube an die Aufrichtigkeit seines Lächelns, aber kaum fühle ich mich seiner Treue sicher, so entdecke ich an ihm irgendeine Falschheit oder erfahre, daß er mich einen Narren nennt, wenn nicht Schlimmeres[616] …

Offenbar hat die »Natur« nur Platz für eine ganz bestimmte Sorte von Menschen. Wer sich behaupten will, muß rauh, rücksichtslos und unempfindlich sein. Fehlt es ihm an einer dieser Eigenschaften, so werden ihn Freunde wie Feinde fallen lassen. Ich verachte das Pack, das die Majorität ausmacht, diese Kreaturen, die nur dem Aussehen und dem Namen nach Menschen sind – und doch beschleicht mich manchmal das Gefühl, daß man ihnen ähnlicher sein müßte, um bequemer leben zu können. Sie dürfen sich Übergriffe erlauben mit derselben Unbekümmertheit, mit der eine Ente ins Wasser taucht. Der bloße Gedanke daran, daß ich mich eines Tages soweit vergessen könne, mich in der gewöhnlichen Weise der Menschen zu erniedrigen, verursacht mir schon Qualen. Wenn ich den Durchschnitt der Menschen beobachte und die unbeschreibliche Gleichgültigkeit, mit der sie sich allen Gemeinheiten und Plattheiten hingeben, oder Dinge begehen, an die nur zu denken mich bis ins Innerste meiner Seele schaudern macht, so frage ich mich doch manchmal, ob diese Art von Lebewesen nicht zu beneiden ist.

Meine eigene Verfassung ist mir so rätselhaft, wie sie Ihnen sein mag. Ich habe nicht einmal eine vernünftige Erklärung dafür; weder mein Vater noch meine Mutter waren anomal empfindlich oder hatten mit übertriebenen Skrupeln zu kämpfen. Soweit ich es beurteilen kann, nahmen sie das Leben wie jeder andere auch.[616a] Ich glaube, so war es auch bei den Eltern Edgar Allan Poes. Was Poe geschrieben hat, beweist mir aber, daß er denselben Ekel vor jeder Art von Zugeständnis an die Gemeinheit der Welt empfand wie ich – nur daß er wußte, wie die Welt reagieren würde, wenn er sich nicht den Anschein des Einverständnisses und der Zustimmung zu aller Verkommenheit geben würde. Ich kann ihn darum nicht schelten. Sein Weg war der klügste, Verstellung ist die beste Waffe – wenn man sich ihrer bedienen kann. So konnte er Mut und Trotz aufbieten – zwei Eigenschaften, die mir gänzlich fehlen.

Vielleicht konnte er die Welt auch leichter ertragen, weil seine Jugend nicht so schrecklich war wie die meine. Meine Kindheit war eine Kette demütigender Peinigungen. Nicht, daß ich schlechter behandelt worden wäre, als man mit Kindern gewöhnlich umzugehen pflegt. Aber meine Natur war so ungleich der von anderen Kindern, daß Dinge, die andere gar nicht bemerken, mich zutiefst kränkten. – Ich merkte bald, daß Geselligkeit Erniedrigung bedeutet und daß nur eine freiwillige Isolierung ein bescheidenes Maß von Zufriedenheit gewährt. Dies ist für einen Erwachsenen sicher erreichbar – für ein Kind ist es unmöglich. Ich war gezwungen, mich dem Willen von plumpen, gefühllosen Lehrern zu unterwerfen und mich in den Umgang von Wesen zu fügen, die, selbst kaum mehr als Tiere, bei mir dasselbe voraussetzten.

Was ich lernen sollte, erschien mir albern, dumpf und wertlos. Und weil das langweilige Zeug mich so verstörte, daß meine Auffassungsgabe darüber abgestumpft wurde, schalt man mich einen Narren. Ich konnte stundenlang dasitzen und meinen eigenen Gedanken nachträumen.[617] Dafür wurde ich verspottet. Es ist einfach ein Unglück, so sein zu müssen, wie ich bin. Und doch bin ich so, weil ein Wille, der stärker ist als der meine, mich so geschaffen hat. Darin liegt mein einziger Trost und die einzige Rechtfertigung dafür, daß ich überhaupt gelebt habe.

Wenn nicht alles, was ich gelesen und selbst beobachtet habe, mich täuscht, dann ist ein Gutteil dessen, was man für »Verrücktheit« erklärt, in Wirklichkeit Überempfindlichkeit. Es wird oft hämisch angedeutet oder sogar offen erklärt, ich sei ein Narr. Vielleicht bin ich es, aber ich zweifle daran. Verrücktheit neigt eher dazu, sich vor sich selbst zu verstecken. Ein wirklich Verrückter ist in der Regel die einzige Person, die ihre Verrücktheit nicht erkennt. Es wäre natürlich möglich, daß ich zu keiner Erkenntnis meiner selbst gelangen könnte, außer in einem exaltierten [hier gemeint: erhobenen, ekstatischen] *Zustand. Ich glaube aber, daß ich mich ganz ruhig und vernünftig betrachten kann – selbst diese Behauptung könnte freilich als Zeichen meiner Narrheit ausgelegt werden. Und doch zweifle ich daran, ob eine wirklich verrückte Person sich so beobachten und prüfen könnte, wie ich es tue.*

Ich bin einfach anders gestimmt als die Mehrheit meiner Mitmenschen. Ich kann nicht teilnehmen an dem, was sie Vergnügen nennen, denn es widert mich an und zerstört mein Wesen. Gesellschaft ist mir entsetzlich und ich halte mich ihr fern. Frauen machen mir den Hof, aber ich gehe ihnen aus dem Wege. Wäre ich ein Dichter, so könnte ich vielleicht Lob ernten, wenn ich diese Dinge in Versen sagte. Aber mir ist die Gabe, mich auszudrücken, nicht gegeben, und so muß ich es leiden, daß ich verlacht, verachtet und verleumdet werde. Man nennt mich einen Narren. Wird Gott, wenn er mich einst zu sich ruft, mich ebenso nennen?

Bauherr

Es wäre nicht möglich, in einer der Bedeutung entsprechenden Ausführlichkeit hier über die Leistung Ludwigs als Bauherr zu berichten. Es ist auch nicht notwendig, denn es gibt viele Veröffentlichungen über seine Bauten.[618] Meine Arbeit schildert nur die »Entstehung« des Bauherrn Ludwig II., nicht die Bauten selbst –, sondern seinen Aufstieg zur Meisterschaft. Abb. 19

Bauherr ist kein Beruf, den man in einer Schule erlernt, sondern ein Berufen-Sein. Wenn in der Literatur das Wort Bauherr vorkommt, möge man prüfen, ob nicht vielmehr »Bauträger« gemeint ist: derjenige, welcher die Notwendigkeit eines Bauwerks konstatiert, die Planung anordnet und beaufsichtigt, den Bauablauf wirtschaftlich koordiniert und abwickelt. Ein solcher Organisator ist der Bauherr, wie Ludwig II. ihn verkörpert, nicht. Er ist auch nicht der Ausführende, etwa der Künstler. Weil die triviale Meinung über Ludwig ihn sofort mit dem Künstler verwechselt und dessen Eigenschaften bei ihm erwartet, ihn hartnäckig in Vergleichen, in Anforderungen festhält, die er selber weder beansprucht noch erdacht hat, ist die Etablierung des Begriffs Bauherr so notwendig.

Ein Bauherr ist derjenige, der eine Vision eines Bauwerks erdenkt, zu dessen Verwirklichung er Architekten und andere Künstler anhält, um ein Gebilde, das es ohne diesen Bauherrn nicht geben würde, zu schaffen. Konkrete Kriterien eines solchen Bauherrn bietet die Beschreibung der Wirksamkeit Ludwigs II. im Bereich der Architektur; sie sind in der Zusammenfassung am Schlusse des Buches aufgeführt.

Der Bauherr erdenkt die Vision eines Bauwerks, weil er Themen, Inhalte, hat, die sich nur durch Archi-Tektur darstellen lassen, durch die Erz-Zusammenstellung, die Grund-, die Anfangs-Kunst. Eben nicht Kunst, sondern Tektur. Als Grundlegung? Nicht einfach Baukunst, sondern Weltordnung.

Vater und Großvater Ludwigs II. wurden von ihren Vätern zuerst ans Selber-Bauen, dann an die Regierung herangeführt. – Ludwig II. dagegen mußte dieses »Selbstwerden« auch ganz selber übernehmen. Dieses Tätertum mit der Anweisung mußte »gelernt« werden. Diese Selbst-Entwicklung, Selbstfindung: in diesem Grade ohne jede Vergleichbarkeit.

Aber es ist eine echte Tradition: die eben 1867/68 bei ihm »ausbricht«. In diesen Jahren entwickelt er in der Vision die ganze Kosmologie auf einmal, wird er selbständig als Bauherr. Für die Neugestaltung seiner Residenz-Räume in München liegen mehrere auf den 4. Juni 1867 datierte Entwürfe Eduard Riedels vor[619] – schon am 23. Mai wird im Tagebuch vermerkt: *Zimmerbilder Styl Ludwig XIV*. Der Plan für Neuschwanstein »dämmert« um den 16. April 1868 (Tagebuch). Das Vorhaben einer Wieder-Holung von Versailles bildete sich vermutlich spätestens im September desselben Jahres, da es am 3. Oktober im Tagebuch heißt: *morgen! Düfflipp da, von Versailles!*[620] Düfflipp war 1868 intensiv für die Bauten Ludwigs II. tätig: er trug in deren Belangen dem König beispielsweise am 7. Juni, 18. Juli, 2. September, 9. November und 5. Dezember vor und wurde – sicherlich wegen Neuschwanstein – zwischen dem 15. und dem 22. Mai zur Wartburg gesandt.[621]

Während sich die Vorstellung seines Kosmos bildet, notiert Ludwig auch erstmals: *Wachsen des Königs-Gefühles* – zwischen dem 1. und dem 4. Mai 1867[622].

Bevor sein Bauherrentum bei Einzelprojekten behandelt wird, soll hier mit von Kriterien gesprochen werden, die aufgrund von Ludwigs Persönlichkeit sein Bauen mitbestimmten. Es folgen Gedanken zu dem im Verständnis des Königs Selbst-Tätigen seiner Architektur – im Unterschied zu menschlicher Nutzung der Bauten, etwa durch Abwohnen.

Abb. 19 Ludwig II. 1865. Foto Joseph Albert

Selbst-Verspinnung[623]

Diesem Thema, in anderen Zusammenhängen bereits kurz gestreift, wird hier ein Abschnitt gewidmet, weil Selbstverspinnung zu denjenigen Verhaltensweisen Ludwigs II. gehört, die mittelbar oder gar direkt auch zu seinem Bauherrentum Bezug haben.

Am 2. Februar 1866 heißt es im Tagebuch: *hehrer Tag! 5 Jahre seit* [erstem Besuch von] *»Lohengrin«!* Am 4. Mai: *Weihe des Tages, die nie verweht! Vor 2 Jahren! Der Held der Welten, der heilige Freund, der wonnige Wunder gewirkt!* (Am 4. Mai 1864 war Wagner, dem Tagebuch zufolge, erstmals vor den König getreten). Im September 1866 (vermutlich am 24.): *Vor 3 Jahren die herrlichen Tage v. Berchtesgaden.* (Am 17. September 1863 hatte der Eindruck eines von Ludwig mit Siegfried verglichenen Mannes, im Tagebuch festgehalten, den Plan zur Lohengrin-Schale im Kronprinzen ausgelöst, also zu seiner ersten selbständigen Schöpfung als Kunst-Fürst).[624]

»Alljährlich zweimal, am 6. Mai und am 6. November«, besichtigte der König in der Remise am Marstallplatz in München seine Wagen und Schlitten. Ab 1881 weilte er jährlich vom 29. September bis 8. Oktober in Herrenchiemsee.[625]

Bourbonen-Gedenktage: 21. Januar (Ermordung Ludwigs XVI.)[626], 16. Oktober (Ermordung Marie Antoinettes)[627].

Ein Musterbeispiel für die Schöpfung zyklischer Zeit bei den Separataufführungen ist Albert Emil Brachvogels Trauerspiel »Narziß«. »Es ist das einzige Schauspiel, das [innerhalb des Separatspielplanes] die auffallend hohe Aufführungsziffer zwölf zu verzeichnen hat.« – »Die Aufführung dieses Trauerspiels befahl der König an jedem 9. Mai von 1876 inclusive an bis 1885 inclusive. Auch bereits in den Vorjahren 1870, 71, 72 und 74 besuchte der König die für den 9. Mai angesetzten öffentlichen Vorstellungen des »Narziß«.[628] Der 9. Mai (1774) war der Todestag Ludwigs XV. Ludwig II., selbst ein Narziß, empfand den Pagoden-Monolog im vierten Akt jedenfalls als Schlüsseläußerung des eigenen Inneren: 35

»Einbildungen sind doch ein prächtiges Ding, wenn man das Talent hat, zu jeder Zeit welche haben zu können. Wenn die nicht wären, ich wäre längst tot.« – »Wir sind doch … lauter Pagoden[629] auf dem Nipptisch unseres Herrgotts!« – »O, gibt es ein bejammernswerteres Geschöpf als den Menschen? – Ein 52
Wurm mit Seraphsschwingen, der zum Drachen wird, um sich von seiner eigenen Brut zu mästen!« – »O Sehnsucht, Sehnsucht, du hältst das Weltall zusammen, du bist doch das Beste am Leben … O mein Gott, erhalte mir die Sehnsucht!«[630]

Den Narziß Rameau, der den Pagoden-Monolog spricht, stellte unter Ludwig II. stets Ernst v. Possart dar – eine ideale Besetzung. Er wurde in der Pagodenszene von Wilhelm Camphausen gemalt; Ludwig erwarb das Bild. *Ich habe befohlen, daß es im Schlosse Linderhof in dem Eckpavillon aufgestellt werde, wo auch das Portrait des Premierministers Choiseul hängt.*[631] An jedem 9. Mai ließ der König das Bild nach München bringen und während der »Narziß«-Vorstellung in seiner Loge aufstellen.[632]

In der Nacht auf den 13. September 1877 leistet Ludwig II. einen der Schwüre (vgl. den gleichnamigen Abschnitt) *i. J. der Vollendung des Linderhofes u. i. J. vor Beginn des Chiemsee-Baues (Versailles!)*[633]

Verspinnung bedeutet erstens Ziehen von Bezugsfäden zwischen dem Kalenderdatum des ersten Innewerdens eines persönlichen Inhalts und der Wiederkehr dieses Datums (und umgekehrt). Indem der König die Wiederkehr einsetzt, stiftet, wird der Eindruck wieder-geholt. So bildet Ludwig ein Netz von Bezügen und damit die eigene Geschichte seines Selbst in Gestalt zyklischer Zeit.

Zweitens spinnt Ludwig Bezugsfäden zwischen verschiedenen seiner Inhalte; beispielsweise Seiendem König und Versailles. Beide faßt er als einander auf mythischer Ebene entsprechend symbolisch gestaltet auf; er erkennt das eine im anderen wieder. Die Ent-Sprechung ist Grund, wieder-zu-holen. Beim angeführten Beispiel wird durch Archi-Tektur der Akt der Mimesis, der Vor-Ahmung vollzogen. Die Pole Versailles und Herrenchiemsee, zwischen denen Ludwig den Faden spinnt, stellte er sich nicht als nacheinander, sondern als hier und dort seiend vor. Beide Pole müssen an ihrem Platz und in Abstand voneinander sein, wie Brückenköpfe, damit jemand selbständig einen Zusammenhang zwischen ihnen herstellen kann.[634]

Ludwig II. ist aus sich selbst. Er kann bei seiner Sensibilität sich in Gewesenheit und Zudrift versetzen – und muß dafür Verhaltensweisen erfinden – auf die ein Durchschnittsmensch ohne Gewesenheit und Zudrift (also jemand, dem beides nur »beigebracht« wurde) garnicht verfällt. – Daher: ist Ludwigs »Verspinnung« nicht krank, sondern: Handeln entsprechend der Spinne, das eigene Daseinsnetz auf ganz eigenem Muster erspinnen, verspannt herstellen. Man darf dies nicht mit Intro-Vertiertheit identifizieren. Ludwig ist ein handelnder, nicht ein zögernder, vergrübelter Mensch. Diejenigen mißverstehen die »Verspinnung«, die sich über ihren eigenen Zustand keine Rechenschaft geben können.

Es besteht ein Unterschied zwischen der »Selbst-entstehenden« und der von außen jemand beigebrachten Geschichte. Diejenige Geschichte, die für Ludwig II. bestimmend ist, entsteht durch ihn selber, durch das, was er erlebt, durch das, was er »träumt«. Das Träumerische, das auch der Schlüssel für sein Tagebuch ist – ist eine von Natur aus nach innen gewendete Verspinnung. Man kann sagen: Ein Tagebuch eines Königs, das »interessant und datenreich« wäre, würde dadurch bezeugen, daß dieser König weniger König als vielmehr Berichterstatter oder Regierungspräsident wäre. Der wahre König ist der im Inneren Wohnende. Derjenige, der das »Heil« hat. Er ist imstande, der Geschichts-Bildende zu sein. Dagegen ist der Historiker derjenige, der »gewesene« Geschichte deutet. Infolgedessen hat er immer den Außenblick, während der König immer den Innen-Blick hat. Insbesondere Ludwig II. war der Eigenbildung von Geschichtlichkeit fähig, da er kindlich bleibt (eine anima candida, unverbildet und mit ungebrochenem Sinn für das Magische). Auch die unaufhörliche Durcheilung seines Lebensraumes: dient der Schaffung der eigenen, neu entstehenden »Gedächtnis-Zeit«.

Freilich gibt es auch in der menschlichen Geschichtsschreibung Selbstverspinnung. Sie bezieht sich auf »in der Mitte« gesetzte Daten (wie: vor und nach Christus) – weil es anders unmöglich ist.

Was ist das Gegenteil der Geschichts-Verspinnung? Der totale Journalismus, der – diesem Worte entsprechend – nur jeweils den »Tag« (nicht im Gegensatz zu Nacht, sondern als die Präsenz der laufenden 24 Stunden) als einzige Grundlage der menschlichen Zeit kennt. Durch seine Fähigkeit zur Intensivierung gelang Ludwig II. Verdichtung der Zeit durch sich selbst. Am 30. Dezember 1880 schrieb ihm Wagner:

»Blick' ich auf Ihn, nicht neues Jahr,
nicht altes Jahr werd' ich gewahr:
Fern jeder Erd' – und Himmels-Zeit
Erblick' ich nur die Ewigkeit!«[635]

Selbst-Verweigerung

Dieses Phänomen erscheint bei Ludwig II. besonders als Namens- und als Bildnis-Verweigerung. Auf S. 80 war schon von seinem zwischen 15. Januar und 2. März 1864 verfaßten Gedicht *Vision*[636] die Rede, an dessen Schluß eine heilbringende Herren- und Meistergestalt erscheint, die ihren Namen verweigert. Natürlich liegt Anregung durch Lohengrin vor. Im Grunde ist die Meistergestalt Ludwigs transzendentales Selbst. Die Namensverweigerung ist von vornherein keine Selbst-befragung, kein Sich-selbst im Verhältnis zur Umwelt, zur »Welt« insgesamt In-Frage-Stellen –, woran wir doch durch unzählige sogenannte Tagebücher gewöhnt sind. Das Selbstsein ist bei Ludwig fraglos, nämlich vor sich selber. Dagegen ist das Verhalten zu den anderen fraglich, – die Namensverweigerung ist also eine Handlung nach außen, statt nach innen. Obwohl es zuerst so aussieht, als sei es auch eine Verweigerung nach innen, – des Sich-Verweigernden gegenüber sich-selber. Das vielmehr gerade nicht.

In der Magie allgemein hat, wer den Namen kennt, Macht über den Benannten. Der Name wird geheimgehalten; insbesondere der eines Königs oder sonstigen Geheiligten oder der eines Gottes.[637]

Außerdem kann die Verweigerung des Namens (oder des Bildes) nur den Allerhöchst-Sensiblen geschehen: Sich zeigen ist sich prostituieren. Hier geschah es einem König, und vom König wird zugleich das Außerordentliche, etwa das Gottes-Gnaden-Tum, und die Banalität des Allgemein-Verständlichen verlangt, was alle Konflikte bei Ludwig II. so erschwert (vgl. die im Gespräch mit Vanderpoole (S. 142–144) erwähnte Selbstverweigerung Ludwigs). Das intensivste Beispiel für Namens-Verweigerung ist das Anagramm Tmeicos-Ettal, erfunden am 5. Dezember 1868 nach dem Tagebuch[638], hergestellt aus dem Ludwig XIV. zugeschriebenen Diktum »L'état c'est moi« mit Bezug auf die von Ludwig II. an Ettal geknüpften Gralskirchen-Assoziationen[639], – also er selber, dargestellt in einer Archi-Tektur, einer Wieder-Holung von Versailles. Geplant war sie anfänglich im Graswangtal; ausgeführt wurde sie auf Herrenwörth im Chiemsee. In dem Augenblick, wo der »wirkliche« Bauplatz gefunden ist, die »wirkliche« und gültige Größe, – da ist die Namensverweigerung nicht mehr notwendig und nicht mehr möglich, und das alte Wort Herrenchiemsee tritt an die Stelle – es tritt auch an die Stelle von »Versailles«.

Der König schaltete jedes Bildnis von sich in seinen Schlössern aus. Wie den Namen, verweigert die Magie auch das Porträt, und aus denselben Gründen.[640] Bei Ludwig gibt es aber das verkapselte Bildnis, ohne sehbare Identität mit der empirischen Erscheinung. Zunächst kostümiert er sich; so als Lohengrin zwischen 11. und 17. Juni 1866 in Schloß Berg und auf der Roseninsel im Starnberger See[641], auch als Ludwig XIV. und XV.[642] Der »ähnlichste« Künstler in dieser Beziehung ist: James Ensor (1860–1949).[643] Die Begegnung mit sich selber, die zugleich fasziniert und gefürchtet wird. Bei Ensor »Der Hering / der Käfer / der Frauenhut / der Totenschädel / der Schmerzensmann / der Rubenskopf« – sechs verschiedene Selbstdarstellungen.

Man muß auch die Schlösser Ludwigs als verkapselte Selbstbildnisse betrachten. Archi-Tektur als Selbstdarstellung, Selbstverwirklichung. Als Denkmal. Daher ist im Abschnitt »Bauherr« auch: der Versuch, vom Menschen selber zu sprechen, das Bauherrentum als eine Selbst-Tätigkeit nachzuweisen, dann müssen in diesem Bauen-Wollen die Züge der Selbstheit gefunden und gedeutet werden.

Ludwig II. im April 1876 an die Schauspielerin Marie Dahn-Hausmann: *Ein ewiges Rätsel bleiben will ich mir und anderen.*[644]

Verwerfung

Das Wort bedeutet geologisch: Die Schichten liegen nicht in derjenigen Reihenfolge übereinander, die der gewöhnlichen Ablagerung entspricht. – Jede Eruption aus dem vulkanischen Erd-inneren bricht diese Reihenfolge und wirft die Schichten in andere Lage als die Horizontale oder kippt sie um oder schiebt eine andere Schicht – schollenartig – darüber. Verwerfung ist also ein Abweichen von einer durchschnittlichen Abfolge. Ich bin mir genau bewußt, daß ich innerhalb dieses Buches immer wieder in die Lage versetzt bin, das Durchschnittliche als Normales, als Normatives zu bezweifeln.

Bei Ludwig II. trat Verwerfung der halbkindlichen und der Erwachsenen-Schicht ein. Die Schicht des Königtums überlagerte die halbkindliche, ohne daß sich – wie etwa bei Vater und Großvater – die vermittelnde Schicht einer Vorbereitungszeit zwischen beiden hätte bilden können. Diese Verwerfung war nicht nur von außen (Thronbesteigung schon mit achtzehn Jahren) bedingt. Nicht jeder Monarch in derselben Lage wurde ein Ludwig II. Bei ihm war es auch Selbst-Verwerfung.

Selbstverwerfung und Verwerfung wirkten sowohl auf die Erwachsenen- als auch auf die halbkindliche Schicht in Ludwig und auf die wechselseitigen Beziehungen beider.

1.) Erwachsenen-Schicht: Ludwig II. übernimmt das Selbst-Werden ganz selber, etwa im Vergleich zu seinem Vater und Großvater. Dadurch vorwegnehmend und nachholend: Vorgänge, die sonst eingelagert sind in die üblichen Verhaltungen. Seine Bildung (erkenntlich innerhalb der Tagebücher) – zugleich das übliche Maß übersteigend, zugleich auch: ungewöhnlich gering (gering als durchschnittliche Bildung für das nur empirisch-materiell reale »Leben« und als rationalistische Bildung). Er war viel weniger als die anderen überzeugt, daß die Denkweise des Durchschnittlichen, des Rationalisten, die eigentlich-gültige, die alles-erklärende Haltung des Menschen sein müsse. Diese Auffassung des Königs beruht aber nicht allein auf Verwerfung.

Demnach: eine sehr schnelle »Bildung« als Seiender König. Dagegen ganz abgewendet von einem »bürgerlichen« Beruf – als Regierer, als Soldat, als Politiker, als Wirtschaftler. Dafür: sehr rasche eigene

Entwicklung in der Richtung auf künstlerisches Handeln. Nicht als Architekt, Maler, Bildhauer, Dichter, Musiker. Sondern eben: künstlerisch im Sinne des Bau-Herren und Theaterfürsten. Also ganz genau und folgerichtig in derjenigen Bahn, die ihm entsprach und möglich war. Hierin wieder: der Unterschied zu dem, was einige noch um 1980 dem Mann von 1870 glauben abverlangen zu müssen, nämlich Fortschritt und Neuen Stil und so weiter. Sondern vielmehr in denjenigen (Welt-)Richtungen, die zeitgemäß waren, also im Sinne des »Historismus«. Ohne jede Frage: der bedeutendste Bauherr des »Historismus«.

2.) Halbkindliche Schicht: Ludwig ist ganz ungleichmäßig »erwachsen«, in ganz ungleichmäßigem Zustand aus atavistischen, kindlichen Vorstellungen herausgerissen. Er ist paradoxerweise zugleich früher erwachsen und länger kindlich und schafft sachlich aus diesem Paradoxon die exakt selbstgemäße Synthese, statt zu einer Durchschnittlichkeit zu kommen.

Anders als die anderen. So innerhalb des Verhältnisses zum Archetypischen: Zum Unterschied vom Durchschnitt bewahrt er archetypische Verflechtungen oder Erinnerungen. Da er kindlich bleibt, bleibt er der Eigenbildung des Geschichtlichen fähig. In der Regel ist in einem Kinde die Periode der sich – immer von neuem bildenden – eigengeschichtlichen Zeit rasch zugedeckt durch die auferlegte, durch Einfluß angelernte Kenntnis der (konventionell so empfundenen) historischen Zeit. Ludwig II. ist, unter anderem durch die Verwerfung, durch die verlängerte Kindlichkeit, nicht in der gleichen Art »historisch« dressierbar gewesen. Seine persönliche Zeit ist bezogen auf die eigen-geschaffenen Daten und Ereignisse, wie unter anderem die Tagebuchzitate erweisen.

Durch die Kindlichkeit brauchte er sich nicht zu verstellen, um König zu sein; er kommt so in einen Zustand des Einfachen, der für andere naiv, unerfahren wirkte – weil sie selbstverständlich annahmen: genau so wie bei ihnen, müsse es auch bei Ludwig zuerst eine Verstellung geben, wenn man spielt, man sei König. Unbefangen und doch wissend, hatte Ludwig II. keinen Teil an der augenzwinkernden Verschwörung, Verabredung, nur vorzutäuschen, wozu man sich verbal bekannte – was als »Lebensklugheit« gerühmt wird. Ihr vergleichbar ist die stillschweigende Übereinkunft, ein Drama auf der Bühne nicht poetisch nachzuvollziehen, sondern bloß intellektuell reflektierend aufzufassen. Diese Konvention zeigt Wagner[645].

Worte wie »sonderbar« sind in Bezug auf Ludwig II. Leerformeln. Der vorliegende Text will zeigen, daß der König von sich selber aus handelt, – als seine Selbstverständlichkeit. Nicht in den Bereichen der Geltungssucht oder des politischen Handelns. Sondern in dem Bereich der Selbst-Verwirklichung. Seine eigene Einschätzung: Wenn ich nicht mehr bauen kann, kann ich nicht mehr leben[646], ist nur für den übertrieben, der von dem Symbol-Inhalt der Archi-Tektur nichts weiß, Archi-Tektur nicht als Abstraktion, nicht als zeremonielle Wirklichkeit versteht.

Selbsttätige Archi-Tektur

Gottfried v. Böhm schreibt über das Bauen des Königs: »Von keiner Seite wurde ein naheliegender und wichtiger Punkt: die Bedürfnisfrage auch nur – gestreift« und: »vollkommene Zweck- und Nutzlosigkeit« (von Herrenchiemsee).[647] Im Wohnen war Ludwig II. bedürfnislos. Seine Wohnräume im Königshaus auf dem Schachen sind einfach wie die Dienerschaftsräume seitlich des Ganges im ersten Stock des Palas von Neuschwanstein. Beide Raumgruppen sind erhalten. (In Schloß Berg waren seine Räume jedoch, wahrscheinlich wegen ihrer Bestimmung als Bußaufenthalt, unköniglich).[648] Er baute also nicht, um in »Pomp« zu wohnen; auch nicht zu höfischer Repräsentation, Geselligkeit oder aus Geltungsbedürfnis (er schaltete jeden Hinweis auf sein empirisches Ich in seinen Schöpfungen aus).

Seine Archi-Tektur hat also keinen »Nutzen«. Sie wird nicht »abgewohnt«, sie ist »abstrakte« Architektur. Der Ausdruck »Abwohnen« soll beispielhaft die unbegreifliche Leerheit der auf Nützlichkeit eingeschränkten Bauweise bezeichnen. Zwar stehen die Menschen zu Tausenden an vor den Schlössern Ludwigs II., was ihnen aber beigebracht, vorgeschlagen wird als »Architektur«, ist nichts als »Funktion« und »Stil« – diese beiden Worte prallen aufeinander bei Louis Sullivan (»form follows function«). Dieser

Satz wurde sofort nur als Mechanismus verstanden und angewendet – bedeutet nur Knopfdrücken, Abbrauchen, Kostensparen. »Kunst am Bau« – ist die hinzugefügte Verhübschung. (Alles ganz ohne Symbol,[649] Idee, Gott, Tod. – Eben bloß »Wohnen«).

Über das »Ab« – hinab, nach unten also – muß noch nachgedacht werden: Es enthält den Ab-lauf der Zeit. Ab-wohnen ist wie Ab-zahlen, eben der Zeitlauf der Abnutzung; eine abgewohnte Wohnung wird immer billiger. (Wahre Architektur wird immer wertvoller). Wohnwert nimmt ab. Zunehmen kann nur ein beigelegter Wert, hinzugetaner Wert. Das Wohnen fügt nichts hinzu.

Das (äußerste) Gegenteil einer »Abwohnung« ist: die Monstranz. Gebildet aus allen denjenigen Formen, die auch in der großen Architektur vorkommen, – die »Umkränzung« eines immerwährenden, ausstrahlenden, ideellen Lebens, auch ein Menschtum – da die Hostie ja der Leib Jesu ist.

Die Kathedrale des Mittelalters: Gott (obwohl sie sein Haus ist) »abwohnt« sie nicht; der Gläubige »abbetet« sie nicht. – Archi-Tektur ist außer dem Grund-Riß: ein Symbol.

Etwas Ähnliches liegt doch auch mit der Zeit vor. Die zyklische Zeit wird nicht ab-gezählt und nicht ab-gelebt, sondern kehrt eben wieder.

Wo das Unabwohnbare von Ludwigs Bauten erkannt wird, kommt zuweilen für diese Bauten der Ausdruck »Kulisse« vor. Die Kulisse (hier global, nicht als Bühnenmalerei[650], sondern als Szenenbild, Darstellung des Schauplatzes verstanden) ist niemals für sich allein da, sondern für die Handlung des Stücks – und zwar in den agierenden Menschen – und beide sind bezogen auf eine Zuschauerschaft. Die Schlösser aber sind auf keine Handlung bezogen, sondern selbst ein Ganzes. Nicht Kulisse, vielmehr sie-selber. Sie brauchen keinen weiteren Inhalt, sie sind im Gegenteil für sich selber wirkend, in sich vollständig fertig. (Wie Ausstellung von Reliquien. Wie Pyramiden. Wie Kathedralen. Die Weihung an etwas Transzendentes).

Die Schlösser sind selber die Aktion.

Automatische Architektur. Sie sind selber die handelnden Gestalten. Sie bedürfen des handelnden Menschen nicht, sie schließen ihn vielmehr aus.[651] Sie bedürfen – zu ihrer Entstehung – des sie sich vorstellenden geistig-seelischen Menschen.

Eine Zündung erfolgt in sich, dann auch selbsttätig fortzündend. Die laut-lose Energie. Die Schlösser sind erfüllt von »Gedanken« – von »Beschwörung« und »Vorstellung«. In der Archi-Tektur Bedeutungsgänge und Bedeutungszusammenhänge: Gänge wie von Wühlmäusen. Nächtliche Gedanken huschend. Analog gibt es Motive bei Wagner, in denen auch die Verbindungen und Deutungen hin und her huschen.

Selbsttätig ist in den Schlössern: Zeremoniell, Ritual, Kult.

Die Bauten produzieren abstrakte Majestät, seit hundert Jahren, ob man ihnen zuschaut oder nicht. Ludwig II. suchte innerhalb des königlichen Rituals die absolute, sich selbst genügende Persönlichkeit.

Die Selbsttätigkeit wird auf grausame Weise unmöglich gemacht, indem die Massen der Fremden in die Zimmer gedrückt werden.

Dabei will Ludwig nicht einmal seinem eigenen bloß bedingten, empirischen Ich (im Gegensatz zum gesuchten unbedingten Selbst) in seiner eigengeschaffenen Welt begegnen. Der Mann im Gehrock, der essen, trinken und Dokumente unterschreiben muß (»Wir sind doch ... lauter Pagoden auf dem Nipptisch unseres Herrgotts!«)[652], der Mann, der also von »Lebens«-Umständen bestimmt ist, demnach gar kein eigenes Sein hat, der soll ausgeschlossen sein.

Um der Selbsttätigkeit willen wird in den Schlössern symbolisch die Begehbarkeit durch Menschen verweigert (im Zustand vor dem Tode des Königs). Das Problem der Begehbarkeit einer außer-»realen« Welt ist sehr bedeutungsvoll. Weder die Geschichte, noch Königtum, Majestät, Schönheit, Kunst, Theateraufführung sind begehbar. Um ihre »Funktion« erfüllen zu können, nämlich Majestät darzustellen, müssen die Schlösser unbetretbar sein, menschenleer. Die Unfähigkeit, das Magische zu sehen, hindert, diesen eigentlichen Vorgang, das eigentliche »Funktionieren« der Schlösser, zu begreifen. Ein ursprünglicher Mensch würde keinen Unterschied sehen zwischen einem solchen Bau Ludwigs und dem riesenhaften Saal einer Umschalthalle eines Fernsprechnetzes, – von unzähligen Drähten und Gestellen erfüllt, und voll in Betrieb – während niemand anwesend ist.

52, 53 Daher müssen die Schlösser von »Dingen« vollgestellt sein. Das Überdrängen, das Sperrig-Sein der Inneneinrichtung zu Ludwigs Lebzeiten, wenigstens eindrucksmäßig.[653] Auch im Äußeren: Wenn in Neuschwanstein der Turm mit der Kapelle (an der Stelle, wo die Stufung zwischen unterem und oberem Hof polygonal vortritt) gebaut worden wäre, dann wäre die Anlage in einer solchen Weise »verstellt« worden: Verweigerung der Raumbenützung der Architektur. – Was in der Kunst des Barock und Rokoko Raum, Hintergrund, Rahmen der zeitgenössischen Bewegung des Zeremoniells ist, das muß in der – anderszeitlichen – Wiederbeschwörung Ludwigs II. vielmehr Raum-Verhinderung werden. Das ist sinnvoll. – Es ist sinnvoller, als wenn ein Mensch des 19. Jahrhunderts im Anzug des 19. Jahrhunderts durch die Barock- und Rokokoräume der Münchner Residenz geht.

Zur Ersetzung des menschlichen Rituals und Zeremoniells durch das eingerichtete, selbsttätige Zeremoniell der Ausstattung gehört auch die Ersetzung der Dienstleistung durch das Instrumentarium: die mechanisch versenkbaren tables servantes in Linderhof und Herrenchiemsee.

Der Grund-Wert des Zeremoniells besteht vielleicht darin, daß es keinen unmittelbaren Nutzen hat, – und doch durchgeführt wird. Auf Ablenkung. Auf Hinwendung zu irgendeiner Richtung. Zum Beispiel zu Gott. (Zu einer Aufrechten Haltung). Auf Unwandelbarkeit. – Zeremoniell: ist Wieder-Holbarkeit der Zeit. Stil: ist Wiederholbarkeit des Zeremoniells. Wiederholbarkeit: ist eine Drehung um sich selbst mit Zurückkehren zu sich selbst. Wirklich-geschehende, nicht nur »passierende« Zeit kann es nur innerhalb eines Zeremoniells geben. Innerhalb einer Erkennbarkeit, die durch Zeremonie sichtbar gemacht wird. Zeremonie: Markierung der passierenden Zeit.

Vergleichbar: die mit Grabbeigaben vollgestopften ägyptischen Grabkammern. Die Auferstehungssprüche, die sogenannten Pyramidentexte an ihren Wänden, die niemals gelesen werden sollten, denn niemals sind irdische Menschen in diese Auferstehungskammern gekommen mit Willen der Erbauer. Die Einrichtung eines Grabes überhaupt: auch nicht zum Passieren, zum Darin-Wohnen. Sondern: Zum Zur-Verfügung-Stehen. Eine Einheit bilden. Selbst-tätig sein. Sepulcrum – doch im Sinne der alten Sprache nicht einfach das Grab, sondern die Aufbahrung, die Heiligung. Auferstehungs-Architektur. Ein solcher Automatismus ist die Grundlage aller Gottes-, aller Toten-, aller Auferstehungsbauten. Ist in diesem Sinne aller Grabkult auf »ewige Dauer« eingerichtet? Und wäre also die vollkommene Einrichtung der Bauten Ludwigs II. wirklich eine solche Vorsorge für – nicht die »ebige Gedechtnuß« –, sondern für das ewige Weiterwirken der Riten? So daß es nicht notwendig ist, vor dem Tod noch alles erledigt zu haben. Daß man es so anlegen muß, wie es weiterleben könnte. Ludwigs Schloßbauten als Todesbeschwörungen, als diejenige Form des ganz für sich lebenden Menschen, die dem Antrieb der Pyramidenerbauer entspricht. Also: mit ganz alten inneren Steuerungen. – Magisch gedachte Voraussetzungen Ludwigs. Die Grund-Impulse, die Grund-Vorstellungen, aus denen er Archi-Tektur schafft, haben mit dem Tode zu tun und nicht mit dem Wohnen.[654] – Letzten Endes: alle menschliche Kunst ist eine Umkränzung der Todespforte.

Ferner sind den selbsttätigen Schlössern Ludwigs II. vergleichbar: die unabwohnbaren Räume des Königsbaues der Münchner Residenz, besonders wegen ihrer Wandbekleidung, die alles »Wohnliche«, wie etwa Stoffbespannung, ausschließt. Das – ebenfalls unzugängliche – Sanctuaire des études von Maximilian II.: sakral, zugleich sepulkral; Geborgensein in der Nähe des Heiligen. Ludwig II. betrat diesen Raum seines Vaters nach den bekannten Quellen erstmals am 17. oder 19. März 1864;[655] am 10. war Max II. verstorben. – Auch eine Bibliothek, ein Museum: Typus der sich selbst-belebenden, in sich selbst lebenden Schatzkammer, des eigenen, unbezweifelbaren Reichtums. Es ist einer der Irrtümer der Gegenwart, die Fürsorge für die Museen abhängig zu machen vom Publikumsbesuch. (Auf diese Weise sind auch die Schlösser Ludwigs selbstgeschaffene Schatzkammern).

Beim Überblick über die »vollgestopften« selbsttätigen Architekturen erscheint immer wieder unbegreiflich: wie vollständig die rationalistisch determinierten Menschen alles verdrängt, vergessen haben, wie sie ihre Aufgeräumtheit, Leerheit für natürlich und gesund halten.

Voraussetzung für Selbst-Tätigkeit ist, daß, was selbsttätig wirken soll, eingebracht, eingehängt wird in eine gesetzmäßig wirkende Kraft. Wie die Uhr aufgezogen wird, so wird ein Ritual wieder-geholt. Gegen das »Ablaufen« der wirksamen Kraft wird die Wieder-Holung eingesetzt. Ludwig II.: ist der, der alles zu erhalten, zu wiederholen sucht. – Wenn die Geisteswissenschaft einen wirksamen Sinn und Auftrag haben soll, dann: dem »Ablauf« entgegen zu denken und zur Wieder-Holung fähig zu machen.

Das Naturgesetz, in das etwas eingebracht wird, setzt dann die automatische Bewegung (oder Haftung) in Gang und erhält sie. So ist in aller Architektur die Bezogenheit auf die Anziehungskraft der Erde eingebaut; insofern ist Architektur automatisch. Die Anziehungskraft wird als eine immer-vorhandene Kraft eingesetzt. Also kann ein Uhrwerk dadurch gehen, daß ein Gewicht zur Erde sinkt. Also kann eine Architektur deshalb stehen, weil die Teile zur Erde zu fallen suchen, es aber nicht können. Aber nicht nur das einfache Stehen (einer Säule) ist automatisch, sondern vor allem: die komplizierteste und geistigste Form der Architektur überhaupt, das Gewölbe. Es würde zusammenstürzen oder zerplatzen, wenn die Anziehungskraft sich ändern würde.

In gleicher Weise muß etwas auch auf die zyklische Zeit bezogen sein können. Alle Bauten, die nur einmal benutzt werden (Totenbauten) – oder nur für ein wiederkehrendes Fest. Ein Kapitelhaus. Ein Bühnen-Weih-Festspiel-Haus. Die Vorstellung Wagners, mit der ein für allemal festgesetzten Musteraufführung, richtet sich auf einen Automatismus. Dieser beginnt natürlich sofort mit genauer Fixierung.

Architektur ist nicht zum Abwohnen da, vielmehr zum Symbol. Und die Architektur Ludwigs II.? ist sie nicht durch ihre Intensität die beste ihrer Zeit?

Ist sie nicht exemplarisch? Denn: Handelt nicht jedes intakte Kunstwerk »selber«? Jedenfalls wird es doch nicht durch den betrachtenden Menschen »angeheizt«, in Gang gesetzt? – Es hängt mit ihm zusammen, aber sozusagen in Wartestellung gegenüber dem Betrachter. Einem Kunstwerk kann man doch überhaupt nicht »beikommen« – sein Wesen beruht ja darin, daß es dem gegenwärtigen, einzelnen Menschen überlegen ist. Daß es eben nicht interpretiert wird, sondern daß umgekehrt die Interpretation vom Kunstwerk ausgeht? »Du mußt dein Leben ändern.«[655a] – Gibt es darüber eine zusammenhängende Philosophie?

Es gibt sie in Oscar Wildes Essay »The Decay of Lying«, erschienen im Januar 1889: »She [Art] is a veil, rather than a mirror. She has flowers that no forests know of, birds that no woodland possesses. She makes and unmakes many worlds, and can draw the moon from heaven with a scarlet thread. Hers are the »forms more real than living man«, and hers the great archetypes of which things that have existence are but unfinished copies.« – »Life imitates art far more than Art imitates life. We have all seen in our own day in England how a certain curious and fascinating type of beauty, invented and emphasised by two imaginative painters, has so influenced Life that whenever one goes to a private view or to an artistic salon one sees, here the mystic eyes of [Dante Gabriel] Rossetti's dream, the long ivory throat, the strange square-cut jaw, the loosened shadowy hair that he so ardently loved, there the sweet maidenhood of »The Golden Stair«, [dieses und die anschließend genannten Gemälde von Edward Burne-Jones] the blossom-like mouth and weary loveliness of the »Laus Amoris«, the passion-pale face of Andromeda, the thin hands and lithe beauty of the Vivian in »Merlin's Dream«. And it has always been so. A great artist invents a type, and Life tries to copy it, to reproduce it in a popular form, like an enterprising publisher. Neither Holbein nor Vandyck found in England what they have given us. They brought their types with them, and Life with her keen imitative faculty set herself to supply the master with models. The Greeks, with their quick artistic instinct, understood this, and set in the bride's chamber the statue of Hermes or of Apollo, that she might bear children as lovely as the works of art that she looked at in her rapture or her pain. They knew that Life gains from art not merely spirituality, depth of thought and feeling, soul-turmoil or soul-peace, but that she can form herself on the very lines and colours of art, and can reproduce the dignity of Pheidias as well as the grace of Praxiteles. Hence came their objection to realism. They disliked it on purely social grounds. They felt that it inevitably makes people ugly, and they were perfectly right. We try to improve the conditions of the race by means of good air, free sunlight, wholesome water, and hideous bare buildings for the better housing of the lower orders. But these things merely produce health, they do not produce beauty. For this, Art is required, and the true disciples of the great artist are not his studio-imitators, but those who become like his works of art, be they plastic as in Greek days, or pictorial as in modern times; in a word, Life is Art's best, Art's only pupil.«[656]

»Life goes faster than Realism, but Romanticism is always in front of Life.«[657]

Monumentales Festtheater durch Gottfried Semper[658]

Zum Verständnis der Haltung Ludwigs II. gegenüber Sempers Theaterplänen für München werden nachstehend die wichtigsten Tagebuchstellen zitiert. Ergänzend werden bereits veröffentlichte Quellentexte eingefügt.

Am 26. November 1864 heißt es im Tagebuch: *Abends über: »Der Ring des Nibelungen«!* [gelesen]. – *Siegfried ... Brünhilde, heilige Braut! ... Schrieb Wagner.*[659] In diesem Brief teilt der König Wagner mit: *Ich habe den Entschluß gefaßt, ein großes, steinernes Theater erbauen zu lassen, damit die Aufführung des »Ringes des Nibelungen« eine vollkommene werde; dieses unvergleichliche Werk muß einen würdigen Raum für seine Darstellung erhalten; mögen Ihre Bemühungen in Betreff tüchtiger, dramatischer Sänger von schönem Erfolge gekrönt werden! – Das Nähere über dieses Theater gedenke ich mündlich mit Ihnen zu besprechen; kurz, der Satz, welchen Sie in der Vorrede zum Gedichte »Der Ring des Nibelungen« anführen, soll in das Leben treten; ich rufe aus: »Im Anfange sei die That!«*[660] In diesem »Vorwort« aus dem Jahre 1862 erwähnt Wagner den schon länger von ihm gehegten Plan für ein »provisorisches Theater, so einfach wie möglich, vielleicht bloß aus Holz, und nur auf künstlerische Zweckmäßigkeit des Inneren berechnet ... einen Plan hierzu, mit amphitheatralischer Einrichtung für das Publikum, und dem großen Vortheile der Unsichtbarmachung des Orchesters, hatte ich mit einem erfahrenen, geistvollen Architekten in Besprechung gezogen.« Der (im »Vorwort« zur »Ring«-Dichtung nicht genannte) »Architekt« war Gottfried Semper.[661] Seine Beauftragung war Idee Wagners; das monumentale Theater die Idee Ludwigs.

Am 14. Dezember 1864 im Tagebuch: *Wagner Abends bei mir ... Semper, Großes Theater, National-Denkmal.*[662]

Am 10. Januar 1865 ebendort: *»Wagner« endlich wieder bei mir ... Semper. – Großes Heiligthum der Kunst, freie Gegend, Stadt in der Nähe,* [das bezieht sich wohl auf die Lage des Festbaues] *Orchester unsichtbar, Sitzreihen amphitheatralisch, oben Säulen-Gang, ... o künftiges Werk? ... Sah mich eintreten!*[663] Am 21. schreibt der König an Wagner: *Wie freue ich mich auf Semper's Plan; erhielte ich ihn doch bald! –*
54 *Im Geiste sehe ich unser ersehntes Gebäude vor mir stehen in all seiner erhabenen Pracht, die sich aufthürmenden Bögen der Sitze, die Säulenreihe, sehe das Volk ahnungsvoll vor dem Allerheiligsten von Wonneschauern durchbebt; es ertönen die mystischen Töne, – es steigt der Vorhang u. nun entrollt sich vor unseren Seelen u. Blicken die Handlung, das herrliche Drama: ich sehe die Götter u. Helden vor mir, den Fluch des Ringes* [des Nibelungen] *sich erfüllen! – Die Erlösung durch das nun wissende Weib! – O Wonne des Gedankens, Alles wird erfüllt werden, mir sagt es der Geist. – O Muth, Muth mein Freund, mein Alles!*[664] Am 14. Februar an Wagner: *Was Semper's Plan hinsichtlich eines provisorischen Theaters im Glaspalaste betrifft, so bin ich vollkommen damit einverstanden; nur brenne ich auch vor Verlangen, Semper's Plan über unser, von Ihnen, mein geliebter Freund, wie von mir gleich ersehntes Fest-Theater endlich zu schauen, um den Vorgeschmack künftiger Wonne schon jetzt zu empfinden!*[665] Im Tagebuch zwischen 8. und 19. April: *Brief v. Semper, – Plan zum großen Festtheater d. Zukunft!*[666] Semper hatte am 11. an Ludwigs Sekretär, Staatsrat Franz Seraph v. Pfistermeister, geschrieben[667]. Am 15. Mai, wiederum im Tagebuch: *Briefe v. Wagner. Pläne von Semper (Zukunft?) – Hehrer Bau.*[668] An diesem Tage hatte Wagner dem König die ersten Pläne für das provisorische Theater im Glaspalast samt Sempers Erläuterungsschreiben zugesandt[669]. Im Tagebuch am 16. Juli: *½ 2 der Einzige* [Wagner] *zu mir ... über ... das neue Theater.*[670] Ebendort am 16. September 1865: *Semper (Modell).*[671] Gemeint ist sicherlich ein Modell des definitiven Festbaues; den Wunsch Ludwigs danach teilte Pfistermeister am 12. Oktober Semper mit.[672] Schon am 18. September hatte der König Wagner geschrieben: *An Bülows und Semper meine herzlichen Grüße; ich bitte Sie, sagen Sie Letzterem, wie sehr ich mich auf das plastische Modell des Theaters freue.*[673] Am 3. Oktober im Tagebuch: *fuhr um 11 Uhr über die Isarhöhen (künftiger Freuden seliger Sitz).*[674] Gemeint war sicherlich der Gasteigberg, wo der von Semper bevorzugte unter den erwogenen Bauplätzen für den »Festbau« lag. Am 7. schrieb Ludwig an Wagner: *Und das Theater! – Wie groß ist der Plan! Ganz nach Ihrem Willen werde er ausgeführt. – Es wird ein »Wunderbau«! – Nur von Geweihten, von Kunstentflammten darf er betreten werden; nur Ihre heiligen Klänge dürfen Seine Hallen erfüllen.*[675] Am 4. November 1865 sandte

Wagner dem König Sempers Hauptwerk »Der Stil in den technischen und tektonischen Künsten«.[676] Am 6. schrieb Ludwig an Semper:

Hochverehrter Herr! Unser Freund Richard Wagner übersandte mir in Ihrem Namen Ihr Werk über den »Stil«. – Es ist mir ein wahres Bedürfniß, Ihnen hiefür meinen wärmsten Dank persönlich auszudrücken, mit der Versicherung, daß Sie mir, hochverehrter Herr damit eine wahrhaft große Freude bereitet haben. Ich habe dieses Werk sowohl von Sachverständigen als auch von Kunstfreunden preisen und bewundern hören, ich freue mich sehr darauf es zu lesen. – Ich brenne vor Begierde nach dem plastischen Modelle des von Ihnen zu schaffenden Festbaues; Wagner sprach mir jüngst ausführlich über die von Ihnen in Betreff des Baues gehegten Pläne. – Wie genial gedacht u. entworfen! – Sie sind der Einzige auf Erden, dieß weiß ich bestimmt, dieß sehe ich klar, welcher ein so bedeutendes Werk zu erschaffen weiß! – So vereinigen sich nun der größte der Architekten, u. der größte der Dichter u. Tonkünstler ihres Jahrhunderts, um ein Werk zu vollführen, welches dauern soll bis in die spätesten Zeiten, zum Segen, zum Ruhme der Menschheit! – So rufe ich Ihnen nun Heil zu aus ganzer Seele, Gedeihen Ihrem Werke! –[677]

Am 11. November im Tagebuch: *Sprachen über ... das Festtheater d. Zukunft* (der König und Wagner als sein Gast in Hohenschwangau).[678] Am 13. ebendort: *sprachen über das Festtheater, Semper, Säulenord-* 54
nung mit den musikalischen, sich wiederholenden Motiven vergleichend, hehrer Bau, durch den mystischen Zwischenraum [»Abgrund« des Orchestergrabens] *das Volk von der vorgeführten Welt traumgleich geschieden.*[679] Am 3. Dezember an Wagner: *Wie freut es mich zu hören, daß Semper rüstig und guten Muthes arbeitet; ich ersuche Sie, mir die Abschnitte in seinen Werken näher zu bezeichnen, von welchen Sie meinen, daß sie mich besonders fesseln werden; ach, wer weiß, wann ich in München wieder Zeit zum Lesen finden werde!*[680] Am 4. November hatte Wagner dem König Sempers »Stil« gesandt.

Der König an Wagner am 15. Januar 1866: *Öfters besuche ich die Höhen an der Isar;* [Gasteig-Höhe] *da will es mir das Herz zerschneiden, wenn ich denken soll, daß der ersehnte Bau nie dort aufgeführt werden soll.*[681] Am 18. Februar: *Sempers Pläne sind herrlich, nächstens muß der provisorische Bau begonnen werden.*[682] Ende November 1865 hatte Semper Entwürfe zum provisorischen Theater an Wagner geschickt; erst am 15. Februar 1866 erhielt sie der König von Frau Cosima.[683] Im Tagebuch am 21. September: *Nachricht Semper's Modell zu Unsrem monumentalen Festbau d. Zukunft im Okt. vollendet.*[684] Es wurde aber erst Ende Dezember fertiggestellt.[685]

Am 9. Januar 1867 im Tagebuch: *Ankunft v. Semper's hehrem Modell*[686] (Es war spätestens am Vortage 54, 55
eingetroffen[687]. Am 11. im Tagebuch: *Semper 2–3 Uhr das herrliche Modell des Festtheaters der Zukunft gezeigt u. erklärt, einig: der Bau wird begonnen.*[688] Am 12. ebendort: *Semper! Pläne, 3 Bauprojekte (Festtheater).*[689] Am 22. Mai ebendort: *Semper (Theater Scheidung d. realen von d. idealen Welt) Hinübersehen in den Traum.*[690]

Noch am 9. März 1868 schrieb Ludwig an Wagner: *den Plan, den Bau unseres Fest-Theaters betreffend, sehe ich nur als aufgeschoben an, durchaus aber nicht als aufgegeben.*[691]

Von Einzelzügen des provisorischen und monumentalen Theaterprojektes machte sich der König am meisten die Idee Wagners von der Trennung der realen von der idealen Sphäre durch den »mystischen 54
Abgrund« des Orchestergrabens zu eigen – siehe die Zitate vom 10. Januar und 13. November 1865 und vom 22. Mai 1867. Die formale Verwirklichung dieser Wagner-Idee war Sempers Werk. Seine Hauptpläne zum monumentalen Theater waren vor dem 28. Mai 1866 fertig.[692] Im Erläuterungsbericht Sempers zu diesen Entwürfen heißt es:

»Die vertiefte Lage der Orchestra erfüllt [außer der Unsichtbarkeit des Orchesters] zugleich den wichtigen Nebenzweck, die verlangte entschiedene Trennung der Cavea [des »ansteigenden Sitzstufenbaues« des bloß realen Zuschauerraumes] von der Bühne zu bewerkstelligen. Es entsteht zwischen beiden ein gleichsam neutraler Zwischenraum, dessen Abschluß nach allen Seiten hin, nach oben, unten und seitwärts vom Auge des Zuschauers verfolgt werden kann, so daß die wahre Entfernung der Einfassung der Bühne, die sich jenseits dieses Zwischenraumes erhebt, für das abschätzende Auge aus Mangel an Haltepunkten nicht mehr meßbar ist, besonders wenn letzteres noch außerdem durch passend angewandte perspektivische und optische Mittel über diese Entfernung getäuscht wird.

Zum Theile wegen dieser optischen Wirkungen, besonders aber zum Zwecke der als Vorbedingung gestellten vollständigen Trennung der idealen Bühnenwelt von der Realität mußte beim Entwurf ein neues System der Bühnenbeleuchtung angenommen werden.

Zunächst galt der Grundsatz, daß nur die Wirkung des Lichts, nicht aber das Licht selbst sich zeigen dürfe. Zweitens mußte die falsche und unnatürliche Beleuchtung der sog. Proszeniumsrampen – von unten herauf – beseitigt und durch effektvollere und vermehrte Ober- und Seitenbeleuchtung ersetzt werden.

Diesen hier angedeuteten Absichten entspricht ein zweites, weiteres und höheres Proszenium, das in einer Entfernung von 15 Fuß (4,50 m) dem eigentlichen Bühnenproszenium vorgestellt ist und einen mächtigen Rahmen, eine Blende bildet, hinter welcher seitwärts und oberwärts die Gasröhren zur Beleuchtung der eigentlichen Bühne versteckt liegen. Dieses System der Beleuchtung wird noch vervollständigt durch eine Gasflammenreihe, die – ebenfalls für den Zuschauer versteckt – am Rande der Brüstung angebracht ist, welche die Orchestra von dem Auditorium trennt. Die Dekoration dieses vorderen Bühnenproszeniums ist in den Motiven, Ordonnanzen[693] und Verhältnissen derjenigen des hinteren Bühnenproszeniums vollkommen gleich, aber in den wirklichen Größenverhältnissen davon verschieden, woraus eine perspektivische Täuschung entsteht, weil das Auge die thatsächlichen Größenverschiedenheiten nicht von den perspektivischen zu unterscheiden vermag. Eine Illusion, die nach Befinden und nach Umständen durch alle erdenklichen Beleuchtungskünste noch gehoben und modifiziert werden kann.

So wird die beabsichtigte Vernichtung des Maßstabes der Entfernungen und somit die Trennung der idealen Bühnenwelt von der Realität der Zuschauerwelt vervollständigt. Hierzu kommt noch der wichtige Vortheil, daß die darstellenden Künstler, wenn sie an den Bühnenrand hervortreten, das irdische Maß der Größe scheinbar überschreiten, weil das Auge die Größe nicht nach dem wahren, sondern nach dem verjüngten Maßstabe des kleineren inneren Proszeniums zu messen geneigt ist. Man erreicht damit ähnliches wie dasjenige, wonach die griechischen Tragiker strebten, indem sie die Personen, denen sie ihre heroischen Rollen anvertrauten, durch Masken, Kothurne und andere Mittel über das menschliche Maß hinaus vergrößerten.[694]

Der Festbau wäre eine der genialsten Theater-Architekturen überhaupt geworden, außerdem das ideale Wagner-Theater, das es nicht gibt. Nur Semper hätte es schaffen können. Wie konsequent, wie innerlich sicher: daß Ludwig dem überragenden Bühnenkünstler das gemäße Theater errichten wollte. In Verbindung mit der »Weltachse« vom Residenzbereich zum Gasteig (dem von Ludwig II. und Semper favorisierten Standort) hätte das Vorhaben auch städtebaulich einen Höhepunkt des Jahrhunderts bedeutet, und der König hätte die Tradition von Vater und Großvater – (Maximilian- und Ludwigstraße) fortgesetzt.

Zum Scheitern der Ausführung, das mehrfach in der Literatur eingehend dargestellt wurde: Es ist unbewiesen, daß außer dem König und Semper überhaupt jemand das Theater bauen wollte. Ablehnend verhielten sich unter anderen der Großvater Ludwig I., die Königin-Mutter Marie, der Hof, Beamte und die »öffentliche Meinung«.[695]

Zur Haltung Wagners zunächst einige seiner Äußerungen. Am 20. August 1865 schreibt er dem König: »Ich ersehe keine Möglichkeit für nächstes Jahr Musteraufführungen zu Stand zu bringen. Somit eilt selbst das provisorische Theater nicht ... Wirklich, mein herrlicher Freund, ersehe ich in dem ausdauernden Feuer, mit welchem Sie immer wieder den schönen Plan des Festtheaters in das Auge fassen, die eigentliche Bürgschaft für das Erreichen des Höchsten: seine Ausführung wird die Spitze, der Abschluss der ganzen Schöpfung sein. Nur Zweies ist zuvor zu pflegen: meine Werke selbst ... und die Darsteller derselben in dem dereinstigen Festtheater! – Deshalb sage ich zunächst: Zeit und Ruhe für mich! – dann: Zeit und Geduld für Unsre Schule.[696] Es handelt sich um eine deutsche Musikschule, über die Wagner dem König einen am 31. März 1865 datierten Bericht vorlegte.[697] Ihre Gründung kam wegen Unverständnis und Gegnerschaft mancher Kreise nicht zustande.

Am 9. September vertraute Wagner seinem »Braunen Buch« an: »Ein Schreck: Semper ist da! Franz [Wagners Diener Franz Mrazeck] hat ihm leider gestanden, dass ich nicht verreis't sei. Soweit bin ich, dass mir Sempers Besuch widerwärtig ist. Gott, was geht mich ein provisorisches, oder ein definitives Festtheater, was geht mich alle Baukunst der Welt an! ... Ich kann u. mag keinen Menschen, auch den Liebsten u.

Gescheutesten nicht sehen, wenn Cos[ima] nicht dabei ist: Alles ist mir Pein, was in ihrer Abwesenheit vorgeht. Wie hasse ich dieses projectirte Theater, ja – wie kindisch kommt mir der König vor, dass er so leidenschaftlich auf diesem Projecte besteht: nun habe ich Semper, soll mit ihm verkehren, über das unsinnige Project sprechen!«[698]

Die Stelle war von Eva Wagner überklebt worden.[699] Der Kommentator Bergfeld meint: »Was er [Wagner] über den Theaterbau sagte, betraf den König, richtete sich aber nicht gegen Semper.«[700] Dieser wäre Wagner nur ungelegen gekommen, weil Frau Cosima nicht dabei war. Auch falls das zutraf, wird Wagners Äußerung kaum eingeschränkt; umsomehr nicht, als ja entsprechende weitere (teilweise hier zitiert) von ihm und auch beispielsweise von Friedrich Pecht, der eng mit ihm bekannt war (ebenfalls hier wiedergegeben) vorliegen.

Angesichts der zitierten Worte Wagners aus seinem privaten Tagebuch mutet es merkwürdig an, daß Wagner vier Tage später, am 13. September, an Ludwig II. schreibt: »Er [Semper] wird nun unsre Ideen ausarbeiten, und den Plan, der uns Beide mit Enthusiasmus erfüllt, alsbald sorgfältig entworfen dem göttlich holden Urheber zur Ansicht und Prüfung vorlegen.«[701]

Am 2. Januar 1867 schrieb Wagner dem König: »... verweise ich Sie auf eine geneigte nochmalige Durchlesung meiner Gedenkschrift über die Musikschule.[702] Führen Sie strikte aus, was ich darin verzeichne: ohne die Schule ist das Theatergebäude ein kindischer Tand.«[703] Am 29. heißt es in einem Brief Wagners an seinen Freund August Röckel: »Mich hat der schnelle Entschluß des K[önig]s dieses Project sofort schon zur Ausführung zu bringen, – wie Du Dir wohl denken kannst – sehr erschreckt. Mir liegt jetzt Alles mehr im Kopfe, als Wagner-Theater und gar Wagnerstrassen. Doch habe ich mich gewöhnt, gegen solche feurige Beschlüsse mich ganz ruhig zu verhalten, und abzuwarten, was ganz von selbst aus der Natur der so und so bewandten Dinge geschieht, um das Feuer zu dämpfen und das gehörige Wasser darüber zu giessen.«[704]

Friedrich Pecht schrieb am 17. März 1865 an Gottfried Semper, daß »der Gedanke des Baues [des monumentalen Theaters] ganz und gar nicht von Wagner – der ja blos die Bretterbude wollte – sondern direkt vom König selbst ausgegangen ist«[705].

Auch falls Wagner später vielleicht den Bau gewünscht hätte,[706] bleibt die Tatsache, daß für Wagner im Gegensatz zu Ludwig Architektur etwas ganz Sekundäres war. Das ist aus sämtlichen veröffentlichten Quellen[707] evident; ebenso, daß Wagner den König hinhielt, täuschte und ihm offen entgegentrat. Nach Habel setzte Ludwig II. vornehmlich infolge dieser Haltung Wagners den Festbau nicht durch.[708]

Durch Wagners Verhalten in der Sache wurde die Ermöglichung seines Werkes durch den König nicht berührt. Ludwig II. war König, Theaterfürst und Bauherr in folgerichtiger Sachlichkeit. Also unterschied er zwischen dem Tondichter und dessen empirischem Ich mit dessen einander widersprechenden Bedingtheiten, wie beispielsweise Zu- und Abneigungen. Ernst v. Possart, der den König genau kannte, weil er seit 1864 bis zu Ludwigs Tod 1886 äußerst intensiv als Schauspieler, Regisseur und Dramaturg in Ludwigs Sinne für ihn tätig war[709], bezeugt, der König verstand »zu jeder Zeit, die Person von der Sache zu trennen.«[710]

Auch für Joseph Kainz (vgl. S. 95) hatten Penetranz und nach Böhm[711] möglicherweise sogar Verhöhnung des Königs hinter dessen Rücken keine Folgen für die Förderung als Künstler. Da Kainz diese sachliche Unterscheidung zwischen Künstler und Mensch nicht begriff, obwohl der König ihn ständig zu Erkenntnis zu bringen suchte, zog er aus der gleichbleibenden königlichen Förderung den falschen Schluß, nicht durchschaut zu sein, oder alles sei vergeben, und kam noch am 30. August 1883 – zwei Jahre nach der Schweizerreise mit dem König – in einem weinerlichen Brief um Abschiedsaudienz ein[712]. Daß er sie nicht erhielt, konnte er sicherlich mit den Gnadenbeweisen für seine Künstlerschaft nicht in Einklang bringen. Sein lädiertes Geltungsbedürfnis beschwichtigte er vielleicht, indem er Ludwig II. einfach Sonderbarkeit unterstellte. Mutatis mutandis vergleichbar reagierte Professor Johannes Huber 1865 auf das Fehlschlagen seiner Marquis-Posa-Ambition (S. 68). Betätigung eines Trivialmechanismus der Psyche beim Beobachter, der sich für objektiv hält, gibt sich als »sachliche« Feststellung über den König aus.

Nibelungengang und Zimmer in der Münchner Residenz

Soviel bekannt ist, beginnen die ausgeführten Werke des Bauherrn Ludwig II. im Jahre 1864. Außer dem »Nibelungengang« und dem Appartement in der Residenz handelt es sich um Gestaltungen im Tassozimmer im zweiten Stock von Hohenschwangau, seinem Schlafzimmer – vielleicht seine früheste Einrichtungsschöpfung überhaupt. Am 27. August 1864 schreibt er an Sibylle v. Leonrod: *Vielleicht interessirt es Dich, zu erfahren, wie ich mein Schlafzimmer (in welchem, wie Du wissen wirst, Scenen aus Tasso's befreitem Jerusalem gemalt sind) eingerichtet habe! Du erinnerst Dich vielleicht, daß an der blauen Decke, welche das Firmament vorstellt, Orangenbäume gemalt sind, um mir den Eindruck täuschender (wahrscheinlicher) zu machen, als wäre ich im Freien, ließ ich im Zimmer eine Quelle mit wirklichem Wasser anlegen, die sich sehr gut ausnimmt; es konnte dieß geschehen ohne Feuchtigkeit im Zimmer zurück zu lassen. – Auch ein künstlicher Mond ist in der Arbeit, sowie Orangenbäume, sodaß der Eindruck u. die Täuschung den Beschauer angenehm berühren werden.*[713] Petzet beschreibt diesen inzwischen beseitigten Raumzustand: »an der mit einem nächtlichen Himmel bemalten Decke richtete Theatermaschinist Joseph Penkmayr zunächst im Herbst 1864 die »einen Mond darstellende Nachtbeleuchtung« ein, die er im Sommer 1865 durch zahlreiche Sterne und im nächsten Jahr sogar durch eine Regenbogenmaschine ergänzte. Dazu kam der auch in dem Aquarell [Gustav] Seebergers sichtbare, von Hofbrunnenmeister Negele angelegte »Felsbrunnen« und drei künstliche Orangenbäume des Hofblumenfabrikanten J. v. Heckel.«[714] Seeberger malte den Raum mehrmals für den Bauherrn.[715] Ein Aquarell von Seebergers Hand, das dieses Schlafgemach zeigt, schenkte der König an Wagner mit der Widmung: *Zur freundlichen Erinnerung an den 11. November 1865 von Ihrem treuen Ludwig.* Am bezeichneten Tag kam Wagner zu einem mehrtägigen Aufenthalt in Hohenschwangau als Königsgast an. Das Geschenk hing 1869 in Triebschen in Wagners »grüner Arbeitsstube«; derzeit wird es in Wahnfried verwahrt.[716]

Der Tagebuch-Eintrag Ludwigs vom 6. Juni 1865: *neuen Plan: Hohenschwangau* kann sich auf Einrichtungen im Tassozimmer beziehen, aber auch ein frühes Aufblitzen einer Schloßbau-Idee in dieser Landschaft (ausgeführt mit Neuschwanstein) festhalten; am 8. notiert er: *Walhalls prangende Burg!*[717]

Es ist logisch, daß das Thema »Bauherr« anfängt mit den Zimmern, in denen schon der Kronprinz wohnte; daß dann zu diesen Räumen, – die die seinen sind, was die Räume des Königsbaues der Residenz nicht sein konnten – langsam und nacheinander die eigenen Entscheidungen hinzuwachsen: zuerst, und sofort: der neue Zugang zu seinen Residenzräumen, der »Nibelungengang«. Daß er zunächst in den Kronprinzenzimmern blieb, ist aber bei diesem für archi-tektonischen Ausdruck sensiblen Menschen sogar eine viel tiefere Entscheidung: eine Verweigerung, Bauformen aufzunehmen, bevor er innerlich hineingewachsen war; also vor *Wachsen des Königs-Gefühles,* notiert im Tagebuch zwischen dem 1. und dem 4. Mai 1867 und am 10. September 1868[718].

Zum Nibelungengang: Fünf Tage nach Bezug seiner ersten eigenen Residenz-Wohnung – als Kronprinz – erscheint im Tagebuch das Stichwort *Residenzgang*, am 21. November 1863.[719] Da er vorher sich mit der Einrichtung seiner Wohnung beschäftigt hat (S. 74) – hat er am 21. November schon daran gedacht, den Gang dorthin umzugestalten? Es wäre dann die früheste nachweisbare Erwähnung des Vorhabens.

Als König sandte er am 3. Juni 1864 dem k. Obersthofmeister-Stab ein Handbillet, in dem es heißt: *Ich beabsichtige den oberen Zugang zu meiner gegenwärtigen Wohnung in anständiger Weise herstellen zu lassen, und werden dazu sämtliche auf der sogenannten Theatiner Neu befindlichen Wohnungen und sonstigen Räume in Anspruch genommen werden.* Am selben Tage befiehlt er, daß ihm *die nach Meinen, dem Hofbau-Inspector* [Eduard] *Riedel gegebenen Andeutungen herzustellenden Entwürfe, Pläne und Kostenvoranschläge baldmöglichst vorzulegen* sind[720]. »Theatiner Neu« hieß ein Gang im zweiten Stock des Residenztraktes an der Residenzstraße; nur ein Gewinkel von Gängen führte von dort in seine Gemächer im dritten Stock.

Am 4. antwortete der Obersthofmeister Graf Butler-Clonebough: »So sehr es des treugehorsamst Unterfertigten eifrigstes Bestreben auch für die Zukunft sein wird, die Wünsche Euerer Königlichen Majestät so weit es nur immer in dessen Möglichkeit gelegen ist, pünktlichst zu erfüllen, so sieht er sich

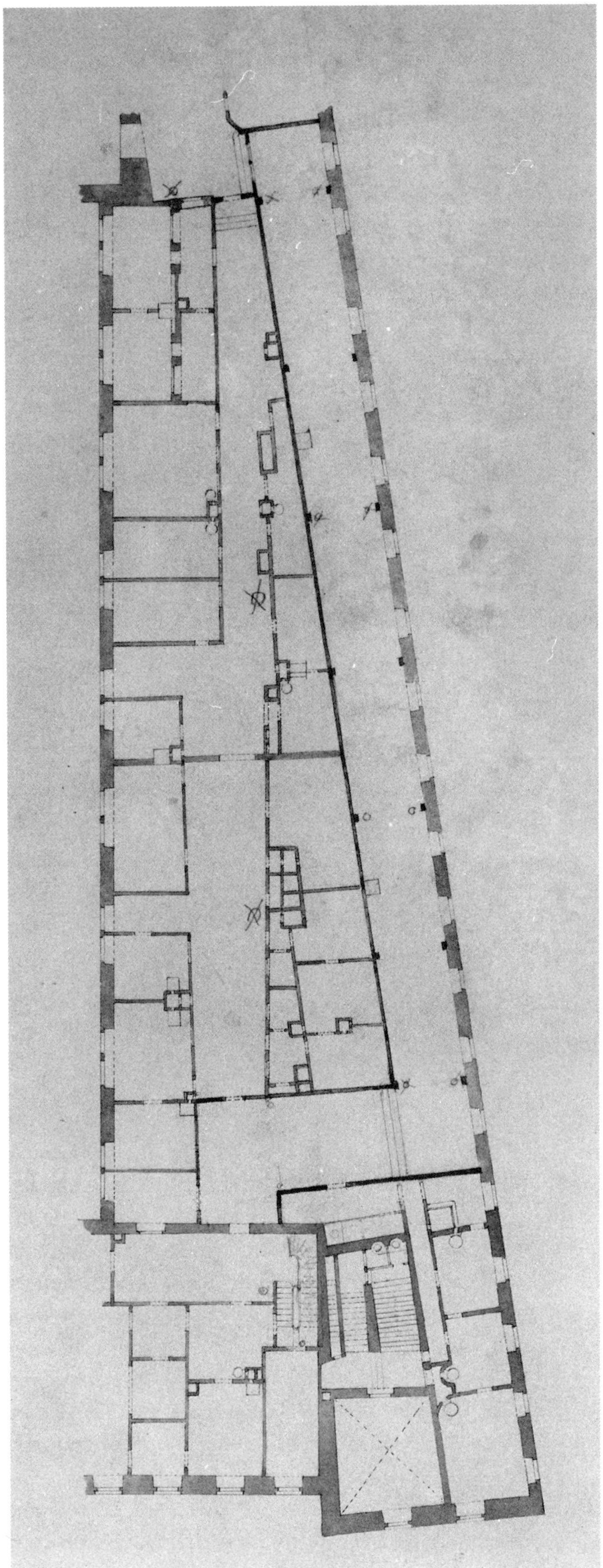

Abb. 20 Eduard Riedel (?), Grundriß des Traktes der Münchner Residenz an der Residenzstraße einschließlich der Ecke des Festsaalbaues, zweiter Stock. Rechts der – zerstörte – Nibelungengang. 1864

dennoch in diesem gegebenen Falle in die höchst traurige Nothwendigkeit versetzt, Euerer Königlichen Majestät offen gestehen zu müssen, daß die anderweitige Unterbringung der Personen nach untem [sic] stehenden [sic] Vortrage, in der k. Residenz durchaus nicht auszumitteln ist. Auf diesem Gange befinden sich jetzt die Wohnungen nachstehender Personen, deren Anwesenheit in der k. Residenz durch ihre verschiedenen Dienstobliegenheiten geradezu eine Nothwendigkeit ist, soll der allerhöchste Dienst und damit die allerhöchsten Herrschaften nicht selbst benachtheiligt werden.

1.) die k. Bettleinwandkammer
2.) die Leinwandmeisterin
3.) u. 4.) die Garderoberinnen Ihrer Majestät der Königin Mutter
5.) die Kammerfrau der Prinzessin Adalbert
6.) u. 7.) Zwei Garderoberinnen der Prinzessin Adalbert
8.) Wohnung der Kehrfrau Köglmaier,
9.) desgleichen Kehrfrau Stoll
10.) Zimmer der Kehrfrau des Prinzen und der Prinzessin Adalbert
11.) das Ankleidezimmer der Lakaien.

Ferner hatten auf diesem Gange Graf Vaublanc, die k. Flügeladjutanten und die Hoffouriere kleine Lokalitäten zur Benützung des An- und Ausziehens.« In dieser Art geht das Schreiben weiter. So war der Widerstand gegen Bauwünsche des Königs gleich am Anfang beschaffen. Er entschied am 10.:

Wenn die Bezeichneten nicht sämmtlich in der Residenz untergebracht werden können, so mag dieses zum Theil in der Herzog Maxburg oder sonstwo geschehen. Für Mich ist ein angemessener Zugang zu Meiner Wohnung Bedürfniß und wenn Ich den Plan und Kostenanschlag der von der Hofbau-Intendanz vorzulegen kommt, entsprechend finde, werde Ich Mich von der Herstellung nicht abhalten lassen.[721]

Nach Abänderungen wurde ein Voranschlag vom 2. Juli durch Ludwig am 9. genehmigt; am 11. wird der Baubeginn für den 18. festgesetzt. Am

56 2. November wurde der Vertrag mit Michael Echter geschlossen, 30 Fresken, Darstellungen aus dem »Ring des Nibelungen«, in dem Gang auszuführen. Anfang 1867 waren sie vollendet.[722] Der Gang wurde 1944 zerstört; die Fresken kennen wir unter anderem durch Franz Heigels Kopien. An der Seite zur Residenz-
Abb. 20 straße, mit vierzehn Fenstern auf diese, zog sich der »Nibelungengang« hin, etwa 31 m lang und etwa 3,5 m breit. Eine Treppe führte von ihm zu den Gemächern Ludwigs II. im dritten Stock des Eckpavillons des Festsaalbaues an der Residenzstraße; die Räume sind bis auf Teile der Ausstattung gleichfalls 1944 vernichtet worden.

Nach Lohengrin-, Tannhäuser- und Fliegender-Holländer-Schale ist der Nibelungengang das zweite Beispiel der vollkommen fertigen, keinen Widerspruch duldenden Planung des Königs. Die zweite Absolutheitsform. Der Gang hatte nicht die »Funktion« eines Zugangs. Dahinter steht vielmehr der Baugedanke des Vorhofes, des »Paradieses«, der »Hohen Pforte« romanischer Sakralbauten. Dort: diejenigen Bilder, die auf das Wesen des Sanktuariums vorbereiten. Also in Ludwigs Fall die Wagner-Dichtungen. Schon allein das romanische Stufenportal mit Figuren Christi und der Heiligen war nicht bloß Durchgang, sondern gebildet, weil auf dem Platz davor bestimmte und fest wiederkehrende Handlungen vollzogen wurden. Dieser freie Platz vor der Kirche heißt im Französischen »parvis«; so nennt ihn beispielsweise noch Eugène Emmanuel Viollet-le-Duc[723], in Theorie und Praxis einer der Einflußreichsten des gesamten »Historismus«. Ludwig II. benutzte seine Schriften eifrig und kannte sie teilweise auswendig[724]. Weil vor dem Portal ein Aufenthaltsraum gewollt war, entstand hier schon im 12. Jahrhundert ein Innenraum, das Paradies. Hier fanden die Mysterienspiele statt; hier wurde nach dem Nibelungenlied der Rangstreit zwischen Kriemhilt und Brunhilt ausgetragen, als er ernst wurde – ähnlich einer Gerichtsverhandlung. Der Platz vor dem Kirchenportal ist eine offizielle Stelle, und Gericht halten ist Ausübung staatlicher Hoheit. – Das romanische Stufenportal ist schon für sich gesehen nicht nur Teil der Kirche; es ist ihr gegenüber selbständig, es gehört in den Architekturkomplex der »Hohen Pforte«, den bereits Ägypten kannte. Das Durchschreiten der Hohen Pforte hat entsühnende Wirkung.[725]
Die Parvis-Architektur entstand aus dem Archaischen innerhalb des jungen Königs. Ihre Funktion war, Symbol zu sein. Im übrigen setzte er mit dem Nibelungenthema hier wieder die Tradition der Könige Bayerns fort, nämlich die Tradition der fünf Nibelungensäle seines Großvaters im Erdgeschoß des Königsbaues der Residenz, die ohne Ludwig II. nicht einmal vollendet wären: »Da die Ausführung nach der Abdankung Ludwigs I. [1848] stockte, hat Ludwig II. hier das Werk seines Großvaters 1867 vollendet. Die Züge des jungen Königs trägt eine Sängerfigur in der Darstellung des letzten Freskos und neben ihr steht der sagenhafte Dichter des Nibelungenliedes mit den Gesichtszügen Ludwigs I.«[726]

Die Kronprinzenwohnung Ludwigs II., bezogen am 16. November 1863,[727] wurde bereits erwähnt (S. 74). Es waren dieselben Räume, die er als König dann mehrfach für sich umgestaltete. Frühestes bekanntes Zeugnis ist der Kostenvoranschlag des Hofbauinspektors Eduard Riedel an den Obersthofmeisterstab vom 28. März 1864 (am 11. hatte Ludwig den Thron bestiegen) über Herrichtung von drei Zimmern. Dort ist von Neutapezierung der Wände, Beziehen von Möbeln, Anschaffung neuer und ähnlichem die Rede; Gesamtsumme: 1220 fl. Vom 12. Juli datiert eine »vorläufige Zimmer-Eintheilung« mit Grundplan. Am 20. befiehlt der König: *Mein Schlafzimmer in dem nordwestlichen Eckpavillon der Residenz dahier, welches ich tiefblau tapezieren lassen werde, soll dazu einen von leicht und geschmackvoll gehaltenen Goldverzierungen umgebenen, schwimmenden, gekrönten Schwan zur Plafonddekoration erhalten* und: *Mein Schlafzimmer … ist mit ebensolchen dunkelblauen Papiertapeten zu tapezieren, wie sie das kleine Cabinet meiner untern Wohnung in dem nördlichen Residenzflügel hat. Die Vorhänge und Möbel-Überzüge in diesem Schlafzimmer aber sollen aus Seidenstoff bestehen und sind Mir die entsprechenden Kosten-Anschläge baldigst in Vorlage zu bringen.* Die *untere Wohnung* kann nur die vor dem 16. November 1863 von ihm und seinem Bruder Prinz Otto bewohnte sein. Sie lag im zweiten Stock. Am 27. Juli 1864: *Ich wünsche den Salon, in welchem Ich gegenwärtig empfange, roth tapeziert und können die grünen Tapeten desselben zur Tapezierung des nebenan befindlichen Wart-Saales verwendet werden.* Vom 2. November datiert ein Material- und Kostenausweis über die Zimmer, der allein etwa fünfzig Items für das Schlafzimmer enthält.[728]

Was ausgeführt war, berichtet ein Brief des Königs an Frau v. Leonrod, verfaßt zwischen 23. November und 25. Dezember 1864: *Meine Wohnung ist wirklich recht schön geworden; ganz meiner Angabe getreu. Die Tapete im kleinen hellblauen Arbeitszimmer ist von Seide, sonst ist nichts geändert; der Schreibtisch ist mit hellblauem Leder überzogen, auch mein Arbeitsstuhl ist so, der Salon ist von karminrother Seide, das Eßzimmer, wo ich morgens arbeite, ist von dunkelblauer Seide; in diesem Zimmer stehen die Marmorbüsten der Eltern, auf einer blauen Stuck-Säule Wagner's Büste; an der Wand steht noch die große Etagère; das Schlafzimmer ist ebenfalls dunkelblau, auf der Decke ist ein großer Schwan gemalt. – Das untere Audienzzimmer ist roth.*[729] Letztgenannter Raum gehörte also nicht zur Wohnung im dritten Stockwerk und ist vielleicht mit dem am 27. Juli vom König erwähnten Empfangssalon, der rot tapeziert werden soll, gleichfalls gemeint. Zwischen 29. November und 2. Dezember heißt es im Tagebuch: *die Wohnung, wie ich sie wünschte*[729a], das bezieht sich wohl auf die Fertigstellung dieses Stadiums der Gestaltung.

Das folgende wird am 18. Januar 1867 mit dem Vorhaben der Erweiterung der Garderobe faßbar[730]; ein kleiner Beginn, obwohl der König vielleicht bereits das Ganze in sich trug. Die Praxis, den Umfang eines Planes erst nach und nach bekanntwerden zu lassen, wurde bei Ludwig II. zur Regel. Zwischen dem 1. und 4. Mai liegt der Tagebuch-Eintrag: *Wachsen des Königs-Gefühles*[731] (in größerer Schrift als sonst). Am 17. sprechen die Akten von den »Zeichnungen der Zimmer des Königs im Geschmack Ludwigs XIV.«[732] Am 23. Mai notiert er im Tagebuch: *Zimmerbilder Styl Ludwig XIV.*[733] Am 4. Juni reichte Hofbaurat Eduard Riedel Entwürfe und einen Voranschlag (20.238 fl.) ein.[734] Am 27. wünscht der König, daß das 58
Arbeitszimmer und das Schlafzimmer »in der oberen Wohnung« (der im dritten Stock) vergrößert werden. »S. M. glauben, dies sei möglich durch Verdünnung der Hauptmauern, weil auch im Thronsaal eine Nische in der Hauptmauer gemacht werden konnte.«[735] Am 30. Juni 1867 wird dem Obersthofmeisteramt mitgeteilt, daß im laufenden Jahre nur der Audienzraum ausgeführt werden solle.[736] Am 3. Juli waren die Appartements geräumt; somit war sofortiger Arbeitsbeginn möglich.[737] Am 2. Oktober wird angeordnet, daß auch das Arbeitszimmer (Schreibzimmer) noch in diesem Jahre in Angriff genommen werde.[738] Zwischen 29. Oktober und 6. November vermerkt er im Tagebuch: *Zimmer besehen u. Ausschmückung geleitet*, am 14.: *Künftige Prunkgemächer im Styl Ludwig XIV.*[739]

Am 20. November 1867 schreibt er seinem Hofsekretär Lorenz v. Düfflipp: [Franz] *Seitz soll sogleich mit allem Eifer der Herrichtung meiner neuen Wohnung sich widmen; denn ich habe mich nun zur Genüge überzeugt, daß* [Eduard] *Riedel gar keinen Begriff hat von dem prunkvollen, erhabenen Styl, wie er zur Zeit Ludwigs XIV. der herrschende war, und der bei der Herstellung meiner Gemächer der einzig maßgebende sein soll; Seitz soll vorläufig hauptsächlich diese Aufgabe scharf im Auge haben, denn sie ist gegenwärtig die nöthigste, da bei meiner Rückkehr in die Residenz der Salon und das kleine Zimmer, sowie das hängende Gärtchen fix und fertig sein sollen; ich zähle fest darauf ... Ferner sehe ich der Zeichnung meines neuen Bettes entgegen, sowie der Plafonds und des Schreibzeugs*[740]. Das *hängende Gärtchen* war ein Glas-Eisen-Pavillon mit Pflanzen, der Vorläufer des Wintergartens Ludwigs II., an das Schreibzimmer grenzend. 58
Am 27. heißt es in einem Brief an Düfflipp: *Sehr befriedigt bin ich über die Zeichnung meines neuen Salons bis auf einige Kleinigkeiten, auf welche es aber gerade bei diesem Style doch ankommt, und die ich Ihnen nächstens mündlich mitzuteilen gedenke. Ich habe nun den Styl Ludwigs XIV. ziemlich genau studirt, und überzeuge mich immer mehr und mehr davon, wie unbegreiflich ungeschickt und unerfahren Riedel in Allem ist, was Styl betrifft ... Ich habe mehrere Pläne, die neue Wohnung betreffend, ausgedacht, und werde Ihnen kommenden Sonnabend die hierauf bezüglichen Aufträge ertheilen.*[741] Am 30. November 1867 wird im Tagebuch notiert: *Abends Pläne Ausschmücken der Zimmer in erneutem Glanze mit Monarchenpracht.*

Am 7. Dezember äußert sich Ludwig präzis: *Den Schreibtisch* [im Schreibzimmer] *finde ich zu klein* 58
und zu arm an Verzierungen; auch die Stühle sollen reicher an Gold sein, sowie die Wände, an einigen Stellen derselben wünsche ich durchbrochene Goldverzierungen, ähnlich, wie im Salon, durch welche die Farbe der Tapete schimmert. Riedel scheint sich eingebildet zu haben, daß die Armut dieses Zimmers einen wirksamen Contrast bilden solle zu dem Reichtume, mit welchem der Salon ausgestattet ist, doch dies zu

erreichen, liegt nicht in meiner Absicht ... Wenn nur der Armstuhl für das blaue Eckzimmer [wiederum das Schreibzimmer] *im rechten Stile ist; ich fürchte, er nähert sich zu sehr der Schwerfälligkeit des Empire-Styles, ebenso fürchte ich, daß die Genien, welche auf dem Plafond des rothen Prunkzimmers das Wappen halten, zu modernisirt sind.*[742] Mit *Salon* und *rothem Prunkzimmer* ist das Audienzzimmer im dritten Stock, innerhalb der Wohnung, gemeint. Am 9. urteilt der König: *Es ist wirklich erstaunlich, wie trefflich Seitz Alles gelingt; ich brauche ihm nur ausführlich die Zeichnungen, die er entwerfen soll, zu schildern und vollendet und vollkommen steht der verkörperte Gedanke vor Augen.*[743] Am 14. schreibt er ins Tagebuch: *Entwurf zum künftigen, prachtvollen Schlafgemach (Ludwig XIV, Ranke).* Es könnte ein Geschichtswerk von Leopold v. Ranke gemeint sein.[744] Am 20. oder 21.: *Erschauen der Zimmer, deren Königspracht mich in Hohenschwangau beschäftigte, Gedanken, Gefühle, poetische Visionen seien dort niedergelegt.*[745] Am 30. Dezember 1867 schreibt der König an Sibylle v. Leonrod: *Ich glaube, meine Zimmer würden Dir gefallen, wenn Du sie wieder siehst, ich lasse sie in dem reichen, prachtvollen Style herrichten, wie er zu Ludwig XIV. Zeit der herrschende war, sie werden prächtig und glänzend, ohne doch den Charakter der Wohnlichkeit zu entbehren, der sie so sehr kennzeichnet. Erst im Sommer werden sie ganz vollendet werden.*[746]

Zwischen 6. und 13. Januar 1868 notiert er im Tagebuch: *Um diese Zeit mit der Neugestaltung der Wohnung beschäftigt, Stylstudien.* Am 7.: *Plafond-Zeichnung f. das k. Schlafgemach.* Am 2. Februar: *Die neuen, reichen Zimmer sich immer mehr u. mehr verschönernd.* Am 6.: *(Bilder zum künftig vollendeten Schreibzimmer betrachtet).*[747] Am 31. Mai ergeht der Befehl: »Seiner Majestät liegt viel daran, daß der rothe Salon [das Audienzzimmer] in der Residenz ... höher gebaut wird, wenn irgend möglich.«[748] Am 29. Juni an Düfflipp: *Von München zurückgekehrt, finde ich die Uhr und Leuchter, welche für mein Arbeitszimmer bestimmt sind. Streng im Styl scheinen sie mir durchaus nicht zu sein.*[749] Am 14. Juli wird angeordnet: *Was* [Christian] *Jank und* [Franz] *Seitz fertig haben, soll hierher nach Hohenschwangau gesandt werden, so rasch als möglich ... Eine Marmorbüste von Louis XIV in Carrarisch Marmor soll ausgeführt werden.*[750] Eine solche Büste befand sich im Schreibzimmer. Die einst in Schloß Berg aufgestellte könnte auch damals entstanden sein. Am 16. Juli wurde die »Mappe mit den Zimmerbildern und Zeichnungen« vom König zurückgesandt[751]. Am 23. Juli 1868 kritisierte der König, wie bereits am 20. und 27. November sowie 7. Dezember 1867 (oben zitiert), den Hofbaurat Eduard Riedel: »Seine Majestät sind mit Hofbaurat Riedel nicht zufrieden, sowohl wegen des Schlosses als wegen der Zimmer nicht. Sie [Düfflipp] möchten denselben weniger benutzen.«[752] Das »Schloß« ist Neuschwanstein; auch die am 14. Juli erwähnten Arbeiten von Christian Jank können sich nur auf dessen Planung beziehen. Im Gegensatz zu den
58 übrigen von Ludwig beschäftigten Künstlern huldigte Riedel einer nüchternen, steifen, spätrationalistischen Strukturierung innerhalb des »Spätklassizismus«: stereometrische Primärformen, Flächigkeit, bloß äußerliches Applizieren kleinlich proportionierten Ornaments (meist monoton rapportierende Bänder), Magerkeit der Form, keine Einheit des Raumes als Ganzem, vielmehr (geradliniges) Zerschneiden in voneinander isolierte Partikel: das nannte der König also stillos. Stillosigkeit im Sinne der Kunstgeschichte hingegen betraf Ludwig nicht; nach den Maßstäben der zünftigen Stilkritik waren seine Wieder-Holungen nicht äußerlich exakt.

Am 29. August 1868 heißt es in einem Brief Ludwigs an Freifrau v. Leonrod: *Meine Wohnung in München wird erst im November frühestens vollendet werden. Alle dabei Beschäftigten sind einstimmig darüber, daß in diesem Jahrhundert noch nichts so Schönes als diese Zimmer geschaffen wurde, man wird darin völlig in die Periode Ludwigs XIV. zurückversetzt sich fühlen, in jene Zeit des Glanzes von Versailles, welches damals der herrlichste, strahlendste Königssitz von Europa war; wie freue ich mich darauf, nach ihrer Vollendung die Wohnung Dir zu zeigen.*[753]

Von nun an fällt ein Vorherrschen der Beschäftigung mit dem Schlafzimmer auf, wie später in den eigenen Schlössern. Am 2. September ist vom »Kandelaber in dem Schlafzimmer« die Rede[754]. Im Tagebuch hält der König am 6. fest: *das gestickte Wappen für das neue Bett gefunden.*[755] Am 15. befiehlt er: *Ich glaube,* [Hoftapezierer Max] *Steinmetz hat noch die Zeichnungen der Hofgartenzimmer, wie dieselben nach dem ersten Plane hätten ausgeführt werden sollen, hätte ich die dazu erforderliche Summe bewilligt;*

ich möchte dieselben morgen früh ebenfalls sehen, jedenfalls ist das Bett mit der Gallerie [Balustrade?] *zu sehen.*[756] Mit *Hofgartenzimmer* meint der König vermutlich nicht seine Wohnung, sondern die darunterliegenden Räume, ab 1799 durch Charles P. Puille und dessen Sohn gestaltet, von denen Ludwig II. einige während seiner Verlobungszeit 1867 für die Braut umformte. Am 16. notiert er im Tagebuch: *Fortschritte der neuen Gemächer, der Goldstrahlen betrachtet.*[757] Die *Goldstrahlen* können nur die der geschnitzten Sonne an der Bettrückwand im Schlafzimmer sein, in dessen endgültiger Gestalt (nicht in der 1867 begonnenen Neugestaltung). Am 12. Oktober läßt der König sagen: »Die Zimmer sollen bis Dezember unbedingt fertig sein, damit S. M. sie beziehen können. Es sollen doppelt soviel Arbeiter genommen werden, und Steinmetz soll nicht mehr darauf rechnen, daß S. M. auf die Fristen, welche er aufstellt, etwas halte.«[758] Am 24. Oktober im Tagebuch: *Düfflipp lange da, Wohnung, Service, Bett Ludwigs des Großen* [XIV.] *besprochen, Wunderwerk.*[759] Gemeint war das Bett Ludwigs XIV. in Versailles, zu welchem das im Residenz-Appartement Zusammenhang herstellte. Am 31. Oktober ergeht der Befehl: »Die beiden Heiligenbilder sollen rechts u. links vom Bette aufgehängt werden – an den langen Seitenwänden sollen zwei neue Bilder gemalt werden – eines vorstellend die Krönung Louis XIV. u. eines darstellend ein großes Hoffest aus der Galerie von Versailles. Hierzu soll ein Künstler ausfindig gemacht werden, ein ganz ausgezeichneter, kein Anfänger wie im Nationalmuseum.«[760] Die »Heiligenbilder« – eine Kopie von Raffaels »Madonna della Sedia« und ein St. Franziskus mit dem Christusknaben – erhielten die angewiesenen Plätze; entsprechend flankierten zwei Gemälde das Bett des Roi Soleil in Versailles, wenigstens zur Zeit Ludwigs II., in dem weitgehend unter Louis Philippe geschaffenen Zustand des Raumes. Auch die Gemälde für die Seitenwände des Schlafzimmers Ludwigs II. wurden ausgeführt. Am 16. Dezember schreibt er an Düfflipp: *Mit Ungeduld sehe ich dem Eintreffen von* [Michael] *Echters Bild entgegen, sowie der Zeichnung von* [Franz] *Seitz (Bett Louis XIV.)*[761] Um diese Zeit kann sich eine Beschäftigung mit Versailles bereits auf die Planung der – damals noch im Graswangtal vorgesehenen – Wieder-Holung von Versailles beziehen. Am 23. heißt es im Tagebuch: *nachts die wundervollen Königsgemächer betreten, Heil u. Segen bringend.*[762]

Am 7. Januar 1869 teilt der König Frau v. Leonrod mit: *Wie freue ich mich darauf, Dir meine Zimmer zu zeigen, die beiden vollendeten sind herrlich ausgefallen, leider kann ich die obere Wohnung nicht vor März beziehen, da das Arbeitszimmer u. der rothe Salon* [Audienzzimmer] *so spät erst fertig werden.*[763] Fertig, und zwar in der definitiven Gestalt, waren also an diesem Tage Schlaf- und Speisezimmer. Am 7. Februar teilt Ludwig dem Hofsekretär Lorenz v. Düfflipp mit: *Ich will Anfangs oder allerspätestens Mitte März die obere Wohnung beziehen, ich verlasse mich fest auf Sie, daß Sie aufs neue* [Franz] *Seitz,* [Hoftapezierer Max] *Steinmetz,* [Vergolder, Möbel- und Rahmenfabrikant Josef] *Radspieler u. alle Übrigen unausgesetzt treiben u. auffordern, rastlos u. unermüdlich zu arbeiten, um in 4–5 Wochen die Zimmer fix u. fertig zu bringen. – Lassen Sie nicht nach, zu ermahnen, zu* [ein unleserliches Wort], *zu treiben.*[764] Der vom König gesetzte Termin wurde wieder nicht eingehalten. Am 11. März 1869 schrieb er deshalb an Düfflipp: *Oben geht es wahrhaft gräßlich langsam vorwärts; daß die einfachen neuen Vergoldungen an den Thüren, die Änderung an der Sonne des Bettes* [Kopfgiebelbekrönung] *nicht einmal trotz meines Befehles in Angriff genommen wurden, ist eine unverzeihliche Nachlässigkeit der Leute, die zu beweisen ist. Ich bestehe darauf, daß am 11. April die Wohnung fix und fertig werde.*[765] Am 2. April an Düfflipp: *Die beiden Rahmen, die für d. Bilder des Schlafzimmers bestimmt sind, sollen bald gezeichnet werden.* Da die beiden sakralen Bilder zu Seiten des Bettes ihre Rahmen schon hatten[766], muß es sich um Rahmen für die am 31. Oktober 1868 bestellten Gemälde handeln: Krönung Ludwigs XIV. in der Kathedrale zu Reims und Empfang der siamesischen Gesandtschaft durch ihn in der Galerie des glaces, Versailles.

Da nun in der Düfflipp-Korrespondenz von Arbeiten an den Zimmern fortan nicht mehr gesprochen wird, waren sie vermutlich nicht allzu lange nach dem 2. April 1869 fertig. – Nach den Daten der zitierten Quellen muß die zweite durchgreifende Gestaltung der Residenzräume unmittelbar in die erste, 1867 begonnene, übergegangen sein.

Mit seinem Residenz-Appartement bezieht sich der Bauherr Ludwig II. erstmals auf Bourbonen, hier fast ausschließlich auf den Sonnenkönig. Im folgenden wird über Eindrücke Ludwigs bezüglich der Zeit dieses Monarchen bis zu der Ludwigs XVI. berichtet. Eindrücke vom 2. September 1868 an beziehen sich möglicherweise auf den Plan einer Wieder-Holung von Versailles; an diesem Tage vermerkt er im Tagebuch: *genaue Eintheilung des Königsschlosses Versailles.*[767] Eindrücke, die sich mit Sicherheit nicht auf die Residenzräume beziehen, werden in diesem Abschnitt nicht erwähnt.

Versailles sah der König laut seinem Tagebuch gelegentlich seiner ersten Paris-Reise vom 21. bis 28. Juli 1867 nicht. Zwischen dem 29. Oktober und 6. November trägt er ein: *(Verlangen Versailles zu sehen, Vertiefen in d. goldene Zeit.)* Am 7.: *nicht wie vorgehabt nach Versailles.* Bei der Parisreise war er aber im Schloß Compiégne (am 24. Juli); er notiert an diesem Tage in Zusammenhang mit dem Bau: *Erinnerung an Ludwig XIV.* Am 27. sah er die Tuilerien und am 28. den Louvre[768]. Umfassend in schwer vorstellbarem Grade waren hingegen die einschlägigen Anregungen durch Lektüre und Abbildungen[769], wovon hier nur die Tagebucheinträge und wesentliche Beispiele nach Augenzeugen-Erinnerungen erwähnt werden können.

Der früheste überhaupt nachweisbare Bourbonenthema-Eindruck entstand freilich durch einen Theaterbesuch: am 15. April 1863 erlebte der Kronprinz Paul Heyses »Elisabeth Charlotte«[770]. Damals rühmte Ludwig im Tagebuch aber nicht Ludwig XIV., sondern gerade die Heldin des Stückes, »Lieselotte von der Pfalz«, er schreibt: *schönes Benehmen mitten unter den Intriguen des Hofes.* Den Roi Soleil erwähnt er nicht. Erst später machte er sich die Erinnerung an das Stück zu eigen, nun aber in ausschließlichem Zusammenhang mit Ludwig XIV.: Spätestens 1867 beauftragt er Gustav Seeberger und um 1870 Julius Lange mit Darstellungen der Szene: Graf v. Wied vor dem thronenden Sonnenkönig[771]. Das Seeberger-Aquarell erwähnt er im Tagebuch am 23. Mai 1867 – zwischen dem 1. und 4. Mai erfolgte der erste Eintrag über *Wachsen des Königs-Gefühles*[772].

Die Tagebücher berichten über Bourbonen-Lektüre:[773] Zwischen dem 17. und dem 21. März 1867: *Über Ludwig XIV. gelesen, Herrschergewalt, Zeit der Blüthe, des Glanzes des Königthums; Allmacht, Glorie der Majestät, königliche Gottheit.* 18. Oktober: *Abends Sacre et Couronnement de Louis XIV. Roi de France et de Navarre* (gelesen). Zwischen 29. Oktober und 6. November *Einleben in Ludwig XIV., glorreiches Zeitalter.*

8. November: *Tags darauf das umfangreiche Werk über Versailles, jenem historisch so bedeutenden Palaste, wo einer der größten Könige aller Zeiten Seinen Sitz hatte, wo Er thronte wie ein mächtiger Gott, von wo aus er Seine zündenden Blitze nach den entferntesten Gegenden der Erde sandte, u. die Menschheit erbeben machte, Er der sein Reich zu dem angesehensten und gewaltigsten unter allen Ländern schuf, der stets bedacht war auf den Ruhm u. den Glanz Seiner Nation. Und Grundsatz, dem Alles huldigen mußte, war »Glaube an das Königliche Ansehen« – Er, der allgewaltige Selbstherrscher … konnte sich mit Recht als die Seele des Staates bezeichnen, Er war die allbelebende Sonne, die leuchtet aus eigener Kraft und segnend ihres Lichtes Strahlen entsendet nach den Gefilden der Erde, die einzig durch sie befruchtet wird, durch sie nur gedeihen kann.* Weihnachten 1867: *Werk über Versailles erhalten.*

Zwischen dem 4. und dem 10. Mai 1868: *über den großen König* [Ludwig XIV.] *viel gelesen, Geschichte des Despotismus von* [Hermann Eduard v.?] *Holst u. über Versailles (zur Zeit von Louis XIII.XIV.XV.XVI.)* Am 30. Juni: *über Louis XIV. gelesen.* 6. Juli: *viel gelesen (… Chambre ardente)*[774]. Am 8.: *viel über Ludwig XIV. gelesen (die Tage v. St. Germain,*[774a] *3 Proben des Selbstregiments,*[774b] *der Sturz Fouquets*[775], *der Aufenthalt in Chambord,*[775a] *Liebesnoth einer Prinzessin v. Geblüt,* [775b] *Verwandlung der Fr. Scarron in d. Marquise von Maintenon*[776], *das gestohlene Straßburg*[777], *der Widerruf des Edikts v. Nantes*[778], *St. Cyr oder die Herrschaft durchs Beten)*[778a] *… stand der Entschluß fest in Ihm, aus Versailles einen Königspalast zu machen, welcher Seiner Idee der Königlichen Majestät entspräche, also einen Göttersitz, immens in seiner Größe u. ohne Gleichen in seiner Ausstattung, u. in der That, Er schuf auch etwas Gewaltiges, etwas Einziges in seiner Art, Etwas, mit dem sich die bisherigen Königs- od. Kaiserpaläste, u. wenn sie noch so großartig waren, gar nicht vergleichen ließen.*

Am 13.: *(Zug des Königs Ludwig XIV. nach Flandern*[779] *gelesen).* Am 25.: *(Gelesen Mémoires de Sevigné, Zeitalter Ludwig XIV.)* Marie de Rabutin-Chantal, Marquise de Sevigné, hinterließ vor allem den berühmten Briefwechsel mit ihrer Tochter; die *Mémoires* könnten ein Werk von Charles Athanase Baron Walckenaer sein[780].

3. September: *gelesen in »Mademoiselle de la Vallière«.* Louise Françoise de Labaume Leblanc de Lavallière war ab 1661 mit dem Sonnenkönig liiert, bis um 1668 Françoise Athenais de Rochechouart, Marquise de Montespan, an ihre Stelle trat. Am 5.: *viel über den Götterhof zu Versailles gelesen.* Am 8.: *Abends in den Memoiren v.* [Charles Pinot] *Duclos über Ludwig XIV. u. die Regentschaft gelesen*[781] Am 18.: *über den großen König gelesen Dangeau.* Der Marquis de Dangeau war Hofmann unter dem Grand Roi.

Zwischen 1. und 20. Januar 1869: *Über Ludwig XIV. gelesen, Heil u. Kraft gefunden,* [Louis Marcien Graf v.?] *Carné! Dangeau etc.*[782] Zwischen 13. und 16. Mai: *in* [Jacques Bénigne] *Bossuet u.* [Jean Baptiste] *Massillon's unsterblichen Werken gelesen, in* [Baptiste Honoré Raymond] *Capefigue »Louis XIV«*[783]. Bossuet war Kanzelredner und Historiker am Hofe Ludwigs XIV., Massillon wurde 1704 sein Hofprediger. Am 23.: *über die letzten Tage des Großen Königs* [Ludwigs XIV.] *bei Capefigue*[784] *gelesen.* Zwischen 5. und 12. August: *viel in Louis XVI. von Capefigue gelesen, entsetzliche Epoche, Hinstürmen zum Untergang, wehe, wehe!* Zwischen 12. und 19. August 1869: *viel in »Louis XVI.« gelesen ... (affaire du collier, le Roy à Cherbourg, Notables) ... (über den Großen König).* Die »Halsbandgeschichte«: Der Kardinal Louis René Edouard, Prinz v. Rohan-Guémenée, wurde von einer gewissen Lamothe durch Vorspiegelung der Gunst Marie Antoinettes veranlaßt, ein Diamanthalsband zu erwerben, das er am 1. Februar 1785 der Lamothe aushändigte, welche die Steine verkaufte. Da der Prinz die Zahlungen nicht leistete, kam der Betrug ans Licht; Rohan wurde zwar freigesprochen, aber verbannt. Die Angelegenheit trug zur Verschlimmerung antimonarchischer Affekte bei. – Die Notabeln waren eine den französischen états généraux ähnliche beratende Körperschaft im ancien régime, von Ludwig XVI. 1787 und 1788 einberufen.

Louise v. Kobell zählt – als Augenzeugin – an Bourbonen-Lektüre im einzelnen auf: »La jeunesse de Louis XIV. par A[lexandre] Dumas fils – Les fastes de Louis XV. – Salomon par l'Abbé Choisy – La Duchesse Lauzun par la Comtesse Dash[785] – Les soupers de la régence[786] – Les maitresses du Roy, Les Lettres d'Horace Walpole[787], dann die Zeitschriften Mercure de France – Mercure galant[788] – die Werke von [Baptiste Honoré Raymond] Capefigue[789], von [Alphonse] Lamartine[790] und M. C[léophas] Dareste [de la Chavanne][791], sowie die verschiedensten Biographien von den französischen Königen und von Marie Antoinette.«[792]

Walter v. Rummel, Schwiegersohn des Kabinettssekretärs Friedrich v. Ziegler, erzählt: »Vor allem mußten alle Bücher des 17. und 18. Jahrhunderts, welche die Zeit Ludwigs XIV. und XV. behandelten, zur Stelle. Da der König nicht alles selbst lesen wollte, hatte wiederum Ziegler über diese gesamte Riesenliteratur dem Monarchen die eingehendsten Vorträge zu halten, Auszüge aus den Riesenwerken Mercure de France, Mercure galant zu machen ... Schon die Titel all dieser unzähligen Werke füllen ganze Bände.

Alle die französischen Ludwigs, der vierzehnte, fünfzehnte und sechzehnte, ihre Frauen und Maitressen, die Dauphins, der Prince de Condé[793], der Herzog von Berry[794], die Grafen von Artois[795] und der Provence[796] werden wieder aus ihrem Schlafe geweckt. Das gesamte, prunkhafte Hofleben jener Zeit wird heraufbeschworen, diese in Versailles und Fontainebleau abgehaltenen fêtes galantes, Kavalkaden, Karussells, Ringstechen, großen Messen, Aufzüge, Illuminationen, Feuerwerke, Konzerte, Allegorien und ländlichen Schäferfeste. Dann das Theater, die tausend Tragödien und Komödien, bald lyrisch und bald heroisch, die divertissements, ballets héroiques, comédies héroi-féeries, ballets pantomimes, proverbes dramatiques, ballets tragi-pantomimes, pastorales. Aber nicht nur die Namen und Titel, sondern auch die Handlung und der genaue Inhalt dieser Stücke mußte erörtert werden.

Da soll ferner über die Orden vom heiligen Michael[797], vom Heiligen Geiste[798], vom heiligen Lazarus[799] und vom heiligen Ludwig[800] berichtet werden, über die Kirchengänge, Prozessionen und Te Deums, über Gesandten- und Kardinalempfänge, über Hirschjagden, über die Truppenrevuen der französischen Könige auf den Ebenen von Sablons und Marly, Moulin und Venette, im Park von Boulogne und im Marmorhofe zu Paris, [sic; es handelte sich um die Cour de marbre des Versailler Schlosses] über Grundsteinlegungen und Denkmalsenthüllungen. Auch die unzähligen Balladen und Oden, die auf die französischen Könige gedichtet worden sind, die Bilder, die sie verherrlichen, die Statuen, die ihnen errichtet worden sind, kommen an die Reihe – und noch so manches andere.«[801]

Über die Abbildungssammlungen Ludwigs II. schreibt Louise v. Kobell: »Ludwigs II. Verdienste um Kunst und Kunstgewerbe können erst dann vollständig gewürdigt werden, wenn man auch einen Blick in die reichhaltigen Sammlungen von Holzschnitten, Kupferstichen, Lithographien, Photographien, Aquarellen, Bleistift-, Feder- und Tuschzeichnungen, welche etwa 60 riesige in der königlichen Privatbibliothek aufbewahrte Albums bergen, gethan hat.« Sie nennt »Kupferstiche aus Versailles von Israel Silvestres, Blätter aus dem Louvre und aus dem Œuvre des van der Meulen«. Silvestre und Adam Frans van der Meulen (1632–1690) waren im Frankreich des Sonnenkönigs tätig; letzterer für den König als Schlachtenmaler. »Zahlreich sind unter den Porträts die französischen Könige vertreten, – dann Madame de Maintenon, als Françoise d'Aubigné, als Gemahlin und Witwe des Parodiendichters Scarron, als mächtige Gattin des mächtigen Louis XIV. –, die schöne Montespan in vielen Auflagen, Mlle. de Fontages [sic][802], die ob ihrer Liebe zu dem Sonnenkönig und ob ihrer turmhohen Frisuren berühmt geworden, – La Vallière, – Marie Antoinette, im Ausdrucke jugendlicher Freude, wie in dem des Schmerzes.«[803]

Heinrich Kreisel schrieb über Ludwig II.: »Seine Verehrung für die Bourbons lag völlig außerhalb der politischen Beurteilung seiner eigenen Zeit.«[804] Seine Frankophilie war nicht urteilslos. Am 29. Juni 1868 schreibt er an Düfflipp über eine Bestellung: *Pallas Athene ist wie eine verkappte Lustdirne affektiert und gemein, entbehrt jeder Würde und Majestät, es ist ein seichtes französisches Machwerk und mißfällt mir durchaus.*[805]

Ludwig II. transzendierte Ludwig XIV. schöpferisch-imaginativ zu einem Seienden König. Beide bauten das Königtum und verbanden es mit einem Sonnenmythos. Den Namen »Roy Soleil« erhielt der Bourbone, nachdem er 1653 im »Ballet Royal de la Nuit« die Rolle der Sonne dargestellt hatte, zu welcher folgender Textpassus gehörte:

»Je suis la source des clartés,
Et les astres les plus vantés,
Dont le cercle m'environne,
Ne sont brillants et respectés
Que par l'éclat que je leur donne.«[806]

Der hier sichtbaren Bedeutung der Gattung Ballett als Ausdrucksform im 17. Jahrhundert entspricht die Beschäftigung Ludwigs II. damit, von der Rummel spricht (S. 165).

Für Ludwig XIV. war eine Voraussetzung Tommaso Campanellas »La Città del Sole«, wohl um 1602 verfaßt; eine angeblich schon zu dieser Zeit erschienene Erstausgabe ist nicht nachzuweisen.[807] An der Spitze des utopischen »Sonnenstaates« steht ein Priesterkönig; Campanella nennt ihn unter anderem »Sol«. Die Beherrschten sind total vergesellschaftet und gleichgemacht. Das ist mit der Geistigkeit des Autors unvereinbar; er war ein neuplatonischer Magus-Philosoph innerhalb der von Marsilio Ficino ausgehenden Filiation. Der widersprüchliche Mann wollte seinen Staat in Frankreich verwirklichen, wobei ihn Richelieu und der Hof unterstützten. Campanella starb 1639 – am 5. September 1638 wurde Ludwig XIV. geboren.[808]

Der König von Bayern verschloß vor Diesseitigkeiten wie der Annexion Straßburgs die Augen durchaus nicht; geschweige daß er Allzumenschliches gar verhimmelt hätte (Beweis: der Tagebucheintrag über *das gestohlene Straßburg* vom 8. Juli 1868, vgl. S. 164). An sich real war ihm aber auch bei den Bourbonen allein das Ergebnis der selbstgeschaffenen metaphysischen Transformation als Ver-Dichtung zum »Urbild« hin, zur »Idee«, derjenigen Stufe des Seins also, wo etwas nicht mehr in sich widersprüchlich, sondern mit sich identisch ist. Schelling, den der König nach dem Zeugnis des Tagebuches intensiver als andere Philosophen studierte[809], sagt: »Wer sich noch nicht zu dem Punkte erhoben hat, daß ihm das absolut Ideale unmittelbar und eben darum auch das absolute Reale ist, ist weder des philosophischen noch des poetischen Sinnes fähig. Die Frage nach einer Wirklichkeit, wie sie im allgemeinen Bewußtseyn gemacht wird, hat in Ansehung dessen, was absolut ist, gar keine Bedeutung, im Poetischen so wenig als im Philosophischen. Diese Wirklichkeit ist keine wahre Wirklichkeit, vielmehr im wahren Sinn Nichtwirklichkeit.«[810]

59–61 Es hat eine tiefe Bedeutung, daß der König in einer von ihm bestellten Allegorien-Serie »Genie«, »Poesie« und »Imagination« darstellen ließ. Das Ergebnis des geschilderten Prozesses der Vorstellung stellte

Ludwig II. durch Wieder-Holung mittels Archi-Tektur symbolisch als Bauherr dar. Der von Schelling formulierte Realitätsbegriff, der oben zitiert wurde, fand seitens des Königs auch Anwendung auf sich selbst und auf andere von Wagner bis Didier-Kainz. Die Schauspielerin Lila v. Bulyowsky ließ er in ihrer Rolle als Maria Stuart, im beleuchteten Theater von seiner Loge aus gesehen, durch Franz Heigel malen, der vermerkt, »Se. Maj. wünsche nur das Bildnis der Maria Stuart, nicht das der Frau v. Buljowski [sic]«[811]. Als sie einen Blumenstrauß des Königs ihrer Handschuhe wegen ablehnte, bot er ihr Erstattung in anderer Form an. »Sie träumte von Diamanten und Perlen.« Die Blumen erhielt sie gepreßt und eingerahmt und äußerte darauf zu einer Freundin: »Sehen Sie nur! dieser Dreck!«[812]

Obenstehendes Schelling-Zitat könnte – sinngemäß – von Ludwig II. stammen, der sich freilich aus begründeter Vorsicht selten mitteilte. Seine Voraussetzungen und Inhalte als Kunst-Fürst (Theaterfürst und Bauherr) waren bei aller Eigenständigkeit identisch mit denen der bedeutendsten Vertreter einer Kultur des 18. bis 20. Jahrhunderts. Dies gilt auch für angebliche Sonderbarkeiten, wie gerade wieder das Schellingzitat erweist – viele Parallelen gibt es, so bei dem von Ludwig Goethe vorgezogenen Schiller, etwa: »Wer sich über die Wirklichkeit nicht hinauswagt, der wird nie die Wahrheit erobern.«[813] Gottfried Semper: »Vernichtung der Realität, des Stofflichen, ist nothwendig, wo die Form als bedeutungsvolles Symbol, als selbstständige [sic] Schöpfung des Menschen hervortreten soll.«[814]

Auch das schöpferische Bauherrentum an wieder-holenden, unabwohnbaren Symbolbauten kommt allgemein in Europa spätestens seit Strawberry Hill (neugotisches Schloß bei London), also seit 1749, vor. Bisher nicht zählbare Beispiele entstanden in aller Welt bis ins 20. Jahrhundert.[815] Das Schloß dieser Art war eine Baugattung allergrößter Bedeutung, Gesamtkunstwerk schlechthin.

Dennoch ist die Kritik an den Schöpfungen Ludwigs als absonderlichen, isolierten Erscheinungen verbreitet. Bevor Heinrich Kreisel und Michael Petzet[816] über ihn publizierten, versuchte die Forschung Ergebnisse auf ihn anzuwenden, die aus Untersuchung gerade der zu ihm gegensätzlichen Inhalte und Tendenzen seines komplexen Zeitalters resultierten, anstatt sachgemäß vom Gegenstand der Arbeit auszugehen. Vor allem sein Selbstverständnis, und dies wieder besonders in Relation zu seinen authentischen Voraussetzungen und Parallelen, blieb unbeachtet. Material von schwer übersehbarem Umfang an Kunstwerken und Literatur des »Historismus« war überhaupt seit der Zeit des »Jugendstils« und noch radikaler seit der des »Neuen Bauens« verpönt und vergessen. Einzigartig war Ludwig II. allerdings, und zwar darin, daß er König war und in seiner Konsequenz und Intensität. Er war der beispielhafte Vertreter einer ganz ausschließlich nur im »Historismus« möglichen und dort entscheidend wirksamen Art des Schöpferischen.

Zur Aufgabe des vorliegenden Buches gehört zwar nicht die Vorstellung der einzelnen Bauten. Da die wandfeste Ausstattung der Residenzräume Ludwigs aber vernichtet ist, folgen hier von Louise v. Kobell als Augenzeugin ausgehende Angaben: »Durch einen kleinen Vorraum mit Oberlicht gelangte man in das k. Audienz- oder Ministerzimmer [auch: »Salon«], in dessen Mitte ein goldstrotzender, von einem Baldachin überragter Thronsessel[817] stand. Da saß der König zwischen den von dem Baldachin wallenden Hermelinvorhängen und konferierte mit seinen Ministern. In Haltung und Wesen gehörte er mehr dem 18. als dem 19. Jahrhunderte an; die ihm vorgetragenen Staatsangelegenheiten verstand er jedoch ganz zeitgemäß, den Verhältnissen entsprechend, zu beurteilen …

Im Plafond sah man die von Rudolf Seitz (Sohn des Franz Seitz) großartig komponierten Allegorien der Bavaria, des Krieges und des Friedens. Noch fiel das dem Spiegel gegenüber befindliche Tafelbild an der Südwand des Zimmers auf: die Jungfrau von Orleans vor Karl VII. und seinem Hofe in der Kathedrale zu Rheims. Die dem Königtum mit Leib und Leben ergebene Jeanne D'Arc gehörte zu Ludwigs II. historischen Lieblingen. Er hatte eine Abbildung des in Paris ausgestellten Gemäldes gesehen und wünschte, der Künstler möge es noch einmal für ihn malen. Der Termin zur Ablieferung … blieb weit hinter des Königs Ungeduld zurück, und da zerschlug sich die Sache. Nun ward der Hofphotograph Joseph Albert nach Paris geschickt mit dem Auftrage, eine Aufnahme des Gemäldes in großem Format zu erwerben und dieselbe dann genau nach dem Vorbilde zu kolorieren …«[818] Die hochrechteckigen Schmalpanneaux allegorisierten durch Gerätschaften: Weltliche und kirchliche Macht – Kunst und Wissenschaft – Krieg – Handel und Gewerbe. Jede dieser Kompositionen kam zweimal vor. Lorenz Gedon war in diesem Raum

65–67 beschäftigt[819]. »Auch das Arbeitszimmer [Speisezimmer] in welchem Ludwig II. die Vorträge seines Kabi-
nets- und seines Hofsekretärs entgegennahm, war mit blauem Seidendamast überzogen [das Audienzzimmer
hatte aber rote Tenturen!]. Oberhalb des Thronsessels hing das von Ferdinand Piloty gemalte [signierte
und 1868 datierte] »Urteil Salomos«, über dem Kamin ein Aquarell »Der fliegende Holländer«. Links von
der Eingangsthüre stand ein reichgeschnitztes, vergoldetes Seitentischchen, auf welchem der König sehr
unbequem und räumlich beschränkt dinierte. Die drei Fenster gingen auf die Theatinerkirche; das Licht
des einen wurde durch die auf einer Säule stehenden [sic] Büste Richard Wagners großenteils abgesperrt.
Ein massiv vergoldeter Schrank, vergoldete Engel, welche über den Zimmerthüren die Wappen
Heinrichs IV. von Frankreich und Ludwigs XIV. hielten, vergoldete Stühle, Tabourets[820] und Spiegel, die
Alabasterstatuen Lohengrins und des hl. Georg warfen ihren Glanz ringsum. Das Deckengemälde stellte
Apollo mit seinen Sonnenrossen dar, und die vor dem Lichte fliehende Nacht. Es war von Rudolf Seitz auf
Leinwand gemalt und mit großer Mühe in den Plafond eingefügt worden. Da besichtigte es der König und
fand es höchst gelungen, wünschte jedoch die Aufstellung anders, und zwar so, daß ihm die Sonnenrosse
entgegenführen, wenn er von seinem Schreibtische aus emporsähe. Seitz erkannte sogleich, daß die Beleuch-
tung seiner Malerei dann eine falsche sein würde. Er teilte beredt seine Überzeugung dem Könige mit, und
der geistvolle Monarch sah die Richtigkeit von des Künstlers Behauptung ein. Das Deckengemälde blieb
66, 67 unbehelligt.«[821] Die Surporten waren nicht Wappen, sondern auf rotem Marmorfond weißmarmorne
Porträtmedaillons der von Frau v. Kobell genannten Könige von Caspar Zumbusch. In der Frieszone waren
in den beiden Winkeln der Fensterwand und in den beiden abgeschrägten Wandteilen die vollplastischen
Gruppen: Jupiter mit dem Adler, Diana mit dem Hirsch, Leda mit dem Schwan und Europa mit dem Stier
einkomponiert. Über dem Kamin hing 1938 ein Aquarell, signiert A[lbert] E[mil] Kirchner, datiert 1868:
68–71 Ferdinand Marias »Bucentoro«[822]. »Im Schlafzimmer erhob sich auf einer Estrade das prächtige Himmel-
bett, daneben ein Betschemel – das sie einfassende Geländer teilte nach altem Muster das Zimmer in zwei
Räume. Auf der Brüstung des Geländers stand die Büste des unvermeidlichen Ludwigs XIV., auf einem
Prunkkästchen die der Marie Antoinette. Oberhalb des Ankleidespiegels hielten geschnitzte, vergoldete
Amoretten eine Krone. Gemalte Amoretten trugen inmitte [sic] des Plafonds einen Kranz, in den vier
Eckmedaillons sah man fanfarenblasende Genien. (R.[udolf] Seitz). Lebensvoll hat Eduard Schwoiser
»Ludwig XIV. und dessen Gefolge in der Kathedrale zu Rheims« [bei der Krönung] dargestellt, und
über den Thüren breiteten sich Fritz Bambergers idyllische Landschaften des Starnberger Sees aus. Der
Waschtisch war besetzt mit Toilettegegenständen, zumeist Schaustücke und kleine Meisterwerke der
Ciselierkunst.«[823] Aufstellung einer Büste auf einer Bettbalustrade, wie sie Frau v. Kobell vermerkt, ist
ungewöhnlich; auf keiner erhaltenen Abbildung des Zimmers ist das sichtbar. Auf Friedrich Eibners
68 Gouache von 1870 steht der Roi Soleil auf dem Cheminée[824]. Die Textilien waren blauer Seidendamast. Im
Betthimmel war innen ein Sternenhimmel gestickt. Die erwähnten Surporten des Panorama-Spezialisten
Friedrich Bamberger zeigten die Schlösser Berg und Hohenschwangau. Gegenüber der »Krönung
Ludwigs XIV.« hing als Pendant in gleichem Rahmen »Empfang der siamesischen Gesandtschaft durch
ihn in der Spiegelgalerie von Versailles«.

72–75 »Im gelben Bibliothekzimmer [Schreib- oder Arbeitszimmer] stellten Aquarelle Begebenheiten aus der
bayerischen Geschichte dar. Die Bücher waren in zwei Schränke gereiht, in Metall getriebene und porzella-
nene Schwäne spreizten ihr künstliches Gefieder auf einem Schreibtische und unterhalb desselben aus; ein
genialer Pinsel ließ diese dem Apoll geweihten Vögel in den Zwickeln des Plafonds nisten. Die Büste des
vierzehnten Ludwigs und der Marie Antoinette zählten auch hier zu dem obligaten Zimmerschmuck.«[825]
In diesem Raum wurde der Plafond gegenüber dem noch von Eduard Riedel stammenden Perspektiventwurf
von 1867 kaum, die Voute überhaupt nicht verändert[826]. Die Schmalheit und – auf Abbildungen kaum
bemerkliche – Asymmetrie des Raumes war durch unabänderliche Grundrißsituation bedingt.[827]

Der erste durchgreifende Umbau seiner Wohnung 1867, die erste eigentliche Bauleistung Ludwigs II., bedeutete eine Entscheidung gegen die Residenz als Dauer-Aufenthalt. Abermals wurden die kleinen Zimmer der Kronprinzenzeit festgehalten und nun in wirkliche *Königsgemächer … Heil u. Segen bringend*[828] umgewandelt. Das bedeutete, daß der König, wenn er schon gemäß der Verfassung jährlich zwei

Monate in der Stadt leben mußte, doch kein Hofzeremoniell und Regieren im landläufigen Sinne durchführen wollte. Er machte es vielmehr unmöglich. Vielmehr waren die gebauten Räume das Zeremoniell. Sein Vater hatte anders gehandelt, indem er die Staatsräume in der von Ludwig I. geschaffenen Gestalt übernahm und nur zwei Räume für seine private Sphäre, Sanktuarium und Wintergarten, hinzufügte.

Wie erwähnt, sollte am 30. Juni 1867 nur das Audienzzimmer, am 2. Oktober auch das Arbeitszimmer in diesem Jahre vollendet werden. An eine derartige, sich stufenweise steigernde Folge der Anordnungen mußten sich die Beamten in den folgenden Jahren gewöhnen. Sie beruhte auf einer Vorsicht: nicht gleich am Anfang preiszugeben, was schon in der Vorstellung und dem Willen des Königs feststand; zu bitter hatte er lernen müssen, daß gegen jeden Plan die Bedenken, das Kopfschütteln, die Intrige eingesetzt wurden. Aber auch auf einer eigenen Unfertigkeit, auf dem eigenen Wachstum der Pläne – bis sie die ihnen zukommende Größe, den ihnen zukommenden Bauplatz, die ihnen zukommende Form gefunden hatten. – Es ist ein sich zugleich durchsetzender und ganz innerhalb seiner Grenzen bleibender, – sich nur in Schüben entfaltender Architektur-Sinn, 1864 noch fast unbekannt mit sich selber. Wieder-Holung – eines der »Themen«-Wörter des vorliegenden Textes, ist hier zum ersten Male zu verwenden. Die erste Einrichtung ist 1863, die zweite Sommer 1864, die dritte – bereits durchgreifende – 1867; sie geht in die vierte über (1868) – und die fünfte ist: Herrenchiemsee. Wieder-Holen bezieht sich auch auf die Schöpfungen selbst, nicht nur auf deren Stoffkreise, die wieder-geholt werden. Obwohl diesem Bauherrn nicht viele Jahre zur Verfügung standen, war es möglich, daß unaufhörlich seine großen Bau-Vorhaben, die er vollenden wollte, in immer neuen Ausbildungen von ihm geschaffen worden sind – was ein in fremdem Auftrag arbeitender Architekt niemals kann.

Im Jahre 1867 das Umwandeln in *Königsgemächer:* Das bedeutete, den Zimmern den Charakter des
»Sanktuariums« in Ähnlichkeit zum Vater zu geben, die Verdichtung nach innen. Aber im Sanktuarium 18
Max' II. bestand die Verdichtung nicht in seiner Archi-Tektur, sondern war vielmehr durch Inhalte, durch Büsten und Texte großer Persönlichkeiten hergestellt, – also ein Konglomerat von Verschiedenartigem, dessen Präsenz als Einheit nur in der Vorstellung des königlichen Benutzers war. Was die vierundzwanzig großen Vorbilder dort trugen: die Auserwähltheit des Königs von Gottes Gnaden, seine Majestät und Verantwortung, – das wurde durch den Sohn konzentriert auf den einzigen Louis XIV.

Auch dieser sich selbständig-machende junge König wollte eine Weihe- und Intensitätsstätte, zellenartig verdichtet, herstellen – auch mit der Aufgabe, die Zeit wiedererkennbar zu machen, in deren Gewesenheit man sich geborgen fühlt. Aber nicht aus der Addierung einer Anzahl Vorbilder aus der Enzyklopädie aller Zeiten, in Plastiken und geschriebenen Sentenzen vergegenwärtigt (ganz un-architektonische Stützen) – deren Aufzählung Max II. nicht allein sich zugetraut, sondern aus wiederum anderen Wiedererkennern herausgefragt hatte. Vielmehr konnte der Auftrag Ludwigs II., vermittels dieser Zimmer eine Verdichtung aller Zeit auf den einen Ludwig XIV. zu erreichen, nur aus einer schon-besessenen Einsamkeit entstehen, und nur aufgrund eines königlichen Befehles von den Künstlern aufgenommen werden. Und die Wiedererkennbarkeit wurde durch Archi-Tektur ermöglicht, durch gebautes, nicht geübtes Zeremoniell: Verwirklichung der Majestät mit architektonischen Mitteln.

Innerhalb der Reifung des Bauherren bedeuten die Residenz-Zimmer einen frühen Einsatz, bei dem erst während der Arbeit die Klärung erfolgte, ob eigentlich Ludwig XIV. oder Ludwig II. gemeint sei[829]; bayerische Inhalte stehen neben bourbonischen – später nicht mehr. Die Zimmer sind die erste Fassung des Vorhabens, das in Herrenchiemsee die richtige Ausprägung und Größe erreichte. Sie sind das erste Beispiel einer ganz charakteristischen Eigenschaft dieses Künstlers (Bauherren dieses Ranges sind unmittelbar schaffende Künstler) – nämlich das Reifen während der Handlung des Bauens, während der Schon-Vollendung, – aus innerem Müssen, aber auch weil nur durch Versuche sich herausbilden konnte, was der Bauherr wirklich wollte. Seine Art von jetzt an war: nichts Unvollständiges und Unvollkommenes stehen zu lassen, nicht nachzugeben, bis das Erstrebte wirklich erreicht war – die wirkliche Größe, der wirkliche Standplatz, die wirkliche Konzentration.

Gleich in diesem Appartement tritt schon auf, was immer weiter das Rätsel seiner Kunst sein wird: daß es nicht eigentlich »Innenräume« sind, die Ludwig geschaffen hat, sondern eine nach innen gerichtete

Intensität, vollplastische Gedanken, vollplastische Vorstellungen, raumgreifend; mit seinem eigenen, auf diese Schöpfung bezogenen Wort vom 30. November 1867: *Monarchenpracht*[830]. Raum ist nicht in gleichem Sinne museal, wie im Königsbau – der daneben aber durch die oberflächendünne Haut der Malerei ganz »glatt« und benutzbar ist. Raum ist in Ludwigs Residenzräumen auch nicht in dem Sinne vollgestellt wie die etwa gleichzeitig entstehenden Kunstgewerbe-Museen. Gegenüber einer solchen Lehrsammlung ist es eine Gegenwartsschöpfung, daher die Energie einer Gegenwart abträufelnd (im Gegensatz zu der Zeitlosigkeit eines sogenannten Originalstücks, das in den Museen stand, das aber Ludwig II. nicht mehr in seinen
62, 64, 65, 71 Schöpfungen duldete[831]). Die Wand als Grundfläche wird negiert, die Formen lösen sich davon los, stoßen in verschiedenen Richtungen in den Raum vor oder ihr Volumen wölbt sich erfüllend in ihn hinein. Das Lebendigwerden der sogenannten »Verzierungen«. Die dinghaft immer weiter in den Raum vorstoßenden Schnitzereien der Wände machen es unmöglich, daß sich Menschen auch nur an ihnen entlang bewegen. Die Grenze wird brüchig. Die Selbständigkeit der Dinge beginnt, ihre Lautlosigkeit.

Die Farben der Gemächer: wohl innerhalb der Einbettung in fast narkotische Wirkungen – wahrscheinlich könnte man Parallelen zwischen diesem Farbensinn und der Musikalität Wagners und dessen Atlaszimmer, auch »Gral« genannt, im vom König geschenkten und bis zum 10. Dezember 1865 von Wagner bewohnten Hause in München, Briennerstraße 21, rosa, gelb, weiß und perlgrau, garniert mit künstlichen Rosen, ziehen. Wagner entzog diesen Raum, der inspirative Funktion hatte, fremder Neugier, wie der König seine Schlösser.[832]

68, 69, 71 Das Schlafzimmer in der Residenz ist von allen Schlafzimmern Ludwigs II. am meisten eine Entsprechung der Chambre à coucher des Sonnenkönigs in Versailles. In der Residenz: das erste und unverwechselbare Beispiel des »königlichen Bettes« Ludwigs, ein Architektur-Auftrag, den im gesamten 19. Jahrhundert im Sinne des Roi Soleil nur er aufgenommen hat, er aber in mindestens sechs Verwirklichungen: Residenz, zweimal Linderhof, zweimal Herrenchiemsee, Neuschwanstein, – bis die letzten, nicht mehr verwirklichten Visionen des Bettes auf dem Falkenstein fast nur noch das Totenbett, die Aufbahrung, meinten. In Herrenchiemsee in der purpurroten Chambre de parade, der großartigsten Verwirklichung: vollständig anders als in der Residenz, und weit über das Vorbild in Versailles und alle in der Baugeschichte berichteten Beispiele hinausgehend, nicht zum Schlafen bestimmt. Dieses Bett in Herrenchiemsee überragte alles an Pracht und an tatsächlicher künstlerischer Durchdringung. (Das kann nur der übersehen, der die vorgefaßte Meinung hat, im 19. Jahrhundert hätte ein königliches Paradebett nicht gemacht werden dürfen, weil der Hegel'sche Zeitgeist den Befehl nicht gegeben habe). Statt einer Ausstattung im »Stil« handelte es sich bereits in der Residenz sofort um das Parade-Zimmer (wirklich zu Unrecht Schlafzimmer genannt) des französischen Königs, den Mittelpunkt des ganzen Palastes.

63 Im Audienzzimmer: die Anordnung eines Thrones in einem eigentlich kleinen Zimmer wird in Linderhof (Arbeitszimmer) samt dem Baldachin noch ausgebaut.

Man sieht in den Residenzzimmern Ludwigs erstens die ungemeine Intensität und Dichte des Erreichten, zweitens aber: daß diese Intensität weit entfernt ist von einer mechanisch genauen Kopie. Sie ist Wiedererkennung. Neben diese nach innen gerichtete Intensität gehörte – schon bei seinem Vater – die Ausweitung in eine ganz andere Luft, gehörte Licht, Weite, Grün, Himmel und Erde, ferne Welt, gehörte: ein Wintergarten, der alles dieses vertreten konnte. Ludwig II. brauchte, vor seinem Schreibtisch sitzend, nur die Tür neben ihm geöffnet zu halten, dann drang die grüne, feuchte Helligkeit, der Duft der Pflanzen herein.

Wintergarten Ludwigs II.[833]

Abb. 21 Am 26. Mai 1867 wird die Herstellung eines eisernen Dachpavillons auf dem Hofgartenbau (Festsaalbau) der Münchner Residenz erstmals in den Akten erwähnt[834]. Am 28. legte der Hofbaurat Eduard Riedel einen Entwurf vor[835]. Am 7. Juni befahl der König unverzüglichen Beginn der Herstellung. Das Innere zeigt
76 eine Aquarellperspektive Riedels vom Oktober[836]. Am 30. Dezember schreibt Ludwig an Frau v. Leonrod: *Neben dem kleinen, himmelblauen Schreibkabinette habe ich einen kleinen Wintergarten anlegen lassen,*

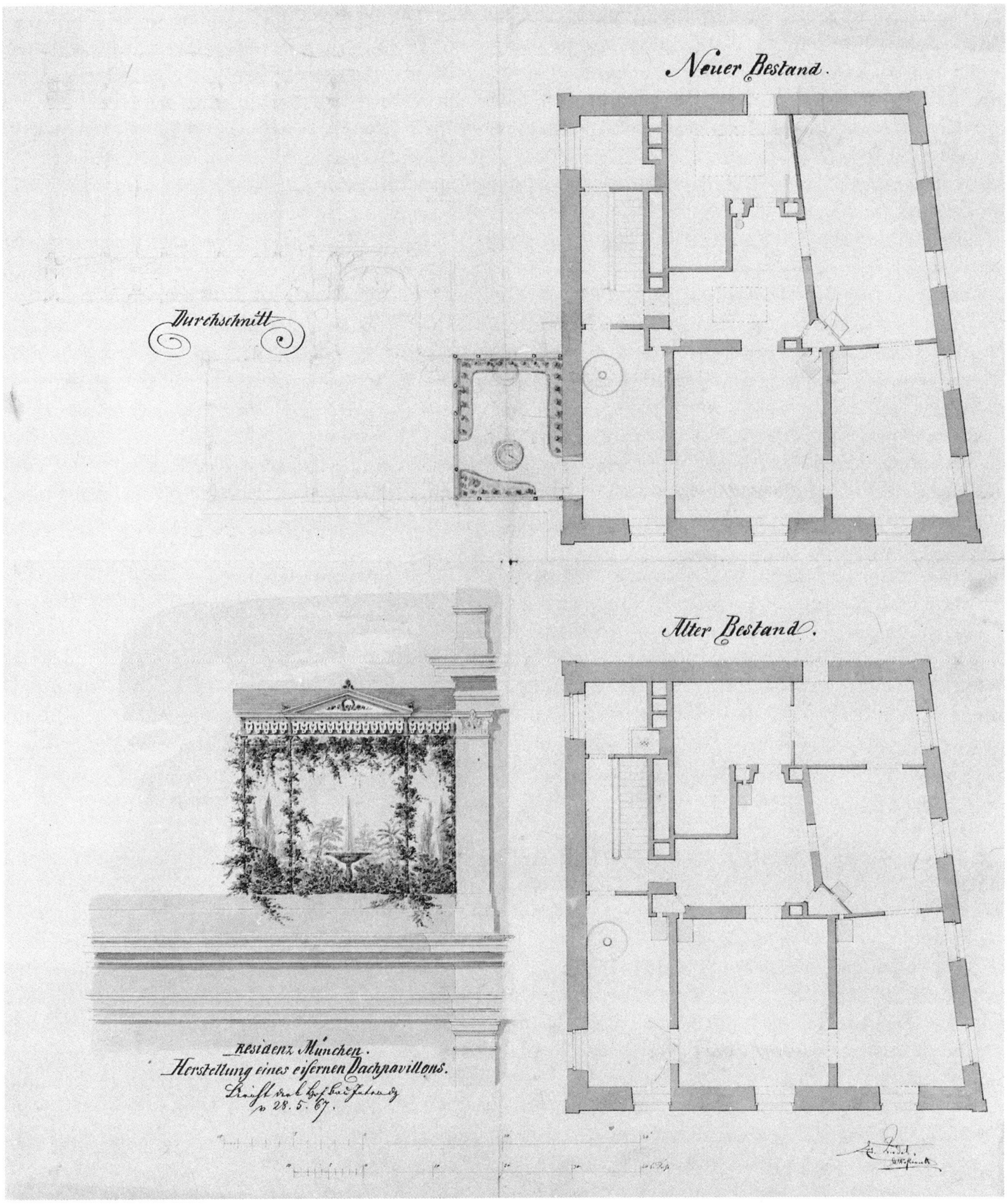

Abb. 21 Eduard Riedel, Entwurf zum Glaspavillon, an das Arbeitszimmer Ludwigs II. in der Residenz München anschließend, mit zwei Grundrissen seiner Wohnung. 28. Mai 1867

der allerliebst ausgefallen ist.[837] Am 13. Januar 1868 trägt er ins Tagebuch ein: *aßen zu Nacht im kleinen Wintergarten*[838]. Demnach war der Pavillon Ende 1867 fertig. Bereits am 13. Februar 1868 schreibt Lorenz v. Düfflipp an Riedel von einem Vorhaben, die Größe des Wintergartens zu verdoppeln oder noch weiter auszudehnen (längs des Daches)[839]. Dieserhalb wurden am 20. mit den Architekten August v. Voit und Gottfried v. Neureuther Beratungen gepflogen: Der – erstmals offiziell so genannte – Wintergarten soll auf weitere 35 Fuß verlängert werden.[840] Am 10. März legte Riedel den ersten Entwurf zur Vergrößerung vor[841].

Nun evoziert Ludwig II. intensiv Wintergarten-Stimmung. Am 17. März 1868 hält er im Tagebuch fest: *Träume aus Jugendzeit, Mährchen von den fernsten Landen, Fürst aus den wunderbaren, indischen Sagen, Traum: Backenzahn des Kaliphen von Bagdad. – Oberon – Werke über Indien, Alhambra (orientalischer Kiosk in magischer Pracht, mit prangenden Bäumen, duftenden Blumen, seligem See, Sehnsucht erweckend, wonniger Traum, in Treue bewacht, von gütigen Geistern von Oben gesandt, von Oberon selbst, dem Könige der Elfen, nur Er kann es sein, der so mich beglückt mit ewig strahlendem Glanz, mit nie erlöschender Gluth.* Carl Maria v. Webers »Oberon« hatte der Kronprinz am 29. Januar 1860 erlebt – als erste Oper überhaupt[842]. Zu einem unbekannten Zeitpunkt (wohl um 1870) heißt es im Tagebuch in einem »Schwur«: *im Zeichen der Sonne (Nec pluribus impar!)*[843] *u. des Mondes (Orient! Wiedergeburt durch Oberons Wunder-Horn. –)*[844] Auch bereits am 27. September 1869 spielt das »Wunderhorn Oberons« bei einem Schwur-Ritus eine Rolle[845]. In Webers Oper gibt Oberon dem Ritter Hüon von Bordeaux ein Horn, dessen leiser Ton ihm jederzeit Schutz verleihen, dessen starker Klang aber den Elfenkönig, den Geber, selbst herbeirufen wird. Schauplatz der Oper ist überwiegend der Orient – dagegen in Shakespeares »Midsummernight's Dream« Athen und Umgebung. Kiosk und See, am 17. März erstmals erwähnt, sind Elemente des endgültigen Wintergartens. Am 21. legt Riedel einen zweiten Entwurf vor[846]. Zwischen 17. März und 10. April 1868 notiert der König im Tagebuch: *Werke über Indien, Constantinopel, Alhambra, Wilhelma, Ägypten, maurischen Baustyl, Sehnsucht nach dem Osten, Reiseprojekt (im Winter) in indischen Sagen gelesen, auch 1001 Nacht gelesen, Dattelpalme, Palmwein.*[847] Die »Wilhelma« bei Cannstatt, von Wilhelm I. v. Württemberg durch Wilhelm Zanth 1842–46,[848] war eine von derzeit nicht zählbaren Ausprägungen orientalisierender Bauten, die zur romantischen Schloßbau-Bewegung gehören, wie Schloß Montfort in Langenargen (Bodensee), die Moschee im Schloßpark Schwetzingen (18. Jahrhundert), der Royal Pavilion in Brighton, Redcliffe (bei Paignton, Devon)[849], Schloß Rotenturm (Österreich, Burgenland)[850], Mrs. Marjorie Merriweather Post's »Mar-A-Lago« (Palm Beach, von Marion Wyeth und Joseph Urban um 1925).

Am 21. März wurde Verlängerung des Glaspavillons um 80 Fuß, Verbreiterung auf 53 Fuß und Anbau einer Grotte »zu 20 Fuß Länge und 16 Fuß Breite« festgesetzt.[851] Erstmals kommt hier eine Grotte beim königlichen Bauherrn vor. Sie wurde ausgeführt; auch in Neuschwanstein (neben dem Wintergarten, vom Wohnzimmer im dritten Stock aus zugänglich) und – in endgültiger Form – in Linderhof. Am 5. April 1868 befiehlt der König: *Tragen Sie dem Hofmaler* [Leopold] *Rottmann auf, mehrere Schwäne zu zeichnen, den besten will ich für das Bild im künftigen Wintergarten bestimmen.*[852] Vielleicht denkt der Bauherr hier
77 schon an den Rückprospekt mit Mogulpalast, der für eine Stirnwand des Wintergartens ausgeführt wurde und Schwäne zeigt. Am 24. Mai 1868 erscheint der Kiosk (vgl. die Vision im Tagebuch vom 17. März, oben zitiert) erstmals in den Akten[853]. Am 14. August wünscht Ludwig »von dem neuen Wintergarten und Chiosk« ein Bild[854], am 12. September »das Bild von [Angelo II] Quaglio, das für den Wintergarten bestimmt ist«[855]. Hier ist nun sicher der Bühnenentwurf mit Mogulpalast von Quaglio gemeint, der bei Christian
77 Jank für sein Wintergarten-Stirnwand-Bild seitenverkehrt verwendet wurde[856].

Zwischen 23. und 28. Februar 1869 steht im Tagebuch: *Kiosk für d. Freie (Poetischer, orientalischer Mährchentraum, wonnen- u. wundervoll!)*[857] Der Kiosk steht weiterhin im Vordergrund. Am 11. März schreibt der König an Düfflipp: *Ist der Kiosk endlich zu sehen?*[858] Und am 19.: *Den* [Franz] *Seitzischen Kiosk finde ich sehr unpoetisch aufgefaßt, er soll ihn dem photographierten Kiosk ähnlich machen, das äussere u. innere zeichnen.*[859] Am 20. März 1869 im Tagebuch: *den ersten Kiosk gesehen, Pläne zum 2ten angegeben, Reisebeschreibungen durch die Wüste Sahara* [?] *(Alhambra! das Ganze sei ein Mährchentraum, herabgesendet von Oben, von Elfenhand aus Meeresschaum und Blütenduft gewoben*[860]. Am 21. an

Düfflipp: *Ich las heute die herrliche Beschreibung* [Adolf Friedrich Graf v.] *Schacks über die Alhambra*[861], *ich sende Ihnen morgen das Buch*[862]. Wahrscheinlich bezieht sich auch die Äußerung Ludwigs vom 23. auf Kioskentwürfe: *Ich bin mit der Zeichnung von* [Franz] *Seitz im Ganzen zufrieden, leider hat er das Innere nicht eigens gezeichnet. Die von* [Christian] *Jank zu fertigende wird besser werden.*[863] Am 31. März 1869 schreibt der Kabinettssekretär Felix v. Lipowsky an Düfflipp: »Das Bild von Jank (für d. Kiosk) soll heute noch S.M. vorgelegt werden.«[864] Zwischen 9. und 13. April im Tagebuch: [Max] *Grf. Holnstein* [Oberststallmeister] *nach Tunis zum Kauf eines arabischen Rosses, Sommer orientalischer Wundertraum*[865], womit wiederum der Kiosk gemeint sein könnte. Am 11. Mai wird Düfflipp angewiesen, den fertigen Kiosk nach Berg zu schaffen,[866] wo er auch aufgestellt wurde (er ist nicht mehr vorhanden). Für den Wintergarten entstand ein anderer.

Der Garten wurde abermals vergrößert: am 26. Mai legte die Firma Kramer-Klett ihre Lösung der Sprengwerk-Konstruktion vor: in Fußbodenhöhe ansetzende freitragende Tonne (also ohne störende Innenstützen) von halbkreisförmigem Querschnitt.[867] Mit der Ausführung dieser großartigen Ingenieurleistung trat an die Stelle des nüchternen, schematischen Kastens von Eduard Riedel eine Weiträumigkeit. Ähnlich, aber im Querschnitt abgeflacht, war das Innere des Palmenhauses im 1869–71 eingerichteten Palmengarten zu Frankfurt am Main. Zwischen 27. Mai und 3. Juni 1869 heißt es im Tagebuch: *Kiosk vorwärts* und zwischen dem 3. und 10. Juni: *heiter erregt (Kiosk)*[868].

Am 5. Oktober erfuhr Düfflipp erstmals von einem weiteren Verlängerungswunsch seines Monarchen: »Seiner Majestät liegt viel daran, daß der Wintergarten bis an die Wand der Gemächer der Obersthofmeisterin [der Königin-Mutter, Juliane Gräfin] von der Mühle reiche«[869], also bis zum erhöhten Mittelrisalit des Festsaalbaues. Die Erweiterung fand statt – der Wintergarten hatte seine endgültige Größe erreicht. Die Arbeit begann aber später. Am 8. stellte der König eine der – für sein Bauherrentum der »richtigen Größe« bezeichnenden – Fragen nach Abmessungen von Vergleichsbauwerken: »Wie lang der Wintergarten [Max II.] beim Theater sei, auch wie breit; ebenso Länge und Breite des jetzt in Arbeit befindlichen Wintergartens.«[870] »Richtig« ist nicht diejenige Größe, die alles Vergleichbare übertrifft, sondern diejenige, die trifft, gemäß der Vision des Bauherrn. Am 28. Oktober 1869 schreibt dieser eigenhändig an Düfflipp: *Ich bin fest entschlossen, die Gruppe »Faust und Grethchen«* [von Antonio Tantardini] *zu kaufen;* auf dem Schriftstück berichtet eine Bleistiftnotiz Düfflipps: »Obengenannte Gruppe wurde gekauft und steht im neuen Wintergarten.«[871] Am 29., wieder eigenhändig: *Ich erwarte, daß Sie mir in einigen Tagen die neue Eintheilung des großen, projectirten Wintergartens mit See pp. senden werden, sowie* [Christian] *Janks Skizze.*[872]

Am 1. November 1869 ist erstmals in den Akten von einer »Hütte im indischen Style« die Rede; eine solche Art strohgedeckter Fischerhütte wurde am See des Gartens auch ausgeführt. »Wieviel [Fuß] beträgt die Höhe des Wintergartens, ohne Kioskausbiegung?«[873] Offenbar sollte der Kiosk so hoch werden, daß über ihm das Dach erhöht werden mußte (in der endgültigen Gestalt des Gartens war das nicht notwendig). Vom 2. datiert eine Nachricht über Interesse Ludwigs an den Werken des Ägyptologen Johannes Dümichen[874], es ist jedoch von ägyptischen Anregungen beim Wintergarten nichts bekannt. Am 3.: *Bringen Sie* [Düfflipp] *Mir, wenn Ich Sie nächstens zum Vortrag sehen werde, den ausführlichen Plan, mit Grotte, Kiosk pp. pp. des Wintergartens mit, wie er bis zu Meiner Zurückkehr nach München vollendet sein wird.* Den Plan des bedeutend vergrößerten Wintergartens soll Hofgarteninspektor Carl v. Effner sogleich in Angriff nehmen.[875] Am 10.: *Ich bitte um Übersendung der Pläne des neuen Wintergartens, wie er heuer fertig wird, nämlich auf achtzig Fuß*[876]. Das war noch nicht die definitive Größe. Am 15. wünscht der König *Orlich »Reisen in Indien«, so oder ähnlich heißt das mit einigen Farbendrucken u. Stahlstichen ausgestattete Buch*[877], am 18. ein Werk über die Alhambra, eine farbige Illustration zu einem oder mehreren Gedichten Emanuel Geibels, die indische Stoffe behandeln, und »Skizzen aus Oberon«[878].

Am 15. Dezember: Düfflipp soll veranlassen, daß der Wintergarten bis zum 23. nachmittags fertig sei, einschließlich der Pflanzen, und genau das Buch Orlichs, Nena Sahib und Karl Alexander Frhr. v. Hügels Werk über Kaschmir lesen, auch Effner zur Einsicht geben[879]. In dem Schriftstück ist auch von einem Pfauenwagen die Rede. – (Nena Sahib, geboren 1825, Adoptivsohn des Regenten der Marathen, hatte eine fürstliche Residenz in Bithur bei Khanpur. Bekannt wurde er infolge seiner blutigen Taten in der indischen Rebellion 1857).

Etwa zu Ende des Jahres 1869 war der achtzig Fuß lange Wintergarten vermutlich bis auf Einzelheiten fertig.

Am 18. Februar 1870 mahnt der König wegen der (farbigen) Kioskfenster und des Wasserfalls der Grotte. Außerdem: »Das rechte Mondlicht scheint immer noch nicht in der Grotte, bald zu gelb, bald zu grün.«[880] Am 1. März war die Verlängerung der Anlage bis zum Mittelrisalit des Festsaalbaues der Residenz fest beschlossen und wurde der Besuch durch Fremde vom König verboten.[881] Am 21. April werden Vergleichsmaße notiert, aus Unterlagen für den Wintergartenplan des Vaters stammend. Angegeben wird der Rauminhalt der Wintergärten im Taurischen Palais (St. Petersburg), in Chatsworth, London (Horticulture Society) und Paris (Champs Elysées).[882] Am 31. Juli soll (Ferdinand) Knab über den Fortgang des für den Garten bestimmten Bildes gefragt und getrieben werden[883]. Am 9. September 1870 schreibt Stallmeister Richard Hornig an Düfflipp: »Den Wintergarten legt Ihnen Majestät nochmals ans Herz, und möchten Herr Hofrath »Effner« und Riedel ständig treiben.«[884] Am 24. ist von »Stoff v. Lyon für das für den Wintergarten bestimmte Zelt« die Rede[885]. Dieses blaue Zelt, orientalisch angeregt, wurde ausgeführt. Am 17. November: »Treiben« Knab mit dem Wintergartenbild, Effner, damit zu Weihnachten dort Rosen blühen, Theatermeister Karl Brandt mit der Beleuchtungseinrichtung[886].

18. Februar 1871: *Verschaffen Sie mir baldigst einige Gazellen und erkundigen Sie sich nach einem jungen Elephanten*[887]. Am 21. wird Effner beauftragt, Bananen und Dattelpalmen herbeizuschaffen[888]. Am Glasdach wurde auf Ludwigs Befehl eine von außen zu bedienende Öllampenbeleuchtung mit silbernen Reflektoren angebracht[889], wie am 16. März erwähnt wird.

Am 19. März war der Wintergarten im wesentlichen vollendet; der König äußerte seine vollständige Zufriedenheit[890]. Am 24. teilte er Sibylle v. Leonrod mit: *Wie freue ich mich, Dir einmal (in hoffentlich nicht zu ferner Zeit) meinen neuen, jüngst vollendeten Wintergarten zu zeigen. Er stellt eine indische,*
79 *herrliche Landschaft dar, welche durch ein sehr gelungenes Bild (Hymalaya-Gebirge) abgeschlossen wird.*[891] Das Gemälde, sowie das gleichfalls für eine Stirnwand verwendete Mogulpalast-Bild, stammte von Christian Jank.[892] Der Hoftheatermaler war auf königlichen Befehl vom 30. November 1869 hin bis zur Vollendung des Gemäldes von allen Theaterdiensten befreit[893]. Die Prospekte konnten ausgetauscht werden[894]. Am 14. April 1871: *Ich möchte in den nächsten Tagen eine vollständige Beleuchtung des Wintergartens endlich sehen*[895]. Am 28. April erhielt Karl Brandt Bezahlung für Herstellung eines künstlichen Wasserspiegels und eines Regenbogens im Wintergarten.[896] Brandt und sein Meisterschüler Karl Lautenschläger brachten selbst unmöglich scheinende Bühnenwirkungen zuwege. Der »künstliche Wasserspiegel« war »die an dem Wandgemälde zur Wasserspiegelung in Verwendung kommende große Glastafel«[897]; sie brachte also entweder am Himalaya- oder am Mogulpalast-Bild oder an beiden diesen Effekt hervor.

78, 80 Der Bauherr Ludwig II. wollte seine Schöpfungen auch im Bilde haben. Am 12. Mai 1871: »Sobald Hr. [Joseph] Albert Photographien v. Wintergarten fertig hat, sollen sie gesendet werden.«[898] Am 4. Juli erwähnt er Einzelnes von der Ausstattung: das indische Zelt »von blauem Atlas mit reicher Goldstickerei und entsprechender innerer Ausstattung«, die Gondel für den See (die erhalten ist[899]), die »großen Wandbilder von Knab«, den »gläsernen Wasserspiegel mit Maschinerie und Beleuchtung« und ausländische Vögel.[900] Ferdinand Knab, von dem auch in den zitierten Stellen vom 31. Juli und 17. November 1870 die Rede war, kommt in Schilderungen der Einrichtung des Gartens nicht vor; was er für ihn malte, ist unbekannt. Am 11. Juli 1871: »Das blaue Tuch für den See im Wintergarten erwarten Majestät in nächster Zeit«[901]. Der König hatte nämlich in einem Entwurf eines Handschreibens vom 19. März moniert, daß *Mir die Wassermasse nicht in jenem dunklen und charakteristischen Blau erscheinen will, worin gerade nach den Beschreibungen … die Seen in Indien sich auszeichnen und was noch zu erreichen noch nothwendig sein wird*[902].

Noch zwei Einzel-Items: Ab 15. Februar 1871 wurde mit J. v. Heckels Hofblumenfabrik wegen künstlicher, beleuchtbarer Lotosblüten und Girlanden korrespondiert. Am 18. wurde eine Löwenhaut für den Kiosk angeboten; der Verkäufer notiert »den mäßigen Preis von 175 fl.«[903] Ludwig II. wußte, daß oft überhöhte Preise verlangt wurden. Der Wert des Geldes war ihm bekannt. So schrieb er im – oben zitierten – Brief vom 28. Oktober 1869 wegen Antonio Tantardinis »Faust und Gretchen«: *handeln Sie herunter so viel als möglich*[904].

Da der Wintergarten Ludwigs II. 1897 abgebrochen wurde, folgt hier die Augenzeugenschilderung Albert Emil Brachvogels, des Dichters von »Narziß«, wie erwähnt, einem Lieblingsstück des Königs[905].
George Morin wiederholt 1886 Brachvogels Darstellung weitgehend[906]. Sie lautet: »Von diesem [dem 81, 78, 80
Garten] sind ebenso wie von seinem hohen Bewohner höchst wunderliche Geschichten in Umlauf gesetzt worden, unter Anderem, daß man in demselben einen künstlichen Mond angebracht habe, bestimmt, das königliche Lager unter Platanen und Palmenschatten phantastisch zu umspielen. Wir sind in der Lage, über diesen Wintergarten Genaueres zu berichten, obwohl derselbe seitdem manche Umänderung erlitten haben soll. – ... Aus seinen Wohnzimmern ... betritt man besagten Wintergarten und befindet sich auf dem Dache der Residenz in einem ungeheuren Tonnengewölbe von Glas, dessen Eisenconstructionen man schon vom Hofgarten aus gewahren kann. Es ist ein Raum von 234 Fuß [etwa 70,5 m] Länge und 50 Fuß [etwa 15 m] – in der Mitte jedoch 90 Fuß [etwa 27 m] Breite. Diese größere Breite in der Mitte kommt daher, daß man die alte Einfahrtshalle im inneren Residenzhofe um zwei Stockwerke bis ans Dach erhöht[907] und damit einen Seitentrakt der Glashalle gewonnen hat, um dem Bilde, das sich vor uns ausbreitet, mehr Abwechselung zu gewähren. Die Anlage dieses Gartens ist nach den eigenen Ideen und Zeichnungen König Ludwigs durch den Inspektor der königlichen Gärten, Carl Effner, ausgeführt worden und von ganz überraschender Schönheit. – Aus den Privatzimmern des Königs eintretend, sieht man ein indisch Landschaftsbild vor sich, von Palmen, Platanen, Ranken, üppigem Buschwerk und leuchtenden Blüthen umrahmt, dessen Perspective sich unendlich zu dehnen scheint und in den fernen blauen Alpenfirnen des Himalaya verrinnt. Vom Eingange wendet sich der Weg rechts um eine Tropfstein-Grotte, von deren rechter Wand ein kleiner Wasserfall herabrauscht, dessen Strahl den Fuß der Grotte dann umspielt und sich in ein kleines Becken ergießt, an dem wir zunächst vorüberkommen. Dieser Weg, einerseits um die Grotte laufend, mündet bei dem Wasserfalle rückwärts in eine kleine Thür, welche für den Eintritt des Gärtners bestimmt ist, andererseits führt der Weg aber gerade in die künstliche Landschaft hinein. – Links desselben zieht sich an den Wänden des Glashauses ein üppiger Epheulaubengang dahin. Vor ihm auf prachtvollem Wiesenteppich, welchen Palmen, Orangenbäume und Bananen umgeben, leuchtet uns Tantardini's reizende Marmorgruppe »Faust und Gretchen« entgegen, welche bei der internationalen Kunstausstellung zu München im Jahre 1869 so große Bewunderung erregt hat. Rechts von uns, der Gruppe fast gegenüber, glänzt aus Buschwerk, Zierpflanzen und Blüthen ein prachtvoller Kiosk, dessen Minarets, Kuppeln und Schnitzwerk goldglänzend aus dem Grün sich heben, indeß die Glasmalereien der Fenster seinem Innern ein magisches Halbdunkel verleihen. Vorwärts schreitend kommen wir an eine Theilung des Wegs. Vor uns liegt ein kleiner See, schilfumgeben, im Wiesenplane, etliche Schwäne träumen auf ihm und über ihn hin schweift der Blick durch die üppige Tropenvegetation nach fernen Alpenspitzen. Verfolgen wir den Weg rechts und hinter dem Kiosk hinweg, so kommen wir besagtem See entlang zu einem Gartenpavillon, ganz von Gebüsch überragt, einem überaus traulichen Plätzchen. [Indische Hütte]. Diese Anlage befindet sich eben in dem Seitentrakte der Glasrotunde, welcher durch die bewußte Erhöhung der innern Einfahrtshalle erzielt worden ist. Schreiten wir den Weg zurück und schlagen einen andern zur Linken ein, so führt uns dieser in schwachem Bogen am Ausgange der Epheulaube vorüber bis dicht an die linke Seite der riesigen Glashalle. Wir sehen in den Schloßgarten [Hofgarten] hinab und überblicken den schönsten Theil
von München. Den See nunmehr zur rechten Hand folgen wir dem gewundenen Pfade um ein Palmengehölz 79
herum zu einem zweiten verstohlenen Gartentempel; [dem blauen Königszelt] – eine Fülle von Laub und Blüthen rings, ein Gemälde des Himalaya liegt vor uns. – Allerdings es ist nur ein Gemälde! Der Garten ist eben zu Ende und die weitere Landschaft eine Kunsttäuschung, eine köstliche landschaftliche Darstellung am Hintergrunde des Giebels der ganzen Glashalle. Diese Täuschung ist indeß so vollständig, so sinnig und wirkungsvoll zugleich, so auf jede Art der Beleuchtung berechnet, daß man erst, wenn man vor dem Bilde steht, überzeugt ist, es sei wirklich nur ein Bild. Die Wirkung der ganzen Anlage erinnert lebhaft an die hängenden Gärten der Semiramis und muß gleich reizvoll sein, mag dieselbe nun abendlich durch bunte Ampeln dämmerhaft erhellt werden, mag die goldige, wirkliche Sonne oder der träumende Mond in

eigener Person seinen flimmernden Strahl durch den Horizont von Glas auf diese kunstreiche Natur hereinsenden. ...«

Nach Felix Philippi hat der König, der seinen Wintergarten Brachvogel zufolge selbst entwarf, auch andere Entwürfe gezeichnet. Auf der zweiten Schweizerreise, also der vom 27. Juni bis 14. Juli 1881 mit Didier (Kainz), wollte er die Schauplätze von Schillers »Tell« sehen. »Nach seinen eigenhändigen Skizzen sollten dann die Dekorationen für die glanzvolle und naturwahre Inszenierung des Schillerschen Schauspiels von ersten Münchener Malern angefertigt werden«[908]. Dies muß die Inszenierung von 1883 gewesen sein – bis dahin war die Possarts von 1878 in Gebrauch[909].

Eine mögliche Anregungsquelle zum Wintergarten-Vorhaben führt Karl v. Heigel an: »Auch Herzog Adolf von Nassau wurde von Ludwig im nahen Biebrich besucht ... Damals – im Sommer 1864 – hatte das Kleinod des Herzogs, der Park, noch seine ganze Herrlichkeit, noch den Wintergarten und die Gewächshäuser, deren Inhalt nach dem Jahre 1866[910] von der Frankfurter Palmengarten-Gesellschaft für 60.000 Gulden gekauft wurde. Mit jener tropischen Pracht ließ sich der väterliche Wintergarten in der Münchener Residenz freilich nicht vergleichen. Dort mag also der Wunsch Ludwigs entkeimt sein, einen Palmengarten zu besitzen, der nur an Größe, nicht an Stimmung dem herzoglichen nachstünde.«[911]

Für alle, die nur von Ludwigs Wintergarten und seinen Residenzzimmern hörten, mußte der Aufwand
18, 24 unverständlich und übertrieben erscheinen. Wer dagegen das Sanktuarium und den Wintergarten Max II. kennt, begreift, daß der Sohn fast die gleichen Baugedanken mit fast den gleichen eingesetzten Summen und Größen wiederholte, daß er aber mit seiner ganz eigenen Fassung, wie in einer Befreiung, sich gegen den immerhin mächtig gewesenen Einfluß seines Vaters durchsetzte. An Stelle der vierundzwanzig Großen der Vergangenheit, mit deren Vorbild sich der Vater im Sanktuarium umgeben hatte, um in der Gegenwart regieren zu können, konzentrierte sich der Sohn auf den einen Ludwig XIV. von Frankreich. Und an Stelle des fast bürgerlichen Gartens, der von Familienangehörigen und vielen Besuchern belebt war, schuf Ludwig II. einen Garten, der sofort, ohne Zwischenzonen, die Exotik fernster Welt erreichte und erst vor der letzten Barriere, vor dem Himalaya, Halt machte.

Diese Verwandlung aber bedeutete den Zusammenhang und auch schon die Auseinandersetzung und Loslösung von der zweiten »Vater-Figur«, wie man heute gerne sagt, gegen die Ludwig sich durchsetzen mußte, Richard Wagner. Denn nicht von irgendeiner zufälligen Anregung ging die Luft Indiens aus, sondern Wagner war es, der in diesen entscheidenden Jahren den indischen Stoff »Die Sieger« gestalten wollte.[912] 1856 hat Wagner »die Sieger concipirt, nach einer buddhistischen Legende im Burnouf«[913]. Ende Mai 1864 datiert er im Originalkonzept von seinem ersten »Programm für den König« eine Aufführung in die Jahre 1869–70; im zweiten »Programm« für Ludwig II., das Wagner ihm zwischen 6. und 11. Januar 1865 überreichte, setzt er die Aufführung in den August 1870[914]. Vor der Abreise zur Jagdhütte des Königs auf dem Hochkopf, die ihm Ludwig zur Verfügung gestellt hatte, schreibt Wagner am 8. August 1865 an ihn: »Ein altes indisches Epos, ›Ramayana‹, geht mit: Siegfried in mannigfacher Gestalt, soll auf Bergeshöhen neu aufathmen.«[915] Der Held, Rama, wurde also von Wagner mit Siegfried in Beziehung gesetzt. Und an seinem »Siegfried« arbeitete der Tondichter auch auf dem Hochkopf. Am 16. August 1865 schreibt Wagner in sein intimes Tagebuch: »O, was wird das groß u. immer schöner, das Ramagedicht! ... Ach, ist Rama göttlich!! ... Das ist doch fast das Schönste, was ich kenne! – Göttliches Gangesland! –«[916] Am 21. schreibt der König: *Theilen Sie mir einiges von Ihren Plänen über »die Sieger« mit und »Parcival«! Ich schmachte danach!*[917] Wagner am 26.: »Von den ›Siegern‹ und von ›Parzival‹ schreibe ich Ihnen nächstens: gewiss! Ach, es wird mir ja schwer, mich von der sofortigen Ausführung dieser mir so innig befreundeten Dichtungsgegenstände zurückzuhalten. – Aber, Sie sollen immer davon wissen. –«[918] Am 31. Mai 1868 sendet Wagner dem König »Introduction à l'Histoire du Bouddhisme indien« von Eugène Burnouf »mit der angezeichneten Stelle, welche mich einst zu der Konzeption der Sieger veranlasste«.[919] Am 2. Juni schreibt Ludwig an Wagner: *o wie freue ich mich auf die indische Sage und deren künstlerische Gestaltung durch Sie!* und unterschreibt *Parcival*[920]. Und am 5. Juni 1870: *O vergessen Sie »Parcival« nicht und entwerfen Sie mir zu Liebe den schriftlichen Plan zu den »Siegern« wie damals zu »Parcival«, bitte thun Sie es bald! ... In einem sehr fesselnden Werke über Indien, den Brahmanismus und Buddhismus fand ich*

zu meinem freudigen Erstaunen jene so einfache und dabei so erschütternde und tief rührende Erzählung, die Sie als Stoff zu den »Siegern« benützen wollten. Sehr würde es mich schmerzen, wenn Sie, wie Sie mir einst sagten, dieses Werk ganz aufgegeben haben [gemeint: hätten]; *o bitte thun Sie es nicht, lassen Sie sich beschwören, thun Sie es nicht. Es wird zu den herrlichsten Ihrer Werke dereinst zu zählen sein, glauben Sie mir. Indien und der Buddhismus haben etwas für mich unaussprechlich anziehendes, Sehnsucht und selige Wonnen erweckendes.*[921] Es war vergeblich; Wagner antwortete nicht einmal auf die Bitte. Noch am 11. Oktober 1881 beschwört der König Wagner: *O möchten Sie an die »Sieger« denken, jenen wundervollen, göttlichen Plan, den Sie skizzenweise mir einst mitgetheilt haben; nicht aufgeben, es wäre allzu betrübend! Jene ergreifende indische Sage, jene Begebenheit, ähnlich der zwischen Christus und der Samariterin am Brunnen – durch Ihren schöpferischen, himmelentstammenden Geist dieß Alles verlebendigt und durch Ihre Sphärenklänge verklärt mir zu denken, ruft die Sehnsucht in mir wach, es möge dieß nicht ein frommer Wunsch, nicht ein unerreichter Traum bleiben!*[922] Nachdem Wagner am 8. Juli 1882 »Parcival« als sein letztes Werk bezeichnet hatte: »Von mir ist nun nichts mehr zu erwarten«, war Ludwig II. am 17. *sehr erschreckt und ... betrübt: daß Sie, angebeteter Meister, die »Sieger« ganz aufgegeben zu haben scheinen; ach, das wäre zu traurig! Erst vor Kurzem hörte ich, daß Sie noch an jene Schöpfung ernstlich denken und Ihr Geist sie nicht aufgeben will.*[923] Der König gab das Himalayabild in Auftrag; Wagner dagegen übertrug 79
das Mysterium der Erlösung in den »Parsifal«. »Auf dem Himalaya« spielte der erste Aufzug von Kalidasas »Urvasi«, am 8. und – als letzte Separataufführung überhaupt – am 12. Mai 1885 vor dem König gegeben, der am 19. März befahl: »Man soll sich sehr um die Decoration zu Urvasi annehmen. Sie dürfen [sic] durchaus nicht nach der Schablone werden, sondern nach naturgetreuen Bildern des Himalaja-Gebirges.«[924] Ein Dekorationsentwurf von Carlo Brioschi, einem Wiener Theatermaler, von 1881,[925] wahrscheinlich für den dritten Aufzug von »Urvasi« bestimmt, zeigt links einen Mogulpalast, dahinter einen See mit Wasserfall, ganz hinten ein Gebirge: vielleicht eine vom König angeordnete Reminiszenz an Christian Janks Mogulpa- 77, 79
last-Bild im Wintergarten, verbunden mit dessen Grotten-Wasserfall und Janks Himalaya-Bild. Das wäre eine für den Bauherrn und Theaterfürsten Ludwig II. bezeichnende Zusammenschau beim Wieder-Holen. Unabhängig von Wagner war der Himalaya-Eindruck als Schauplatz in Felicien Davids Oper »Lalla Rookh« nach der gleichnamigen Dichtung von Thomas Moore, vollendet 1816, erschienen 1817. Der Kronprinz erlebte die Oper erstmals am 15. März 1863. Am 7. Oktober schreibt er an Frau v. Leonrod: Ein Landschaftsbild bei Hohenschwangau *erinnert mich an das Rosenthal mit d. Himalaya, in Lalla Rookh.* Diesen Eindruck notiert er auch am selben Tage im Tagebuch[926]. Was mit dem Himalayabild im Wintergarten beginnt, endet damit, daß er die Szenerie (Hochgebirge und See) in die ihm-gegebene Wirklichkeit übertragen hat, die Barriere der Alpen hinter Neuschwanstein und Herrenchiemsee. Also: die Reihe der Schlösser als Vollendung auch der Wintergarten-Idee. Mit der Zimmereinrichtung und dem Wintergarten waren alle Möglichkeiten in der Residenz erschöpft. Von jetzt an baute er nur denjenigen Bereich aus, den ihm auch schon Urgroßvater (Erwerbung von Kloster Tegernsee) und Vater (Villenplan für Feldafing) gewiesen hatten: die Vor-Alpen.

Unterschiede zu seinen Vorfahren: Ludwig I. ist noch ganz ein »städtischer« Mensch; freilich residenzstädtisch. – Aber jemand, der sein München als Mittelpunkt hat, – und in ihm seinen Weltmittelpunkt. Wenn er reist: immer nur innerhalb des alten Europa. – Innerhalb dieses Europa: der kosmologische Historismus. Max II. reist schon jenseits der Grenzen des eigentlichen Abendlandes. Vor allem aber: anstelle der archi-tektonischen Stadt die Überzeugung, daß Grün in die Stadt gehört. Daß es transportierbar ist. Ludwig II.: München verlassend. Sein »Wunsch-Horizont« reicht bis zum Himalaya. Und er findet die großartigen Landschaftslagen als Bauplätze.

Und: Der Wintergarten des Vaters hatte den Zustand eines vor einem Hause liegenden Gartens. Man konnte eine größere Tafel auf dem freien und flachen Rasen richten; eine Gesellschaft konnte die wenigen Schritte »ins Freie« gehen und gewohnte Gespräche fortsetzen. Die – wie bei Ludwig II. – vorhandenen exotischen Gewächse fügten sich bei Max II. der unauffälligen Wohlhabenheit des Besitzers ein.

Der Wintergarten Ludwigs II. war nicht für Geselligkeit eingerichtet. Er versetzte den Einzelnen jäh in eine andere Welt, in einen anderen Zustand. Es ist wichtig, daß bereits in der Planung bald nicht allein eine Längsrichtung, sondern etwa in der Mitte eine Querrichtung nach Süden erscheint. Diese Entfaltung aus dem eigenen Zentrum in mehrere Richtungen behielt auch die Ausführung bei. In diese Mitte des Gartens wurde man mit einem Schlage versetzt und hatte alles um sich: vom Eingang bis zur Mitte führte ein langer, schmaler Treillagegang, dessen dichter Bewuchs vorzeitige Ausblicke verhinderte.[927] Auf einmal öffnete sich die Welt: an den Stirnwänden des Längstraktes reichte sie bis zum Himalaya; zu Füßen lag der See, nicht ein Rasen. Nicht auf ein Gegenüber sollen wir eingeengt sein, vor dem wir selber unbeweglich bleiben, sondern wir sollen in eine andere Intensität versetzt sein, in welcher wir uns nicht mit anderen Schritten, sondern mit dem goldenen Nachen auf dem See bewegen. Das Wasser als »Mitte-der-Welt«. Der See ist Symbol des Weltmeeres, auf dem Ludwig nun seinen Aufenthalt einrichtet. Der »Innen-Ozean«. Er war König und mußte in der Mitte sein. So auch in der Grotte in Linderhof: in der Mitte der See, darauf der goldene Muschelkahn.

An der Stirnwand des Quertraktes war kein Bild, sondern das klare Gerüst der Eisenkonstruktion sichtbar. Welche Nachdenklichkeit: daß die Konstruktion der Gegenwart den König nicht gestört hat; daß die Intensität der Verwandlung nicht unterschied zwischen ihr und der Ferne des Himalaya, sondern beide weltverdichtend zusammenfaßte. Es ist verkehrt, sich die »Nachahmung«, hier die einer orientalischen Landschaft mit Bauwerken, ohne gewollte Künstlichkeit vorzustellen. Wahrscheinlich gilt das für den ganzen »Historismus«, sicher für das Bauherrentum Ludwigs II. Es ist naiv, einfach mit dem Begriff »Nachahmung« anzunehmen: derjenige, der Mimesis treibt, wolle das Original haben[928]. Ganz undenkbar, daß der König auf eine »nahtlose« Täuschung aus gewesen wäre. Vielmehr war er auf eine vollkommene Künstlichkeit aus. Damit sie vollständig war, mußte sie als künstlich, als kunstvoll erkennbar sein. Als hergestellt. – Innerhalb dieser Künstlichkeit besteht ganz große Verbundenheit, Entsprechung, zwischen dem König und Wagner. (Übrigens auch bei den Außenbildern von Himalaya und Mogulpalast Zusammenhang mit Wagner: mit der »Landschaftsmalerei«; vgl. den Abschnitt: »Wagner-Thema: Landschaftsmalerei als Ende aller Architektur«). – Vergleichbar ist auch: die Künstlichkeit der Oper.

Die Durchführung des Wintergartens entwickelte sich zu einem Musterbeispiel der Entstehung und unaufhaltsamen Erweiterung des Planens während des Bauens (für den Bauherrn Ludwig II. kennzeichnend), – bis (erstmals bei seinen Schöpfungen) derjenige Zustand, derjenige Bauplatz, diejenige abschließende Größe erreicht ist, welche der »Sehnsucht« des Königs von Anfang an innegewohnt hatten – wobei mitwirkt, daß diese innere Vorstellung auch ihm selber erst während der Imaginierungs- und Verwirklichungsarbeit klar wurde, und: daß er, inzwischen gewöhnt an die Denkweise und die Reaktionen der Umwelt, die Beamten schrittweise vom Ausmaß seiner Vorhaben unterrichtete.

Neuschwanstein[929]

Bei Hohenschwangau standen ursprünglich vier Burgen. »Die eine war Schwanstein, deren Ruine Max II.
Abb. 22, zum Schloß Hohenschwangau ausbauen ließ. Unmittelbar westlich davon, auf dem sogenannten Perzenkopf
Abb. 23 gelegen, stand Frauenstein, in dessen noch sichtbarem Burgstall Max II. eine Gedenktafel errichten ließ. – Die beiden anderen Burgen aber lagen auf der Jugend, einer bewaldeten Höhe östlich von Hohenschwangau ... Diese waren Vorderhohenschwangau [auch: Vorderschwangau] an der Stelle des heutigen Schlosses Neuschwanstein und Hinterhohenschwangau [auch: Hinterschwangau] etwas südlich und oberhalb davon, unmittelbar nordwestlich der Marienbrücke. Letztere Ruine ließ Max II. als »Sylphenturm« zu einem Aussichtspavillon ausbauen.«[930]

Auf dem Bauplatz von Neuschwanstein, das diesen Namen erst nach dem Tode seines Bauherrn erhielt (zu seinen Lebzeiten hieß es »Neues Schloß Hohenschwangau«), stand ein quadratischer Turm, an der Stelle des heutigen oberen Hofes, wo der Bergfried mit Kapelle geplant war; außerdem Mauerwerk des alten Palas an der Stelle des heutigen.

Ein unbekannter Autor schrieb – vermutlich um 1837 – im Zusammenhang mit dem Hohenschwangau Max II. nieder, es »könnten auch die Ruinen von dem vorderen Schlosse Schwangau, die mit Falkenstein

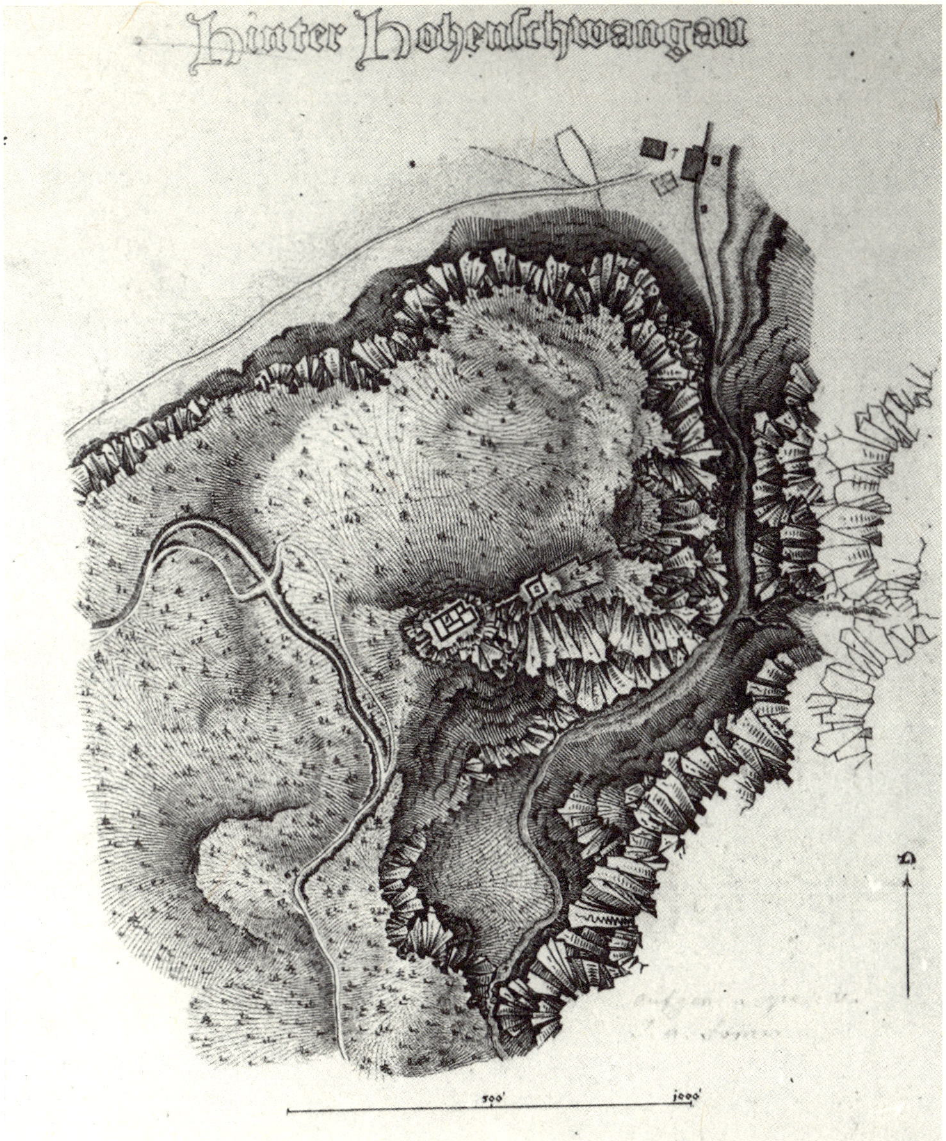

Abb. 22 Karte von »Hinterhohenschwangau« (richtig: Vorderhohenschwangau). Aufgenommen vom Königlichen Topographen Adolf Sommer. Um 1830. Sichtbar die Ruine Vorderhohenschwangau – an der Stelle des heutigen Neuschwanstein – bestehend aus quadratischer Turmruine und Mauerwerk des Palas, dazwischen ein Felsgrat in West-Ost-Richtung, auf dem das Ritterhaus von Neuschwanstein erbaut wurde

und Hohen-Freyberg ein langgezogenes Dreieck bilden, zu einem großen einfachen Fest- und Sänger-Saal wiederaufgerichtet werden ...«[931] 1855 beauftragte König Max den Baurat Eduard Riedel, für den Turm von Hinterhohenschwangau einen achteckigen Aussichtspavillon zu entwerfen. 1856 plante er »Reparatur des Mauerwerks vom Thurm und Herstellung eines kleinen Zimmers in demselben nebst einem Zeltdach oben darüber«. Diese Vorhaben blieben unausgeführt, am 3. Januar 1858 befahl Maximilian, »die Sache solle bis auf weiteres ruhen«. Entwürfe Riedels sind erhalten[932].

So steht auch das Projekt Neuschwanstein in der Tradition der Könige Bayerns.

Es folgen nunmehr Zeugnisse der Quellen aus der Zeit Ludwigs II. mit Ausnahme derjenigen Zitate, welche den dann anschließenden Einzelthemen zu Neuschwanstein zugewiesen werden. Es wurden auch einige Quellenzeugnisse aufgenommen, bei denen ein Bezug auf Neuschwanstein oder seine Vorgeschichte nur wahrscheinlich, aber nicht ganz erwiesen ist.

Abb. 23 Situationsplan von Neuschwanstein mit Vermerk: »Aufgenommen im Juli und August 1868 Bumiller Obergeometer«. Der Grundriß von Neuschwanstein ist nachträglich überzeichnet

Unter dem 18. Juli 1859 zeichnet der Kronprinz Ludwig zwei erhöht gelegene Burgen oder Schlösser ins Tagebuch[933]. 18. Juli 1863: *Alte Burg Pöllatfall, Marienbrücke, Jugend* (besucht). 27. Oktober: *Nach d. Thee ausgegangen, schöner Mondschein, Jugend, Alte Burg, Marienbrücke, Schlucht. – Nach Hause ½ 1 Uhr.* 2. November: *Marienbrücke, Jugend, Aussicht herrlich, hinab Pöllatthal.*[934] Am 19. Januar 1864 schreibt er an Sibylle Freifrau v. Leonrod: *in meinem Schreibzimmer, welches mein liebstes Zimmer ist, sind an d. Wänden die geschnitzten Burgen (Ruinen), welche in d. Nähe v. Hohenschwangau sind, sodann*
11 *hängen d. Bilder vom Schwanenritter (d. in Hohenschwangau gemalt sind) in diesem Zimmer*[935], das sich in der Münchner Residenz befand. Am 20. Mai im Tagebuch: *Kochelsee, schönes Thal (Wartburgthal).* Ludwig verband also den Anblick vom Kochelseetal mit seiner Vorstellung vom Wartburgtal.

Am 7. Juni 1865: *neuen Plan: »Hohenschwangau«.* Es kann ein erstes Aufblitzen eines Bauvorhabens gemeint sein, aber auch eine Idee zur weiteren Ausgestaltung seines Schlafzimmers (»Tassozimmer«) in 57
Hohenschwangau, an dessen Decke 1865 zahlreiche Sterne angebracht wurden[936]. Am 8.: *Träume! 1/4 nach 7. Walhalls prangende Burg!* 6. Juli: *Sonne empor – Träume, Hohenschwangau, Wartburg.* Zwischen 21. und 27. Juli 1865: *Dekorationen ... Sängerhalle auf Wartburg.* Nach dem Kontext handelt es sich um Bühnendekorationen, jedenfalls zu »Tannhäuser«, zweiter Aufzug. Am 10. Mai 1866: *Abends »Hl. Elisabeth«! Herrlich läuterndes Werk, Wartburg?*[937] Der König erlebte an diesem Tage das Oratorium »Die Legende der heiligen Elisabeth«, komponiert von Franz Liszt 1858–62, gedichtet unter Bezugnahme auf die Fresken Moriz v. Schwinds auf der Wartburg, die ja auch die Legende der hl. Elisabeth v. Thüringen darstellen, von Otto Roquette im Jahre 1856. Das Oratorium war vom Wiederhersteller der Wartburg, Großherzog Karl Alexander v. Sachsen-Weimar, bestellt und wurde später Ludwig II. gewidmet. Am 28. August 1867 wurde es im vollendeten Festsaal der Wartburg anläßlich des achthundertjährigen Jubiläums der geschichtsträchtigen Burg aufgeführt[938]. Zwischen 4. und 9. Juli 1866 fängt der König einen neuen Tagebuchband an: *Mit Gott beginne ich dieß Buch. Möge Er mir so wundervolle Tage senden, als die waren, deren Inhalt ich in dem letzten Tagebuche niederschreiben durfte. – O wäre es mir vergönnt mit eigenen Augen die hehre Burg zu schauen, die dieses Buch schmückt! Tief in meinem Innern lebt ihr Bild, fest ist es der Seele eingeprägt: »der Augenblick, da ich zum ersten Mal sie sah, war viel bedeutend.«*[939] Das Tagebuch, wie bereits das vom 4. bis 8. August 1866 (dessen Einträge später in das am 9. Juli 1866 begonnene übernommen wurden) enthält auf der Vorderseite des Einbandes ein Ölgemälde mit der 82, 83
Wartburg; auf beide Bilder wird beim Neuschwanstein-Thema »Wartburg« noch eingegangen. Ludwig paraphrasiert am Schluß der zuletzt zitierten Eintragung die Worte der Prinzessin Eleonore v. Este aus Goethes »Tasso«: »Der Augenblick, da ich zuerst ihn sah / War viel bedeutend.«[940] Am 21. September: *Traum, Ritterburg.*

19. Mai 1867: *hinauf zur Marienbrücke, ... gingen zur Jugend, stiegen zur alten Burg, wie ein entzückender Traum ... nicht Wecken, nicht Erwachen, hehre Bilder, hinab in die Pöllatschlucht, wild, romantisch, o theure Augenblicke, die dort wir verbracht, Gypsmühle,* [nördlich von Neuschwanstein] *Gedenken an die Jugendzeit!* Am 31. Mai 1867 besucht Ludwig II. die Wartburg: *Jubel, Jauchzen, beim ersten Erschauen der Burg! Fuhren nach dem Gasthof zum Halben Mond (Name* [aus der] *Zeit der Kreuzzüge stammend), dort nur kurz geblieben, fuhren durch die Straßen Eisenachs hinauf zur Wartburg, Commandant Oberstl. v. Arnswaldt* [richtig: Arnswald]. *Letztes Strahlen d. Sonne, Erschauen d. hehren Räume, in denen so Großes sich zugetragen, Versetzen in die Zeiten des gottvollen Ritterthums, des Minnelebens, heilige Stätte, auf der d. Sängerkampf stattgefunden, wo die Landgrafen geweilt u. geboten, gerichtet und beglückt, wo St. Elisabeth gelebt, ein Engel Gottes dem Volke, eine sorgende Mutter den Nothleidenden; wo Tannhäuser gesündigt u. gelitten, gefrevelt u. gebüßt, bis Sie den Geliebten entsühnt u. erlöst durch die Macht der heiligen Liebe, die stärker ist als der Tod, die seine Gewalten besiegt, bis Sie, die für Ihn gelitten u. gerungen hinüberging in jene Welten, um dort bei Gottes Mutter Gnade zu erflehen für Ihn, der so tief Sie gekränkt, durch den so Furchtbares sie erlitt, u. den Sie liebte mit heiliger Inbrunst, mit nie vergehender, reiner Gluth! – Sonne sank immer tiefer, ein Traum schien d. Ganze, kaum war es dem Auge mehr vergönnt die Symbole zu entziffern, die wunderbar schönen Bilder zu unterscheiden, doch das innere Geistesauge leuchtete hell u. klar ... Zu Fuß hinab, Elisabethenbrunnen, Rosenwunder* [der hl. Elisabeth], *Weg, Stern – Zu Wagen nach Eisenach, wo Klingsohr u. Wolfram* [v. Eschenbach] *sich in Gesängen bekämpften.*

Am 1. Juni: Otto [der Bruder des Königs] *aus, dann nach 1/2 11 Uhr fortgefahren, auf d. Hälfte des Berges zu Fuß gegangen, erhabener Anblick, die blumigen Auen hinab, die Wartburg stolz u. herrlich hernieder schauend in das Thal, rings die Lande beherrschend, den steilen Pfad hinauf auf welchem St. Elisabeth oft Trost u. Hülfe bringend herniederstieg in die Wohnungen des Jammers u. des Elends. – Konnte, wie d. begeisterte Seele es verlangte, ungestört die heiligen Räume durchschreiten, weben in Wonnen, die nicht dieser Welt entstammen, die Bilder, die St. Elisabeths Leben uns zeigen, röthlich wie in Verklärungslicht erglühend, die ehrwürdige Kapelle strahlend in Farbenpracht der mittelalterlichen Fenster u. nun der Sänger- u. Fest-Saal! (Wie sie fassen wie sie lassen diese Wonne Herr der Sonne!) Jede Wand den Geist jener Zeit athmend, was in wenigen Stunden jene Mauern, mit ihrer reichen, verschwenderischen Bilderpracht dem Andächtigen, weihevoll Gestimmten erzählen u. künden, das lernt der Büchermensch, der trockene, kalte, nicht in Reihen von Jahren. – (Erquickung hast du nie gewonnen, wenn sie dir nicht aus eigner Seele quillt.) In Wonnezähren entbrannte das Auge, Tannhäuser mir vorgeschwebt, Elisabeths Jauchzen u. jubelnde Freude bei Seinem Nahen, bei dem ersten Betreten des Sängersaales nach so langer, schmerzlicher Trennung,: was nie gelebt, das lebt zu allen Zeiten!* [Ludwig II. wandelt hier Worte Goethes ab, aus dem »Vorspiel auf dem Theater« im ersten Teil von Goethes »Faust«, mit denen er seinem spezifischen historischen Bewußtsein Ausdruck gibt: daß nämlich der Sängerkrieg auf der Wartburg Legende, Dichtung, Mythos ist, nicht geschichtliches Faktum, aber dennoch und gerade von intensivster Wirksamkeit.] – *Später Mahlzeit … dann Scheiden, o kein Abschied, Fortleben, Fort-Träumen, Fort-Weben in Räumen, die gottvoll u. rein, die nicht zu entweihn, durch Menschen-Gewalt, durch eitle irdische Macht, was tief verschlossen hier naht, dem »Tag« nicht dröhnend enthüllt, es zieht mich hinan in wonnige Fernen, so weiht sich der Mensch den seligen Sternen. Zu Fuß hinab, Heilig, Heilig! – Eisenach ½ 5 fort, vertieft in das hehr Erschaute, Sonne gluthend Heimat – wie ein Traum!*

Zwischen 23. und 26. Juni: *über d. Wartburg* (gelesen). 3. Juli: *(las über d. Wartburg-Zeiten) Bleib bei »Elisabeth«!)*[941]. Die letzten drei Worte ruft Wolfram v. Eschenbach Tannhäuser zu[942]. Am 24. Juli 1867, gelegentlich des Besuches der Pariser Weltausstellung: *12 Uhr mit Napoleon, König v. P.*[ortugal?] *2 Hohenzollern mit d. Bahn nach Compiègne (Jungfrau v. Orléans)*[942a] *zu Wagen durch herrlichen Park nach dem Schlosse Pierrefonds, (Mahnen an d. Königsburg Markes) u. an d. Wartburg, prachtvolles Schloss, interessante Rüstungen, genau alle Theile besehen.* Bereits am 22. hatte der König mit Napoleon III. und dem portugiesischen König einen Ausflug unternommen. Pierrefonds, 33 km von Compiègne entfernt, um 1400 als eine der größten Burganlagen Nordfrankreichs erbaut, auf Befehl Richelieus geschleift, wurde ab 1857 von Eugene Emmanuel Viollet-le-Duc wiedererbaut; räumlich großartig ist die neugotische Kapelle; ab 1863 erfolgten durch ihn – auf Wunsch des Kaisers – Innenausstattungen. Nach dem Tode des Architekten 1879 führte sein Schwiegersohn Maurice Ouradou die Arbeit weiter; vom Inneren wurde vieles aber nicht fertiggestellt.[943] Ludwig II. assoziiert das Schloß auch in einem Brief an Frau Cosima vom 8. August mit Markes Felsenburg, sichtbar am Ufer gegen Ende des ersten Aufzuges von »Tristan«[944]. Vielleicht meinte Ludwig das Bühnenbild von Angelo II Quaglio von 1865 und 1866[945] mit Akkumulation ähnlicher Rundtürme wie in Pierrefonds. Dieses wird nach dem 24. Juli 1867 vom König aber nicht mehr erwähnt, auch nicht in Zusammenhang mit Neuschwanstein.

Die entscheidende Eintragung zum Bauvorhaben stammt vom 16. April 1868: *Um diese Zeit Dämmern eines neuen Planes: die alte Burg Hohenschwangau* [Vorderhohenschwangau] *aufzubauen, im altdeutschen, romantischen Burgenstyl … Im Hauptgebäude meine Wohnung (gothisch reich geschnitzt, (gothisch,) getäfelt) Banketsaal, Fremdenzimmer, hervorspringende Erker, Verbindungsgang zum Wartthurm, Stufen zum Hof hinab, Ziehbrunnen, Stall, Kapelle (Decke blau mit Sternen, mittelalterliche Glasfenster) oben Oratorium, im ersten Stock des Thurmes, Adjutanten-Wohnung, Wendeltreppe hinauf zur höchsten Höhe* … Es folgen Gedichte Franz v. Poccis, beispielsweise:

»Diese Burg auf hohem Berge
Ist schon lang nicht mehr bewohnt,
Drinnen hausen Gnomenzwerge
Und kein Gast bleibt dort verschont.
Sänger aber sind willkommen
Ihrer Laute Minnesang
Hat dem Zauber stets genommen
Alle Macht, sobald er sang.«

Anschließend im Tagebuch Ludwigs: *Düfflipp nach Hohenschwangau, um die zum Bau der Burg nothwendigen Vorbereitungen zu treffen, im Wonnemond sei sie begonnen Ein Sitz zukünftiger Wonnen.*[946] Pocci (1807–1876) war schon unter dem Großvater und Vater Ludwigs II. in der engeren Umgebung des Monarchen; Ludwig II. verlieh ihm 1864 das Oberstkämmereramt und war ihm persönlich sehr zugetan. Generationen verdanken ihm die Unverlierbarkeit einer märchenhaften Kinderwelt. Lieblingsmotiv Poccis als Zeichner waren Burgen. Am 5. Dezember 1855 schrieb er unter die Darstellung einer solchen Phantasieburg:

»Und hätt' ich wohl an hundert Händ
Mit Burgen käm' ich nie zu End!«[947]

Es existiert ein Aquarell Poccis von 1868, das ein Vorentwurf für Neuschwanstein sein muß[948]. Die dargestellte Architektur ist vergleichbar mit einem Aquarell Christian Janks, ebenfalls von 1868[949] und von Norden gesehen. Beide Bilder zeigen im Hintergrund den Pöllat-Wasserfall. – Auch Victor Hugo, von dem Ludwig Bühnenstücke separat aufführen ließ, zeichnete zahlreiche spätromantische Burgenvisionen.[950]. 84, 85

Ludwig II. hatte auch bei diesem »Plan« sofort gehandelt. Bekanntwerden des Vorhabens, womöglich etwa im ganzen Umfang, der in seiner Vision sofort feststand, suchte er zu verzögern. Am 21. April schärft er Düfflipp ein: *Selbst von dem Bau des Turmes sollen Riedel und* [Christian] *Jank vor der Hand nicht sprechen.*[951]

Am 26. April schreibt Düfflipp die Ideen des Königs in folgender Ausarbeitung nieder:

»Alte Burg zu Hohenschwangau.

Die alte Burg zu Hohenschwangau soll im altdeutschen Style aufgebaut werden. –

Schloßgebäude:

Zu ebener Erde: Küche, Officen[952] und Zimmer für das Dienstpersonal.

Ite Etage: Fremdenzimmer.

IIte Etage: großer Banketsaal mit Laube und Nebengemächern.

IIIte Etage: Wohnung Seiner Majestät des Königs.

Mansarde: Räumlichkeiten für Lakaien.

An den Wohnzimmern Erker und Thürmchen. Fenster nicht groß, nur im Banketsaale etwas größer. –

Keine Malereien, sondern Vertäfelung der Zimmer mit Eichenholz oder auch Lärchenholz. Bau nicht symmetrisch, sondern durch Mannichfaltigkeit pittoresk.

Verbindungsgang vom Schlosse zum Thurme.

Auf der Seite gegen das Flachland [also gegen Norden] soll dieser Gang gar keine oder nur kleine Fenster haben; auf der Seite gegen den Wasserfall [der Pöllat; also gegen Süden] soll derselbe hingegen eine offene Gallerie bilden. –

Ist es ausführbar, den Gang zwei Etagen hoch zu machen und die obere oder untere mit kleinen Zimmern einzurichten, so soll dieses geschehen. –

Großer Thurm.

Der alte Thurm soll sehr hoch und fest aufgebaut und der untere Raum zur Schloßkapelle eingerichtet werden. Ober dieser Kapelle soll die Wohnung für den Adjutanten kommen und weiter oben dann Zimmer für Sekretäre und sonstige Bedienstete. – Ganz oben soll der Thurmwächter hausen, und soll auch ein kleines Thürmchen gegen das Thor hin angebracht werden. –

Oben soll eine Gallerie angebracht werden. Von der Etage ober der Ajutantenwohnung anfangend soll der Thurm eine runde Form erhalten.

Unten um den Thurm soll ein Gang laufen, von welchem aus man auf den Gang in das Schloß gelangen und auch seitwärts in ein Oratorium treten kann. –

Dieser Gang setzt sich auch durch den Hof gegen das Thor fort und erhält gegen den Hof hin eine offene Gallerie.

Hofraum.

Vor dem Thurme soll der Hof hergestellt werden. Großes gewölbtes Thor. – Seitenbau für eine Wirthschaft und Stallgebäude. – Ziehbrunnen. –«[953]

Am 1. Mai 1868 schrieb der Oberförster Alfred Thoma (Vater des Dichters Ludwig Thoma und seit 1865 Oberförster im Gebiet der Vorderriß[954]) seinem Duzfreund Düfflipp, der Felsgrund sei von ihm untersucht und sicher[955]. Am 11. Mai notiert Ludwig II. im Tagebuch: *Heute u. morgen über die Ritterburgen des Mittelalters gelesen, »deutsch u. traut«.*[956] Am 13. wird Düfflipp mitgeteilt: »Seine Majestät wünschen eine Zeichnung vom Burghof vom zukünftigen Schloß. Auf dieser Zeichnung soll ein offener Gang, der Eingang zur Kapelle, der Ziehbrunnen u. eine Linde im Hof dargestellt sein«[957].

Am selben Tage schreibt der König an Wagner: *Ich habe die Absicht, die alte Burgruine Hohenschwangau bei der Pöllatschlucht neu aufbauen zu lassen im echten Styl der alten deutschen Ritterburgen, und muß Ihnen gestehen, daß ich mich sehr darauf freue, dort einst (in 3 Jahren) zu hausen; mehrere Gastzimmer, von wo man eine herrliche Aussicht genießt auf den hehren Säuling, die Gebirge Tyrols und weithin in die Ebene, sollen wohnlich und anheimelnd dort eingerichtet werden; Sie kennen Ihn, den angebeteten Gast, den ich dort beherbergen möchte; der Punkt ist einer der schönsten, die zu finden sind, heilig und unnahbar, ein würdiger Tempel für den göttlichen Freund, durch den einzig Heil und wahrer Segen der Welt erblühte. Auch Reminiscenzen aus Tannhäuser (Sängersaal mit Aussicht auf die Burg im Hintergrunde), aus Lohengrin (Burghof, offener Gang, Weg zur Kapelle) werden Sie dort finden; in jeder Beziehung schöner und wohnlicher wird diese Burg werden als das untere Hohenschwangau, das jährlich durch die Prosa meiner Mutter entweiht wird; sie werden sich rächen, die entweihten Götter, und oben weilen bei Uns auf steiler Höh', umweht von Himmelsluft.*[958]

Am 15. Mai im Tagebuch: *Pläne zur künftigen Ritterburg.* Zwischen 17. und 22. Mai 1868: *Düfflipp nach d. Wartburg, Richard* [Hornig, Stallmeister] *künftige Ritterburg.* Am 24. (?): *Tags darauf ... gelesen über das Ritterthum (Burgen, Lebenslust, Ritter- u. Frauenleben, Minnesänger)*[959]. Am selben Tage wird Düfflipp informiert, er solle Samstag zum Vortrag zu Majestät kommen »und alle Pläne und Zeichnungen über die Burg mitbringen, auch die alten, welche Seine Majestät schon gesehen haben, die neuen von Riedel«. Das Vorhaben wird hier »neue Burg Alt-Hohenschwangau« genannt[960]. Am 25. schreibt Düfflipp an Freund Thoma: »Mit Restauration der alten Burgruine bei Hohenschwangau, eventuell mit Herstellung eines Fahrweges und einer Wasserleitung zur Burg wird es jetzt vollkommen Ernst.« Am nächsten Freitag kämen Eduard Riedel und Bergrat C. W. Gümbel nach Hohenschwangau.[961] Gümbel untersuchte den Felsen[962]. Am 26. vermerkt Ludwig II. im Tagebuch: *nach dem geliebten Hohenschwangau ... hinauf zur oberen auf steiler Höh zu erstehenden Burg, den ausgesteckten Weg gegangen, Freude auf hier zu verlebende Tage.*

Am 28. berichtet Wagner dem König, ziemlich am Ende des Briefes: »Die gewünschte Skizze des Burghofes aus Lohengrin habe ich dem Rath Düfflipp zur Besorgung aus dem Theaterarchiv, wo sie sich vorfinden muss, übergeben.«[963] Es handelt sich um das 1866 von Angelo II Quaglio entworfene Bühnenbild für die Münchner Neuinszenierung von 1867 (die Generalprobe am 11. Juni und die Erstaufführung am
86 16. besuchte Ludwig II.) Die Dekoration ist in mehreren Exemplaren in Entwurf und Modell erhalten[964]; der König wünschte die Skizze, um sie in Archi-Tektur umzusetzen, wovon noch die Rede sein wird. – Die geradezu geschäftsmäßig nüchterne Mitteilung Wagners vom 28. Mai 1868 war und blieb seine einzige Reaktion auf die ausführliche begeisterte Ankündigung des Neuschwanstein-Planes durch Ludwig im zitierten Brief vom 13. Mai und auf die (wahrscheinliche) Bitte des königlichen Freundes um den Bühnenbildentwurf bei der Audienz Wagners am 22. Mai 1868, Wagners Geburtstag. Diese Reaktion auf das Streben des Königs, Wagner in ein Vorhaben von der Bedeutung Neuschwansteins einzubeziehen, ist das krasseste Beispiel für die weitgehende Verständnislosigkeit Wagners gegenüber dem Bauherrentum des Freundes, von der schon mehrfach die Rede war.

Am 31. Mai ergeht die Anordnung an Düfflipp: »S. M. befehlen, daß das Eingangstor der neuen ... Burg nicht breiter als 6–8 Fuß [1,80–2,40 m] werden soll. Das Gebäude im Hof, durch welches das Eingangsthor führt, soll halbthurmartig werden, ungefähr nach der ersten Angabe von [Christian] Jank, gegen den Hof zu ein sich ziemlich lang ausdehnender Balkon, eine Art Söller.«[965]

Hingegen heißt es am 1. Juni: »S. M. haben befohlen, 1) das Eingangsthor von der Burg sollte doch nicht zu eng werden, was vielleicht mit 6–8 Fuß der Fall wäre; es darf daher bis 10 Fuß [3 m] Breite erhalten, wenn nötig. 2) Sie sollen gemeinschaftlich mit [Christian] Jank in den Büchern die mittelalterlichen Throne studieren und genau erforschen, wie dieselben waren.«[966] Das ist die früheste Erwähnung eines

Thronsaalplanes. Am 3. schreibt Ludwig ins Tagebuch: *mit Richard* [Hornig, Stallmeister] *(der von der wonneerfüllten Wartburg zurückkam) … nach Seeshaupt … Tags darauf im Werke über die Wartburg*[967] *gelesen, viel beim Bau der neuen Burg Althohenschwangau zu benutzen …* Am 5.: *über die Kenntnis des Mittelalters gelesen, seliges Schwärmen, d. künftigen Burg zu-denkend;* es folgt eine Beschreibung des Weges zur alten Burg. Am 6.: *mit Richard u. Walther zur Burgruine, schon seh ich ahnend sie erstehen … mit Richard u. Walther den neuen schwer zu findenden Burgweg hinauf, sehr heiter, Mondbeglänzte Zaubernacht, die den Sinn gefangen hält, feenhafte Sagenwelt, steig herauf in deiner Pracht. –*[968] *Oben gottvoll, Marienbrücke, Jugend, rasch hinabgeeilt, gegen 3 Uhr zur Ruhe.* Am 7. Juni 1868: *Düfflipp, Burg Pläne mitgeteilt, Schwärmerei (Im romanischen Styl, dem poesievollen, blühenden, christlich/tief symbolischen, Saal, nach der Wartburg, ausgeschmückt mit Darstellungen aus Parcival, Titurel, Tristan u. Isolde etc. offenen Nibelungen Säulen u. Bogengang, Kölner Dom vorgeschwebt, Kapelle gothisch … hinauf zur Burg, mit Düfflipp alles besprochen.* Hier taucht erstmals die Idee des Sängersaales nach dem Vorbild vor allem des Festsaales der Wartburg (fertiggestellt 1867) auf – samt seiner ausgeführten Ikonologie. Den Kölner Dom hatte Ludwig II. am 4. und 5. August 1864 erlebt: *o heilige Pracht! – Himmelanstrebend, Seele belebend. Zum Gebete stimmend, Aufblick nach oben! Herrliche Glasgemälde, glänzend, erglühend im seligen Lichte der Sonne! … wieder in den Dom, Schätze, Kleinodien, Hl. 3 Könige, – Monstranzen, Dombild, – Gesang, Orgel, innen u. außen hinauf! – Welch eine Herrlichkeit!*[969] Am 30. Juni 1868 im Tagebuch: *Zur alten Burg geritten, um Fortschritte zu sehen, letzter Abendstrahl.*

Am 9. Juli erhält Düfflipp den Befehl, am 10. »das Bild von Jank« mitzubringen[970] (Christian Jank fertigte 1868 Ansichten zum Schloßprojekt). Am 10. im Tagebuch: *(neue Zeichnung für meine künftige Ritterburg).* Dies kann sich auch auf eine »9. Juli 1868« datierte Entwurfsfolge Eduard Riedels[971] beziehen. Am 12.: *kurz vor Sonnenuntergang hinauf zur alten Burg u. Marienbrücke.* Am 15.: *hinauf zur Burg des Abends.* Am 18.: [Felix v.] *Lipowsky u. Düfflipp lange vorgetragen … Burghof zwischen Münster und Palas, Erreichung des Lohengrin-Eindruckes II. Akt.* Mit »Lohengrin« hängt die Bezeichnung der geplanten Schloßkapelle als »Münster« zusammen. Die Skizze von Angelo II Quaglio zum Bühnenbild des zweiten 86
Aufzuges (Burghof in Antwerpen) hatte Wagner dem König ja bereits am 28. Mai auf dessen Wunsch versprochen (oben zitiert). Am 23. weist Ludwig Düfflipp an: »Seine Majestät sind mit Hofbaurath Riedel nicht zufrieden, sowohl wegen des Schlosses als wegen der Zimmer [Wohnung Ludwigs II. in der Münchner Residenz] nicht. Sie möchten denselben weniger benutzen.«[972] Am selben Tage schreibt der König an Düfflipp: *Sehr freut es mich, daß nach der neuesten Messung des Burg-Plateaus für den Hof eine Länge von 90'* [Fuß, etwa 27 m] *und für die Kirche* [Schloßkapelle] *von 70'* [etwa 21 m] *zu erreichen ist; das Schloß wird nun um Vieles größer werden, als nach Riedel's Meinung.*[973] Bereits am 14. Juli 1868 hatte sich Ludwig erkundigt, »ob eine Erweiterung der Burg gegen das Tal durchführbar«[974] sei, also vermutlich gegen die Pöllatschlucht hin, nach Süden. Im Norden liegt kein Tal, sondern eine Ebene. Oberförster Alfred Thoma hatte dann am 17. Düfflipp versichert: »ich für meine Person bin des Glaubens, daß sich Terrain genug gewinnen läßt, um das hinbauen zu können, was S. M. wünschen.«[975] Das Sprengen der Felsen war schon in vollem Gange.

Am 22. August läßt der König Düfflipp sagen, »daß die von Jank vorgefundenen Bilder nicht entsprechend seien«. Düfflipp möge daher am 23. zum Vortrage bei Ludwig »andere bessere mitbringen«,[976] was er vielleicht tat, da am 23. ins Tagebuch eingetragen wird: *Pläne für das neue Schloß.*

Am 2. September wird dort vermerkt: *Düfflipp! sehr gelungene Zeichnung des Burghofes.* Es könnte sich um ein Aquarell Christian Janks handeln, das die »unmittelbare Vorstufe« zu seinem bei der Bauausführung 87
mitverwendeten, 1871 datierten Gouachebild darstellt[977].

Am 23. Oktober 1868 im Tagebuch: *Festsaal der neuen Burg.* Es könnte der erste Entwurf Christian Janks zum Sängersaal gemeint sein, der 1868 entstand, er war am 13. Oktober fertig[978]. Am 8. November besucht der König den *oberen Burgenplatz*[979]. Am 9. wird im Tagebuch eingetragen: *Vortrag … Düfflipp … Skizzen zur Burgkapelle;* am 11.: *zum Burgenplatz hinauf.* Vom 16. Dezember datiert eine Aufstellung aller damals vorgesehenen Räume des Schlosses von Düfflipp. Danach mußte ein der endgültigen Fassung des Baues bereits nahekommender Umfang zugrundeliegen. Und während es in der – oben zitierten – Ausarbeitung

Düfflipps vom 26. April noch heißt: »Keine Malereien, sondern Vertäfelung der Zimmer«, gilt das am 16. Dezember zumindest für Raum 16 (»Schöner Gang mit Malereien«) und Raum 18 (»Vestibule mit Malerei«), beide im ersten Stock des Palas geplant, nicht mehr.[980] Auf der ersten Seite des Raumverzeichnisses ist vermerkt, daß »5 Pläne in Rolle« an diesem Tage nach Hohenschwangau – wohl zum König – abgingen, vermutlich aufgrund seines am 14. an Düfflipp übermittelten Befehls: »Sie möchten die Pläne der Burg hierher senden und auf denselben die genaue Einteilung der Niveaus angeben nach Länge und Breite.«[981] Der Bauherr beweist hier Interesse, den Bau nicht nur nach der Längsrichtung (Ost-West), sondern auch nach der Breite (Nord-Süd) zu entwickeln, wovon noch die Rede sein wird. Die Betonung aller vier Hauptrichtungen gehört zur Bildung eines Weltortes.

Am 6. Juni 1869 wird Düfflipp ermahnt: »da die Grundsteinlegung in Hohenschwangau recht bald sein soll, so soll Alles wegfallen, was Aufhalt bietet«[982]. Am 13. im Tagebuch: *nach dem Platz der neuen Burg, Fortschritte!* Und am 19.: *Hohenschwangau!!* [gemeint Neuschwanstein] – *erschaut Walhall (Rheingold) ... auf Berges-Höhe die Götterburg! prachtvoll prahlt der prangende Bau! Wie im Traum ich ihn trug, wie mein Wille ihn wies, stark und schön steh er zur Schau, Hehrer, herrlicher Bau!*[983] Am 16. Juli im Tagebuch: *In den folgenden Tagen ... Burgenbau-Platz.*[984] Am 30. verlangt Ludwig *die Zeichnung Meines Schlafzimmers für die neue Burg*[985].

Am 5. September fand die Grundsteinlegung zum Palas statt[986]. Am 29. wünscht Ludwig die »Entwürfe Dr. Hollands (auf den Burgenbau bezüglichen)«[987]. Hyazinth Holland hatte am 29. Juli Projekte zur Ikonologie des Kapellenturmes samt Kapelle und des Verbindungsganges zwischen Palas und Kapellenturm angefertigt; vorher hatte er bereits für das Schloß ausgearbeitet: ein Elaborat, datiert »21. August 1868«; dies war ein »Projekt zur malerischen Ausschmückung der Gemächer des Schloßes«, dann ein »September 1868« datiertes »Verzeichniß der bedeutendsten mittelhochdeutschen Dichter u. Dichtungen (Epik u. Lyrik), welche /mehr oder minder/ Stoff zu Illustrationen bieten« und zwei Vorschläge zur Ikonologie wesentlicher Bauteile, datiert »Januar 1869« und »23. Juli 1869«[988].

Im selben Schreiben an Düfflipp vom 29. September 1869 wird befohlen, dieser solle »mit [Michael] Welter, einem Maler aus Cöln, der bei Ausschmückung der Wartburg hervorragend thätig gewesen – ins Benehmen treten, ihn über den architectonischen Charakter der Burg (v. Schwangau) [gemeint Neuschwanstein] verständigen u. seine Ansicht über die Ausschmückung hören.«[989] Darauf bot Düfflipp am 25. November Welter Mitwirkung an der Innenausstattung an; Welter akzeptierte am 6. Dezember. Aber seine Aufträge für Neuschwanstein reichen – wie diejenigen Hollands – weiter zurück. Vor dem 25. August 1868 hatte Ludwig Kopien von Welters Malereien im Wartburg-Festsaal bestellt; der Burgkommandant Oberstleutnant Bernhard v. Arnswald beauftragte damit Welter selbst[990]; dieser lieferte bis zum 29. Dezember 1870 nicht allein 24 Blatt Kopien der Festsaal-Malereien, sondern auch 7 Blatt Kopien seiner Wandmalereien in den Wohnräumen des Großherzogs und 8 Blatt der Wand- und Glasmalereien in der Kapelle der Wartburg. Zwischen dem Maler und Düfflipp entspann sich eine für die Neuschwanstein-Forschung sehr interessante jahrelange Korrespondenz. Welter lieferte Entwürfe zur Innenausstattung des Torbaues, die verwendet wurden; so übersandte er am 9. Januar 1872 zwölf Blatt für Möbel[991].

Am 1. November 1869 ordnet der König die Vorlage einer Abbildung der Burgkapelle für Neuschwanstein von Christian Jank an, am 9. Dezember baldigste Übersendung der Burgpläne[992].

Am 19. Juni 1870 wird Düfflipp angewiesen, »die Holland'sche Bearbeitung über die neue Schwangauer Burg mitzubringen, 2) ebenso die Zeichnung des Burgganges der neuen Burg von Maler [Christian] Jank«[993]. Es handelte sich jedenfalls um eines der ikonologischen Programme Hyazinth Hollands und eine Abbildung
91–96 des Arkadenganges zwischen Palas und Kapellenturm im Ritterhaus; 1870 fertigte Jank mehrere Entwürfe dazu, eine Folge auch bereits 1868[994]. Am 10. Juli 1870: »In der die Pläne u. Ansichten des neuen Schwangauer Schlosses enthaltenden Mappe befindet sich auch nach Mittheilung Sr. Maj. ein (glaublich v. [Maler Peter] Herwegen) gezeichneter Erker – ein kleines Blatt Papier. – Der Erker soll auch in den Plan sofort eingezeichnet werden, sowohl im 3t. Stock (Schlafzimmer Sr. Majestät) als auch wenn thunlich im 2t. Stock.«[995] Vielleicht handelte es sich um das Urbild des ausgeführten Schlafzimmer-Erkers. Am 24. September: »Jank wegen Zeichnung zur Burg treiben«[996]. »Treiben« ist ein von Ludwig II. in seinen

Befehlen häufig gebrauchtes Wort, um die Aufträge zu beschleunigen. Am 2. Dezember: »Majestät befehlen ... die Pläne und die Bilder von Herwegen von der neuen Burg zu Hohenschwangau«[997].

Am 26. Juli 1871 wird Düfflipp aufgefordert, das »Bild vom Festsaal der neuen Burg zu Hohenschwangau, wo man die verschiedenen Thürme der Burg hereinragen sieht« sehr bald vorzulegen[998]. Der König wollte offenbar »Tannhäuser«-Stimmung evozieren; die Sängerhalle, Schauplatz des zweiten Aufzuges, hat nach Wagners Anweisung einen Ausblick in den Burghof, die Szenenbilder zeigen häufig Türme[999].

Am 17. Juni 1872 befiehlt Ludwig: »Im November soll der Torbau bestimmt fertig werden« (so auch am 28. Juni, 2., 11. und 13. Juli)[1000]. Am 12. Dezember muß er wieder eingreifen: »Die Zimmer im Thorbau der neuen Burg sollten schon – so war es fest versprochen – anfangs Dezember fertig sein, dieser Termin ist nun schon lange überschritten, und trotz des gegebenen Versprechens nicht eingelöst worden. Herr Hofrath [Düfflipp] möchten nun dafür sorgen, daß die Zimmer schleunigst so hergerichtet werden, daß Seine Majestät allerhöchstsich dortselbst aufhalten können.«[1001]

Am 27. Oktober 1874 wird Düfflipp mitgeteilt: »Die Zimmer im Thorbaue der neuen Burg gedenken S. M. im heurigen Winter sehr oft zu besuchen, und wäre es daher sehr erwünscht, wenn Maler [Eduard] Schwoiser und [Wilhelm] Hauschild dorthin die dortselbst projektirten Wandgemälde noch vollenden könnten.«[1002]

Vom 18. Dezember 1877 datiert ein Vorschlag Hyazinth Hollands für die Parzival-Bilderfolge des »Festsaales« (Sängersaales); vom 5. April 1879 einer für ein Programm »Meister des ritterlichen Minnesanges«, bestimmt für das Schreibzimmer; vom 31. Juli einer zu einem Bilderzyklus über Walter von der Vogelweide für das Schreibzimmer (ein solcher Zyklus wurde im Ankleidezimmer ausgeführt) und vom 15. August einer zu Darstellungen aus der Nibelungensage für Räume im dritten Stock: Vorplatz, Dienstzimmer, Vorzimmer, Speisezimmer[1003].

»Es gibt ein undatiertes Projekt zur Ausstattung der Wohnung des Königs, wohl gegen 1880 entstanden, das unter dem Motto »Versuch« als Themen der malerischen Ausgestaltung dieser Zimmer die Schillerschen Dramen wählte, wobei Wilhelm Tell für das Schlafzimmer des Königs vorgesehen war, während sich Don Carlos, Maria Stuart und andere Dramen auf je einen Raum aufgeteilt hätten.«[1004]

Im Jahre 1880 hatte Georg Dollmann, seit 1874 anstelle Eduard Riedels Leiter der königlichen Bauten, eine Beschreibung dieser Wohnräume im dritten Stock zu liefern und verfaßte demgemäß nacheinander: »Das königliche Wohnzimmer« mit Lohengrin-Bildern, am 16. Februar; »Das königliche Schlafzimmer«, mit Darstellungen aus »Tristan«, am 18. Februar; »Das königliche Oratorium« (ans Schlafzimmer anschließend) mit Gemälde des hl. Ludwig (Ludwig IX. v. Frankreich, Altarbild)[1004a], am 10. Juni; »Das königliche Arbeitszimmer«, mit Malereien aus dem Volkslied »von dem edlen Tannhäuser«, am 12. Juni; »Das königliche Toiletten-Zimmer«, mit Gemälden aus Walther v. d. Vogelweide und Hans Sachs, am 28. Juni[1005]; »Das Speisezimmer ... Wände nach Allerhöchst genehmigter Ausarbeitung des Dr. Holland mit Bildern »aus dem Leben der Minnesinger auf der Wartburg« geschmückt«, am 11. November[1006]. Die beschriebenen Räume waren 1880 wohl erst teilweise begonnen. Die Themen der Gemäldezyklen wurden – die Szenen aus Hans Sachs im Erker des Toilettezimmers – wie in Dollmanns Beschreibung angegeben ausgeführt. Solche schriftlichen Darstellungen seiner Schöpfungen mit Betonung der Ikonologie sind für das Bauherrentum Ludwigs II. kennzeichnend; am 14. Juni 1883 hatte Dollmann eine 76 Seiten starke Beschreibung von Herrenchiemsee – in diesem Falle aber des bereits Vollendeten – ausgearbeitet[1007]. Für Neuschwanstein lieferte der Architekt später (am 11. Oktober 1882) dann noch eine Beschreibung des Vorplatzes im vierten Stock mit beigelegtem Grundriß und eingesetzten Bildthemen »aus der aelteren Edda«[1008]. Auch dieser Bilderzyklus wurde ausgeführt; es sind Szenen aus der Sigurd- und Gudrunsage.

Aus dem Jahre 1880 ist zunächst der Baubetriebsplan Georg Dollmanns vom 5. Juli nachzutragen: »Seine Majestät haben anzuordnen geruht, daß im Jahre 1881 die Wohnräume im 3. Stockwerk, im Jahre 1883 der Festsaal [Sängersaal] im 4. Stockwerk und im Jahre 1885 der Thronsaal im 3. Stockwerk des Palas-Baues, dann im Jahre 1887 der Capellen-Bau der königlichen Burg Hohenschwangau vollendet sind. In der Voraussetzung, daß als jährlicher Baufond die Summe von 900000 Mark zu Gebote steht, ergibt sich nach obiger Allerhöchster Anordnung nachfolgender Baubetriebsplan:

I. Baujahr 1880

1. die Fortsetzung des Rohbaues des Palas 2. der Beginn der inneren Ausstattung der königlichen Wohnräume im III. Stockwerk

II. Baujahr 1881

1. die Fortsetzung des Roh- und Ausbaues des Palas 2. die Vollendung der inneren Ausstattung der königlichen Wohnräume im III. Stockwerk und Beginn der Arbeiten im Festsaale

III. Baujahr 1882

1. die Fortsetzung des Rohbaues des Palas und Beginn des Capellen-Baues 2. die Fortsetzung der inneren Ausstattung im Festsaal und Beginn derselben im Thronsaal

IV. Baujahr 1883

1. die Fortsetzung des Roh- und Ausbaues des Palas und Fortsetzung des Capellen-Baues 2. die Vollendung der inneren Ausstattung des Festsaales und Fortsetzung derselben im Thronsaal

V. Baujahr 1884

1. die Fortsetzung des Roh- und Ausbaues des Palas und Fortsetzung des Capellen-Baues 2. die Fortsetzung der inneren Ausstattung im Thronsaal

VI. Baujahr 1885

1. die Fortsetzung des Roh- und Ausbaues des Palas und Fortsetzung des Capellen-Baues 2. die Vollendung der inneren Ausstattung im Thronsaal im Monat Juni

Am Schlusse des Baujahres 1885 verbleibt eine Bauschuld von rund 500 000 M. für vollendete Schreiner-, Schlosser-, Glaser-, Anstrich-, Stuccateur-, Marmor-, Dekorations-, Vergoldungs-, Bildhauer- und Malerarbeiten, welche in den folgenden Jahren zu bezahlen sind.

VII. Baujahr 1886

die Fortsetzung der Bauarbeiten in dem Palas und des Capellen-Baues

VIII. Baujahr 1887

Vollendung des Capellen-Baues

IX. Baujahr 1888

Beginn der Bauarbeiten für das Ritterhaus mit dem Verbindungsgang und für das Bad

X. Baujahr 1889

1. Fortsetzung der Bauarbeiten für das Ritterhaus mit dem Verbindungsgang und 2. Vollendung des Bades

XI. Baujahr 1890

1. die Vollendung der Bauarbeiten für das Ritterhaus mit dem Verbindungsgang 2. Beginn der Kemnate und des Zwingers

XII. Baujahr 1891

Fortsetzung der Bauarbeiten für die Kemnate und den Zwinger

XIII. Baujahr 1892

Vollendung der Kemnate und des Zwingers

XIV. Baujahr 1893

Etwaige Nacharbeiten/die Restbezahlungen«[1009].

Die Planung erfolgt also exakt ökonomisch und weit vorausdenkend.

Am 15. Juli 1880 hatte Hyazinth Holland ein Projekt zum Speisezimmer ausgearbeitet, ebenso ein weiteres am 18. August (mit Verteilungs-Grundrißskizze für die Gemälde aus dem »Leben der Minnesänger auf der Wartburg«); dieses letztere Programm ist wohl dasjenige, auf das sich Dollmann in der zitierten Beschreibung vom 11. November bezieht. Am 3. November waren drei Projekte Hollands zum »Badgemache S. M.« fertig: »I. von der schönen Magelona. II. Melusina. III. Undine«, versehen mit literarischen Quellennachweisen[1010].

»10. September 1883« schließlich ist ein unsigniertes Programm zu den Wandgemälden im Treppenvorplatz des zweiten Palas-Stockwerkes datiert (aus dem »Gudrun«-Epos); auch dieses könnte von Holland verfaßt sein[1011].

Am 8. August 1884 verspricht der Hofsekretär Hermann Gresser dem König schriftlich, daß 1885 der Bau des Bergfrieds vorbereitet, 1886 dieser ausgebaut, 1888 er vollendet und 1889 das gesamte Schloß fertiggestellt werde. Er wiederholt dieses Versprechen sogar in einem Schreiben vom 12.8.1884 an den König[1012]. Der Vergleich mit dem oben in extenso zitierten Baubetriebsplan Georg Dollmanns vom 5. Juli 1880 mit dem Vollendungsdatum 1893 für das Schloß erweist allein schon, daß Gresser Unmögliches versprach. Das mußte ihm aufgrund seiner amtlichen Stellung bekannt sein; also wollte er den König täuschen. Dieser durchschaute ihn, wie aus seinem Handschreiben vom 26. Januar 1886 an den Minister des Inneren Max Freiherr v. Feilitzsch hervorgeht, wo es eingangs heißt: *Durch die Nachlässigkeit meiner Hofsekretäre, besonders des letzten, des Schand-Gressers, der sich sogar unterstanden hat, mir ganz falsche, schamlos lügnerische Versicherungen zu geben, wurde der Ihnen bekannte fatale Zustand der Kabinettskasse herbeigeführt.*[1013] Das ist die Sprache des Bauherrn, aus der die Getriebenheit des genialen Menschen in einer erschütternden Weise herausbricht. Diese Sprache ist übrigens noch sehr maßvoll gegenüber derjenigen anderer Bauherren, beispielsweise des Großvaters, Ludwigs I. Dessen Architekt Friedrich v. Gaertner berichtet am 14. Juni 1829 an seinen Freund, den Bildhauer Johann Martin v. Wagner: Ludwig I. besichtigte 1829 die Glyptothek, um sich vom Fortschritt der Fresken von Peter v. Cornelius zu überzeugen. »Dort sah er nun zu seinem größten Erstaunen, daß am letzten Bild noch kein Pinselstrich gemacht war. Im Zorne ergriff er seinen Stock und warf ihn auf den Boden und sagte es sey schändlich die schöne Zeit und sein Geld so zu vergeuden!«[1014] Ludwig I. ging aber noch tatkräftiger vor. Als im Herbst 1829 die erste Steinlieferung für die Ludwigskirche bezahlt werden sollte, weigerte sich der Münchner Magistrat, der hartnäckig gegen den Bau Obstruktion betrieb, seiner Zahlungsverpflichtung nachzukommen. Darauf Ludwig I.: »Ei, ei, die Herren wollen nicht! Ich will doch sehen, ob sie das Geld schaffen werden. Sie kennen mich noch nicht, diese Herren, sie müssen erst erfahren, daß ich ein Wittelspacher bin. Ich habe einen Wittelspacher Kopf, nicht von Eisen, sondern von Stahl, der nicht nachgibt. Mich kostet es nur einen Federstrich und die Universität ist wieder weg von hier, ich bin noch ein Zweites zu thun im Stande, was sie noch tiefer empfinden würden. Dieses will ich jetzt noch gar nicht sagen, aber wenn sie es darauf ankommen lassen, dann sollen sie zusehen ... Sagen Sie das denen, die das große Wort führen, ich leide keinen Widerspruch. Wenn nicht geschieht, was ich will – das erste ist, daß sie die Universität verlieren, darauf sollen sie sich gefaßt machen.« Am nächsten Tage ließ Ludwig I. dem Magistrat sagen: »Wenn nicht binnen 24 Stunden die Hindernisse zum Bau der Ludwigskirche beseitigt sind, ist Seine Majestät entschlossen, lieber ihre Residenz zu verlassen, als diese Widerstände länger zu dulden.«[1015] Folgerichtigerweise berief sich der Enkel, Ludwig II., auch im zitierten Handschreiben vom 26. Januar 1886 auf seinen Großvater: *Unter der Regierung des Königs Ludwig I. kam es vor, daß 20 Millionen aus den Überschüssen für Seine Bauten verwendet werden konnten.*[1016] Er hätte hinzufügen können, daß zahlreiche Bauten Ludwigs I., nicht allein die Ludwigskirche, vehement behindert und wegen ihrer »Nutzlosigkeit« etwa im Sinne von »Abwohnen« genauso mißverstanden wurden, wie die Ludwigs II. So wurde eine Abwohn-Verwendung für das Gebäude des Damenstifts St. Anna an der Ludwigstraße erst nachträglich gefunden; überdies entsprang dieser Neubau gar nicht den Intentionen der Stiftsoberadministration, sondern denen des Königs, der das Stift für die Baukosten heranzog[1017]. Ungeachtet der Mißverständnisse über zweckfreie Architektur und ungeachtet der Unbeugsamkeit des Bauherrn wurde aber bei Ludwig I. nie ernstlich die geistige Gesundheit angezweifelt. Obwohl der Enkel sich im Vergleich zum Großvater als Bauherr viel maßvoller verhielt, übersah man dies geflissentlich, warf ihm Maßlosigkeit als Bauherr vor und wollte gerade darin ein Symptom von Anomalität sehen.

Gresser war nicht der einzige im persönlichen Dienst, im Entourage Ludwigs II., dessen Integrität strittig ist. Sein Nachfolger als Hofsekretär anfangs des Jahres 1886, Ludwig v. Klug, wurde fragwürdiger Grundstücksspekulationen verdächtigt, und zwar öffentlich[1018]. Mehrere Zeugen kennzeichnen die Umgebung des Monarchen in corpore mit derselben heftigen Sprache wie er. So der preußische Gesandte Georg Graf v. Werthern-Beichlingen am 6. März 1884: »... totale Verlotterung der Leute, welche um den König sind. Einige, wie z. B. [Hofmarschallamtsfourier Karl] Hesselschwerdt, haben ihre Verbindungen mit

[Oberststallmeister Max Graf v.] Holnstein, der sich aufs neue des Königs bemächtigen möchte. Andere sind abgestumpft, mürbe, ja feindlich und allerhand Einflüssen zugänglich.«[1019]

Was Holnstein angeht, so ließ Bismarck 1886 in Bayern vor dem »Material« warnen, das Holnstein über den König gesammelt hatte, da er den König hasse[1020]. Ludwig II. durchschaute den »Roßober« seit vielen Jahren. Holnsteins Berechtigung, jährlich 30000 Mark von der Entschädigung, die Ludwig nach der Reichsgründung aus dem Welfenfonds erhielt, für sich auf die Seite zu bringen, war zweifelhaft[1021]. Als der Prinzregent davon erfuhr, entfernte er 1892 Holnstein aus dem Hofdienst. Bei den Summen, die der König aus dem Welfenfonds erhielt, handelte es sich um eine Entschädigung im Rahmen des Üblichen. Außer Ludwig II. waren Subsidiäre des Welfenfonds unter anderen der infolge des »Kulturkampfes« abgesetzte Erzbischof von Köln, Kardinal Paulus Melchers (jährlich 16000 Mark seit Ernennung zum Kardinal), der ehemalige Weihbischof von Posen, Dr. Johannes Janiszewski (jährlich 8400 Mark) und wahrscheinlich der Wiener Nuntius Galimberti (50000 Mark, einmalige Dotation anläßlich der Kardinalsernennung)[1022].

Der Leibwundarzt bei Max II. und – lebenslänglich – bei Ludwig II., Dr. Max Josef Schleiß v. Löwenfeld, äußerte im Juni 1886 über den König: »An seinen Excentricitäten sind Jene schuld, die seit Jahren seine Umgebung bildeten, diese feilen, egoistischen, verlogenen Bedientenseelen, die ihn in seinen Phantasien bestärkten, alle seine Wünsche als ausführbar bezeichneten und ihn in die leidenschaftliche Bethätigung seiner Passionen hineinhetzten und, während sie ihn zu enormen Ausgaben verleiteten, ihn aufs empörendste ausbeuteten.«[1023]

Über die Gesinnung des Gesamtministeriums berichtet Hugo Graf Lerchenfeld-Koefering aus dem Jahre 1886: »Fürst Bismarck hatte mir eines Tages ohne besondere Veranlassung gesagt, er habe den Eindruck, daß unsere Minister, weil sie sich nicht mehr halten könnten, den König »schlachten« wollten.«[1024] In der Tat äußerte Minister Johann Freiherr v. Lutz die Befürchtung, der König könne andere Minister finden[1025]. Insbesondere sahen die Minister ihre Stellen gefährdet, falls Ludwig sich mit Erfolg wegen Regelung seiner Kabinettskassenverbindlichkeiten an den Landtag wenden würde, was Bismarck bereits vor dem 7. März 1884 für zweckmäßig erklärte[1026]. Um ein Angehen des Landtages durch den König zu verhüten, stellte Lutz beispielsweise am 6. Januar 1886 in einer zur Kenntnisnahme durch Ludwig bestimmten Äußerung den Schritt als aussichtslos hin[1027]. Aber am 14. April schrieb der Reichskanzler wieder an den König: »Es unterliegt nach meinem alleruntertänigsten Dafürhalten keinem Zweifel, daß die Landesvertretung in Bestätigung der bewährten Anhänglichkeit des bayerischen Volkes an sein Herrscherhaus nicht nur die Rückstände der Kabinettskasse, sondern auch die Mittel für den Abschluß der begonnenen Bauten bewilligen werde.«[1028] Ludwig II. nannte Bismarcks Schreiben *sehr vernünftig* und handelte sofort, am 17. April (Handschreiben an das Gesamtministerium): *Es ist Mein Wille, daß zur Ordnung der Verhältnisse Meiner Kabinettskasse von Meiner Regierung noch dem gegenwärtig versammelten Landtage eine Vorlage gemacht* werde[1029]. Darauf beeinflußten die Minister am 30. April in vertraulichem Gespräch ausgewählte Abgeordnete und verhinderten so, daß die Angelegenheit vor das Plenum kam, das die Beträge vielleicht bewilligt hätte.[1030] Ihrem Souverän aber antworteten sie am 5. Mai, »um unaussprechlichen und namenlosen Schaden für das Ansehen der Krone« zu verhüten, werde der Befehl zur Vorlage an den Landtag nicht vollstreckt[1031]. Nach dem Tode des Königs war Lutz in der Sitzung der Kammer der Reichsräte am 21. Juni in größter Verlegenheit, seine Haltung gegenüber dem Monarchen einigermaßen zu rechtfertigen; er mußte einräumen, das Ministerium habe absichtlich den Weg des »Fernhaltens von Geldmitteln« von Ludwig befolgt; ebenso hatte er hinzunehmen, daß der ausschließlich schriftliche Verkehr zwischen König und Ministerium als Argument für eine geistige Störung Ludwigs II. abgelehnt wurde –, da er in dieser Form bereits seit Ludwig I. bestand.[1032]

Die Anführung dieser längst bekannten Tatsachen über die Umgebung Ludwigs II. war hier notwendig, weil auch aus ihnen die schwer vorstellbare Größe und Intensität der Leistung des Bauherrn deutlich wird, das *Erschinden, Durchreißen* (nach seinen eigenen Worten[1033]) seiner Archi-Tektur bis zuletzt.

Es geht hier um die Vision des Bauherrn, die aus seinem Tagebucheintrag vom 16. April 1868, dem frühesten Gesamtplan Lorenz v. Düfflipps vom 26. – wahrscheinlich nach Ludwigs Diktat geschrieben – und dem Brief des Königs an Wagner vom 13. Mai desselben Jahres erkennbar wird. Die Texte sind S. 182–184 zitiert.

Es wird sich zeigen, daß die Schloßanlage eine Synthese aus verschiedenen Einzelthemen bildet. Zunächst wird hier eine Übersicht über alle diese Themen gegeben. Dann folgen noch einmal solche Einzelthemen in eigenen Abschnitten, die aus sich selbst eine gesonderte Besprechung erfordern.

Vielleicht nicht der klare Entschluß, aber eine innerliche »Gründung« könnte bei Ludwig II. zwischen 17. März und dem entscheidenden 16. April 1868 erfolgt sein. Im Tagebuch am ersteren Tage: *Lange unwohl, die Wohnung nicht verlassend;* am 3. Mai: *Wieder im Theater seit langer Zeit, seit dem 2. Febr.*[1034] Während des Krankseins konnte er keine neuen Impressionen erfahren, war er nicht abgelenkt, sondern verinnerlicht. Während des Auf-sich-selber-Zurückgeworfenseins: die Erinnerung, aus der Neuschwanstein entstanden ist; der Knabe hatte ja schon öfter den künftigen Bauplatz aufgesucht[1035]. Die Erinnerung, das ganz-Innere war in gesunden Zeiten durch anderes überdeckt. Jetzt aber die »Ahnung«, die nicht anders genannt werden kann, denn das Eigentlich-Geniale kann er in diesem frühen Augenblick nicht sehen: daß er mit mehreren Zeiten – so dem Mittelalter und dem 19. Jahrhundert (wiedererbaute Wartburg) in diese Architektur schaut, die jetzt entstehen soll.

Freilich hatten auch für Neuschwanstein die Könige Bayerns Voraussetzungen geschaffen: im Königsbau der Münchner Residenz waren zwei Räume nach Dichtungen Walthers v. der Vogelweide (Ankleidezimmer Neuschwanstein) und Wolframs v. Eschenbach ausgemalt gewesen (beide Räume 1944 ausgebrannt; Wolframs »Parzival« gab die Bildthemen für den Sängersaal in Neuschwanstein). Der Bauplatz war von Max II. gefunden worden, der Hohenschwangau erwarb – auch als ganz junger Mensch, und ganz allein. Aber im Gegensatz zu Hohenschwangau war auf dem Bauplatz von Neuschwanstein im engeren Sinne (Ruinen von Vorderhohenschwangau) nichts zu einem Ausbau einladend, hier mußte die innere Vorstellungskraft eines jungen Menschen alles tun.

Die beiden Teile der Ruine (Turm und Palasmauerwerk) lagen nicht auf einer Achse. Der Knick war im Gelände. Ein auf einer starren Symmetrieachse liegendes Neuschwanstein, wie auf Riedels erstem Projekt von 1868[1036], hätte entsprechende Absprengung oder Untermauerung vorausgesetzt. Zwischen Turm und Palasresten der Ruine lag ein auf den Kartenzeichnungen ausgeprägt deutlicher Grat, von ihm aus konnte man nach Norden in die Ebene und nach Süden auf den Pöllatwasserfall sehen. Es könnte sein, daß der Grat der eigentliche Platz des Kronprinzen zum »Sehen und zum Schwärmen« war. Abb. 22

Zu dem Tagebuchtext Ludwigs vom 16. April 1868 (oben zitiert): *Dämmern* ist bei ihm nicht häufig verwendet; bei Wagner als »Götterdämmerung« für das Ende aller Zeit, aber auch mit »Nun dämmre auf, du Göttertag!« für »der Menschheit Morgen«[1037]. *Altdeutscher, romantischer Burgenstyl*: das ist noch die Ausdrucksweise der Generation Franz Graf Poccis. Später kommt »altdeutsch« nicht mehr vor; »romantisch« gleichfalls nicht; »Burg« wird allmählich durch »Schloß« ersetzt. *Hauptgebäude:* also sind auch andere Gebäude vorgesehen. *Meine Wohnung* – selbstverständlich (und immer) ist der Bauherr in seiner Wohnung, und alles Denken, Planen und Bauen geht von ihm aus; niemals kommt ein Bauherr, ein König, vor seiner Wohnung an und besieht sie zuerst von außen. *Gothisch reich geschnitzt getäfelt* – das wurde nur im Schlafzimmer und der anstoßenden Kapelle ausgeführt; also ist beides wohl zuerst, vor der Hinwendung zur »Neuromanik«, begonnen worden. Schlafzimmer mit Lit de parade: ein Kernstück der Konzeption bei den bedeutendsten Werken Ludwigs II. Kreisel nennt freilich den Sängersaal das »erste Raummotiv«[1038].

Zum von Düfflipp geschriebenen Text vom 26. April: Dieser früheste Gesamtplan ist kein *Dämmern* mehr, sondern eine konzentrierte Klarheit – aus einer Zeit der zusammenschießenden Vision. Und: Er ist eine Einheit, in welcher alle vier Haupt-Teile (»Schloßgebäude, Verbindungsgang vom Schlosse zum Thurme, Großer Thurm, Hofraum«) in gleicher Weise unabdingbar sind: erst zusammen sind sie der »Plan«. Wenn wir sie auseinandernehmen und nacheinander besprechen, und über die Personen und

Architekturen weithin reichende Angaben einbringen müssen, – so ist das die Arbeitsweise eines Kunsthistorikers, – aber man darf nicht meinen, daß auch die »Vision« des Bauherrn in einer solchen aneinandergefädelten Reihenfolge geschehen sei.

Der Text, sicherlich nach Diktat des Königs geschrieben, ist der eigentlich grundlegende für die Planung von Neuschwanstein. »Burg« heißt nur noch die Ruine, dagegen der geplante Ausbau ist das »Schloß«. Entscheidend ist für alle weitere Analyse des Schloßbaues: daß die gesamte Planung immer vom »Schloßgebäude«, und zwar von der Wohnung des Königs her, beginnt. Es gehört zu den Grundeinsichten bei diesem Bauherrn: daß er sofort in der Mitte ist, und alles von dieser Mitte her ordnet. Aber nicht: daß er von außen käme, vor dem Tore anfinge, und sozusagen zu sich selber erst emporstiege. Er wird nicht König, sondern er ist es. Alle Beschreibungen von Neuschwanstein, die von außen und von unten anfangen, sind geschichtlich und bedeutungsmäßig falsch.

»Keine Malereien, sondern Vertäfelung der Zimmer« (wie Ludwig II. im Tagebuch am 16. April) – hier wurde geändert.

»Bau nicht symmetrisch, sondern durch Mannichfaltigkeit pittoresk«: der erste Entwurf Eduard Riedels von 1868[1039] zieht die Außenmauern in starrer Geradheit durch. Hier (und in den Riedel-Entwürfen zu Ludwigs Residenz-Räumen) ist die Architekturrichtung zu fassen, die dem König am 23. Juli den Auftrag abringt, Riedel weniger zu benutzen[1040]. Im Gegensatz beispielsweise zu Hugo v. Ritgen, der beim – Ludwig II. bekannten – Wiedererbauen der Wartburg den Grundriß, dem Gelände angepaßt, beibehielt, hielt Riedel Symmetrie für die Grundlage allen Planens. Er dachte eigentlich immer in rechten Winkeln. Bei dem erwähnten Erstentwurf betont er auch einseitig die Längsrichtung. Er war ein »zweidimensionaler« Baumeister. Im Entwurf Riedels vom 9. Juli 1868 weist der Palas bereits einen Knick auf[1041]. Der »Banketsaal« in Düfflipps Niederschrift vom 26. April: noch kein Hinweis auf den Sängersaal der Wartburg.

Der dritte grundlegende Text zur Entstehung von Neuschwanstein, Ludwigs Brief an Wagner vom 13. Mai 1868, enthält das Wort *Reminiscenzen,* das es in der üblichen Kunstschilderung kaum gibt. Aber es ist das wichtigste Wort überhaupt in diesem größten Dokument des Königs an Wagner. Es bedeutet nicht Nachahmung. Kunsthistoriker haben die *»Reminiscenz«* verschoben in den verkehrten Zusammenhang einer zeitlichen Folge, eines Abschnurrens von Zeitstilen. Reminiszenz zur Wartburg heißt da nicht mehr: zu der Burg bei Eisenach, zu den Sängern des Sängerstreites – sondern nur noch: Verhältnis des kunsthistorischen Stiles des 13. Jahrhunderts zum Stil des 19. Jahrhunderts oder viel roher: zu gar keinem Stil – denn der nicht auf bloße Innovation reduzierten Baukunst des 19. Jahrhunderts wurde ja verweigert, einen Stil gehabt zu haben. Es fehlte der Kunstwissenschaft der Bezug zur wiederkehrenden, zur zyklischen Zeit. Sie kannte von der Zeit nur den Ablauf. Es fehlte ihr innerhalb der Zeit: das Mehr-Räumige. Das Breit-Flächige. Der Rückbezug.

Reminiscenz ist auch nicht Erinnerung. Man muß *Reminiscenz* mit »Entsprechung« übersetzen. Es bedeutet wie der viel größere Begriff der Wieder-Holung die Hereinholung eines bedeutenden, unentbehrlichen Zusammenhanges, den geistigen Brückenpfeiler zu einem jenseitigen geistigen Ufer, wo der entsprechende Brückenpfeiler steht. Ein Hier und Dort, kein Vorher und Nachher. Das Nacheinander der Zeit ist dabei bedeutungslos; *Reminiscenz* ist nicht Nachformung eines Vorbildes. Eine solche Entsprechung bildet sich nicht nur zwischen zwei hintereinander folgenden »Zeitstilen«, sondern überhaupt zwischen verwandten Kunstwerken, auch Theaterstücken, Stoffen, Menschen, Gesinnungen und Ordnungen; bei Ludwig II. hängt sie mit der Selbst-Entstehung der Geschichtlichkeit in ihm, mit der Selbst-Verspinnung zusammen.

Teilweise vergleichbar ist der Sachverhalt bei der *Reminiscenz* dem, der in vorliegendem Buch mit »Fixierung« bezeichnet wurde[1042]. In Wagner fixiert sich 1842 der Eindruck der Wartburglandschaft[1043] und 1861 Edouard Despléchins Sängerhallen-Dekoration für den zweiten Aufzug von »Tannhäuser«.

Der König erwähnt im Brief an Wagner vom 13. Mai 1868 *Reminiscenzen aus Tannhäuser (Sängersaal mit Aussicht auf die Burg im Hintergrunde), aus Lohengrin (Burghof, offener Gang, Weg zur Kapelle).* In beiden Fällen schlägt die Reminiscenz eine Brücke nicht zu Werken der Vergangenheit, sondern der zeitgenössischen Gegenwart.

Also handelt es sich bei »Tannhäuser« um den Festsaal, den Hugo v. Ritgen in das alte Gehäuse der Wartburg eingebaut hatte: wer den Finger darauf legt, daß es ihn in der mittelalterlichen Burg nicht gegeben habe, daß also Ludwig II. »eine Kopie kopiere« – hat nicht begriffen, was eine Reminiscenz ist. Wir müssen die kosmologischen, reminiszierenden Kräfte des »Historismus« spüren.

Bei »Lohengrin« lautet die Bühnenbild-Angabe Wagners für den zweiten Aufzug: »In der Mitte des Hintergrundes der Palas (Ritterwohnung), die Kemenate (Frauenwohnung) im Vordergrunde links; rechts im Vordergrunde die Pforte des Münsters; ebenda im Hintergrunde das Thurmthor.« In der dritten Scene ist ein Brunnen erwähnt, in der vierten ergibt sich die Notwendigkeit, den schon in der zweiten vorkommenden Kemenatensöller als offenen Gang zu gestalten, da »ein langer Zug« (Wagner) aus der Kemenate auf den Söller schreitet; da derselbe Zug von dort »nach dem Palas herab« (Wagner) steigt, mußte vom Söller eine Freitreppe in Richtung zum Palas in den Hof hinabführen. Alle diese Bauteile waren in Neuschwanstein vorgesehen; unausgeführt blieben die Kapelle (Münster) und das Skulpturenprogramm
des offenen Ganges. In Abweichung von Wagners Bühnenbild-Anweisung stellte Angelo II Quaglio in 86
seinen 1866 entstandenen Entwürfen für das Bühnenbild der Münchner Neuinszenierung von 1867[1044] die Münsterpforte nach links und die Kemenate nach rechts. Wie erwähnt, legte der König dieses Bühnenbild bei der Architektur Neuschwansteins zugrunde (Brief Wagners an ihn vom 28. Mai, oben zitiert; am 18. Juli der – ebenfalls zitierte – Tagebucheintrag: *Burghof zwischen Münster und Palas, Erreichung des Lohengrin-Eindruckes II. Akt).* Bei der Umsetzung der Theatermalerei in Architektur durch Ludwig II. wurde das Münsterportal (im Zuge der Weiterplanung zu einem Münster erweitert) in einen Turm eingefügt und dem Palas gegenüber angeordnet. Den offenen Gang setzte der König statt in die Kemenate in das von ihm geplante Ritterhaus. Reminiscenzen im Formalen zu Quaglios Dekoration sind in Neuschwanstein unter anderen in der Gestaltung der Eingangsfront des Palas und des unausgeführten Münsterportales zu finden.[1045]

Es ist also immer in Neuschwanstein mit dem Zusammenwirken der genannten Teile der Dekoration des zweiten Aufzuges von »Lohengrin« zu rechnen. Durch Ludwig II. werden die Anstöße der Theater-Maler zu Gebilden, bekommen Plastizität, Raumhaltigkeit, Grundriß. Der König ergriff und fixierte das Bühnenbild des Burghofes zu Antwerpen und dehnt nun von diesem gewonnenen Weltort seinen Lebensraum nach den vier Himmelsrichtungen aus. Nun ist der Hof viel mehr als ein Hof – er enthält auch die architektonische Anordnung, in welcher der König sich befindet. Zur Ost-West-Achse (Längsrichtung des
Schlosses) tritt eine Nord-Süd-Achse (Breitrichtung), bereits in der Düfflipp-Niederschrift vom 26. April 117
1868, wo es vom »Verbindungsgang vom Schlosse zum Thurme« (der dem gangförmigen »Söller« der Kemenate in »Lohengrin« entspricht) heißt: »An der Seite gegen das Flachland ... gar keine oder nur kleine Fenster ... auf der Seite gegen den Wasserfall ... hingegen eine offene Gallerie«[1046] (oben zitiert).

Neuschwanstein entsteht vom König her. Er ist sofort inmitten seiner Schöpfung; an derjenigen Stelle, die der Königsloge im Theaterrund entspricht. Er sieht jenseits des Hofes (theaterbaulich gesprochen: jenseits des Parterres) die große Anordnung, die Wagner für den zweiten Aufzug des »Lohengrin« vorgeschrieben hat: das Portal des Münsters (bei Ludwig II. durch Planung eines Kirchenraumes in Architektur umgesetzt) und den Gang, der das mächtige Gegenüber mit seiner Loge verbindet. Von diesem Gang wird im Abschnitt »Grat und Arkade« die Rede sein.

Der Ausdruck »Fixierung« gehört zur tieferen Erklärung des »Historismus« überhaupt, der eben nicht »Nachahmung« ist, sondern »Wiedererkennung«, Erneuerung eines heiligen Kultbrauches auf neugewonnenem Boden.

Die Übertragung der *Reminiscenzen* aus dem »Lohengrin«: zuerst war der Zustand der Aufführung selber: diejenigen Formen, mit denen das Wagner-Werk Bühnenspiel sein kann – im Entwurf, im Modell[1047],
und die Übertragung der Aufführung in die Malerei (Szenenillustrationen von Theodor Pixis und Michael 86
Echter, entstanden im Auftrag des Königs[1048]: Die Anordnung, die Wagner um sich zieht, – in welcher er als der einzige, der Zauberer vor der Dunkelheit steht. – Keine Architektur kann daraus entstehen. Kein Gewölbe und kein Grundriß. Und der König: der vor sich nicht allein die Bühne hat, sondern eben das gesamte Theater, – der diesen Raum, Theatermalerei umsetzend, architektonisch füllt.

Zwischen dem Wintergarten Ludwigs II. und der Konzeption, die sich mit Neuschwanstein ausdrückt,
79 ist die eigentliche Reife-Entscheidung Ludwigs geschehen. Im Wintergarten ist eine Vorstellung des Himalaya gemalt. Nun aber hat er begriffen, daß er sich nicht den Himalaya vorstellen und ihn malen lassen braucht, sondern daß ihm geschenkt ist: die unvergleichliche Lage Bayerns unter den Alpen. Er braucht den Himalaya nicht mehr. Er muß den Platz finden, wo er das Gebilde seines Bauherrentums entsprechend einordnet, den »wirklichen« Bauplatz. Er findet ihn dreimal in vollkommen verschiedener Weise (Neuschwanstein, Linderhof, Herrenchiemsee). In die Alpen hat er die Visionen Wagners gesetzt. Nun können sie nicht gemalte Leinwand bleiben, sondern: sie müssen dreidimensional werden, eben architektonisch. Eben von derjenigen Vorhandenheit, wie die Alpen auch. Vor diesen Alpen: kann nicht Landschaftsmalerei bestehen, nur gebaute Architektur.

Diese Architektur: muß angeordnet sein. Sie muß selber »Welt« werden. Das heißt, sie muß sich auf die eigene Mitte beziehen. – Diese Mitte: wird der Hof, die »Orchestra« der griechischen Bühne. – Von ihr aus werden die Weltgegenden besetzt.

Da, wo er selber ist: der Palas. Dort, wo die Skene wäre, die Bühne: die Kapelle mit dem Turm. Nach Norden: das »Ritterhaus«. Nach Süden: die Kemenate. – Jeder weiß, daß Ludwig II. keine Ritter und keine Frauen gehabt hat. Aber – es müssen grundsätzliche Welten, grundsätzliche Entsprechungen auf die vier Weltrichtungen bezogen sein. Wenn nach Westen und Osten der König und Gott angeordnet sind, dann müssen nach Norden und nach Süden auch ursprüngliche, immer-währende Entsprechungen angeordnet werden: hier Männliches und Weibliches. Infolgedessen werden alle diese Gebilde »wirklich«. – Da der Bergkamm zu schmal ist, werden die Fundamente immer wieder hinausgedrängt. Mit dieser Wirklichkeit können die Visionen sich vor der Wirklichkeit der Alpen behaupten. Sie brauchen die Konzentration des Königtums, die Fülle der Entsprechungen, der Wieder-Holungen.

Denn nochmals: Von dort, wo der König ist, geht die Welt aus. Neuschwanstein hat kein Ankommen, – man muß sofort dorthin versetzt sein, dann wird es »richtig«. Auch der See im Wintergarten: ein Meer. Ebenso ein Meer: der Teich in der Linderhofer Grotte. Der Aufenthalt im Kahn (der in der Linderhofer Grotte überdies Muschelform hat) ist das »Verharren« Ludwigs in seiner Mitte. Auch eines der Enigmen, eine der Verschlüsselungen: in der »Mitte« der Welt zu sein, – wie in dem »Lit« (Königsbett; es bildete schon in Versailles die Mitte). – Es wird oft erwartet, daß der König sich doch letzten Endes wie ein Nicht-König, wie ein Zu-Schauer empfinden müsse. Aber er empfindet als König. Das heißt, er wird nicht hinundhergerudert, sondern er ist in der Muschel, und das Wasser ist Wasser.

Die Vision von Neuschwanstein, enthalten in den im Vorstehenden herangezogenen Texten vom 16. April, 26. April und 13. Mai 1868, diese Vision, nach der Ludwig vom Palas hinab auf den Hof sieht – niemals hinauf – wäre geläufig, wenn der Zugang zur Ruine Vorderhohenschwangau (von Westen, sichtbar
Abb. 23 noch auf dem »Situationsplan« von Bumiller, aufgenommen Juli und August 1868) beibehalten worden wäre. Rückwärts, im Osten, war ein Absturz. Während der Planung wurde diese Reihenfolge umgedreht: die neu angelegte Straße führte von Osten, von rückwärts zum Bauplatz; es entstand der jetzt »Unterer Burghof« genannte Platz mit dem Torbau. Infolge dieses Umdrehens hat man sich angewöhnt, das Schloß von Osten zu sehen, was eigentlich falsch ist, weil es nicht der Vision des Königs entspricht. Schon im Sommer 1868 soll nicht nur die West-Ost-Richtung, sondern auch die von Norden nach Süden gestaltet werden. Daher der nach Süden offene Arkadengang im Ritterhaus und die Frage an Lorenz v. Düfflipp vom 14. Juli, »ob eine Erweiterung der Burg gegen das Tal durchführbar«[1049] sei. Das Tal ist die Pöllatschlucht – im Süden. Im Norden ist das Flachland. Also war hier die Frage: ob auf der schmalen und steilen Bergklippe dasjenige Bauwerk errichtet werden könne, das die Bezeichnung »Kemenate« erhielt. Aber die Bauten nach Norden und Süden waren unentbehrlich, wenn ein »Weltort« entstehen sollte: die vier Weltrichtungen müssen dabei alle besetzt sein. Hauptschichten innerhalb Neuschwansteins sind:

1. das *gothisch reich geschnitzte, getäfelte* Schlafzimmer mit dem Bett

2. die Gesamtplanung durch Eduard Riedel unter Mitwirkung von Christian Jank und die Außenform des Vor-Tores von Riedel

3. (in der architektonischen Planung noch 1868) die Erweiterung des Konzeptes auf den »Weltort«, – der jedenfalls ganz am Anfang in der Fähigkeit des Königs zum Visionär existierte – als Erstreckung in die vier Weltrichtungen

4. die »romanische« Architektur Georg Dollmanns

5. die Möblierung vorwiegend durch Julius Hofmann

6. die Ausmalung mit den Sagenzyklen unter Mitwirkung von Hyazinth Holland

Nun: die Einbringung von ganzen Architektur-Zusammenhängen. – Zusammengesetzt aus denjenigen *Reminiscenzen* – die eben zu Wagner gehörten: darunter der gesamte Sängersaal. Der »byzantinische« Thronsaal gehört nicht dazu. Mehrere Stile in einem Schloß – soll man das »museal« nennen? Aber Ludwig II. duldete – mit Ausnahme einer Pendule des 18. Jahrhunderts auf der Etagère des Spiegelsaales in Linderhof – keine Originale der historischen Gewesenheit in seinen Bauten. Nur das Anverwandelte, Ent-Sprechende. – Darin ganz scharf anti-museal und anti-antiquarisch. Es ist der Unterschied zwischen dem Tätigen und dem Sammelnden. Von Anfang an haben die unköniglichen Menschen ihm vorgeworfen, daß er sein Geld nicht für Gesammeltes ausgegeben habe – immer mit dem Vorwurf: daß die originalen Stücke damals noch billig gewesen seien.

In meiner Deutung ist Neuschwanstein ein Theaterbau, für nur einen Zuschauer – aber nicht wegen Beteiligung der Theatermalerei daran (Modell Angelo II Quaglios für den zweiten Aufzug von »Lohengrin«, 86
1866, für die Münchner Neuinszenierung 1867 und zahlreiche Entwürfe Christian Janks, die erst in Architektur umgesetzt werden mußten). Es ist Vision eines Theaterfürsten auch nicht im Sinne bekannter Theaterbauten, also nicht der griechischen, der des 19. Jahrhunderts und des Wagner-Theaters, sondern: am ähnlichsten der Verwandlung eines mittelalterlichen Platzes für ein Spiel, mit »Logen« als Balkonen und Erkern, wie dem »Goldenen Dachl« in Innsbruck, das der König am 22. oder 23. November 1864 gesehen haben dürfte[1050]. Eine solche Form würde Neuschwanstein haben, wenn der Kapellenturm gebaut worden wäre. In dieser Entsprechung zu einem Theaterraum wäre das »Bühnenbild« dreidimensional in Vorwegnahme derjenigen Bühnenbildgattung, welche die Theatermalerei ablösen sollte[1051]. Das architektonisch Bedeutsame ist, daß es ein gleichrangiges architektonisches Gegenüber gibt.

Alle Versuche, aus Neuschwanstein eine »Wohnarchitektur« zu machen, sind falsch.

Wenn nachstehend einzelne Inhalte, die Ludwig II. in Neuschwanstein verwirklichen wollte, in selbständigen Abschnitten besprochen werden, so soll damit nicht etwa der Eindruck entstehen, daß die Anlage ein mixtum compositum ohne übergeordnete Einheit sei. Freilich wurde nicht alles auch ausgeführt; aber hier geht es um die Sicht des Bauherrn, in der die Einheit vorhanden ist. Ein Ausgehen vom ausgeführten fragmentarischen Zustand wäre bloß willkürlich.

Schlafzimmer

In Neuschwanstein und Herrenchiemsee ist das Schlafzimmer der erste Raum der Vision: weil als erstes 88
sich die Vorstellung Ludwigs mit dem Lager, dem »Lit« beschäftigte. Das ist ein so eigenes Kapitel, daß es in einem eigenen Abschnitt unter dem Oberbegriff »Lit« zusammengefaßt werden wird. Ein Ausgangspunkt der Gestaltung war in Neuschwanstein eine Illustration in einem der damals häufig zu Anregungszwecken herangezogenen Werke von Eugène Emmanuel Viollet-le-Duc[1052]. Ludwig II. hat den Autor »eifrig benutzt« und wußte »mehrere Artikel fast auswendig«[1053].

Das »Lit« ist als Aufbahrungslager zu verstehen. Blunt nennt das Lager in Neuschwanstein »canopied 89
tomb«[1054]. Die Ausführung hat keine Ähnlichkeit mehr mit dem flachen Betthimmel von Viollet-le-Ducs Illustration, wohl aber mit den Baldachinen über den Königsgräbern der französischen Kathedralen. Wie in Herrenchiemsee dauerte es lange, bis die endgültige Form des Bettes feststand. Noch am 2. Februar 1880 ließ der König dem damaligen Hofsekretär Ludwig v. Bürkel mitteilen: »Die Ausführung selbst ist nicht fein genug, seine Majestät denken Sich die Holzschnitzereien viel zierlicher, filigranartiger. Der Baldachin selbst soll in seinem Mittelpunkt am höchsten sein, die Verzierungen sollen nach vorn und hinten und nach beiden Seiten abfallen. Es sollen nicht der ganzen Länge des Baldachins nach die Verzierungen in gleicher

Höhe durchlaufen. Euer Hochwohlgeboren möchten einige gute Werke über gothischen Styl durchsehen, um den Zeichner auf seine Fehler aufmerksam machen zu können.«[1055]

90 Ein Indiz für die beim Bett angestrebte Aufbahrungssymbolik ist das Relief der Auferstehung Christi am Fuß[1056]; ein solches Relief hat auch das Bett Ludwigs II. im »Tassozimmer« in Hohenschwangau, dem Schauplatz bestimmender Jugendeindrücke; dort dürfte es aber aus der Zeit Max' II. stammen.

Grat und Arkade

Abb. 22 Auf dem Bauplatz von Neuschwanstein lag zwischen den Palas-Mauerresten (im Westen) und der Turmruine (im Osten) ein schmaler Felsgrat mit West-Ost-Richtung, von dem man nur nach Norden und Süden sehen konnte, nicht aber nach Osten und Westen, wo die Aussicht durch die Ruinenteile und Bewuchs verdeckt war. Im Norden befindet sich das Allgäuer Flachland, im Süden die Pöllatschlucht, dahinter der Säuling (2037 m): in der Landschaft also ein Gegensatz von Ebene und Gipfelreihe. Der Grat liegt breit dazwischen, in einer selten eindeutigen Großartigkeit, denkmalhaft, wie die Alpen zwischen Nord- und Südeuropa oder die Pyrenäen zwischen Frankreich und Spanien. Es ist möglich, daß Ludwig als Kronprinz auf diesem Grat gesessen und geträumt hat[1057], jedenfalls kannte er ihn und der Nord-Süd-Blick wurde ihm eine frühe Selbstverständlichkeit, die sich durch Bebauung dieses Platzes zu Betätigung kosmologischer Ordnung entfaltet hat, zu einem Sich-Einhängen in die gegebenen Kräfte, in die gegebene Natur. Die Bebauung war in Gestalt einer Arkade geplant; der Bauteil wurde dann zum »Ritterhaus« erweitert; der darin ausgeführte Gang erhielt nichts von dem vorgesehenen Skulpturenprogramm.

Vom Bezug des Ganges zum Bühnenbild des zweiten Aufzuges von »Lohengrin« war bereits kurz die Rede (Abschnitt »Zur Entstehung von Neuschwanstein«); er wird hier »Arkade« genannt, weil er kein Laufgang, kein Transportweg, sondern ein Aufenthaltsort sein sollte. Auch in »Lohengrin« dient der gangförmige »Söller« nicht nur dem Zuge in der vierten Scene des zweiten Aufzuges, sondern auf ihm erscheint in der zweiten Scene Elsa:

> »Euch Lüften, die mein Klagen
> so traurig oft erfüllt,
> euch muß ich dankend sagen,
> wie sich mein Glück enthüllt.«

30 Und diesen Moment ließ sich Ludwig II. mehrmals darstellen, so von Leopold Rottmann als Entwurf für die Lohengrin-Schale[1058] und von Michael Echter (1867 oder 1868)[1059].

Schon im von Düfflipp geschriebenen Gesamtplan für Neuschwanstein vom 26. April 1868 soll die Arkade nach Norden gar keine oder kleine Fenster haben, nach Süden aber »eine offene Gallerie bilden«. Das deutet auf einen Aufenthalt in dem »Verbindungsgang«. In den mittelalterlichen Kreuzgängen mit ihrem Reichtum eilt man auch nicht, sondern weilt in ihnen. Sie liegen in der Mitte zwischen Kirche, Refektorium, Sakristei und Kapitelsaal: Einen solchen Sinn wollte Ludwig schaffen. Er ist in dem »Gang« – und er sieht aus ihm heraus: vor allem nach Süden. Die Archivolten der Südseite umrahmen den, der aus diesem Rahmen herausschaut. Ein lebender Mensch ist die Mitte dieser Erscheinungs-Pforte.

Die Öffnung des »Ganges« allein nach Süden erweist auch seine Bestimmung, eine Breitrichtung von
117 Neuschwanstein zu entwickeln: es entsteht die Nord-Süd-Achse, quer zur West-Ost-Achse, die bisher allein geordnet war (durch die Richtung des Palas und des unausgeführten Kapellenturmes). Am starrsten vertrat die Einstrebigkeit dieser Längsrichtung Eduard Riedel in seinem ersten Grundriß[1060]. Indem Ludwig II. sich in die Arkade versetzte, empfand er vielleicht eine Analogie zu den breitgerichteten Sitzreihen des Chorgestühls der mittelalterlichen Ordenskirchen um sich, dem Tief-Archaischen in seinem Wesen gemäß. Bereits sein Wintergarten auf dem Festsaalbau der Münchner Residenz erhielt in der Mitte einen Ausbau, der die Breitrichtung – wiederum nach Süden – betonte. Auch im Festsaal der Wartburg ist der Arkadengang nicht als Laufgang, als Röhre verstehbar, sondern als »Aufenthalt« vor dem breit-liegenden Hauptraum. Auch der Kreuzgangsabschnitt vor dem Kapitelsaal ist in Mönchsklöstern Ort besonderer Handlungen.

Abb. 24 Christian Jank, unausgeführter Entwurf zu Ritterhaus und Kapellenturm, Neuschwanstein. 1869

(Werner Noth nimmt an, die Arkaden des Wartburgsaales seien romanisch und nach dem Brande von 1317 dort erneut zusammengesetzt worden[1061]). Es gibt auch in der Basilika allgemein und grundsätzlich eine Breitrichtung[1062].

Die Arkade wächst sofort in die Höhe, wird zum »Ritterhaus«. Auch gehört zu ihr ein Raum, der sich vor ihr bildet. So fragt der König am 14. Juli 1868, »ob eine Erweiterung der Burg gegen das Tal durchführbar« sei[1063], also vermutlich nach Süden, denn nach Norden liegt die Ebene.

Die Versetzung der Wintergarten-Symbolik Ludwigs II. (Himalaya als Gegenüber, im Wintergarten aber gemalt) in die Wirklichkeit der Alpen, diese Ersetzung des Vorgestellten durch das Gegenwärtige: das ist es, was dieses Schloß so unwiderstehlich macht.

Die Vorderseite der Arkade bekommt nun diejenige Symbolik und Form, welche nur solchen Menschen angemessen ist, die innerhalb dieser Arkade beharren und herausschauen. Am 7. Juni 1868 zeichnet Ludwig im Tage-Buch die Idee auf von *offenen Nibelungen Säulen u. Bogengang* (oben zitiert)[1064]. Das früheste bekannte Programm dieser Skulpturen ist 29. Juli 1868 datiert; sein Inhalt stammt aus der germanischen
91–97 Mythologie; Hyazinth Holland verfaßte es wie die übrigen erhaltenen Ikonologie-Projekte für das Schloß[1065]. Entwürfe danach sind vorhanden von Christian Jank (1868 und 1870), mit weichem vegetabilischem Detail, und von Julius Hofmann (1884), in splittrigen Formen[1066]. Alle Entwürfe: mit größter Spannung, – und immer wieder noch nicht den Forderungen des Bauherrn genügend, – diese Entwürfe gehören zum Äußersten, was im 19. Jahrhundert ersonnen ist. Hier war in der Vision des Bauherrn die
Abb. 24 Mitte der ganzen Planung. Auf einem Entwurf ist das Ritterhaus auch mit einer verräumlichten Zentrierung in sich selbst versehen: Es hat eine doppelstöckige Mittelloggia, zu der eine doppelläufige Freitreppe führt[1067]. – Als Ganzes ist das Ritterhaus mit der Arkade nicht allein Rahmung des dort Verweilenden, sondern das Gebilde ist reich-in-sich-selber.

Im übrigen hält der »Verbindungsgang vom Schlosse zum Thurme« (die Arkade in Düfflipps zitierter Niederschrift vom 26. April 1868) Schloß-und-Turm zusammen, das Liegende und das Aufrechte, das »Weibliche« und das »Männliche« esoterischer Symbolik, in Gralserzählungen genannt: Schale (Kelch) und Lanze (vgl. die Neuschwanstein-Abschnitte »Gral« sowie »Brautgemach«).

So ist jeder Teil der Vision von Neuschwanstein scheinbar einfach, und in Wirklichkeit verschlüsselt, mit Tiefgründen, Hintergründen, außerordentlichen Einsätzen erfüllt. –

Als Beispiel des Sich-Einhängens in Naturgegebenheiten (den Grat) hat die Arkade eine Parallele im Palas, dessen Grundriß der Geländegestalt entsprechend abgeknickt ist – nur im ersten Entwurf[1068] suchte Eduard Riedel gewaltsam Geradheit herzustellen, gegen die ausdrückliche Anordnung des Königs: »Bau nicht symmetrisch, sondern durch Mannichfaltigkeit pittoresk.« (26. April 1868)[1069].

Wartburg- und Tannhäuser-Reminiscenzen

82 Auf dem Vorderdeckel des Tagebuches, das Ludwig II. nur vom 4. bis 8. August 1866 benutzte[1070], befindet sich ein Ölbild: die Vorderseite der Wartburg mit Staffage, von Leopold Rottmann[1071]. Dargestellt ist zunächst die Situation nach dem Ende des ersten Aufzuges von »Tannhäuser«: der Ritt des Landgrafen mit den Sängern und Jägern; der Hirt, der bereits in der dritten Scene singt: »Der Mai ist da, der liebe Mai!« Das Panier mit den bayerischen Wecken gehört Wolfram v. Eschenbach, geboren in der zweiten Hälfte des 12. Jahrhunderts in Eschenbach, Mittelfranken, wo Max II. ihm 1860 ein Denkmal errichten ließ. Er war der Dichter des »Parzival«, vollendet um 1210; also bedeutet seine formale Hervorhebung auf dem Tagebuchdeckel Verknüpfung mehrerer Reminiscenzen, für Ludwig II. typisch, hier Verbindung zwischen »Tannhäuser« und Parzivals Gralswelt.

Rechts von Wolfram reitet auf Rottmanns Deckelbild eine Edelfrau. Sie kommt in Wagners »Tannhäuser« nicht in der dargestellten Szene vor; aber in einer entsprechenden Situation am Anfang von »Der Kampf der Sänger«, Ernst Theodor Amadeus Hoffmanns Novelle über den Wartburg-Sängerkrieg: Gräfin Mathilde im Zug des Landgrafen Hermann v. Thüringen mit den Sängern und Jägern.[1072] Der König hatte Werke Hoffmanns gelesen[1073] und Wagner sprach mit ihm über Hoffmanns »Nußknacker und Mausekönig«

am 14. November 1865[1074]. Also ist Hoffmanns Sängerkriegserzählung wahrscheinlich auch der Verdichtung des Themenkreises auf dem Tagebuchdeckel integriert.

Auf dem Vorderdeckel des nächsten Tagebuches, begonnen 9. Juli 1866[1075], ist wiederum ein Wartburg- 83
bild eingefügt, gesehen vom selben Standpunkt, mit einem Reiterzug und dem Hirten, stilistisch Leopold Rottmann zuzuschreiben, aber im Vergleich zu seinem Wartburgbild auf dem vorhergehenden Tagebuch nicht skizzenhaft. Vorbild für beide Burgdarstellungen, die Gestalt Wolframs auf dem ersterwähnten Bild und die Hirtenfigur auf beiden Gemälden war sicherlich Eduard Illes Triptychon »Das Lied vom edlen 40
Ritter Tanhäuser« (linke Szene) aus dem Jahre 1865.[1076] Das Temperabild gehörte Ludwig; wenn er es teilweise auf seinen Tagebuch-Einbänden wieder-holte, kann er also nicht das Original gemeint haben, sondern tat es der Ver-Spinnung halber, der Ermöglichung von Verbindung und zugleich Abstand auch in der eigengeschaffenen Welt[1077].

Auf der ersten Seite schreibt Ludwig II. am 9. Juli 1866: *O wäre es mir vergönnt mit eigenen Augen die hehre Burg zu schauen, die dieses Buch schmückt! Tief in meinem Innern lebt ihr Bild, fest ist es der Seele eingeprägt: »Der Augenblick, da ich zum ersten Mal sie sah, war viel bedeutend«.*[1078] Vom 31. Mai bis 1. Juni 1867 erfüllte sich der sehnliche Wunsch des Königs, die Wartburg zu sehen.

Vom selben Standpunkt wie auf beiden Tagebuchbildern und Illes Tannhäuser-Triptychon zeigt der Architekt ihrer Wiedererbauung, Hugo v. Ritgen, die Burg 1854 (lange vor Fertigstellung) im »König-Ludwig-Album«, einer Gabe deutscher Künstler für Ludwig I.[1079].

Sämtliche in diesem Abschnitt bisher angeführten Wartburg-Darstellungen zeigen sie in der Gestalt, die ihr das neunzehnte Jahrhundert (Hugo v. Ritgen) verlieh.[1080] Im Jahre 1846 hatte Ferdinand v. Quast Entwürfe für einen Ausbau der Burg gemacht, die am 7. September von Gottfried Semper verurteilt wurden[1081], auch Ritgen sprach sich gegen sie aus. Ritgen machte damals mit dem Burghauptmann Bernhard v. Arnswald Studien über den Originalzustand; aufgrund derselben entstanden seine »Gedanken über die Restaurierung der Wartburg« (Januar 1847) und sein Entwurf (Federzeichnung) aus demselben Jahre; er setzte sich durch und trat im Juli 1849 an v. Quasts Stelle. In diesem Jahre begann der Palasbau – der Grundstein zur Burg wurde aber erst am 10. Dezember 1853 gelegt[1082].

Um 1846 wollte der Münchner Architekt Georg Friedrich Ziebland auf den unrestaurierten Wartburgturm eine Glasspitze mit einer kleinen »Pièce«[1083] darin setzen, um der Aussicht willen[1084]: Entsprechendes plante Max II. für den Turm der Ruine Vorderhohenschwangau (an der Stelle des jetzigen Neuschwanstein), wie erwähnt[1085].

Am 24. Februar 1866 verzeichnet der König im Tagebuch, die »Hl. Elisabeth« von Franz Liszt werde an diesem Tage *zum ersten Male hier* [in München] *aufgeführt*. Vielleicht erlebte Ludwig das Oratorium erst am 10. Mai, an dem es im Tagebuch heißt: *Abends »Hl. Elisabeth« Herrlich läuterndes Werk*[1086]. Ein Hauptschauplatz der Legende der Heiligen Elisabeth v. Ungarn ist die Wartburg. Das Oratorium »Legende der heiligen Elisabeth« hatte der Wiedererbauer der Wartburg, Großherzog Karl Alexander v. Sachsen-Weimar, bestellt. Otto Roquette dichtete den Text 1856 unter Bezugnahme auf Moriz v. Schwinds Elisabeth-Fresken auf der Burg, Liszt komponierte ihn 1858–62. Später wurde das Oratorium Ludwig II. gewidmet. Am 28. August 1867 wurde es im vollendeten Festsaal anläßlich des achthundertjährigen Wartburgjubiläums aufgeführt[1087].

Der Besuch Ludwigs II. auf der Wartburg am 31. Mai und am 1. Juni 1867 ist hier eingehender zu belegen. Nach Röckl hat der König die Fahrt »auf Anregung Wagners« unternommen und bat den Burghauptmann v. Arnswald, »ganz allein und durch Verschluß der Türen vor jeder Störung gesichert in den geweihten Räumen zu verweilen. So brachte er längere Zeit in dem Sängersaal und den anstoßenden Gemächern völlig sich selbst überlassen zu.«[1088] Arnswald erinnerte sich im Tagebuch: »... nicht allein der stolze Schritt – sondern auch jene eigenthümliche Bewegung des Kopfes, bei welcher das lockige Haar aus dem Gesicht nach dem Nacken u. der Blick aus dem dunkeln Auge nach oben flogen, ließen mich in dem jungen Manne etwas Besonderes erkennen.«[1089]

Ludwigs Wartburgeindruck wurde nach seinen Aufzeichnungen oben wiedergegeben. Er zeigt sich darin universeller als Wagner, – weil er auch die Burg selber, in ihrem Aufbau durch Ritgen, also die Gegenwart, mit einbezieht. Statt daß begriffen wird, daß Ritgens Wartburg reine Gegenwart des neunzehnten Jahrhunderts ist, wird die Leistung oft unter »Historismus« im abwertenden Sinne eingeordnet, in den falschen Aktenordner getan, – aus welchem Selbstverstümmelungstrieb?

Ludwig sandte den Hofsekretär Lorenz v. Düfflipp und Eduard Riedel 1868 nach der Wartburg; am 19. Mai trugen sie sich ins »Stammbuch« ein[1090]; auch ein »Architekturmaler« war mit von der Partie[1091]; sicherlich Christian Jank[1092].

Konkrete formale Wartburg-Reminiszenzen in Planung und Ausführung von Neuschwanstein:

85, 84 Vorentwürfe zum Schloß von Christian Jank (1868)[1093] und von Franz Graf v. Pocci (oben erwähnt) haben in der Gestalt der Bauteile und ihrer Komposition Ähnlichkeit mit der Wartburg, gesehen unter Vermittlung durch das nicht ausgeführte Modell Heinrich Dölls zur Dekoration für den dritten Aufzug von »Tannhäuser« (Tal vor der Wartburg) von 1866[1094]. Diese beiden Neuschwanstein-Entwürfe zeigen den Bau von Norden.

98–100 Der Sängersaal von Neuschwanstein ist in seiner Architektur eine Wieder-Holung des Fest- (auch: Bankett-)Saales der Wartburg.

101 Im nördlichen Treppenturm des Palas von Neuschwanstein (vierter Stock) sind die Palmensäule und das Muster des gemalten Wandbehanges auf Entsprechendes im oberen Abschluß des Treppenhauses zwischen Palas und Neuer Kemenate der Wartburg bezogen. Der Drache neben der Palmensäule in Neuschwanstein hat sein Gegenstück auf der Wartburg im Sängersaal an der Treppenwange in der Minnesängerlaube; Düfflipp teilte Arnswald am 19. August 1868 den Wunsch seines Monarchen nach einer Zeichnung der Skulptur mit[1095], sie wurde von Arnswald mit seinem Brief vom 7. Oktober gesandt[1096].

Der Bücherschrank im Wohnzimmer von Neuschwanstein ist angeregt von einem Möbelstück in der Neuen Kemenate der Wartburg, entworfen von Hugo v. Ritgen, mit Malereien von Rudolph Hofmann (Darmstadt)[1097]. Das Wandgemälde »Barmherzigkeit der hl. Elisabeth« im Thronsaal in Neuschwanstein, von Wilhelm Hauschild und Gehilfen, zeigt die Wartburg im Hintergrund.

Soweit die formalen Bezüge. Es gibt zwischen der Wartburg und dem Gralsmythos eine indirekte literarische Verbindung: In dem anonymen Gedicht über den Wartburg-Sängerkrieg, um 1260 entstanden, ist vom Gral die Rede; es heißt dort, er sei ein vom Erzengel Michael aus der Krone Luzifers gebrochener Stein gewesen, aus dem eine Schale gemacht wurde[1098]. Dem Gralsthema in Neuschwanstein wird ein eigener Abschnitt gewidmet. Ludwig II. kannte auch sicherlich die Gründungssage der Burg und war von ihr betroffen: Landgraf Ludwig habe die Wartburg im elften Jahrhundert erbaut und vom Bauplatz Besitz ergriffen, indem er und elf seiner Mannen ihre Schwerter in den Grund stießen.

Im Vergleich zu seinem königlichen Freund hatte Richard Wagner nur geringe Bezüge zur Architektur der Wartburg. Er besuchte sie kurz vor dem 20. Mai 1849, als er von der Großherzogin v. Sachsen-Weimar, der Mutter des eigentlichen Wiedererbauers Karl Alexander, einer geborenen Großfürstin Marie Pawlowna, Schwester von Zar Nikolaus I., im Eisenacher Schloß empfangen wurde[1099]. Damals war von der Wiederherstellung noch kaum etwas zu sehen. Im Sängersaal wurde Wagner auf dem späteren Fresko Schwinds in der Mitte der Westwand sitzend mit einer Laute dargestellt[1100]. Der Komplex »Tannhäuser« ist bei Wagner überwiegend sein Musikdrama, bei Ludwig II.: die Wartburg, in der Gestalt des neunzehnten Jahrhunderts. Eine Entsprechung, Verspinnung zwischen ihr und Neuschwanstein bestand innerhalb der Intensitäten der eigenen Zeit, genauso in der Architektur wie in der Musik (Tannhäuser), – alles Einfachheiten, gründlich mißverstanden von einer Kunstgeschichtsschreibung, die im abwertenden Sinne von »Historismus« sprach und damit implizierte, daß man die Geschichte wegwerfen müsse, um fortschrittlich sein zu können.

Ludwigs Beziehung zur Wartburg ist der Genauigkeit vergleichbar, mit der er sich die Tell-Szenerien in der Schweiz ansah, vor allem den Rütli-Platz. Und dorthin brachte er Joseph Kainz, und veranlaßte ihn, am topographischen »Wirklichkeitsplatz« Schiller zu deklamieren. Diese Genauigkeit muß man innerhalb der symbolischen Architektur einordnen und anerkennen.

Kapellenturm

In Wagners oben zitierter Anweisung für die Szene vom zweiten Aufzug von »Lohengrin« (Schauplatz: Burghof in Antwerpen) ist die »Pforte des Münsters« erwähnt. Vor ihr wehrt Ortrud Elsa den Vortritt[1101]; der Platz vor dem Kirchenportal hat somit dieselbe Bedeutung wie im Nibelungenlied und in der romanischen Sakralarchitektur: es ist eine offizielle Stelle, wo Hoheit in mannigfacher Gestalt ausgeübt wird; davon war im Abschnitt »Nibelungengang und Zimmer in der Münchner Residenz« schon die Rede.

Wer aus den Angaben von Wagner über den Lohengrinhof eine Architektur machen will, muß alles erst selber schaffen. Sie sind schwer realisierbar – es sei denn eben: innerhalb der Landschaftsmaler-Bühne.[1102] Ludwig sah diese Anordnung – er las sie nicht wie ein Theatermann: nämlich allein auf die Bühne bezogen, – sondern er las sie so, wie sie sein würde, wenn sie eine Archi-Tektur darstellte: nämlich daß hinter jedem Portal das Bauwerk beginne – und der Hof sei nur der Zugang. Schon deshalb mußte aus Wagners »Pforte Abb. 25,
des Münsters« in Neu-Schwanstein ein ganzes Münster, die Schloßkapelle, werden. Seine Vorstellung von Abb. 26
der Kapelle hält der König im zitierten Tagebuchtext vom 16. April 1868 fest: *Kapelle (Decke blau mit Sternen ... oben Oratorium.* Diese Imagination ist wieder uralt, reicht in die Zeit zurück, als das Schachbrett die Darstellung des Himmels war, dann verändert zum Sternenhimmel: Die Einordnung in das Kosmische[1103]. Das Oratorium sollte nicht für andere Menschen in der Kapelle erreichbar sein, sondern allein für den König selber: deshalb angeschlossen an einen separaten Gang. Bereits 1868 beginnen die Vergrößerungswünsche für die Kapelle; am 13. November schreibt der erwähnte Oberförster Alfred Thoma an seinen Freund Düfflipp: »Im Auftrage Seiner Majestät des Königs, zugekommen durch Herrn Bereiter Horneck [Richard Hornig?] theile ich Dir mit, daß Höchstderselbe die Schloßkapelle der neuen Burg gegen den unten liegenden Schloßhof, also in Richtung gegen das Wirtschafts- und Stallgebäude verlängert haben wollen und zwar derart, daß dieselbe im Innern eine Länge von 40' [Fuß; etwa 12 m] erhalte.«[1104] Am 27. November 1868 befiehlt Ludwig, »daß gleichwie die Zeichnung für die gothische Kirche neu gemalt werde, auch die Zeichnung für die romanische Kirche neu gefertigt werde«[1105]. Eine intensive Planung, 102–105
alternativ gotisch und romanisch, war bereits im Gange, zu der unter anderen auch Georg Heuberrisser, später Architekt des Neuen Münchner Rathauses, herangezogen wurde.

Ungewöhnlich: die Verbindung der Kapelle mit dem Turm, was das Mittelalter nie gemacht haben würde – es sei denn in Zusammenhang mit den Schatzkapellen, wie auf der Burg Trifels bei Annweiler (Pfalz), in Montfort bei Jaffa, auf Burg Karlstein bei Prag, wo das Gralsthema eine Rolle spielte[1106]. Auch in Wagners »Burghof in Antwerpen« (Lohengrin, zweiter Aufzug) gibt es keinen Kapellenturm. Es ist nicht möglich, über das Thema »Turm« hier zu sprechen, diesen gewaltigen, scheinbar einfachen, in alle denkbaren Höhen und Tiefen der menschlichen Psyche reichenden Typus des Männlichen, Aufrechten. Der wie in Neuschwanstein für sich stehende Hochturm ist das wesentlichste und verbreitetste architektonische Einzelmotiv der gesamten romantischen Schloßbaukunst. Auch hier steht Ludwig II. nicht allein, sondern steigerte Bestrebungen einer Epoche bis zum Letzten; vergleichbar ist ihm dabei, was die Betonung des Turmmotives angeht, einzig William Beckford (1760–1844), der in seinem Fonthill Abbey den im Sinne der Zeitgenossen »erhabensten« Turm des britischen romantischen Schloßbaues errichtete (nicht erhalten), gefolgt von seinem noch stehenden Lansdown Tower in Bath, und als Zwanzigjähriger schrieb: »I fear, I shall never be half so sapient, nor good for anything in this world, but composing airs, building towers, forming gardens, collecting old Japan, and writing a journey to China or the moon.«[1107] Außer der Turm-Passion bestehen zahlreiche weitere auffallende Parallelen zwischen Beckford und Ludwig II.

Der Turm in Neuschwanstein wäre ein in-sich-selber vollständiger Bau geworden, mit Adjutantenwoh- 87
nung, Zimmern für Sekretäre und Turmwächter (so bereits in Düfflipps Niederschrift über das Bauvorhaben vom 26. April 1868, oben zitiert). Eine solche Bevölkerung des Kapellenturms in der bloßen Faktizität ist unwahrscheinlich und der Bau wäre dazu wenig geeignet gewesen. Dem König schwebten imaginäre Gestalten vor, die er in sich selber trug. Dieser Turm bedeutete eine Vervielfältigung des Bauherrn. Die angeführten Mitglieder einer Ménage sind durch ihn abgespaltene Teil-Ideen; es ist kennzeichnend für ihn, daß er diese Ideen nicht durch Personen, sondern durch Architektur verwirklicht (also die Adjutantenwoh-

Abb. 25, 26 Georg Dollmann (?), Aufrisse zur unausgeführten Kapelle (Münster), Neuschwanstein. Oktober 1880

nung und die weiteren genannten Räume). Auch dadurch war der Turm etwas Symbolhaltiges. Dieser Bergfried ist noch in den letzten Zeichnungen die Krönung des Schlosses.[1108] Ein früher Entwurf Eduard Riedels für ihn[1109] gibt eine Höhe von über 200 bayerischen Fuß (über 60 m) an. Da die Länge des zur Verfügung stehenden Hofterrains 30 m beträgt, wäre für diesen Turm, der in späteren Entwürfen sogar noch erhöht wurde, der Blick ins Ungeheure nach oben gerissen worden.

Der Kapellen-Bergfried ist Weiterentwicklung einer Lohengrin-Reminiscenz. Bezüge zu Lohengrin waren in Hohenschwangau und Neuschwanstein unter anderem durch die Sage naheliegend, nach welcher der Gründer des Geschlechtes der Schwangauer ein Ritter Driant gewesen sein soll, der von Karl dem Großen mit dem Gebiet belehnt worden und in einem von Schwänen gezogenen Boot über den Alpsee gekommen sei. Diese Ankunft des Schwanenritters ließ Ludwig II. kurz nach Wagners Aufenthalt auf Hohenschwangau wieder-holen (am 21. und 22. November 1865). Lohengrin-Darsteller war der Flügeladjutant Paul Fürst v. Thurn und Taxis[1110]. Am 21. vermerkte der König im Tagebuch: *Abends Feuerwerk, des Schwanenritters Überfahrt, sagen-traumhaft!*[1111] Er selbst legte auch zuweilen Lohengrin-Gewandung an[1112].

Wie der Palas von Neuschwanstein, so hatte auch der Kapellenturm seinen Platz an der Stelle entsprechender Bauteile der Ruine Vorderhohenschwangau.

106 Vorläufer der Hochturmplanung in Neuschwanstein könnte das analoge Projekt von König Max II. für Hohenschwangau sein, erhalten in einem Blatt mit zwei Bleistiftzeichnungen von Eduard Riedel[1113].

Abb. 26 Siehe Legende auf Seite 202

Gral[1114]

Am Anfang vorliegenden Abschnittes stehen Äußerungen Ludwigs II., auch solche an Wagner, und Worte Wagners an den König. Dieser assoziiert Grals-Imaginationen häufig mit Ettal, wo ein anderer Ludwig, Kaiser Ludwig der Bayer, nach der Überlieferung eine Gralskirche errichtet haben soll. Indem Ludwig den Kaiser zitiert, ist er selber der Erbe als Gralsherr. Indem Wagner Ludwig II. am 25. August 1882 vorwirft: »Verschmähtest Du des Grales Labe«[1115], weil er den ersten »Parsifal«-Aufführungen in Bayreuth fernblieb, bewies er Mangel an Erkenntnis. Der König ließ das Musikdrama in den Jahren 1884 und 1885 insgesamt achtmal als Separatvorstellung aufführen[1116].

Nach dem Tagebuch sah Ludwig II. Ettal spätestens am 19. August 1860, an dem er auch das Oberammergauer Passionsspiel besuchte, zum ersten Male.[1117] Den Anstoß zur Beschäftigung mit dem »Gralskaiser« könnte der Vater gegeben haben; ein »Lieblingswunsch« (Paul Heyse) von Max II. war, jemand möge ein Drama über Ludwig den Bayern schreiben. Zwischen Januar und August 1860 beauftragte er Paul Heyse, der an seinen Symposien teilnahm.[1118] Dessen Drama »Ludwig der Bayer« war 1862 vollendet. Abgesehen von der Gralstradition im Hause Wittelsbach muß man hier auch an die Familientradition des Vornamens Ludwig denken. In dem Gedicht *Vision* (erwähnt S. 80) will der Kronprinz Gralskönig werden; als Sitz ist Hohenschwangau ausersehen. Das Gedicht entstand aufgrund eines Traumes vom 15. Januar 1864 und wurde am 2. März in ein besonderes Gedichtbuch übertragen[1119]. (Text: Anhang 2).

Am 21. Juni 1865 im Tagebuch: *4 Uhr langsam nach Ettal, Kirche, Orgelklang, (Gralstempel, heilig! – Montsalvat), hehr erregt, Templeisen*[1120]. Den Klang der Orgel erwähnt er bereits am 19. August 1860. Die Templeisen sind in Wolfram v. Eschenbachs »Parzival« eine internationale Gemeinschaft, wohl in Anlehnung an den Tempelherrenorden[1121], ihr Herr ist der Gralkönig. An dem gleichen 21. Juni 1865 schreibt der König an Wagner: *Nach dem Plane des Graltempels zu Mont Salvat soll Kaiser Ludwig der Bayer diese Kirche* [Kloster Ettal] *erbaut haben; – und da belebt sich die Gestalt Lohengrin's meinem Blick auf's Neue, und Parcival, den Helden der Zukunft, sehe ich im Geiste, nach dem Heile forschend, nach dem einzig Wahren. – ... Im vorigen Winter versprachen Sie mir, mein theurer Freund, mich in alle Geheimnisse Ihrer Kunst einweihen zu wollen; wenn wir uns nun wiedersehen, so beschwöre ich Sie theilen Sie mir Alles mit, erklären Sie mir vollständig Ihr System, thun Sie mir Ihren Geistesgang kund, Ihre jetzige Ansicht über die Kunst, das Leben!* Wagner antwortete am 25.: Cosima habe in somnolentem Zustand, offenbar nach Kenntnis des Königsbriefes vom 21., ein gerade erlebtes Traumbild geschildert: »Ja, ja! So hab' ich mir die Gralskirche gedacht. Das ist das rechte Altarbild, und diess die richtige Bedeutung des jüngsten Gerichtes des Michel Angelo in der Sixtina. Auf der einen Seite Deine [Wagners] Werke, eines strahlender als das andere: auf der anderen Seite Deine Lebenserfahrungen, eine scheusslicher als die andere; und oben in den Wolken – Parzival (so heissen Sie unter uns, theurer Freund!) als Weltenrichter. Da unten, ganz unten – oh, wie schrecklich! ich mag nicht hinsehen! Der ewige Verrath!« Wagner fragt dann im selben Brief: »Was erblickte nur die Freundin ganz unten auf dem Altarbilde der Gralskirche? – Sie kann mir's nicht sagen: sie weiss nichts von ihrem Traum. – Parzival –, der wird wohl Alles sehen!« Der König kommentiert am 27. Juni 1865: *In der Tiefe erblickte sie wohl die ewige Finsterniß, von welcher ich Ihnen jüngst schrieb, Sie wären berufen, sie zu erhellen, oben in den Wolken thronten Sie als wahrer Parcival*[1122].

Am 26. Juni kam der Monarch seinem Tagebuch zufolge wieder *durch Ettal, (Monsalvat – Gralstempel – unnahbar –*[1123]. Das Kriterium der Unnahbarkeit, das er auch im Eintrag vom 13. Mai 1868 und im Brief über das Vorhaben Neuschwanstein vom 13. Mai 1868 an Wagner (oben zitiert) der Gralsburg zuschreibt, beruht jedenfalls auf dem Text der Gralserzählung in »Lohengrin«:

> »In fernem Land, unnahbar euren Schritten,
> liegt eine Burg, die Monsalvat genannt;«[1124].

Am 21. August 1865 schreibt Ludwig II. an Wagner: *Heute las ich eine Beschreibung des Graltempels! – Hin zu seinen Wonnen! –*[1125]. Am 26. trägt Wagner ins »Braune Buch«, sein nicht für die Öffentlichkeit bestimmtes Tagebuch, ein: »Wie wunderbar! – Der König verlangt sehnlich von Parzival zu hören.« Der Vortag war Ludwigs Geburtstag. Vom 27. bis 30. August verfaßte der Tondichter den ersten Text-Entwurf zu diesem Werk und sandte ihn sofort an den königlichen Freund, der sich am 5. September bedankte[1126].

Am 2. September trug Wagner ins »Braune Buch« ein: »Mit diesem göttlichen Müssen in der Seele habe ich nur noch Einen gefunden: das ist mein Parzival, mein Sohn im heiligen Geist.«[1127]

Am 11. November 1865, gerade zu dem Aufenthalt in Hohenschwangau eingetroffen, schreibt Wagner an seinen Gastgeber, den König: »Da bin ich, in der Gralsburg, in Parzival's erhabenem Liebesschutze!«[1128] Und Ludwig hält am selben Tage im Tagebuch fest: *Er glücklich! Wonne des Gedankens, (Parcival, Gralsburg)*[1129].

Vor dem 10. Juni 1866 im Tagebuch: *las zu Anfang Juni »Lohengrin« (Fr.*[anz] *Müller*[1130]*) Hehre Bedeutung der Gralsage, Parcival Artuskreis, Sage vom Schwan-Ritter.*[1131] Die Gestalten von König Artus und seiner Ritterschaft des Runden Tisches gehören zu den Gralsmythen[1132].

Zwischen dem 5. und dem 12. Juni 1867 im Tagebuch: *Ettaler Berg* [besucht], *Kuppel* [der Klosterkirche] *(In fernem Land ...)* Hier ist wieder Wagners Gralserzählung aus Lohengrin zitiert. Am 14.: *über die Bedeutung der Sage vom »Heiligen Gral« gelesen! – o wundervoll, – Heilige Welt, den Gläubigen mit Stärke begegnend, läuternd u. beseligend.*

Zwischen 17. März und 11. April 1868, also in der Zeit des *Dämmerns* (Ludwigs Ausdruck vom 16. April über den Neuschwanstein-Plan im Tagebuch, oben zitiert) des Gralsburg-Vorhabens: *über Gral* gelesen und: *Montsalvat (Gralstempel)* erwähnt.

Am 2. Juni 1868 unterzeichnet Ludwig II., der im zitierten Schreiben vom 27. Juni 1865 noch in Wagner die Epiphanie Parzivals erkennen wollte, einen Brief an den Tondichter mit *Parzival*[1133]. Es ist ein Kennzeichen des Hochgefühls der Briefpartner, daß sie sich gegenseitig und wechselweise mit Parzival idealisieren und identifizieren. Das um diese Zeit in der Vision fertige »Neue Schloß Hohenschwangau« wird Ludwigs Gralsburg werden, obwohl auch Wagnerideen dort integriert sind.

Am 7. Juni 1868 plant er dem Tagebuch zufolge für die neue Burg unter anderem *Darstellungen aus »Parcival, Titurel«. Parcival* meint wohl bereits die gleichnamige Fassung des Gralsmythos von Wolfram v. Eschenbach, entstanden zwischen 1200 und 1207[1134]; die Dichtung Wolframs legte der König auch späterhin bei Gralsverwirklichungen in Neuschwanstein ein erster Linie zugrunde. In Hyazinth Hollands von ihm »23. Juli 1869« datierten »Project zum Bildercyclus« des Palas heißt es: »IV. Etage welche als Krone u. Abschluß des Ganzen der Sage des heiligen Gral u. den daraus gedichteten unsterblichen Meisterwerken des Wolfram von Eschenbach, beziehungsweise deßen Parcival angewiesen ist.«[1135] Darüber erwartet Holland, wie er schreibt, weitere Befehle des Bauherrn. *Titurel* in dessen Tagebucheintrag vom 7. Juni 1868 ist vermutlich der »Jüngere Titurel« aus der zweiten Hälfte des 13. Jahrhunderts, dessen Zuschreibung an Albrecht v. Scharfenberg strittig ist; dieses an Wolfram anschließende Gralsepos enthält von allen Fassungen des Mythos die eingehendste Schilderung der Gralsburg. Es kann aber auch Wolframs »Titurel« gemeint sein.

Am 5. Dezember 1868 hält der König im Tagebuch fest, daß an diesem Tage sein Projekt einer Wieder-Holung von Versailles, damals noch im Graswangtal bei Linderhof geplant, also nicht weit von Ettal, und später auf Herrenwörth im Chiemsee ausgeführt, *Tmeicos-Ettal* getauft wurde. Er verdichtet damit wieder einmal in für ihn kennzeichnender Weise zwei Themen: Gral (Ettal) und Sonnenkönigtum (der Name ist ein Anagramm des dem Roi Soleil zugeschriebenen Diktums »L'état c'est Moi«, vgl. S. 219). Es gibt Bezüge zwischen Gralsmythos und Sonnenkultus, die in vorliegendem Abschnitt noch erwähnt werden.

Am 22. Mai (Wagners Geburtstag) 1869 im Tagebuch: *Ettaler Berg! – Montsalvat.* Am 23.: *über den Tempel des Hlg. Gral gelesen.* Am 22. Juni: *Montsalvat*[1136].

Am 17. November 1880 schreibt Ludwig an Wagner: *Gestern Nachts in Hohenschwangau, das einstens* [vielleicht bei Wagners Aufenthalt dort, 11. bis 18. November 1865] *Montsalvat von Ihnen genannt ward, eingetroffen, ist es meinem Herzen Bedürfniß, es Ihnen, theurer Freund, auszusprechen, wie lebhaft meine Freude war, mit Ihnen gemeinschaftlich jüngst der Aufführung des herrlichen »Lohengrin« angewohnt zu haben, des himmlisch schönen Werkes, durch das Wir verbunden wurden. Vor Allem drängt es mich, angebeteter, großer Freund, Ihnen meinen glühenden, unauslöschlichen Dank entgegen zu jauchzen für den unbeschreiblichen Hochgenuß, den Sie mir duch die persönliche Leitung der Aufführung des unsagbar wundervollen Vorspiels zu »Parcifal« bereitet haben.*[1137]

Richard Wagner schrieb im Sommer 1848 Ideen bezüglich Auswirkung des Gralsmythos auf die Geschichte nieder, die Ludwig II. wie alle Schriften des Tondichters gelesen haben muß. Dieser identifiziert die »Wibelungen«[1138], die Ghibellinen, mit den Nibelungen und diese wiederum mit dem fränkischen Königsgeschlecht (wenigstens im Sinne des Mythos). Außerdem postuliert Wagner aber auch die Historizität eines Geschlechtes mit dem Namen »Nibelungen«. Im fränkischen Königsgeschlecht sieht er paradigmatisch das Gottesgnadentum verkörpert. Das Frankenkönigreich begann bekanntlich mit den Merowingern (in der ersten Hälfte des fünften Jahrhunderts), deren – schon zu ihrer Zeit geheimnisvolle – Legitimität der Sukzession nicht einmal durch ihre Entartung beeinträchtigt wurde. Die fränkische Oberherrschaft über deutsche Stämme führt Wagner auf den Siegfried der Sage, den Sonnengott, zurück, der im Drachen das Urchaos besiegt habe und dadurch den Hort, der für materielle Macht stehe, gewinnt. Das nicht näher gekennzeichnete Heiligtum, Gral genannt, bedeute nun seinerseits die ideale Weltbeherrschung, deren Status zeitweilig im mittelalterlichen Kaisertume erreicht gewesen sei. Wenigstens in den deutschen Fassungen der Gralssagen sei der Gral »ideeller Vertreter und Nachfolger des Nibelungenhortes«[1139]. So habe auch Friedrich I. Barbarossa auf seinem (1189 begonnenen) Kreuzzuge eigentlich den Gral gesucht: »mächtig zog es ihn nach Asien, nach der Urheimath der Völker, nach der Stätte, wo Gott den Vater der Menschen erzeugte. Wundervolle Sagen vernahm er von einem herrlichen Lande tief in Asien, im fernsten Indien, – von einem urgöttlichen Priesterkönige, der dort über ein reines glückliches Volk herrsche, unsterblich durch die Pflege eines wunderthätigen Heiligthumes, von der Sage ›der heilige Gral‹ benannt.«[1140] Die Heimat der Völker und allen gottentsprossenen Königtumes liege im »indischen Kaukasus«[1141]. Der erwähnte

»Priesterkönig« ist der Presbyter Johannes, dessen Historizität umstritten ist. Wolfram v. Eschenbach und der Verfasser des »Jüngeren Titurel« verbinden die Erzählung vom Priester Johannes mit der Geschichte des Graltempels; bei Wolfram ist er Sohn von Feirefiß, also von Parzivals Bruder, und wird Begründer eines christlichen Gralsreiches in Indien. Er ist in Neuschwanstein in dem rechten der vier Tondi über der Sängerlaubenarkade des Sängersaales dargestellt (Gemälde von August Spieß, 1883–84). Wagner zufolge[1142] muß jeder Gralsbewahrer wie der Presbyter Johannes zugleich Priester und König sein.[1143]

Welch eine Bedeutung: daß Ludwig II. mit dem Gral anfängt, also mit der Lohengrin-, Tannhäuser- und Fliegender-Holländer-Schale, daß er schon als Kronprinz, noch ohne Wagner persönlich zu kennen, dessen Werk zu einem »Gral« (Schale) verwandelt hat[1144]. Dann steht im Brief an Wagner vom 13. Mai 1868 als erste, alles zusammenfassende Aussage: *heilig und unnahbar, ein würdiger Tempel für den göttlichen Freund* [Wagner], *durch den einzig Heil und wahrer Segen der Welt erblühte*. Und dann erst kommt: *Auch Reminiscenzen aus Tannhäuser ... aus Lohengrin ... werden Sie dort finden* (oben zitiert). Das ist nicht eine beliebige Burg, sondern es ist nach den Gralsschalen die Gralsburg, und nach dem Gral werden wir fragen müssen. Die *Reminiscenzen* aus Wagners Werken[1145] werden dem Gesamtgebilde, dem »Gral«, hier als Schloß Neuschwanstein, durchaus nachgeordnet, untergeordnet. – Die Archi-Tektur hat die Möglichkeit, winzig und riesig zu sein – sowohl Monstranz (Schale) als auch Kathedrale (oder Gralsburg) – beides durch symbolische Auffassung möglich gemacht.

Mit seinen Gralsverwirklichungen zeigt sich Ludwig II. wiederum als archaischer Mensch. Er beginnt dabei mit den bemalten Porzellan-Schalen. Bereits eine der ältesten erhaltenen Fassungen des Gralsmythos, die »Contes del Graal« von Chrétien de Troyes, vermutlich um 1180 begonnen, stellt den Gral als Schale vor; in Wolfram v. Eschenbachs »Parzival« ist er ein Stein, aus dem nachträglich eine Schale gemacht wurde. (Freilich hat der Gral auch andere Gestalt, meist aber die eines Gefäßes; in Robert de Borons »Roman de l'estoire dou Graal«, etwa gleichzeitig mit dem Werk Chrétiens entstanden, ist er ein Kelch; in der keltischen Mythologie ein Kessel[1146]).

Eine Schale, die kultischen Zwecken gedient haben dürfte, ist auf Burg Lockenhaus im Burgenland (Österreich) erhalten[1147]. Die Burg enthält einen unterirdischen »Kultraum« mit einem Oculus (Lichtöffnung) im Gewölbezentrum. Genau darunter befindet sich im Boden die in einen Steinwürfel eingeschliffene kreisrunde Schale, unter der sich eine weitere, aber exzentrisch liegende, abzeichnet. Einige zirkumpolare Sterne (darunter Deneb im Schwan mit einer Deklination von 42° 75′), die bei ihrer Kulmination senkrecht über der Öffnung stehen, können sich in der zentral liegenden der beiden Schalen spiegeln[1148]. Im Kultraum ist ein »Tatzenkreuz«, das Kreuz des Tempelherrenordens, eingemeißelt[1149]. Keller zieht eine Parallele zur möglicherweise dem Sonnenkult gewidmeten Katharerburg Montségur in den Pyrenäen mit ihren astronomischen Bezügen[1150]. Von den möglichen Relationen der Katharer zum Gralsmythos war die Rede (S. 126); auch der Montségur wird von manchen Autoren damit verbunden[1151], Wolfram lokalisiert die Gralsburg Munsalvaesche im »Parzival« in den Pyrenäen. – Auf Lockenhaus weisen auch Architekturmerkmale auf die Templer[1152], die ja mit den »Templeisen« zusammenhängen, den Gralsrittern bei Wolfram. Natürlich kann die obere Lockenhauser Schale nicht mit Gewißheit einem Gralskultus zugewiesen werden. Vermutlich diente sie jedenfalls rituellen Handlungen der Templer, die gegen Ende des 13. Jahrhunderts jahrzehntelang auf der Burg gewesen sein könnten[1153]. Die obere Schüssel ist wahrscheinlich die einzige erhaltene templerische, im weitesten Sinne gralsähnliche Schale[1154]. Sie ist mit dem Stein aus demselben Kultraum zusammen zu sehen, von dessen einer Ritzzeichnung im Abschnitt »Brautgemach« die Rede sein wird.

Wie eine runde Schale stellt sich auch Shiz in Aserbeidschan dar, das Ringbom[1155] auf dem Takht-i-Suleiman (»Thron Salomos«) lokalisiert und für das Urbild des für Kult und Aufbewahrung des Grals sowie für den Gralspriesterkönig errichteten Baues (also etwa: Tempel und Burg) hält. Der »Thron Salomos« ist ein tischplattenartig abgeflachter Vulkankegel; der Krater hatte sich mit Wasser gefüllt wie eine Schale; durch Abfließen und Sinterablagerungen erhielt er allmählich runde Tischplattenform. Darauf befand sich ein parsisches Feuerheiligtum und eine Königshalle (darunter vielleicht eine ältere). Nahe diesem waagerecht betonten Kegel liegt ein senkrecht aufsteigender.

Das mandalaförmige Feuerheiligtum ist nach Ringbom ein Königsgrab-Modell, ein Kosmos-Abbild und nach sassanidischer Auffassung »Geburtsstätte Zarathustras in der Mitte des Erdkreises«[1156]. Darüber hinaus stelle es das Paradies dar. Ringbom sieht in der Anlage Ähnlichkeiten mit der hochgelegenen Kultstätte der esoterischen mohammedanischen Religionsgemeinschaft der »Assassinen«, von welcher die Tempelherren Einflüsse aufnahmen[1157]. Den Kern der Gralssage sucht Ringbom in persischen Überlieferungen[1158].

Salomo baute den Tempel in Jerusalem, nach dem die Templer benannt sind und der sie sehr beschäftigte[1159]. Im »Jüngeren Titurel« wird auf ihn und seine Polarität von himmlischer und irdischer Pforte hingewiesen[1160]. Das ist eine Assoziation beim Namen »Takht-i-Suleiman«. Eine andere: In Wolframs Parzival ist unter der Gefolgschaft von Feirefiß, dem heidnischen Bruder des Helden, der Herzog Meiones v. Atrophagente, also Atropatene; das ist der römische Name für Aserbeidschan, wo das Heiligtum liegt[1161].

In Neuschwanstein fallen zusammen: ein nach innen strömender (Theater-)Raum und ein nach außen abströmender Weltort, verpflanzt auf die Spitze eines Berges; Innenwelt und Außenwelt – analog zum Sich-Sammeln und dann Abfließen des Wassers in der Mitte des Plateaus vom »Thron Salomos«.

Imaginationen des Gralsmythos können bei der Platzwahl für Neuschwanstein durch den Bauherrn mitgewirkt haben. Die Gralsburg wird in einem Zwischenreich, oft zwischen Himmel und Erde gesetzt, angenommen. Dieses Jenseitsland spielt besonders in den »Contes bretons«, die zu den Artus-Erzählungen gehören, und in der keltischen Vorstellungswelt eine große Rolle; zuweilen wird es als Totenreich aufgefaßt[1162]. Lokalisiert wird die Burg mehrfach in den Pyrenäen, beispielsweise in Wolframs »Parzival«, wie erwähnt. Wie die Pyrenäen zwischen Frankreich und Spanien, so erscheint der »Grat« der Neuschwanstein-Felsklippe anschaulich in der Mitte zwischen Norden und Süden oder in der Mitte zwischen heller, bekannter Alltagswelt des Flachlands und dunkler Fremdheit aufragender Berge – oder wie der Morgenstern, etwa auf Eduard Schwoisers Deckengemälde des Salon de l'Œil de Bœuf in Herrenchiemsee, zwischen Tag und Nacht. Und aus der Krone des Morgensterns soll nach dem etwa 1260 entstandenen anonymen Gedicht »Der Wartburgkrieg« der Gral (ein Smaragd) stammen[1163]. Außerdem gehört zu diesem nicht »menschlichen« Zwischenreich, besonders in der keltischen Mythologie, daß es überall und nirgends ist, zugleich unendlich nah und unendlich fern[1164]. Die gewohnten Kategorien von Zeit und Raum gelten also nicht; Richard Wagner läßt Parsifal auf dem Wege zur Gralshalle sagen:

> »Ich schreite kaum, –
> doch wähn' ich mich schon weit.«

Und Gurnemanz antwortet:

> »Du siehst, mein Sohn,
> zum Raum wird hier die Zeit.«[1165]

Es ist wie zuzeiten im Traum. – Außerdem liegt bei Wolfram die Gralsburg an einem See; Neuschwanstein liegt in der Nähe von zwei Seen.

Von den Innenräumen Neuschwansteins sind vor allem Sänger- und Thronsaal dem Gralsthema 98–100
gewidmet. Der erste Entwurf Christian Janks für den Sängersaal[1166] entstand 1868[1167]. Petzet ist der Ansicht, »die ganze Burg wurde gewissermaßen für diesen Saal gebaut, wie später Herrenchiemsee um des Paradeschlafzimmers und der Spiegelgalerie willen gebaut wurde«[1168]. An einer Schmalseite war eine Sängerlaube vorgesehen (ausgeführt, nachdem sie verschiedene Planungsstadien durchgemacht hatte), die eine Reminiscenz an die Waldlaube in Wolframs »Parzival« bildet, gleichzeitig eine Wieder-Holung der Laube aus dem Sängersaal der Wartburg – so daß im Neuschwansteiner Sängersaal Motive aus dem Festsaal (auch Bankettsaal genannt) und dem Sängersaal der Wartburg ver-dichtet sind. Der Neuschwansteiner Saal sollte anfänglich Gemälde von Heiligen und Helden wie der Wartburg-Festsaal erhalten; vermutlich Anfang des Jahres 1878 entschloß sich der Bauherr stattdessen zu einem Parzival-Bildprogramm[1169], das auch ausgeführt wurde.

Aber Darstellungen aus »Parzival« waren von Anfang an für die Burg geplant, wenn auch zunächst nicht im Sängersaal; Ludwig erwähnt das Vorhaben bereits im zitierten Tagebucheintrag vom 7. Juni 1868. Wohin das Thema im Jahre 1869 eingeordnet werden sollte, ist belegt; in seinem »Project zum Bilder Cyclus«, von Hyazinth Holland signiert und datiert »Januar 1869«[1170], setzt der Verfasser den »Parzival« Wolframs in die vierte Etage des Palas in den »Großen Speisesaal«, »Vorplatz« und »Gang«. Ein Grundriß
Abb. 27 Eduard Riedels aus diesem Jahre[1171] paßt hierzu; er zeigt einen großen Speisesaal mit einer hufeisenförmigen Tafel, einen kleineren mit einem Tisch in Gestalt eines gelängten Ovales, einen unterteilten Gang und den Treppenvorplatz. Es ist unbekannt, ob die Speisesäle symbolisch auf die Gralshalle mit ihren Tafeln für das Mahl der Gralsritter bezogen sind; im ersten Aufzug von »Parsifal« gehören solche Tische zum Gralstempel. Die Speisesäle blieben unausgeführt; Gralstempel-Assoziationen wurden im Thronsaal zu Archi-Tektur.

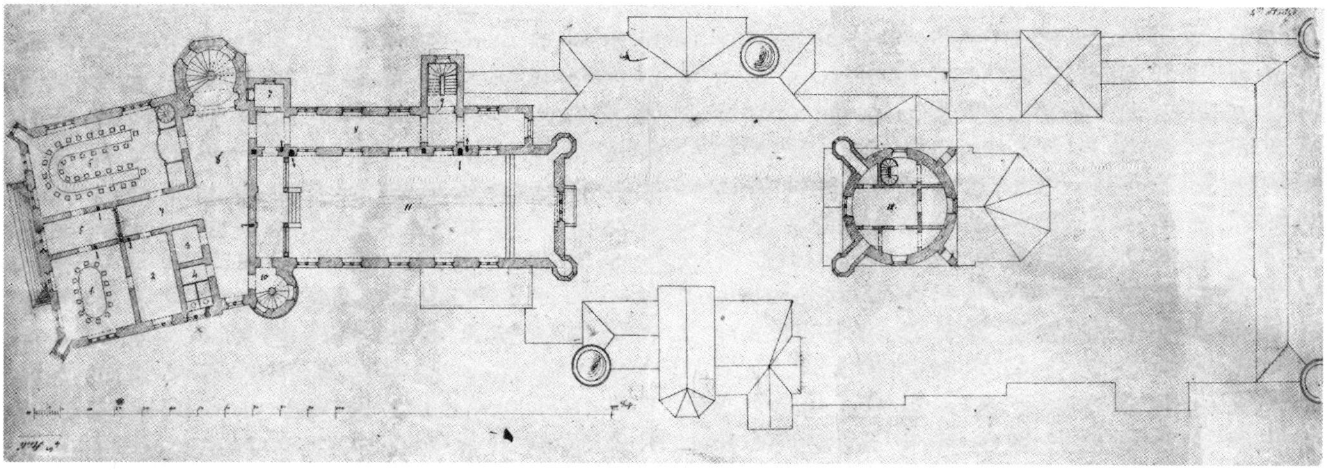

Abb. 27 Eduard Riedel, Vorprojekt zu Neuschwanstein, Grundriß des vierten Geschosses. 1869

Der zitierte Befehl des Bauherrn an Düfflipp vom 1. Juni 1868, die mittelalterlichen Throne genau zu studieren, ist die früheste Erwähnung eines Thronsaalprojektes.[1172] »Von [Eduard] Ille ließ sich der König nach literarischen Quellen seit 1869 ... verschiedene Ansichten des ihn besonders interessierenden sagenhaften Gralstempels malen«,[1173] die auf die Vision des Thronsaales wirkten. Zu deren Darstellung läßt er Ille am 30. Juli 1876 mitteilen: »Die Münchener Allerheiligen-Kirche ist als Vorlage zu nehmen ... Das Kuppelgewölbe selbst soll den Himmel, besät mit goldenen Sternen darstellen, das Blau des Himmels ist so glänzend als möglich zu behandeln. Alle Marmorsorten, die der Architekt Salzenberg in seiner Beschreibung der Sophienkirche in Constantinopel aufzählt, sind zur Verwendung in diesem Thronsale [sic] gedacht. An der Rückseite des Sales [sic] ist eine große Nische, in welcher auf einer hohen Marmor-Estrade der Thron zu stehen kommt. Die Nische ist ganz vergoldet und werden auf diesen Grund gemalt und durch Palmen abgetheilt 6 Könige, die heilig gesprochen wurden, darüber Christus, segnend als König des Himmels, unter diesem Maria und Johannes der Täufer. Der Thronsessel ist mit einem auf Säulen ruhenden Dache überwölbt, ähnlich wie in der Sophienkirche der Altar. Stoffe sehr reich ...«[1174] Ille fertigte im selben
108 Jahre nach diesen Angaben ein Entwurfsaquarell[1175], das in den Hauptzügen auch den Plänen Julius Hofmanns von 1881, 1883 und 1884 zugrundelag[1176]. Illes Thronsaalentwurf von 1876 zeigt im Vordergrund links und rechts je einen Ritter in weißem Mantel mit rotem Tatzenkreuz; der links Dargestellte hat hinter sich eine Standarte mit demselben Emblem. Beide tragen also das historische Tempelherrenhabit[1177]. Wie in Wolframs »Parzival« sind hier die Gralsritter, die »Templeisen«, mit den Templern verbunden oder identifiziert.

107 Im Jahre 1877 aquarellierte Ille einen Entwurf zu einer Gralshalle[1178] mit denselben Entsprechungen zu Bauten der Gewesenheit wie sein Thronsaalentwurf vom Vorjahr und in deutlichem Zusammenhang mit ihm. In der rückwärtigen Kuppel von Illes Gralstempel sind Sonne, Mond und Sterne am blauen Firmament

dargestellt, wie im »Jüngeren Titurel«,[1179] dessen Zuschreibung an den Bayern Albrecht v. Scharfenberg zur Zeit Ludwigs II. wohl noch unangefochten war.

Konkrete Züge aus dieser eingehendsten der mittelalterlichen Gralsburg-Beschreibungen gingen auch in die Ausführung des Thronsaales ein[1180], so der Fußboden als spiegelnde Platte, auf der allerhand Getier 109
dargestellt ist. Im »Jüngeren Titurel« besteht sie aus Onyx und wird beim Abtragen des unzugänglichen Berges (zur Gewinnung des Bauplatzes für den Gralstempel) freigelegt; sie glänzt wie der Mond. Auf dieser Matrix findet man eines Morgens den Grundriß der Tempelrotunde eingeritzt[1181]. Auf dem Takht-i-Suleiman, wo Ringbom das Urbild der mythischen Gralsbauten sieht[1182], kann nach von der Osten-Naumann[1183] die tischplattenartige Kraterobefläche wie eine glänzende Onyxplatte gewirkt haben, besonders, wenn Wasser darüberrieselte.

Im Lünettengemälde des Thronsaales über der Galerie der fensterlosen Längsseite sind unter den 110
»Gesetzgebern«[1184] der vorchristlichen Zeit Hermes Trismegistos und Zarathustra dargestellt. Der erstere ist der ägyptische Gott Thoth in griechischer Benennung. Gesetzgeber war er nicht; die ihm zugeschriebenen Texte lassen auch das ägyptische Fundament nur schwach erkennen; sie enthalten eine esoterische Philosophie der Synthese aus hellenistisch-jüdischen, neuplatonischen, neupythagoräischen und orphischen Gedankengängen. Charles Baudelaires »Fleurs du mal« weisen Paul Arnold zufolge[1185] zahlreiche Parallelen, ja sogar wörtliche Entsprechungen zu diesen Schriften auf[1186]. Auch die sogenannte Tabula Smaragdina, ein grundlegender Text der Esoterik, wird auf Hermes Trismegistos zurückgeführt[1187]. Im vermutlichen Urtext der »Tabula« lautet der zweite Satz: »Siehe, das Oberste [kommt] vom Untersten, und das Unterste vom Obersten; ein Werk der Wunder von einem Einzigen.«[1188] Diese Analogie von Oben und Unten wird im Gralstempel des »Jüngeren Titurel« und im Thronsaal von Neuschwanstein Architektur: der Bau und der Himmel darüber spiegeln sich in der glänzenden Matrix der Bodenfläche. Daß nach dem »Wartburgkrieg« der Gral aus Smaragd bestanden haben soll wie das mythische Urbild der »Tabula«, wurde bereits erwähnt[1189].

Ludwig II. kann bei Hermes Trismegistos auch an die ägyptische Mythologie im allgemeinen gedacht haben, an die Dreiheit von Isis, Osiris, Horus; sie wird unter anderem als Hervorbringen (Isis), Zerstören (Osiris wird zerstückelt) und Synthese jenseits von Schaffen und Zerstören (Horus) gedeutet. Den Dualismus von Hervorbringen und Vernichten lehrten auch die Anhänger des im selben Gemälde des Thronsaales dargestellten Zarathustra: Ormuzd ist dort das positive, Angra mainyu das negative Prinzip. Mani (218–276) übernahm von Ägypten und Zarathustra diese Idee einer ewigen Dyas, einer Antithese, die es zur Synthese zu bringen gelte. Kyot, der Gewährsmann, den Wolfram anführt und den einige mit dem Dichter Guyot de Provins identifizieren[1190], hat nach Franz Rolf Schröder um 1170–1180 in der epischen Form des Artusromanes die Grundideen Manis dargestellt[1191]. Kyot und Flegetanis, der nach Wolfram in den Sternen vom Gral las, sind in Neuschwanstein als geschnitzte Figuren am Eingang in den Sängersaal von dessen Seitengalerie aus dargestellt. Die Lehre Manis ist, vereinfacht gesagt, eine persisch aufgefaßte Gnosis, mit der die Templer in den Kreuzzügen in Berührung kamen[1192]. – Es wurde bereits erwähnt, daß Ringbom die sassanidische Überlieferung heranzieht, nach der Zarathustra auf dem Takht-i-Suleiman geboren sei[1193].

Was den – nicht mehr ausgeführten – Thron in Neuschwanstein angeht, so vermutet Kreisel, »daß 111
dieser Thron nie für den König bestimmt war, sondern für Amphortas bzw. den Gral selbst symbolisch stand.«[1194]

Über den Thronsaal berichtet der Ikonograph des Bauherrn, Hyazinth Holland: »Die Ausschmückung des Thronsaals entstammt ganz der Idee des Königs. Hierüber beriet er sich nur mit seinem Baumeister. Alles diktierte er einem gewöhnlichen Diener, der die ihm unbekannten Namen (Feirefiß usw.) in einer oft schwer zu enträtselnden Orthographie niederschrieb. Dabei ging Ludwig II. bis in die kleinsten Einzelheiten.« Über seine Tätigkeit für das Schloß überhaupt erinnert er sich: »Ich mußte die Pläne in fliegender Eile durchsehen und dem Kabinettssekretär Ludwigs II. mit Handgelübde versprechen, daß keine andere Person Einblick erhalte, überhaupt nichts erfahre, und daß von den Zeichnungen keine Pausen gemacht würden. Nach dieser Weisung mußten auch des Königs Vorschläge sogleich vernichtet werden.«[1195]

Die Verbindung des Thronsaales mit dem Gralstempel war nach Petzet der Grund, daß im Sängersaal statt eines Bildprogrammes nach Muster des Wartburg-Festsaales eines aus »Parzival« gewählt wurde: »Der anschließende Sängersaal sollte nun in Abänderung des ursprünglichen Programms auf den Thronsaal
112–114 vorbereiten und erhielt 1883–1884 Wandgemälde zum Parzival nach Wolfram von Eschenbach. In der Sängerlaube erscheint Parzival als König des Grals, gegenüber der Aufbruch seines Sohnes Lohengrin von der Gralsburg, womit das Thema wieder in den am Anfang der Gründung Neuschwansteins stehenden Schwanenritterstoff mündet.«[1196]

Es ist nun nach dem Gral zu fragen[1197], also nach der Bedeutung der ihm in den Fassungen des Mythos sinnbildlich beigelegten Eigenschaften, wie Speise zu liefern oder ewige Jugend und Glück zu verleihen. Man kann ihn als Gefäß der Wiedergeburt auf transzendenter Stufe umschreiben. Der *Horntrank*, den Ludwig II. am 1. August 1869 im Tagebuch erwähnt und den er vielleicht auch im Eintrag vom 23. Juni meint (beide Stellen sind im Abschnitt »Schwüre« zitiert), könnte ein Ritual sein, das auf eine solche Wiedergeburt, also nicht allein auf Befreiung von Schuld, abzielte. Auch kann nach Brian Cleeve der Gral insbesondere für einen König eines seiner Insignien als ein »Kanal« sein, durch den Königliches seiner gewünschten Bestimmung rituell zugeleitet wird. Cleeve vertritt die (hier im Abschnitt »Seiender und tätiger König« vorgetragene) Auffassung vom »seienden« König, der unmittelbar zu Gott ist; König und Krone (statt Krone auch: Banner oder Thron) verhalten sich zueinander wie Gott und Gral[1198]. Ludwig II. muß um die Zusammenhänge gewußt haben.

Ergebnis der Wiedergeburt ist der Mensch als integre Persönlichkeit[1199]. Das ist das Ziel der »Queste«, der Gralssuche, die als Suche nach Gnosis, nach Erkenntnis des Göttlichen durch die Individualität, umschrieben werden kann: als Parzival fragt, kann er Gralskönig werden; die Erkenntnis ist es, welche ihn dazu befähigt; sie erlöst, durch sie wird er integer. Den Gral zu finden kann also nur bedeuten: der Gral zu werden.

Ähnliche und teilweise identische Vorstellungen finden sich bei alchemistischen Autoren des Mittelalters und auch die konkreten Symbole sind bei Gralsmythos und Alchemie teilweise vergleichbar. Beides, Gralssage und Alchemie, ist mit dem Lehrgebäude der Katharer, Zeitgenossen der Gralsdichter, zu verbinden. Im Abschnitt »Seiender und tätiger König« war von der Verbindung der Katharer mit dem Stoffkreis des Grales (über Vermittlung durch die Bogumilen) die Rede. Wolfram und bereits Chrétien de Troyes, nach Wolframs Aussage eine seiner Quellen, bringen die Katharer mit den Gralsvorstellungen in Zusammenhang.[1200] Übereinstimmung zwischen Gralserzählungen, Alchemie und Katharer-Lehre besteht insbesondere in dem diesen gemeinsamen Bestreben, das Aufsteigen zur Integrität (dieses Aufsteigen wird unter anderem als anabasis oder ascensus bezeichnet) vermittels Synthese (»Complexio oppositorum«) aus Polaritäten, wie beispielsweise Hell-Dunkel oder Männlich-Weiblich, zu vollziehen, was durch das im Individuum verborgene Göttliche (also etwa Meister Ekkeharts »Fünklein«) ermöglicht werde. Voraussetzungen für diese Idee lieferten besonders Gnosis und Neuplatonismus.[1201]

Namentlich Wolfram v. Eschenbach, dessen Fassung der Gralssage der Bauherr von Neuschwanstein vornehmlich heranzog, kannte alchemistische Vorstellungen[1202]. Wolfram nennt den Gral »lapsit [lapis?] exillis«[1203], der Alchemist Arnaldus de Villanova (1248–1314) nennt den Lapis philosophorum, den Gegenstand des alchemistischen magnum opus, »lapis exilis«[1204]. Die Verwandlung der unedlen Materie zum Stein der Weisen, ein Vorgang, den man mit einer Folge von Wiedergeburten auf jeweils höherer Stufe vergleichen kann, vollzieht sich in einem »Gefäß«, dem vas hermeticum. Dieses Gefäß wird zuweilen mit seinem Inhalt, dem Stein der Weisen, der am Ende der Transmutationsvorgänge darin zu finden ist, gleichgesetzt[1205]. Wie das für den Vorgang gebrauchte Gefäß zum Ergebnis des Vorgangs wird, so wird der Gralssucher zum Gral. Emma Jung und v. Franz setzen das vas hermeticum in Parallele zum Gral als Gefäß[1206].

Der Lapis der Alchemie bedeutet wie der Gral die umfassend integre Persönlichkeit, geschaffen unter Mitwirkung des göttlichen Teiles, der im Materiellen des Menschen verborgen war. Die »niederen Metalle« werden in »Gold« transmutiert[1207]. Der Parzival der Gralserzählungen ist der ganzheitliche Mensch auch im Sinne der Alchemie[1208].

Zu den Erwähnungen der Sonne in Bezug zu Gralsthemen ist nachzutragen, daß Wagner am 22. Mai (seinem Geburtstag) 1866 zu Ludwig II. sagte, der Name »Lohengrin« bedeute »Sonnenantlitz«. Jung und v. Franz sehen in der Sonnenstadt der spätantiken Alexandersage Parallelen zur Gralsburg[1209]. Im tieferen Sinne verwirklichen also die Sonnenkönigs-Architekturen Ludwigs II. und seine Gralsburg Neuschwanstein nicht voneinander isolierte Stoffkreise.

Die Gralsthemen und ihre literarischen Ausprägungen sind zeitlich (bis in die vorchristliche Zeit) und räumlich (bis in den Orient) schon in sich verzweigt, verschränkt und verwickelt, sie sind es auch in ihren Bezügen zu anderen Vorstellungswelten. Daraus eine umfassende Einheit in einer einzigen Architektur (Neuschwanstein) geschaffen zu haben, war eine Welt-Ordnung von schwer vorstellbarer Großartigkeit, Intensität und Konsequenz, aber nicht isoliert, nicht ohne Parallelen in Gewesenheit und Zeit des Bauherrn.
So war er nicht der einzige, der Lohengrin und Tannhäuser räumlich zusammenbringt; Jung und v. Franz 115
erwähnen einen Gewährsmann, der mittelalterlichen »Historienschreibern« die Meinung zuordnet, »der Schwanritter sei aus dem Berge gekommen, wo Venus in dem Graale ist«[1210]. Und inwiefern die gesamte Kultur bis etwa 1914 von dem Ideengebäude einer Wiedererkennung des Rittertums als Prinzip bestimmt war, zeigte Mark Girouard für den angelsächsischen Raum[1211]. Welche Mißverständnisse andererseits schon bei Ludwigs Zeitgenossen möglich waren, berichtete unter anderen Kreisel: Der König hatte den Text der Gralserzählung aus »Lohengrin«[1212] ins Tagebuch geschrieben (mit Änderung eines Wortes). »Es entbehrt nicht der Komik, daß man auch dieses sogenannte Tagebuchblatt des Königs als Belastungsmaterial für seinen geistigen Zustand verwendet hat, da man das Manuskript nicht als Text Wagners erkannte.«[1213]

Wie weit dem Bauherrn alle Gralszusammenhänge im einzelnen bekannt waren, ließe sich nur feststellen, wenn man seine gesamte Lektüre übersehen würde. Intuitiv muß er diese Verbindungen aber empfunden haben, sonst hätte er sie in Neuschwanstein nicht in Ikonologie und in symbolischer Architektur so weitgehend verwirklichen oder teilweise wenigstens andeuten können.

Brautgemach

Der unausgeführte Raum war in der Kemenate vorgesehen. Im folgenden wird ein als Kunstwerk in der 116
Zeichnung fast laienhafter Entwurf dazu besprochen[1214].

Eine Bestimmung des Raumes für den Fall einer Vermählung des Bauherrn ist wohl ausgeschlossen. Selbst bei der Verlobung, kurz erwähnt am Ende des Abschnittes »Meine Kaiserin«, ist keinerlei Initiative des Königs nachweisbar. Am Tage der Lösung dieser Bindung (7. Oktober 1867) heißt es im Tagebuch: *Sophie abgeschrieben, das »düstere« Bild verweht, nach Freiheit doch verlangte ich, nach Freiheit! Freiheit dürstets mich! Aufleben nach qualvollem Alp – und weckend mich aus düstrem Traum!* Am 16.: … *wie ich froh bin, daß ich frei ward.* Und am 29. November: *Gott sei ewig gedankt, nicht ging das Entsetzliche in Erfüllung (mein Hochzeitstag sollte es sein)*[1215]. Überhaupt gestaltete Ludwig II. seinen persönlichen
Umgang sachlich, also gemäß seiner eigenen Inhalte. Auf der Schweizerreise mit Joseph Kainz vom 27. Juni 35
bis 14. Juli 1881 sagte er abends oder nachts einmal zu dem Schauspieler: *Erfreue mich durch Gedanken, die niemand bemäkelt und niemand beeinflußt; das Menschengewimmel mit seinem Egoismus und seiner Kurzsichtigkeit schläft … welche Beruhigung!*[1216] Diese Art der Beziehung ist frei von Zu- oder Abneigung; beide Affekte sind im Grunde identisch, da sie gleichermaßen die Persönlichkeit aus ihrer eigenen Mitte reißen. Sie ruht nicht mehr darin, sondern wird von etwas außer ihr bestimmt, einem Objekt im wörtlichen Sinne des »Entgegengeworfenen«. Außerdem bedingen sich Anziehung und Abstoßung gegenseitig; eigenes Sein haben sie an und für sich gar nicht. Dieses transitorische Hin und Her von Philia und Neikos zeigte zuerst Empedokles (ungefähr 490–430 v. Chr.) auf. Am 14. November 1865 vermerkt Ludwig im Tagebuch aus einem Gespräch mit Wagner über die Schweizer: *Charakter jenes Volkes, praktisch ohne idealen Sinn, zwischen Lieben und Hassen traurig durch d. Leben ziehn.*[1217] Durch die Freiheit von diesen Affekten »verstand es Ludwig II. zu jeder Zeit, die Person von der Sache zu trennen«[1218], erinnert sich Ernst v. Possart,
für den König der ideale Theatermann, seit 1864 äußerst intensiv für ihn als Schauspieler, Regisseur und 35
Dramaturg beschäftigt[1219].

Sicherlich sollte das Brautgemach eine Reminiscenz an den gleichnamigen Schauplatz der ersten und zweiten Scene des dritten Aufzuges von »Lohengrin« bilden[1220]. Wagners Szenenanweisung entsprechen aber nur das Bett im Hintergrund sowie das Ruhebett rechts.

Der Scheitel der Bettalkoven-Archivolte zeigt ein ineinander verschlungenes Drachenpaar, mit verschiedenen formalen Mitteln hervorgehoben. Ein Drachenpaar kommt auch in der Geschichte von Merlin vor, einem Teil des Gralsmythos: Ein roter (männlicher) und ein weißer (weiblicher) Drache bekämpfen sich. Die gleiche Symbolik verwendet die Alchemie. Der Gegensatz Mann und Frau steht in beiden Fällen beispielhaft für jede Polarität. Um Synthese (»complexio oppositorum«) aus Polaritäten geht es bei der Gralssuche und beim »Großen Werk« der Alchemie.[1221] Der Merlingestalt bei Wolfram v. Eschenbach heißt Clinschor; es ist der Magier Klingsor der Sage vom Sängerkrieg auf Wartburg; seine Luftfahrt mit Heinrich v. Ofterdingen stellte Ferdinand Piloty an der Nordwand des Speisezimmers in Neuschwanstein dar.

Auf Burg Lockenhaus (Burgenland, Österreich) wurde im »Kultraum«, dessen Bodenschale im Abschnitt »Gral« erwähnt ist, ein Stein gefunden (wohl um 1250 anzusetzen), auf dem unter anderem ein ineinander verflochtenes Schlangenpaar eingeritzt ist[1222].

Ebenfalls im Abschnitt »Gral« wurde der Vorgang bei der Gralssuche und alchemistischem magnum opus einer Folge von Wiedergeburtserlebnissen auf jeweils höherer Stufe verglichen. Das verschlungene Drachenpaar kann nun das Ausgangsstadium des Prozesses bedeuten, Einheit der Gegensätze im Urmenschen, dem Adam vor dem Genuß des Apfels der Erkenntnis: Einheit im naiven Status der Unbewußtheit. Ebenso können die Drachen als Symbol der zur Synthese gebrachten Polarität aber auch das Ende der »Queste« oder der Suche nach dem Stein der Weisen, das heißt dem Streben nach allumfassender, sich selbst genügender, aus sich und für sich bestehender Ganzheit (Integrität) bedeuten. Denn dieses Ende ist insofern dem Anfang gleich, als die beiden Drachen wiederum verschlungen, vereint sind – aber nun in bewußter, durch Erkenntnis erschaffener Synthese[1223].

Die gekennzeichneten Anschauungen beziehen sich auf jede Polarität; beispielsweise auf Intuition-Ratio, Gut–Böse, Liebe–Haß, Potentialität (Möglichkeit)-Aktualität (Wirklichkeit), Mann–Frau (oft als:
107 Sol-Luna). Verbleibt man beispielsweise bei dem Gegensatzpaar Sol-Luna, verbildlicht durch die beiden Drachen, so stehen Sonne und Mond am Schlusse der Prozedur für Gott und Mensch; diese sind nun vereinigt.[1224] Sol ist das Licht; Luna hatte es von Sol erborgt, das Licht aber ist immer ein und dasselbe. Bereits die »Tabula Smaragdina«, dieses hellenistische Hauptkompendium der einschlägigen Philosophie (im Abschnitt »Gral« erwähnt), spricht vom »Werk der Wunder von einem Einzigen«[1225]. Alles soll auf eines zurückgeführt werden.

Die Operation hat mehrere verschiedenartige Phasen; ein Verfahren jedoch kehrt mehrfach darin wieder. Es wird von alchemistischen Philosophen durch die Universalformel »Solve et coagula« bezeichnet[1226], mit der Bildhaftigkeit, die man allgemein in der alchemistischen Literatur findet.

Solution kann in Annäherung als Analyse umschrieben werden. Auf diese zerlegende Erkenntnisstufe war Adam zunächst nach dem Essen vom Baum der Erkenntnis reduziert. Solution ergibt, daß die polaren opposita als solche nur scheinbar existieren. Sie haben nur erborgtes Sein, da sie bloß relativ sind, nur in Bezug aufeinander überhaupt erkennbar. Bereits hier ist auf eine der analogen Begriffsbildungen indischer Philosophie hinzuweisen, da Ludwig II. sie kannte. Schon am 8. Dezember 1864 sagte Pfistermeister zu dem Münchner Philosophie-Professor Johannes Huber, von dem bereits im Abschnitt »Tagebuch« die Rede war, der König wolle unter anderem den »Zusammenhang der Sagen«, besonders Brahmanismus und Buddhismus, kennenlernen. Darüber trug Huber seinem Monarchen dann auch vor[1227]. Dieser verwirklichte
78 seine indischen Stoffkreise durch Archi-Tektur im Wintergarten (vgl. den Abschnitt »Wintergarten Ludwigs II.«); weitere einschlägige Bauten blieben meist Projekt. Andere Verwirklichungen erfolgten in den Separataufführungen. Ein Hauptwunsch des Königs an Wagner war, dieser möge die buddhistische Erlösung im »Die Sieger« benannten Projekt gestalten; Wagner vollendete es aber nicht. Briefstellen Ludwigs an Wagner, die sich auf »Die Sieger« beziehen, sind im Abschnitt über den »Wintergarten Ludwigs II.« zitiert. – Die Parallele zur Auffassung von der Scheinexistenz der Gegensätze bei den Indern findet sich besonders in der Bhagavad-Gita, dort ist die Sphäre der Bipolarität der »Widerspruch«, sonst nichts[1228].

Koagulation (Synthese) läßt die Relata, also die Gegensätze, gerinnen, fest werden, in einem Dritten jenseits von ihnen. Dieses Dritte ist aus sich selbst, genügt sich selbst. Es ist folglich Gott. Schelling, der solche Überlegungen unter anderem von dem bereits zitierten Franz v. Baader kannte[1229], philosophiert über Gott als absolutes, mit sich selbst identisches (also von allem zu sich Gegensätzlichem freies) Subjekt. Gott ist integral, er hat alle Gegensätze als Einheit in sich. Schelling: »seyendes, bleibendes Selbstobjekt (Subjekt = Objekt)«[1230]. Nach dieser Auffassung, Subjekt und Objekt seien in Vollendung der Göttlichkeit identisch, heißt dieser Gedankenbau Schellings »Identitätsphilosophie«.

In Wahrheit gibt es nur Gott. Er war immer in uns, der Möglichkeit nach (potenzial), das magnum opus der Alchemie oder die Gralssuche läßt ihn dann durch die Wirklichkeit (Aktualität) hindurchgehen, der finale Status ist der einer Synthese von Potenzialität und Aktualität, deren Ergebnis beiden transzendent ist. Jetzt ist Gott also frei auch gegenüber seinem Sein.[1231] Schellings spätere Philosophie ist teilweise eine andere. Von zahlreichen Autoren des 19. Jahrhunderts wird gerade er zitiert, denn er war erstens der einflußreichste Vertreter dieser Richtung des Idealismus in Deutschland und besonders in München, spätestens seit seinen dortigen Vorlesungen aus dem Jahre 1827. Und zweitens ist er neben Ludwig Feuerbach der einzige im Tagebuch des Kronprinzen häufig erwähnte Philosoph. Der Kronprinz notiert am 19. Januar 1864: *(Schelling)*. Am 20.: *Schelling (Steininger)*. Am 23.: *Steininger, (Kunst, Schelling)*. Am 27.: *Steininger (Schelling)*. Am 28.: *Schelling, bat* [?] *Steininger*. Am 29.: *Steininger, Schelling*. Am 3. Februar: *über Schelling (Prometheus)*. Am 4.: *über Schelling, Mythologie*[1232]. Am 5.: *Übergang v. Schelling auf Hegel*[1233]. Steininger war der philosophische Mentor des Kronprinzen.

Die Vereinigung der Gegensätze wie Sonne–Mond, der Seele mit Gott, des Sehers mit dem Gesehenen, wird auch unter dem Bild der Union von Bräutigam und Braut dargestellt, dem »Hieros gamos«, einem universal verbreiteten Symbol höchster Bedeutung; so ist es in der Alchemie die letzte Phase des magnum opus, also der Gewinnung des »Steines der Weisen«. Manchmal ist es Heirat eines Königspaares, wie überhaupt die Alchemie im ganzen den Namen »ars regia« erhielt[1234]. Rituell wird der Hieros gamos durch verschiedenartige Vorgänge vollzogen. Das Brautgemach in Neuschwanstein wäre dann das »philosophische Ei«, das Behältnis, in dem die Hochzeit stattfindet.[1235] Auch Parcival muß sich symbolisch seine Gegensätzlichkeit in Gestalt des Weiblichen integrieren: in der Heirat mit Kondwiramur, als Wandgemälde 113
im Sängersaal dargestellt.

Die Einheit des Männlichen und Weiblichen in der Persönlichkeit wird als Androgyn vorgestellt. Diese bewußte Synthese gilt als Wiederherstellung des paradiesischen Urmenschen vor dem Genuß vom Baume der Erkenntnis; auch er, der Adam Kadmon, soll ein Androgyn gewesen sein – aber, wie erwähnt, hatte er die Einheit nur in naiver Unbewußtheit in sich.[1236]

Bei den verschiedentlich im Abschnitt »Gral« erwähnten Tempelrittern war der »Baphomet«, eine im nichtöffentlichen Kultus verwendete Kopfskulptur, wohl in manchen Fällen, in denen er zwei Gesichter aufwies, eine androgyne Darstellung[1237].

Der Hermaphrodit war im 19. Jahrhundert, soweit es romantisch bestimmt war, ein häufiges Thema, insbesondere in Frankreich. Honoré de Balzac gestaltete ihn in der Titelfigur von »Séraphita«[1238]. Bei Josephin Péladan (1858–1918) stand er im Mittelpunkt der Ästhetik, auch bei von dem »Sâr«, wie er sich nannte, beeinflußten bildenden Künstlern[1239]. In Péladans Prosadichtungen findet sich das Motiv gleichfalls[1240]. Péladan wird hier als Instanz herangezogen, weil er in verschiedenen Bereichen teilweise Ludwig II. ähnlich war, so in der Betroffenheit durch den Gralsmythos[1241], der Verehrung Wagners[1242] und im Eintreten für Henri V., den bourbonischen Prätendenten (Henri d'Artois, Herzog v. Bordeaux, Graf v. Chambord, 1820–1883), der am Lilienbanner (statt der Trikolore) und an der nicht verfassungsmäßig beschränkten Monarchie festhielt[1243]. Über ihn spricht sich der König im Brief an Wagner vom 26. November 1882 aus[1244].

Die Frucht des Hieros gamos, die Einheit der Gegensätze (Androgyn), bringt zum Unterschied von der Frucht der gewöhnlichen Hochzeit kein neues »Karma« hervor. Der Ausdruck bezeichnet in der indischen Philosophie den Willen als Verursacher, der sich aus Mangel an Selbstgenügen nach außen, auf das Nicht-Ich, richtet. Ob er verdienstlich oder schuldhaft wirkt, gilt als einerlei, weil er sich auf jeden Fall ins blind

Kausale verstrickt, dessen Symbol für Ludwig II. die erwähnte Pagodenfigur war (vgl. den Abschnitt »Selbst-Verspinnung«). Betätigung dieses Willens, dessen Begriff bekanntlich über Vermittlung der Werke Schopenhauers auch Wagner inspirierte, bedeutet also bestenfalls Vergeblichkeit. Ein geglückter Hieros gamos gleicht die vorher vom Operierenden verübten Aktionen des Karma aus; nun ist er frei von Relation mit blinder Kausalität, er hat sie vernichtet. Das »Karma« kann ihn nicht mehr an das Rad von Samsara, den unerbittlichen Kreislauf von Geburt–Tod–Wiedergeburt, ketten. Mit der Vorstellung des »Aufgebahrtseins«, die Ludwig II. in Falkenstein verwirklichen wollte, gedachte er vielleicht die Erlöstheit von diesem Kreislauf zu symbolisieren. Zuweilen wird nicht nur der Hieros gamos, sondern überhaupt jede rituelle Handlung von indischen Philosophen als karmafrei betrachtet.[1246] Auf die Ritualisierungstendenz bei Ludwig II. wurde ja wiederholt eingegangen.

Die Synthese der Polaritäten in Gralsmythos, Alchemie und indischer Philosophie, wie sie geschildert wurde, ist nicht Mischung unter weiterer Relativierung des Seins der Komponenten, die ohnehin nur relatives Sein besitzen, sie ist also beispielsweise kein »Kompromiß«; er wäre vom gekennzeichneten Standpunkt aus gesehen nur Vortäuschung von Harmonie. Die gemeinte Synthese geschieht unter Transformation, und zwar schöpferisch. So heißt es von einer ihrer – hier erwähnten – Erscheinungsformen, dem Lapis philosophorum, er käme zwar durch »Heirat« zustande, aber sei ein Drittes, sei Bräutigam und Braut (den vereinigten Kontrasten) transzendent: »Er wird zwar mit dem Rex Sol [dem männlichen Prinzip] verglichen oder als solcher benannt; aber er ist kein Sponsus, kein Opfer und gehört zu keiner Gemeinschaft; er ist wie der Schatz im Acker, den ein Mann fand und wieder verbarg (Matthäus XIII, 44) ... Der Lapis ist das wohlbehütete, kostbare Geheimnis des einzelnen.«[1246].

Die wohl bekannteste Darstellung der beiden Drachen im Sinne des Brautgemachs von Neuschwanstein findet sich auf einem Kupferstich des 18. Jahrhunderts[1247], der nicht erhaltene Wandgemälde im Charnier des Innocents, Paris, zeigt. Berühmt waren sie wegen einer strittigen Tradition, nach welcher der vielgenannte Alchemist Nicolas Flamel (1330–1418) sie in Auftrag gab. Er soll auch eine »Explication« dazu verfaßt haben, worin die Drachen im oben wiedergegebenen Sinne gedeutet werden[1248].

In der obersten Wandzone auf dem Brautgemach-Entwurf für Neuschwanstein sind unter anderem Cherubim dargestellt. Es decken aber nicht zwei ihrer Flügel das Antlitz; insofern entsprechen sie nicht Jesaja (6, 2). Jeder hält offenbar die glühende Kohle in Händen, mit der ein Seraph sofort die Entsühnung Jesajas von dem Frevel, Gott angeschaut zu haben, vollzog (Jesaja 6,6). Die Seraphim bilden die höchste Ordnung der Engel. Ihre Darstellung mit Inhalten Ludwigs II. zu verbinden, erfordert Bezugnahme auf die kabbalistische Bedeutung. Im Abschnitt »Schwüre« wurden Niederschriften kabbalistischer Operationen im Tagebuch des Königs festgestellt[1249].

Nach der Kabbala gehören die Seraphim zur höchsten Sephira, Kether (= Krone). Die Sephiroth kann man sich – von Gott aus betrachtet – vereinfacht als seine abwärts steigenden Emanationen, in verschiedenem Grade der Entfernung von ihm, vorstellen. Zu Kether gehört der Gottesname »Ich bin, der ich bin«; also ist Kether die Sphäre des mit sich selbst identischen Seins, des integren Menschen, den Gralsmythos, Alchemie und teilweise die indische Philosophie in vergleichbarer Auffassung meinen.[1250] Bei Heinrich Khunrath[1251], einem einflußreichen Philosophen dieser Richtung zu Anfang des 17. Jahrhunderts, findet sich eine doppelseitige Tafel mit Christus in Kreuzigungshaltung, aber ohne Kreuz, im Zentrum. Über dem lateinischen Wort »IN« rechts oberhalb von Christus steht in hebräischer Schrift der Gottesname »Eheihe«, sinngemäß wiederum das »Ich bin, der ich bin«. Verlängert man die durch die Stellung der Wörter »IN« und »Eheihe« angegebene Richtung nach außen, so trifft man über dem Wort »DILIGES« auf eine längliche, bandartige Fläche, an die nach außen der äußerste, radial schraffierte Kreisring der Darstellung anschließt. In der weißen, bandartigen Fläche steht links in hebräischer Schrift: »Haïoth Hakkadosch«, eine Umschreibung für die Seraphim, zu übersetzen sinngemäß als: Intelligenzen oder Entelechien der Vorsehung.

Zosimos, einer der ältesten bekannten alchemistischen Autoren (aus dem 4. Jahrhundert nach Christus) läßt einen Priester sagen: »Ich bin der, welcher ist«[1252]. Der Verfasser wird das ägyptische Original der dem Hermes Trismegistos zugeschriebenen Schriften noch gekannt haben; außerdem schöpfte er vielfach aus altiranisch-persischen und jüdisch-hellenistischen Quellen[1253].

Am 16. März 1868 schrieb Ludwig II. an Wagner: … *ich bin, der ich war von Anbeginn*[1254]. Wagner antwortet am 21.: »Stimmen sie [die Taten des Königs] dann überein, so muss Ludwig II. von Bayern selbst als die erstaunlichste Offenbarung des Göttlichen in der Weltgeschichte dastehen. Dieses Urtheil haben Sie Sich mit diesem Briefe geschrieben.«[1255]

Im Sinne von Johann Gottlieb Fichte und Friedrich Schelling hat jedes Individuum die Gewißheit »Ich bin ich« selbst und frei hervorzubringen. Der Akt dieser Hervorbringung ist der Anfang idealistischer Philosophie. Ludwig II. meinte mit seiner Äußerung: er nahm die Verantwortung auf sich, dem so definierten Status der Identität mit sich selbst zu entsprechen, obwohl er wußte, daß ihm nun niemand mehr »helfen« konnte[1256], ebensowenig wie bei dem Anspruch, ein »seiender« König zu sein (vgl. das Gespräch des Königs mit Vanderpoole 1882, S. 142–144). In dem Brautgemach für Neuschwanstein wollte er, hinter Symbolen verborgen, seine unausgesetzte Betroffenheit vom Unbedingten durch Bauherrentum verwirklichen, da er in Archi-Tektur dachte.

William Beckford, wie erwähnt in dieser und mancher anderen Hinsicht Ludwig II. auffallend vergleichbar, äußerte am 26. August 1783: »I am what I have ever been«[1257].

Neuschwanstein: Abschließende Überlegungen

Neuschwanstein beginnt, während an Ludwigs Residenzräumen und dem Wintergarten gearbeitet wird, während der Ausbau von Linderhof eingeleitet wird und die übrigen Bauten, vor allem eine Wieder-Holung von Versailles, in der Vision meist schon feststehen: die ganze Kosmologie auf einmal. Denn alle Beharrung auf nur jeweils einer Zeit ist unwirklich. Welche erstaunliche Leistung in der kurzen Lebenszeit des Königs.

Wie gleichartig ist die künstlerische Umzündung beim Empfang eines tiefen Eindrucks bei Wagner und Ludwig II.: Wagner sieht die Assunta von Tizian, – und beschließt die Ausführung der »Meistersinger«[1258]. Ludwig hört Lohengrin und Tannhäuser – entzündet aber wird der Bauherr, mit Neuschwanstein.

Von den Bauten des Königs ist es am meisten »zusammengesetzt«, aber kein Konglomerat. Der Wunsch: 117
es müsse die Architektur ein »Selbstbildnis« sein, ist zwar im Ganzen manifestiert, aber das Schloß besteht aus einer Vielfalt von Einzelheiten, beispielsweise »Reminiscenzen«.

Die selbsttätige Architektur: auch Neuschwanstein ist nicht abwohnbar, sondern wirklich nur, auch in den Innenräumen, eine Zusammenstellung von »Entsprechungen«. Nichts anderes sind die Raumbenennungen, zum Beispiel im von Düfflipp am 26. April 1868 geschriebenen Text, oben zitiert[1259]. Am dichtesten, zugleich am seltsamsten beim Turm: Bevölkerung mit Personen, die es nicht gibt (Adjutanten, Sekretäre, Turmwächter). Jede einzelne dieser Figuren: ist der König selber.

Linderhof

Hier ist von den ausgeführten Bauten im Graswangtal die Rede; also vom 1870 begonnenen Anbau einer Raumgruppe in Holzkonstruktion an das bestehende »Königshäuschen«, dann Ausführung des Äußeren in Stein und weiterer Ausgestaltung nach Versetzung des Häuschens. Auch das mit dem Anagramm »*Tmeicos-Ettal*« bezeichnete Projekt war anfangs im Graswangtal geplant – das »Versailles« des Königs – aber es wurde auf Herrenwörth im Chiemsee gebaut. Ludwig unterschied es stets von der »Königlichen Villa« und deren Vorläufer (dem genannten Anbau an das »Königshäuschen«).

Ludwig II. liebte Linderhof[1260] bereits, als er noch nicht daran dachte, dort zu bauen. Dem Tagebuch zufolge weilte er dort am 20. Juni, 17. September, 18. September (an dem er schreibt: *O wie innig werth u. lieb ist er mir geworden, der Linderhof*) 1865, am 24. August 1866, zwischen 28. Juli und 2. August sowie am 25. September 1867. Der Eindruck vom 18. September 1865 erklärt sich zumindest teilweise aus dem Brief an Wagner vom selben Tage: *Wie werth ist mir dieser Ort geworden; hier las ich Ihre neue Bearbeitung der Tannhäuser-Dichtung, hier empfing ich nun diesen begeisterungserglühten Brief.*[1261] Der König meint Wagners Brief vom 16. September 1865.

Die erste Erwähnung eines Bauvorhabens findet sich im Tagebuch am 24. November 1868: *Dämmern eines neuen Planes – – – – – Kleiner Bau mit Garten im Renaissance-Styl ... Linderhof.* Vor »*Linderhof*« steht ein unleserliches Wort; es könnte »*Trianon*« lauten, in Ent-Sprechung zum »Grand« und »Petit« Trianon bei Versailles. Am 26.: *endlich 3 Uhr Linderhof, Platz gesucht.* Es könnte auch ein Platz für sein »Versailles« gemeint sein, das er laut Tagebuch am 5. Dezember 1868 »*Tmeicos-Ettal*« taufte.[1262]

Am 20. September 1870 wird Düfflipp mitgeteilt: »Majestät wünschen den Plan von Tmeicos-Ettal mit den Gärten recht bald zu erhalten, auch soll sogleich mit dem Bau am Linderhof begonnen werden.« Tmeicos-Ettal und der Anbau ans »Königshäuschen« sind voneinander unterschieden. Am 30. schreibt wieder Richard Hornig an Düfflipp: »Majestät möchten, ähnlich wie ich Herrn Hofrath hier aufzeichne, den kleinen Anbau am Häuschen des Linderhofes herstellen lassen... Herr Hofrath möchten Majestät einen kleinen Plan vorlegen.« Hornigs laienhafte Skizze zeigte einen runden Mittelraum, beiderseits flankiert von annähernd halbkreisförmigen kleineren Gemächern.[1263] Diese wenigen Quellenäußerungen genügen, weil Linderhof Kriterien des Bauherrentums Ludwigs II. nicht im gleichen Umfang erkennen läßt wie Neuschwanstein und Herrenchiemsee.

Schloß Linderhof und sein Platz sind nicht zum Graswangtal offen, sondern liegen hinter einem niedrigen, aber steilen, langgestreckten Hügelrücken. Also: obwohl in einem weiten gemuldeten Tale, doch ganz verborgen. – Wenn nicht die Hinweisschilder vorhanden wären, würde aller Verkehr von Ettal nach Hohenschwangau auf der Hauptstraße bleiben und niemand würde gewahr werden, daß er an Linderhof vorbeigefahren ist.

Im Vergleich zur Weite von Herrenchiemsee, Versailles, Vaux-le-Vicomte ist der Raum freilich kleinbemessen. Dabei ist die Anlage durchaus auf diese Landschaftsenge (und Höhe der anschließenden Berge) komponiert. Im Gegensatz zu Herrenchiemsee, wo zwar der See die Barrière, Uneinsichtigkeit und Menschenferne bedeutet, aber der Blick, die Dehnung ganz ins Weite gehen. Auch in Linderhof wurde eine Lage gewählt, die ausgesprochen 19. Jahrhundert ist. Das Hochgebirge mußte vertraut sein (was es im 18. Jahrhundert nicht war).

In Linderhof: ein »eingesenktes« Lebensgefühl, – trotz der Weitererstreckung nach Westen und Osten, wo der »englische« Park an den »französischen« anschließt. – Das Gegenteil zum Falkenstein – wo nur die Spitze da ist, keine Möglichkeit, nach irgendeiner Seite auszugehen, die Situation der Raumfahrt-Kabine an der Spitze der Rakete.

Linderhof, das in der Mitte des Tales liegt, dessen Wände nach allen Seiten langsam ansteigen, – muß nach diesem Außen gebreitet werden – muß also den Ansatz der »barocken« Ausdehnung erzeugen. Und nach kurzem Dehnen geht es doch in ein »freies« Landschaftsbild über.

119, 118 Ausgeprägt: die Kontrastarchitektur. Geschichte gegen Natur, königliche Pracht gegen Erhabenheit der Bergwelt. Nicht aber in der endgültigen Gestaltung: Anpassung an die Bergwelt durch ländlichen Baustil.

Ein entsprechender Kontrast beim Park: der Garten Le Nôtrescher Prägung tritt dem Gebirge gegenüber; vielleicht die einzige Verwirklichung der romantischen Idee von Herrmann Fürst v. Pückler-Muskau, eine architektonische Gartenanlage, wie der italienischen Renaissance oder der Observanz Le Nôtres, gegen die Alpen zu setzen[1264]. Ein Vergleich der Bauplätze von Linderhof und Neuschwanstein: Linderhof kann sich dehnen; Neuschwanstein – kann sich nur nach innen öffnen. Es ist auf so steilem Felsen errichtet, daß es keine Möglichkeit zum Ausweiten in die Umgebung hat; es ist mit ihr nur über einen Abgrund hinweg mit dem Blick zu verbinden.

Der Grundriß, den Hornig mit dem zitierten Brief vom 30. September 1870 an Düfflipp sandte, ist Schöpfung des Bauherrn[1265]. Dieser will damit die Anordnung der Amalienburg im Nymphenburger Schloßpark, mit der er großgeworden ist, wieder-holen – genau so wie er sie 1884 im »Hubertuspavillon« (unweit von Ammerwald, auf österreichischem Boden) wieder-holen wollte. Der Rohbau des in der Nähe von Linderhof liegenden Baues wurde nach dem Tode des Königs abgerissen[1266].

Außerdem will der Bauherr nicht einfach eine »gute Stube« an das »Königshäuschen« anfügen, sondern sofort, als Grund-Idee, die Gruppe aus einem Mittelraum mit beiderseits je einem Halbraum, also: Raum-Gruppe, Raum-Ordnung statt »Zimmer«. Vermutlich hatte er von Anfang an auch die Verdoppelung dieser

Dreier-Ordnung geplant, also den Bau einer entsprechenden Raumgruppierung jenseits eines Zwischenraumes, sei es Hof oder Treppenhaus, – und Einfügung des Schlafzimmers, wie stets bei seinen Bauvorhaben. Denn damit erst war es eine »Eigenwelt«, die sich auf-sich-selber bezieht. Die ganze Vision aber früher als irgendwie vermeidbar der Kenntnis der Öffentlichkeit preiszugeben, hätte nur deren sture Sabotage gefördert, von der ein frühes Beispiel (anläßlich der Gestaltung der Residenzräume) belegt wurde (S. 158, 159).

Die Verdoppelung der »Amalienburg« erfolgte bereits 1870 auf Grundrissen Georg v. Dollmanns[1267]. Die Mittelräume (Arbeits- und Speisezimmer) waren nun oval, wie in der Ausführung; auf Richard Hornigs Skizze vom 30. September 1870 waren sie rund.

Grundriß bedeutet im rational bestimmten Bauen: praktische Nebeneinander-Ordnung von Räumen. Im Bauen des 20. Jahrhunderts: Ordnung von Tätigkeitsabläufen, funktionell gereiht, wie Produktions-Abläufe. – Grundriß bedeutet beim königlichen Bauen (und überhaupt bei Herstellung eines »Weltortes«): Symbolische Schaffung einer sinnvollen, in sich geschlossenen Welt.

Kennzeichnend als Ausdrucksmittel die Innenpolychromie: für alle Räume außer Vestibül und Treppenhaus sehr intensive und nachdrücklich »emotionelle« Farben; keine zarten Tönungen, sondern starkes, fast
ins Violett gehendes Rot, starkes, stechendes Blau oder Gelb. Und auf dem Hintergrund dieser Farben die 121
Ornamente in Gold und Silber. – Also farbig etwas Gleichartiges wie die »Tonarten« bei Wagner? Die Unterlegung der gesamten Kunst mit einer Gestimmtheit, Schwüle, Verzauberung? Das war ganz sicher ursprünglich im Bauherrn, von ihm immer wieder verlangt und durchgesetzt gegen seine Architekten, mit Anwendung moderner Beleuchtungstechniken, wie dem elektrischen Licht – in Linderhof besonders in der
Grotte[1268]. – Wie in Linderhof ist auch in Herrenchiemsee das (kleine) Schlafzimmer blau, das Speisezimmer 122
karminrot, das Arbeitszimmer grün.

Die Bedeutung des Schlafzimmers auch in Linderhof erweist die Prüfung durch den Bauherrn, ob es 120, 52
die »richtige« Größe hat; am 20. September 1872 wird von Düfflipp eine vollständige Liste der Längen-, Höhen- und Breitenmaße folgender Schlafzimmer verlangt: in München (wohl das in den Residenzräumen Ludwigs II. gemeint), des reichen Schlafzimmers in Schleißheim, des im Werke befindlichen in Linderhof, des Schlafzimmers der Reichen Zimmer der Münchner Residenz, der Schlafzimmer Ludwigs XIV. und XV. in Versailles[1269]. Ikonologisch legt der König fest, daß alles, *was auf Liebe Bezug hat,* (im mythologischen Sinne) ins Schlafzimmer kommen solle[1270] (am 12. August 1872). Die Todes-Bedeutung im Schlafgemach (das »Lit« wird ja als Aufbahrungslager aufgefaßt) ist hier wohl durch die »Liebe« ausgedrückt: Liebe bringt den Tod – das ist eine Haupt-Aussage, so im Tristan-Mythos und im Nibelungenlied. – Am 24. Oktober 1872 hat Richard Hornig Düfflipp mitzuteilen: »Majestät waren bei letzter Anwesenheit am Linderhof von der Schönheit und Pracht des Bettes ganz entzückt«[1271].

Linderhof hat in-sich-selber seine Entsprechung, ist auf sich selbst bezogen, in sich selbst geschlossen – zum Unterschied etwa zu Herrenchiemsee mit seiner Geschichts-Entsprechung (es ist ja eine Wieder-Holung von Versailles). Je mehr nun Linderhof mit sich selbst eins ist, desto mehr muß sich dort fast zwingend wieder der Automatismus ergeben; das heißt: es muß selbst-tätige Architektur sein (vgl. den
Abschnitt »Selbsttätige Archi-Tektur«). Daher die ursprüngliche Verstelltheit der Räume, die viel größer 52
gewesen ist als heute, da die Zimmer ja möglichst leer gemacht werden für die Besucherströme. Der Unterschied zwischen Linderhof und einem »abwohnbaren« Schloß ist der Verschiedenheit von seiendem und tätigem König vergleichbar. Sogar zum Angeschautwerden ist ein »selbsttätiges« Schloß nicht erbaut – auch das braucht es nicht mehr. Es ist vielmehr ein verdichteter Denk- und Imaginationsprozeß. Die Nützlichkeit, die »Funktion« sind bedeutungslos. Die Überwirklichkeit des Bauens niemals aus dem Auge verloren zu haben, ist gerade die Leistung des Königs.

Linderhof hat die Größe eines verdichteten Ein-Mann-Schlosses. Es wäre mit einer Gattin nicht zu bewohnen; gehört also zu denjenigen Träumen, die der Mensch allein träumt; nicht zu Doppelträumen, Gruppenträumen. Als Einmanntraum ist es ganz unvergleichlich, weil eben die »Wirklichkeit« eines wirklichen Königs hinzukommt. Sie könnte durch keinen Weltmann, aber auch durch keinen noch so großen Künstler ersetzt werden. Wie hätte ein anderer König von Bayern im 19. Jahrhundert eine gleich starke und gleich konzentrierte Wirkung hinterlassen können? Die möglichste Ausschaltung der Bedienung ist bis zur Table servante durchgeführt, die übrigens auch auf einem Lünettenbilde des Arbeitszimmers figuriert: »Das ›Kleine Souper Ludwigs XV.‹ im Lustschlößchen Choisy, ... von [Joseph] Watter, ist aus dem damalig galanten Leben herausgehoben: ein niedlicher reich decorierter Salon, in dem der König mit seiner Gesellschaft an der aus der Tiefe entstiegenen ›table servante‹ Platz genommen;« (Kobell[1272]). »Zu Ludwig XV. intimen Soupers und eleganten Orgien, bei welchen eine ›unbescheidene, geschwätzige Dienerschaft‹ vermieden werden sollte, hatte der Hofmechaniker Loriot das Versenktischchen mit Fächern aus Krystall und Gold erfunden, das jeder Tafelgenosse vor sich stehen hatte; dieser schrieb die von ihm gewünschten Speisen und Getränke auf einen Zettel, legte ihn auf das Tischchen, und drückte auf eine Springfeder, worauf es verschwand, um flugs mit dem Begehrten wieder emporzusteigen. Nach solchem Muster führte Ludwig II. den Versenktisch in seinem Speisezimmer hier [in Linderhof] ein. Meist aß er allein.«[1273]

Innerhalb der gebauten Welt von Linderhof: lebt nur Einer. Der sich nicht rührt. Der nur denkt und sinnt und empfindet. – Aber ist es bei Richard Wagner anders?

122 Dieser Eine, dieser König, sitzt lautlos und regungslos im goldenen Muschelkahn auf dem Teich der Linderhofer Venusgrotte[1274]. Dann ist er im Welt-Mittelpunkt, eben in der Muschel, und das Wasser um ihn herum ist das Weltmeer. Die Zeit steht still, – er braucht nicht hierhin oder dorthin zu streben, sondern er ist in der Mitte, er west in ihr. – Er begrenzt diese Zeit der Verwandlung oder der eigentlichen Wirklichkeit genau, zu einem Zeit-lang, den er selber setzen muß (wer denn sonst?) – den er aber genau innehalten und selber kontrollieren muß. Er ordnet für diesen Zeit-lang ganz verschiedenes Licht an (fünf verschiedene farbige Beleuchtungen; unter anderem Rot, Rosa und Blau[1275]); jeder Farbe sind zehn Minuten zugemessen[1276]. Für dieses Licht stellt er ganz scharfe Bedingungen (doch nicht aus närrischem Eigensinn, sondern aus seiner »Verantwortung«). *Ich will nicht wissen, wie es gemacht wird, ich will nur die Wirkung sehen* sagte er einmal, als man ihn mit technischen Schwierigkeiten zu behelligen versuchte[1277].

In der Muschel wird die kostbare Perle gefunden; in der Muschel öffnet und schließt sich das Leben.

Immer wieder: Wer in Archi-Tektur denkt und empfindet, ist immer in der Mitte, und alles andere ist »um-ihn-herum«. Das Ganze bildet sich zu einer geschlossenen Welt, deren Mittelpunkt er selber ist. Diesen Mittelpunkt müssen alle Fürsten »repräsentieren« – das ist jeweils ein vorübergehender Augenblick. Aber er ist unersetzbar. Jeder Mensch braucht das Ausgerichtet-Sein auf einen solchen Bezugspunkt (vgl. den Abschnitt »Seiender und tätiger König«). Wer in Tafelbildern denkt und empfindet, sieht alles von der Seite, nicht von innen her; er ist immer ein Zu-seher, ein Tourist. Er ist außerstande, das Empfinden des Königs nachzuvollziehen; mehr noch: er hat verlernt, zu »sein«. Er sitzt immer nur vor dem Fernseher, vor einem Abbild. Man muß die ägyptischen Grabanordnungen kennen, die Sarkophage, deren verschiedene Schalen von innen gesehen sind; die Wand-bilder rings um den Sarkophag, die Auferstehungssprüche, die Geräte, die innerhalb der Sarkophag-Schalen eingebracht sind und die zwischen dem Sarkophag und den Grabkammer-Wänden stehen. – Ein zusätzlicher Gedanke: die Wasserlage Herrenchiemsees. Es »schwimmt« inmitten des Chiemsees wie der Nachen der Linderhofer Grotte.

Linderhof steht in der Mitte des Bauens des Königs. Es ist mit einer bezaubernden, genialen, souveränen Leichtigkeit entstanden. Die Änderungen daran sind das beste Beispiel, wie während des Bauens – nach schon ganz festliegendem, aber nicht nach außen erkennbarem Ziel – unaufhörlich eines gegen das nächste ausgetauscht, in das nächste verwandelt wird. Eine ganz selbstverständlich wirkende Art, mit der anstelle einer Jagdhütte des Vaters ein kleines Schloß entsteht. – Es ist eigentlich der gleiche Vorgang wie bei der Verwandlung des »Pavillons« auf dem Dach des Festsaalbaues der Münchner Residenz in Ludwigs Wintergarten. Er entspricht dem angeborenen, aber auch erlernten »Verdecktseins«-Bedürfnis des Bauherrn. Denn wer kann aus der Jagdhütte – die ja erhalten ist – die Verwandlung in das Schloß erahnen? Vergleichbar nur dem Entstehen des Schmetterlings aus der Raupe: neben der Hütte der Gedanke der »Amalienburg«, dann deren Verdoppelung, was die Grundidee des künftigen Baues bildet, dann die Ausführung in Fachwerk, dann der steinerne Bau, dann der Park, die Verwandlung zum eigentlichen »Schloß«, auf das wieder die Außen-Bauten bezogen sind (Kiosk, Venusgrotte, Marokkanisches Haus und die nicht ausgeführten Gebäude: Theater, Kapelle, Hubertuspavillon[1278]).

Herrenchiemsee

Es werden zunächst einige Quellenäußerungen zur Entstehungsgeschichte wiedergegeben. Die Tagebuch-Niederschriften des Königs über seine Beschäftigung mit den französischen Bourbonen des 17. und 18. Jahrhunderts sind bereits im Abschnitt »Nibelungengang und Zimmer in der Münchner Residenz« zitiert, denn die Residenz-Zimmer waren die erste Verwirklichung dieses Stoffkreises durch Ludwig II. Seine Kenntnis darüber dürfte in seiner Zeit ihresgleichen kaum gehabt haben. Ihr Umfang kann wohl nicht ermessen werden, da die Original-Tagebücher der Zeit nach dem 11. November 1869 verlorengegangen sind, in denen sicherlich die Intensität der Imaginationen über das ancien régime festgehalten wurde. Angeschlossen werden Gedanken zu Herrenchiemsee im Selbstverständnis des königlichen Bauherrn, die bisher[1280] nicht veröffentlicht wurden. Abb. 28

Eine frühe Haupt-Voraussetzung für dasjenige Bauen, welches mit Herrenchiemsee[1279] seine höchste Steigerung erreichte, war das *Wachsen des Königs-Gefühles,* von Ludwig zwischen dem 1. und dem 4. Mai 1867 im Tagebuch er-innert, ein zweites Mal findet sich diese Formulierung dort am 10. September 1868 – beide Male in einer Periode intensiver Beschäftigung mit den Bourbonen; zwischen dem 17. und 21. März 1867 wird dieser Stoffkreis erstmals im Tagebuch erwähnt[1281]. Zwischen 29. Oktober und 6. November 1867: *Verlangen Versailles zu sehen.* Der Wunsch erfüllte sich erst zwischen dem 21. und 28. August 1874.

Am 2. September 1868 beschäftigt den König die *genaue Eintheilung des Königsschlosses Versailles.* Am 3. Oktober heißt es: *morgen! Düfflipp da, von Versailles!* Der Hofsekretär war jedenfalls wegen des Planes Ludwigs II., das Schloß selber wieder-zu-holen, dorthin gesandt worden. Am 5. Dezember: *Düfflipp noch lange da, über den neuen Bau, den heute im voraus getauften, gesprochen, »Tmeicos-Ettal«.* Am 8.: *Linderhof, Terrain inspiziert.*[1282] Der König suchte im Graswangtal einen Bauplatz für *»Tmeicos-Ettal«,* sein Versailles. Am folgenden Tage schrieb er an Düfflipp: *Nicht nur das Äußere, sondern auch das Innere soll streng im Style Ludwigs XIV. hergestellt werden. Die Galerie soll 70'* [70 Fuß = etwa 21 m; gemeint ist eine verkleinerte Fassung der Galerie des glaces] *lang werden. Vom Rococostyl will ich gänzlich Umgang nehmen, denn dieser ist nicht so geeignet, den Charakter der Würde und der Majestät wiederzugeben, den das Ganze erhalten soll. Von der einen Seite des Schlafzimmers soll man in das Arbeitszimmer gelangen, von der anderen in das »Œil de bœuf«, welches treu nach dem Original wiedergegeben werden soll.*[1283] Zwischen 13. und 21. Dezember im Tagebuch: *Plan über »Tmeicos-Ettal« genauer bezeichnet, Marmor-Hof, Seitenflügel, Saal d. Garden, Apollo- od. Thronsaal, Spiegelgallerie 140' Länge. – Wonnen der Zukunft.* Die Galerie soll also doppelt so lang werden wie im Brief an den Hofsekretär vom 9. angegeben. Ihm wurde aber der ganze Umfang der Vision noch nicht preisgegeben; am 17. Dezember teilte ihm sein Monarch mit: *Sie werden mittlerweile vernommen haben, welchen Bauplatz ich nun definitiv und unwiderruflich erkoren habe; bieten Sie Alles auf, daß sogleich mit dem Nivellieren, Ausstecken etc. an dieser Stelle begonnen werde. Sie wissen, daß die Spiegelgallerie und die beiden anstoßenden Gemächer ein genaues Abbild der in Versailles befindlichen werden sollen; es soll gewissermaßen ein Tempel des Ruhmes werden, worin ich das Andenken an König Ludwig XIV. feiern will; deßhalb dürfen diese Räume nicht kleinlich ausfallen, eine bloß scheinbare Größe, erzielt durch perspektivische Mittel, reicht nicht aus, den Charakter der Herrlichkeit jener wundervollen Epoche zu veranschaulichen; deßhalb soll die Gallerie in der Länge allein 84' haben; ausdrücklich heißt es in den Büchern, die Länge der berühmten Spiegelgallerie habe 7 Mal die Breite betragen. Sie sehen ein, daß die Breite meiner Gallerie nicht weniger als 12' bekommen darf, denn sonst ist sie viel zu mesquin. Der ganze Pavillon braucht deßhalb nicht über 140' zu werden. Von dem Hof aus besteigt man linker Seite die Treppe, kommt dann in das Dienstvorzimmer, durch dasselbe in das Œil de bœuf, in das Schlafgemach, das Arbeits- und das Speisezimmer, in den Salon des Krieges, die Gallerie und in den Salon des Friedens.*[1284]

Am 27. Dezember 1868: *Nachts Vereinigung des Ideals mit der nothwendigen Wirklichkeit im Schwur vor dem Thronhimmel des Königlichen Bettes, nicht unter 4 Wochen dieß schon viel, geschworen bei Gott u. dem Ausspruche u. Gedanken des großen Königs* [Ludwigs XIV.] *»l' Etat c'est moi« (Tmeicos-Ettal).*[1285]

Abb. 28 Ludwig II. um 1880. Foto Joseph Albert

So geheiligt ist das Projekt eines Versailles-Baues, daß bei ihm geschworen wird. Der Abschnitt »Schwüre« enthält weitere Be-Schwörungen des Schlosses, überhaupt des bourbonischen Themenkreises.

Am 12. Januar 1869 an Düfflipp: *Die neugezeichneten Pläne gefallen mir sehr gut; ich werde demnächst Alles darauf bezügliche mit Ihnen besprechen. Gott gebe, daß recht, recht bald das herrliche Unternehmen begonnen werden kann, mir liegt sehr viel daran, ich habe hier leider den ganzen Tag nichts als Verdrießlichkeiten zu erleben. Deßhalb will ich mich durch die Schaffung solcher Paradiese dafür entschädigen, wo mich kein Erdenleid erreichen soll.*[1286]

Am 17. Februar im Tagebuch: *mit Richard* [Hornig] *in Nymphenburg geritten, (Antigone, Erda, Alswida)* [Namen von Reitpferden] *Pläne zu Tmeicos-Ettal, (Amalienburg) Zeichnung des Bettes (Etat de France).* Die Amalienburg wird mit Tmeicos-Ettal verbunden, dem später in Herrenchiemsee verwirklichten Versailles-Projekt. Am 30. September 1870 sendet dann Hornig im Brief an Düfflipp (zitiert S. 216) die Grundrißskizze für Linderhof (das man nicht mit dem Versailles-Plan verwechseln darf, obwohl auch dieser zu jener Zeit noch im Graswangtal erstehen sollte), die von der Amalienburg angeregt ist. Demnach sollten zwei selbständige Bauvorhaben in die Linderhofer Landschaft kommen: Tmeicos-Ettal und Linderhof (wie erwähnt, anfänglich nur als Anbau an das »Königshäuschen«); selbständig, aber nicht voneinander isoliert; im Gegenteil, der Bauherr Ludwig II. verdichtet stets eine Vielfalt zu kosmischer Ganzheit. Wie sein *»Königsvorbild«,* der Roi Soleil, im Park von Versailles das Grand Trianon erbaute, so hätte Linderhof Tmeicos-Ettal ergänzt, wenn letzteres im Graswangtal ausgeführt worden wäre. Das unleserliche Wort im ersten Tagebucheintrag über das Projekt Linderhof (24. November 1868, wiedergegeben S. 216) ist möglicherweise als *»Trianon«* zu lesen.[1287]

Am 23. Mai 1869: *Nach Tische den steilen Weg hinab nach dem neu eingerichteten Linderhof, Düfflipp,* [Georg] *Dollmann – Plan u. Platz für Tmeicos-Ettal geprüft; schöne, theure Erinnerungen.* Die Neueinrichtung in Linderhof bestand damals erst in Arbeiten im »Königshäuschen«, also noch nicht in einem Anbau daran[1288]. Dollmann ist hier zum ersten Male im Tagebuch genannt; es dürfte eine persönliche Begegnung gewesen sein.

Am 13. oder 14. Dezember im Tagebuch: *12 Uhr im geliebten Linderhofe, wo Tmeicos-Ettals Wunderpracht sich wonnig entfalten soll.*[1289]

Am 20. August 1873 schreibt Stallmeister Richard Hornig an Düfflipp: »Herr Hofrath möchten ja den Auftrag wegen Ausfindigmachen eines passenden Platzes für ›Tmeicos-Ettal‹ nicht vergessen, und Jemand nach ›Krim‹ senden, um das dortige Thal hierwegen in Augenschein zu nehmen; wasserreich sei dasselbe.«[1290] Der südliche Teil der Krim bot romantische Landschaftsbilder, bewaldete Berge, in den Tälern subtropische Vegetation mit Lorbeer und Zypressen; hier war ein Lieblingsaufenthalt des Zarenhofes, der in Livadia zwei »historistische« Paläste von Monghetti erbauen ließ; zahllose weitere romantische Schlösser und Villen derselben Epoche waren dort entstanden. Ludwig II. sah das Zarentum als Verkörperung transzendentaler Majestas (vgl. den Abschnitt »Meine Kaiserin«) und wollte vielleicht diese *Reminiscenzen* mit denen an das analog aufgefaßte Sonnenkönigtum zu einer Synthese bringen.

Am 28. August wird Düfflipp beauftragt, »Seiner Majestät einen großen Grundplan von Versailles, auf welchem die ganze Avenue, die Kanäle etc. zu sehen sind« zu besorgen[1291].

Am 25. September erhielt die Kabinettskasse »erstmals einen außerordentlichen Zuschuß von 300.000 Gulden«, einen Tag später kaufte der König die Insel Herrenwörth im Chiemsee. Nun stand der Bauplatz fest. Am 2. Oktober wird Düfflipp gefragt, »ob es möglich ist, den Mittelbau, nebst der inneren Vollendung des Schlafzimmers in 3 Jahren fertig zu bringen«[1292].

Am folgenden Tage ergehen wichtigste Anweisungen an Düfflipp: »Zu dem jetzt von Herrn Hofbaurath Dollmann in Arbeit habenden Grundriß geben Seine Majestät noch folgende Anordnungen: 1) In den cour de marbre sollen vom Chambre de conseille [fälschlich für: conseil] und vom Œil de bœuf aus je 3 Fenster gehen, das Schlafzimmer soll auch 3 Fenster bekommen. Hierdurch wird der Hof um Bedeutendes größer.

2) Das ovale Fenster im Œeil de bœuf vis-à-vis der Schlafzimmerseite muß jedenfalls ins Freie gehen, und nicht wie auf dieser Seite durch Spiegelglas maskiert werden.

3) Auf der Seite des Theaters soll vor der großen Loge ein großes Vorzimmer kommen.

4) Die kleinen Apartements [sic] möchte Seine Majestät an der Stelle angebracht wissen, an welcher sich dieselben in Versailles befinden, in fast gleicher Anzahl. Ein Schlafzimmer muß bestimmt dabei sein.

5) Die großen Apartements [sic] reihen sich an die rechte Seite der Galerie[1293], an die linke kommen Zimmer in ähnlicher Ordnung wie sie in Versailles die Zimmer der Königin haben[1294].

6) Zwei große Treppen mit doppelter Rampe erhalten ihren Platz in den Ecken des Cour du château[1295].

Die jüngst übersandte kleine Planskizze des Herrn Hofbaurathes entspricht ganz den Intentionen der Majestät.

Herr Director [Carl v.] Effner soll sogleich den Plan des Gartens zeichnen, denn dieser soll verbunden mit dem Grundrisse des Herrn Hofbaurathes zur Ablieferung gelangen.«[1296]

Das Fenster im Salon de l'œil de bœuf (in Versailles auch: Grande Antichambre du Roi), das ins Freie gehen sollte, liegt nach Süden; vielleicht wollte der König die Strahlen der Mittagssonne in den Raum hineinziehen.

Am 10. Oktober 1873 soll Düfflipp von Dollmann eine Liste aller Künstler, »welche seiner Zeit bei dem Bau des Schlosses auf der Chiemseeinsel Verwendung finden werden«, besorgen[1297]. Am 26. erhält der Hofsekretär Anordnungen über Maßverhältnisse und Zimmerlagen und wird gefragt, »ob es gar nicht möglich sei, das neue Schloß vollständig in 10 Jahren fertig zu bringen«; dieselbe Frage stellt der Bauherr auch am 28. Januar 1874 an ihn.

Obwohl erst am 21. Mai 1878 der Grundstein gelegt werden konnte[1298], setzt 1874 eine Phase intensiver
123 Beschäftigung mit dem Bett der Chambre de Parade ein. Erhaltene Entwürfe zu diesem Bett gehen möglicherweise bis 1870 zurück[1299]. Am 6. Juni 1874 erfolgt der Befehl an Düfflipp: »Das Modell für das neue, für das Schlafzimmer auf ›Herrenwörth‹ bestimmte Bett muß nochmals ganz neu gefertigt werden. S. M. haben Sich nun für die Höhe von 20 Fuß, [etwa 6 m] vom Zimmerboden bis zum oberen Rand des Baldachins gerechnet, definitiv ausgesprochen.« Am 16. März 1875, wiederum an den Hofsekretär: »den Sammt haben Seine Majestät sehr schön befunden u. möchten Herr Hofrath sonach gleich zu sticken anfangen lassen, damit das Schlafzimmer bestimmt in drei Jahren fertig wird, und in keiner Weise ein Hemmniß eintreten könne.« Es handelte sich um den purpurroten Samt des Alkovens der Chambre de Parade, der En-bosse-Stickerei erhielt. Am 6. Juni ist von der Stickerei die Rede, welche der Bortenwirker Joseph Bornhauser in München für die Bettrückwand ausführen sollte; am 29. von der Nadelmalerei des Münchner Ateliers von Dora und Mathilde Jörres, »Nymphen beschneiden die Flügel des Amor«, gleichfalls für diese Rückwand. Die wenigen hier wiedergegebenen Anordnungen des Königs über das cubiculum sacrum haben keinen Bezug auf die Stadien seiner Entstehungsgeschichte; sie sind nur Beispiele für die Priorität des Thronbettes beim Bauherrn und für sein schöpferisches Handeln.

Am 6. September wird Düfflipp aufgetragen, von Dollmann eine eingehende Beschreibung des Pariser Opernhauses, insbesondere von Foyer und Treppenhaus, zu besorgen. Charles Garnier hatte sein Meister-
130 werk im Vorjahre vollendet. In Herrenchiemsee könnte die Archivoltenzone über dem Gebälk der Pilaster- und Palmengliederung des Paradeschlafzimmers eine – ganz selbständige – Abwandlung des entsprechenden Wandteiles im Salon Napoleons III. in der Beletage seines Auffahrtspavillons sein; formal näher stehen der Herrenchiemseer Lünetten-Voute aber Stich-Vorlagen des Augsburger Barockarchitekten Paulus Decker[1300]. Das Motiv findet sich bereits auf zwei Federzeichnungen Georg Dollmanns für die Chambre de Parade von 1872[1301].

Ludwig II. läßt Düfflipp am 11. September 1877 schreiben: »Sobald der Bau auf der Herreninsel begonnen hat, soll der Besuch dort verboten werden«[1302]. Am 21. Mai (dem Vortage von Wagners Geburtstag) 1878 wurde der Grundstein von Herrenchiemsee gelegt[1303].

Es sei hier auszugsweise ein Bericht über die Reise des Königs nach Paris und Versailles vom 21. bis 28. August 1874 nachgetragen: Am 22., 24. und 25. (seinem Geburtstag) war er – das einzige Mal in seinem Leben – in Versailles. Am 25. ließ er um 11 Uhr die Wasserkünste springen. Insgesamt verbrachte er zwei Tage und eine Nacht im Schloß des Roi Soleil und den beiden Trianons, teilweise ungestört. Am 26. wurde das Schloß Fontainebleau besichtigt, Bildmotive daraus dienten in Herrenchiemsee im Ovalsalon (Porzellankabinett) für die Panneaux als Anregung[1304]. Ludwig sah auch das Panthéon, die Sainte Chapelle, die – noch nicht ganz fertige – Große Oper, den Louvre, die Conciergerie mit der Zelle Marie Antoinettes, Nôtre Dame, den Luxembourgpalast, den Place des victoires mit dem Standbild Ludwigs XIV. und das Grab Napoleons im Invalidendom.[1305]

Hofsekretär Hermann Gresser, der am 8. August 1884 seinem König weiszumachen versuchte, 1889 könne Neuschwanstein vollendet sein und dieses Versprechen sogar am 12. wiederholte (vgl. S. 189), sicherte in beiden Schreiben dasselbe Vollendungsdatum auch für Herrenchiemsee zu. Wie im Falle von Neuschwanstein, so erweist auch hier der Vergleich mit Dollmanns Ansätzen, daß der Bauherr im Recht war, als er am 26. Januar 1886 vom *Schand-Gresser* schrieb[1306]. Im Baubetriebsplan vom 31. Oktober 1878 sieht Dollmann die Gesamtvollendung für das Jahr 1893 vor[1307]; in dem vom 14. Juni 1883 sogar schon für 1892[1308]. Die Terminpläne des Hofbaudirektors erwiesen sich als vorsichtig und durchführbar; bis zum Jahre 1885 konnten sie einigermaßen eingehalten werden[1309].

Nachdem Hofsekretär Gresser Herrenchiemsee gesehen hatte, richtete er an seinen Monarchen am 7. August 1884 einen Brief mit inhaltsleeren Schmeicheleien[1310]. Es war allgemein bekannt, daß Ludwig II. ein gesteigertes Majestätsgefühl besaß. Jedoch blieb fast immer unverstanden, daß dies der Status des »Seienden« Königs war; die meisten Menschen setzten voraus, wie sie sich selber als Könige fühlen würden, so und nicht anders müsse sich ein König verstehen: autorisiert zu willkürlicher Gewaltausübung im Diesseits, terre-à-terre, wie Ludwigs Zeit dieses Alltägliche nach dem Galopp »ventre-à-terre« kennzeichnete. Aus diesem Mißverständnis machte sich ehrgeizige Servilität gerade an Ludwig II. heran. Dem König war das Dilemma »Dienen oder Herrschen« gegenstandslos; er hatte es überwunden, indem er sich selbst das Gesetz war: *... sei despotisch gegen Dich selbst, denn wenn Du vor allem Dein Eigener Autokrat bist, darfst Du es anderen sein!*[1311] So heißt es in einem von Ludwigs »Schwüren« (vgl. den gleichnamigen Abschnitt). Er wollte nicht Willkür, sondern Freiheit, den Byzantinismus verachtete er.

Lord Byrons »Manfred«, in dem sich der König wiedererkannte, sagt:

> »Wer herrschen will, muß dienen, wedeln, betteln,
> Muß wachen immerdar und allwärts schnüffeln,
> Muß die lebend'ge Lüge sein, will er
> Ein großes Ding sein unter den Gemeinen.
> So ist das große Pack! Ich hab' es stets
> Verschmäht, mit einer Herde mich zu mischen ...«[1312]

Mit der Musik Robert Schumanns wurde »Manfred« am 5. November 1877 und am 30. April 1878 separat vor Ludwig aufgeführt, Ernst v. Possart spielte die Titelrolle, den sprichwörtlichen »beau ténébreux« (ein zeitgenössischer Ausdruck für den Typus des romantischen Einsamen)[1313]. Der König kannte Lord Byrons Dichtungen teilweise auswendig[1314].

Der Entschluß, von der Chambre du conseil und vom Ochsenaugensalon drei (statt wie in Versailles nur zwei) Fenster in den Marmorhof gehen zu lassen (3. Oktober 1873, acht Tage nach Erwerbung der Insel), ist der entscheidende Satz über Herrenchiemsee. Die Bauperiode Ludwigs XIII. in Versailles, also die noch sichtbaren Partien im Marmorhof vor der monumentaler planenden Bauphase Ludwigs XIV., mit ihren im Vergleich zur Gartenfront kleineren Türen, Fenstern und Grundrissen ist damit in Herrenchiemsee nicht vorhanden. Die Einführung des großen Maßstabes der Gartenfront hat für die Hof-Innenseite zur Folge erstens eine starke Vergrößerung der Räume rückwärts der Spiegelgalerie; sie sind tiefer, breiter und höher als die entsprechenden Zimmer in Versailles. Und zweitens eine starke Vergrößerung des Marmorhofes selber.[1315]

Weit über das Vorbild in Versailles hinausgehend: das Thronbett in der Chambre de Parade, – an 124–131
künstlerischer Durchdringung und an Pracht. Auch wird bei diesem »Leeren Thron«[1316], also dem Lit, der Zusammenhang mit Versailles ganz unendlich überboten, weil überhaupt nicht mehr Benutzung in Erwägung gezogen wird – es also ganz vergeistigt ist, gegenüber Versailles zugleich wirklicher und unwirklicher. Auch in den »Schwüren« werden in charakteristischer Verspinnung Thron und Bett in eins verschmolzen[1317]. Am 9. Januar 1870 befiehlt der König: ... *außerdem will ich bald die Liste jener Begebenheiten u. Ceremo-*

nien, die im Schlafgemach Ludwigs XIV. vor sich gingen, erhalten.[1318] Diese Königsrituale beschränkten
132, 133 sich nicht nur auf das »Lever« und »Coucher« des Roi Soleil, also Nachvollzug von Aufgang und Untergang der Sonne: selbst das leere Bett wurde von einem Kammerherrn bewacht und selbst das Sang Royal mußte ihm Verehrung erweisen[1319]. Die Sonnensymbolik Ludwigs II. umfaßte außer Ludwig XIV. auch die Zusammenhänge mit dem Gralsmythos, wie im Abschnitt »Gral« belegt wurde, und einen ägyptischen Sonnengott, Jupiter Ammon (Amun). Um sich ihn zu imaginieren, benutzte der König einen Angeschwärmten namens Frühwein[1320], den er mit dem Gott gleichsetzte, dessen Name *Juppiter Ammon* am 2., 3., 5. und 15. Februar 1868 im Tagebuch erscheint[1321]. Der Neuplatoniker Jamblichus, der Kenntnisse über altägyptische Mythologie besaß, schrieb über ihn: »... der schöpferische Nous (Kneph), der Vorsteher der Wahrheit und Weisheit, wird, wenn er zur Schöpfung vorschreitet und die unsichtbare Energie der verborgenen (intelligiblen) Ideen (in der sichtbaren Schöpfung) ans Licht bringt, in der Sprache der Ägypter Amun genannt«[1322]. Kneph wird auch Ka-mutef genannt; das bedeutet »Gatte seiner Mutter«, also der sich selbst begattet, selbst erzeugt[1323]. Jupiter Ammon wird oft als Widder oder als Mensch mit Widderkopf dargestellt; er führt die Titel »König der Götter«, »Herr des Himmels«, »Herr der Throne«. Noch ein zweites Mal ist Beschäftigung Ludwigs mit ägyptischer Altertumskunde nachweisbar: am 2. November 1869 zeigt er Interesse an den Werken des Ägyptologen Johannes Dümichen[1324].

Nach den Forschungsergebnissen von A. Rauch ist in Herrenchiemsee das »Große Appartement« die »Welt« des Sonnenkönigs, des Tages; das »Kleine Appartement« hingegen die »Welt« Ludwigs selbst, des »Nachtkönigs« im Zeichen des Mondes. Der ersteren entspricht besonders das Rot (und Gold) des Paradeschlafzimmers, der letzteren das Blau im »Königlichen Schlafzimmer«, wie es in der Planung bezeichnet wurde[1325]. Die beiden voneinander gesonderten Welten begegnen sich im Deckengemälde des »Salon de l'Œil de bœuf« in den Gestalten von Aurora (in rotem Velum) und Astraios (mit blauem Sternenmantel). Das Programm des Deckenbildes stammt vom König[1325a]. »Die Begegnung zwischen beiden liegt in einem ganz bestimmten Zeitpunkt, nämlich dem Abschied der Nacht [personifiziert durch den Titanen Astraios] bei aufbrechendem Morgen [personifiziert durch die Göttin der Morgenröte, Aurora].« (Rauch[1326]) Nach dem Mythos haben beide den Morgenstern gezeugt. Dieser ist nach der vom Bauherrn wohl kurz vor dem 24. Mai 1883 befohlenen[1327] Beschreibung des in Herrenchiemsee bereits Vollendeten vom 14. Juni dieses Jahres[1328] in dem Lichtträger-Putto dargestellt, der Auroras Gespann voranzieht[1329]. Rauch: »Versuchen wir zu sagen: Der Morgenstern sei als die ideale, ungreifbare Materialisierung verstanden, des ebenso ungreifbaren Augenblicks zwischen Tag und Nacht.« (Dieser Augenblick ist deswegen ungreifbar, weil er ja nur durch das Vorher und Nachher bestimmt ist, durch das Ende der Nacht und den Beginn des Tages; er hat keine Dauer). Während er strahlt, vollzieht sich die Verschmelzung von »Gegenwart« und »Vergangenheit«.

»Aber noch in einem tieferen Sinne ist dieses Deckengemälde zu verstehen: Ludwig XIV. und Ludwig II. – zwar in ihrer zeitlichen Distanz getrennt – werden, indem sie beide zu Tag und Nacht allegorisiert worden sind, in einem zyklischen Sinne zugleich wieder einander nahegebracht. Das Ungleichzeitige wird durch Idealisierung und Allegorie scheinbar aufgehoben. Auch dadurch bekommt das »leere« Paradeschlafzimmer Ludwigs XIV. [in Herrenchiemsee] nochmals seinen Sinn: Die Vorstellung, die Ludwig II. sich leisten kann, die geschichtliche Zeit kontinuiere in einem »höheren« Sinne parallel und gleichzeitig, sieht in der nächtlichen Ruhe der Paradezimmerwelt Ludwigs XIV. nicht die Distanz der eineinhalb Jahrhunderte, sondern lediglich die Distanz von Tag und Nacht. Mit anderen Worten: Der nächtliche Aktionsbereich Ludwigs II. [der in späteren Jahren erst gegen fünf Uhr nachmittags aufzustehen pflegte] »beginnt« zu einer »Zeit«, da derjenige Ludwigs XIV. »gerade« das Coucher erlebt hat. Das könnten wir als einen Versuch deuten, die Zeit »in der Zeit« aufzuheben, also geschichtliche Zeit in die gelebte Gegenwart Ludwigs II. hereinragen zu lassen. Wird hier nicht das »Unendliche« angestrebt?«[1330]

Der unendlich kurze Moment des Morgensterns ist der Augenblick der erreichten Synthese; beispielsweise derjenigen von Hell (Sonnenkönigs-Welt) und Dunkel (Welt Ludwigs II.). Auch Euphorion aus Goethes »Faust«[1331], dort der Sohn von Faust und Helena, also von Romantik und Klassik, personifiziert eine solche Synthese aus Polaritäten (complexio oppositorum), vollkommenes Gleichgewicht von kurzer

Dauer. Daß Goethe mit Euphorion Lord Byron gemeint hat, ist hinlänglich bekannt[1332]. Ludwig II. hat in dem Deckengemälde die Symbolik der zyklischen Zeit in der konkreten Gestalt des Aufgangs der Sonne vorgestellt, und zwar aus sich selbst, unabhängig vom Roi Soleil, denn vor Erwähnung dieser Inkarnation seines höheren Selbst (in der Imagination) findet sich die Thematik schon im Tagebuch. Am 18. Oktober 1865 schließt er den Tageseintrag mit der eigenhändigen Zeichnung einer Krone und daneben einer hinter einem Berge untergehenden Sonne sowie eines Sternes (des Abendsterns?) Am 21. Juni (Sonnenwende) desselben Jahres beginnt er einen neuen Tagebuchband mit Zeichnung eines Sternes innerhalb eines seiner kalligraphischen Schnörkel (Segenszeichen) und mit dem Text: *Beginn mit Aufgang der Sonne, der Berge himmlischer Luft, des liebenden Lichtes Erleuchtung, den seligen Strahlen des Tags, der Sterne erlöschendem Schein!* Also ist hier sicher der Morgenstern gemeint. Am 29. Juni 1865 im Tagebuch: *4 Uhr auf, Sonne stieg empor, göttlich, siegendes Licht! – Über jenem Berge! Glanzvolle Gluth, blendet den Blick!* Der Eintrag ist wiederum von der Zeichnung einer Sonne hinter einem Berge begleitet. Auch am 9. oder 10. August 1866 zeichnet er eine Sonne ins Tagebuch[1333].

Die Thematik des Deckenbildes veranschaulicht, wie aus einem Nacheinander in einem Moment Synchronizität wird: statt der Folge von Tag und Nacht ein Hier und Dort, ein Brückenkopf hüben und drüben, die sich entsprechen und die miteinander verbunden werden können – genau wie Kopie und Original, und deswegen entstand die »Architekturkopie« Herrenchiemsee[1334].

In dem Gemälde Eduard Schwoisers an der Decke des Ochsenaugensalons gipfeln innerhalb von Herrenchiemsee die symbolischen Darstellungen von Ludwigs Metaphysik der Zeit, wie sie in unserem Buch hier gezeigt wurde[1335].

Gerade den Lichtbringer Eosphoros (auch: Phosphoros), dessen Sinnbild der Morgenstern ist, als Bild für den Moment der Synthese (in dem kein einzelner Pol, weder der helle, noch der dunkle, einseitiges Übergewicht hat) zu wählen, setzt bei Ludwig II. wie beim Brautgemach-Entwurf für Neuschwanstein 116
alchemistische Kenntnisse voraus: Auch in der Alchemie ist das Ziel als universale Synthese auf höchster Ebene (complexio oppositorum) umschreibbar, die am Anfang des »Großen Werkes« zu findende Materia Prima wird oft in der alchemistischen Literatur mit dem Namen des Lichtträgers bezeichnet[1336], also »Lucifer«. Diesen mit Phaethon (bei Hesiod ein Sohn der Eos[1337], der beim Versuch, die Rosse des Helios zu lenken, tot vom Himmel stürzt) gleichzusetzen, ist ein Irrtum der Spätantike[1338]. In der Mythologie werden Morgen- und Abendstern eigentlich als identisch aufgefaßt und stehen beide allein am Himmel, allein wie der König sich erlebte, der beide – wie erwähnt – ins Tagebuch zeichnete. Beide Sterne bildeten wohl schon in Babylon eine androgyne Einheit: männlich als Morgen-, weiblich als Abendstern[1339]. Der Begriff des Androgyn begegnete schon im Abschnitt »Brautgemach« (S. 213). Nach Velikovsky wetteiferte die Helligkeit des Morgen/Abendsterns einst bei einer Erdnähe mit derjenigen der Sonne[1340]. Die Mythologie hält aber die tiefe Bedeutung fest, daß sein Licht im Gegensatz zu dem des Taggestirns durchaus nicht die Eigenschaft hat, das irdische Leben zu wärmen.

Das Deckengemälde des Salon de l'œil de bœuf lehrt, das Verhältnis zwischen Versailles und Herrenchiemsee als das zweier Pole aufzufassen. Die Konzentrierung, um die es sich für den Bauherrn Ludwig II. handelte, konnte er nicht dadurch erreichen, daß er in Versailles umherging (was er nur einmal getan hat), sondern nur dadurch, daß er den anderen »Pol« erbaute. Ich habe früher dafür das Gleichnis des »Brückenkopfes« gebraucht. Gebaut werden soll die Brücke. Sie kann nur entstehen, wenn man von beiden Seiten die Überbrückung vorantreibt, wie sich Aurora und Astraios begegnen. Einem König vorzuschlagen, doch mit Bauen (etwa gar Bauen von »Kopien«) aufzuhören, weil schon genug Bauten da sind, das ist, wie einem Volke vorzuschlagen, auf weitere Geschichte zu verzichten, weil es schon genug Geschichte gibt. Das Tätertum in Ludwig ist ganz ungebrochen, ganz eruptiv. Die »Kopie« ist notwendig, weil das Vorhandensein des Originals etwas Entmächtigendes, Entwurzelndes wäre, wenn man es nicht »kopieren« dürfte. Erst die »Kopie« stellt das Gleichgewicht der Kräfte her. So seltsam es klingt: Mit der »Kopie« behauptet man sich gegen das Original, ohne den Respekt vor ihm aufzugeben. Wer nur das Original betrachtet, verfällt ihm; wer ihm eine »Kopie« gegenüberstellt, erhält sich. Eine derartige »Kopie« ist nicht mit mechanischem Abklatsch zu verwechseln, sondern Ergebnis differenziert schöpferischer Auseinandersetzung.

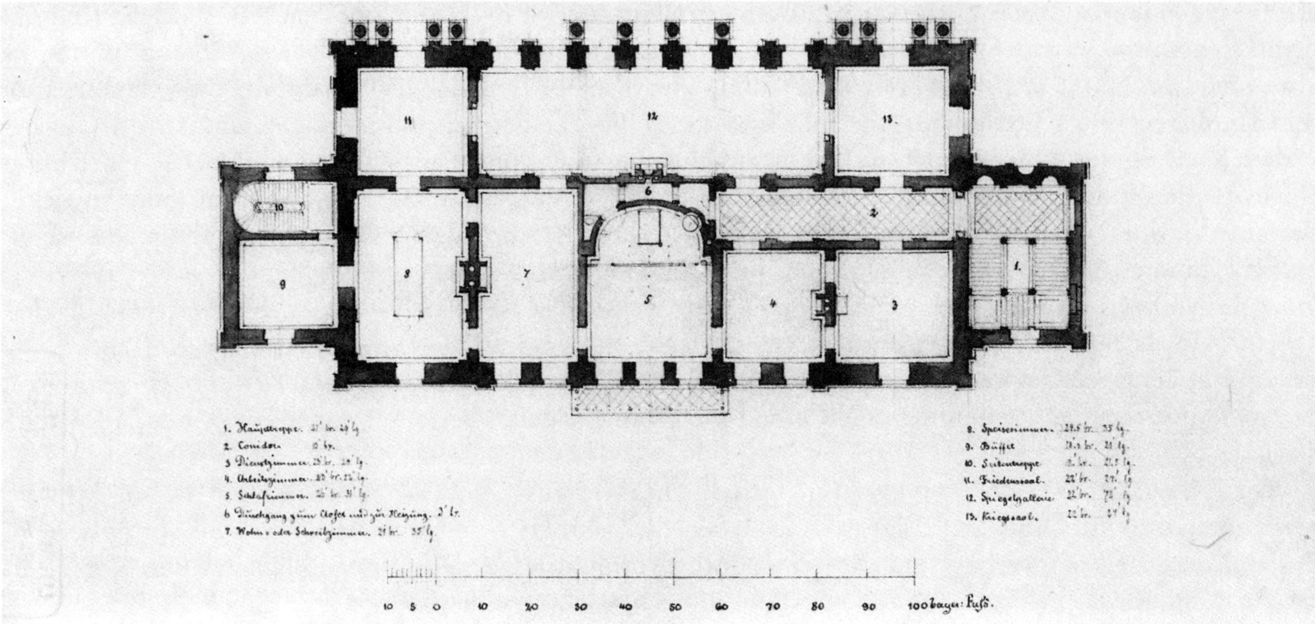

Abb. 29 Georg Dollmann, »Tmeicos-Ettal«, Projekt I, Grundriß der Beletage. 1868

Abb. 30 Georg Dollmann, Herrenchiemsee, zur Ausführung bestimmter Grundriß, Beletage. Februar 1883

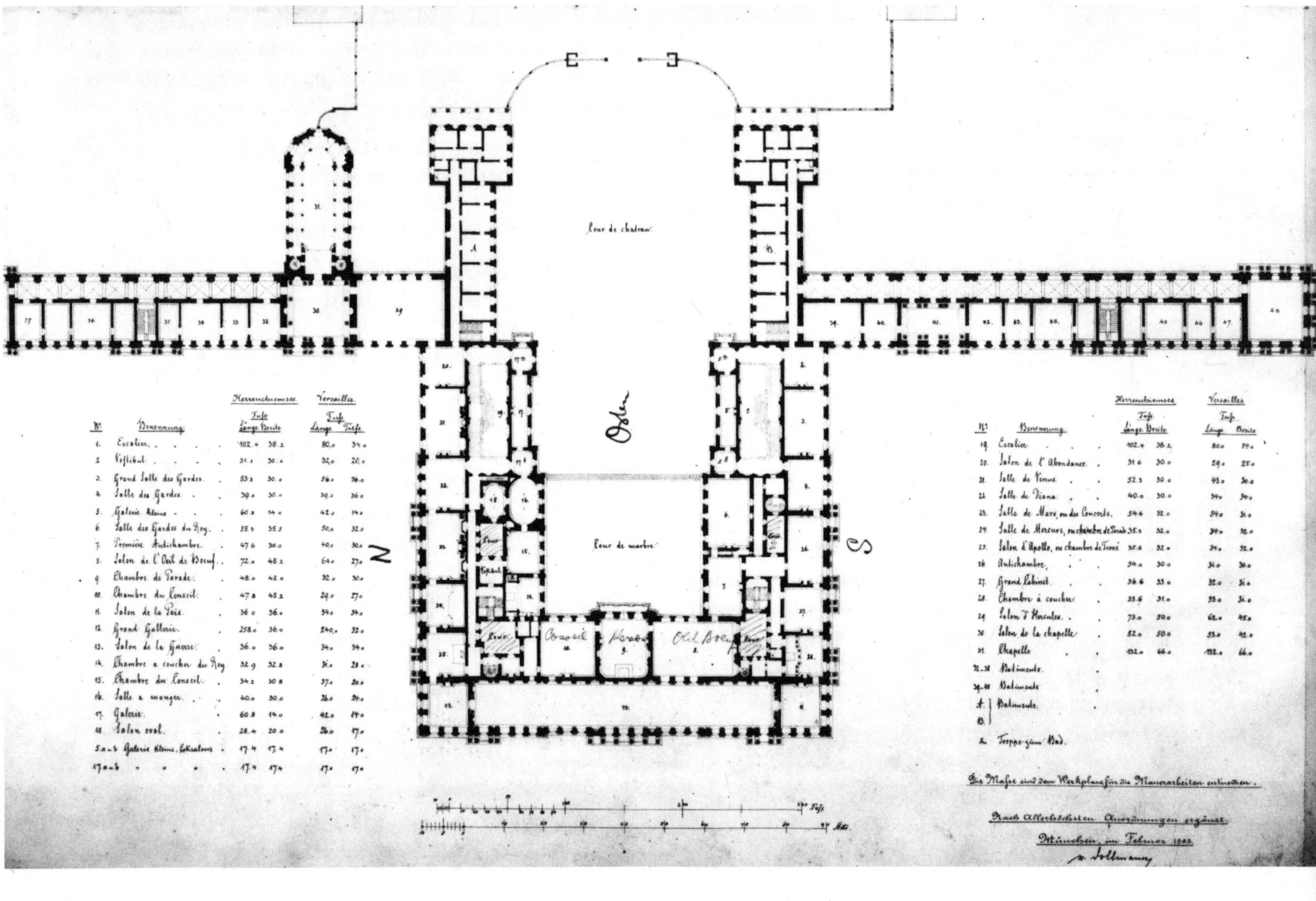

Herrenchiemsee ist ganz frei von »Gebrauchswert« und ebenso frei von »Fortschritt«. – Ganz rein das, was ich Wieder-Holung zu nennen versuche. Ein Beweis ist, daß der König nie mehr als die in seiner zeremoniellen Jahres-Ordnung festgelegten Tage dort verbracht hat. Eigentlich ist Herrenchiemsee viel reiner »Majestät« als Versailles.

Es gibt weitere zeitgenössische Wieder-Holungen von Versailles, aber von geringerer Dichte und Intensität: das Palais Talleyrand (auch: Palais Marbre rose, weil es aus rosa Marmor besteht) in Paris, 122 134, 135
Avenue de Malakoff, erbaut 1897–1900 von Samson für Prinz Boniface de Castellane, einen der letzten großen Dandies, und seine Gemahlin, eine Tochter des amerikanischen Millionärs Gould, die später den Herzog v. Talleyrand-Sagan heiratete; das Äußere verwendet Anregungen des Grand Trianon; im neuen Bundeshaus in Bern, errichtet 1894–1902 von H. Auer, zeigt das Treppenhaus Ähnlichkeiten zum Escalier 144, 146, 150
des ambassadeurs in Versailles; im Neuen Schloß in Stuttgart gab es eine verkleinerte Galerie des glaces. Nur bei Ludwig II. hat man im angeblichen »Kopieren« ein Symptom geistiger Erkrankung sehen wollen.

Jeder »Mensch«, der in derjenigen Weise vom »Vorbild« abhängig gewesen wäre, wie man es primitiverweise Ludwig II. nachsagen wollte, hätte in der Kopie geschwelgt, hätte den Aufenthalt verlängert. »Während der Linderhof und Neuschwanstein unter seinen Augen aufgeführt wurden, fand er sich behufs Besichtigung des Fortgangs des Baues von Herrenchiemsee seit dem Jahre 1881 alljährlich nur einmal und zwar regelmäßig in der Zeit vom 29. September bis 8. Oktober ein. In den ersten Jahren wohnte er in dem alten Schlosse[1341], erst in den beiden letzten konnte er fertige Gemächer des neuen Schlosses beziehen.« (Böhm[1342]) Er »weste« darin, er »kontrollierte« das Werk in zyklischen Abständen, aber er wohnte nicht darin. Hier wird besonders deutlich, daß dieses Schloß eine in die Wirklichkeit gebrachte Idee im Sinne Platons ist, genauer: des Neuplatonismus, weil Platon die Kunst aus seiner Utopie ausschließt. Nur ist Herrenchiemsee eine Idee dessen, was gewesen ist, Platon und seine Nachfolger meinen die Idee von dem, was sein wird; sie geht bei ihnen dem menschlichen Sein und Denken voraus. Herrenchiemsee stellt also eine Idee dar, die nicht verlorengehen darf, solange es Menschen gibt; es ist am meisten von Ludwigs Architekturen Wieder-Holung, es ist das ganze Geheimnis des 19. Jahrhunderts: diejenige »Gegenwart«, welche die »historische Zeit« ist.

Erinnern wir uns an die Haupt-Konstituanten der reinen Vision von Herrenchiemsee:

– Zuerst *Tmeicos-Ettal* – schon mit diesem Namen und dieser Vorstellung ist es im Transzendenten Abb. 29
entstanden. Dabei verdichtet der Bauherr in für ihn kennzeichnender Weise (durch »Verspinnung«) mehrere in oberflächlicher Sicht unverbundene Komponenten zur Synthese: Grals- und Sonnenkultus (deren Wechselbezüge im Abschnitt »Gral« zur Sprache kamen).

– Die Suche nach dem Platz: längere Zeit in der Umgebung von Linderhof.

– Dann, mit dem sofortigen Blick des Genies: die Erwerbung von Herrenchiemsee. Diese Lage konnte 138
gar nicht überboten werden, obwohl natürlich Versailles als bewohntes Zentrum eines ganzen Frankreich genialer (zugänglich) liegt. Dagegen hat Herrenwörth die geniale Lage für die Ent-Sprechung: als verborgenen Inselbau. Wenn Versailles in konventioneller Weise als Residenz betrachtet wird, verhält Ludwigs Schloß sich dazu wie ein riesiger Pavillon. Sieht man Herrenchiemsee aber mit seiner geographischen Lage zusammen, so ist es selbständig, unabhängig.

– Sofort, eine Woche nach Erwerbung der Insel: die vom König befohlene Angleichung des Maßstabes für den Innenhof an den Maßstab der Außenfronten – Beseitigung der Kleinlichkeiten des Versailler 137; Abb. 30
Marmorhofes, schlagartige Schaffung umfassender Harmonie, auch für die infolge dieser genialen Idee sehr beträchtlich vergrößerten Innenräume gegenüber Gestauchtheiten und Gequetschtheiten in Versailles, die besonders beim Versailler Salon de l'œil de bœuf ins Auge fallen.

– Ebenso der Entschluß und das Handeln: die Spiegelgalerie in dem Zustand der »Schatzkammer« 136, 140–143
wiederzuerbauen, den sie zwischen 1678 und 1688 hatte, aber nicht als mechanischen Abklatsch ihrer damaligen Ausstattung mit »meubles d'apparat« und auch insofern vergeistigt, als die Stofflichkeit als bedeutungslos unbeachtet blieb (die Möblierung in Versailles bestand aus Silber).

Auch die übrigen Bauten Ludwigs II. sind, bloß typengeschichtlich verstanden, nicht »Residenzen«, sondern die »Pavillons« seines königlichen Gartens, die »Tore« des Reiches. Herrenchiemsee: das grandiose-

144, 155 ste »Tor«, das es auf unserer Welt gibt, die grandioseste »Regenbogenbrücke« in die Geschichtlichkeit[1343], in die Wieder-Holung anstelle der Gesellschaftlichkeit.

Ähnlich zu Herrenchiemsee ist der Totenbezirk des Königs Zoser (Djoser) in Sakkara nahe Kairo. Zoser begründete um das Jahr 2700 v. Chr. die dritte Dynastie. Er ließ als seine Grabstätte zuerst eine Mastaba (arabisch = Bank) errichten, einen über der Erde rechteckigen Bau über etwa quadratischem Grundriß, dessen Seiten aus magischen Gründen genau nach den vier Himmelsrichtungen orientiert waren, und zwar nicht mehr aus Lehmziegeln, wie das vorher üblich gewesen war, sondern aus Stein; es war das erste bedeutende Steinbauwerk Ägyptens überhaupt. Nach dessen Vollendung ließ der Baumeister des Pharaos, Imhotep, darauf fünf weitere Mastabas errichten, eine über der anderen. Der sechsstufige Bau war die erste Pyramide (eine sogenannte Stufenpyramide). Sie lag in der Mitte eines rechteckigen Bezirks; das Ganze war wie eine Residenz für den Toten gestaltet. Einer der wichtigsten Kultbauten darin war der Heb-sed-Hof, wo der Pharao die rituelle Wiederholung seiner Krönung zum Herrscher von Ober- und Unterägypten und die magische Verjüngungszeremonie auch nach seinem Tode vornehmen konnte. Der Totenbezirk besaß eine etwa zehn Meter hohe Umfassungsmauer, einer Festungsmauer ähnlich und mit vierzehn Scheintoren, aber nur einem einzigen praktikablen.[1344] Diese Umfassungsmauer reproduzierte in größerem Maßstab und in Kalkstein die Fassaden der Lehmziegel-Mastabas der ersten Dynastie mit ihren rechtwinkligen Rücksprüngen.

Die Wieder-Holung der von Zoser als Lebendem bewohnten Residenz, ihre Übertragung in das Vergeistigte durch die Totenbaukunst, die Einbringung des Steins als immerwährende Kraft, als Antriebskraft für die Selbsttätigkeit des Bauwerks, die vollständige Verschlossenheit – das »Abwohnen«, die Benutzung wird unmöglich gemacht. Es ist eine Auferstehungs-Architektur.

Falkenstein – Das »Lit«[1345]

Spätestens 1883 beginnen die Entwürfe für ein Schloß Ludwigs II. auf dem Felsen der Ruine Falkenstein bei Pfronten, in der für eine Burg sehr ungewöhnlichen Höhe von 1277 m. Der Bau kam nicht zustande.

In den vorliegenden Tagebüchern kommt die Ruine einmal vor, sehr bald nach Lösung der Verlobung Ludwigs (am 7. Oktober 1867), als ihn die wiedergewonnene Freiheit beflügelte. Da heißt es am 16. Oktober: *3/4 3 Uhr endlich fort auf Wala,* [Name des Reitpferdes] *wie ich froh bin, daß ich frei ward ... So fährst Du in die Lande, wo ewig strahlt Dein Stern ... Falkenstein wild romantisch, viel hätten die alten Mauern zu künden von vergangener Herrlichkeit!?*[1346] Vielleicht verband sich für den König damals mit Falkenstein der Eindruck der Freiheit. Daß es Bauplatz wurde, hat seinen Grund auch sicherlich darin, daß der Ort einerseits ganz nahe bei Hohenschwangau lag, – andererseits aber unzugänglich gemacht werden konnte, also Ludwig II. die Möglichkeit gab, wirklich mit sich allein zu sein.

157 Der erste bekannte Entwurf ist eine Aquarellperspektive Christian Janks von 1883[1347]. Der bizarr-malerische Charakter des Ganzen und außerdem die Gestalt des Torbaues gehen zurück auf die Dekoration »Burg am Rhein«, die der Künstler für das »Märchen-Maskenspiel« der Künstlergesellschaft »Jung-München« anläßlich des Künstlermaskenfestes am 15. Februar 1862 geschaffen hatte. Hyazinth Holland berichtet: »... der immer gentlemanlike J. malte, inscenirte, im monatelangen Wetteifer mit den Freunden an Aufopferung von Zeit und Kraft, die Coulissen und, auf einer mehr als 800 Meter bedeckenden Leinwand, den dazu gehörigen echt romanischen, eine ›Burg am Rheine‹ vorstellenden 50 Meter hohen Hintergrund«[1348]. Für das Fest schrieb Wilhelm Busch den Text einer kleinen Oper, die der Freund Georg Kremplsetzer in Musik setzte[1349]. Ludwig, damals noch Kronprinz, war anwesend und hält im Tagebuch fest: *Künstlerball sehr voll kleine Operette dann Festzug verschiedene Märchen dargestellt, zurück herrliches Ritterschloß, Maler Jank gemalt, im Saal herumgegangen, erster Walzer, bis 1/2 11 geblieben*[1350]. Möglicherweise hat also der König gewünscht, daß Jank in seinem Aquarellentwurf für Falkenstein auf jene Dekoration zurückgriff. Auch Janks Aquarell läßt die Theatermalerei erkennen; es konnte nicht zur Ausführung in Architektur bestimmt sein, sondern als phantasiereiche Vision, die fortzünden sollte.

Ludwig II. wird die Bühnenmalerei so betrachtet haben, wie der von Holland zitierte, aber leider nicht genannte zeitgenössische Ästhetiker: Die Dekorationsmalerei gewährt der »erfindenden Phantasie den vielseitigsten Spielraum. Alle Erscheinungen der Natur faßt sie in ihren Bereich; alle Weisen der Gestaltung, die niemand in Holz oder Stein auszuführen vermag, die nur in Märchenträumen als das Werk von Dämonen und Geistern vorgeschwebt, weiß sie dem Zuschauer vorzuzaubern. Für einen solchen Maler und Baumeister gibt es keine Hemmnisse; bei Kostenanschlägen handelt es sich nur um Leinwand und Farbe, schlimmer Baugrund existirt nicht, keine dem Farbentopf entnommene Construction erliegt dem Einsturz; kein eigensinniger Windmüller[1351] hemmt die Ausdehnung einer Anlage. Die scenische Decorationsmalerei ist das wahrhaft freie Feld für die Phantasie des Architekten«[1352]. – Ludwig II. ließ seine Inhalte außer in Archi-Tektur auch beispielsweise durch Malerei (darunter Porzellanmalerei), Kunstgewerbe und 132, 133, 143,
Photographie Gestalt werden, gar nicht zu reden von den Separataufführungen. 152, 153

Der Architekt Max Schultze, von dem die meisten wichtigen Entwürfe für Falkenstein stammen, schrieb am 8. Dezember 1884: »... da mir der allerhöchste Wille nunmehr dahin lautend kund gegeben wurde, es habe die Burg auszusehen wie eine wilde Raubritterburg«[1353]. Diese Formulierung sollte den Wunsch nach malerisch-bizarrer Steigerung eingängig klarmachen, denn die ersten Entwürfe zum Falkenstein von Georg Dollmann entsprachen etwa nur einer zeitgenössischen Villa.[1354] Aber in der Literatur wurde zuweilen nur das Äußerliche des Wortes »Raubritterburg« gesehen (ein »Aha-Erlebnis«) und Falkenstein im Ernst so bezeichnet[1355]. Schultze und die übrigen Entwerfer nach Dollmann verstanden den König; es wird sich 156, 164;
zeigen, daß alles andere als das Raubrittertum beschworen wurde. August Spieß sollte im Arbeitszimmer Abb. 31
den Überfall eines Warenzuges durch Raubritter als Wandgemälde darstellen[1356] – aber als Teil eines Zyklus über das Ritterleben im allgemeinen.

Einen tieferen Sinn hat schon die Ikonologie des Großen Saales: fünf Szenen aus Ariosts »Orlando 159, 163
furioso«, für die Hermann Kaulbach 1885 Entwürfe[1357] lieferte. Denn der Dichter verwob in seinem Hauptwerk die Sage von Karl dem Großen (der in Szenen aus Herkunftssagen auf Hohenschwangau figuriert) und seinem Helden Roland mit den Erzählungen von König Arthur, also mit einem Teil des Gralsmythos. Erst 1879 war »Orlando« mit Gustave Dorés Illustrationen erschienen[1358]. Wir wissen nicht, ob Ludwig sie kannte. Sie hätten ihn begeistern können. Frances A. Yates hat nachgewiesen, daß die Liebesraserei Orlandos sinnbildlich für einen Trancezustand im Sinn der Gnosis steht, in dem die Seele aus dem Körper heraustritt; »Liebe« ist also nicht das eigentlich Gemeinte. So verstand unter anderen Giordano Bruno das Epos Ariosts[1359]: heroischer Enthusiasmus. Es liegt nahe, daß der König diese Sicht des »Orlando« teilte. Überdies kommt märchenhafte Architektur darin vor, weshalb auch der Visionär Doré verhältnismäßig mehr phantastische Paläste und Gemächer dafür erfand als in seinen übrigen Illustrationswerken.

Der eigentliche Sinn Falkensteins erschließt sich in der Symbolik des Schlafzimmers. Für keinen 165–173;
anderen Raum des Schlosses wurden so viele Entwürfe gefertigt; ähnlich wie die Chambre de Parade in Abb. 32, 33
Herrenchiemsee machte die Planung nicht wenige verschiedenartige Stadien durch; der Raum wuchs derartig, daß diese Ein-Mann-Burg für das Schlafgemach als Sanktuarium ausgehöhlt wurde, das den Bau zu sprengen schien. Am Schlusse wollte der Bauherr nur noch dieses Schlafzimmer ausgeführt sehen, selbst wenn die ganze Anlage nur als Gehäuse dafür gebaut werden könnte[1360].

Von Anfang an waren Darstellungen der »Liebespaare« aus den auch in Neuschwanstein vorgeführten Mythen und Sagen als Wandgemälde des Schlafzimmers vom König vorgesehen: Lohengrin – Elsa, Parzival – Kondwiramur, Gamuret – Herzeloide, Tannhäuser – Venus, Siegfried – Brunhild, Tristan – Isolde: Allusionen auf den Androgyn als Symbol für den Menschen, der durch Synthese der Polarität sich selbst zur Integrität brachte (vgl. den Abschnitt »Brautgemach«).

Vom zweiten Hauptstadium der Entwicklung an befiehlt Ludwig einen byzantinischen Raum, als Anhaltspunkt nannte er die Allerheiligen-Hofkirche in München[1361], wie schon in einer Anweisung für Eduard Ille bei dem Auftrag zum Entwurf eines Thronsaales für Neuschwanstein am 30. Juli 1876[1362]. 108,
Bett und Waschtisch sollten nach Tabernakeln in Ravenna gebildet werden, über dem Bett sollte der 172
weiße Falke, das Wappentier, schweben, der auch sonst in dem Schloßprojekt häufig vergegenwärtigt wird[1363].

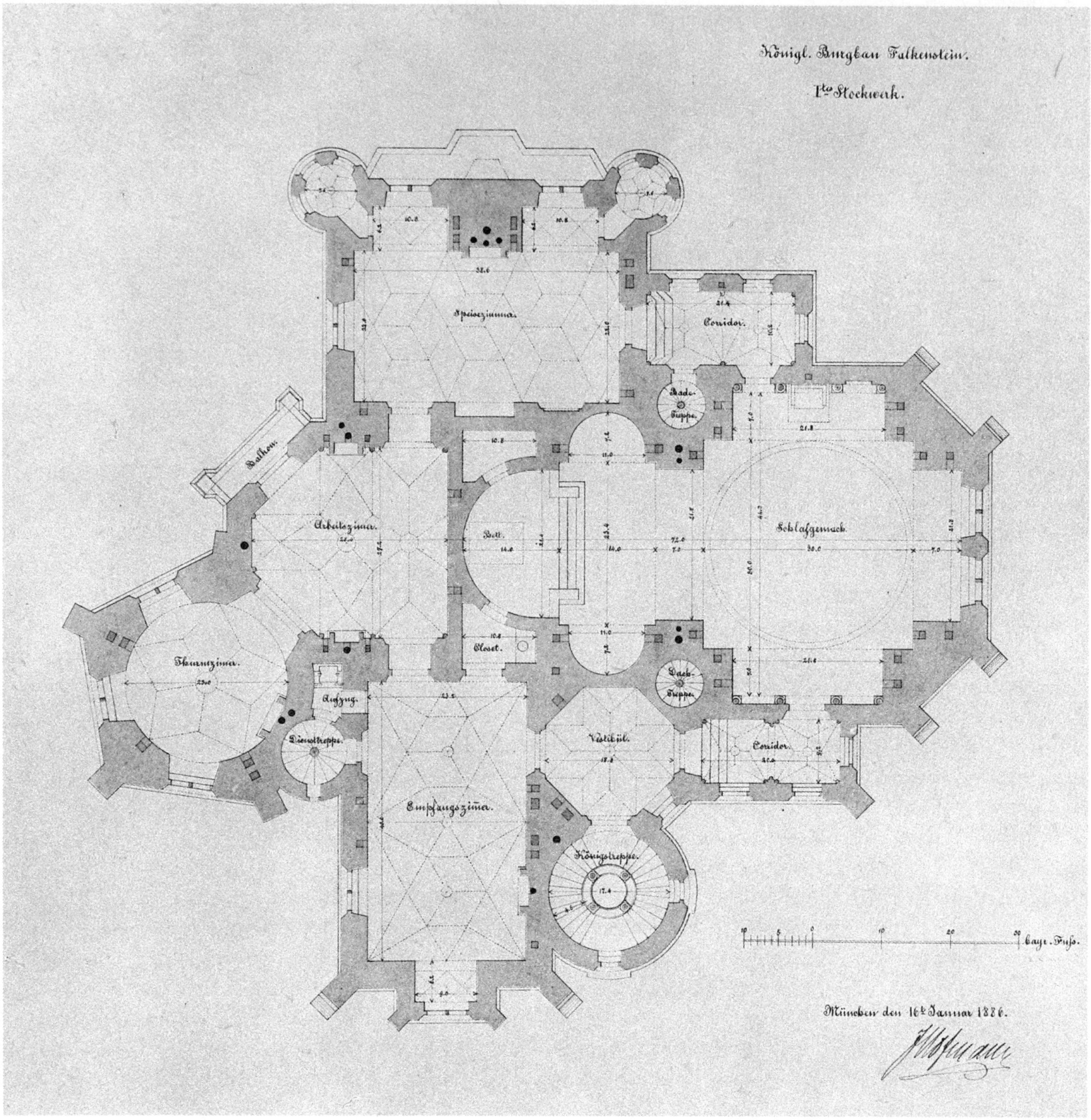

Abb. 31 Julius Hofmann, Grundriß des ersten Stockwerkes von Falkenstein mit den Königsräumen. Januar 1886

Der sogenannte »jüngere« Horus, also der Sohn von Osiris und Isis, Frucht eines Hieros gamos (für den ja die »Liebespaare« im Schlafzimmer stehen) wird falkenköpfig dargestellt. Im Mittelalter war der Falke ein ritterliches Attribut und wurde deshalb auf Grabmälern dargestellt. – Der Magier des Gralsmythos, Merlin (bei Wolfram v. Eschenbach: der Zauberer Clinschor) zieht sich in einigen Versionen in die Einsamkeit zurück, wo er erwartet, bis zum Ende der Welt zu leben; seine einsame Wohnstätte wird »l'esplumeor Merlin« genannt. Nach Jessie A. Weston könnte das Wort eine Art Käfig bedeuten, in dem Falken die Zeit der Mauserung verbrachten – eine Metapher für Transformation, also Wandlung in einen höheren Status, etwa Wiedergeburt.[1364]

173 Es wurde ein Thronsessel mit Baldachin entworfen. In der Endfassung, (die aber von Julius Hofmann, dem Nachfolger Schultzes als Architekt, am 16. Januar 1886 unter anderem durch abermalige Erhöhung

Abb. 32 Max Schultze, Schlafzimmer, Falkenstein, Nordfenster gegenüber dem Bett. 1885

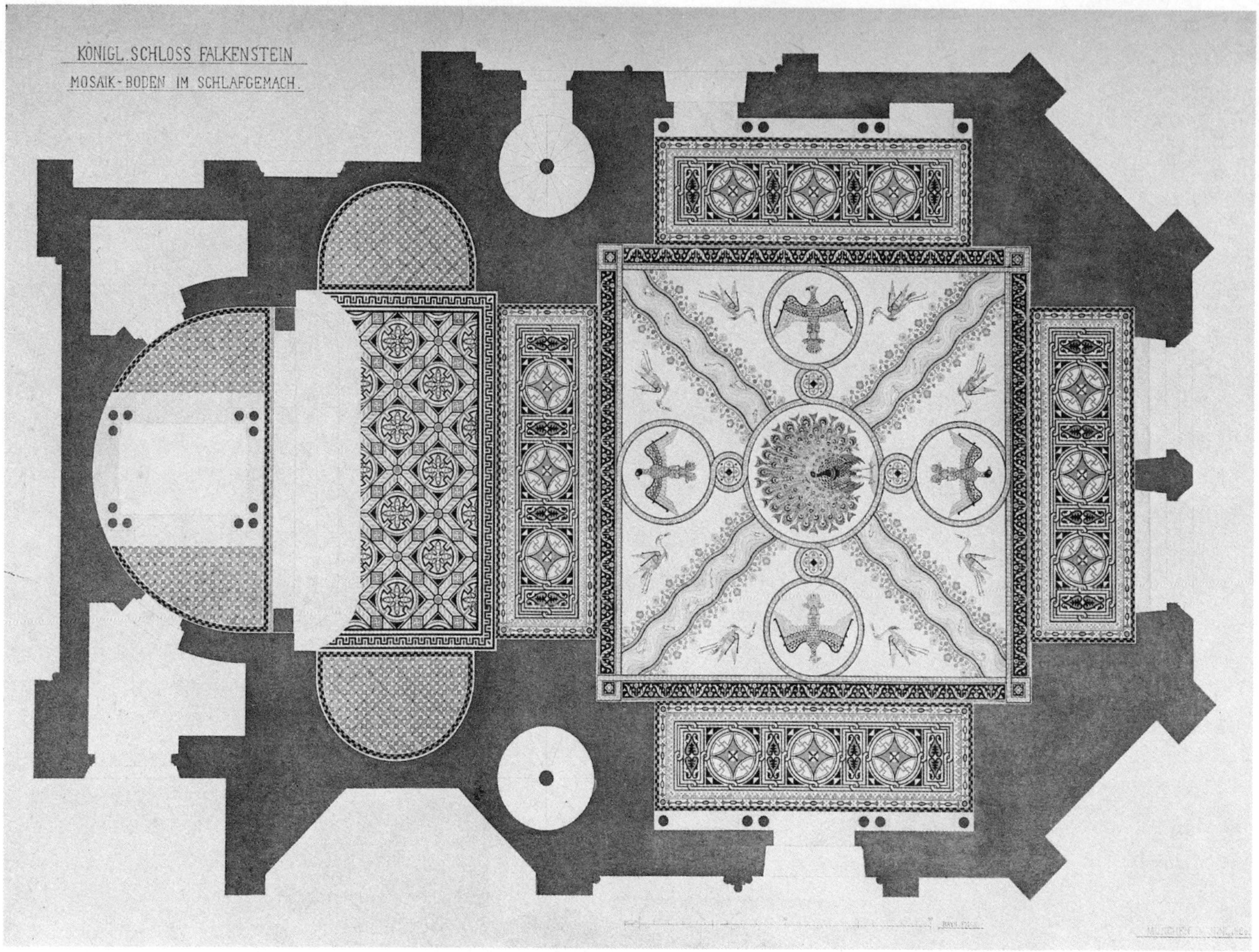

Abb. 33 Julius Hofmann, letzter Grundriß zum Schlafzimmer, Falkenstein. Juni 1886

der Kuppel gesteigert wurde,) war das Schlafzimmer eine Kuppelkirche, deren Chor drei Apsiden besaß. In der mittleren stand als »Hochaltar« das Bett, die seitlichen enthielten den Waschtisch als Tabernakel nach einem Vorbild aus der Markuskirche in Venedig, mit Gefäßen, die nach Mustern in deren Kirchen-
Abb. 33 schatz gestaltet waren, und einen teilweise vergoldeten Elfenbeinaltar mit Betbank. Der Marmormosaik-Fußboden war die Abwandlung eines Paviments aus dem byzantinischen Kaiserpalast in Konstantinopel[1365]. Er zeigte im Mitteltondo einen Pfau; vom Mittelfeld gehen vier Ströme aus, in den Zwischenfeldern breiten
I Falken ihre Schwingen. Dieser Fußboden hat einen Weltort-Grundriß.

Der Pfau ist in der Mysteriensprache zuweilen das »Symbolum des Eingeweihten« (Arthur Schult); der »Pfauenstatus« wird nach Tod und Auferstehung erreicht.[1366] Auf einem Giorgione oder auch Giulio Campagnola zugeschriebenen Gemälde der National Gallery, London, als »Thronszene« oder »Goldenes Zeitalter« bezeichnet, ist ein Pfau auf einem abgestorbenen Zweig sitzend dargestellt; Schult interpretiert ihn im angegebenen Sinne[1367]. Die Yezidi, eine esoterische Religionsgemeinschaft in den Bergen Kurdistans, geben ihrer Gottheit Melek T'aüs die Gestalt eines Pfauen. Ihre Lehre ist teilweise dem Dualismus Zarathustras verpflichtet. Bei der intensiven Beschäftigung Ludwigs II. mit diesen Zusammenhängen und seiner kaum vorstellbaren Belesenheit kann er sehr wohl von diesen Bedeutungen seines neben dem Schwan liebsten Tieres gewußt haben. – Die vier Ströme meinen die Paradiesesflüsse; dort weilt der Eingeweihte.

170 Die späteste Form der Schlafzimmerkuppel, die mosaiziert werden sollte, ähnelt in ihrer Form wohl nicht zufällig einem Bühnenbild von Angelo II Quaglio für den ersten Akt von Victorien Sardous »Theodora« (Halle des Palastes in Byzanz zur Zeit des Kaisers Justinian, 532 n. Chr.)[1368]. Die Dekoration war

für Separatvorstellungen des Dramas im Jahre 1885 bestimmt, die am 4., 5. und 10. Mai stattfanden, sie wurde aber nicht verwendet; die ausgeführten Theatermalereien stammten von Carlo II Brioschi, Hermann Burghart und Johann Kautsky, die in Wien ein gemeinsames Atelier hatten. Am 8., 10. und 27. Mai 1885 gab der Theaterfürst Ludwig II. eingehende Änderungsanweisungen für die Dekorationen, namentlich für die Halle im ersten Akt, danach dürfte Quaglio seinen Entwurf gefertigt haben.[1369] Die Fassung des Wiener Malerkonsortiums zeigte einen Pfauenthron[1370].

Den Entwurf mit der Mosaikkuppel, einen Längsschnitt des Falkenstein-Schlafzimmers, hatte der 170
Architekt Eugen Drollinger, der unter Julius Hofmann arbeitete, gerade auf dem Reißbrett, als der Tod des königlichen Auftraggebers gemeldet wurde[1371].

Bereits die möglichen Bedeutungen der Ikonologie des Schlafzimmers, wie sie hier angegeben wurden, weisen überwiegend auf die Bereiche von Tod sowie Wiedergeburt und Weiterleben in einem jenseitigen Status. Dazu fügt sich, daß das Bett im Jahre 1885 schon bald die Gestalt eines Sarkophages erhält, die ihm auch bis zuletzt bleibt. Das ist die äußerste Konsequenz des »Lit« bei Ludwig II., also des königlichen
Bettes als etwas Sakrosanktem wie die Insignien der Majestät, bei dem er auch »Schwüre« leistet (vgl. den 167–169, 171
Abschnitt »Schwüre«).

Nacheinander hatte er in der Münchner Residenz, in Neuschwanstein, Linderhof und Herrenchiemsee 68, 69, 71, 89,
(Chambre de Parade) ein »Lit« gebaut. Es lag bei der Planung der Bauten immer verhältnismäßig früh – 90, 120,
in Herrenchiemsee war das Paradeschlafzimmer mit dem Bett sogar der erste Raum – hatte sich jeweils 123–128,
ganz aus dem Archi-Tektur-Zusammenhang gelöst, war für sich allein entwickelt worden und nahm im 130–131
Lauf der Jahre eine ganz allein bestehende Form an, die von den Vorbildern unabhängig wurde, – ein Sacrum Cubiculum, eine Transzendenz, die »Pforte« zur Majestas. Dennoch gehören »Lit« und Schloß zusammen; das Lit ist die geistige Mitte des Schlosses.

Das Falkensteiner Lit als Sarkophag verbindet intensiver als die übrigen Betten Ludwigs die Majestät mit dem Tod; es dient zur Aufbahrung. Dabei muß dahingestellt bleiben, ob es als leeres Bett seine Symbolaufgabe erfüllen sollte (wie das Bett in der Chambre de Parade in Herrenchiemsee, in dem der König nie schlief), ob in zyklischer Wiederholung einer sinnbildhaften Zeremonie oder in faktischer Aufbahrung nach dem physischen Tod. Auch die Todespforte dient der Transzendenz – das heißt doch wörtlich: dem Hinüber-Schreiten, Versetzung in einen anderen Zustand. Im Grunde ist alle menschliche Kunst eine Umkränzung der Todespforte.

Das Totenlager in Falkenstein ist einem als Ewigkeit aufgefaßten Tode errichtet: Tod als diejenige Macht, die dem Tode nicht unterworfen ist. – Die Aufbahrung als ewiges Leben, als Wiedergeburt. Zwischen dem 25. und dem 31. August 1867 schreibt Ludwig ins Tagebuch: ... *vielleicht träumt man auch im Grabe noch fort ein langer, ewiger, unendlicher Traum von – – – (seliges Gedenken, himmlisches Versenken) Mächtig süßes Sehnen, wonnevolles Wähnen! O es ist süß himmlisch süß, eingewiegt zu werden in den Schlaf des Todes von der Stimme des Geliebten.*[1372]

Vielleicht hatte er sich auch Ludwig Uhlands Gedicht »Die Vätergruft« imaginiert:

»Es ging wohl über die Heide
Zur alten Kapell' empor
Ein Greis im Waffengeschmeide
Und trat in den dunkeln Chor.

Die Särge seiner Ahnen
Standen die Hall' entlang,
Aus der Tiefe thät ihn mahnen
Ein wunderbarer Gesang.

›Wohl hab ich euer Grüßen,
Ihr Heldengeister, gehört;
Eure Reihe soll ich schließen.
Heil mir! ich bin es wert!‹

Es stand an kühler Stätte
Ein Sarg noch ungefüllt;
Den nahm er zum Ruhebette,
Zum Pfühle nahm er den Schild.

Die Hände thät er falten
Aufs Schwert und schlummert' ein;
Die Geisterlaute verhallten,
Da mocht' es gar stille sein.«

Im Zeitalter des Fortschritts gibt es den Tod nicht. Er hat keinen Platz; wird mit dem Unfall verwechselt; er ist einfach das Gegenteil von Leben. Nicht diesen Tod als Negativum hat Ludwig dargestellt. Ohne Tod gibt es kein Leben, wie ohne Gehaltenheit keine Freiheit.

Auch gegenüber dem Tode ist Ludwig II. ein Handelnder: Er richtet ein Symbol auf. Als König, als Bezugsperson, fühlt er sich auch verantwortlich für Auferstehung und ewiges Leben. Im Tristan-Zyklus des Schlafzimmers in Neuschwanstein, 1881 von August Spieß, ließ er bereits den aufgebahrten Helden darstellen. Am 16. November 1872 wünscht er eine Photographie des den Pyramidenbau darstellenden Bildes von Gustav Richter (1823–1884); Maximilian II. hatte es für das Maximilianeum bestellt, in seinem Auftrage war der Maler 1861 nach Ägypten gegangen, um Studien zu machen.[1373] Spätestens seit der ersten ägyptischen Dynastie gibt es die in Wartehaltung liegende Gestalt des beigesetzten Fürsten. Man müßte die Pyramidentexte[1374] mit dem »Lit« in Zusammenhang bringen.

Weitere Totenbauten sind etwa das Theoderichgrab in Ravenna (Theoderich starb 526). Markgraf Karl III. Wilhelm v. Baden-Durlach (gestorben 1738), ließ sich in einer Pyramide in der Mitte seines von ihm gegründeten Weltortes, der Residenzstadt Karlsruhe, beisetzen. Der Herzog August v. Sachsen-Gotha (1772–1822) legte zu Lebzeiten seine Gruft auf einer Insel, also einem unzugänglichen Ort, im Schloßpark zu Gotha an und verbrachte manche Stunde in seinem Sarkophag. Im Residenzschloß Friedenstein in Gotha stehen in einem von ihm geschaffenen Salon Taburetts, die Ahnensärge versinnbildlichen sollen; das Deckengemälde veranschaulicht, wie eine Eule, die sich in die Tagwelt verirrt hat, von einem Schwarm Vögel verfolgt wird; sie zieht unbeirrt ihre Bahn[1375].

In der romantischen Literatur und der mit ihr zusammenhängenden Architektur des romantischen Landschlosses des 18. bis 20. Jahrhunderts legt der Bauherr vielfach seine Grabstätte in seiner Schöpfung an, die Gruft ist oft sogar Anlaß zu dem Bau. Maximilian II. ließ zu Lebzeiten seinen Marmorsarg fertigen und im Sanktuarium in der Residenz München aufstellen, seinem unzugänglichen Weiheraum.[1376]

Die Gralsburg wird im Mythos in eine Art von Zwischenreich gesetzt, das zuweilen ein Totenreich ist[1377]; in einzelnen Versionen des Gralsthemas und in bretonischen Sagen ziehen sich Parzival und der Magier Merlin aus der Welt zurück; diese Enthobenheit wird unter dem Begriff »enserrement« oder »entombement« gefaßt. Ihr Schauplatz ist ein Turm oder ein Felsengrab[1378]. König Salomo besaß nach dem Hohelied[1379] ein mit seinem Thron identifiziertes Wunderbett; wer es unberechtigterweise bestieg, wurde spätjüdischen Sagen zufolge von einem Löwen, der Triebe und Affekte symbolisiert, verwundet. Ein solches magisches Bett erschuf nach der Gralssage auch Merlin. Es ist mit dem alchemistischen Gefäß (vas hermeticum), in dem die Synthese vollzogen wird, zusammen zu sehen. Nach späteren Versionen verschmilzt das Bett mit Merlins Grab[1380].

So steht Ludwig II. auch mit der »Lit«-Symbolik seines Königtums nicht vereinzelt da, lediglich mit der Intensität einer konsequenten Steigerung bis zum Letzten.

Der Grabkult wird, wie auch die Feier der Jahreswiederkehr, gegen das »Ablaufen« der wirksamen Kraft eingesetzt. Daß ein selbständiges Fortzünden möglich sei, ist die Grundlage aller Totenbauten, aller Auferstehungs-Hoffnung und auch der »Waberlohe« Richard Wagners[1381], also des Feuerkultes.

In Falkenstein wird das Schlafzimmer zu einer Verspinnung von Thronsaal, Brautgemach, Kirche und Aufbahrungsort. Darüber hinaus wird der ganze Bau in der Planung zusehends zu einer Kombination von Kenotaph und Welt-Abschließung.

Es gibt auch eine Verspinnung zwischen Neuschwanstein, und zwar dessen Thronsaal, und Falkenstein von Neuschwanstein aus: Das Wandgemälde gegenüber der Thronapsis im Neuschwansteiner Thronsaal, der heilige Michael als Drachentöter, zeigt im Hintergrund Falkenstein nach Max Schultzes Modell[1382]. Und noch kurz vor der Katastrophe im Juni 1886 hatte der König im Arbeitszimmer in Neuschwanstein auf einer Staffelei ein Aquarell Falkensteins stehen; der Burgberg ist vom Balkon des Zimmers zu sehen[1383].

Ich kann Ludwig II. nicht »erklären«, wie ich auch die Pyramide nicht erklären kann. Beide haben mit dem Tod zu tun, stehen dem Tod gegenüber, immer. Ich kann auch den Tod nicht »erklären«, nur sagen: daß die Ägypter das »Haus der Toten« eingerichtet haben, als sollte es ein Haus der Lebenden sein, und daß es deshalb lebendig geblieben ist, und daß auch die Archi-Tektur Ludwigs II. nicht sinnlos ist, sondern in sich selber viel sinnvoller als das Leben der meisten Menschen, und wartend. Wartend worauf?

Schluß-Übersicht

Bei Ludwig II. bleiben die beiden Bereiche: Theaterfürst und Bauherr. – Das König-sein: ist der Inhalt des Theaterfürsten und des Bauherrn[1384]. Und nicht nur durch gemeinsamen Inhalt waren beide Bereiche verbunden, auch untereinander: In Ludwigs Räumen in Schloß Berg waren Modelle von Szenenbildern aufgestellt. Er war umgeben von Bühnen-Anordnungen. Er ist ein König, der wirklich dreidimensional denkt, und der, in wahrhaft königlicher Auffassung, sein Theater und seine Architektur nebeneinander stellt, in Zusammenhang mit seiner Rezeption der *»Decorationen«* der als Kronprinz besuchten Theaterstücke.

1; Abb. 33 Zwei andere Aspekte: Die Darstellung der Majestät und die Umkränzung des Todes. –Die Darstellung der Majestät setzt eigentlich eine in sich zentrierte Grundfigur voraus. Dagegen die Umkränzung des Todes setzt das gerade »Durchschreiten« durch einen »Spiegel« in die Transzendenz voraus. In diesem Sinne interpretiert A. Rauch Spiegelmotive in Herrenchiemsee: Wenn der König abends dort im blauen Schlafzimmer erwacht, sähe er sich im Spiegel gegenüber dem Bett; aber die Büste Ludwigs XV. auf der Spiegelkonsole »verhüllt«, überdeckt sein Spiegelbild. »Und sinnvoll werden jetzt vielleicht auch die verspiegelten Wände des das blaue Schlafzimmer flankierenden, nach unten geführten Ankleidezimmers ... [es liegt im Erdge-
174, 175 schoß]. Unzählige Möglichkeiten sind geboten, die labyrinthischen Laubengänge dieser Spiegelkabinette als Gegenpole des existent-Realen, ›Durchschaubaren‹, anzusehen.«[1385] Man kann sich das veranschaulichen wie den Durchgang der kleinen Alice durch den Spiegel bei Lewis Carroll: »And certainly the glass was beginning to melt away, just like a bright silvery mist«[1386]. Der König geht durch den Spiegel auf die andere Seite desselben, in die transzendente Realität des »toten« Ludwig XV. Da er sich als Ludwig XV. auch zuweilen kostümierte, diente das Ankleidezimmer vielleicht einem Kostümwechsel[1387]. – Die beiden Grund-Vorstellungen: Darstellung der Majestät und Umkränzung des Todes verbinden sich in der ägyptischen Pyramidenbaukunst und bei Ludwig II. untrennbar.

Das Grundmuster Ludwigs II. ist die Einsamkeit – aber nicht als Reduktion auf Passivität, sondern gefüllt mit Selbstschaffen. Ein »Reichsgründer« innerhalb des eigenen Reiches.

Als eine der Voraussetzungen dafür lernten wir seine Zeit-Metaphysik kennen. Schon die Tagebücher des Kronprinzen sind voll von Ritualisierungen der Ereignisse: Am 12. August 1867 schreibt er ins Tagebuch: *Maria Stuart im Residenztheater, Wirkung nie verfehlend, Erinnerung, die nie verlöschen wird, komme was da wolle; – da erlahmt die tilgende Macht der Zeit.*[1388] Er setzt die Wieder-Erkennung gegen die Vorstellung vom bloßen »Ablauf« der Zeit – Verdichtung der Zeit durch sich selbst. Einsamkeit des Königs ist also keine menschliche Einsamkeit, sondern die Entferntheit, die andere Zeit. So schreibt Wagner von ihm:

> »Blick' ich auf Ihn, nicht neues Jahr,
> nicht altes Jahr werd' ich gewahr:
> Fern jeder Erd'- und Himmels-Zeit
> Erblick' ich nur die Ewigkeit!«[1389]

Ludwig stellt ein »Notwendiges« her, das unabdingbar ist im Sinne des Historismus, des »Kontinuismus«[1390], aber nicht im Sinne des Stils. Dabei hat der König die Vorstellung einer umfassenden Kosmologie. »Historismus« ist also nicht einfach eine Auffächerung des Gedächtnisses, nicht eine Auffächerung der

Vergangenheit, sondern eine Bewältigung der Kugelform, der in sich zurückkehrenden Allheit, eine Welt-Überschau. Das mittelalterliche Schloß, Versailles, der bzyantinische Palast, der chinesische Himmelstempel, das indische Zelt gehörten zu Ludwigs Kosmos.

Als er sich auf sich selbst besann (sich von Wagner löste), mußte der Umkreis seiner Schöpfungen schon vorliegen. Und so entfaltet sich in den Jahren 1867 und 1868 der ganze Kosmos auf einmal, zunächst in der Vision, dann unverzüglich in der Ausführung. Zeugnis geben davon die Tagebücher der beiden Jahre mit den unaufhörlichen Verflechtungen der Themen, oft an einem einzigen Tag. Wichtig für die Einschätzung des Königs vom ersten der entscheidenden Jahre ist ein »Schwur« zehn Jahre später, wo es heißt: *juré le 21 janvier 1877 … dix ans depuis l'année si chère à tant de titres*[1391].

Der »Klassizismus« dagegen ist nicht kosmologisch, sondern dogmatisch; er sucht mit unzureichenden Argumenten in der Verwissenschaftlichung Wurzeln und Begründungen. –

Wenn Ludwig II. den Kosmos hat – dann muß jeder Bau und jede Separatvorstellung ihn selber darstellen; einen Teil von ihm selber, – und erst mit allen ist er als Ganzes präsent. Vor allem die Bauten sind seine Selbstdarstellung. Sie stehen außerhalb der Aufgaben, welche die Architektur innerhalb des »normalen Lebens« hat; aber Nutzkonstruktionen machen ja das Wesen dieser Kunst nicht aus, das von Ludwig wiederhergestellt wird. Architektur ist nur in solchen königlichen Bauaufgaben wirklich menschlich, – nicht dagegen, wo sie irgendeiner »Funktion« wie etwa dem Abwohnen dienen soll.

Die meiste Zeit seines Lebens hat der König in Bauten seines Vaters zugebracht; sie waren seine Wohnungen; ein Teil davon – die Berghütten – von der Einfachheit einer Dienerwohnung. Der König war für sein gewöhnliches Leben anspruchslos. Dagegen seine Archi-Tekturen sind nicht zum Wohnen bestimmt, sondern zum rituellen Besuch. Er verlängert seine Besuche in Herrenchiemsee nicht: also kein »Genuß« des Schlosses, kein Schwelgen. Das Bewohnen hätte die Schlösser gestört.

Man kann Ludwigs Archi-Tekturen mit Monstranzen vergleichen. Sie zeigen die Hostie, den Leib Christi. Eine Monstranz ist das Abstrakte des jeweiligen Baustiles, sie ist aus seinen Formen gestaltet, die aber nichts mehr mit »Funktion« im rationalistischen Sinne zu tun haben. Solche »Monstranzen« sind schon die Schalen, die der Kronprinz als erste Kunstschöpfungen verwirklichen ließ; lebens-große Monstranz ist beispielsweise Herrenchiemsee, mit dem Heiligsten, dem Schlafgemach Ludwigs XIV., in der Mitte. Aus Unbegreiflichkeiten, aus Archaismen erneuert Ludwig II. diesen Sinn der Architektur, der früher der einzige und selbstverständliche gewesen war. Wenn sie nicht solche Überwirklichkeit darstellt, dann ist sie nur eine Verpackung, ein Getriebe, Teil eines banalen Funktionalismus.

Eine Verzerrung des Bildes der Bauten, des Bauherrn und Königs erfolgt immer wieder durch außerwissenschaftliche Manipulation, etwa das gereizte Wort von »Chancen-Gleichheit« – Einebnung auf wenig Farbigkeit und wenig Reichweite vermittels Umschreibung der Geschichte, »wie sie zu sein hat« – Orwell schildert das eingehend in seinem »1984«.

Auch die Einsamkeit der Bauten des Königs ist kein Krankheitssymptom. Sie ist vielmehr der Ausdruck der Vergeistigung, der Idee im Sinne der Neuplatoniker.

Es soll hier wiederum ein Zitat aus Lord Byrons »Manfred« stehen, weil Ludwig II. sich mit Recht in der Titelfigur wiedererkannte, über die der Dichter sagt:

> »Er ist gemeiner Art nicht, wie die Miene,
> Wie seine Gegenwart beweist. Sein Leiden
> Ist auch unsterblicher Natur, wie uns'res,
> Sein Wissen, seines Geistes Kraft, sein Wille,
> Sie sind, soweit vereinbar dies mit Staub,
> Der die Essenz des Geist's beschwert, so groß,
> Wie man sie selten fand bei Staub, sein Sehnen
> Ging über das der sonst'gen Erdbewohner.«[1392]

So vergleicht ein Geistwesen (ein Diener Ahrimans) in Byrons Drama den Titelhelden Manfred mit seiner, also des Geistwesens, Natur.

Aus der Betrachtung vom Bauherrn Ludwig II. ergaben sich folgende Kriterien für das Bauherren-Tum:

1) Bauen-Müssen. Bauleidenschaft genügt als Begriff nicht; es ist eine Identifizierung von Mensch und Bauen-Müssen, – in dieser Übermächtigkeit und Reinheit sehr selten.

2) Übersicht-Behalten. Selbstverständlich durch kosmologische Auffassung, die sich auf den zeitlichen und räumlichen Kosmos gleichermaßen bezieht. Dann: durch genaue Vorstellung von der eigenen Thematik. – An dieser Stelle ist Ludwig II. vollständig allein; nicht angeregt von Künstlern, wie sein Großvater, nicht angeregt von Wissenschaftlern, wie sein Vater. Er ist allein: nicht wie ein Mensch in einer anonymen Masse, sondern allein als verdichtetes Individuum, sogar im extremsten Falle, also als König. Die Energie geht unaufhörlich von ihm aus, nie vom Künstler oder von sonst jemand. Eine Energie, rastlos, unerschöpflich, immer drängend – wer die Korrespondenz gesehen hat, weiß, daß sie nie auf den Bauherrn zufließt, sondern immer aus ihm herausströmt.

3) Vollständige Vergeistigung, ohne Ablenkung etwa durch das eigene Wohnen.

4) Langes Wachstum, obwohl in der Vision sofort vollständig. Der Bauherr ist der eigentliche Erbauer, nicht die beauftragten Architekten sind es – sie haben die Aufgabe, Vorschläge zu machen, aus denen er selber formt, was ihm vorschwebt.

5) Richtige Größe. Von ihr gibt es dann keine Abweichung mehr; also auch kein Wachsen ins Megalomane.

6) Herstellung nur der Stockwerke und Räume der eigenen Vision. Alles andere ist nur Abstützung. In die gestalteten Räume führt kein eigentlicher »Zugang«. Das Äquivalent dafür sind stollenartige Einhöhlungen durch unausgebaute oder Nebenräume (wie die »Königstreppe« in Herrenchiemsee). Der Sinn ist: sofortiges Versetztwerden in den gemeinten Status – das ist am deutlichsten an dem verdunkelten Treillengang zu erkennen, der sofort in die Mitte des Wintergartens Ludwigs II. in der Münchner Residenz führt. Da der König in den eigentlichen Räumen nur als Einzelner weilt, – und nur mit einem ideellen Selbstsein, – ist eine Einrichtung für die Hofhaltung nicht erforderlich.

7) Genaue Orts-Wahl. Dies ist für Ludwig II. fast das entscheidende Kriterium. Denn alle »Beziehungen« sind an einen durchaus-anderen Ort versetzt, – dorthin, wo sie nicht ihr »erstes« Dasein haben konnten, sondern das »zweite«, das überzeitlich-wirkliche. Es ist eine Landschaft, welche diesem zweiten Dasein angemessen ist. In der Ausnutzung der geographischen Gegebenheit überbietet Ludwig alles Vorstellbare. Der Besucher wird in eine andere »Lage« versetzt. Die Wahl des Platzes verbindet Kühnheit und Verborgenheit, Gebirge und Wasser.

8) Eigentlich wird nur für einen Einzigen gebaut. Also sind die Schlösser auch darin auf die Ewigkeit bezogen.

9) Wahl des Stiles: das ist viel weniger wichtig, weil dem sogenannten Historismus immer der Kosmos der Stile, aller Stile zugleich, zugrundeliegt.

Ludwig II. steht als Bauherr nicht allein, sondern in einer weltumfassenden zeitgenössischen Baubewegung von zahlreichen wesensähnlichen Bauherren, die einen derzeit unabsehbaren Bestand schufen[1393]. Aber zweifellos war er der weitaus konsequenteste und bedeutendste Vertreter dieser Kultur. Aus einem Verdichtungs-Vorgang, einer Ballung von Raum-Zeit-Personen wird bei ihm die Leistung. Sein nach innen gewendetes Leben baut er nach außen. Täglich erneuern sich die Schlösser an ihrem Platz. Unausgesetzt entsteht etwas in ihnen.

Im 19. Jahrhundert bedeutet der König, bedeutet besonders Ludwig II. eine extreme Position. Indem man ihn aus ihm-selber zu verstehen vermag, versteht man auch das Jahrhundert besser. Er ruht in seinem Werk; ich habe versucht, es von innen zu lesen.

Die Bauten sind Fragmente, aber Fragment sind nicht Theaterfürst, König, Bauherr, die vollendet in reinem Verlauf dastehen. Welche Ruhe und Geschlossenheit in dieser Persönlichkeit, der ungewöhnliche Schwierigkeiten entgegengeworfen wurden. – Wie sehr ist er ein Mensch, der wirklich nach eigenen Gesetzen wuchs, – der seine eigenen Möglichkeiten verwirklichte, – der seine Möglichkeiten ausschöpfte. Der erfolgreichste König des 19. Jahrhunderts.

Anmerkungen
Anhang
Register

Anmerkungen

Unbezeichnete Ziffern sind Seitenangaben

1 Ludwig II., König von Bayern. 2. Aufl. Berlin 1924

2 Zit. Anm. 1, 588–90

3 Beispielsweise »Frühlingsschauer« 11.2. 1882 (zit. Anm. 1, 545); »Herodias« (für Separataufführung vor Ludwig II. vorgesehen) 16.5.1887 Hommel Kurt, Die Separatvorstellungen vor König Ludwig II. ..., München 1963, 164–67)

4 Bavarian Fantasy. The story of Ludwig II. Hg. v. Osyth Leeston. London 1955

5 Zit. Anm. 4, 242

6 Sinngemäß beispielsweise 26.1.1886. Verhandlungen der Kammer der Abgeordneten des Bayerischen Landtags ... 1885/86. Stenograph. Berichte Bd. 6, München 1886, 771

6a Bereits vorliegende Texte des Verfassers zur Problematik und zum Inhalt: Herrenchiemsee. In: Evers Hans Gerhard, Tod, Macht und Raum als Bereiche der Architektur. Neuer Filser-Verlag München 1939, 2. Aufl. Wilhelm-Fink-Verlag München 1970, 199–282; Neuschwanstein. In: »Merian«, Jg. 7, Hamburg 1953, H. 1, 44–48; Historismus. In: Historismus und bildende Kunst. Hg. Ludwig Grote. Prestel-Verlag München 1965, 25–42; Denkmal Max Joseph I. in München. In: Evers Hans Gerhard, Vom Historismus zum Funktionalismus. Holle-Verlag Baden-Baden 1967, 82–86; Gedanken zur Neubewertung der Architektur des 19. Jahrhunderts. In: Bibliographie zur Kunstgeschichte des 19. Jahrhunderts. Zusammengestellt von Hilda Lietzmann. München 1968, 41–45; Die Richard-Wagner-Bühne König Ludwigs II. [von Michael u. Detta Petzet, Prestel-Verlag München 1970]. Eine Rezension von Hans Gerhard Evers. In: Bauwelt. Verlagsgruppe Bertelsmann, 62. Jg. Berlin 1971, Nr. 21 v. 24.5.1971, 902–906; Brücken. In: Die deutsche Stadt im 19. Jahrhundert. Hg. Ludwig Grote. Prestel-Verlag München 1973, 247–56 (= Studien zur Kunst des 19. Jahrhunderts. Bd. 24. Forschungsunternehmen der Fritz Thyssen Stiftung); Die Bayerischen Königsschlösser. In: Historismus und Schloßbau. Träger Fritz Thyssen Stiftung. Hg. Renate Wagner-Rieger, Walter Krause. Prestel-Verlag München 1975, 119–128 (= Studien zur Kunst des 19. Jh. Bd. 28); Zur Anordnung der Stile. In: Beiträge zum Problem des Stilpluralismus. Hg. Werner Hager, Norbert Knopp. Prestel-Verlag München 1977, 20–28 [J.A. Schmoll gen. Eisenwerth zum 60. Geburtstag]. Am 2.3.1977 hielt der Verfasser bei der Tagung der Fritz Thyssen Stiftung über Historismus, geleitet von J.A. Schmoll gen. Eisenwerth, einen Vortrag »Ludwig II. v. Bayern, Theaterfürst/König/Bauherr«. – Vgl. Hanslik Eduard, Jürgen Wagner, Ludwig II., König von Bayern ..., Internationale Bibliographie zu Leben und Wirkung. Frankfurt/Main, Bern, New York 1986 (= Europäische Hochschulschriften. Reihe III, Bd. 292). Enthält 2781 Nrn.

7 Er stammt möglicherweise von dem Sinologen Carl Hentze, mit dem sich ein Aufsatz von Evers befaßt (in: Evers Hans Gerhard, Schriften. Darmstadt 1975, 275–81). Jedenfalls spielte der Begriff in den Gesprächen beider eine große Rolle (Freundlicher Hinweis der Gattin des Autors, Frau Sibylle Evers, vom 24.2.1984)

8 Bis hierher folgt der Abschnitt »Weltort« fast wörtlich der Formulierung in Evers Hans Gerhard, Die bayerischen Königsschlösser. In: Historismus und Schloßbau. Träger Fritz Thyssen Stiftung. München 1975, 119–20 (= Studien zur Kunst des 19. Jh. Bd. 28)

9 Beide vorstehende Absätze bis hier mit einer Kürzung wörtlich nach: Evers Hans Gerhard, Zur Anordnung der Stile. In: Beiträge zum Problem des Stilpluralismus. Hg. v. Werner Hager u. Norbert Knopp. München 1977, 27 (= Studien zur Kunst d. 19. Jh. Träger Fritz Thyssen Stiftung. Bd. 38). Der Text befand sich beim Manuskriptmaterial für vorliegendes Buch

10 Ziegler Leopold, Spätlese eigener Hand. München 1953, 92–104; vgl. auch 13–15. Ziegler bezieht sich auf Klages

11 Von der Ziffer der Anm. 10 an bis hierher entspricht der Text mit geringen Kürzungen wörtlich der Formulierung in Anm. 9 zit. Aufsatz, 27–28

12 Gesammelte Schriften u. Dichtungen. 4. Bd., Leipzig o.J., 76

13 Der Mythos der ewigen Wiederkehr. Düsseldorf 1953, 112–13. Das Zitat befand sich beim Manuskriptmaterial für vorliegendes Buch

14 Zwischen Textteilen aus Material für vorliegendes Buch sind wiederholt Textteile aus Anm. 9 zit. Aufsatz, teilweise gekürzt, eingefügt

15 Ersch.-Ort: Karlsruhe. – Vgl. auch Döhmer Klaus, »In welchem Style sollen wir bauen?«, Architekturtheorie zwischen Klassizismus und Jugendstil. Träger Fritz Thyssen Stiftung. München 1976 (= Studien zur Kunst des 19. Jh. Bd. 36)

16 Vgl. den vorstehenden Abschnitt »Zeit«

17 Vgl. den vorstehenden Abschnitt »Weltort«

18 Abb. 4. Aus Anm. 8 zit. Aufsatz, 292

18a Stilpluralismus: Evers hat diesen Begriff noch im Sinne der früher gebräuchlichen negativen Charakterisierung des Historismus verwendet, so als handle es sich um (z.T. »willkürliche«) pluralistische Auswahl und Anwendung älterer historischer Stile in Architektur und Kunstgewerbe. Die neuere Erkenntnis, daß der Historismus insgesamt (incl. seiner verschiedenen Stil-Nachempfindungen) nur eine Position neben anderen Stilphänomenen im 19. Jahrhundert einnimmt (z.B. neben Spätklassizismus, Realismus, naturalistischen Tendenzen, Impressionismus, Spätromantik, Symbolismus, Neuklassik, Jugendstil usw.) ist bei der Verwendung des Begriffes »Stilpluralismus« bei Evers noch nicht berücksichtigt. Er bezieht hier Stilpluralismus allein auf die historistische Architektur, und zwar als von anderen Autoren »mißverstandene« kritische Bezeichnung, die er ablehnt. – Vgl. J.A. Schmoll gen. Eisenwerth, Stilpluralismus statt Einheitszwang – zur Kritik d. Stilepochen-Kunstgeschichte. In: Argo, Festschrift f. Kurt Badt, hsg. v. M. Gosebruch u. L. Dittmann, Köln 1970, S. 75–95. Wiederabdruck in: Beiträge zum Problem des Stilpluralismus, hsg. v. W. Hager u. N. Knopp, München 1977 (dort als Leitthese) S. 9–19. Neuerdings Wiederabdruck in: J.A. Schmoll gen. Eisenwerth, Epochengrenzen u. Kontinuität – Studien zur Kunstgeschichte, hsg. v. W. Nerdinger u. D. Schubert, München 1985, S. 11–30.

19 Auerbach Erich, Mimesis. Dargestellte Wirklichkeit in der abendländischen Literatur. Bern 1946, 489
20 Auch hier wurden zur Ergänzung oder wegen des weiter gediehenen Bearbeitungsstandes wiederholt bei teilweiser Kürzung Textteile aus Anm. 9 zit. Aufsatz verwendet
21 Baumgärtner Anton, Münchner Polizey-Übersicht v. 29. Juny 1805, 53 (Text zu Abb. XXVI); Kücker Wilhelm, Das alte Franziskanerkloster in München ... In: Oberbayerisches Archiv, hg. v. Historischen Verein f. Oberbayern. Bd. 86, München 1963, 26
22 Zit. Anm. 21
23 Adalbert Prinz v. Bayern, Als die Residenz noch Residenz war. München 1967, 204
24 Ebendort 208
25 Haeuttle Christian, Die Residenz in München. München 1892, 117–18, Anm. 99
26 Zit. Anm. 23, 222
27 Ebendort 227
28 Ebendort 233
29 Adalbert Prinz v. Bayern, Max I. Joseph v. Bayern. München 1957, 822
30 Ebendort 757
31 Zit. Anm. 25, 91
32 Zit. Anm. 29, 625
33 Vgl. Spindler Max, Dreimal München. König Ludwig I. als Bauherr. München 1958, 44–45
34 Zit. Anm. 23, 224–25
35 Brief Ludwigs I. an den Vater aus Paris 16.9.1815 GHA, Nachlaß Max I., II B 2, Verz. 53, N 30
36 Zit. Anm. 29, 817. Friedrich Graf v. Thürheim (1763–1832) war Generalkommissär und Minister
37 Eggert Klaus, Der sogenannte »Historismus« und die romantischen Schlösser in Österreich. In: Historismus und Schloßbau. Träger Fritz Thyssen Stiftung. München 1975, 55–82 (= Studien zur Kunst d. 19. Jh. Bd. 28); Derselbe, Gottfried Semper, Carl v. Hasenauer. Wiesbaden 1978 (= Die Wiener Ringstraße. Bild einer Epoche. Träger Fritz Thyssen Stiftung. Bd. VIII/2. Zusammengebunden mit einem Text, dessen Urheberin Planner-Steiner dem Autor unbekannt ist. Zu diesem Text hat seine Untersuchung keinerlei Beziehung)
38 Sepp [Johann Nepomuk], Ludwig Augustus, König von Bayern. Schaffhausen 1869, 349
39 Ebendort 370
40 Vgl. Abschnitt »Weltort«, S. 18
41 Zit. Anm. 23, 241
42 Sayn-Wittgenstein Franz Prinz zu, Schlösser in Bayern. München 1972, 20–21
43 Zit. Anm. 23, 264
43a Hederer Oswald, Leo v. Klenze. 2. Aufl. München 1981, 263–64, Abb. 154; ebendort, 253–60, 401
44 Ersch. 1598 Nürnberg; vgl. Pirr Margot, Die Architectura des Wendel Dietterlin 1598, Diss., Gräfenhainichen 1940; Reprint der »Architectura« mit Einführung v. Hans Gerhard Evers, Wiss. Buchgesellschaft Darmstadt 1965; Evers Hans Gerhard, Wendel Dietterlins »Architectura«. In: Schriften. Darmstadt 1975, 137–46, dort weit. Lit.
45 TB, GHA, Kabinettsakten Ludwigs II., 65
46 Kreisel Heinrich, unpubliziertes, aus dem Gedächtnis verfaßtes Manuskript über die Residenz, 1945, 148–50
47 Zit. Anm. 23, 264
48 Dietterlin Wendel, zit. Anm. 44, Taf. 152, 192
49 Reidelbach Hans, König Ludwig I. von Bayern und seine Kunstschöpfungen. München 1888, 178
50 Hederer Oswald zit. Anm. 43 a 202 (Klenze im Vorwort zu dem Stichwerk über den Bau), 186–87; Dirrigl Michael, Ludwig I., König von Bayern. München 1980, 277. Vgl. den jungen Goethe: »Ja der Künstler muß eine große Seele haben, wie der König für den er die Säle wölbt ...« Weimarer Ausgabe Bd. 2, 109; freundlicher Hinweis von Oswald Hederer
51 Hederer, zit. Anm. 50, 210
52 16.10.1835; zit. Anm. 23, 263
52a Ausdruck Ludwigs II., TB 1.5.1867, 10.9.1868, GHA, Kabinettsakten Ludwigs II., 70
53 Zit. Anm. 23, 245
54 Ebendort
55 GHA, Nachlaß Ludwigs I., II A 31, No. 264
56 Zit. Anm. 23, 264
57 Evers Hans Gerhard, Herrenchiemsee. In: Tod, Macht und Raum als Bereiche d. Architektur. München MCMXXXIX Neuer Filserverlag; 2. Aufl. München 1970, Wilhelm-Fink-Verlag, 199–282
58 Zit. Anm. 46
59 Zit. Anm. 23, 259
60 Bodenstedt Friedrich v., Wilhelm Heinrich Riehl, Die Fußreise Seiner Majestät durch das Bayerische Gebirge vom 20. Juny bis 27. July 1858. Zusammengestellt und ausgestattet v. Paul Ernst Rattelmüller. München 1960. Vgl. Anm. 23 zit. Werk, 299
61 Trost Brigitte, Domenico Quaglio ... München 1973, 70–75 (= Materialien zur Kunst des 19. Jahrhunderts. Forschungsunternehmen der Fritz Thyssen Stiftung. Bd. 6) Vgl. Chronik von Hohenschwangau, Manuskript, Verwaltung des WAF, Hohenschwangau; Muffat Carl August, Beschreibung und Geschichte des Schlosses ... Hohenschwangau. München 1837; Vogt K. W., Beschreibung des Schlosses Hohenschwangau. München 1837; Hormayr-Hortenburg Joseph Frhr. v., Die goldene Chronik von Hohenschwangau. München 1842; Kreisel Heinrich, Schloß Hohenschwangau. München 1953; Baumgartner Georg, Schloß Hohenschwangau. Eine Untersuchung zum Schloßbau der Romantik. Ungedr. Diss. Univ. München 1977; Karnap Birgit-Verena, Hohenschwangau. In: Oberbayerisches Archiv. 109. Bd., 2. H., München 1984, 133–45
62 GHA, Nachlaß Max II., 73/6/12, Hohenschwangau, Kunstideen, undat., unsign.
63 Kreisel, zit. Anm. 61, 8
64 Zit. Anm. 38, 643
65 Schenkungsurkunde GHA, Nachlaß Max II., 73/6/12, Nr. 10; Hahn August, Der Maximilianstil. In: 100 Jahre Maximilianeum. Hg. v. Heinz Gollwitzer. München 1953, 90, Anm. 22; München, Stiftsarchiv St. Bonifaz, Nachlaß Georg Friedrich Ziebland, »Producten-Verzeichnis über die Restaurazion der Max-Burg bei Neustadt an der Hard« [sic], laut freundlicher Auskunft von Birgit-Verena Karnap ohne Signatur. Die Ruine wurde zur 150-Jahr-Feier des »Hambacher Festes« 1982 ausgebaut und seither genutzt: Ausst.-Kat. 1832–1982 Hambacher Fest ..., Ausst. des Landes Rheinland-Pfalz 1982. – Vgl. Jöckle Clemens, Joachim Kermann, Das Hambacher Schloß. 3. Aufl. München 1984 (= Schnell Kunstführer. Nr. 1336), dort weit. Lit.
66 Zit. Anm. 23, 276
67 Zit. Anm. 38, 661; zit. Anm. 23, 285; vgl. Hederer Oswald, Friedrich v. Gärtner, München 1976, 162–65, 272 (Angabe der Pläne u. Quellen) (= Studie zur Kunst des 19. Jahrh. Forschungsunternehmen der Fritz Thyssen Stiftung. Bd. 30)
68 Zit. Anm. 49, 212
69 Ebendort 256; Hederer, zit. Anm. 67, 162
70 Grundriß: GHA, Nachlaß Max II., 73/6/18, Nr. 12
71 Zit. Anm. 23, 282, 285, 286, 292
72 Gerland Otto, Werner Henschel. Ein Bildhauer aus der Zeit der Romantik. Leipzig 1898, 101
73 Drechsel A., Aus den Tagebüchern des Königs Max II. v. Bayern. In: Westermanns Monatshefte. Jg. 56, Braunschweig 1911/12, 576–78; Hahn, zit. Anm. 65, 84, 88–90 nennt Termine der Virulenz des Maximilianeumplanes: 1832, 1833, 1839, 1840, 1841, 1845, 1847. Vgl. Habel Heinrich, Semper und der Stilwandel am Maximilianeum. In: Jahrbuch der Bayerischen Denkmalpflege, Bd. 28, München 1973
74 GHA, Nachlaß Max II., 77/6/90
75 Ebendort, 76/6/47, Fasz. »Verschiedene Notizen«
76 Hahn, zit. Anm. 65, 113, Anm. 45
77 München, Stiftsarchiv St. Bonifaz, zit. Anm. 65, Aktennotiz von Zieblands Hand, ohne Sign.
78 GHA, Nachlaß Max II., 77/6/90. Vgl. Hahn, zit. Anm. 65; Hojer Gerhard, München – Maximiliansstraße und Maximiliansstil. In: Die deutsche Stadt des 19. Jahrhunderts. Hg. v. Ludwig Grote.

München 1974, 33–62 (= Studien zur Kunst des 19. Jahrhunderts. Forschungsunternehmen der Fritz Thyssen Stiftung. Bd. 24); Döhmer Klaus, »In welchem Style sollen wir bauen?« Diss. Univ. Bochum 1974

79 GHA, zit. Anm. 78

80 Zit. Anm. 23, 258

81 Meyer Julius, Die Münchner Maximilianstraße und der moderne Baustil. In: Zur Geschichte und Kritik der modernen deutschen Kunst. Gesammelte Aufsätze. Hg. v. Conrad Fiedler. Leipzig 1895, 56–57 (zuerst ersch. in: »Grenzboten« 1863). Abrücken des Königs von der bisherigen Art der Synthese: Hahn, zit. Anm. 65, 156–58

82 Petzet Michael, Die Welt des Bayerischen Märchenkönigs. München 1980, 13

83 Zit. Anm. 38, 657. Architekt: Ludwig Lange

84 GHA, Nachlaß Max II., 31/2/19; 31/2/34

85 München, Stiftsarchiv St. Bonifaz, zit. Anm. 65, ohne Sign.

86 Boll Walter, Die königliche Sommerresidenz – Die königliche Villa in Regensburg. In: Regensburger Almanach. Regensburg 1970; Färber Sigfrid, Regensburg. 16. Aufl. Regensburg 1983, 46; Ley Andreas, Die Villa als Burg. München 1981, 85–88, dort weit. Lit.; Habermann Hans, Die Königliche Villa in Regensburg ... Regensburg 1981

87 München, Technische Universität, Architektursammlung, ohne Sign., 14 Blatt

88 GHA, Nachlaß Max II., 73/6/12, Fach 18, Kgl. Schlösser

89 Ebendort

90 GHA, Administration König Otto v. Bayern, 1907

91 Ebendort. Besonders für 1863–64 auch: GHA, Akt »Archivale«, Obersthofmeisterstab 921

92 GHA, zit. Anm. 90

93 GHA, Nachlaß Max II., 73/6/12

94 GHA, ebendort, 18/4/6

95 Neue Deutsche Biographie. Hg. v. d. historischen Kommission bei der Bayerischen Akademie der Wissenschaften. Bd. 7, München 1966, 613

96 TB, GHA, Kabinettsakten Ludwigs II., 64

97 GHA, Nachlaß Max II., 73/6/12

98 Ebendort

99 Hix John R., The Glass House. Cambridge (Mass.) 1974 (Taschenbuchausg. 1981); Kohlmaier Georg, Barna v. Sartory, Das Glashaus: ein Bautypus des 19. Jahrhunderts. München 1981; Girouard Mark, The Victorian Country House. Oxford 1971, 26–27

100 Markham Violet, Paxton and the Bachelor Duke [of Devonshire], London 1935; Chadwick G. F., The Works of Sir Joseph Paxton. London 1961; Dixon Roger, Stefan Muthesius, Victorian Architecture. London 1978, 96–98, 263–64 (unter »Paxton«). – Vgl. auch Lit. Anm. 99

101 Zu Paxton: Anm. 100 zit. Lit.; Beaver P., The Crystal Palace. 1851–1936. London 1970

102 Girouard, zit. Anm. 99, 184; Chadwick, zit. Anm. 100, 188–92

103 Vgl. Marschall Horst-Karl, Friedrich v. Thiersch ... München 1982, dort auch besonders die Einleitung v. J. A. Schmoll gen. Eisenwerth

103 a Brief Alexander v. Humboldts, Potsdam 26. 5. 1846, an einen unidentifizierten »General«, GHA, Nachlaß Max II., 73/6/12, Nr. 9

104 Gerland, zit. Anm. 72

105 GHA, Nachlaß Max II., 18/11/5, mit drei Grundrissen und Erläuterung zu diesen

106 Hederer, zit. Anm. 43 a, 71–72

107 Zit. Anm. 38, 660

108 Vgl. außer dem Abschnitt »Stil und Kopie« in vorliegendem Buch: Evers Hans Gerhard, Zur Anordnung der Stile, zit. Anm. 6 a, besonders 25–26

109 Riehl Wilhelm Heinrich in: Kulturgeschichtliche Charakterköpfe ... Stuttg. 1891, 255–58

110 Ebendort. Vgl. Sexau Richard, »Symposien« / Die Kulturpolitik König Max' II. von Bayern. In: Neues Abendland. Heft 1, 1. Quartal 1958, 1–15

111 Kontinuismus: Anm. 37 zit. Lit.

112 Hauff Ludwig, Leben und Wirken Maximilian II. ... 2. Abdruck München 1864, 348–50. Vgl. Söltl J. M., Max der Zweite ... Augsburg 1867, 155; Kreisel, zit. Anm. 46, 149–50. Kreisel war mehrmals im Sanktuarium

113 Söltl, zit. Anm. 112, 98–99

114 GHA, Nachlaß Max II., 73/6/12, Fach 18, Nr. 9

115 Ebendort, 76/6/47

116 Zit. Anm. 114

117 Zit. Anm. 115

118 GHA, Nachlaß Max II., 76/6/40–43

119 Vgl. Saddy Pierre, Henri Labrouste Architecte ... Paris 1976 (= Caisse Nationale des Monuments et des Sites)

120 München, Staatliche Graphische Sammlung, Inv.-Nr. 26 808, 26 809

121 München. Bayerische Staatsgemäldesammlungen, Inv.-Nr. 12 285

122 Bei Durchsicht der einschlägigen Produkte aus dem Nachlaß Max II. samt der Registerbände zu den Kabinettsakten des Königs, beides im GHA, wurde keine Quelle gefunden. Es handelt sich möglicherweise um die Akten 308/1–5 und 309/6, die sich laut Notiz von Prof. Evers auf die Wintergärten Max II. und Ludwig II. zwischen 1848 und 1888 bezogen und vermutlich 1944 durch Kriegseinwirkung vernichtet wurden

123 Vgl. Anm. 122. Franz Kreuter datiert bisher unbezahlte Tätigkeit für Max II. am 22. 9. 1854 vom Mai 1849 an (Kreuter an Hofmarschall Baron Zoller). München, Stiftsarchiv St. Bonifaz, zit. Anm. 65, Akt »Architekt Kreuters Sache betreffend«

124 Leipziger Illustrirte Zeitung, Bd. VII, 1846, 392–94 m. Abb.; Degen Ludwig (Hg.), Münchener architectonisches Album. München o. J. [ca. 1860], I. Heft, Bl. I–IV; Schleich Erwin, Der Denkmalswert städtischer Wohnbauten des 19. Jahrhunderts mit Beispielen aus München. In: Deutsche Kunst und Denkmalpflege XV, München–Berlin 1957, 130–32; Merten Klaus, Heinrich Habel, Michael Petzet, Siegfried v. Quast, Münchner Fassaden. München 1974, Abb. 343

125 Vgl. Anm. 122

126 München, Stiftsarchiv St. Bonifaz, zit. Anm. 123

127 Ebendort, »Copie. Reisespesen wegen des koeniglichen Wintergartens«, undat., unsign.

128 Ebendort, Kreuter an Hofmarschall Baron Zoller, Wien 12. 12. 1854

129 GHA, Nachlaß Max II., 78/1/97; München, Stiftsarchiv St. Bonifaz, zit. Anm. 127

130 Mignot Claude, Architektur des 19. Jahrhunderts. Stuttgart 1983, 178 (Abb. 298); Semper Gottfried. Über Wintergärten. In: Kleine Schriften. Berlin, Stuttgart 1884, 489

131 GHA, zit. Anm. 129

132 München, Stiftsarchiv St. Bonifaz, zit. Anm. 127

133 GHA, zit. Anm. 129

134 München, Stiftsarchiv St. Bonifaz, zit. Anm. 127

135 Ebendort

136 Vgl. Anm. 122

137 Vgl. Anm. 55 zit. Brief Klenzes

138 Projekt 2: Kreuter an Pfistermeister 13. 10. 1849, GHA, Nachlaß Max II., 78/1/97; Erhaltung des Logenhauses des Residenztheaters: München, Stiftsarchiv St. Bonifaz, zit. Anm. 123, »Wintergarden [sic] Rechnung 1850/51« unter »ad § 3«; ebendort, Baron Zoller an den König 14. 2. 1855, ebenfalls unter »ad § 3«

139 Vgl. Anm. 122

140 Vgl. Anm. 122

141 Vgl. Anm. 122

142 Vgl. Anm. 122

143 GHA, Nachlaß Max II., 78/1/97, Kreuter an den König 9. 10. 1852

144 Ebendort, Kreuter an den König 19. 6. 1851

145 Vgl. Anm. 122

146 Vgl. ebendort

147 Zit. Anm. 143

148 Ebendort

149 Vgl. Anm. 122. Nachforschungen von Prof. Evers bei Wiener Institutionen ergaben keine konkreten Auskünfte. Kreuters Urenkelin Irmgard teilte Prof. Evers mit, keinerlei Unterlagen zu besitzen

150 Gutachten Voits vom 5. 7. 1851; vgl. Anm. 122

151 GHA, Nachlaß Max II., 78/2/113, durch Dr. Volker Hütsch dem Autor mitgeteilt

152 München, Stiftsarchiv St. Bonifaz, zit.

Anm. 65, Akt »Architekt Kreuters Sache betreffend«, Hofmarschall Baron Zoller an den König 14.2.1855

153 Ebendort, Hofmarschall Baron Zoller an den König 14.2.1855

154 Hauff, zit. Anm. 112, 351

155 Allgemeine Zeitung, Augsburg, 9.2.1856, Nr. 40, Beilage, 633–34, o. Vf. Ähnlich: Söltl, zit. Anm. 112, 166–67

156 Noch jetzt in der Werksverwaltung befindlich

157 Proteste gegen den Abbruch: Rank Franz, Zur Frage der Beseitigung des Wintergartens ... In: Deutsche Bauzeitung, Jg. 55, Berlin 27.7.1921, 271; Feulner Adolf, Das Residenzmuseum in München. München 1922, 63

158 Petzet Michael, König Ludwig II. und die Kunst. In: König Ludwig II. und die Kunst. Ausst.-Kat. München (1968), 18

159 GHA, Nachlaß Max II., 73/4/8, Akt Obersthofmarschallstab, »Specification der Ausgaben« für die Vorstellung, 24.6.1858

160 Ebendort, 73/4/8, Akt Hoftheater-Intendanz. Gemeint die Tragödie von Sophokles?

161 Hommel, zit. Anm. 3, 42–44

162 Vgl. den Abschnitt »Stil und Kopie«

163 Ein Gebilde, das auf dem Grund setzbar und dadurch wesentlich gekennzeichnet ist

164 Hahn, zit. Anm. 65, 87, Anm. 16

165 Vgl. Abschnitt »Zeit« und den letzten Absatz des Abschnitts »Wieder-Holung und Mimesis«

166 GHA, Kabinettsakten Ludwigs II., Nr. 64

167 nahmen einen Imbiß (Goûter) ein (speziell: Gabelfrühstück)

168 Philippi Felix, Ludwig II. In: Vossische Zeitung. Berlin, Jg. 1912, Nr. 3, 5; Böhm, zit. Anm. 1, 769, gibt eine fast wörtlich entsprechende Äußerung des Königs als an Kabinettssekretär Ludwig v. Bürkel gerichtet wieder.

169 GHA, Kabinettsakten Ludwigs II., Nr. 70

170 Kobell Louise v., Farben und Feste. Kulturhistorische Studie. München 1900, 133; Festzugbeschreibung: Ebendort 133–35

171 Zit. Anm. 166

172 Heyse Paul, Jugenderinnerungen und Bekenntnisse: Bd. I. Aus dem Leben. 5. Aufl. Stuttgart 1912, 251. Heyse war Teilnehmer der Symposien Max' II.

173 Dürck Karl, Johannes Huber und Ludwig II. In: Beilage zur Allgemeinen Zeitung. München, Jg. 1906. Nr. 118, 22.5., 338

174 GHA, Kabinettsakten Ludwigs II., Nr. 2

175 Ebendort

176 Ludwig II. in Hubers Kolleg: Böhm, zit. Anm. 1, 10; Hubers Äußerungen: Zit. Anm. 173, Nr. 119, 345–47. Am 17. u. 21.3.1867 Huber beim König: TB, GHA, Kabinettsakten Ludwigs II., 70

177 Zit. Anm. 173, Nr. 119, 345

178 Münster Robert, König Ludwig II. und die Musik. Rosenheim 1980, 14, 43–54

179 Wagner Richard, Über das Dirigiren. In: Gesammelte Schriften und Dichtungen. 3. Aufl. Leipzig o. J., Bd. 8, 334–35; vom Autor nach der unter dem Titel des Aufsatzes stehenden Angabe 1869 datiert

180 So neben vielen anderen Johannes Huber, zit. Anm. 173, 338 oder: Felix Philippi, zit. Anm. 168

181 Zit. Anm. 23, 289–90

182 TB, GHA, Kabinettsakten Ludwigs II., Nr. 64

183 Ebendort

184 Ebendort

185 Ebendort

186 Ebendort

187 Ebendort. Die Datenangaben berücksichtigen die Ergebnisse der Überprüfung im Theatermuseum und im Archiv des Nationaltheaters, beide München, durch Prof. Evers im Mai 1976. – Liste aller Theaterbesuche des Kronprinzen, welche die TB erwähnen: Anhang Nr. 4

188 Die 3 Zitate von 1863: TB, GHA, Kabinettsakten Ludwigs II., Nr. 65

189 Zwischen 27.5. und 22.7.1863, TB, zit. Anm. 188

190 TB, zit. Anm. 188

191 TB, GHA, Kabinettsakten Ludwigs II., Nr. 66

192 Ebendort, Nr. 64

193 Fresenius August, Die Separatvorstellungen König Ludwigs II. In: Allgemeine Zeitung, München, Jg. 1893, Nr. 97, 8.4. Der Autor war für den König als Verfasser von Stücken für die Separataufführungen tätig

194 TB vom 16.7.1863, GHA, Kabinettsakten Ludwigs II., Nr. 65

195 GHA, Kabinettsakten Ludwigs II., TB, Nr. 64, 65 (für Aufführungsliste); Nr. 2 (Brief an Frau v. Leonrod)

196 TB, GHA, Kabinettsakten Ludwigs II., Nr. 65

197 GHA, Kabinettsakten Ludwigs II., Nr. 2

198 TB, GHA, Kabinettsakten Ludwig II., Nr. 65

199 Ludwig an Frau v. Leonrod 24.6. u. 23.7.1863, GHA, Kabinettsakten Ludwigs II., 2; TB 4.1. u. 15.–17.4.1864, GHA, Kabinettsakten Ludwigs II., 66; Ludwig an Frau v. Leonrod 17.12.1863, GHA, Kabinettsakten Ludwigs II., 2

199a Franz Müller zu Wagner: Über Richard Wagner's Tannhäuser und Sängerkrieg auf Wartburg. Eine Mittheilung, unter Rückblick auf Sage und Geschichte ... Herrn Hof-Kapellmeister Dr. Franz Liszt etc. etc. in inniger Verehrung gewidmet vom Verfasser. Weimar 1853. – Richard Wagner und das Musik-Drama. Ein Charakterbild. Leipzig 1861. – Der Ring des Nibelungen. Eine Studie zur Einführung in die gleichnamige Dichtung Richard Wagners. Leipzig 1862. – Tristan und Isolde, nach Sage und Dichtung. Ein Skizzenbild. Zur Einführung in das Drama Richard Wagners. München, Christian Kaiser, 1865 (Kaiser: die Buchhandlung, welche am 19. November 1863 ein Verzeichnis der Werke Wagners für Ludwig II. anfertigte; vgl. Anm. 323). – Lohengrin und die Gral- und Schwan-Sage. Ein Skizzenbild auf Grund der Wort- und Tondichtung Richard Wagner's. München, Christian Kaiser, 1867. – Die Meistersinger von Nürnberg. Ein Versuch zur Einführung in die gleichnamige Dichtung Richard Wagners. München, Christian Kaiser, 1868

200 König Ludwig II. und Richard Wagner. Briefwechsel. Hg. v. WAF u. Winifred Wagner. Bearb. v. Otto Strobel, Karlsruhe 1936–39. II. Bd., 292

201 Verzeichnis der Theaterbesuche im angeführten Zeitraum: Anhang 4

202 In: Die Welt als Wille und Vorstellung. Sämmtliche Werke, hg. v. Eduard Grisebach. Leipzig o. J., 1. Bd., 340

203 Ebendort, 338

204 In: Parerga und Paralipomena. Ausgabe zit. Anm. 202, 5. Bd., 457–61

205 Hommel, zit. Anm. 3, 60

206 Ebendort, 338

207 Zit. Anm. 1, 9

208 Ebendort, 8

209 TB, GHA, Kabinettsakten Ludwigs II., 65, 66; Gedichtbuch Ludwigs II.: Ebendort, 71

210 gemeint Wagner in seinen Werken

211 Großeinträge: TB, GHA, Kabinettsakten Ludwigs II., 64–66. Verzeichnis der Großeinträge: Anhang 3

212 TB v. 18.3.63, GHA, Kabinettsakten Ludwigs II., 65

213 Eduard Graf Du Moulin-Eckart (1834–1902) war »einer der begeistertsten Wagnerianer« (Böhm, zit. Anm. 1, 348)

214 Anton O. (1828–79), Nov. 1859–Nov. 1860 Begleiter des späteren Ludwig II. und seines Bruders Otto; Generalmajor

215 Vielleicht Dr. Georg Friedrich K. (1808–84), 1863 Abgeordneter im Bayerischen Landtag

216 Von der Münchner Universität, trug dem Kronprinzen über Geschichte der Philosophie vor: TB, GHA, Kabinettsakten Ludwigs II., 65, 66, passim

217 Er begann das Shakespeare-Drama einen Tag vorher; TB v. 23.8.63, GHA, Kabinettsakten Ludwig II., 65

218 Wahrscheinlich Obersthofmeister Graf Butler-Clonebough, genannt Haimhausen

219 Franz v. G., Leibarzt (1803–88)

220 Wohl Dr. Georg Karl v. R., Stiftspropst, assistierte bei der Taufe Ludwigs II. (Hauff, zit. Anm. 112, 100)

221 dabei wohl nicht der spätere Flügeladjutant Ludwigs II., Alfred Graf Eckbrecht v. Dürckheim-Montmartin, weil dieser 1850 geboren wurde, also noch ein Knabe war

222 TB, GHA, Kabinettsakten Ludwigs II., 65
223 Mit: »der Graf« ist in den TB Theodor Basselet Graf de la Rosée (1801–64) gemeint, Erzieher Ludwigs II. und seines Bruders Otto seit 1.5.1854 (Böhm, zit. Anm. 1, 5)
224 Vgl. Anm. 214
225 Geb. Sibylle Meilhaus (1816–81), von Geburt Ludwigs II. bis 1.5.1854 seine Erzieherin (Böhm, zit. Anm. 1, 2)
226 Vgl. Anm. 216
227 Vgl. Anm. 215
228 Lorenz v. Düfflipp (1820–86), Hofsekretär
229 Dr. Max Josef S. v. Löwenfeld (1809–97), Leibwundarzt bei Max II. und Ludwig II.
230 Vielleicht Emil Frhr. v. R. (1823–92), ab 1859 im Ministerium des Inneren, ab 26.11.1877 Finanzminister
231 In Schloß Hohenschwangau, II. Stock
232 Bürgermeister von München
232a Falls »Nöhring« zu lesen ist: Johannes Nöhring veröffentlichte spätestens 1879 »Deutsche Architekturbilder«, photographische Wiedergaben von Gemälden Friedrich Karl Mayers. Vgl. »Die Gartenlaube«, Jg. 1879, Leipzig 1879, 45–47 m. Abb.
233 Zit. Anm. 222
234 Justus Frhr. v. L. (1803–73), nicht nur einer der bedeutendsten damaligen Naturwissenschaftler, sondern auch romantischer Naturphilosoph (»Franz Bacon v. Verulam und die Methode der Naturforschung«, Braunschweig 1863; »Induktion und Deduktion«, München 1865; »Entwickelung der Ideen in der Naturwissenschaft«, München 1866)
235 Philipp Gustav v. J. (1809–84), Physiker, dem das Erkennen der wechselnden Zusammensetzung der atmosphärischen Luft allein durch Abwiegen mit von ihm verbesserten Waagen gelang
236 Vgl. Anm. 234 zit. Werk Liebigs über Baco, im gleichen Jahre erschienen
237 TB, GHA, Kabinettsakten Ludwig II., 66. Es war Gelenkrheumatismus (Böhm, zit. Anm. 1, 10)
238 TB, GHA, Kabinettsakten Ludwigs II., 66
239 GHA, Kabinettsakten Ludwigs II., 2
240 Ebendort, 1
241 Zit. Anm. 238
242 Zit. Anm. 239
243 Kobell Louise v., König Ludwig II. von Bayern und die Kunst. 8.–19. Tsd., München 1900, 204
244 GHA, Kabinettsakten Ludwigs II., 73
245 Insgesamt 3 Entwürfe, Ludwig-II-Museum, Herrenchiemsee, Inv. Nr. 1788 d, 1788 e, 974
246 Bisherige Zitate zu den Schalen: TB, GHA, Kabinettsakten Ludwigs II., 66
247 GHA, Kabinettsakten Ludwigs II., 2
248 Böhm, zit. Anm. 237
249 Anm. 245 angeführte Gouachen
250 Petzet Michael u. Detta, Die Richard-Wagner-Bühne König Ludwigs II. München 1970, 100
251 Wagner Richard, Mein Leben. 2. Bd. München 1911, 865
252 TB v. 4.5.1864, GHA, Kabinettsakten Ludwigs II., 66
253 München, Bayerische Staatsbibliothek, Handschr.-Abt., Pfistermeisteriana, III
254 Vgl. Petzet, zit. Anm. 250, Register S. 839 unter Wustlich, Otto
255 TB, GHA, Kabinettsakten Ludwigs II., 68
256 Petzet, zit. Anm. 250, 123
257 TB, GHA, Kabinettsakten Ludwigs II., 70
258 GHA, Kabinettsakten Ludwigs II., 73 (Text: Anhang 1). Im GHA existiert außerdem »Plan zur besprochenen Tasse«, eine unvollständige Beschreibung der Lohengrinschale (Kabinettsakten 72)
259 GHA, Hauptrechnung der königl. Kabinettskasse 1865–66, S. 41, Nr. 370; ebendort, Hauptbuch der königl. Kabinettskasse, S. 80
260 Lohengrinschale: Inv. Nr. 1788 d, 1788 e, 974. – Tannhäuserschale: Inv. Nr. 1788 f, 1788 g, 975. – Fliegender-Holländer-Schale: Inv. Nr. 1788 a–c. – Vgl. Petzet, zit. Anm. 250, Register S. 836 unter Rottmann, Leopold u. S. 839 unter Wustlich, Otto
261 Frau Gertrud Strobel zufolge (Brief der Richard Wagner Gedenkstätte der Stadt Bayreuth, Manfred Eger, an Prof. Evers v. 19.12.1975). In der Gedenkstätte sind keine Photos vorhanden
262 Petzet, zit. Anm. 250, 95
263 Briefe an Sibylle v. Leonrod v. 28.8.1860, 28.8.1861. GHA, Kabinettsakten Ludwigs II., 2
264 Vgl. den Abschnitt »Stil und Kopie«
265 1. Teil, Zeile 690-95
266 Ebendort, Zeile 720–29
267 Faust-Beschäftigung 1863: TB, GHA, Kabinettsakten Ludwig II., 65
268 »Faust«, 1. Teil, Zeile 693
269 Vgl. Abschnitt »Falkenstein – Das Lit«
270 New York, Metropolitan Museum
271 Matth. 26, 23
272 TB, GHA, Kabinettsakten Ludwig II., 65, 66
273 Wolfram v. Eschenbach, Parzival. Mittelhochdeutscher Text nach d. Ausg. v. Karl Lachmann. Übers. u. Nachwort v. Wolfgang Spiewok. Stuttgart 1981, Bd. 2, 67
274 TB, GHA, Kabinettsakten Ludwigs II., 70
275 Rall Hans, Ausblicke auf Weltentwicklung und Religion im Kreise Max' II. und Ludwigs II. In: Festschrift »Land und Volk, Herrschaft und Staat ...« Karl Alexander v. Müller, z. 80. Geburtstag. München 1964, 507. Zum Gral vgl. Waite Arthur Edward, The hidden church of the Holy Graal ... London 1909; Loomis Roger Sherman, The Grail, from Celtic myth to Christian symbol. Cardiff 1963; Jung Emma, Marie-Louise v. Franz, Die Gralslegende in psychologischer Sicht. Zürich 1960. – Eine Parallele zum Gral ist, gleichfalls in der Esoterik, insbesondere soweit sie sich alchemistischer Ausdrucksweise bedient, das Vas hermeticum. Einschlägige Autoren von der Antike bis ins 17. Jahrhundert geben ihm eine Grundgestalt und Gliederung, wie sie sehr ähnlich die Rottmann-Schalen haben, und kommentieren diese Gestaltung, wie Prof. Evers die kosmischen, in sich zentrierten Figurationen deutet (etwa den Grund-Riß des »kosmologischen Historismus« Ludwigs I. oder die »Weltschalen« Ludwigs II.). Vgl. Jung Carl Gustav, Aion. Beiträge zur Symbolik des Selbst. Olten/Freiburg i. Br. 4. Aufl. 1980, 254–57 m. Abb. (= Gesammelte Werke. 9. Bd., 2. Halbbd.)
276 »Tannhäuser«, 1. Aufzug, 4. Szene
277 TB, GHA, Kabinettsakten Ludwigs II., 66
278 Vgl. Abschnitt »Zeit«
279 TB, GHA, Kabinettsakten Ludwigs II., 64, 65, 66
280 Ludwig II. an Marie Dahn-Hausmann, April 1876: »Ein ewiges Räthsel bleiben will ich mir und anderen.« Conrad M. G., König und Schauspielerin. In: Die Propyläen. Jg. 17, 1920, 314
281 TB v. 15.1.64, GHA, Kabinettsakten Ludwigs II., 66
282 TB v. 2.3.1864: »Gedichte abgeschrieben«, ebendort
283 GHA, Kabinettsakten Ludwigs II., 71 Text: Anhang 2
284 Strobel, zit. Anm. 200, V. Bd., Karlsruhe 1939, 89–90
285 Wagner Richard, Briefe an Hans Richter. Hg. v. Ludwig Karpath. Berlin/Wien/Leipzig 1924, 26
286 Petzet, zit. Anm. 250, Register unter diesen Namen
287 Beispiele: Petzet Michael, König Ludwig II. und die Kunst. Ausst.-Kat. München 1968, Kat.-Nrn. 456, 457, 463–66, 468–74, 478, 480–504
288 TB, GHA, Kabinettsakten Ludwigs II., 66
289 GHA, Kabinettsakten Ludwigs II., 2
290 Zit. Anm. 200, I. Bd., XXXII
291 »Das Kunstwerk der Zukunft« erschien 1850, »Zukunftsmusik«. An einen französischen Freund (Fr. Villot) als Vorwort zu einer Prosa-Übersetzung meiner Operndichtungen erst 1860. Frédéric Villot war Konservator der Kaiserlichen Museen in Paris und Wagnerkenner
292 Kur Hommel, zit. Anm. 3, 23
293 Zitate bis hierher aus TB, GHA, Kabinettsakten Ludwigs II., 64, 65
294 Zitate bis hierher: Ebendort, 65
295 GHA, Kabinettsakten Ludwigs II., 2
296 Zit. Anm. 250, S. 146, 186
297 Böhm, zit. Anm. 1, 366
298 dem Reim nach gehört hierher: Toren; wahrscheinlich ist dem Schreibenden in die Feder geflossen: Pforten – dann hat er in der Mitte abgestoppt und nicht mehr korrigiert
299 Böhm, zit. Anm. 1, 5

300 Zitate bis hierher: TB, GHA, Kabinettsakten Ludwigs II., 65
301 GHA, Kabinettsakten Ludwigs II., 2
302 Bis hierher Zitate: wie Anm. 300
303 Zit. Anm. 301
304 Brief Ludwigs an Frau v. Leonrod v. 17.12.1863, Signatur wie Anm. 301
305 Böhm, zit. Anm. 1, 42, schreibt, Steininger habe dem – erst dreizehnjährigen – Kronprinzen auch Wagners »Oper und Drama« geschenkt. Das Tagebuch enthält hiervon nichts; vgl. hingegen den zitierten Eintrag vom 5.1.1863, wonach Graf de la Rosée ihm »Oper und Drama« gab
306 Wagner zit. Anm. 12, 6. Bd., 280–81. Zitate Ludwigs bis hierher: wie Anm. 300
307 Zit. Anm. 301
308 Zit. Anm. 300
309 GHA, Kabinettsakten Ludwigs II., 1
310 Zit. Anm. 300
311 Zit. Anm. 301
312 Es wird berichtet, daß sie ihrerseits dem Kronprinzen Schriften Wagners geschenkt habe; zum Beispiel bei Böhm, zit. Anm. 1, 43; Petzet, zit. Anm. 250, 84. Böhm gibt ihr (auf S. 791) den Vornamen Caroline; Petzet jedoch: Charlotte
313 Zitate bis hierher: vgl. Anm. 300
314 Zit. Anm. 301
315 Zitate bis hierher: vgl. Anm. 300
316 Zit. Anm. 301
317 Zit. Anm. 300
318 GHA, Kabinettsakten Ludwigs II., 1
319 Bis hierher Zitate: vgl. Anm. 300
320 Bis hierher Zitate TB, GHA, Kabinettsakten Ludwigs II., 66
321 Zit. Anm. 301
322 Bis hierher Zitate: vgl. Anm. 320
323 Hübscher Arthur, Neues aus den beiden Wagnerjahren. In: Süddeutsche Monatshefte. XXIX. Jg., 1931–32, Juni-Heft, 600. Die Aufstellung befand sich im Nachlaß des Kabinettssekretärs Franz Seraph v. Pfistermeister (dieser Quelle zufolge)
324 Zitate bis hierher: vgl. Anm. 320
325 Zit. Anm. 12, 5. Bd., 182–98
326 Zitate bis hierher: vgl. Anm. 320
327 Zit. Anm. 301
328 Zitate bis hierher: vgl. Anm. 320
329 Zit. Anm. 12, 7. Bd., 138–49
330 Zit. Anm. 250, 84
331 Zitate bis hierher: vgl. Anm. 320
332 Zit. Anm. 250, Register S. 833 unter: Kindermann, August. Über Schmitt: ebendort, Register S. 836 unter: Schmitt, Friedrich
333 Zit. Anm. 320
334 Röckl Sebastian, Ludwig II. und Richard Wagner. 1. Teil: Die Jahre 1864 und 1865. 2. Aufl. München 1913, 25–26 (Erstausgabe: München 1903). Über Albert: Ranke Winfried, Joseph Albert – Hofphotograph der Bayerischen Könige. München 1977
335 Zitate bis hierher: vgl. Anm. 320. Eintrag Niemanns: »Ohne Farben keine Blumen, / Ohne Seele kein Gesang. München, 3 März 1864. – A Niemann« in: TB, GHA, Kabinettsakten Ludwigs II., 67, zweite Seite
336 Röckl, zit. Anm. 334
337 Zitate bis hierher: vgl. Anm. 320
338 Laut TB v. 9.4. war an diesem Tage ein »Wilhelm« angekommen; seinen Vetter Wilhelm Hessen bezeichnet Ludwig II. am 17.2.1867 als seinen »theuersten Verwandten« (Böhm, zit. Anm. 1, 398)
339 Zitate bis hierher: vgl. Anm. 320
340 Röckl, zit. Anm. 334, 28–29; Hübscher, zit. Anm. 323, 601
340a Ungenaues Zitat v. Schiller, Die Jungfrau v. Orleans, Zle. 3195–96
341 Zitate bis hierher: vgl. Anm. 320
342 Röckl, zit. Anm. 334, 30
343 Zit. Anm. 301
344 Zitate bis hierher: vgl. Anm. 320
345 Zit. Anm. 12, 3. Bd., beispielsweise 9, 11, 48–50
346 Ebendort, besonders 148–77
347 Anm. 342 zit. Quelle
348 Zitate bis hierher: vgl. Anm. 320
349 Die Umstände der Berufung Wagners nach München berichtet Petzet, zit. Anm. 250, 12–13
350 Zitate bis hierher: vgl. Anm. 320
351 Mit Faksimile u.a. bei Petzet, zit. Anm. 250, 13
352 Besonders durch Otto Strobel, zit. Anm. 200, sowie Michael u. Detta Petzet, zit. Anm. 250, dort weit. Lit.
353 Zit. Anm. 251
354 Wagner an Eliza Wille. In: Fünfzehn Briefe Richard Wagners mit Erinnerungen und Erläuterungen v. Eliza Wille. 3. Aufl. München/Berlin 1935, 122
355 Zit. Anm. 1, 43. Vorname der Gräfin: vgl. Anm. 312
356 TB, GHA Kabinettsakten Ludwigs II., 65
357 Zit. Anm. 292
358 Röckl, zit. Anm. 334, 1. Teil, 17
359 Böhm, zit. Anm. 1, 6
360 Die Briefe Ludwigs an Frau v. Leonrod: GHA, Kabinettsakten Ludwigs II., 2; ihre Briefe an ihn: Ebendort, 1
361 TB vom 16.8.1863, zit. Anm. 356
362 TB vom 10.2.1862: GHA, Kabinettsakten Ludwigs II., 64; die beiden anderen Zitate: Ebendort 65
363 Novalis, Glauben und Liebe oder Der König und die Königin (entstanden Frühjahr 1798). In: Schriften. Hg. v. Richard Samuel. 2. Bd. Das philosophische Werk I. Darmstadt 1965, 497–98
364 Böhm, zit. Anm. 1, 422–31
365 Ebendort, 527, 544–45
366 Ebendort, 523–24
367 Zit. Anm. 251
368 Strobel, zit. Anm. 200, I. Bd., 83
369 Richter Werner, Ludwig II., König v. Bayern. 6. Aufl. München 1963, 7–8. Ausgehen von Wagner auch bei McIntosh Christopher, The Swan King, London 1982, 1
370 Vgl. Abschnitt »Vorbereitung auf Richard Wagner«
371 Tagebuchaufzeichnung Wagners für den König vom 15.9.1865; Strobel, zit. Anm. 200, IV. Bd., 11. Ähnlich, aber ausführlicher, äußert sich Wagner in »Deutsche Kunst und Deutsche Politik« in: Schriften, zit. Anm. 179, 8. Bd., 54–59
372 Brief an Ludwig II. vom 14.4.1865, zit. Anm. 368
373 Zit. Anm. 354
374 Strobel, zit. Anm. 200, IV. Bd., 69
375 Ebendort, III. Bd., 198
376 Theaterbesuche Ludwigs II: 26.7.1864 bis 19.12.1869: Anhang 5. Die späteren Theaterbesuche könnten nur unvollständig nachgewiesen werden
377 Aus »Rheingold«. Wagner, zit. Anm. 179, 5. Bd., 210–11
378 Strobel, zit. Anm. 200, I. Bd., 163
379 Petzet, zit. Anm. 250, 183–84, Anm. 1077, 1078
380 Strobel, zit. Anm. 200, I. Bd., 178
381 TB, GHA, Kabinettsakten Ludwigs II., 70
382 Strobel, zit. Anm. 200, V. Bd., 75
383 Ebendort, III. Bd., 194
384 Ebendort, III. Bd., 195
385 Wagner Cosima, Die Tagebücher. Ed. von Martin Gregor-Dellin u. Dietrich Mack. Bd. II. München/Zürich 1977, 648
385a Bis hierher Tagebuchzitate aus: GHA, Kabinettsakten Ludwigs II., 66
386 Semper Manfred, Das Münchener Festspielhaus, Gottfried Semper und Richard Wagner. Hamburg 1906, 1–3
387 Strobel, zit. Anm. 200, I. Bd., 39. S. den Abschnitt »Monumentales Festtheater durch Gottfried Semper« im vorliegenden Buch
388 Strobel, zit. Anm. 200, I. Bd., XXXVII bis XXXVIII
389 Ebendort, I. Bd., 62, Brief Nr. 47 u. Anm. 1
390 Ebendort, I. Bd., 279
391 Wagner Richard, Das braune Buch ... Vorgelegt und kommentiert von Joachim Bergfeld. Zürich 1975, 46. Nach Strobel, zit. Anm. 200, IV. Bd., Register, 280, Schreibung »Parzival« bis Februar 1877, dann: »Parsifal«
392 Strobel, zit. Anm. 200, I. Bd., LXI
393 Strobel, zit. Anm. 200, II. Bd., 229
394 Zit. Anm. 179, 2. Bd., 115–55. – Tagebuchzitate bis hierher: GHA, Kabinettsakten Ludwigs II., 67
395 Ostini Fritz v., Wilhelm v. Kaulbach. Bielefeld u. Leipzig 1906, 103–04 (= Künstler-Monographien, hg. v. H. Knackfuß. LXXXIV)
396 Aufstellung: Anm. 199a
397 Wagner, zit. Anm. 251, 834
398 Strobel, zit. Anm. 200, I. Bd., 211–12 abgedruckt
399 Nach Wagners Programm, abgedruckt bei Strobel, zitiert Anm. 200, I. Band, 214

400 Ebendort, 213, dort in Brief 168 und Anm. 2 auch der Brief von Frau Cosima erwähnt (den der König schon am 16. erhalten hatte)
401 Abgedruckt bei Strobel, zit. Anm. 200, I. Bd., 214, Nr. 170
402 Die Tage von Hohenschwangau (11. bis 18. 11. 1865) schildert zusammenhängend beispielsweise Strobel, zit. Anm. 200, I. Bd., LXXII–LXXVI; Schriftwechsel zwischen dem König und Wagner aus diesem Zeitraum ebendort, 209–14. Vgl. Petzet, zit. Anm. 250, 70–72
403 Wagner, zit. Anm. 179, 3. Bd., 3
404 Einschlägig: Feuerbach Ludwig, Das Wesen des Christenthums. Leipzig 1841 (Hauptwerk); Das Wesen der Religion. Leipzig 1845; Theogonie ... Leipzig 1857
405 Strobel, zit. Anm. 200, III. Bd., 255
406 Schiller Friedrich. v., Die Jungfrau von Orleans. I. Aufzug, 2. Auftritt (Zeile 478–85), vom König ungenau zitiert
407 Telegramm Ludwigs an Wagner, 17. 5. 66, Strobel, zit. Anm. 200, II. Bd., 39–40, Nr. 249
408 Ebendort, 40, Anm. 1 (dort auch die Antwort-Depesche des Königs)
409 Ebendort, XIV–XVI
410 Abgedruckt ebendort, I. Bd., 210, Nr. 161
411 Aufstellung: Anm. 199a
412 Vgl. Wagner Richard, Zum Vortrag der neunten Symphonie Beethoven's, zit. Anm. 179, 9. Bd., 231–57
413 Vgl. Brief Frau v. Kaulbachs 30. 5. 1865, Strobel, zit. Anm. 200, I. Bd., XLVIII–XLIX; weitere Briefe von ihr (an ihren Gatten): Dürck-Kaulbach Josefa (Hg.), Erinnerungen an Wilhelm v. Kaulbach und sein Haus. München 1921, 356–58. Alle diese Quellen bestätigen das von Ludwig II. Notierte
414 Der Leichnam des Pilatus soll in den Pilatus-See nicht weit von Luzern geworfen worden sein, wo er noch jetzt die heftigen Stürme verursache
415 Wagner, zit. Anm. 251, 2. Bd., München 1911, 745
416 Die Zeit um diesen Besuch des Königs in Triebschen zusammenhängend geschildert beispielsweise bei Strobel, zit. Anm. 200, II. Bd., XIV–XVIII; Schriftwechsel zwischen dem König und Wagner 17.–24. 5. 1866: Ebendort, 39–44. Vgl. Petzet, zit. Anm. 250, 78–79
417 Albert Joseph, Richard-Wagner-Galerie. Nach den auf Allerhöchsten Befehl Sr. Majestät König Ludwig II. von Bayern ausgeführten Cartons von Wilhelm v. Kaulbach & Theodor Pixis ... München 1876, Taf. X, »Tristan's Tod«, r. u. sign. u. dat. »W Kaulbach 1866«. Im Titel nicht genannt: Künstler von Taf. XVI, l. u. sign. u. dat. »C[arl] Haeberlin 1865«
417a Bis hierher Tagebuchzitate: GHA, Kabinettsakten Ludwigs II., 68
418 Wahrscheinlich die in Anm. 417 zit. photographischen Prachtwerk veröffentlichten 3 Kartons gemeint, von denen 2 aber erst 1867 vollendet waren
419 Krelings Faust-Illustrationen erschienen zuerst München 1876
419a Strobel, zit. Anm. 200, II. Bd., 149, Anm. 1
420 Wohl: Strobel, zit. Anm. 200, II. Bd., 173–74, Nr. 368 v. 6. 6., worin Ludwig auf Joseph Tichatschek als Lohengrin-Darsteller vorbereitet wird
421 Vorgänge um diese Neuinszenierung: Petzet, zit. Anm. 250, 82–87
422 Vgl. Petzet, zit. Anm. 250, 163
423 Liebesbriefe, dabei 2 Faksimilia, abgedruckt bei: Gebhardt Heinz, Franz Hanfstaengl. München 1984, 201–06
423a Vgl. Ausst.-Kat.: Weber Wilhelm (Hg. u. Texte), Theodor Pixis (1831–1907). Jan.–Febr. 1976 Pfalzgalerie Kaiserslautern (u. Münchner Stadtmuseum), speziell das Kap. »Im Auftrag von König Ludwig II.: Szenenillustrationen zu Wagner-Opern«
424 Ludwig II.-Museum Herrenchiemsee, derzeit gelagert Schloß Nymphenburg, wegen Neuordnung noch ohne Inventarnummer
425 GHA, Kabinettsakten Ludwigs II., 57/5/142/33
426 Zit. Anm. 422
427 Strobel, zit. Anm. 200, II. Bd., 269
427a Tagebuchzitate bis hierher: GHA, Kabinettsakten Ludwigs II., 70
428 Strobel, zit. Anm. 200, I. Bd., VII
429 Scholz Hans (Hg.), Wagner an Mathilde Maier. 7. Aufl. Leipzig 1930, 158; Böhm, zit. Anm. 1, 54; Fünfzehn Briefe Richard Wagners mit Erinnerungen und Erläuterungen von Eliza Wille. 3. Aufl. München/Berlin 1935, 126
430 Wagner Richard, Über Schauspieler und Sänger. Zit. Anm. 179, 9. Bd., 163
431 Ebendort, 161
432 Ebendort in: Censuren (W. H. Riehl). 8. Bd., 212
433 Zit. Anm. 430, 162
434 Schiller Friedrich v., Über naive und sentimentalische Dichtung, passim
435 Von Wagner bei Beethoven exemplifiziert in: Beethoven. Zit. Anm. 179, 9. Bd., 102
436 Zit. Anm. 432, 211–12
437 Zit. Anm. 430, 159–60
438 GHA, Kabinettsakten Ludwigs II., 66
439 Petzet, zit. Anm. 250, Anm. 921 (auf S. 357)
440 Strobel, zit. Anm. 200, II. Bd., 204
441 Werke. Hg. v. G. Emil Barthel. Leipzig o. J., 161
442 Zit. Anm. 374
443 Strobel, zit. Anm. 200, II. Bd., 292
444 Ebendort, 318
445 Am 2. 1. 1867. Strobel, zit. Anm. 200, II. Bd., 124
446 Zit. Anm. 1, 102–03
447 Liste (26. 7. 1864–19. 12. 1869): Anhang 5
448 Gewürdigt bei Hommel, zit. Anm. 3, 246–47
449 Strobel, zit. Anm. 200, II. Bd., 157
450 Vgl. Petzet, zit. Anm. 250, 85–87; Böhm, zit. Anm. 1, 159–61
451 Petzet, zit. Anm. 250, 85 u. Anm. 487
452 GHA, Kabinettsakten Ludwigs II., 70
453 Ebendort
454 Angaben bis hierher: zit. Anm. 452
455 Die Deutung des »Anarchischen« bei Wagner als eschatologisch ist laut Niederschrift von Prof. Evers angeregt durch Gespräche mit Hartmut Zelinsky, Literaturwissenschaftler in München, Verfasser kritischer Wagnerschriften
456 Wagner, zit. Anm. 179, Das Bühnenfestspielhaus zu Bayreuth, 9. Bd., 332–33
457 Ebendort, 3. Bd., 147–48; vgl. auch 152–54
458 Die Szenenbilder der Wagner-Bühne Ludwigs II., darüber hinaus zeitgenössische Vergleichsbeispiele, abgebildet bei Petzet, zit. Anm. 250
459 Wagner an Johann Herbeck, Luzern, 12. 10. 1869, Forderung: alle Theater sollten die Münchner Meistersinger-Erstaufführung vom 21. 6. 1868 zum Muster nehmen. Petzet, zit. Anm. 250, 163
459a »Realismus«: Evers verwendet den Begriff – wie noch vielfach begegnend – gleichbedeutend mit »Naturalismus«. Neuerdings sind aber mehrere Autoren für eine scharfe Trennung der mißverständlicherweise als Synonyma benutzten Begriffe eingetreten. Vgl. Georg Schmidt, Naturalismus und Realismus. Ein Beitrag zur kunstgeschichtlichen Begriffsklärung. In: Festschrift z. Martin Heideggers 70. Geburtstag, Pfullingen 1959; J. A. Schmoll gen. Eisenwerth, Naturalismus und Realismus. Versuch zur Formulierung verbindlicher Begriffe. In: Städel-Jahrb. N. F., Bd. 5, München 1975, 247–266. Wiederabdruck in: J. A. Schmoll gen. Eisenwerth, Epochengrenzen u. Kontinuität. Studien zur Kunstgeschichte. Hsg. v. W. Nerdinger u. D. Schubert, München 1985, 263–288. – Danach ist Naturalismus jede Erscheinung von künstlerischer Naturnachahmung, Realismus jedoch die Tendenz, die jeweilige, vor allem die gesellschaftliche Wirklichkeit kritisch darzustellen – im Sinne der Anwendung des Wortes in der Theorie der Malerei seit Gustave Courbets programmatischen Äußerungen ab ca. 1850ff.
460 Zit. Anm. 168
461 Vgl. den Abschnitt »Wieder-Holung und Mimesis«. Wagner in »Oper und Drama«, zit. Anm. 179, 4. Bd., 76: »richtige Erkenntniß ist Wiedererkennung«
462 Zit. An. 251, 1. Bd., 263
463 Vgl. den Abschnitt »Wieder-Holung und Mimesis«
464 Petzet, zit. Anm. 250, 128
465 Wagner in: »Das Kunstwerk der Zukunft«, zit. Anm. 179, 3. Bd., 60
466 Ebendort, 150

467 Allerdings war das Bayreuther Festspielhaus von Wagner stets als Provisorium gedacht: Wagner, zit. Anm. 179, Das Bühnenfestspielhaus zu Bayreuth, 9. Bd., passim, besonders 323
468 »Parsifal«, 1. Aufzug
469 Southern Richard, The Victorian Theatre. A Pictorial Survey. Newton Abbot 1970, 40–41 m. Abb.
469a Es kann sich nicht um den von Ludwig II. geschätzten Bühnenmaschinisten gleichen Namens handeln, der damals nicht mehr lebte
469b Vgl. Pückler-Muskau Herrmann Fürst v., Andeutungen über Landschaftsgärtnerei ... Stuttgart 1834
470 Dies sowie die in anderen Zusammenhängen gleichfalls häufige Beziehung zum Traum bei Wagner und bei Ludwig II. kann hier nur in wenigen Beispielen belegt werden
471 Leipzig 1871
472 Wagner an Hofsekretär Lorenz v. Düfflipp 3.1.1872, zit. Petzet, zit. Anm. 250, 812
473 in »Beethoven«; zit. Anm. 179, 9. Bd., 66–71, 108–09
474 Ebendort, 74–77
475 Ebendort 79
476 Ebendort 108
477 »Über Staat und Religion« (1864), zit. Anm. 179, 8. Bd., 29
478 Strobel, zit. Anm. 200, I. Bd., XXXVIII bis XXXIX
479 Ebendort, 166
480 Ebendort, 172–73
481 Ebendort, 175
482 Leipzig 1876, passim
483 Ludwig an Wagner 3.1.1872, Strobel, zit. Anm. 200, II. Bd., 335
484 An den König 17.5.1881, ebendort, III. Bd., 210
485 Bis hierher entspricht die Formulierung vom Wagner-Thema: »Landschaftsmalerei als Ende aller Architektur« weitgehend wörtlich der folgenden Buchbesprechung durch den Autor: Die Richard-Wagner-Bühne König Ludwigs II. von Michael u. Detta Petzet (zit. Anm. 250). In: Bauwelt. Verlagsgruppe Bertelsmann, 62. Jg., Berlin 1971, Nr. 21 v. 24.5.1971, 902–06. Dort wurde das – hier zugrunde gelegte – Originalmanuskript gekürzt abgedruckt. Da Prof. Evers diese Rezension in vorliegendem Buche wiederverwenden wollte, erbat er das Einverständnis vom Verlag und von Generalkonservator Dr. Michael Petzet, das in freundlichster Weise gegeben wurde
486 TB, GHA, Kabinettsakten Ludwigs II., 70
487 »The Tempest«, Act IV, Scene 1, Zeile 156–57 (Worte des Magiers Prospero)
488 Vgl. die Anm. 3 zit. Monographie Hommels. Dort weit. Lit.
489 TB, GHA, Kabinettsakten Ludwigs II., 66
490 Hommel, zit. Anm. 3, 46
491 Grein Edir, Tagebuchaufzeichnungen von Ludwig II., König von Bayern. Schaan/Liechtenstein 1925
492 TB, GHA, Kabinettsakten Ludwigs II., 67
493 Böhm, zit. Anm. 1, 58
494 Strobel, zit. Anm. 200, II. Bd., 173
495 Vgl. Abschnitte »Zeit«, »Wieder-Holung und Mimesis«
496 Wagner: zit. Anm. 430–37
497 Hommel, zit. Anm. 3, 283
498 Ebendort, 280–83
499 Ebendort, 123–27
499a TB, GHA, Kabinettsakten Ludwigs II., 70. Es gab 1869 und 1885 byzantinische Schloßprojekte: Petzet Michael, Die Welt des bayerischen Märchenkönigs. München 1980, 90–91
500 Hommel, zit. Anm. 3, 127
501 im von Prof. Evers hier gemeinten Sinne besonders in dem monistischen Substanzbegriff von Baruch Spinoza
502 Ausdruck Ludwigs II.; TB zwischen 1. und 4.5.1867 sowie vom 10.9.1868; GHA, Kabinettsakten Ludwigs II., 70
503 Possart Ernst v., Erlebtes und Erstrebtes. 2. Aufl. Berlin 1916, 256–57
504 Hommel, zit. Anm. 3, 53–54, 192–95
505 Pharao der 12. Dynastie (um 1991–1786 v. Chr.) Sein Totentempel ist als »Labyrinth« bekannt. Evers ist Verf. der zweibändigen Geschichte der Skulptur des mittleren ägyptischen Reiches »Staat aus dem Stein« München, F. Bruckmann Verlag, 1929
506 Der Autor bezieht sich hier auf seinen Text in: »Vom Historismus zum Funktionalismus«, zit. Anm. 6a, und auf sein Ägypten-Werk, zit. Anm. 505
507 Ausdruck George Orwells für den obersten Apparatschik des »Ökosoz« in: »1984«. Erstausgabe 1948
508 Vgl. Max Horkheimer: »Ich möchte auf keinen Fall verschleiern, daß der Gang der Gesellschaft meiner Ansicht nach auf einen Zustand hinläuft, in dem ihre zukünftige rationale Struktur nur mit dem Verschwinden der Freiheit des Einzelnen und des Geistigen selbst erkauft werden kann.« In: Der Spiegel, Jg. 1973, Nr. 29, 95
509 Der Ausdruck »Seiender« König ist durch den Autor übernommen aus: Wolff-Windegg Philipp, Die Gekrönten. Sinn und Sinnbilder des Königtums. Stuttgart 1958
510 Ebendort, 111
511 TB, GHA, Kabinettsakten Ludwigs II., 66
512 Ebendort, 67. Entsprechende Erinnerung an die Thronbesteigung: Eintrag v. 10.3.1866 (Kabinettsakten, 68)
513 Zit. Anm. 511. Über das Sanktuarium vgl. S. 55–57
514 TB, GHA, Kabinettsakten Ludwigs II., 70
515 Vgl. Anm. 275 zit. Lit. Ludwig II. ließ sich weitere Königsinsignien entwerfen: 2 Kronen v. E. Laire, 1883 (Ludwig-II-Museum, Inv.-Nrn. 3003, 3004, WAF), einen Reichsapfel mit Kreuz v. Franz Seitz (ebendort Nr. 3005, WAF) und eine Standarte mit bayerischem Wappen (ebendort, Nr. 3006, WAF)
516 besonders im »Parzival«
517 Le Conte du Graal, oder: Perceval (unvollendet)
518 Frick Karl R. H., Licht und Finsternis. Teil 1. Graz 1975, 176 u. Tabelle S. 203
519 Döllinger Ignaz v., Beiträge zur Sektengeschichte der gnostisch-manichäischen Sekten im früheren Mittelalter. Bd. 2. Dokumente vornehmlich zur Geschichte der Valdesier und Katharer. München 1890. Döllinger war von Franz v. Baader beeinflußt, der in der Spätzeit den Begriff der »Mitte« in ähnlichem Sinne wie Evers verwendet: universaler Ausgleich der Gegensätze, am Konstitutionalismus orientiert: Graßl Hans, Münchner Romantik. In: Schindler Herbert (Hg.), Romantik. München 1973, 152
520 Böhm, zit. Anm. 1, 264. Über Döllingers Unterstützung von Ludwigs II. Anliegen an die Kurie 1866, in den täglichen Meßkanon in Bayern ein Gebet für den König aufzunehmen, was Rom ablehnte: Rall Hans u. Michael Petzet, König Ludwig II. München/Zürich 1968, 9
521 Alle drei Einträge aus TB, GHA, Kabinettsakten Ludwigs II., 68
522 Ebendort
522a Ebendort, 70
523 Ebendort
524 Kreisel Heinrich, Die Schlösser Ludwigs II. von Bayern. Darmstadt o. J. (1955), 20. – Die Wittelsbacher der Pfalz-Zweibrückischen Linie, die mit Max I. Joseph den ersten König von Bayern stellte, hatten schon im 18. Jh. engere Beziehungen zum französischen Königtum. Die Herzöge von Pfalz-Zweibrücken unterhielten das Kürassierregiment Deux-Ponts (Zweibrücken) für den französischen König. Der Kommandeur residierte im Palais Zweibrücken in Straßburg. Dort wurde der spätere König von Bayern, Ludwig I., geboren und getauft. Das Regiment zählte in der Revolution zur Garde Ludwigs XVI.
525 Zit. Anm. 523
526 Ebendort
527 Ebendort. Über das Fest Heindl Hannes, Majestät und Ritter. König Ludwig II. von Bayern, Großmeister des Bayerischen Haus-Ritter-Ordens vom Hl. Georg. München 1966, 22–24; Abb. der Ritterschlagszeremonie dieses Tages (nach Lithographie v. Franz Seitz): S. 19
528 Heindl, zit. Anm. 527, 18; Abb. des Banketts vom 29.4.1868, unter Vorsitz des Königs, nach Aquarell v. Julius Frank u. Friedrich Eibner: S. 21

529 Heindl, zit. Anm. 527, 46–50 und passim
530 Zit. Anm. 523
531 Petzet, zit. Anm. 250, 32, Abb. 27
532 Zit. Anm. 523
533 Rall/Petzet, zit. Anm. 520, Abb. 41 u. S. 42. Dieselbe Szene stellte Julius Lange um 1870 nochmals in einer Gouache dar: Petzet, zit. Anm. 287, Kat.-Nr. 387, derselbe, zit. Anm. 499a, 178 u. Taf. 66. Als Separataufführung wurde »Elisabeth Charlotte« nicht gegeben. TB am 23.5.1867: »Bild: d. Innere d. Residenztheaters Grf. v. Wied vor Ludwig XIV. (Elisabeth Charlotte)« Zit. Anm. 523
534 Zit. Anm. 523
535 Ebendort
536 König Richard der Zweite. 3. Aufzug, 3. Scene. In: Shakspeare's dramatische Werke. Übersetzt v. August Wilhelm v. Schlegel u. Ludwig Tieck. Neue Ausgabe, 1. Bd., Berlin 1853, 177
537 Tagebuchzitate aus den Jahren 1867 u. 1868: GHA, Kabinettsakten Ludwigs II., 70
538 Hacker Rupert, Ludwig II. von Bayern in Augenzeugenberichten. Düsseldorf 1966, 234
539 Zit. Anm. 510
540 Ludwig II. - Museum Herrenchiemsee. Wegen Neuordnung der Bestände noch ohne Inv.-Nr.
541 Zugehörige TB-Zitate von 1867: GHA, Kabinettsakten Ludwigs II., 70
542 Böhm, zit. Anm. 1, 651
543 Zit. Anm. 363, 487
544 »Du Contrat social, ou Principes du droit politique« erschien Frühjahr 1762
544a Grünwald Constantin de, An den Wurzeln der Revolution. Alexander II. und seine Zeit. Aus d. Frz. übertr. v. Albert v. Streerbach. Wien/Berlin/Stuttgart 1963, 211–13, 216; Hoetzsch Otto, Kaiserin Maria Alexandrowna von Rußland ... In: Archiv für hessische Geschichte und Altertumskunde. Neue Folge. XXI. Bd. Darmstadt 1940, 93–94
545 Der Bayernkönig Ludwig II. 6. Aufl. Würzburg 1921, 33–34
546 Zit. Anm. 369, 45
547 Zit. Anm. 1, 412–13
548 Beide TB-Zitate GHA, Kabinettsakten Ludwigs II., 64
549 Hümmert Ludwig, Ludwig II. – ein Freund Rußlands. In: Keller Hans K.E.L. (Hg.), Der König. Beiträge zur Ludwigsforschung. München 1967, 78 (= Bavarica. Eine Schriftenreihe, hg. v. Hans K.E.L. Keller)
550 TB-Zitate zur Zarin bis hierher: GHA, Kabinettsakten Ludwigs II., 66
551 Beide Zitate TB, GHA, Kabinettsakten Ludwigs II., 68
552 Schilderung des Besuches der Zarin in Berg und auf der Roseninsel: Kobell Louise v., König Ludwig II. von Bayern und die Kunst. 8.–19. Tsd. München 1900, 403–06; Böhm, zit. Anm. 1, 412; Heigel Carl v., König Ludwig II. von Bayern. Stuttgart 1893, 218
553 Das Tagebuch Ludwigs II. widerlegt die von Böhm, zit. Anm. 1, 406–07 wiedergegebenen Datierungen seines und der Zarin Besuch in Possenhofen auf andere Tage
554 Kobell, zit. Anm. 552, 404
555 TB-Zitate bis hierher: GHA, Kabinettsakten Ludwigs II., 70
556 Grein, zit. Anm. 491, 21–23
557 Ebendort, Anm. auf S. 23. – Der Wert des Druckes und sein Zustandekommen sind umstritten. Der Herausgeber Erwin Riedinger, der sich hinter dem Pseudonym Edir Grein versteckt, war Stiefsohn von Johann Frhr. v. Lutz, der als Ministerpräsident 1886 Ludwigs Entmündigung betrieb, wobei er sich Tagebücher des Königs aus der Zeit nach dem 11.11.1869 verschaffte und exzerpierte. Die Exzerpte behielt er, anstatt sie dem Geheimen Hausarchiv zu übergeben; auf ihnen beruht der unerlaubte Druck Riedingers (Blunt Wilfrid, The Dream King, 3. Aufl., London 1971, 175). Vgl. auch McIntosh, zit. Anm. 369, 3. – Hans K.E.L. Keller, zit. Anm. 549, in: Der Ludwigsmythos, 24–30, sieht als primum movens des Riedinger-Druckes die Gattin von Lutz, Margareta Friederike, verwitwete Riedinger. – Besprechung: Riedner Otto in: Zeitschrift für bayerische Landesgeschichte 1935, 486–87
557a Graßl, zit. Anm. 519, 152, 149
558 TB, GHA, Kabinettsakten Ludwigs II., 64
559 Ebendort, 70
560 Vgl. Eggert Klaus, König Ludwig II. und Kaiserin Elisabeth. Zur Metaphysik von Adler und Taube. In: Keller, zit. Anm. 549, 50–64
561 Zit. Anm. 559
562 Ebendort
563 DuMoulin-Eckart Richard Graf, Cosima Wagner. 1. Bd. Berlin 1929, 368
564 TB, GHA, Kabinettsakten Ludwigs II., 70
565 Strobel, zit. Anm. 200, II. Bd., 155
566 Brief an Wagner v. 19.10.1867, ebendort, 195–96
567 Kaiserin Elisabeth, Das poetische Tagebuch. Hg. v. Brigitte Hamann. Wien 1984, 185–87, 212–14 (= Fontes rerum Austriacarum. 1. Abtlg., 12. Bd.)
568 Brief an Düfflipp zit. Anm. 425. Belege für die Hanfstaengl-Angelegenheit zit. Anm. 423
569 TB-Zitate bis hierher: GHA, Kabinettsakten Ludwigs II., 66
570 Ebendort, 67
571 Schiller Friedrich v., Die Jungfrau von Orleans, Zle. 3242, Johanna: »Furchtbare Heil'ge! Deine Hand ist schwer!« Das TB-Zitat aus GHA, Kabinettsakten Ludwigs II., 68
572 1. Aufzug, 3. Scene
573 Schiller Friedrich v., Die Piccolomini, Zle. 2452–53, nicht genau zitiert
574 Knabs Aufriß abgebildet in: Bayern. Zeitschrift von bayerischer Lebensart. 6. Jg., 1978, Sonderh. »100 Jahre Herrenchiemsee«, hg. v. Gerhard Hojer, 33
575 Dem TB zufolge
576 »Tristan und Isolde«, 1. Aufzug, Worte Tristans. Das Trinkgefäß ist jedoch hier ein Becher
577 TB-Zitate bis hierher: GHA, Kabinettsakten Ludwigs II., 70
578 So hätte er beispielsweise auch als Nicht-Historiker »Capesigue« als Baptiste Capefigue, Autor mehrerer Werke über das ancien régime, und »Campon« als Jeanne Campan, erste Kammerfrau Marie Antoinettes und Verfasserin von Memoiren über sie, identifizieren können: Grein, zit. Anm. 491, 21, 31
579 Grein, zit. Anm. 491, beispielsweise: Signatur »Louis« (vom König der Signatur Ludwigs XV. angeglichen) auf S. 15, 39, 65 abgedruckt; »Ich, der König« auf S. 11, 25 (zweimal!), 53, 63 abgedruckt. – Zu Grein vgl. Anm. 557
580 Grein, zit. Anm. 491, 69
581 Evers, Tod, Macht und Raum ... zit. Anm. 6a, 244
582 Grein, zit. Anm. 491, 75
583 Evers, Tod, Macht und Raum ... zit. Anm. 6a, 235, 249
584 GHA, Kabinettsakten Ludwigs II., 55/6/58
585 McIntosh, zit. Anm. 369, 61–62, 64, 138; Strobel, zit. Anm. 200, I. Bd., 143
586 TB, GHA Kabinettsakten Ludwigs II., 64
587 »Küssen« beispielsweise: Grein, zit. Anm. 491, 49
588 Ebendort, beispielsweise 19, 25
589 1. Akt, 2. Scene
590 1. Aufzug
591 Grein, zit. Anm. 491, 3
592 Ausdruck Ludwigs II. aus Einträgen ins TB zwischen 1. und 4.5.1867 und 10.9.1868, GHA, Kabinettsakten Ludwigs II., 70
593 TB, GHA, Kabinettsakten Ludwigs II., ebendort
594 Der König notiert die Gralsassoziation der Ettaler Kirche im TB mehrmals; ausführlich am 21.6.1865 (GHA, Kabinettsakten Ludwigs II., 65); auch in einem Brief an Wagner vom selben Tage erwähnt er sie (Strobel, zit. Anm. 200, I. Bd., 108–09). Zum Typus des im Kern gotischen Zentralbaus der Abteikirche Ettal: Vgl. Götz Wolfgang, Zentralbau und Zentralbautendenz in der gotischen Architektur. Berlin 1968
595 Hohenlohe-Schillingsfürst Chlodwig Fürst zu, Denkwürdigkeiten. Bd. 1. Stuttgart 1907, 254–55; Mohl Robert v., Lebenserinnerungen. Bd. 2. Stuttgart 1902, 346–47
596 Zu unbekanntem Zeitpunkt. Grein, zit. Anm. 491, 72–73, 83

597 Ausgabe von Glöckle, Heidelberg 1813
598 TB, GHA, Kabinettsakten Ludwigs II., 70
599 Eckartshausen Karl v., Aufschlüsse zur Magie ... München 1788. Dem Kurfürsten Karl Theodor mit dessen Erlaubnis gewidmet (Seite nach dem Haupttitel und Blätter a3, a4)
600 Über die erwähnten Kulturkreise im München Ludwigs I.: Graßl, zit. Anm. 519, 133–155; aus demselben Sammelwerk Stetter Gertrud, Die Gesellschaft von den drei Schilden, 194–212
601 Baader Franz Xaver v., Erläuterungen zu sämtlichen Schriften von Louis Claude de Saint-Martin. Hg. v. Friedrich v. der Osten-Sacken. In: Baader, Sämtliche Werke. Hg. v. Franz Hoffmann et al. Bd. 12. Leipzig 1860 (Neudruck Aalen 1963). Besonders wichtig: Susini Eugène, Franz v. Baader et le romantisme mystique. Bd. 1–2 Paris 1943 – Über Saint-Martins Zusammenhänge und Wirkungsgeschichte: Graßl Hans, Aufbruch zur Romantik. Bayerns Beitrag zur deutschen Geistesgeschichte 1765–1875. München 1968, 306–308; Frick Karl R. H., Die Erleuchteten. Graz 1973, besonders 601–08
602 Baader, zit. Anm. 601, 351, 388
603 Ebendort, 239
604 Ebendort, 220, 222, 359
605 Ebendort, 238, 502; vgl. 330
606 Novalis Schriften. Hg. v. J. Minor. 2. Bd., Jena 1923, 201 (Nr. 80)
607 Des Nombres. Par Saint-Martin ... Œuvre posthume. Paris 1843 (lithographische Reproduktion eines Nachlaß-Manuskriptes)
608 Baader, zit. Anm. 601, 501–528
609 Zu Temurah: Bischoff Erich, Die Kabbala. Leipzig 1903, §§ 35–44
610 Graßl, zit. Anm. 519, 152
611 Hufnagel Max Joseph, Berühmte Tote im Südlichen Friedhof zu München. 2. Aufl. München 1969, 204–05, dort weit. Lit.
612 Über das Sulzbacher Zentrum allgemein: Graßl, zit. Anm. 601, 102–114, 418–24; Frick, zit. ebendort, 317–38. Über Bernhard Joseph Schleis(s) v. Löwenfeld: Graßl, ebendort, 115–17; Frick, ebendort, besonders 337–38. Über Konnex zwischen Saint-Martin und dem Sulzbacher Kreise: Graßl, ebendort, 306–08. – Alchemie ist nicht simpel Goldmacherei; eigentlich ist sie ein Verfahren zur Transformation des Menschen, in den Symbolkomplex des Goldmachens gekleidet
613 Vanderpoole Lew, Ludwig of Bavaria. A Personal Reminiscence. Boston 1886. Hier zit. in der Übertragung von Wolfgang Christlieb in: Keller, zit. Anm. 549, 122–26. – Die Übersetzung bei Ireland W. W., Herrschermacht und Geisteskrankheit. Stuttgart 1887, 137, die Professor Evers um das Jahr 1937 exzerpierte, ist in Einzelnem gekürzt
613a Besonders im »Memoir« des Rufus Wilmot Griswold in: The works of the late Edgar Allan Poe. With a memoir by Rufus Wilmot Griswold and notices of his life and genius by N. P. Willis and J. R. Lowell. Vol. 3. New York 1855. – Poe starb 7. 10. 1849
614 Hierüber beispielsweise Ludwig II. 1875 an Kronprinz Rudolf v. Oesterreich–Ungarn brieflich: Mitis Oskar Frhr. v., Das Leben des Kronprinzen Rudolf ... Leipzig 1928, 252–53; Schultze Marie (mit Königin Marie v. Bayern eng bekannt), Marie, Königin von Bayern. Ein Lebensbild. 2. Aufl. München 1894, 58–59; Schaufert Ludwig Rudolph, König Ludwig II. ... 2. Aufl. Kaiserslautern 1886, 14–15; Kobell, zit. Anm. 243, 5–6
615 Beispielsweise erwirkte selbst ein Hans v. Bülow vermittels absichtlicher Täuschung vom König jenes Handschreiben (vom 11. Juni 1866), das Frau Cosima exkulpierte, als deren Eheirrung mit Wagner bereits in der Öffentlichkeit bekannt war. Dadurch wurde der König von Bayern fast der Lächerlichkeit preisgegeben: Böhm, zit. Anm. 1, 205
616 Der König erinnert sich hier vielleicht besonders an die Episode mit dem Schauspieler Joseph Kainz vom Vorjahr, also 1881, der sich vielleicht so über ihn geäußert hat: Böhm, zit. Anm. 1, 547; jedenfalls entzog er Kainz sein Vertrauen nach dem 31. 7. 1881, an dem er Kainz noch einen Brief schrieb. Die Schuld trug eindeutig der Schauspieler, was Ludwig ihn aber nicht entgelten ließ: Ebendort, 537–38, 549. 1886 versuchte Kainz vergeblich, die Briefe des Königs an ihn dem Ministerium zu verkaufen und gab sie dann der Öffentlichkeit preis – noch nicht einmal einen Monat nach Ludwigs Tod. Deswegen sagten sich die Münchner Schauspieler in einer öffentlichen Erklärung von dem Wiener Kollegen los: Ebendort, 519
616a Freilich sind Selbstzweifel von König Max II. dokumentiert, zum Beispiel beim Bauprojekt Feldafing; doch waren sie anderer Art als die von Ludwig II. gemeinten
617 So traf ihn einmal Ignaz v. Döllinger. Kobell, zit. Anm. 243, 3
618 Siehe Literaturverzeichnis bei Petzet, zit. Anm. 499a, 191. Außerdem beispielsweise: Albert Josef, Details ... aus den Kgl. Bayerischen Schlössern ... Gesichtet und mit einleitendem Text versehen von L. Gmelin. München 1891; Lieb Norbert, Ludwig II. und die Kunst. In: Gehört–Gelesen. Manuskript-Auslese der interessantesten Sendungen des Bayerischen Rundfunks, Nr. 10, München 1968; Mennell Arthur, Die Königsphantasien. Leipzig 1888; Mercanton Jacques, Die Traumschlösser Ludwigs II. Starnberg 1964; Thoma Hans, Schloß Neuschwanstein. In: Bayerland. 68. Jg., München 1966. – Zum Schloßbau der Epoche beispielsweise: Biehn Heinz, Residenzen der Romantik. München 1970; Girouard Mark, The Victorian Country House. Oxford 1971; Ley Andreas, Die Villa als Burg. Ein Beitrag zur Architektur des Historismus im südlichen Bayern 1842–1968. München 1981; Wagner-Rieger Renate, Walter Krause (Hg.), Historismus und Schloßbau, zit. Anm. 6a
619 BSV, Ludwig II.-Museum, wegen Neuordnung der Bestände noch ohne Inv.-Nr. Ebendort auch ein Blatt mit Grundrissen der Residenzräume des Königs nach dem »alten« und »neuen« Bestand samt Aufriß des dann auch ausgeführten anschließenden Dachpavillons (Vorform des Wintergartens Ludwigs II.), gleichfalls von Eduard Riedel und l. u. datiert »28. 5. 67«; noch ohne Inv.-Nr.
620 TB-Zitate bis hierher: GHA, Kabinettsakten Ludwigs II., 70. Schon am 2. 9., an dem Düfflipp vortrug, notiert Ludwig: »genaue Eintheilung des Königsschlosses Versailles« (ebendort)
621 Ebendort
622 Ebendort
623 Vgl. die Abschnitte »Zeit«, »Wieder-Holung und Mimesis« und »Tagebuch« (letzterer in: »Kronprinz«)
624 TB-Zitate bis hierher: GHA, Kabinettsakten Ludwigs II., 66, 68, 70. Zur Berchtesgadener Siegfried-Imagination vgl. auch Ludwig an Baronin Sibylle v. Leonrod 19. 1. 1864, GHA, Kabinettsakten Ludwigs II., 2, zit. S. 75 bis 76
625 Böhm, zit. Anm. 1, 719, 764. – Kobell, zit. Anm. 243, 122, gibt an, Ludwig wäre »meist« vom 7.–16. September in Herrenchiemsee gewesen
626 Grein, zit. Anm. 491, 49, 65, 77, 109
627 Ebendort, 49, 79, 101
628 Hommel, zit. Anm. 3, 64–68
629 Hier: Götterfigur, so bezeichnet nach den gleichnamigen Tempeln, in denen sie aufgestellt ist. In »Narziß« ist der Pagode ein Figürchen mit beweglichem Kopf (in Rokoko und 19. Jh. beliebt, meist aus Gips oder Porzellan). Der Kopf nickt, wenn man ihn anstößt: Blinde Kausalität. Ein solcher Pagode befand sich in Linderhof auf dem Kaminsims des Schlafzimmers vor dessen 1884 begonnener Umgestaltung (Abb. 50)
630 4. Akt, 4. Scene. Brachvogel Albert Emil, Narziß. Leipzig u. Wien o. J., 63–65 (Meyers Volksbücher. Nr. 1559–1560) Erstausg. Leipzig 1857
631 Etienne François, Herzog v. Choiseul-Amboise, Marquis v. Stainville, Minister Ludwigs XV., Gestalt aus »Narziß«. Das Porträt hängt neben dem der Pompadour, deren Protegé er war, und die gleichfalls in »Narziß« vorkommt, im Lila Kabinett. Der Verbleib von Camphausens Gemälde ist unbekannt

632 Possart Ernst v., Erstrebtes und Erlebtes. 4. Aufl. Berlin 1916, 276–77
633 Grein, zit. Anm. 491, 69
634 So Prof. Evers sinngemäß schon 1939 in: »Herrenchiemsee« (in: Tod, Macht und Raum als Bereiche der Architektur, zit. Anm. 6a, 207–08)
635 Zit. Anm. 375
636 Zit. Anm. 283, Text des Gedichtes: Anhang 2
637 Beispielsweise exemplifiziert bei: Frazer Sir James George, The Golden Bough. Abridged edition London/Basingstoke 1974, 321–27 (Namen im allgemeinen), 338–42 (Namen von Königen oder anderen Geheiligten), 342–45 (Namen von Göttern). Vgl. in den Kinder- und Hausmärchen der Gebrüder Grimm: »Ach, wie gut, daß niemand weiß/daß ich Rumpelstilzchen heiß'«
638 TB, GHA, Kabinettsakten Ludwigs II., 70
639 Zit. Anm. 594
640 Vgl. beispielsweise Frazer, zit. Anm. 637, 254–55
641 Fröbel Julius, Ein Lebenslauf. Bd. 2. Stuttgart 1890, 467–68
642 Petzet, zit. Anm. 499a, 103 u. Abb. S. 104. Kostümierung war bei Bauherren romantischer Schlösser im 18. und 19. Jh. überall verbreitet; vgl. Eggert, Der sogenannte »Historismus« und die romantischen Schlösser in Österreich, zit. Anm. 37, 72–73
643 Zu James Ensors Selbstbildnissen, auch unter Verwendung von Photographien und in der Zukunftsprojektion als Leichnam oder Skelett: J.A. Schmoll gen. Eisenwerth, Vom Sinn der Photographie – Texte aus den Jahren 1952–1980, München 1980, S. 161–174, speziell S. 166 (im Kapitel Photographische Selbstbildnisse von Malern); ferner: Erika Billeter (Hsg.) L'Autoportrait a l'âge de la photographie: peintres et photographes en dialogue avec leur propre image (französisch u. deutsch). Musée cantonal des Beaux-Arts Lausanne (u. Württembergischer Kunstverein Stuttgart) 1985, Kat.-Nr. 337–339.
644 Conrad M.G., König und Schauspielerin. In: Die Propyläen. Jg. 17, 1920, 314. – Romantische Schlösser als Selbstdarstellung des Bauherrn: Eggert, zit. Anm. 642, besonders 68
645 Zit. Anm. 430
646 Sinngemäß beispielsweise am 26.1.1886 an den Innenminister Max Frhr. v. Feilitzsch, zit. Anm. 6
647 Zit. Anm. 1, 754, 758
648 Tagebuch v. 24.10.1868 und zwischen 25.5. und 3.6.1869, GHA, Kabinettsakten Ludwigs II., 70
649 Ein Symbol ist eine sinnliche Vorstellung (ein Bild), durch welche eine selbst nicht sinnliche, sondern abstrakte Vorstellung (ein Sinn) veranschaulicht wird. Das Symbol ermöglicht insbesondere unter Beteiligung der Imagination (Ein-Bildung) Erkenntnis (als Innewerden) eines durch begriffliches Denken nicht ausschöpfbaren Gehaltes. In der romantisch bedingten Kultur, zu der Ludwig II. gehört, wird durch das Symbol ein Sinngehalt ins Tiefere, über seine bloß empirische Realität bedeutungsmäßig Hinausragende (Transzendentale) potenziert. Beispiel: Herrenchiemsee ist Symbol für Seiendes Königtum. – Im Unterschied zum Symbol die Allegorie: sie veranschaulicht weniger eine Vorstellung, als daß sie diese durch eine andere ersetzt. Beispielsweise: Ein Herrscher wird als Caesar dargestellt. Auch wird die eigentlich gemeinte Vorstellung nicht im Sinne der Romantik transzendiert, sondern nur für eine ähnliche, gleichwertige ausgetauscht. Der Mangel an konkreter anschaulicher Darstellung der eigentlich gemeinten Vorstellung, das Verbleiben beim einseitig begrifflich gedacht Vorgestellten, ist nach Auffassung des »Historismus« und der ihn bedingenden Strömungen unkünstlerisch. Die Allegorie wirkt ja nicht auf die Empfindung, sondern allenfalls didaktisch, auf den Verstand. – Wenn Ludwig II. in seinen Schlössern Allegorien anbringt, so ist das ein Sonderfall: eine Art von Wiedererkennung der vom König geschaffenen Symbolik selbst in der Allegorie, die durch das von Ludwig vollzogene Wieder-Holen (mathematisch gesprochen) auf die Potenz ihrer selbst erhoben und damit transzendiert wird. Statt naiven »Weitermachens« (wie es in Versailles gemacht wurde) stellt Ludwig aus einem Abstand einen Zusammenhang her. Über den Abstand zum »Original«: Evers Hans Gerhard, Herrenchiemsee. In: Tod, Macht und Raum als Bereiche der Architektur, zit. Anm. 6a, 208–09
650 Vgl. den Abschnitt: »Wagner-Thema: Landschaftsmalerei als Ende aller Architektur«
651 Diese Feststellung, bezogen auf romantisch bestimmten Schloßbau allgemein, bei Eggert, Der sogenannte »Historismus« und die romantischen Schlösser in Österreich, zit. Anm. 37, 63–69
652 Aus einem Lieblingsstück des Königs, Brachvogels »Narziß«, zit. Anm. 630. Durch jeden äußeren, mechanischen Anstoß muß das Pagodenfigürchen mit dem Kopf nicken: blinde, aufgezwungene Kausalität (Ananke)
653 Diese intensive Dichte des »Vollstellens« ist ganz allgemein ein Hauptzug in Intérieurs des »Historismus«, und zwar aus verwandten oder gleichen Absichten. Reichhaltiges Bildmaterial beispielsweise bei: Cooper Nicholas, The Opulent Eye. Late Victorian and Edwardian Taste in Interior Design. London 1976; Byron Joseph [zeitgenössischer Photograph], Photographs of New York Interiors at the turn of the century. New York 1976. – Ludwig II. war keine isolierte Erscheinung, sondern bildete den konsequentest gesteigerten Höhepunkt zeitgemäßer Kulturrichtungen
654 Vgl. den Abschnitt »Falkenstein – Das Lit«
655 TB, zit. Anm. 513
655a Das Zitat sind die Schlußworte von R.M. Rilkes Sonett »Archaischer Torso Apollos« vom Frühjahr 1908: »... denn da ist keine Stelle, die dich nicht sieht. Du mußt dein Leben ändern.« – Zur Deutung und zur Ermittlung von plastischen Vorbildern sowie zur Bedeutung für die Anerkennung der Torso-Form als künstlerische Ganzheit vgl. zuletzt (dort weitere Literatur): J. A. Schmoll gen. Eisenwerth, Rodin-Studien, Persönlichkeit – Werke – Wirkung – Bibliographie. (Studien z. Kunst d. 19. Jhs., Bd. 31; Forschungsunternehmen d. Fritz Thyssen Stiftung, Arbeitskreis Kunstgeschichte) München 1983, 99, 105–107 u. Anmerkungen 12–23 auf SS 373 f.
656 Wilde Oscar, Complete Works. With an Introduction by Vyvyan Holland. London/Glasgow 1948, 982–83. Der Essay schreibt der Kunst zeitunabhängiges Sein und Wahrheit jenseits der bloß empirischen Wirklichkeit zu; er ähnelt darin und teilweise auch sonst Friedrich Schillers Auffassungen (vgl. besonders: »Über die ästhetische Erziehung des Menschen«, verfaßt spätestens zu Ende des Jahres 1794). – Eine Auffassung, wie die hier zitierte, setzt zwangsläufig die neuplatonische Ideenlehre voraus (nicht aber diejenige Platos, weil dieser die bildende Kunst in seiner »Politeia« ausschließt)
657 Wilde, zit. Anm. 656, 992
658 Wichtigste Literatur chronologisch: Steinbach Heinrich, Neue Urkunden zur Geschichte des Münchener Wagner-Theaters. In: Süddeutsche Monatshefte, 2. Jg., 1905, H. 11, 416–37; Semper Manfred, Das Münchener Festspielhaus, Gottfried Semper und Richard Wagner. Hamburg 1906; Habel Heinrich, Die Idee eines Festspielhauses. In: Petzet, zit. Anm. 250, 298–316; Hederer Oswald, Die Pläne von Friedrich Gärtner und Gottfried Semper für die städtebauliche Gestaltung Münchens. In: Festschrift Luitpold Dussler. München 1972, 379–91
659 TB, GHA, Kabinettsakten Ludwigs II., 67
660 Strobel, zit. Anm. 200, I. Bd., 39
661 Wagner, zit. Anm. 12, 6. Bd., 273; Habel, zit. Anm. 658, 298
662 Zit. Anm. 659
663 Ebendort
664 Strobel, zit. Anm. 200, I. Bd., 50
665 Ebendort, 56–57
666 TB, GHA, Kabinettsakten Ludwigs II., 67

667 Semper Manfred, zit. Anm. 658, 25
668 Zit. Anm. 666
669 Strobel, zit. Anm. 200, I. Bd., 95. – Sempers Erläuterungen: Semper Manfred, zit. Anm. 658, 27–32
670 TB, GHA, Kabinettsakten Ludwigs II., 68
671 Ebendort
672 Semper Manfred, zit. Anm. 658, 41–42 (Text von Pfistermeisters Schreiben an Semper)
673 Strobel, zit. Anm. 200, I. Bd., 186
674 Zit. Anm. 670
675 Strobel, zit. Anm. 200, I. Bd., 191
676 Bd. 1–2. 1. Bd.: Frankfurt/M. 1860, 2. Bd.: München 1863. Der geplante dritte Band ist nicht erschienen; 2. Aufl. 1878/79; Nachdruck d. Erstausg.: München, Mäander-Verlag 1977, Bd. 1–2
677 Reproduktion BSV, Ludwig II.-Museum, Inv.-Nr. 623
678 TB, GHA, Kabinettsakten Ludwigs II., 68
679 Ebendort
680 Strobel, zit. Anm. 200, I. Bd., 233
681 Ebendort, 284
682 Ebendort, 301
683 Cosima v. Bülow an den König 15.2.1866. Bayreuth, Richard-Wagner-Archiv, II Bc
684 TB, GHA, Kabinettsakten Ludwigs II., 70
685 Semper Manfred, zit. Anm. 658, 57
686 Zit. Anm. 684
687 Zit. Anm. 685. Modell erhalten nur in der von Architekt Hermann R. Dürr 1926–27 gefertigten Kopie, die aber lediglich das Äußere nachbildete (BSV, Ludwig II.-Museum)
688 Zit. Anm. 684
689 Ebendort
690 Ebendort
691 Strobel, zit. Anm. 200, II. Bd., 213
692 Semper an diesem Tage an Mathilde Wesendonck; Semper Manfred, zit. Anm. 658, 56
693 Anordnungen der architektonischen Gliederung, insbesondere der Säulenordnungen
694 Semper Manfred, zit. Anm. 658, 108–110. – Vgl. den Abgrund anstelle des Mittelgrundes bei Landschaftsbildern des »Historismus«, schon bei Karl Blechen, Carl Friedrich Lessing, William Turner, John Martin und anderen
695 Habel, zit. Anm. 658, 306; Semper Manfred, zit. ebendort, 18–20
696 Strobel, zit. Anm. 200, I. Bd., 157; ähnlich 159
697 Bericht an Seine Majestät den König Ludwig II. von Bayern über eine in München zu errichtende deutsche Musikschule. In: Wagner, zit. Anm. 12, 8. Bd., 125–76
698 Wagner Richard, Das Braune Buch. Vorgelegt und kommentiert von Joachim Bergfeld. Zürich/Freiburg i. Br. 1975, 83
699 Ebendort, 79
700 Ebendort, 82
701 Strobel, zit. Anm. 200, I. Bd., 177
702 Zit. Anm. 697
703 Strobel, zit. Anm. 200, II. Bd., 124
704 Ebendort, IV. Bd., 177
705 Semper Manfred, zit. Anm. 658, 19
706 Habel, zit. Anm. 658, 308
707 Die wichtigsten zit. Anm. 658
708 Habel, zit. Anm. 658, 307
709 Hommel, zit. Anm. 3, widmet ihm ein eigenes Kapitel (S. 322–27)
710 Possart Ernst v., Die Separatvorstellungen vor König Ludwig II. München 1901, 62
711 Zit. Anm. 616
712 Faksimile bei Hommel, zit. Anm. 3, Abb. 33–35
713 GHA, Kabinettsakten Ludwigs II., 2. – Vgl. TB zwischen 10. und 22.8.1864 in Hohenschwangau: »Torquato Tasso, las im befreiten Jerusalem! – Armida, glückliche Insel, Pläne, Mond, Quelle, Bäume, Blumen, Vögel!« GHA, Kabinettsakten Ludwigs II., 66
714 Petzet, zit. Anm. 250, 134
715 Ebendort, Anm. 758
716 Strobel, zit. Anm. 200, II. Bd., 261. Strobel deutet dort (Anm. 1) irrtümlich die Tasso-Fresken als Szenen aus Wagners Musikdramen
717 Beide TB-Zitate GHA, Kabinettsakten Ludwigs II., 67
718 Beide TB-Zitate GHA, Kabinettsakten Ludwigs II., 70
719 TB, GHA, Kabinettsakten Ludwigs II., 66
720 BSV, Reponierte Registratur, Fach 124, No. 55
721 Ebendort
722 Petzet, zit. Anm. 250, 183–84 u. Anm. 1077–1082; derselbe, zit. Anm. 287, 145–46, Kat.-Nrn. 2–30
723 Viollet-le-Duc Eugène Emmanuel, Dictionnaire raisonné de l'Architecture Française du XI. au XVI. siècle. Vol. VII, 50–52 (Erstausgabe Paris 1854–68)
724 Kobell Louise v., Unter den vier ersten Königen Bayerns. 2. Bd., München 1894, 240. – Eine durch Kriegsverluste dezimierte Kartei der Privatbibliothek Ludwigs II. im Besitz des WAF zählt von Viollet-le-Duc auf: 1.) Description du Château de Pierrefonds. Paris 1865. 2.) L'art russe, ses origines, ses elements constitutifs, son apogee, son avenir. Paris 1877. 3.) Dictionnaire raisonné (zit. Anm. 723). Paris 1875. Bd. 1–10
725 Der Text über romanische Vorhofarchitektur und »Hohe Pforte« ist vom Bearbeiter gekürzt nach: Evers Hans Gerhard, Tod, Macht und Raum als Bereiche der Architektur, zit. Anm. 6 a, 175, 176–77, 180, 192, 195
726 Kreisel Heinrich, Ludiwg II. als Bauherr. In: Oberbayerisches Archiv Bd. 87, München 1965, 77. Es handelt sich um ein Fresko im »Saal der Klage«; Ludwig I. mit Lorbeerkranz in der Mitte, rechts hinter ihm mit Harfe Ludwig II.
727 TB, GHA, Kabinettsakten Ludwigs II., 66
728 Alle Angaben zu den Einrichtungen von 1864 bis hierher: BSV, Reponierte Registratur, Fach 124, Nr. 55
729 GHA, Kabinettsakten Ludwigs II., 2
729 a TB, GHA, Kabinettsakten Ludwigs II., 70
730 Ehemals BSV, Reponierte Registratur, 124/61, 124/62, 124/65; ans GHA abgegeben, dort 1944 durch Kriegseinwirkung vernichtet
731 TB. GHA, Kabinettsakten Ludwigs II., 70
732 Vgl. Anm. 730
733 Zit. Anm. 731
734 Entwürfe BSV, Ludwig II.-Museum, noch ohne Inv.-Nr.; Akt: Vgl. Anm. 730
735 Vgl. Anm. 730
736 Vgl. Anm. 730
737 Vgl. Anm. 730
738 Vgl. Anm. 730
739 TB, GHA, Kabinettsakten Ludwigs II., 70
740 Zit. nach Böhm, zit. Anm. 1, 755
741 Ebendort
742 Ebendort, 760
743 Ebendort, 761
744 TB, GHA, Kabinettsakten Ludwigs II., 70. Von Ranke beispielsweise: Französische Geschichte, vornehmlich im 16. und 17. Jahrhundert. Bd. 1–5. Stuttgart 1852–61
745 TB, GHA, Kabinettsakten Ludwigs II., 70
746 GHA, Kabinettsakten Ludwigs II., 2
747 TB-Zitate bis hierher: GHA, Kabinettsakten Ludwigs II., 70
748 Vgl. Anm. 730
749 Böhm, zit. Anm. 1, 760
750 Vgl. Anm. 730
751 Vgl. Anm. 730
752 Vgl. Anm. 730
753 GHA, Kabinettsakten Ludwigs II., 2
754 Vgl. Anm. 730
755 TB, GHA, Kabinettsakten Ludwigs II., 70
756 Vgl. Anm. 730
757 Zit. Anm. 755
758 Vgl. Anm. 730
759 Zit. Anm. 755
760 Vgl. Anm. 730
761 Böhm, zit. Anm. 1, 756
762 TB, GHA, Kabinettsakten Ludwigs II., 70
763 GHA, Kabinettsakten Ludwigs II., 2
764 GHA, Kabinettsakten Ludwigs II., K 55, L 4, Nr. 51
765 Ebendort
766 Einer der Rahmen sichtbar auf dem Aquarell von Conrad Hoff, BSV, Ludwig-II-Museum, Inv.-Nr. 546
767 TB, GHA, Kabinettsakten Ludwigs II., 70

768 Tagebuchzitate, sämtlich wie Anm. 767
769 Der WAF besitzt über die Privatbibliothek Ludwigs II. ein handschriftliches Verzeichnis und eine – durch Kriegseinwirkung dezimierte – Kartei. Speziell über seine Bourbonenlektüre existiert eine Aufstellung bei: Bachmayer Monika, Schloß Linderhof. Interieur und Ambiente einer »Königlichen Villa« der Gründerzeit. Ungedruckte phil. Diss. München 1973, 282–90
770 TB, GHA, Kabinettsakten Ludwigs II., 65. Erstaufführung: 2.1.1860 in München. (Heyse Paul, Jugenderinnerungen und Bekenntnisse. V. Aufl., Stuttgart/Berlin 1912, 259)
771 Vgl. Anm. 533 u. 534
772 TB, GHA, Kabinettsakten Ludwigs II., 70
773 Sämtliche TB-Zitate zu Bourbonen-Lektüre von hier an: GHA, Kabinettsakten Ludwigs II., 70
774 Mit »Chambre ardente« ist hier ein am 8.3.1679 von Ludwig XIV. berufener Gerichtsausschuß gemeint, der unter anderem mit Untersuchung über Schwarze Messen beauftragt war, die Françoise Athénais de Rochechouart, Marquise de Montespan, lesen ließ (insbesondere zur Aufrechterhaltung ihrer Position als Maîtresse en titre)
774a Der König las hier: Griesinger Theodor, Das Damen-Regiment an den verschiedenen Höfen Europas ... 1. Reihe, 1. Bd. Stuttgart 1866 (mit 8 Porträtstahlstichen), I. Buch, 2. Kap. (48–66). Anknüpfung der Bekanntschaft Ludwigs XIV. mit Louise Françoise de Labaume Leblanc, nachmals Herzogin v. La Vallière, 1660
774b Ebendort, 3. Kap. (67–134)
775 Ebendort, 4. Kap. (135–57). Der Finanzminister Nicolas Foucquet wurde auf Befehl Ludwigs XIV. am 5.9.1661 verhaftet und gefangengesetzt
775a Ebendort, 6. Kap. (176–98). Intrige gegen Mlle. de la Vallière, 1668
775b Ebendort, 2. Buch, 3. Kap. (251–73). Anne Marie Louise v. Orléans, Herzogin v. Montpensier, Enkelin Heinrichs IV. und bekannt unter der Bezeichnung »la grande Demoiselle«, und die Vorgeschichte ihrer 1670 insgeheim erfolgten Vermählung mit Antoine Nompar de Caumont, Herzog v. Lauzun
776 Ebendort, 5. Kap. (291–305). Françoise d'Aubigné, Gattin des Dichters Paul Scarron, kaufte 1674 von den Geldgeschenken Ludwigs XIV. die zum Marquisate erhobene Besitzung Maintenon bei Paris; später wurde sie dem König in der Stille als zweite Gemahlin angetraut
777 Ebendort, 3. Buch, 1. Kap. (421–32). Ludwig XIV. annektierte 1681, mitten im Frieden, Straßburg mit Waffengewalt
778 Ebendort, 3. Kap. (448–62). Das Edikt, welches den Protestanten Religionsfreiheit und weiteres gewährte, erließ Heinrich IV. am 13.4.1598, Ludwig XIV. widerrief es am 22.10.1685
778a Ebendort, 4. Kap. (463–73). Gründung einer Mädchenerziehungsanstalt in St. Cyr 1685 durch Mme. de Maintenon und deren frömmlerische Beeinflussung des Königs
779 Der Sonnenkönig eroberte Flandern im Sommer 1667
780 Mémoires touchant la vie et les écrits de la Marquise de Sevigné. Bd. 1–5. Paris 1842–52, 6. Bd. v. Aubenas, ebendort 1865
781 Mémoires secrets sur le règne de Louis XIV, la Régence et le règne de Louis XV. Bd. 1–2. Paris 1791
782 Carné (1804–76) war Publizist, sein Hauptthema die französische Geschichte
783 Vermutlich: Capefigue Baptiste Honoré Raymond, Louis XIV, son gouvernement et ses relations diplomatiques avec l'Europe. Bd. 1–6. Paris 1834–38
784 Vgl. Anm. 783
785 Die Anm. 775b erwähnte Herzogin v. Montpensier, 1670 dem gleichfalls dort erwähnten Herzog v. Lauzun angetraut. – Die »Gräfin v. Dash« hieß eigentlich Gabrielle de Courtiras, Vicomtesse de Saint-Mars; als Romanschriftstellerin wählte sie mehrfach Themen vom französischen Hof des 17. und 18. Jahrhunderts
786 Gemeint sind die Abendgesellschaften en petit comité, die Philipp II., Herzog v. Orléans, Regent Frankreichs 1715–23, gab
787 Horace Walpole, zweiter Graf v. Orford (1717–97), lieferte in seinen geistvollen Briefen eine anregende Quelle zur Kulturgeschichte seiner Zeit; er war Bahnbrecher des romantischen Schloßbaues, dessen Funktion nicht das Abwohnen war (sein neugotisches Strawberry Hill bei London, 1749–97) und der damit zusammenhängenden romantischen makabren Literatur (»The Castle of Otranto«, 1764)
788 17.–18. Jh. Diese beiden Zeitschriften sind wichtige Quellen für die zeitgenössische Kunst und Kultur Frankreichs
789 Vgl. Anm. 783 und die zit. TB-Einträge zwischen 13. und 16.5., am 23.5., zwischen 5. und 12.8.1869
790 Französischer Dichter (1790–1869), veröffentlichte 1864 »Madame de Sevigné« (vgl. Anm. 780)
791 Französischer Historiker (1820–82), schrieb beispielsweise: Histoire de l'administration en France depuis le règne de Philippe-Auguste, Paris 1848; Histoire de France. Bd. 1–9. Paris 1865–79
792 Kobell Louise v., zit. Anm. 724
793 Hier sicher »der große Condé« gemeint: Ludwig II. v. Bourbon, Prinz v. C., einer der größten Feldherren seiner Zeit (1621–1686)
794 Vermutlich Charles de B. (1686–1714), Sohn der Prinzessin Marie Christine v. Bayern, Enkel Ludwigs XIV.
795 Charles Philippe, dritter Enkel Ludwigs XV., der spätere Karl X. v. Frankreich
796 Louis Stanislas Xavier, der Bruder Ludwigs XVI., der nachmalige König Ludwig XVIII. v. Frankreich
797 Ordre de Saint Michel, gestiftet 1469, Statuten durch Ludwig XIV., der ihm einen hohen Rang zuerkannte, 1665 neu gefaßt
798 Ordre de Saint Esprit, »Cordon bleu« wegen des himmelblauen Bandes, vor der Revolution der höchste französische Orden, gestiftet von Heinrich III. im Dezember 1578
799 Adeliger Ritterorden, in Frankreich Ordre militaire et hospitalier de Saint Lazare, seit 1608 mit dem Orden de Nôtre Dame du Mont Carmel vereinigt, 1830 endgültig aufgehoben
800 Militärverdienstorden, gestiftet von Ludwig XIV. im Jahre 1693, 1830 endgültig aufgehoben
801 Rummel Walter v., Ludwig II. Der König und sein Kabinettchef. 2. Aufl. München 1930, 127–28
802 Marie Angélique de Scoraille, Herzogin v. Fontanges, nach Mme. de Montespan Maîtresse Ludwigs XIV.
803 Kobell, zit. Anm. 243, 441–42. – Die Bestände der Albums, worunter sich auch zahlreiche Entwürfe zu Schöpfungen aller Art Ludwigs II. befinden, sind im Besitz des WAF
804 Ludwig II. als Bauherr. In: Oberbayerisches Archiv. Bd. 87, München 1965, 76
805 Böhm, zit. Anm. 1, 760
806 »Ich bin die Quelle der Lichter / Und die gerühmtesten Sterne / Deren Kreis mich umgibt / Sind nur strahlend und geachtet / Durch den Glanz, den ich ihnen verleihe.« In: Toute la Danse. 4. Jg., Paris 1955, Januarheft, 28
807 Erste nachweisbare Ausgabe: F. Thomae Campanellae Appendix Politica Civitas Solis. Idea Reipublicae Philosophicae. Francofurti M.DC.XXIII. (Innerhalb des von Tobias Adami im selben Jahre herausgegebenen »Realis Philosophiae epilogisticae partes IV« als 4. Teil). Eine andere lateinische Ausgabe Paris 1637
808 Yates Frances A., Giordano Bruno and the Hermetic Tradition. London 1964, 360–61. – Vgl. Heinisch Claus J., Der utopische Staat ... Hamburg 1960 (= Rowohlts Klassiker)
809 Einträge im Jahre 1864 vom 19., 20., 23., 27., 28., 29.1. und vom 3., 4. sowie 5.2. GHA, Kabinettsakten Ludwigs II., 66
810 Schelling Friedrich v., Philosophie der Kunst. In: Ausgewählte Werke. Darmstadt 1974, 35. Das Werk gehört Schellings erster Philosophie an, es entstand spätestens 1802–05 (ebendort, Vorwort zum Nachdruck, V). – Die zitierte Stelle ist im Zusammenhang zumindest der Seiten 1–101 zu verstehen. Vgl. zu Kunst und Urbild: Ebendort, 13, 31

811 Kobell, zit. Anm. 243, 411–15, Abb. S. 409, nach Heigels Tagebuch von 1866
812 Böhm, zit. Anm. 1, 426
813 Schiller Friedrich v., Über die ästhetische Erziehung des Menschen ... In: Werke, Auswahl, hg. v. Arthur Kutscher. VIII, Berlin/Leipzig/Wien/Stuttgart o. J. [um 1910], 42
814 Semper Gottfried, Der Stil in den technischen und tektonischen Künsten. 2. Aufl. München 1878, Bd. I, 216. – Die Stelle muß im Zusammenhang verstanden werden, nicht als Aphorismus
815 Vgl. die Anm. 618 angegebene Lit.
816 Zit. Anm. 524, Anm. 726, Anm. 250, Anm. 287, Anm. 499a
817 Erhalten. Vgl. Petzet, zit. Anm. 287, Kat.-Nr. 437 m. Abb. Von Franz Seitz entworfen
818 Kobell, zit. Anm. 243, 14–16
819 Erinnerung des Augenzeugen Prof. Evers, der 1938 in den Räumen war
820 Stühle ohne Rück- und Armlehne
821 Kobell, zit. Anm. 243, 16–17
822 Erinnerung des Augenzeugen Prof. Evers. – Der König ließ das Schiff auch von Joseph Watter malen (Kobell, zit. Anm. 243, 395–401, Taf. neben 392)
823 Kobell, zit. Anm. 243, 17–18
824 BSV, Ludwig II.-Museum, Inv.-Nr. 547
825 Kobell, zit. Anm. 243, 19
826 BSV, Ludwig II.-Museum, noch ohne Inv.-Nr.
827 Vgl. zum Residenz-Appartement: Petzet, zit. Anm. 287, Kat.-Nr. 42–59, 437. – Die nicht v. Kobell stammenden Angaben bis hierher weiterhin nach Erinnerungen des Augenzeugen Prof. Evers
828 TB-Eintrag v. 23.12.1868, GHA, Kabinettsakten Ludwigs II., 70
829 Beispielsweise war an den Baldachinen des Thrones im Audienzzimmer und des Bettes das bayerische Wappen angebracht; die Schlafzimmer-Surporten zeigten die Schlösser Berg und Hohenschwangau
830 TB, GHA, Kabinettsakten Ludwigs II., 70
831 Ausnahme: die Rokoko-Pendule auf der Bücheretagère im Spiegelsaal von Linderhof. Kreisel Heinrich, Schloß Linderhof. Amtl. Führer. München 1938, 26
832 Röckl Sebastian, Ludwig II. und Richard Wagner. 1. Teil. Die Jahre 1864 und 1865. 2. Aufl. München 1913, 231 (eingehende Schilderung des Raumes)
833 Vgl. Petzet, zit. Anm. 287, 66–67, (Kat.-Nrn. 885–90); derselbe, zit. Anm. 499a, 164. – Beschreibungen von Augenzeugen: Brachvogel Albert Emil, Männer der neuen deutschen Zeit. Bd. 1, Hannover 1873, 471–73; Adalbert Prinz v. Bayern, Vier Revolutionen und einiges dazwischen ... München 1932, 115–17 (Augenzeugin am 11.5.1883: Maria de la Paz, Infantin v. Spanien, Gemahlin von Prinz Ludwig Ferdinand v. Bayern, Vetter Ludwigs II.); Lampert Friedrich, Ludwig II., König von Bayern. München 1890, 114–15; Heigel Karl v., König Ludwig II. von Bayern. Stuttgart 1893, 135–37; Münchener Zeitung v. 23.3.1902, 3 (Augenzeuge: Sänger Franz Nachbaur); Kobell, zit. Anm. 243, 19–23. – Prof. Evers hielt am 10.2.1971 in der Bibliothek des Zentralinstituts für Kunstgeschichte München, Meiserstr. 10, einen Vortrag »Die Wintergärten der Residenz«, Besprechung: Süddeutsche Zeitung, München, Nr. 41 v. 17.2.1971
834 BSV, Reponierte Registratur, 244/22
835 BSV, Graphische Sammlung
836 BSV, Reponierte Registratur, 255, Nr. 2
837 GHA, Kabinettsakten Ludwigs II., 2
838 TB, GHA, Kabinettsakten Ludwigs II., 70
839 Zit. Anm. 834
840 Ebendort
841 BSV, Graphische Sammlung
842 Vgl. Anhang 4 (Theaterbesuche des Kronprinzen)
843 Devise Ludwigs XIV.
844 Grein, zit. Anm. 491, 3
845 TB, GHA, Kabinettsakten Ludwigs II., 70
846 BSV, Graphische Sammlung, Grund- und Aufriß. Datiert
847 TB, GHA, Kabinettsakten Ludwigs II., 70
848 Biehn, zit. Anm. 618, 228–234, Farbtaf. III, Abb. 45
849 Head Raymond, Indian Fantasy in Devon. In: Country Life, May 28, 1981, 1524–28
850 Schmeller Alfred, Das Burgenland. Salzburg 1965, 191–92
851 BSV, Reponierte Registratur, 244/22
852 GHA, Kabinettsakten Ludwigs II., K 55, L 4, Nr. 51
853 Zit. Anm. 851
854 GHA, Kabinettsakten Ludwigs II., K 55, L 4, Nr. 51
855 Ebendort
856 Petzet, zit. Anm. 287, (Kat.-Nrn. 887, 888)
857 TB, GHA, Kabinettsakten Ludwigs II., 70
858 GHA, Kabinettsakten Ludwigs II., K 55, L 4, Nr. 51
859 Zit. Anm. 857
860 Ebendort
861 Der seit 1855 in München ansässige Schöpfer der Schackgalerie schrieb nach Reisen u. a.: Geschichte der dramatischen Litteratur und Kunst in Spanien. Bd. 1–3. Berlin 1845–46; Poesie und Kunst der Araber in Spanien und Sizilien. Bd. 1–2. Berlin 1865
862 GHA, Kabinettsakten Ludwigs II., K 55, L 4, Nr. 51
863 Ebendort. Kiosk-Entwürfe beider Künstler von 1869: BSV, Graphische Sammlung
864 GHA, Kabinettsakten Ludwigs II., K 55, L 4, Nr. 51
865 TB, GHA, Kabinettsakten Ludwigs II., 70
866 GHA, Kabinettsakten Ludwigs II., K 55, L 4, Nr. 51
867 Ebendort
868 Beide TB-Zitate: GHA, Kabinettsakten Ludwigs II., 70
869 GHA, Kabinettsakten Ludwigs II., K 55, L 4, Nr. 51
870 Ebendort
871 Ebendort. Am 28.7.1887 wurde die Gruppe an Rentier Philipp Holzmann, Frankfurt/Main, verkauft: BSV, Reponierte Registratur, 244/22
872 GHA, Kabinettsakten Ludwigs II., K 55, L 4, Nr. 51
873 Ebendort
874 Sie befassen sich meist mit Inschriften. Der König könnte vielleicht das Prachtwerk: Die Flotte einer ägyptischen Königin, Leipzig 1868, gemeint haben
875 GHA, Kabinettsakten Ludwigs II., K 55, L 4, Nr. 51
876 Ebendort
877 Ebendort. Orlich Leopold v., Reise in Ostindien in Briefen an A. v. Humboldt und Karl Ritter. Leipzig 1845 (3. Aufl. 1858)
878 GHA, Kabinettsakten Ludwigs II., K 55, L 4, Nr. 51
879 Ebendort. – Hügels Reisebeschreibung: Kaschmir und das Reich der Siek. Bd. 1–4. Stuttgart 1840–48
880 GHA, Kabinettsakten Ludwigs II., K 55, L 4, Nr. 51
881 BSV, Reponierte Registratur, 244/22
882 Ebendort
883 GHA, Kabinettsakten Ludwigs II., K 55, L 4, Nr. 51
884 Ebendort
885 Ebendort
886 Ebendort
887 Ebendort
888 Ebendort
889 BSV, Reponierte Registratur, 244/22
890 Ebendort
891 GHA, Kabinettsakten Ludwigs II., 2
892 Petzet, zit. Anm. 287, Kat.-Nr. 888
893 Tschoeke Jutta, Neuschwanstein. Ungedr. phil. Dissertation. München 1975, Anm. 155
894 Petzet, zit. Anm. 499a, Taf. 61, 63: Zwei Gemälde v. Julius Lange, welche den See und dahinter die Stirnwand des Wintergartens zum Mittelrisalit des Festsaalbaues mit beiden Prospekten zeigen
895 GHA, Kabinettsakten Ludwigs II., K 55, L 4, Nr. 51
896 Hommel, zit. Anm. 3, 298, dort Anm. 310; vgl. überhaupt bei Hommel 297–299
897 BSV, Reponierte Registratur, 244/22, 30.11.1874. Die Glasscheibe warf Reflexe der gekräuselten Seeoberfläche auf das gemalte Wasser
898 GHA, Kabinettsakten Ludwigs II., K 55, L 4, Nr. 51
899 Petzet, zit. Anm. 287, (Kat.-Nr. 885)

900 BSV, Reponierte Registratur, 244/22
901 GHA, Kabinettsakten Ludwigs II., K 55, L 4, Nr. 51
902 Zit. Anm. 900
903 Ebendort
904 GHA, Kabinettsakten Ludwigs II., K 55, L 4, Nr. 51
905 Wintergartenbeschreibung: Brachvogel, zit. Anm. 833; zu »Narziß« vgl. Anm. 628 – Anm. 632
906 Morin George, König Ludwig II. von Bayern. Sein Leben, Wirken und Tod. München 1886
907 Im Nordtrakt des Kaiserhofes entstand ein vortretendes Mittelrisalit in genauer Fortsetzung der bestehenden Architektur, bei Wiederherstellung derselben nach 1945 forgelassen
908 Philippi Felix, Ludwig II. und Joseph Kainz. Berlin 1913, 19–20
909 Hommel, zit. Anm. 3, 108–10
910 Der Herzog hatte sich schon länger Oesterreich angeschlossen, stellte sich auch im Kriege 1866 auf dessen Seite und verlor deswegen Nassau. Aus seinem Hause stammten auch die Großherzöge v. Luxemburg
911 Heigel, zit. Anm. 833, 135
912 Der gesamte vorhergehende Abschnitt und der vorliegende bis hierher folgen nahezu wörtlich: Evers Hans Gerhard, Die bayerischen Königsschlösser, zit. Anm. 6a, 126
913 Zit. Anm. 698, 125
914 Strobel, zit. Anm. 200, I. Bd., XXXVII bis XXXVIII; ebendort, 49–50
915 Ebendort, 145
916 Ebendort, LIII–LIV
917 Ebendort, 161
918 Ebendort, 165
919 Das Buch erschien Paris 1845. Die von Wagner gemeinte Stelle in der 2. Aufl. (Paris 1876) S. 183–87. Strobel, zit. Anm. 200, II. Bd., 228
920 Strobel, zit. Anm. 200, II. Bd., 229
921 Ebendort, 310
922 Ebendort, III. Bd., 227
923 Ebendort, 244, 245
924 Hommel, zit. Anm. 3, 54, 127–29, 388–89
925 BSV, Ludwig-II.-Museum, Inv.-Nr. 760. – Vgl. zu anderen Verwirklichungen und Planungen aus Ludwigs orientalischem Stoffkreis beispielsweise Kreisel, zit. Anm. 524, 37–40; Petzet, zit. Anm. 499a, 161–70, Taf. 60–65
926 GHA, Kabinettsakten Ludwigs II., 2; TB: ebendort, 66
927 Abb. des Ganges: Kobell, zit. Anm. 243, 23
928 Vgl. den Abschnitt »Wieder-Holung und Mimesis« und: Evers Hans Gerhard, Herrenchiemsee, zit. Anm. 6a, besonders 205–218
929 Vgl. besonders Petzet, zit. Anm. 250, 133–40; derselbe, zit. Anm. 287, (Kat.-Nrn. 145–218); Russ Sigrid, Die Ikonographie der Wandmalerei in Schloß Neuschwanstein. Ungedr. phil. Dissertation. Heidelberg 1974; Tschoeke Jutta, zit. Anm. 893, m. Literaturverz. S. 187–97
930 Kreisel, zit. Anm. 524, 66
931 Zit. Anm. 62
932 GHA, Nachlaß Max II., 73/4/8. Entwürfe Riedels: BSV, Ludwig II.-Museum, Inv.-Nrn. 2152 c/1, 2152 e, 449
933 TB, GHA, Kabinettsakten Ludwigs II., 64
934 Zitate bis hierher: TB, GHA, Kabinettsakten Ludwigs II., 65, 66
935 GHA, Kabinettsakten Ludwigs II., 2
936 Tagebuchzitate aus: GHA, Kabinettsakten Ludwigs II., 66, 67; Sterne im »Tassozimmer«: Petzet, zit. Anm. 499a, 36
937 Zitate bis hierher: TB, GHA, Kabinettsakten Ludwigs II., 67, 68
938 Baumgärtel Max (Hg.), Die Wartburg. Ein Denkmal der Geschichte und Kunst. Berlin 1907, 480–88
939 TB, GHA, Kabinettsakten Ludwigs II., 70
940 Vers 1823
941 Zitate bis hierher: TB, GHA, Kabinettsakten Ludwigs II., 70
942 Wagner, »Tannhäuser«, 1. Aufzug, 4. Scene
942a Jeanne d'Arc wurde in Compiègne durch Verrat gefangengenommen, an die Engländer und damit dem Märtyrertod ausgeliefert
943 o. Vf., Le Chateau de Pierrefonds. In: Architectural Design. H. 3–4, London 1980, Anhang: E.E. Viollet-le-Duc 1814–1879, S. 64. Vgl. auch die Bibliographie S. 93 u. Ausst.-Kat. Viollet-le-Duc, Paris, Galerie nationales du Grand Palais, 19.2.–5.5.1980. Dort zum Ausbau des Schlosses Pierrefonds ab S. 130. Ausbau auf Befehl Kaiser Napoleons III. ab 1857 bis 1871 für die Summe von 5 Millionen Francs. 1863 entschied der Kaiser die Möblierung, auch durch den Architekten Viollet-le-Duc. 1866 wurde die umfangreiche Waffensammlung des Kaisers nach Pierrefonds verbracht. 1866–68 Einrichtung der Haupträume zum Bewohnen durch das Kaiserpaar. Trotz größter Eile wurden die Baumaßnahmen bis zum Kriegsausbruch 1870 nicht ganz fertiggestellt, vor allem nicht die Schloßkapelle nach den genialen neogotischen Entwürfen Viollet-le-Ducs – auf den Substruktionen eines mächtigen Befestigungsturms. Die Französische Republik beschloß die Fertigstellung der Bauten, die ab 1880 durch den Schwiegersohn Viollet-le-Ducs, den Architekten Ouradon, bis 1885 abgeschlossen wurden, wenngleich nicht mehr alle Details nach den ursprünglichen Plänen ausgeführt wurden. Pierrefonds sollte durch den Ausbau eine »Residence un peu fantaisiste de l'empereur« werden, in der dem mittelalterlichen Traum vom ritterlichen altfranzösischen Königtum gehuldigt wurde, daher auch Wandteppiche und Fresken mit Motiven aus der Artussage etc. – Literatur: auch im Kunstausstellungs-Kat. Viollet-le-Duc, Hotel de Sully, Paris 1965. Ferner aus der Feder von Viollet-le-Duc: Description du château de Pierrefonds, Paris 1857, 2. Aufl. 1883
944 Briefzitat: Petzet, zit. Anm. 250, 135, Anm. 776
945 Ebendort, Farbtaf. III, Abb. 45. – Zitate Ludwigs II. weiterhin aus TB, GHA, Kabinettsakten Ludwigs II., 70
946 TB, GHA, Kabinettsakten Ludwigs II., 70. Kreisel (zit. Anm. 524, S. 68) führt erste Vorprojekte Riedels für Neuschwanstein von 1867 an (BSV, Ludwig II.-Museum, Inv.-Nr. 1775)
947 Holland Hyazinth, Franz Graf Pocci. Bamberg 1890, 52–55 m. Abb. (= Bayerische Bibliothek ..., hg. v. K. v. Reinhardstöttner u. K. Trautmann. Bd. 3)
948 BSV, Ludwig II.-Museum. Rechts unten: »18 FP 68«
949 BSV, Ludwig II.-Museum, Inv.-Nr. 390
950 Separataufführungen: Hommel, zit. Anm. 3, Register S. 426 unter »Hugo«; dessen Burgenzeichnungen: Weber Otto, Victor Hugo und seine Zeit. Nach dem Französischen des A. Barbou frei übertragen. Leipzig 1882, Abb. S. 172, 333, 358; Text S. 355–60; Les Dessins de Victor Hugo (Kat.), hg. v. Henri Cazaumayou. Maison de Victor Hugo. (Les Musées de la Ville de Paris.) Paris 1985
951 GHA, Kabinettsakten Ludwigs II., K 55, L 4, Nr. 51
952 Diensträume wie z.B.: Silberkammer, Proviantkammer, Spülküche u.ä.
953 BSV, Reponierte Registratur, Akt Neuschwanstein, Fach 144. Auf der Rückseite 1 Grundriß sowie 4 laienhafte Teilaufrisse skizziert
954 Hacker Rupert (Hg.), Ludwig II. von Bayern in Augenzeugenberichten. Düsseldorf 1966, 240
955 Zit. Anm. 953
956 TB, GHA, Kabinettsakten Ludwigs II., 70
957 GHA, Kabinettsakten Ludwigs II., K 55, L 4, Nr. 51
958 Strobel, zit. Anm. 200, II. Bd., 224–25
959 Zitate Ludwigs II. bis hierher weiterhin TB, GHA, Kabinettsakten Ludwigs II., 70
960 GHA, Kabinettsakten Ludwigs II., K 55, L 4, Nr. 51
961 BSV, Reponierte Registratur, Akt Neuschwanstein, Fach 144
962 Ebendort, Gümbels Gutachten vom 6.6.1868
963 Strobel, zit. Anm. 200, II. Bd., 228. Zitate Ludwigs II. weiterhin TB, GHA, Kabinettsakten Ludwigs II., 70
964 Petzet, zit. Anm. 287, 160, (Kat.-Nr. 149); derselbe, zit. Anm. 250, Modell: Abb. 115, 116, Entwurf und dessen Vorstufen: Abb. 112–14

965 GHA, Kabinettsakten Ludwigs II., K 55, L 4, Nr. 51
966 Ebendort
967 Vielleicht: Ritgen Hugo v., Der Führer auf der Wartburg. Leipzig 1860. 2. Aufl. Leipzig 1868
968 Paraphrase über Ludwig Tieck: »Mondbeglänzte Zaubernacht / Die den Sinn gefangen hält, / Wundervolle Mährchenwelt, / Steig' auf in der alten Pracht!« Tieck glossiert dieses Thema im Prolog und am Schluß seines »Kaiser Oktavianus« (1804). – TB-Zitate weiterhin GHA, Kabinettsakten Ludwigs II., 70
969 TB, GHA, Kabinettsakten Ludwigs II., 66. Bei Ludwigs Vorstellung der gotischen Schloßkapelle darf auch daran erinnert werden, daß er die neugotische des Château de Pierrefonds 1867 gesehen hatte
970 GHA, Kabinettsakten Ludwigs II., K 55, L 4, Nr. 51
971 BSV, Ludwig II.-Museum, Inv.-Nr. 1624
972 GHA, Kabinettsakten Ludwigs II., K 55, L 4, Nr. 51
973 Böhm, zit. Anm. 1, 761
974 GHA, Kabinettsakten Ludwigs II., K 55, L 4, Nr. 51
975 Zit. Anm. 961
976 GHA, Kabinettsakten Ludwigs II., K 55, L 4, Nr. 51
977 Das Jank-Aquarell von 1868: Ludwig II.-Museum, (WAF), Inv.-Nr. 398; seine Gouache von 1871: ebendort (WAF), Inv.-Nr. 401. – Vgl. Petzet, zit. Anm. 287, 165, (Kat.-Nrn. 195, 198). – TB-Zitate weiterhin GHA, Kabinettsakten Ludwigs II., 70
978 Petzet, zit. Anm. 250, 136 u. Anm. 786. Entwurf: BSV, Ludwig II.-Museum, Inv.-Nr. 433
979 TB, wie die übrigen TB-Zitate bis hierher GHA, Kabinettsakten Ludwigs II., 70
980 Das Verzeichnis der Räume v. 16.12.1868: Zit. Anm. 961
981 GHA, Kabinettsakten Ludwigs II., K 55, L 4, Nr. 51
982 Ebendort
983 Beide TB-Zitate weiterhin GHA, Kabinettsakten Ludwigs II., 70. – Von »auf Berges-Höhe« an zitiert der König Wotan über Walhall aus dem »Rheingold«
984 TB, GHA, Kabinettsakten Ludwigs II., 70
985 Ebendort K 55, L 4, Nr. 51
986 Kreisel Heinrich, Neuschwanstein. Amtlicher Führer. München 1933, 10
987 GHA, Kabinettsakten Ludwigs II., K 55, L 4, Nr. 51
988 Die angeführten Manuskripte Hollands: BSV, Reponierte Registratur, Akt Neuschwanstein, Fach 144. – Vgl. Holland Hyazinth, Lebenserinnerungen eines neunzigjährigen Altmünchners. Hg. von Dr. Alois Dreyer. München 1921, 137–42
989 Zit. Anm. 985
990 Arnswald an Düfflipp 25.8. und 7.10.1868. BSV, Reponierte Registratur, Akt Neuschwanstein, Fach 144
991 Angaben zu Welter, soweit nicht aus Anm. 990 zit. Quelle: Korrespondenz Welter-Düfflipp, BSV, Reponierte Registratur, Akt Neuschwanstein, Fach 144. Welters Entwürfe für Neuschwanstein: BSV Ludwig II.-Museum, Inv.-Nrn. 1761, 1791, 1803; vgl. dazu Petzet, zit. Anm. 287, Kat.-Nrn. 282–94
992 Beide Befehle: GHA, Kabinettsakten Ludwigs II., K 55, L 4, Nr. 51
993 Ebendort
994 Entwürfe von 1870: BSV, Ludwig II.-Museum, Inv.-Nrn. 411, 412, 1766 b und c. – Entwurfsfolge von 1868 mit Erläuterungen des dargestellten Skulpturprogramms aus der germanischen Mythologie (vermutlich von Hyazinth Holland): ebendort, Inv.-Nrn. 467–70, 1767 a–c; vgl. Petzet, zit. Anm. 287, Kat.-Nrn. 206–09, 211–14
995 GHA, Kabinettsakten Ludwigs II., K 55, L 4, Nr. 51
996 Ebendort
997 Ebendort
998 Ebendort
999 Petzet, zit. Anm. 250, Taf. 192–98, 200, 203–08
1000 Zit. Anm. 995
1001 Ebendort
1002 Ebendort
1003 GHA, Kabinettsakten Ludwigs II., K 56, L 4, Nr. 79
1004 Kreisel, zit. Anm. 524, 75
1004a Zur Ludwig-Ikonologie bei Ludwig II. zählt außer der wittelsbachischen und bourbonischen Namenstradition auch Ludwig IX., der Heilige, der Schöpfer der Sainte-Chapelle in Paris, der einstigen Schloßkapelle
1005 Eine frühere Fassung desselben Projekts für das Ankleidezimmer schrieb Dollmann am 1.4.
1006 Alle zit. Beschreibungen Dollmanns: Zit. Anm. 1003. Entwerfer für die Wohnräume war nicht Dollmann, sondern bereits Julius Hofmann, der Dollmann 1884 in der Leitung sämtlicher Bauten des Königs ablöste (Petzet, zit. Anm. 499a, 43)
1007 Ebendort
1008 Ebendort
1009 Zit. Anm. 1006
1010 Projekte Hollands: wie Anm. 1009
1011 Ebendort
1012 Beide Schreiben Gressers: GHA, Kabinettsakten Ludwigs II., K 56, L 1, Nr. 68
1013 Böhm, zit. Anm. 1, 613. Zu Gressers Amtsführung: Dürckheim-Montmartin Alfred Graf Eckbrecht, Notizen zur Königskatastrophe. [Faksimile]. Hg. v. Hans K.E.L. Keller. München 1961, 2. Dürckheim war damals einer der Flügeladjutanten; der König schätzte ihn seit Jahren hoch
1014 Würzburg, Universität, Johann-Martin-v.-Wagner-Stiftung, Künstlerbriefe fasc. II, fol. 35–37 v. 14.6.1829
1015 Münchner Stadtarchiv, DJ e 4, Aufzeichnungen des Bürgermeisters Jakob Klar v. Herbst 1829
1016 Zit. Anm. 1013
1017 München, Bayerisches Hauptstaatsarchiv, Damenstift St. Anna, 2273 und 5507
1018 »Münchner Neueste Nachrichten« v. 14.–17.1.1893; vgl. Philippi Hans, König Ludwig II. von Bayern und der Welfenfonds. In: Zeitschrift für bayerische Landesgeschichte, Bd. 23, 1960, 80
1019 Philippi, zit. Anm. 1018, 101
1020 Böhm, zit. Anm. 1, 627, 658
1021 Nöll v. der Nahmer Robert, Bismarcks Reptilienfonds. Mainz 1968, 153
1022 Ebendort 154–55; Philippi Hans, Zur Geschichte des Welfenfonds. In: Niedersächsisches Jahrbuch für Landesgeschichte, Hildesheim 1959, 218
1023 »Allgemeine Zeitung«, München, Jg. 1886, Nr. 165 v. 16.6., S. 2420. So auch Dürckheim, zit. Anm. 1013, passim
1024 Lerchenfeld-Koefering Hugo Graf v., Erinnerungen und Denkwürdigkeiten. 2. Aufl. Berlin 1935, 167–68
1025 Ebendort 168–69
1026 Philippi, zit. Anm. 1018, 102–03; Gewährsleute: Ludwigs damaliger Hofsekretär Pfister und der preußische Gesandte Georg Graf v. Werthern-Beichlingen
1027 Verhandlungen der Kammer der Abgeordneten des bayerischen Landtages im Jahre 1885/86. Stenographische Berichte. Bd. 6. München 1886, 768. An den damaligen Hofsekretär Ludwig v. Klug
1028 Rummel Walter v., Ludwig II. Der König und sein Kabinettchef. 2. Aufl. München 1930, 173
1029 Zit. Anm. 1027, 772–73; zit. Anm. 1028, 175
1030 Böhm, zit. Anm. 1, 616–17
1031 Zit. Anm. 1027, 775; vgl. Dürckheim, zit. Anm. 1013, 16
1032 »Allgemeine Zeitung«, München, Jg. 1886, 22.6., S. 2501
1033 Der König fordert dies am 11.5.1886 von Friedrich v. Ziegler, seinem vormaligen Kabinettssekretär, in einem Briefe an den Hofmarschallamtsfourier Karl Hesselschwerdt. Böhm, zit. Anm. 1, 625
1034 Beide Einträge TB, GHA, Kabinettsakten Ludwigs II., 70
1035 Vgl. die am Anfang des Abschnittes »Neuschwanstein« zit. TB-Einträge v. 18.7., 27.10., 2.11.1863, 19.5.1867
1036 BSV, Ludwig II.-Museum, Inv.-Nr. 1775 e/2
1037 Im Gedicht »Zum 25. August 1870«, zit. Anm. 179, 8. Bd., 340
1038 Kreisel Heinrich, Neuschwanstein. Amtlicher Führer. München 1933, 8

1039 Zit. Anm. 1036
1040 Zit. Anm. 972
1041 BSV, Ludwig II.-Museum, Inv.-Nr. 1624
1042 Vgl. den Abschnitt: »Wagner-Thema: Landschaftsmalerei als Ende aller Architektur«
1043 Wagner, zit. Anm. 462
1044 Vgl. Anm. 964
1045 Vgl. zu den einschlägigen Bühnenbildern zu »Tannhäuser« und »Lohengrin«: Petzet, zit. Anm. 250, 90–100; zu ihrer Relation mit der Architektur von Neuschwanstein: ebendort, 134–36
1046 Zit. Anm. 953
1047 Angelo II Quaglio fertigte von seinem Bühnenbild des 2. Aufzuges v. »Lohengrin« für die Münchner Neuinszenierung v. 1867 ein für Ludwig II. bestimmtes Modell: Petzet, zit. Anm. 250, 98
1048 Ebendort Abb. 108–11, 117–20, 125–28, Text: S. 96, 99–100, 101
1049 GHA, Kabinettsakten Ludwigs II., K 55, L 4 Nr. 51
1050 TB, GHA, Kabinettsakten Ludwigs II., 67
1051 Vgl. den Abschnitt: »Wagner-Thema: Landschaftsmalerei als Ende aller Architektur«
1052 Dictionnaire raisonné du mobilier Français, Tome 1. Paris 1858, pl. 15; »Chambre de château du XVe siècle«
1053 Beide Zitate: Kobell Louise v., Unter den vier ersten Königen Bayerns. 2. Bd. München 1894, 240. – Ein »Verzeichniß der im technischen Bureau vorhandenen architectonischen Werke, aufgenommen am 21. Sept. 1884« (wohl von der Hofbauleitung) enthält: »47. Chapelles de Notre-Dame-de Paris, Peintures murailles, par E. Viollet-le-Duc«. GHA, Obersthofmeisterstab 907
1054 Blunt Wilfrid, The Dream King. 3rd impression. London 1971, 141
1055 Petzet, zit. Anm. 250, 138. – Ausgeführter Bettentwurf: BSV, Ludwig II.-Museum, Inv.-Nr. 966
1056 Auf Entwurf v. Julius Hofmann, 1880/81, BSV, Ludwig II.-Museum, Inv.-Nr. 1681 x/1
1057 Vgl. die Anm. 1035 aufgezählten TB-Einträge über Besuche des künftigen Bauplatzes
1058 GHA, Kabinettsakten Ludwigs II., 73, enthält die Entwürfe
1059 Petzet, zit. Anm. 250, Abb. 117
1060 BSV, Ludwig II.-Museum, Inv.-Nr. 1775e
1061 Noth Werner, Die Wartburg. Leipzig 1967, 64
1062 Evers Hans Gerhard, Die Breitrichtung in der Basilika. In: Tod, Macht und Raum als Bereiche der Architektur, zit. Anm. 6a, 109–67
1063 GHA, Kabinettsakten Ludwigs II., K 55, L 4 Nr. 51
1064 TB, GHA, Kabinettsakten Ludwigs II., 70
1065 BSV, Reponierte Registratur, Akt Neuschwanstein, Fach 144. Holland in »Lebenserinnerungen«, zit. Anm. 988, berichtet, der König habe als Weltesche Yggdrasil in den Arkaden zuerst einen wirklichen Baum gewollt (S. 140)
1066 BSV, Ludwig II.-Museum, Inv.-Nrn. 467–70, 1767 a–c, 411, 412, 1766 b, c, 410, 1766a. Vgl. Petzet, zit. Anm. 287, Kat.-Nrn. 206–09, 211–16
1067 BSV, Ludwig II.-Museum
1068 BSV, Ludwig II.-Museum, Inv.-Nr. 1775e
1069 Niederschrift Lorenz v. Düfflipps, BSV, Reponierte Registratur, Akt Neuschwanstein, Fach 144. Vgl. Hussey Christopher, The Picturesque. London 1967
1070 GHA, Kabinettsakten Ludwigs II., 69. Die Einträge wurden später ins TB v. 9.7.1866 bis 11.11.1869 (ebendort, 70) übernommen. Der graue Lederband Nr. 69 ist wahrscheinlich identisch mit dem »Tagebuch in grauem Kalbleder mit der Wartburg«, das dem Galanteriewarenhersteller (»Etuifabrikant«) Theodor Escherich, Residenzstr. 22, am 28.5.1865 bezahlt wird (GHA, Hof- und Kabinettskassenbücher, Nr. 414)
1071 L. u. sign. »L Rott«. Am 25.6.1865 erhält Leopold Rottmann die Zahlung für ein Ölgemälde, die Wartburg, auf die Decke eines Buches bestimmt. GHA, Hof- und Kabinettskassenbücher, Nr. 414
1072 Hoffmann E. Th. A., Gesammelte Schriften. 2. Bd. Berlin 1872, 20–21
1073 TB v. 26. und 27.11. sowie 1.12.1865 GHA, Kabinettsakten Ludwigs II., 68
1074 Ebendort
1075 Ebendort, 70
1076 Im Besitz des WAF eine vom König für Schloß Berg bestellte Replik Illes. Vgl. Petzet, zit. Anm. 250, dort Anm. 808. – Nicht von Illes Bild ist Leopold Rottmanns Wartburg auf seiner Tannhäuser-Schale beeinflußt (die Schale zeigt die Burg auch von der Rückseite). Vgl. Abschnitt »Lohengrin-, Tannhäuser- und Fliegender-Holländer-Schale«
1077 Vgl. Evers Hans Gerhard, Herrenchiemsee. In: Tod, Macht und Raum als Bereiche der Architektur, zit. Anm. 6a, 207–09
1078 Der letzte Satz ist eine Anpassung von Vers 1823 in Goethes »Tasso«: »Der Augenblick, da ich zuerst ihn sah / War viel bedeutend« (Worte der Prinzessin Eleonore v. Este)
1079 München, Staatliche Graphische Sammlung, Inv.-Nr. 207, Blei, l. u.: »H. v. Ritgen 1854«
1080 Zur Wartburg: Baumgärtel, zit. Anm. 938; Ritgen Hugo v., Der Führer auf der Wartburg ... Leipzig 1860 (= Webers Illustrirte Reisebibliothek. Nr. 20), 2. Aufl. ebenda 1868, 3. Aufl. ebenda 1876; Voß Georg, Die Wartburg. Burg bei Magdeburg 1925 (= Deutsche Bauten. 2, S. 29: Literaturangaben); Nebe Hermann, Die Wartburg. Amtlicher Führer, hg. v. d. Wartburgstiftung. Berlin 1931; Gabelentz Hans v. der, Die Wartburg. München 1931 (234–36 Lit.-Angaben); derselbe, Wartburgschicksal. Hamburg 1934; Kunstchronik, 3. Jg., 1950, 211: Bericht Hermann Nebes über die Beschießung der Burg im April 1945; Asche Siegfried, Die Wartburg. Berlin 1962; Noth Werner, Die Wartburg. Leipzig 1967
1081 Baumgärtel, zit. Anm. 938, 300
1082 Haupt Albrecht, Ritgen. In: Hessische Biographien. 2. Darmstadt 1927, 388–89; Baumgärtel, zit. Anm. 938, 300, 303–12. – Vorgeschichte der Wiederherstellung: ebendort, X (S. 281–318). Wiederherstellung: ebend., XI (S. 319–590)
1083 Zimmer
1084 Gabelentz, Die Wartburg, zit. Anm. 1080, 116
1085 Vgl. Anm. 932
1086 Beide TB-Zitate GHA, Kabinettsakten Ludwigs II., 68
1087 Baumgärtel, zit. Anm. 938, 480–88. – Vgl. auch S. 181
1088 Röckl Sebastian, Ludwig II. und Richard Wagner. 2. Teil: Die Jahre 1866–1883. München 1920, 33
1089 Undat. Tagebuchblatt, zit. nach Gabelentz, Wartburgschicksal, zit. Anm. 1080, 265–66
1090 Wartburg-Archiv, Blatt 55 v. Das Stammbuch reicht von 1842–74
1091 Gabelentz, Wartburgschicksal, zit. Anm. 1080, 253–54
1092 Jank war nach Hommel, zit. Anm. 3, 288 in den Jahren 1868 und 1878 auf der Wartburg
1093 BSV, Ludwig II.-Mus., Inv.-Nr. 390
1094 Ebendort, Inv.-Nr. 751
1095 Wartburg-Archiv laut Brief Helga Hoffmanns (Wartburg-Stiftung) an Prof. Evers vom 10.4.1978
1096 BSV, Reponierte Registratur, Akt Neuschwanstein, Fach 144
1097 Baumgärtel, zit. Anm. 938, 448
1098 Ringbom Lars-Ivar, Graltempel und Paradies. Beziehungen zwischen Iran und Europa im Mittelalter. Stockholm 1951, 496 (= Kungl. Vitterhets Historie och Antikvitets Akademiens Handlingar. Del 73)
1099 Wagner Richard, Mein Leben. I. Bd., München 1911, 489
1100 Baumgärtel, zit. Anm. 938, 377
1101 »Lohengrin«, 2. Aufzug, 4. Scene
1102 Vgl. Abschnitt »Wagner-Thema: Landschaftsmalerei als Ende aller Architektur«
1103 In der Niederschrift von Prof. Evers steht hier der Zusatz: »(Auch ein ungedruckter Aufsatz, für eine nächste Sammlung.)«

1104 BSV, Reponierte Registratur, Akt Neuschwanstein, Fach 144
1105 GHA, Kabinettsakten Ludwigs II., K 55, L 4, Nr. 51
1106 Der Gral und Burg Karlstein: Eschborn Michael, Karlstein. Stuttgart 1971
1107 Fothergill Brian, Beckford of Fonthill. London, Boston 1979, 101. Vgl. ebendort auch 64, 81–82, 130–31, 212, 258; ferner Alexander Boyd, England's Wealthiest Son, London 1962, 35, 85, 92, 152–54 u. Lees-Milne James, William Beckford, Tisbury 1976, 22, 42
1108 Ähnlich sieht es Kreisel Heinrich, Ludwig II. als Bauherr. In: Oberbayerisches Archiv für vaterländische Geschichte. Bd. 87, München 1965, 78
1109 BSV, Ludwig-II.-Mus., Inv.-Nr. 406
1110 Petzet, zit. Anm. 250, 134
1111 TB, GHA, Kabinettsakten Ludwigs II., 68
1112 Zit. Anm. 1110
1113 München, Bayerische Staatsbibliothek. Handschriftenabtlg., Cod. icon. 207 k, Bd. I, S. 43
1114 Vgl. die Abschnitte »Lohengrin-, Tannhäuser- und Fliegender-Holländer-Schale« sowie »Seiender und tätiger König«
1115 Strobel, zit. Anm. 200, III. Bd., 246
1116 Hommel, zit. Anm. 3, 53–54
1117 TB, GHA, Kabinettsakten Ludwigs II., 64
1118 Heyse Paul, Jugenderinnerungen und Bekenntnisse. 5. Aufl., Stuttgart/Berlin 1912, 261
1119 Vgl. Anm. 282
1120 TB, GHA, Kabinettsakten Ludwigs II., 67
1121 Jung-v. Franz, zit. Anm. 275, 395
1122 Strobel, zit. Anm. 200, I. Bd., 108–111
1123 TB, GHA, Kabinettsakten Ludwigs II., 68
1124 3. Aufzug, 3. Scene
1125 Strobel, zit. Anm. 200, I. Bd., 162
1126 Ebendort, 165, LIX–LX, 169
1127 Ebendort, LXI. Vgl. die Anm. 391 zit. Äußerung Wagners über den König als »Parzival« im »Braunen Buch« am 20. 8. 1865
1128 Ebendort 209
1129 TB, GHA, Kabinettsakten Ludwigs II., 68. Vgl. die weiteren Einträge des Königs über Wagners Aufenthalt bis zum 18. 11. im Abschnitt »Richard Wagner«
1130 Das Anm. 199a zit. Werk Müllers über Lohengrin erschien erst 1867. Welche Arbeit Müllers zum Thema der König 1866 gelesen haben könnte, ist unbekannt.
1131 TB, GHA, Kabinettsakten Ludwigs II., 68
1132 Vgl. Cavendish Richard, King Arthur & the Grail. London 1978
1133 Zit. Anm. 393
1134 Jung-v. Franz, zit. Anm. 275, 34
1135 BSV, Reponierte Registratur, Akt Neuschwanstein, Fach 144
1136 Alle TB-Zitate bis hierher (von 1867–69): GHA, Kabinettsakten Ludwigs II., 70
1137 Strobel, zit. Anm. 200, III. Bd., 188–89
1138 Die Wibelungen. Weltgeschichte aus der Sage. Zit. Anm. 179, 2. Bd., 115–55; Datierung: S. 115
1139 Ebendort, 151
1140 Ebendort, 150
1141 Ebendort 116. So hieß im Mittelalter das Hindukuschgebirge, das vom nordöstlichen Afghanistan bis an den Himalaja reicht
1142 Zit. Anm. 1138, 151
1143 Lincoln Henry, Michael Baigent, Richard Leigh, Der Heilige Gral und seine Erben. Aus d. Engl. v. Hans Erik Hausner. Bergisch Gladbach 1984, 278–79. Die Autoren vertreten wie Wagner einen Zusammenhang von Nibelungenlied und Gralsmythos und verbinden wie er beides mit der Merowingerdynastie; diese ist nach Auffassung der Autoren die historische Gralsfamilie. Vgl. zu den Merowingern auch ebendort 194 bis 201
1144 Vgl. den Abschnitt »Lohengrin-, Tannhäuser- und Fliegender-Holländer-Schale«
1145 Von ihnen gestalten »Lohengrin« und »Parsifal« das Gralsthema; »Tannhäuser«, im Arbeitszimmer des Königs im 3. Stock des Palas in Gemälden v. Joseph Aigner (1881) vertreten, hat bei Wagner keinen direkten Bezug dazu
1146 Jung-v. Franz, zit. Anm. 275, 88, 122-24
1147 Gross Gerhard, Der Stein auf Burg Lokkenhaus und seine Deutung. In: Alte und moderne Kunst. 20. Jg., Salzburg 1975, H. 142/43, 17–21 u. Abb. 10
1148 Hans Waltenberg (Frankfurt/M.), zit. nach Keller Paul Anton, Burg Lockenhaus. Lockenhaus 1976, 26
1149 Zit. Anm. 1147, Abb. 7 und 9
1150 Keller, zit. Anm. 1148, 27
1151 Lincoln-Baigent-Leigh, zit. Anm. 1143, 44
1152 Zit. Anm. 1147, 17, 18
1153 Ebendort
1154 Für die Echtheit von der Überlieferung als Gralsgefäß bezeichneter Gegenstände, wie des grünen Achatkelchs in der Kathedrale von Valencia, fehlt ebenfalls die historische Bestätigung
1155 Zit. Anm. 1098, passim, und derselbe, Paradisus terrestris. Myt, Bild och Verklighet. Helsingforsiae 1958, 442–45 (= Acta Societatis Scientiarum Fennicae. Nova Series c I. Nr. 1). – Ringbom übernahm hier einen Gedanken aus: Iselin L. E., Der morgenländische Ursprung der Graalslegende, Halle 1909. Ähnliche Schlüsse über den »Thron Salomos« in: Pope Arthur Upham, Persia and the Holy Graal. In: The Literary Review, I, New Jersey 1957, 51–71. Der Autor, ein Orientalist, unternahm eine Expedition dorthin. Besonders wurde der Bergkegel aber 1959–64 mit Unterstützung des Deutschen Archäologischen Institutes erforscht: Von der Osten Hans Henning u. Rudolf Naumann (Hg.), Takht-i-Suleiman. Vorläufiger Bericht über die Ausgrabungen 1959. Berlin 1961 (= Teheraner Forschungen. 1). Vgl. Naumann Rudolf u. Elisabeth, Takht-i-Suleiman. Kat. d. Ausst. München 1976; Naumann Rudolf, Die Ruinen von Takht-e-Suleiman und Zendan-e-Suleiman. Berlin 1977. – Ringboms Thesen verneinte Günter Bandmann in: Kunstchronik. 16. Jg., H. 7, Juli 1963, 183–96. Prof. Evers setzte sich intensiv mit Ringboms Arbeiten auseinander
1156 Zit. Anm. 1098, besonders 247, 261, 86
1157 Ebendort, 455
1158 Ringboms Vorgänger in dieser Auffassung: Jung-v. Franz, zit. Anm. 275, 16–17
1159 Charpentier Louis, Macht und Geheimnis der Templer. Aus d. Franz. v. Renate Leiffer und Manfred Barthel, Olten/Freiburg i. Br. 1978, besonders 34–40
1160 Strophe 537–39
1161 »Parzival«, Strophe 749
1162 Jung-v. Franz, zit. Anm. 275, 70, 71
1163 Ebendort, 157 Anm. 39. Vgl. Ringbom, zit. Anm. 1098, 496
1164 Cavendish Richard, King Arthur & the Grail. London 1978, 16
1165 »Parsifal« 1. Aufzug. Dasselbe Zitat in anderem Zusammenhang vgl. S. 115
1166 Vgl. Petzet, zit. Anm. 287, Kat.-Nrn. 299–319
1167 BSV, Ludwig-II.-Mus., Inv.-Nr. 433 (WAF)
1168 Zit. Anm. 250, 136
1169 Ebendort
1170 BSV, Reponierte Registratur, Akt Neuschwanstein, Fach 144
1171 Zit. Anm. 1167, Inv.-Nr. 1617 k/1
1172 Vgl. Entwürfe bei Petzet, zit. Anm. 287, Kat.-Nrn. 373–82
1173 Petzet, zit. Anm. 250, 271
1174 Zit. nach Petzet, ebendort
1175 BSV, Ludwig-II.-Mus., Inv.-Nr. 418
1176 Vgl. Anm. 1172 erwähnte Entwürfe und Petzet, zit. Anm. 250, Anm. 1663 auf S. 378
1177 Die Standarte mit dem Tatzenkreuz ist jedoch nicht das Templerbanner, der »Beauséant«; es war entweder geteilt oder gespalten von Schwarz und Weiß
1178 BSV, Ludwig-II.-Mus., Inv.-Nr. 416
1179 Strophen 374–75
1180 Das stellt summarisch schon Kobell, zit. Anm. 243, 353, fest
1181 Strophe 338
1182 Zit. Anm. 1155
1183 »Vorläufiger Bericht ...«, zit. ebendort, 24
1184 So Kobell, zit. Anm. 243, 359

1185 Das Geheimnis Baudelaires. Deutsch v. Gerd Henniger. Berlin 1958, passim
1186 In der Ausgabe »Le Pimandre de Mercure Trismégiste«, Bordeaux 1579
1187 Vgl. Ruska Julius Ferdinand, Tabula Smaragdina. Ein Beitrag zur Geschichte der hermetischen Literatur. Heidelberg 1926 (= Arbeiten aus dem Institut für Geschichte der Naturwissenschaften. 4)
1188 Ebendort, 159
1189 Zit. Anm. 1163
1190 Jung-v. Franz, zit. Anm. 275, 34. Andere Autoren halten Kyot für nicht historisch
1191 Schröder Franz Rolf, Die Parzivalfrage. München 1928, 72
1192 Den Einfluß islamischer Gnosis auf den Orden behandelt Ponsoye Pierre, L'Islam et le Graal. Paris 1957
1193 Zit. Anm. 1156
1194 Kreisel, zit. Anm. 1108, 78
1195 Holland, Erinnerungen, zit. Anm. 988, 142, 141
1196 Petzet, zit. Anm. 250, 271
1197 Vgl. außer der Anm. 275 zit. Lit. auch: Evola Julius, Il Mistero del Graal. Bari 1937; Weston Jessie L., From Ritual to Romance. New York 1957; dieselbe, The Quest of the Holy Grail. London 1964
1198 Cleeve Brian, The world's need. In: Matthews John (ed.), At the table of the Grail. London 1984, 130–32
1199 Jung-v. Franz, zit. Anm. 275, passim und Register S. 418 unter dem Stichwort »Anthropos«. Von der psychologistischen Sicht der Autoren wird hier abgesehen
1200 Zit. Anm. 516, 517. Vgl. Jung-v. Franz, zit. Anm. 275, 109
1201 Gral und Katharer: Anitchkof E., Joachim de Flore [sic] et les Milieux courtois. Roma 1931. Gral, Alchemie und Katharer: Evola, zit. Anm. 1197
1202 Jung-v. Franz, zit. Anm. 275, 156
1203 »Parzival«, Vers 1087
1204 Jung-v. Franz, zit. Anm. 275, 125 u. Anm. 16 ebendort; 156
1205 Jung C[arl] G[ustav], Von den Wurzeln des Bewußtseins. Zürich 1954, 180 (Belegstellen), 182–84
1206 Jung-v. Franz, zit. Anm. 275, 144–45
1207 Jung, zit. Anm. 1205, 195–97
1208 Jung-v. Franz, zit. Anm. 275, 117–20
1209 Ebendort, 112, 116
1210 Jung-v. Franz, zit. Anm. 275, 128
1211 Girouard Mark, The Return to Camelot. New Haven/London 1981, passim
1212 3. Aufzug, 3. Scene
1213 Kreisel, zit. Anm. 1194, 80
1214 Unsigniert, Gouache. BSV, Ludwig-II.-Mus., noch ohne Inv.-Nr. Von Prof. Evers um 1937 fotografiert
1215 Die drei Zitate: TB, GHA, Kabinettsakten Ludwigs II., 70. – Böhm, zit. Anm. 1, bringt auf S. 402 die Stellen vom 7. 10. u. 29. 11. 1867. Woher er das Tagebuch kannte, ist nicht festgestellt
1216 Philippi Felix, Ludwig II. und Joseph Kainz. Berlin 1913, 20
1217 TB, GHA, Kabinettsakten Ludwigs II., 68
1218 Possart Ernst v., Die Separatvorstellungen vor König Ludwig II. München 1901, 62
1219 Hommel, zit. Anm. 3, widmet ihm ein eigenes Kapitel (S. 322–27)
1220 Darauf weist Petzet, zit. Anm. 250, 135, hin
1221 Jung-v. Franz, zit. Anm. 275, 362, 367–68
1222 Gross, zit. Anm. 1147, 19 u. Abb. 4 sowie 14
1223 Silberer Herbert, Problems of Mysticism and Its Symbolism. Translated by Smith Ely Jelliffe. New York 1917. (Reprint ebendort 1971 u. d. T.: Hidden Symbolism of Alchemy and the Occult Arts), 337. Der Autor war ein Psychologe der Richtung Carl Gustav Jungs
1224 Ebendort, 353
1225 Ruska, zit. Anm. 1187, 159
1226 Klossowski de Rola Stanislas, Alchemy. London 1973, 16–17
1227 Dürck Karl, Johannes Huber und Ludwig II. In: Beilage zur Allgemeinen Zeitung, München, Jg. 1906, Nr. 118 v. 22. 5., 338, 339
1228 Über die Dyas-Lehre bei den Hindu: Silberer, zit. Anm. 1223, 345–46
1229 Über die Filiation von Baader rückwärts vgl. den Abschnitt »Schwüre«. Schelling orientierte sich auch an Jacob Böhme, der Gnosis und dem Neuplatonismus
1230 Schelling Friedrich v., Zur Geschichte der neueren Philosophie. Münchner Vorlesungen (1827). München 1965, 225 (= Werke. Hg. v. Manfred Schröter. 5. Hauptbd.)
1231 Ebendort, 92. Vgl. auch z. B. die Erlanger Vorträge 1821–25, ebendort 3–46
1232 Im Winter 1802–03 las Schelling in Jena über Philosophie der Kunst. Vgl. Schelling, Philosophie der Kunst. Darmstadt 1974. (= Schelling. Ausgewählte Werke). Über Philosophie der Mythologie las er von 1828 an in München. Vgl. Schelling, Philosophie der Mythologie. Bd. 1-2. Darmstadt 1973. (= Schelling. Ausgewählte Werke)
1233 TB, GHA, Kabinettsakten Ludwigs II., 66
1234 Zit. Anm. 1223, 360
1235 Ebendort, 133, dort weitere symbolische Bezeichnungen für das Behältnis aus den alchemistischen Autoren. Über den Hieros gamos beispielsweise: [Andreae Johann Valentin], Chymische Hochzeit: Christiani Rosencreutz. Anno 1459. Arcana publicata vilescunt; et gratiam prophanatam [sic] amittunt. Ergo: ne Margaritas obyce [= objice] porcis, seu Asino substerne rosas. Straßburg/In Verlägung/Lazari Zetzners. Anno M. DC. XVI.
1236 Belege zum Begriff des alchemistischen Androgyn: Jung C[arl] G[ustav], Mysterium Coniunctionis. Zürich 1956, Bd. II, 141
1237 Frick Karl R. H., Die Erleuchteten. Graz 1973, 258
1238 Paris 1835
1239 Pincus-Witten Robert, Occult Symbolism in France. Phil. Diss. University of Chicago, 1968. New York, London 1976, 43–45, 68, 168, 169, 188, 195, 197 (= Outstanding dissertations in the Fine Arts). Vgl. Praz Mario, Liebe, Tod und Teufel. Übersetzt v. Lisa Rüdiger. München 1963, 222-30
1240 Péladan Josephin, Der Androgyn. Übertragen v. Emil Schering. München 1924, 81–87 (Erstausg. Paris 1891); Derselbe, Das Weib des Künstlers. Übertragen v. Emil Schering. München 1923, 167–68; Hieros gamos und Brautgemach: ebendort 183–219 (Erstausg. u. d. T.: »La Curieuse«, Paris 1886)
1241 Vgl. beispielsweise Péladan Josephin, La Queste du Graal. Paris: Au salon de la Rose + Croix [1892]
1242 Pincus-Witten, zit. Anm. 1239, 89, 97, 117–18, 178, 215
1243 Ebendort, 24–25; der Legitimismus wurde auch in Péladans Familie verfochten
1244 Strobel, zit. Anm. 200, III. Bd., 255
1245 Klostermaier Klaus, Der Hinduismus. Köln 1967, passim
1246 Jung C[arl] G[ustav], Mysterium Coniunctionis. Zürich 1956, Bd. II, 128–29
1247 Unterschrift: »Nicolas Flamel et Perrenelle sa femme / Comment les inocens [sic] furent occis par le commandement du roy Herodes /Figures de Nicolas Flamel«. Die Drachen sind in der vorletzten Reihe unten links dargestellt
1248 Zit. Anm. 1223, 128–29
1249 Zit. Anm. 596
1250 Vgl. beispielsweise Kircherus Athanasius S. J., Oedipus Aegyptiacus. Tom. II, Romae 1653, 214–16, 290–92 für diese Deutung
1251 Khunrath Heinrich, Amphitheatrum Sapientiae Aeternae ... Ersch. u. a. Magdeburg 1608, Hanoviae (Hanau, mehrfach in der Literatur fälschlich mit »Hannover« übersetzt), 1609, Hamburg 1611. Die Folge der Kupferstiche variiert in den Exemplaren willkürlich. Unten rechts: »Paullus [sic] van der Doort Antwerp: sculpsit.«
1252 Zit. nach: Hoefer Ferdinand, Histoire de la Chimie. Vol. I. Paris 1842, 256
1253 Frick, zit. Anm. 1237, 75, 94
1254 Strobel, zit. Anm. 200, II. Bd., 216
1255 Ebendort, 217
1256 Vgl. sein Anm. 613 zit. Gespräch mit Lew Vanderpoole
1257 Fothergill, zit. Anm. 1107, 153–54
1258 Wagner Richard, Mein Leben. III. München 1911, 293

1259 Quellenangabe Anm. 953

1260 Vgl. die in den Anm. 618 angegebenen Werken verzeichnete Lit., außerdem Burmeister Enno, Die Theaterprojekte Ludwig II. für Linderhof. In: Arx. H. 2, Bozen 1983, 27–32; zum Park: Jordan Peter, Wittelsbacher Gartenschöpfungen und Märchen-Schlösser in der Pfalz und Oberbayern. In: Das Gartenamt. 18. Jg., Berlin/Hannover/Sarstedt 1969, H. 6, besonders 263–65

1261 Strobel, zit. Anm. 200, I. Bd., 186. – TB-Zitate über Linderhof bis hierher GHA, Kabinettsakten Ludwigs II., 67, 68, 70

1262 TB-Zitate bis hierher: GHA, Kabinettsakten Ludwigs II., 70

1263 Beide Schreiben an Düfflipp: GHA, Kabinettsakten Ludwigs II., K 55, L 4, Nr. 51

1264 Pückler-Muskau, zit. Anm. 469 a, 25–27

1265 Petzet, zit. Anm. 499 a, 100

1266 GHA, Kabinettsakten Ludwigs II., K 56, L 4, Nr. 80; Kreisel, zit. Anm. 524, 44–46

1267 BSV, Ludwig II.-Museum, Inv.-Nrn. 1836, 1833

1268 Über die Grotte und ihre Beleuchtungseffekte: Petzet, zit. Anm. 499 a, 69–76. Auf der Elektrotechnischen Ausstellung Frankfurt/Main sah man 1891 »die magische Beleuchtung einer Grotte mit Wasserfall durch buntfarbige elektrische Scheinwerfer« – wieder erwies sich eine angebliche »Verstiegenheit« des Königs als zeitgemäß (Illustrirte Kunstgewerbliche Zeitschrift für Innen-Dekoration. Hg. v. Alexander Koch. II. Jg. Darmstadt 1891, Juli-Heft, 96)

1269 GHA, Kabinettsakten Ludwigs II., K 55, L 4, Nr. 51

1270 Ebendort

1271 Ebendort

1272 Kobell, zit. Anm. 243, 67

1273 Ebendort, 74–75

1274 Zur Grotte vgl. Petzet, zit. Anm. 499 a, 69–76; Derselbe, zit. Anm. 250, 140–46

1275 Kobell, zit. Anm. 243, 105–06; Petzet, zit. Anm. 250, Anm. 854 u. 855

1276 Kobell, zit Anm. 1275

1277 Ebendort, 106

1278 Vgl. Petzet, zit. Anm. 499 a, 168–69; Burmeister, zit. Anm. 1260; Kreisel, zit. Anm. 524, 42–46

1279 Vgl. die in den Anm. 618 angegebenen Werken zit. Lit., besonders aber: Evers Hans Gerhard, Herrenchiemsee, zit. Anm. 6 a. Als Entschlüsselung der Vorstellungen des Bauherrn ergänzend: Rauch Alexander, Königreich vor Sonnenaufgang. In: Bayern. 6. Jg., Freising 1978, H. 5 (Sonderh.: »100 Jahre Herrenchiemsee«), 7–18 Kurzauszug aus der in Drucklegung befindlichen Dissertation des Verf. »Schloß Herrenchiemsee. Entstehungsgeschichte und Wesensbestimmung«, München 1976, mit. Kat. der 1973–74 bearbeiteten Entwurfspläne

1280 Etwa im Anm. 1279 zit. Aufsatz von Evers über das Schloß. Aus diesem Aufsatz sind jedoch die Überlegungen zum Problem der Architekturkopie im Anhang 6 abgedruckt

1281 Die drei TB-Zitate: GHA, Kabinettsakten Ludwigs II., 70

1282 Zitate weiterhin wie Anm. 1281

1283 Böhm, zit. Anm. 1, 755–56

1284 TB-Zitat: wie Anm. 1281. Brief Ludwigs II. v. 17. 12. 1868: Böhm, zit. Anm. 1, 756

1285 TB, GHA, Kabinettsakten Ludwigs II., 70

1286 Böhm, zit. Anm. 1, 756–57

1287 TB-Zitate weiterhin: GHA, Kabinettsakten Ludwigs II., 70. – Die Trianon-Parallele expressis verbis in Brief des Königs an Düfflipp v. 28. 11. 1868, (Böhm, zit. Anm. 1, 752–53) m. »Planskizze« von der Hand Ludwigs II.

1288 Grundrisse, Aufriß, Querschnitt vom Königshäuschen, dat. »München am 23ten Februar 1869«, BSV, Ludwig II.-Museum, Inv.-Nr. 2091/1. Mit Raumbezeichnungen von der Hand des Königs »Schlafzimmer«, »Wohnzimmer«. – Das TB-Zitat GHA, Kabinettsakten Ludwigs II., 70

1289 Grein (recte Riedinger), zit. Anm. 556, 7

1290 GHA, Kabinettsakten Ludwigs II., K 55, L 4, Nr. 51

1291 Ebendort

1292 Petzet, zit. Anm. 499 a, 192; GHA, Kabinettsakten Ludwigs II., K 55, L 4, Nr. 51

1293 Wie in Versailles; diese Großen Appartements Ludwigs XIV. sind, vom Salon de la Guerre aus gerechnet: Salon d'Apollon (Chambre du Trône), Salle de Mercure, Salle de Mars, Salle de Diane, Salle de Vénus, Petit Salon de l'Abondance; sie bilden eine Enfilade. In Herrenchiemsee kam es nicht mehr zur Ausführung

1294 Diese sind in Versailles, vom Salon de la Paix aus gerechnet: Chambre à coucher, Grand Cabinet, Antichambre, Salle des Gardes de la Reine; auch von dieser Enfilade wurde in Herrenchiemsee nichts mehr ausgeführt

1295 Die südliche der beiden Treppen, die von dem Escalier des ambassadeurs in Versailles (seit 1671 von François d'Orbay, 1752 abgerissen) angeregt sind, blieb in Herrenchiemsee ein Rohbau

1296 GHA, Kabinettsakten Ludwigs II., K 55, L 4, Nr. 51

1297 Ebendort

1298 Petzet, zit. Anm. 499 a, 127

1299 Hojer Gerhard, Schloß Herrenchiemsee – Monument des absoluten Königtums. In: Bayern, zit. Anm. 1279, 3

1300 Decker Paulus, Fürstlicher Baumeister. Augsburg 1711, Taf. 24, 26; vgl. Evers, Herrenchiemsee, zit. Anm. 6 a, 264

1301 Von Alexander Rauch 1973 aufgefunden. Vgl. Bayern, zit. Anm. 1279, Abb. S. 14, Kat.-Nr. 25 auf S. 38

1302 Alle zitierten Anweisungen an Hofsekretär Düfflipp bis hierher: GHA, Kabinettsakten Ludwigs II., K 55, L 4, Nr. 51

1303 Petzet, zit. Anm. 499 a, 127

1304 Rauch in: Bayern, zit. Anm. 1279, Abb. S. 28, Legende dazu S. 29

1305 Böhm, zit. Anm. 1, 378–81; Böhm zitiert dort u. a.: Hohenlohe-Schillingsfürst Chlodwig Fürst zu, Denkwürdigkeiten. II. Bd., Stuttgart 1907, 131–33

1306 Die Schreiben Gressers: GHA, Kabinettsakten Ludwigs II., K 56, L 1, Nr. 68; Handschreiben des Königs vom 26. 1. 1886: Böhm, zit. Anm. 1, 613. – Zu Gressers Amtsführung vgl. Dürckheim, zit. Anm. 1013, passim

1307 Evers, Herrenchiemsee, zit. Anm. 6 a, 247

1308 GHA, Kabinettsakten Ludwigs II., K 56, L 4, Nr. 79

1309 Sie sind analysiert bei Evers, Herrenchiemsee, zit. Anm. 6 a, 247–48

1310 GHA, Kabinettsakten Ludwigs II., K 56, L 1, Nr. 68

1311 TB v. 29. 7. 1869, GHA, Kabinettsakten Ludwigs II., 70

1312 Byron George Noël Gordon Lord, Manfred. 3. Aufzug, 1. Szene (Erstausgabe London 1817)

1313 Hommel, zit. Anm. 3, 49, 81

1314 McIntosh, zit. Anm. 369, 151

1315 Nach Evers, Herrenchiemsee, zit. Anm. 6 a, 255–56, dort eingehende Analyse der Implikationen dieser und anderer Veränderungen gegenüber Versailles

1316 Rauch, zit. Anm. 1279, 11

1317 Beispielsweise 24. 10., 27. 12. 1868, am oder nach 1. 3. 1881. Zit. im Abschnitt »Schwüre«

1318 München, Bayerische Staatsbibliothek, Handschriften-Abteilung, Bürkeliana

1319 Evers, Herrenchiemsee, zit. Anm. 6 a, 260. Dort weitere einschlägige Angaben

1320 Bisher unidentifiziert

1321 TB, GHA, Kabinettsakten Ludwigs II., 70

1322 Iamblichus (die Autorschaft ist strittig), Ueber die Geheimlehren. Übersetzt v. Theodor Hopfner. Leipzig 1922, 71 (III. Teil, 3. Kap.). Die Schrift entstand zwischen 300 u. 304 n. Chr. (ebendort, Vorwort und Einleitung, XII). Nous ist der Geist, bei Platon die »denkende Seele«; intelligible Ideen sind »Gedankendinge« (Kant) im Unterschied zu den sinnlich wahrnehmbaren Objekten

1323 Jung C[arl] G[ustav], Aion. 4. Aufl. Olten / Freiburg i. Br. 1980, 221 (= Ges. Werke. 9. Bd., 2. Halbbd.)

1324 Zit. Anm. 874

1325 Zit. Anm. 1279, 11–14

1325 a Nach der Beschreibung des in Herrenchiemsee schon Vollendeten von Dollmann, 14. 6. 1883, GHA, Kabinettsakten Ludwigs II., K 56, L 4, Nr. 79

1326 Zit. Anm. 1279, 15
1327 Bayern Adalbert Prinz v., Vier Revolutionen und einiges dazwischen. München 1932, 118–19
1328 GHA, Kabinettsakten Ludwigs II., K 56, L 4, Nr. 79. V. Dollmann sign. u. dat., Umfang: 76 S.
1329 Rauch dagegen betrachtet die weiße Strahlenglorie zwischen den Häuptern von Astraios und Aurora als Darstellung des Morgensterns: Zit. Anm. 1279, 15–16. – Das Licht der Fackel des Puttos ist gleichfalls weiß
1330 Rauch, zit. Anm. 1279, 18
1331 Zweiter Teil, 3. Akt, Vers 1208
1332 Vgl. etwa bereits: Boyesen Hjalmar Hjorth, Ein Kommentar zu Goethe's Faust. Autorisirte deutsche Bearbeitung von Otfrid Mylius. Leipzig o. J., 143–44, 171–72
1333 TB, GHA, Kabinettsakten Ludwigs II., 68
1334 Vgl. Evers, Herrenchiemsee, zit. Anm. 6a, 205–18
1335 Weitere Ausprägungen der Zeitmetaphysik daselbst: Rauch, zit. Anm. 1279, passim. – Natürlich kann die bildende Kunst abstrakte Begriffe nicht direkt darstellen
1336 Silberer, zit. Anm. 1223, 124
1337 Hesiod, Theogonie, Vers 984–91
1338 Kerenyi Karl, Mythologie der Griechen. 2. Aufl. Darmstadt 1956, 190–92
1339 Zehren Emil, Das Testament der Sterne. Berlin 1957, 307; Boll Franz, Carl Bezold, Wilhelm Gundel, Sternglaube und Sterndeutung. 6. Aufl. Darmstadt 1974, 6
1340 Velikovsky Immanuel, Welt im Zusammenstoß. Frankfurt/Main 1978, 151–53
1341 Dort wohnte auch Prof. Evers 1938 während der Niederschrift seines Aufsatzes »Herrenchiemsee«, zit. Anm. 6a, welche drei Wochen dauerte, wie er dem Bearbeiter Eggert erzählte
1342 Zit. Anm. 1, 764. – Dagegen gibt Kreisel (zit. Anm. 524, 53) an, nur vom 7.–16.9.1885 hätte der König im neuen Schlosse »gewohnt«
1343 In der letzten Szene von Wagners »Rheingold« »zieht sich mit blendendem Leuchten eine Regenbogenbrücke über das Thal hinüber bis zur Burg« (Wagner). Über die Brücke schreiten am Schluß des Musikdramas die Götter der Burg (Walhall) zu
1344 Brier Robert, Zauber und Magie im alten Ägypten. Übersetzt v. Herbert Drube. Bern/München 1981, 112–16. Vgl. Lauer Jean-Philippe, La Pyramide à Degrés. Bd. 1–4. Caire 1936–59. Der Autor war der Haupt-Ausgräber des Pyramidenbezirks von Sakkara
1345 Vgl. Schröppel Adolf u. Annemarie sowie Manfred Einsiedler, Schloß Falkenstein. Pfronten (1985); Petzet, zit. Anm. 287, Kat.-Nrn. 383–85, 320–26
1346 TB, GHA, Kabinettsakten Ludwigs II., 70
1347 BSV, Ludwig-II-Museum, Inv.-Nr. 503
1348 Holland Hyazinth, Christian Jank. In: Allgemeine Deutsche Biographie, Bd. LV, 1906, 504
1349 Nöldeke Hermann, Adolf u. Otto, Wilhelm Busch. Heiteres und Ernstes aus seiner Lebenswerkstatt. In: Neues Wilhelm-Busch-Album. 361.–382. Tsd. Leipzig 1941, 4. Buch, 341–42
1350 TB GHA Kabinettsakten Ludwigs II., 64
1351 Anspielung auf den Windmüller von Sanssouci, der Friedrich dem Großen gegenüber hartnäckig auf seinem Recht bestand, als der König die Mühle abreißen lassen wollte, weil sie ihn störte
1352 Holland, zit. Anm. 1348, 504–05
1353 BSV, Reponierte Registratur, Bauakt Falkenstein
1354 Beispielsweise BSV, Ludwig II.-Museum, Inv.-Nrn. 2672a 2/1, 2672a 1/1, 2671b 2/1, 2671b/1, 514
1355 So bei Kreisel, zit. Anm. 524, 84
1356 BSV, Ludwig II.-Museum, Inv.-Nr. 2681
1357 Ebendort Inv.-Nrn. 536–40
1358 Ariost, Roland Furieux. Poème héroïque. Traduction par A.-J. du Pays. Librairie Hachette et Cie. Paris 1879. Fol. – Mit 618 Abb., darunter 1 Frontispiz u. 81 ganzseit. Taf. – Deutsche Erstausgabe: Ariost's Rasender Roland. Illustrirt v. Gustave Doré. Metrisch übersetzt v. Hermann Kurz, durchgesehen u. hg. v. Paul Heyse. Bd. 1–2. S. Schottlaender, Breslau 1880–81
1359 Yates Frances A., Giordano Bruno and the Hermetic Tradition. Chicago 1978, 237, 240, 275–86
1360 Kreisel, zit. Anm. 524, 84
1361 Ebendort, 85
1362 GHA, Kabinettsakten Ludwigs II., K 55, L 4, Nr. 51
1363 Kreisel, zit. Anm. 524, 85
1364 Jung-v. Franz, zit. Anm. 275, 392–93
1365 Max Schultze am 1.8.1885, GHA, Kabinettsakten Ludwigs II., K 55, L 6, Nr. 64
1366 Schult Arthur, Dantes Divina Commedia als Zeugnis der Tempelritter-Esoterik. Bietigheim 1979, 30–31. Im Ludwig II.-Museum wird eine Folge von Gouache-Entwürfen, 1 Pfau und 6 Pfauenaugen, bewahrt: Inv.-Nrn. 2752/d, 2753/a–h (WAF)
1367 Ebendort, 51–52
1368 München. Theatermuseum
1369 Hommel, zit. Anm. 3, 54, 387, 291, 127
1370 Petzet, zit. Anm. 250, 272
1371 Kreisel, zit. Anm. 524, 86. – Der Längsschnitt Drollingers: BSV, Ludwig II.-Museum, Inv.-Nr. 520
1372 TB, GHA, Kabinettsakten Ludwigs II., 70
1373 GHA, Kabinettsakten Ludwigs II., K 55, L 4, Nr. 51
1374 Einige hundert magische Inschriften in der um 2350 v. Chr. gebauten Pyramide des letzten Pharao der 5. Dynastie, Unas, bei Sakkara, die sich hauptsächlich mit den 3 Phasen der Auferstehung des Königs befassen: 1. seiner Wiedererwekkung in der Pyramide, 2. seinem Aufstieg über den Himmel ins Jenseits und 3. seiner Aufnahme unter die Götter (Brier, zit. Anm. 1344, 131–32)
1375 So erzählte der Schloßverwalter Klett dem Bearbeiter, welcher den Raum im Gothaer Schloß vor dessen Plünderung 1945 gekannt hat
1376 Biehn Heinz, Residenzen der Romantik. München 1970, passim. – Sarkophag Max II.: Söltl J. M., Max der Zweite. 2. Aufl. Augsburg 1867, 195
1377 Jung-v. Franz, zit. Anm. 275, 70, 71
1378 Ebendort, 401
1379 Hohelied Salomonis, VI, 7–8
1380 Jung-v. Franz, zit. Anm. 275, 402–03
1381 »Siegfried«, 3. Aufzug
1382 Das Modell: BSV, Ludwig II.-Museum, Inv.-Nr. 516
1383 Heigel Karl v., König Ludwig II. von Bayern. Stuttgart 1893, 244
1384 Zum Begriff des Königs als Bezugsperson, in der sich der göttliche »Geist« eines Volkes inkarniert: Frazer J. G., Attis Adonis Osiris. New York 1951, vol. II, 161; Jung C.[arl] G.[ustav], Mysterium Coniunctionis. Zürich 1956, Bd. II, Kap. »Rex« (1–199, besonders: 109–11)
1385 Rauch, zit. Anm. 1279, 14
1386 Carroll Lewis (Pseudonym f.: Charles Lutwidge Dodgson), Through the Looking-Glass … In: The Complete Works of L. C. With an Introduction by Alexander Woollcott. New York 1976, 148, Illustrationen von John Tenniel auf S. 146, 147. – Carroll lebte 1832–98
1387 Rauch, zit. Anm. 1385
1388 TB, GHA, Kabinettsakten Ludwigs II., 70
1389 Wagner an den König 30.12.1880, Strobel, zit. Anm. 200, 3. Bd., 198
1390 Der Begriff wurde von Klaus Eggert anstelle von »Historismus« vorgeschlagen (Eggert, zit. Anm. 37)
1391 Grein (recte Riedinger), zit. Anm. 491, 65
1392 Zit. Anm. 1312, 2. Aufzug, 4. Szene
1393 Vgl. die Anm. 618 zit. Lit. zum Schloßbau der Epoche

BSV = Bayerische Verwaltung der staatlichen Schlösser, Gärten und Seen – GHA = Geheimes Hausarchiv – TB = Tagebücher
WAF = Wittelsbacher Ausgleichsfonds

Anhang

Anhang 1

Plan Ludwigs II. für die Lohengrin-, Tannhäuser- und Fliegender-Holländer-Schale

GHA, Kabinettsakten Ludwigs II., 73. Der Kronprinz beginnt die Niederschrift am 16. Oktober 1863 (TB-Eintrag von diesem Tage).

Lohengrin-Tasse Plan.

Sehr groß (2′ größer, wie die berliner Tasse) rund, schalenförmig, blau, ganz dieselbe Farbe wie die meinige, innen ganz vergoldet, statt der goldenen Blumen außen kleine, goldene Schwäne, ein Schwan statt des einfachen, goldenen Reifs auf der Unterschale, ein Schwan als Henkel, auf den Kopf desselben muß der Daumen gelegt werden können, die Flügel schmiegen sich an die Tasse an. – (Die auf den, auf den nächsten Blättern beschriebenen Bilder vorkommenden Scenen müssen genau den Decorationen des Theaters entnommen werden. –

Bilder auf der Tasse selbst: Plan der Rache, Elsa's Wonne Rechts sieht man die Wohnung der Frauen (Kemenate), zurück die der Ritter (Palas), links das Münster, rechts zurück das Burgthor; es ist Nacht, der Himmel nur matt vom Mondenstrahl erhellt, auf den Stufen des Münsters sitzen Telramund u. Ortrud in einfachen, ärmlichen Kleidern, sie lauschen dem Gesange Elsa's, welche in weißem Gewande aus der Kemenate auf den Balcon geschritten ist, sie wendet sich an die Lüfte (rechter Arm u. Augen erhoben) an die Lüfte, durch welche Er gezogen kam, der Erlöser aus irdischen Drangsalen, die hehrsten Wonnen durchströmen sie, da Er ja erschienen, der einzig Geliebte, der im Traum schon Genahte, der wie ein Engel aus Himmelshöhen Gesandte; der Beschützer der lautersten Unschuld, der von menschlicher Bosheit fälschlich Angeklagten!

»Euch Lüften, die mein Klagen«
»so oft schon hat erfüllt« …

Die verhängnisvolle Frage

Brautgemach, zurück reich geschmücktes Brautbett, rechts vorne nahe am Fenster Ruhebett, durch das geöffnete Fenster dringt der helle Strahl des Mondes in das Gemach, zu welchem rechts u. links im Hintergrunde Thüren führen, Lohengrin u. Elsa sind allein, Beide im Hochzeitsanzuge, Sein Schwert lehnt am Ruhebette, Elsa ist ohne Krone u. Schleier. Durch leise Andeutungen suchte sie den Gatten zu bestimmen, Sein Geheimniß zu enthüllen, da drang sie immer lebhafter in Ihn, eben bricht sie ihr Versprechen (nicht zu fragen) sie fragt den Gatten wie in fieberhafter Aufregung, um Seine Art, Seinen Namen, dieser in größter Herzensangst sucht vergebens der Geliebten zu wehren. –

Ach Elsa, wehe! wehe! rufe ich aus, welch Unheil hättest du dir und Ihm ersparen können!

…»wie Deine Art?« –

Auf der Unterschale. Des Schwanenritters wunderbares Nahen. – Ufer der Schelde, links Baum, unter welchem ein Thron errichtet ist, jenseits auf einem Berge ein Schloß, die Schelde macht eine Biegung, rechts zurück sieht man noch weiter in die Gegend, König Heinrich, Friedrich Grf. v. Telramund, Ortrud v. Radbod, seine Gattin, der Heerufer [für: Heerrufer]*, brabantische u. sächsische Edle, Frauen in weißen Gewändern, Elsa von Brabant sind versammelt, Alle in lebhaftester Aufregung u. Entzücken, außer Telramund u. Ortrud, welche in finsterm Unmuthe stehen bleiben, die Männer sind sämmtlich in Waffenrüstung, Ortrud trägt ein Kleid von schwarzem Samt mit Gold verbrämt, im Vordergrunde in der Mitte steht Elsa, in weißem, einfachem Gewand, wallendem Haare, trägt Flor, wie die übrigen Frauen außer Ortrud; Elsa wie in Verzückung nach der Schelde blickend, auf welcher ein Ritter in einem Kahne von einem wilden Schwan gezogen naht, er steht im Kahne, der linke Arm ist in die Hüfte gestützt, rechte hält die goldene Kette an welcher der Schwan zieht, der Ritter in silberner, strahlender Waffenrüstung, Schwan auf dem Helme, u. auf dem blau sammtenen Waffenrock gestickt, zur Seite goldenes Horn, blaues Helmtuch bis auf den Boden wallend, der Schwan, welcher den Kahn zieht, trägt eine kleine, goldene Krone, der Kahn ist dem Ufer ganz nahe, hat die letzte Biegung schon gemacht. – Alle im höchsten Ausbruche der Ergriffenheit. –*

…»O Wunder, o Wunder,«
»er ist gekommen!«

Enthüllung des wunderbaren Geheimnisses.

Ganz dieselbe Scene, wie auf dem vorigen Bilde, Lohengrin, in der nämlichen Rüstung wie bei Seinem Erscheinen, Elsa, reich geschmückt, trägt Krone u. Schleier, der König, sein gan-

zer Heerbann. – Friedrichs Leiche auf einer Bahre, (todt) Frauen, – Lohengrin steht in Mitten Aller, Elsa Ihm zunächst, in tiefstem Schmerze, Er muß ja auf ewig von ihr scheiden! – Doch sieht man das wunderbare Erstaunen, das sie faßt, als Lohengrin Seine Art enthüllt. – Dieser blickt wie in himmlischer Verklärung vor sich hin, die Welt, die Ihn umgibt zu vergessen scheinend, indem Er von dem Orte ewig, ungetrübter Glückseligkeit erzählt, von dem wunderbaren Tempel, in welchem ein heiliges Kleinod, der »Gral«! aufbewahrt u. verehrt wird, indem Er von der den »Gral« beschützenden Ritterschaft Kunde gibt, daß auch Er vom »Hl. Gral«! in dieß Land entsandt worden sei, doch dahin zurück müsse, da um Seine Herkunft gefragt worden ist, – daß Sein Name »Lohengrin«! sei. Alle scheinen von überirdischer Wonne durchbebt.

... In fernem Land, unnahbar euren Schritten« ...

Ornamente der Tasse. –

Als Allegorie nicht als Wappen ein Schild mit dem Kreuze (Gralsschild), zur Rechten; – zur Linken der Schild mit dem brabanter Löwen, ein Schwan mit ausgebreiteten, über den beiden Schilden erhobenen Flügeln, ein Kreuz erhebt sich hinter dem Schwane, eine Taube schwebt über dem Kreuze. –

Erklärung.

Diese Allegorie soll auf das Reine, Göttliche der Sendung Lohengrin's hinweisen, die Eigenschaft Lohengrin's als Ritter des Hlg. Grals ist durch den Schild mit dem Kreuze versinnlicht, die Eigenschaft als Schützer von Brabant deutet der Schild mit dem Brabanter Löwen an; der Schwan inmitten der Schilde deutet an, daß Lohengrin durch Sein Geleite (des Schwans) nach Brabant kam und Schützer der Elsa ward. – Das Kreuz erhebt sich siegend über dem Schwane und deutet an, daß der Schwan, der ursprünglich aus Ortruds Zauberkünsten hervorging, jetzt, durch die Macht des Grals (also auch des Christenthums) zu göttlichem Zwecke verwendet ward. – Die Taube, (Symbol der Reinheit und Unschuld) schwebt über dem Kreuze. – Die Taube ist es ja, welche nach Lohengrins eigenen Worten den »Gral« alljährlich mit neuer Wunderkraft stärkt, sie ist es, welche nach Gottfried's Entzauberung Lohengrin's Kahn von dannen zieht! –

Die folgende Allegorie bildet den entschiedenen Gegensatz zu der eben genannten. Man sieht zur Linken einen Schild mit einem Greifen (Telramunds Wappenzeichen) zur Rechten einen Schild mit einem brennenden Opferaltare, rechts von ihm ist ein Rabe, links eine Katze! Zwischen beiden Schilden ist ein Greif, welcher seine Flügel über denselben ausbreitet. – Hinter dem Greifen erhebt sich eine Esche, rechts u. links von der Esche fliegen zwei Raben. – Wie dort die Taube am Kreuze, hier ein Greif, wie dort ein Schwan. –

Erklärung.

Wie die erst-genannte Allegorie auf den »Hlg. Gral« u. also auf das Christenthum sich bezieht, so ist die letzt-genannte eine Versinnbildlichung des Heidenthums. – Der Greif, (Telramunds Zeichen) deutet auf ihn, der Schild zur Rechten auf Ortrud die Heidin, die Katze steht hier als Zeichen der Freia, der Rabe als Zeichen Odins; zu diesen Göttern hören wir Ortrud flehen. – Der Greif, den ich hier als Bild der Ränke und menschlicher Bosheit nehme, breitet seine Flügel über die beiden Schilde aus, als Zeichen, daß die Macht der Bosheit und Finsterniß, Friedrich's u. Ortrud's Herzen ergriffen hat. – Die Esche mit den 3 Wurzeln ist die Weltesche der nordischen Mythologie; an einer Wurzel nagt ein Drache, die Raben weisen auf Odin's Raben hin, von welchen ebenfalls in jener Mythologie die Rede ist. –

Ortrud, die noch immer Heidin ist, als Repräsentantin des Heidenthums, ist mit dieser Allegorie gemeint. – So hätten wir denn die beiden Gegensätze, »Lohengrin«! als Prinzip des Göttlichen, Heiligen, Keuschen, »Ortrud« als Prinzip der menschlichen Bosheit (Rache, Hinterlist.) –

Tannhäuser-Schale. Plan.

Ganz in derselben Größe wie die Lohengrin-Schale, blau mit Verzierungen, innen ebenfalls ganz vergoldet, der Henkel in Form eines Zweiges (Stabes), aus welchem Blätter hervorsprossen.

Allegorien, welche nachher näher bezeichnet werden, müssen zum Schmucke, wie bei jener Schale, beitragen. – Die Scenen, nämlich was das Decorative betrifft, müssen nach der Angabe der Bühne dargestellt werden.

Bilder. (Auf der Schale selbst.)

Elisabeth, die Engelreine bittet für Tannhäuser. –

Großer Saal in der Wartburg, derselbe, in welchem der Sängerkrieg stattfand, man sieht im Hintergrunde den Venus (Hörsel-)berg, u. die Mauern des Burghofes, dann, dem Vordergrunde wieder näher, sieht man einen Thurm für die Bläser, eine Treppe führt hinauf, sodann sieht man eine offene Gallerie mit Geländer, welche in den gewölbten Saal selbst führt, rechts sind die Bänke u. Stühle für die Zuhörer bei dem Sängerfeste, rechts vorn ein Thronhimmel; für den Landgrafen u. Elisabeth stehen zwei Thronstühle auf Stufen, im Hintergrunde des Thrones befindet sich das thüringische Wappen; die Stühle u. Bänke stehen theils u. liegen in großer Unordnung, da der Aufbruch der Ritter u. Frauen bereits vor sich gegangen, nachdem es offenbar ward, daß Tannhäuser im Venusberg geweilt. – Zur Rechten steht Elisabeth, nachdem sie dem Eindringen auf Tannhäuser gewehrt. – Sie steht da, wie eine von Gott Erleuchtete, wie ein Engel des Herrn, Gottes Gnade verkündend, sie trägt ein Kleid von Silberstoff, Hermelin, auf dem Haupte einen kronenartigen, goldenen Reif, an den Schultern ist ein Schleppmantel von himmelblauem Sammt, ein Schleier wallt über die blonden Flechten der Fürstin herab. – Vor ihr stehen der Landgraf, Fürsten, Ritter mit gezogenen Schwertern, Wolfram v. Eschenbach, Walter v. d. Vogelweide, Biterolf, Reimar von Zweter u. Heinrich d. Schreiber, einige v. diesen halten Harfen in d. Hand, sie stehen alle wie in heiliger Rührung auf Elisabeth blickend, Tannhäuser, durch Elisabeths Bitten erschüttert, blickt gerührt auf Sie. –

Denn Sie ist ja die Einzige, welche ihn schützen will, die ihn so innig geliebt, deren Herz durch das Innewerden seiner schweren Schuld gebrochen ist. – Alle stehen durch u. durch erschüttert durch dieses Engels mächtiges Fleh'n. –

Ein Engel stieg aus lichtem Äther
Zu künden Gottes heil'gen Rath. –

Wolfram v. Eschenbach von seinen Gefühlen erhoben, wendet sich an den Abendstern, Elisabeth kehrt im tiefsten Schmerz nach d. Burg zurück.

Wartburgthal in Thüringen, zurück der Hörselberg, rechts, etwas zurück die Wartburg, ein Pfad schlängelt sich herab, links sieht man den Eingang in eine Schlucht, der Weg zieht sich links fort, ebenfalls links ein Felsenvorsprung, rechts auf einem niedern Fels-Vorsprung ein Muttergottes-Bild unter einer Eiche; es ist Herbst. Die Sonne sank schon hinab, man sieht am äußersten Horizont nur noch einen Purpurstreifen, links sitzt Wolfram auf einem bemoosten Felsen, in die Saiten seiner Harfe schlagend, schwärmerisch-wehmüthig nach dem hell glänzenden Abendstern blickend und singend. – Außer dem Abendstern stehen, da die Sonne noch nicht lange hinab, nur wenige Sterne in mattem Schein am Himmelsbogen, rechts hoch, der Wartburg schon ganz nahe, sieht man Elisabeth, in einfachem Gewande, von tiefstem Schmerz ergriffen, zur Burg wanken; ach! Ihr Herz ist gebrochen, unter den Reihen der Pilger hatte der Ersehnte sich nicht gezeigt! – Wolfram fällt in die Saiten, von schmerzlichen Gefühlen durchdrungen, denn er liebt Elisabeth mit stiller, heiliger Gluth; mit edler Entsagung! – Im Verlaufe seines Gesanges trägt er dem Sterne auf, Elisabeth v. ihm zu grüßen, wenn Sie am Sterne vorbei zieht, dem Erdenthal entschwebend, um im Jenseits ein sel'ger Engel zu werden!

... Wie Todesahnen Dämmrung deckt die Lande,
Umhüllt das Thal mit schwärzlichem Gewande.

Bilder auf der Unterschale.

Tannhäuser in den Sinnenlüsten des Venusberges. –

Das Innere des Venusbergs; weite Grotte, welche sich im Hintergrunde durch eine Biegung nach rechts wie unabsehbar ausdehnt; im fernsten, sichtbaren Hintergrunde zieht sich ein blauer, unabsehbarer, unterirdischer See dahin; in ihm erblickt man die badenden Gestalten von Najaden; auf den erhöhten Ufervorsprüngen sind Sirenen gelagert; im äußersten Vordergrunde links ist Venus auf einem Lager ausgestreckt liegend, sichtbar; sie trägt ein duftiges, weißes Gewand mit Gold besetzt, im antiken Schnitt, ihr dunkles Haar hängt aufgelöst herab, sie trägt einen Kranz von Rosen, auch auf dem Kleide liegen Rosen; die Augen sind halb-geöffnet, wie in wohllüstiger Erschlaffung; Tannhäuser ist vor ihr, das Haupt liegt in der Göttin Schooß, halb kniet er, halb liegt er; vor ihm die Harfe; sein Geist scheint entrückt (träumend); er trägt einen Waffenrock von rothem Sammt, u. Beinschienen. Hinter Venus ist eine große glänzende Muschel u. eine Koralle; den Mittelgrund nimmt eine tanzende Gruppe von Nymfen ein, in welche sich auch Bachantinnen mischen, welche vom Hintergrunde her kommen; der Tanz ist leidenschaftlich wild; einige liebenden Paare lagern sich, wie in angenehmer Ermattung auf den Vorsprüngen der Grotte; der Hintergrund ist von magischem, bläulichem Duft erhellt, welcher nach vorne röthlich wird. –

Naht Euch dem Lande,
Naht Euch dem Strande ...

Tannhäuser's Tod und Entsühnung.

Wieder das im 2ten Bilde beschriebene Wartburgthal; doch jetzt im hellsten Schein der Morgensonne, Tannhäuser (in ärmlicher, zerrissener Pilgerkleidung; der Stab ist ihm entfallen) an Elisabeths Leiche niedersinkend; er blickt verklärt gen Himmel, der brechende Blick des Sterbenden noch wonne-strahlend; ihm ist ja die Gewißheit: Elisabeth, die Reine, bat für ihn bei Gott; der Stab grünt, er ist entsühnt! – Elisabeths Leiche auf einer Bahre, in der Mitte; die Träger (Edelleute) stehen, sowie der Landgraf u. noch andere Ritter nicht weit von der Bahre; auch die älteren u. jüngeren Pilger, welche letzteren einen grünenden Pilgerstab hoch emporhalten, sind zugegen. – Einige der Pilger sind noch höher am Bergwege sichtbar. – Wolfram, theilnahmsvoll bei Tannhäuser knieend; Alle in tiefer Rührung, himmlischem Jubel!

Heilige Elisabeth, bitte für mich! ...

Ornamente der Schale.

Wie in dem Innern der Lohengrin-Schale ein Schwan ist, sowie in der Mitte der Unterschale, so kommt ein grünender Stab an dieselben, beiden Plätze dieser Schale. Als Allegorie: Ein grünender Pilgerstab, an welchem oben 2 Zweige hervorwachsen, sodaß das Ganze ein Kreuz bildet. – ein schmaler Querbalken sich befindet, ... ein Kranz v. Lilien ist oben an dem Kreuze, unten eine Dornenkrone, rechts vom Kreuze eine Harfe links Pilgerstab u. Muschelhut. –

Erklärung.

Der grünende Stab zeigt, daß Tannhäuser, der schwere Verbrecher, Gnade vor Gott fand; denn durch dieß Wunder offenbarte sich des Herrn Gnade; das Kreuz deutet auf den Sieg des Christenthums hin; dessen Wehen (oder Zeichen) sich auch in dem Pilgerstab u. Muschelhut kund gibt; denn in unsrem Drama wird das göttliche Prinzip in dem Gesang der Pilger personifiziert. – Der Lilienkranz, welcher oben siegverheißend winkt, deutet auf das Reine, Jungfräuliche Elisabeths hin, welche durch Ihr Gebet dem Geliebten Eingang in die himmlischen Wohnungen erwirkte. – Der Dornkranz am Fuße des Kreuzes zeigt uns, daß Sie Unaussprechliches litt, bis Sie einging in Gottes Reich; die Harfe, rechts vom Kreuze deutet hin auf Tannhäuser als Sänger u. auf Wolfram nebst seinen Genossen. –

Die zweite Allegorie bilden: ein Fels, worauf Muscheln, über dem Felsen erhebt sich eine hohe Koralle, unten am Felsen zeigt sich ein Rosengewinde, rechts u. links (v. Felsen) sind zwei Kränze von Rebenblättern, in d. Mitte des Kranzes steht ein goldener Becher. –

Erklärung.

Diese Allegorie bildet den geraden Gegensatz zu jener. Das Heidenthum hier, dort das Christenthum. –

Der Fels mit d. Muscheln u. d. Koralle soll andeuten, daß Venus, (die Göttin der Liebe und Schönheit) ursprünglich im Meere ihren Sitz hatte, da Felsen, Muscheln u. Korallen ja im Meere zu finden sind. – Wie Venus dem Meere entstiegen ist, erhebt sich, sinnbildlich, (auf Venus bezüglich), die Koralle aufrecht stehend über dem Felsen. – Die Rosen, die Kränze v. Weinblättern, sowie die Becher weisen auf die Sinneslüste im Venusberg hin; die Rosen vorzüglich auf Venus, als Göttin der Liebe u. Anmuth. –

So hätten wir nun die beiden Allegorien bezeichnet, von denen die erste das Wesen des Christenthums, wie es im Kunstwerk: »Tannhäuser« auftritt, personifizirt, die andere d. Heidenthum.

»Fliegender Holländer« Schale Plan.

Die Größe und Form wie die der vorhergehenden. – Als Henkel der Vordertheil eines Schiffes mit Segel u. Mast. – Ein Schiff, worauf ein Mann in Verzweiflung steht, in Mitte der Ober- u. Unterschale, die Allegorien werden später beschrieben, –

Bilder, (Auf der Oberschale.)
Der Holländer von neuer Hoffnung belebt!

Steiles Felsenufer, das Meer nimmt den größeren Theil der vordern Ansicht ein, weite Aussicht auf das Meer; der heftige Sturm beginnt sich zu legen; dicht am Ufer d. Schiff Dalands, auf der entgegengesetzten Seite das Schiff des fliegenden Holländers mit blutrothen Segeln und schwarzem Maste, (gespenstische Mannschaft daraus,) Steuermann an Bord des norwegischen Schiffes. – Der »Fliegende Holländer« am Lande u. Daland der Seefahrer; der Holländer trägt schwarze Kleidung, schwarzen Bart, er ist blassend, leidend seine Züge, auf dem Boden steht eine offene Kiste, worin man kostbare Waaren erblickt, Daland will den Holländer in seine Heimat (Norwegen) führen! – Der Unselige, der verdammt ist auf dem Meere umherzuschweifen, bis er ein treues Weib findet, das ihm bis in den Tod ergeben ist, beginnt aufs neue zu hoffen, nachdem er so oft enttäuscht! ward; er sieht in Gedanken verloren, sehnsuchtsvoll in die Ferne; sein Antlitz ist blaß erhellt durch den Widerschein eines matten Schimmers der Sonne am Horizont, sonst ist d. Himmel mit Wolken bedeckt, d. Vordergrund d. Bildes ist düster! Theilnahmsvoll betrachtet Daland den Holländer. –

… »Wird Sie mein Engel sein?« …

Senta will Sein Engel sein.

Ein geräumiges Zimmer in Dalands Hause; an d. Seitenwänden Abbildungen v. Seegegenständen, Karten etc. im Hintergrunde hängt das Bild eines bleichen Mannes mit schwarzem Barte. – Um d. Kamin sitzen Mary u. die Mädchen, Spinnräder vor ihnen, sie blicken mit wachsendem Erstaunen auf Senta; diese von plötzlicher Begeisterung hingerissen, ist vom Stuhle aufgesprungen, auch einige der Mädchen; – Senta wie verzückt dastehend; in ihrer Seele ist der Entschluß fest geworden, die Erlöserin des Unglücklichen zu sein; dessen Schmerz ihr tief in die Seele schnitt; –

»Ich sei's, die dich durch ihre Treu' erlöse …«

Bilder auf der Unterschale.
(Der Holländer gibt sich zu erkennen.)

Ufer des Meeres (Norwegen) wie auf dem folgenden Bilde, außer Dalands Schiff, auch das des Holländers vor Anker, die gespenstische Mannschaft auf demselben im Begriffe d. Schiff zur Fahrt bereit zu machen, die See stark bewegt. –

Der Holländer nahe am Meere in höchster Verzweiflung, wie in wildem Wahne, die mit der Faust der rechten Hand auf sich deutend; Senta in höchster Seelenangst auf ihn blickend, Daland, Erik, Matrosen, Mädchen in d. größten Aufregung nach ihm blickend, er wähnt Senta untreu, muß fort, sein Heil dahin. –

… Befrag' die Schiffer aller Zonen
Den Fliegenden Holländer nennt man mich! …

Erlösung vom Fluche durch Senta.

Norwegische Küste, die See stark bewegt, Hütte Dalands im Vordergrunde, rechts etwas zurück, Felsenvorsprung; – Dalands Schiff geschmückt vor Anker liegend.

Das Schiff des Holländers in ziemlicher Entfernung fortschießend in Windesschnelle, gespenstische Mannschaft auf dem Verdeck u. d. Fliegende Holländer, die Arme nach Senta streckend, diese hat sich eben vom Felsen gestürzt, man sieht sie noch in der Luft, den rechten Arm wie im Siegesgefühl nach dem Geliebten streckend, Daland, Erik der Jäger, Matrosen, d. Mädchen, stehen unten, theils nach dem Geisterschiffe, theils nach Senta schauend, die Bewegung Aller deutet die größte Aufregung u. Angst an, sie scheinen Senta zurückhalten zu wollen: Nun hat er Sie endlich gefunden, die längst ersehnte Treue, Sie war sein Engel, hat ihn erlöst, war treu bis zum Tode! –

Preis Deinen Engel u. sein Gebot,
Sieh treu mich hier bis in den Tod! –

Allegorieen.

I. Ein Segelschiff auf hoher See treibend darauf ein Mann mit verzweifelnder Geberde, wie verfolgt, ober dem Schiffe, etwas zurück schwebt ein Rachegeist, die Fäuste nach dem Manne im Schiffe ausstreckend.

Erklärung.

Der Fliegende Holländer, der verdammt ist auf den Meeren unstet zu treiben, ist der Mann im Schiffe, der Geist ist derjenige, welcher die Strafe ihm auferlegt, die personificirte Rache.

II. Eine jugendliche Frauengestalt, am Ufer des Meeres, die Hand nach demselben sehnend ausstreckend, ein Engel mit d. Friedenspalme schwebt über ihr. –

Erklärung.

Die Jungfrau ist Senta, welche sich sehnt, die Erlöserin jenes Unseligen zu werden, der fern von der Heimath weilt, der Engel welcher mit d. Palme winkt, stellt den Frieden, die Erlösung dar, den Geist der Versöhnung, den guten Geist, jenem finstern Rachegeist gegenüber!

Anhang 2

Gedicht von Kronprinz Ludwig

Entstanden zwischen dem 15. Januar und 2. März 1864

GHA, Kabinettsakten Ludwigs II., 71. Vgl. TB v. 15. Januar 1864.

Ludwig II. hielt sich gern auf dem Schloßdach von Hohenschwangau auf; so am 25. August 1863 (Geburts- und Volljährigkeitstag) zweimal und am 3. November 1863 (Tag der Abreise nach München). Dies geht aus den TB-Einträgen jeweils hervor.

Vision

*Auf Hohenschwangaus hehren Zinnen
Stand ich, und schaute in das Land,
O könntest Du es Dir gewinnen,
(Dacht ich) mit starker Ritterhand,*

*Wollt ichs behaupten und es schützen.
Es winkt mir die Gelegenheit,
Den Augenblick ich will ihn nützen,
Jetzt nahet die willkommne Zeit.*

*Zur Reise alle sich bereiten,
Zu kehren in die Stadt zurück,
Dort harren meiner nichts als Leiden,
(Dacht ich), mir winkt ein andres Glück.*

*Das Christentum muß ich verachten,
Ich wähle mir das Heidenthum,
Nach ihm nur sollen alle trachten,
Dort nur lebt Ehre noch und Ruhm.*

*»Dem Kreuze wend' ich keck den Rücken«,
»Die Heidengötter ruf ich an«,
»Sie können einzig mich beglücken«,
»Es faßte mich ein sel'ger Wahn«,*

*Die Kön'gin drob begann zu trauern,
Verloren glaubt sie all mein Heil; –
Mein Herz weiß nichts von Schmerzensschauern,
Doch ihres traf ein scharfer Pfeil.*

*Das Schloß verlassen wir zu Wagen,
Und fahren nun den Berg hinab,
Ich spring' vom Bocke ohne Zagen,
Ein Gott mir den Gedanken gab.*

*Die Andern merkten nicht mein Fliehen,
Schnell, schnell enteilt' ich in den Wald,
Um in ein fernes Land zu ziehen,
Am Fürstenwege stand ich bald. –*

*Mein Oheim kam des Wegs gezogen,
Ich lege schnell zur Seite mich,
Mir stürmt es in der Brust wie Wogen,
Ihr Götter, wie erbebte ich! –*

*Doch seine Augen mich gewahren,
Und ich erzähl' mein Wagnis nun,
Ich bat ihn, nichts zu offenbaren,
Und er versprach, es nie zu thun.*

*Ich zieh so froh nun meine Wege,
Wie heiter wogte mir die Brust,
Ich dachte, nichts käm' ins Gehege,
Und ahnte nichts als künft'ge Lust.*

*Mein Großvater er kam geschritten,
An einem Teiche traf ich ihn,
Und ich bestürmte ihn mit Bitten,
Doch ließ er mich nicht fürder ziehn;*

*Da ich ihn bat, nichts, nichts zu sagen,
Von Allem, was ich ihm vertraut,
Nicht billigt' er mein kühnes Wagen,
Sein drohend Wort, es tönte laut.*

*Er wollte nun mein Leben enden,
Er nahm ein mörderisch Gewehr,
Die Götter wollten's anders wenden,
Und nicht erreicht er sein Begehr*

*In einen Graben mußt' er fallen,
Erfreut im Herzen zog ich fort,
Ins ferne Land ja wollt' ich wallen,
In kurzer Zeit nun war ich dort.*

*Ich wählt' mir bald die treusten Helden,
Ich war ihr Herr u. treuer Freund,
Im Geiste wähnt' ich mein die Welten,
Wenn ich mit ihnen nun vereint.*

*Nicht wollt' die Götter ich verehren,
Zum Kreuze kehrte ich zurück;
Wie liebt' ich meine Tapfren, Hehren,
Es strahlte Wonne nur mein Blick.*

*Ich war ja frei von allen Banden,
Weit, weit nun von der bösen Stadt. –
Weit nun von den Philister-Landen,
Denn ihrer war ich völlig satt.*

*In einem Land von Freien, Gleichen,
Und ich erschuf mir diese Welt,
Ein König herrscht' ich in den Reichen
Und unter Helden größter Held.*

*Zum Schlosse sandt' ich einen Boten,
Ich sandte als Spion ihn aus;
Verlassen nicht, ein Haus von Toten,
Nicht sollte sein das Ritterhaus. –*

Und ich erging mich in dem Lande,
Des Abends bei des Mondes Schein,
Nach einem Berg mein Schritt sich wandte,
Ein Zauberton zog mich hinein. –

Drin hört ich wunderbares Tönen,
Im Venusberge sah ich mich,
Ich sah die Herrlichste der Schönen,
Sie liebte bald mich inniglich. –

Und mich befiel ein sel'ger Schlummer
In einem magisch blauen See,
Dort war nur Lust, u. niemals Kummer
Und ich empfand ein wonnig Weh –

Nicht blieb ich in der Göttin Armen
Mich triebs zur Oberwelt zurück,
Nicht wollt' ich hier in Lieb erwarmen
Sie weissagt mir von hohem Glück.

Sie gab mir eines Ritters Kleider,
Und dankbar, freudig zog ich fort,
Es war mein Herz so froh, so heiter,
Es tönt' im Ohr der Göttin Wort.

Ich hörte schmetternde Trompeten,
Sah meine Freund' als Ritterschar,
Welch Wunder plötzlich wir erspähten,
Ein schwarzes Roß stellt' sich mir dar. –

Ich säumte nicht mich drauf zu schwingen,
Mir schien, für mich sei es gesandt,
Daß Ruhm darauf ich sollt' erringen,
Zum Schloß nun ward der Zug gewandt, –

Wir reiten nun im milden Mondesscheine
Als hehre Ritter ziehen wir dahin.
Wir reiten durch die traulich grünen Haine,
Auch lustge Elfen sahen bald wir ziehn.

Wir nahten nun in kurzer Zeit dem Schlosse
Und ziehen in den Burghof freudig ein,
Da ward's so wohl, (mir schien es,) meinem Rosse
Sollt wohl denn ich, sein Herr, ein Andrer sein? –

Wir Mannen eilten in die hehren Säle,
So frei und froh ward's jedem um die Brust,
»Ja dieses Schloß für uns'ren Sitz ich wähle«
Sprach ich, »hier herrsche Ritters Lust«.

Wir setzten freudig uns zum reichen Mahle
Erneuern ganz die früh're Reckenzeit,
Wir trinken aus dem kreisenden Pokale,
Zur sel'gen Gegenwart ward die Vergangenheit.

Mit dieser Schar will neue Sitten ich verkünden,
Beglückt durch uns werd' dieses schöne Land,
Wohl sollen treue Freunde wir nun finden;
Es war ja deutsche Treue stets bekannt.

Der süßen Ruhe drauf wir Alle pflegten,
Es war schon spät geworden in der Nacht,
Ich ging mich in des Königs Ruhebett zu legen,
In diesem Zimmer strahlt' der Bilder Pracht. –

Als nun des Thürmers Ruf den neuen Tag verkündet,
Ein Jeglicher gekräftiget erwacht,
Die Sonne steigt mit Wonne heut verbündet,
Ein eig'ner Ton ergriff mein Ohr mit Macht, –

Und ich vernahm so hehre, wundersame Weisen,
Und immer mächt'ger schwoll der Stimmen Klang,
Ich hörte eines Ritters Nahen freudig preisen,
Ihn zieht im See ein Schwan: tönt der Gesang. –

Nach kurzer Zeit schon ist er in dem Schlosse,
Von Himmels Höhen scheint er uns gesandt,
Empfangen von der Mannen mächt'gem Trosse
Hat er den Schritt in uns'ren Saal gewandt.

Und da erkannten wir beim ersten Blicke,
Daß Er der wahre Herrscher sollte sein,
O freudigstes, o schönstes der Geschicke,
In Dir, Ersehnter, Alle wir uns weihn! –

Er sprach: »Vom Himmel selbst bin ich zu Euch gesendet,
»Zu Eurem Herrscher hat mich Gott ernannt,«
»Durch mich wird alles Böse weggewendet,«
»Jedoch mein Name werd' Euch nie bekannt.«

»Ihr sollet darum niemals mich befragen«
»Sonst muß trotz Flehens ich von hinnen ziehn,«
»Und Euer Glück muß ich von dannen tragen,«
»Mit mir geht jeder Trost für Euch dahin.« –

Wir drauf: »Nie soll der Morgen tagen,«
»An dem die Frage will dem Mund entfliehn,«
»Wir lieben dich und werden uns dir neigen«
»Den Namen deck' ein ewiges Verschweigen!«

Anhang 3

Ganz- und doppelseitige Einträge in den Tagebüchern Ludwigs II.

Die Bühnenwerke sind – außer den Schillerdramen – sämtlich Opern. Deren Komponisten sind angegeben.

1859		Jahresbeginn »1859«, darunter Schnörkel. Ganze Seite
1861	24. 1.	»Belisar« (Gaëtano Donizetti). Ganze Seite
	24. 2.	»Prophet« (Giacomo Meyerbeer). Ganze Seite
	17. 3.	»Oberon« (Carl Maria v. Weber). Ganze Seite
	12. 5.	»Zauberflöte« (Wolfgang Amadeus Mozart). Ganze Seite
	20. 5.	»... in: Robert dem Teufel« (Giacomo Meyerbeer). Operntitel allein auf Doppelseite
	2. 6.	»Freischütz« (Carl Maria v. Weber). Doppelseite
	16. 6.	»Lohengrin« (Richard Wagner). Ganze Seite
	15. 12.	»Hugenotten« (Giacomo Meyerbeer). Doppelseite
1862	29. 6.	»Tell« (Gioacchino Rossini). Ganze Seite
	10. 7.	»Alessandro Stradella« (Friedrich v. Flotow). Ganze Seite
	4. 10.	»Tannhäuser« (Richard Wagner). Doppelseite
	12. 10.	»Catarina Cornaro« (Franz Lachner). Doppelseite
	6. 11.	»Hans Heiling« (Heinrich Marschner). Eineinhalb Seiten
1862	17. 12.	»Teufels Antheil« (François Auber). Eineinhalb Seiten
1863	6. 1.	»Martha« (Friedrich v. Flotow). Ganze Seite
	25. 1.	»Czar und Zimmermann« (Albert Lortzing). Doppelseite
	1. 2.	»Faust« (Charles Gounod). Ganze Seite
	15. 2.	»Fra Diavolo« (François Auber). Ganze Seite
	2. 3.	»Iphigenie in Tauris« (Christoph Willibald Gluck). Ganze Seite
	25. 3.	»Nordstern« (Giacomo Meyerbeer). Doppelseite
	21. 4.	»Maria Stuart« (Friedrich v. Schiller). Eineinhalb Seiten
	31. 5.	»Lalla Rookh« (Felicien David). Dreiviertelseite
	14. 6.	»Foscari« (Max Zenger). Ganze Seite
	26. 6.	»Lucrezia Borgia« (Gaëtano Donizetti). Doppelseite
	29. 6.	»Wilhelm Tell« (Friedrich v. Schiller). Doppelseite
1864	12. 3.	»König« (Tag nach Thronbesteigung). Ganze Seite
	9. 5.	»Richard Wagner« (Wagner von 2 bis nach 1/2 4 Uhr beim König). Doppelseite

Anhang 4

Theaterbesuche Ludwigs II. als Kronprinz 13. 1. 1860–4. 3. 1864

Im Tagebuch erwähnte Theaterbesuche Ludwigs II. als Kronprinz 13. 1. 1860–4. 3. 1864 (am 10. 3. 1864 verstarb Max II.). Bei Oper (O), Singspiel (S), Ballett (B) ist nur der Komponist angegeben. Sofern nicht anders vermerkt, handelt es sich um Münchner Bühnen

1860	Oper, Singspiel, Ballett außer Wagner	Wagner	Schauspiel	Privataufführungen
			13. 1. Wilhelm Tell (Friedrich v. Schiller)	
	29. 1. Oberon (Carl Maria v. Weber) O			
	18. 3. Der Prophet (Giacomo Meyerbeer) O			
	29. 3. Die Stumme von Portici (François Auber) O			
				21. 4. (Eventueller Titel) Die Recrutirung der Zwerge in Krähwinkel
	29. 4. Dinorah oder Die Wallfahrt nach Ploërmel (Giacomo Meyerbeer) O			
	24. 6. Wilhelm Tell (Gioacchino Rossini) O			
	12. 7. Hans Heiling (Heinrich Marschner) O			
	20. 7. Fra Diavolo (François Auber) O			
	27. 7. Zar und Zimmermann (Albert Lortzing) O			
	3. 8. Der Freischütz (Carl Maria v. Weber) O			
				19. 8. Passionsspiel Oberammergau
	9. 10. Der Zweikampf (Louis Hérold) O			
			14. 10. Die Jungfrau von Orléans (Friedrich v. Schiller)	
	28. 10. Die Hugenotten (Giacomo Meyerbeer) O			
	18. 11. Belisar (Gaëtano Donizetti) O			
	28. 11. Der Templer und die Jüdin (Heinrich Marschner) O			
	8. 12. Robert der Teufel (Giacomo Meyerbeer) O			
	14 Opern		2 Schauspiele	2 Privataufführungen
1861	16. 1. Der Alte vom Berge (Julius Benedict) O			
	20. 1. Der Templer und die Jüdin (Heinrich Marschner) O			
	24. 1. Belisar (Gaëtano Donizetti) O			
		2. 2. Lohengrin		11. 2. Die Benefizvorstellung
				12. 2. Zwei Freunde und ein Rock (Lustspiel) u.: Der Cadettenstreich (Operette)
	17. 2. Die Zauberflöte (Wolfgang Amadeus Mozart) O			
	24. 2. Der Prophet (Giacomo Meyerbeer) O			
			10. 3. Maria Stuart (Friedrich v. Schiller)	
	17. 3. Oberon (Carl Maria v. Weber) O			
	7. 4. Alessandro Stradella (Friedrich v. Flotow) O			
			26. 4. Wallensteins Tod (Friedrich v. Schiller)	
			6. 5. Die Jäger (August Iffland)	
	12. 5. Die Zauberflöte (Wolfgang Amadeus Mozart) O			
	20. 5. Robert der Teufel (Giacomo Meyerbeer) O			
	2. 6. Der Freischütz (Carl Maria v. Weber) O			
	14. 6. Norma (Vincenzo Bellini) O			
		16. 6. Lohengrin		
	30. 6. Des Teufels Anteil (François Auber) O			
			22. 10. Minna von Barnhelm (Gotthold Ephraim Lessing) Darmstadt	
	24. 10. Die Zigeunerin (Michael William Balfe) O, Darmstadt			
	25. 10. Der Winkelschreiber (A. Feichtinger) S, Darmstadt			
	27. 10. Die Hugenotten (Giacomo Meyerbeer) O und: Diavolina (Ludwig Schindelmeißer) B, beides Darmstadt			
			29. 10. Der Vicomte de Létorière (Jean Bayard) Darmstadt	
	30. 10. Ernani (Giuseppe Verdi) O Darmstadt			
	3. 11. Caterina Cornaro (Franz Lachner) O			
	15. 12. Die Hugenotten (Giacomo Meyerbeer) O			
		22. 12. Tannhäuser		
	17 Opern, 1 Singspiel, 1 Ballett	3 Wagner-Aufführungen	5 Schauspiele	3 privat aufgeführte Stücke

1862	Oper, Singspiel, Ballett außer Wagner	Wagner	Schauspiel	Privataufführungen
	12. 1. Faust (Margarete) (Charles Gounod) O			
	23. 1. Iphigenie in Tauris (Christoph Willibald Gluck) O			
			12. 2. Die Stiefmutter (Roderich Benedix) und: Doktor Kramperl (Joseph Gleich)	
	20. 2. Richard Löwenherz (André Grétry) O			
	26. 2. Die goldene Rose B-Pantomime			
	29. 6. Wilhelm Tell (Gioacchino Rossini) O			
	4. 7. Martha (Friedrich v. Flotow) O			
			8. 7. Das Herz vergessen (Gustav v. u. zu Putlitz) und: Der Winkelschreiber (Adolphi)	
	10. 7. Alessandro Stradella (Friedrich v. Flotow) O			
	18. 7. Diavolina (Ludwig Schindelmeißer) B			
		5. 10. Tannhäuser		
	12. 10. Caterina Cornaro (Franz Lachner) O			
	1. 11. Die Jüdin (Jacques Halévy) O			
	6. 11. Hans Heiling (Heinrich Marschner) O			
	19. 11. Lucrezia Borgia (Gaëtano Donizetti) O			
	28. 11. Johann von Paris (François Boieldieu) O			
	30. 11. Faust (Charles Gounod) O			
	11. 12. Maurer und Schlosser (François Auber) O			
	17. 12. Des Teufels Anteil (François Auber) O			
	28. 12. Der Nordstern (Giacomo Meyerbeer) O			
	15 Opern, 2 Balletts	1 Wagner-Aufführung	4 Schauspiele	
1863	6. 1. Martha (Friedrich v. Flotow) O			
	11. 1. Die Foscari (Max Zenger) O			
	14. 1. Die goldene Rose B-Pantomime			
			20. 1. Antigone (Sophokles)	
	25. 1. Zar und Zimmermann (Albert Lortzing) O			
	1. 2. Faust (Charles Gounod) O			
	10. 2. Preciosa (v. Carl Maria v. Weber teilweise vertontes Schauspiel, gewöhnlich unter Opern gereiht)			
	15. 2. Fra Diavolo (François Auber) O			
				16. 2. Der Proceß und: Der Elfenkönig
			17. 2. Bad Schwindelheim (Martin Schleich)	
	2. 3. Iphigenie in Tauris (Christoph Willibald Gluck) O			
	15. 3. Lalla Rookh (Felicien David) O			
			23. 3. Faust (Johann Wolfgang v. Goethe)	
	25. 3. Der Nordstern (Giacomo Meyerbeer) O			
			15. 4. Elisabeth Charlotte (Paul Heyse)	
			21. 4. Maria Stuart (Friedrich v. Schiller)	
			25. 4. Romeo und Julia (William Shakespeare)	
	29. 4. Rotkäppchen (François Boieldieu) O			
			7. 5. Don Carlos (Friedrich v. Schiller)	
		9. 5. Tannhäuser (Besuch fraglich)		
	31. 5. Lalla Rookh (Felicien David) O			
	14. 6. Die Foscari (Max Zenger) O			
	16. 6. Der Postillon von Lonjumeau (Adolf Adam) O			
			19. 6. Philippine Welser (Oskar v. Redwitz)	
	21. 6. Der schwarze Domino (François Auber) O			
	26. 6. Lucrezia Borgia (Gaëtano Donizetti) O			
			29. 6. Wilhelm Tell (Friedrich v. Schiller)	
	5. 9. Das Glöckchen des Eremiten (Louis, genannt Aimé, Maillart) O			
			13. 11. Die Eine weint, die Andere lacht (nach Philippe Dumanoir)	
	15. 11. Der Postillon von Lonjumeau (Adolf Adam) O			
	18. 11. Der Prophet (Giacomo Meyerbeer) O			
	22. 11. Figaros Hochzeit (Wolfgang Amadeus Mozart) O			
			24. 11. Heinrich IV. von Frankreich (Georg Köberle)	
	25. 11. Maurer und Schlosser (François Auber) O			
	28. 11. Rotkäppchen (François Boieldieu) O			
	10. 12. Iphigenie in Aulis (Christoph Willibald Gluck) O			
	13. 12. Wilhelm Tell (Gioacchino Rossini) O			

1863	Oper, Singspiel, Ballett außer Wagner	Wagner	Schauspiel	Privataufführungen
	16. 12. Der schwarze Domino (François Auber) O		14. 12. Elisabeth Charlotte (Paul Heyse)	
	24 Opern, 1 Ballett	Möglicherweise 1 Wagner-Aufführung	12 Schauspiele	2 privat aufgeführte Stücke
1864		14. 2. Tannhäuser		
			16. 2. Nathan der Weise (Gotthold Ephraim Lessing, Besuch fraglich) 17. 2. Der Störenfried (Roderich Benedix, Besuch fraglich)	
	18. 2. Der Troubadour (Giuseppe Verdi) O (Besuch fraglich)			
			19. 2. Die Grille (Charlotte Birch-Pfeiffer, Besuch fraglich) 20. 2. Hotel de Wibourg (H. Clauren, recte Karl Heun, Besuch fraglich)	
		21. 2. Lohengrin		
			23. 2. Der Kaufmann von Venedig (William Shakespeare, Besuch fraglich) 25. 2. Die Schule der Verliebten (Richard Brinsley Sheridan, Besuch fraglich)	
	26. 2. Faust (Charles Gounod) O			
			27. 2. Schwarzer Peter (Carl August Görner)	
		28. 2. Tannhäuser		
	1. 3. Das Versprechen hinterm Herd (Ignaz Lachner) S 2. 3. Die Stumme von Portici (François Auber) O			
			3. 3. Die Räuber (Friedrich v. Schiller) 4. 3. Wallensteins Lager (Friedrich v. Schiller); bei den dazu gegebenen Stücken: Eigensinn (Roderich Benedix) und: Der Hauptmann der Scharwache (nach dem Französischen) Besuch fraglich	
	3 Opern, 1 Singspiel	3 Wagner-Aufführungen	3 Schauspiele, möglicherweise 8 weitere	

Anhang 5

Theaterbesuche Ludwigs II. 26.7.1864–19.12.1869 nach den Tagebüchern

Im Tagebuch (sofern nicht anders vermerkt) erwähnte Theaterbesuche Ludwigs II. 26.7.1864–19.12.1869. Bei Oper (O), Singspiel und Operette ist nur der Komponist angegeben. Sofern nicht anders vermerkt, handelt es sich um Münchner Bühnen

1864	Oper, Operette, Singspiel, Oratorium außer Wagner	Wagner	Schauspiel	Konzert	Aufführungen nicht oder unvollständig eruierter Werke	Aufführungen ohne Publikum
						26.7. Probe zu Faust (Charles Gounod) O (auch: »Margarete«)
	27.7. Faust (Charles Gounod) O					
			28.7. Die Räuber (Friedrich v. Schiller)			
	4.8. Lalla Rookh (Felicien David) O, Köln, Stadttheater und: Figaros Hochzeit (Wolfgang Amadeus Mozart) O, Köln, Victoria-Theater 2.10. Oberon (Carl Maria v. Weber) O					
			3. oder 4.10. Kabale und Liebe (Friedrich v. Schiller) 6.10. Romeo und Julia (William Shakespeare)			
	7.10. Der Freischütz (Carl Maria v. Weber) O					
			8.10. Adrienne Lecouvreur (Eugène Scribe) 10.10. Maria Stuart (Friedrich v. Schiller) 29.11. Iphigenie auf Tauris (Johann Wolfgang v. Goethe) 2.12. Phädra (Friedrich v. Schiller nach Jean de Racine)			
		4.12. Der Fliegende Holländer				
			6. oder 7.12. Medea (Franz Grillparzer)			
				10.12. Konzertprobe Wagner (von ihm dirigiert) 11.12. Wagner (von ihm dirigiert)		
			13.12. Brunhild (Emanuel Geibel) 16.12. Graf Essex (Heinrich Laube) 20.12. Macbeth (William Shakespeare) 28.12. Iphigenie auf Tauris (Johann Wolfgang v. Goethe)			
	5 Opern	1 Wagner-Aufführung	12 Schauspiele	2 Konzerte		1 Aufführung ohne Publikum
1865	2.1. Der Freischütz (Carl Maria v. Weber) O					
			3.1. Ludwig im Bart (Herman Schmid) 6.1. Götz v. Berlichingen (Johann Wolfgang v. Goethe) 7.1. Minna v. Barnhelm (Gotthold Ephraim Lessing) 10.1. Die Braut v. Messina (Friedrich v. Schiller)			

1865	Oper, Operette, Singspiel, Oratorium außer Wagner	Wagner	Schauspiel	Konzert	Aufführungen nicht oder unvollständig eruierter Werke	Aufführungen ohne Publikum
	12.1. Figaros Hochzeit (Wolfgang Amadeus Mozart) O					
			14.1. Emilia Galotti (Gotthold Ephraim Lessing) 17.1. Das Wintermärchen (William Shakespeare) 18.1. Kabale und Liebe (Friedrich v. Schiller) 20.1. Die Jungfrau v. Orleans (Friedrich v. Schiller) 25.1. Don Carlos (Friedrich v. Schiller) 31.1. Deborah (Salomon Hermann v. Mosenthal)			
						1.2. Privataudition Wagner (von ihm dirigiert) Residenztheater
			3.2. Torquato Tasso (Johann Wolfgang v. Goethe) 6.2. Ein Glas Wasser (Eugène Scribe) 10.2. Donna Diana (Agustin Moreto y Cabaña) 11.2. Romeo und Julia (William Shakespeare) 13.2. Das Gefängnis (Roderich Benedix) 14.2. Gleich und gleich (Moritz Hartmann) 18.2. Die Waise v. Lowood (Charlotte Birch-Pfeiffer)			
	2.3. Die weiße Frau v. Avenel (meist: »Die weiße Dame«) (François Boieldieu) O					
			3.3. Antigone (Sophokles, übersetzt v. Donner) 4.3. Elisabeth Charlotte (Paul Heyse)			
		5.3. Tannhäuser				
			7.3. Richard III. (William Shakespeare) 11.3. Kabale und Liebe (Friedrich v. Schiller)			
	12.3. Der Wasserträger (Luigi Cherubini) O 14.3. Joseph in Ägypten (Etienne Nicolas Méhul) O					
			15.3. Wallensteins Lager (Friedrich v. Schiller) 16.3. Die Piccolomini (Friedrich v. Schiller)			
	17.3. Der Prophet (Giacomo Meyerbeer) O					
			18.3. Wallensteins Tod (Friedrich v. Schiller)			
	19.3. Faust (Charles Gounod) O					
			24.3. Don Carlos (Friedrich v. Schiller)			
	25.3. Orpheus und Eurydike (Christoph Willibald Gluck) O					
			26.3. Egmont (Johann Wolfgang v. Goethe) mit Musik von Ludwig van Beethoven			

1865	Oper, Operette, Singspiel, Oratorium außer Wagner	Wagner	Schauspiel	Konzert	Aufführungen nicht oder unvollständig eruierter Werke	Aufführungen ohne Publikum
		11.5. Tristan und Isolde (Generalprobe mit geladenem Publikum) 10.6. Tristan und Isolde 13.6. Tristan und Isolde 1.7. Tristan und Isolde 9.7. Der Fliegende Holländer				12.7. Privataudition Wagner (von ihm dirigiert) Residenztheater
	1.10. Fidelio (Ludwig van Beethoven) O					
			18.10. Wilhelm Tell (Friedrich v. Schiller) 22.10. Faust (Johann Wolfgang v. Goethe), Luzern 6.12. Iphigenie auf Tauris (Johann Wolfgang v. Goethe) 9.12. Maria Stuart (Friedrich v. Schiller) 12.12. Romeo und Julia (William Shakespeare)			
	18.12. Caterina Cornaro (Franz Lachner) O					
			30.12. Donna Diana (Agustin Moreto y Cabaña)			
	10 Opern	6 Wagner-Aufführungen	32 Schauspiele			2 Aufführungen ohne Publikum
1866			1.1. Nathan der Weise (Gotthold Ephraim Lessing) 2.1. Medea (Franz Grillparzer) 6.1. Die Jungfrau v. Orleans (Friedrich v. Schiller) 9.1. Brunhild (Emanuel Geibel)			
	11.1. Der Freischütz (Carl Maria v. Weber) O					
			12.1. Viel Lärmen um Nichts (William Shakespeare) 15.1. Emilia Galotti (Gotthold Ephraim Lessing) 16.1. Antigone (Sophokles) 17.1. Hans Lange (Paul Heyse) 19.1. Die Braut v. Messina (Friedrich v. Schiller) 20.1. Torquato Tasso (Johann Wolfgang v. Goethe) 26.1. Macbeth (William Shakespeare) 30.1. Sappho (Franz Grillparzer)			
	1.2. Wilhelm Tell (Gioacchino Rossini) O					
			2.2. Götz v. Berlichingen (Johann Wolfgang v. Goethe) 9.2. Maria Stuart (Friedrich v. Schiller) 13.2. Der Talisman (Posse, Johann Nepomuk Nestroy)			
	24.2. Die Legende der heiligen Elisabeth (Franz Liszt, Dichtung Otto Roquette, Besuch fraglich) Oratorium					

1866	Oper, Operette, Singspiel, Oratorium außer Wagner	Wagner	Schauspiel	Konzert	Aufführungen nicht oder unvollständig eruierter Werke	Aufführungen ohne Publikum
			27.2. Die Jungfrau v. Orleans (Friedrich v. Schiller)			
	1.3. Die Legende der heiligen Elisabeth (Franz Liszt, Dichtung Otto Roquette, Besuch fraglich) Oratorium					
				3.3. Wagner Residenztheater		
	4.3. Oberon (Carl Maria v. Weber) O					
			6.3. Romeo und Julia (William Shakespeare)			
	11.3. Preciosa (Schauspiel v. Pius Alexander Wolff, teilweise vertont v. Carl Maria v. Weber, gewöhnlich unter Opern eingereiht)					
			18.3. Der Verschwender (Ferdinand Raimund) 21.3. Des Meeres und der Liebe Wellen (Franz Grillparzer)			
	22.3. Hans Heiling (Heinrich Marschner) O					
				4.4. Franz Liszt		
	8.4. Die Hugenotten (Giacomo Meyerbeer) O					
			9.4. Clavigo (Johann Wolfgang v. Goethe) 10.4. Das Lied von der Glocke (Friedrich v. Schiller, Gedicht; in Spielplanübersicht der Hoftheaterintendanz vom 31.12.66 unter »Schauspiel«, 1 Vorstellung) 13.4. Die Räuber (Friedrich v. Schiller)			
				14.4. Wagner (gespielt v. Militärkapelle) Residenztheater		
	19.4. Oberon (Carl Maria v. Weber) O					
			20.4. Die Waise von Lowood (Charlotte Birch-Pfeiffer) 24.4. König Renés Tochter (Henrik Hertz) 25.4. Othello (William Shakespeare)			
						28.4. Privataudition Wagner (gespielt von Militärkapelle) Residenztheater
	29.4. Der Freischütz (Carl Maria v. Weber) O					
			1.5. Der verwunschene Prinz (Schwank, Plötz) 2.5. Das Urbild des Tartuffe (Karl Gutzkow) 3.5. Der Bauer als Millionär (Ferdinand Raimund) 4.5. Adrienne Lecouvreur (Eugène Scribe)			
				5.5. Beethoven (9. Symphonie), Liszt, Schubert		
			7.5. Die Grille (Charlotte Birch-Pfeiffer) 8.5. Die Braut von Messina (Friedrich v. Schiller)			

1866	Oper, Operette, Singspiel, Oratorium außer Wagner	Wagner	Schauspiel	Konzert	Aufführungen nicht oder unvollständig eruierter Werke	Aufführungen ohne Publikum
	10.5. Die Legende der heiligen Elisabeth (Franz Liszt, Dichtung Otto Roquette) Oratorium					
					24.6. Besuch Aktien- und Hoftheater 28.6. Besuch Aktientheater 4.7. Besuch Aktientheater	
			2.10. Ein Sommernachtstraum (William Shakespeare) 3.10. Die zärtlichen Verwandten (Roderich Benedix)			
	4.10. Norma (Vincenzo Bellini) O					
			5.10. Stille Wasser sind tief (Schröder nach Francis Beaumont und John Fletcher)			
	7.10. Die lustigen Weiber von Windsor (Otto Nicolai) O 11.11. Robert der Teufel (Giacomo Meyerbeer) O (nicht in München) 16.11. Der Troubadour (Giuseppe Verdi) O, Bamberg 22.11. (?) Die Afrikanerin (Giacomo Meyerbeer) O (nicht in München)					
					24.11. Festvorstellung, Würzburg	
	30.11. Die Afrikanerin (Giacomo Meyerbeer) O, Nürnberg 2.12. Der Troubadour (Giuseppe Verdi) O, Nürnberg					
					4.12. Ein schlechter Mensch, Nürnberg	
	5.12. Fidelio (Ludwig van Beethoven) O, Nürnberg					
					6.12. Rote Haare und: Flotte Bursche, Nürnberg	
	7.12. Faust (Charles Gounod) O, Nürnberg 8.12. Don Juan (Wolfgang Amadeus Mozart) O, Nürnberg					
			10.12. Des Meeres und der Liebe Wellen (Franz Grillparzer) 11.12. Griseldis (Friedrich Halm, recte Eligius Frhr. v. Münch-Bellinghausen), Aktientheater 24.12. Die Schuld (Adolf Müllner) nicht auf einer Hofbühne			
	18 Opern, 1 Oratorium (letzteres möglicherweise zweimal)	Keine Wagner-Aufführung	37 Schauspiele	4 Konzerte	7 Aufführungen nicht oder unvollständig eruierter Werke	1 Aufführung ohne Publikum

1867	Oper, Operette, Singspiel, Oratorium außer Wagner	Wagner	Schauspiel	Konzert	Aufführungen nicht oder unvollständig eruierter Werke	Aufführungen ohne Publikum
			1.1. Der wundertätige Magus (Don Pedro Calderon)			
	3.1. Undine (Albert Lortzing) O					
			9.1. Griseldis (Friedrich Halm, recte Eligius Frhr. v. Münch-Bellinghausen)			
	10.1. Norma (Vincenzo Bellini) O					
					11.1. Besuch eines unbezeichneten Theaters	
	22.1. Nach 'm Krieg. Ländliche Szene mit Gesang (Anton Seyfried)		22.1. Das Muttersöhnchen (Roderich Benedix)			
	27.1. Die Afrikanerin (Giacomo Meyerbeer) O					
			7.2. Cromwell's Ende (Ernst Raupach), Aktientheater			
	10.2. Die Jüdin (Jacques Fromental Halévy) O				10.2. Aktientheater	
			12.2. König Lear (William Shakespeare)			
			13.2. Staberls Reiseabenteuer (Posse, Karl Carl, recte Karl v. Bernbrunn)			
	14.2. Jessonda (Ludwig Spohr) O					
			18.2. Die zärtlichen Verwandten (Roderich Benedix)			
			19.2. Mathilde (Roderich Benedix)			
			20.2. Elisabeth Charlotte (Paul Heyse)			
			21.2. Donna Diana (Agustin Moreto y Cabaña)			
			1.4. Nathan der Weise (Gotthold Ephraim Lessing)			
			5.4. Faust (Johann Wolfgang v. Goethe)			
			24.4. Griseldis (Friedrich Halm, recte Eligius Frhr. v. Münch-Bellinghausen)			
			26.4. Die Verschwörung des Fiesco zu Genua (Friedrich v. Schiller)			
	28.4. Don Juan (Wolfgang Amadeus Mozart) O					
	5.5. Die Stumme v. Portici (François Auber) O					
			7.5. Don Carlos (Friedrich v. Schiller)			
	30.5. Die weiße Frau v. Avenel (meist: »Die weiße Dame«) (François Boieldieu) O					
		11.6. Lohengrin (Generalprobe der Neuinszenierung)				
		16.6. Lohengrin (Première der Neuinszenierung)				
	22.7. Don Carlos (Giuseppe Verdi) O, Paris					
	23.7. Romeo und Julia (Charles Gounod) O, Paris, Théâtre lyrique					

1867	Oper, Operette, Singspiel, Oratorium außer Wagner	Wagner	Schauspiel	Konzert	Aufführungen nicht oder unvollständig eruierter Werke	Aufführungen ohne Publikum
	24.7. Die Afrikanerin (Giacomo Meyerbeer) O, Paris					
	25.7. Mignon (Ambroise Thomas nach Goethe) O, Paris					
			26.7. Athalie (Jean de Racine), Paris, Théâtre de l' Odéon			
	27.7. La Grande-duchesse de Gerolstein (Jean Jacques Offenbach) Operette, Paris					
						3.8. Tannhäuser. Neue Fassung, Inszenierung und Einstudierung (Petzet, zit. Anm. 250, 107–108)
		20.9. Tannhäuser Generalprobe				
		22.9. Tannhäuser (Petzet, zit. Anm. 250, 108)				
		28.9. Lohengrin Generalprobe. Neueinstudierung (Petzet, zit. Anm. 250, 88)				
		29.9. Lohengrin				
	6.11. Die Hugenotten (Giacomo Meyerbeer) O					
	26.12. Johann v. Paris (François Boieldieu) O					
	14 Opern, 1 Operette, 1 Singspiel	6 Wagner-Aufführungen	16 Schauspiele	Kein Konzert	2 Aufführungen nicht oder unvollständig eruierter Werke	1 Aufführung ohne Publikum
1868	1.1. Faust (Charles Gounod) O					
			6.1. Griseldis (Friedrich Halm, recte Eligius Frhr. v. Münch-Bellinghausen)			
	7.1. Armida (Christoph Willibald Gluck) O, Dekorationsprobe					
			8.1. König Richard II. (William Shakespeare)			
	18.1. Armida (Christoph Willibald Gluck) O, Probe					
	19.1. Armida (Christoph Willibald Gluck) O					
			20.1. Das Stammschloß (Andreas May)			
	23.1. Wilhelm Tell (Gioacchino Rossini) O					
	26.1. Armida (Christoph Willibald Gluck) O					
			29.1. Das Leben ein Traum (Don Pedro Calderon)			
	30.1. Jessonda (Ludwig Spohr) O					
	2.2. Die Stumme v. Portici (François Auber) O					
			5.2. Phèdre (Jean de Racine), Probe			

1868	Oper, Operette, Singspiel, Oratorium außer Wagner	Wagner	Schauspiel	Konzert	Aufführungen nicht oder unvollständig eruierter Werke	Aufführungen ohne Publikum
	17.3. Oberon (Carl Maria v. Weber) O 3.5. Die Hugenotten (Giacomo Meyerbeer) O 17.5. [?] Die Hugenotten (Giacomo Meyerbeer) O					
		11.6. Der Fliegende Holländer 19.6. Die Meistersinger von Nürnberg. Hauptprobe vor Publikum 21.6. Die Meistersinger von Nürnberg. Uraufführung 28.6. Die Meistersinger von Nürnberg. Zweite Aufführung 2.7. Die Meistersinger von Nürnberg. Dritte Aufführung				
				29.7. Wagner, Residenztheater		
					2.9. Faust (Goethe oder die Oper von Charles Gounod)	
	20.9. Die Hugenotten (Giacomo Meyerbeer) O 4.10. Robert der Teufel (Giacomo Meyerbeer) O 6.10. Alessandro Stradella (Friedrich Frhr. v. Flotow) O					
			13.11. Das Stammschloß (Andreas May)			
		15.11. Die Meistersinger von Nürnberg				
	26.12. Die Jüdin (Jacques Fromental Halévy) O und: Der Rothmantel (Georg Kremplsetzer) O					
	16 Opern	6 Wagner-Aufführungen	6 Schauspiele	1 Konzert	1 Aufführung eines unvollständig eruierten Werkes	Keine Aufführung ohne Publikum
1869			2.1. Iphigenie auf Tauris (Johann Wolfgang v. Goethe) 4.1. Katharina Howard (Rudolf Gottschall)			
	6.1. Johann v. Paris (François Boieldieu) O					
			12.1. Medea (Franz Grillparzer)			
	14.1. Iphigenie in Aulis (in Richard Wagners Bearbeitung, Christoph Willibald Gluck) O					
			17.1. Ein Sommernachtstraum (William Shakespeare, mit Musik von Felix Mendelssohn-Bartholdy)			
	21.1. Der Freischütz (Carl Maria v. Weber) O 24.1. Rotkäppchen (François Boieldieu) O					

1869	Oper, Operette, Singspiel, Oratorium außer Wagner	Wagner	Schauspiel	Konzert	Aufführungen nicht oder unvollständig eruierter Werke	Aufführungen ohne Publikum
			25. 1. Die Braut von Messina (Friedrich v. Schiller)			
	27. 1. Die Zauberflöte (Wolfgang Amadeus Mozart) O					
			1. 2. [?] Maria Stuart (Friedrich v. Schiller)			
	2. 2. Der Prophet (Giacomo Meyerbeer) O					
			3. 2. Judith (Friedrich Hebbel)			
	4. 2. Fidelio (Ludwig van Beethoven) O 14.2 Der Prophet (Giacomo Meyerbeer) O					
		25. 2. Tannhäuser (Petzet, zit. Anm. 250, 110)				
	18. 4. Der Freischütz (Carl Maria v. Weber) O					
			24. 4. Das Käthchen von Heilbronn (Heinrich v. Kleist)			
	25. 4. Die Jüdin (Jacques Fromental Halévy) O 27. 4. Oberon (Carl Maria v. Weber) O; Dekorationsprobe					
	Zwischen 28. 4. und 3. 5. Lalla Rookh (Felicien David) O Zwischen 28. 4. und 3. 5. Die Afrikanerin (Giacomo Meyerbeer) O 5. 5. Die Hugenotten (Giacomo Meyerbeer) O		Zwischen 28. 4. und 3. 5. Don Carlos (Friedrich v. Schiller)			
			7. 5. Der geheime Agent (Friedrich Wilhelm Hackländer)			
						8. 5. Konzert: Paradies und Peri (nach der Einzelerzählung »Paradise and the Peri« aus »Lalla Rookh« v. Thomas Moore, 1817). Fausts Verklärung
					9. 5. Wilhelm Tell (Schiller? Oper von Rossini?)	
		17. 5. Tannhäuser 30. 5. Lohengrin				
						12. 6. Privataudition Lohengrin (v. Strobel, zit. Anm. 200, II. Bd., 276, irrigerweise auf den 13. datiert)
		19. 6. Tristan und Isolde Hauptprobe 20. 6. Tristan und Isolde 22. 6. Tristan und Isolde Privataudition (Strobel, zit. Anm. 200, Bd. II, 276) mit geladenen Gästen (Petzet, zit. Anm. 250, 58)				

1869	Oper, Operette, Singspiel, Oratorium außer Wagner	Wagner	Schauspiel	Konzert	Aufführungen nicht oder unvollständig eruierter Werke	Aufführungen ohne Publikum
		27.6. Die Meistersinger von Nürnberg 27.8. Das Rheingold Hauptprobe 22.9. Das Rheingold (Uraufführung) 24.9. Das Rheingold 26.9. Das Rheingold 19.12. Tannhäuser (Petzet, zit. Anm. 250, 110)				
	14 Opern	12 Wagner-Aufführungen	10 Schauspiele	Kein Konzert	1 Aufführung eines unvollständig eruierten Werkes	2 Aufführungen ohne Publikum

Da die erhaltenen Tagebücher Ludwigs II. am 11.11.1869 enden, dürften die Theaterbesuche dieses Jahres hier nicht vollständig verzeichnet sein.

Anhang 6

Hans Gerhard Evers

Über die Kopie und ihr Verhältnis zur Architektur

In: Herrenchiemsee, zit. Anm. 6a, 205–18.

Weshalb ist es rentabel, ein Bild zu kopieren? Es ist möglich, weil die Kosten und Mühen der Herstellung, also die Leinwand, die Farben, der Unterhalt des Künstlers während der Arbeit, weil das alles nur einen Bruchteil dessen ausmacht, womit ein berühmtes Bild bewertet wird. Wir kennen Fälle, in denen eine Tafel von Eyck oder Correggio tatsächlich als Hackbrett oder als Regenplan Verwendung gefunden haben. Die gleichen Bilder aber werden jetzt bezahlt mit dem Vieltausendfachen dieser reinen Materialkosten. Diese Spanne ist so groß, daß sie auch noch auf die Kopie abfärbt, deshalb hat sich zeitweilig die Herstellung von Kopien und ihr Vertrieb gelohnt. Aber wenn es im Bild einen Wert gibt, der so tausendfach über die reinen Herstellungskosten hinausgeht, dann wird es eben dieser Wert sein, der auch in der Kopie gesucht wird. Auch in ihr wird man nicht das Material, sondern das Bild van Eycks oder Rembrandts suchen.

Wer urteilt über diesen Wert? Wer legt ihn der Kopie und vorher dem Original bei? Ist es der Kopist selbst? Oder nicht vielmehr der Besteller, der Käufer? Man darf sich nicht dadurch täuschen lassen, daß zweifellos viele Kopien auf Vorrat gemalt und feilgehalten werden. Der Antrieb zur Kopistentätigkeit geht doch vollkommen vom Besteller, vom Bewerter, vom sogenannten Kunstfreund aus, der sich der Werte des Originals auch in der Kopie versichern will. Das Bedürfnis nach Kopie entsteht nicht beim Kopisten, sondern beim Verwender der Kopie. Auch die Meinung darüber, was kopiert werden soll, hat nicht der Erzeuger, sondern der Besteller. Es ist dabei einerlei, ob dieser Besteller ästhetische oder politische Bedürfnisse hat. Das Kopieren ist der Herstellungsprozeß, aber nicht selbst der Sinn der Kopie.

Das Original ist in der Vergangenheit entstanden, es ist einzeitlich geworden, es hat keinen Anteil an einer dauernden Entstehung mehr. Auch der Wert, der ihm beigelegt wird, ist einzeitlich und einheitlich, oft wird er grundsätzlich in einem Reich des Ästhetischen, des Ewiggültigen gesucht, wohin die Verwandlung der Werte und die Verwandlung des Lebendigen grundsätzlich nicht reichen soll.

Aber auch diesseits entspricht dem gesuchten Original ein einheitliches Denken, Empfinden und Wollen. Es handelt sich nicht um einen Willen im allgemeinen, nicht um den Willen von Vielen, den Trieb einer Gemeinschaft, – wie etwa der Staat oder die Religion als Grundlage das Bedürfnis von Vielen haben können. Sondern es handelt sich ganz ausgesprochen um den Willen eines jeweils Einzelnen. Nach demjenigen Werte in einem Original, der durch die Kopie vermittelt werden kann, sucht der Einzelmensch.

Grob gesprochen kennen wir zwei große Perioden näher, in denen die Kopie sich findet. Die eine setzt ein mit den Diadochen und umfaßt vor allem die römische Kaiserzeit. Die andere setzt ein mit der Renaissance und gipfelt vorläufig im 19. Jahrhundert. Beide Perioden sind Zeiten, in denen in besonderer Weise die Einzelpersönlichkeit zur Geltung kommt. In der Diadochenzeit sind jeweils ganze Serien von Kopien auf direkten Befehl einzelner Persönlichkeiten hergestellt, etwa der Könige von Pergamon. Daß die Renaissance ihr Weltbild so eingerichtet hat, daß es vom Einzelnen her verstanden und regiert werden kann, unterscheidet sie vom Mittelalter. Der Barock ist die große Zeit des Individualismus überhaupt, und im 19. Jahrhundert haben die Menschen unter der Isolierbarkeit bereits gelitten.

Also in der Kopie werden Werte gesucht, die nicht in der materiellen Existenz liegen. (Man kann auch sagen: nicht im direkten Gegenstandswert.) Diese Werte braucht nicht der Kopist, sondern der Besteller. Das Suchen nach ihnen setzt einen bewußten Willen voraus, und zwar den Willen des jeweils Einzelnen. Das alles ist noch nicht besonders interessant. Interessant ist erst die jetzt sich ergebende Frage: Will denn dieser Einzelne eigentlich die Kopie, oder will er das Original? Nimmt er die Kopie nur als Ersatz für das Original, oder enthält gerade die Kopie diejenigen Möglichkeiten, auf die es ihm ankommt? Diese Frage ist die Kernfrage des ganzen Kopieproblems.

Es ist gut, daß dem Kunsthistoriker an dieser Stelle das religiös-politische Denken der Archäologie zu Hilfe kommt. Die Zusammenhänge, aus denen die Kopie in der Antike entsteht, beleuchten die Hintergründe des Vorgangs viel klarer, als der Fall mit einem Rembrandtbild, der uns zu nahe liegt, als daß wir ihn recht übersehen könnten, bei dem auch die Probleme der Ästhetik sich zu sehr in den Vordergrund schieben, als daß wir das Problem der Kopie recht erfassen könnten. Außerdem hat sich die Archäologie viel länger und tiefer mit dem Problem der Kopie befaßt, als die eigentliche Kunstgeschichte, die ja zum überwiegenden Teil mit gesicherten Originalen zu tun hat. In einer Besprechung des Lippoldschen Buches über die Statuenkopien sagt Ludwig Curtius (DLZ. 1924, S. 430): »Als sich die Hunderte neu gegründeter Städte im Osten erhoben, wo anders sollten sie die Vorbilder für die Statuen ihrer Tempel und Paläste finden als in der großen Heimat der Kunst, in der Stadt, die den Gedanken griechischer Kultur am reinsten verkörpert, in Athen? Und da für sie das Moderne viel weniger wichtig war als die Betonung ihres Zusammenhanges mit der alten »klassisch« gewordenen Kultur, so ergibt sich eine »klassizistische« Tendenz, die man ja von Anfang an beim pergamenischen Altar herausgefühlt hat. Das Kopistentum ist also ein Stück der hellenistischen Kultur.« »Lippold leitet das Kopistentum von der neuen retrospektiven kunstgeschichtlichen Gesinnung ab. Mir ist das immer unwahrscheinlich erschienen. Nie hat in der alten Welt ein rein ästhetisches Interesse den Ausschlag für eine neue Erscheinung gegeben, immer ein religiös-politisches, dem sich dann das ästhetische beigesellt. Das Kopistentum haben nicht die antiken Kunsthistoriker geschaffen, sondern die Staatsmänner.«

Nehmen wir nun diese »klassisch« gewordene Kultur als ein Ganzes: Wäre dem Fürsten der Diadochenzeit damit gedient, wenn einfach diese Kultur, als das Original, in seine Stadt verpflanzt würde? Wäre ihm damit gedient, wenn etwa Athen alle Statuen, die es besaß, eingepackt, auf Schiffe geladen und ihm hingeschickt hätte? Man muß sich genau überlegen, was er will, und was er alsdann, in diesem hypothetischen Falle, bekommen hätte. Er will die Betonung des Zusammenhanges mit der alten klassisch gewordenen Kultur; er hätte bekommen diese Kultur selber: so wäre er also um das betrogen, was eigentlich der Sinn seiner Handlungsweise war: um den Zusammenhang.

Denn ein Zusammenhang, eine Verbindung, setzt die Existenz des anderen Poles voraus, an den man anknüpfen kann. Wenn die Kultur Athens als Ganzes in die Diadochenstadt kommt, alsdann fehlt der andere Pol, alsdann kann die Verbindung nicht mehr vollzogen werden. Es ergibt sich also, daß die Kopie, die der Staatsmann bestellt, ihren Zweck nur dann erfüllen kann, wenn das Original an Ort und Stelle bleibt. Nur dann, nur durch den Zusammenhang zwischen der herübergenommenen Kopie und dem an seinem Ort gebliebenen Original, ergibt sich derjenige Zusammenhang zwischen der alten und der neuen Kultur, der eigentlich gewollt ist. Der Begriff der Kopie setzt die Existenz des Originals an seinem originalen Platz voraus.

Freilich dieser Ausdruck »originaler Platz« umfaßt mehr als die geographische Fixierung. Er umfaßt auch den zeitlichen, den historischen Ort. Das Problem der Kopie ist eingebettet in ein anderes, viel umfassenderes Rätsel, eines der größten Rätsel menschlicher Kultur überhaupt, in das Problem der Vergangenheit. Die Kopie ist ein Instrument, mittels dessen der Mensch sein Verhältnis zur Vergangenheit zu ordnen sucht. Denn dieser Staatsmann der Diadochenzeit will ja nicht den Zusammenhang mit einer jetzt bestehenden politischen oder geistigen Großmacht, er sucht den Zusammenhang mit einer, die schon klassisch geworden ist, mit einer also, die in der Vergangenheit liegt. Mit andern Worten: er will den Zusammenhang mit der beschützenden Vergangenheit selber, mit der Tradition, der Vorfahrenzeit oder wie man das nennen will. Der Fall, den wir konstruiert haben, genügt noch nicht, um das Gegenteil einer Kopie herauszuklären. Es müßte mit der Herausreißung aus dem Originalboden auch die Herausreißung aus der Originalzeit möglich sein, Athen müßte mit seinen Kunstwerken dem Diadochenfürsten auch zugleich die Zeit selber seines klassischen Seins übermachen können, sodaß diese klassische Kultur weder an anderem Ort noch in anderer Zeit mehr vorhanden wäre als eben in der neuen Stadt und in der Gegenwart. Erst dann wäre vollends am Tage, was der Diadochenfürst mit diesem Originale anfangen könnte: nämlich garnichts. Mit dieser Kunst und mit dieser Kultur könnte er keinen Zusammenhang und keine Verbindung mehr haben, weil er keinen Abstand von ihr hätte.

Hier wird klar, daß in Wirklichkeit auch das Wesen eines Originals nicht eindeutig ist. Einerseits bleibt ihm der zeitliche Ort, in dem es entstanden ist, ganz unverlierbar. Ein Original der großen Zeit Athens bleibt immer ein Teil dieser Zeit und wird nie ganz zu einem Teil der Diadochenzeit. Aber andrerseits besteht es eben auch noch in dieser Diadochenzeit und ist insofern nicht mehr einfach ein Teil der alten Zeit. Das Original hat also in sich selbst die Doppelräumigkeit der Zeit, die der Diadochenfürst herstellen will, es hat in sich die Verbindung zweier Zeiten, um derentwillen die Kopie hergestellt werden muß.

Aber warum dann, so wird man zurückfragen müssen, warum dann nicht überhaupt das Original? Ist alsdann nicht doch die Kopie nur der schlechte Ersatz des Originals, nur die Duplik, ohne selbständige Bedeutung, für die man höchstens anführen dürfte, daß es nur wenige Originale der klassischen Zeit, dagegen viele Diadochenfürsten und hellenistische Städte gibt, für die also die Anzahl der Originale nicht reicht? Aber die Kopie ist mehr als Ersatz, aus immer den gleichen Gründen, die nur nach den verschiedenen Seiten hin verfolgt werden müssen. Gewollt ist, wir wiederholen es, die Verbindung. Gewollt ist nicht das Original schlechthin, sondern der »klassische« Wert im Original und die Beziehung zu ihm, die Sehnsucht nach ihm. Aber eine solche Beziehung setzt nicht nur das Vorhandensein eines anderen Pols voraus, sie setzt auch das Vorhandensein eines Abstandes zwischen diesen Polen voraus. Wo kein Abstand ist, da gibt es keine Beziehung und keine Sehnsucht. Das Problem der Vergangenheit hat nicht nur die eine Seite, daß der Zusammenhang mit ihr gepflegt und erhalten werden muß, sondern auch die andere ebenso bedeutsame, daß der Abstand von ihr empfunden und fruchtbar gemacht werden muß. Die Vergangenheit ist nur dann fruchtbar, wenn sie als Vergangenheit erkannt werden kann. Hier liegt also die andere, die noch wichtigere Aufgabe der Kopie. Sie soll nicht nur die Verbindung ermöglichen, sie soll auch den Abstand schaffen, ihn festlegen, ihn spürbar machen, ihn genießbar und fruchtbar machen. Sie soll den Menschen ein Gedächtnis schaffen. Und in dieser zweiten Leistung ist die Kopie dem Original absolut überlegen. Das Original hat im Gegenteil die Tendenz, in eine zeitlose, ewig gültige Sphäre (der Schönheit) hinüberzutreten und damit die Geschichtskräfte, die Traditionskräfte, das Bedürfnis des Zusammenhangs mit gewordener Zeit ganz unbefriedigt zu lassen. Das Original kann den Abstand überhaupt nur dadurch spürbar machen, wir haben es gesehen, daß es sein Wesen als Original ein wenig aufgibt und ein wenig selber zur Kopie wird, dem Wesen nach. Ein wenig oder auch viel: es muß zu einem Teile ein Werk der Gegenwart werden, um wirksam zu bleiben; wenn es ganz ein Werk der Vergangenheit bliebe, drohte ihm der Tod. Das sind keine Theorien, sondern ist die nüchternste Wirklichkeit; es gibt kaum Originale in strengstem Sinn, sondern unaufhörlich schiebt sich, durch Restaurierungen in jedem Jahrhundert, ja fast in jedem Jahrzehnt die Kopie in den Bestand des Originals hinein.

Aber damit ist das Idealverhältnis zwischen Kopie und Original bezeichnet, das eigentliche Ziel der Herstellung einer Kopie. Diese Restaurierung soll nicht mehr den Bestand des Originals bedrohen, das Original soll ganz ein Werk der alten Zeit bleiben können, und die Kopie soll ganz ein Werk der Gegenwart sein, und auf diese Weise, dadurch, daß diesseits und jenseits der Zeitenkluft je ein Werk steht, ein Brückenkopf hüben und drüben, die sich entsprechen, und die miteinander verbunden werden können, auf diese Weise wird zugleich der Abstand und zugleich die Verbindung zur Vergangenheit geschaffen.

Hier möge ein Beispiel aus der Malereigeschichte des 19. Jahrhunderts eingesetzt werden. Sowohl der Freiherr von Schack wie der Maler Franz Lenbach haben die Sehnsucht nach der klassischen Zeit, die Notwendigkeit der Verbindung mit ihr gefühlt. Herr von Schack hat dieses Müssen erfüllt, indem er sich mit klaren Kopien der vergangenen großen Werke umgab; er hat es abgelehnt, sich minderwertige sogenannte Originale dieser Meister zu kaufen, die in sich die Verschwommenheit zwischen einst und jetzt gehabt hätten. Die Kopien der Sammlung Schack sind durchaus Werke der Gegenwart, aber sie erfüllen die Spannung zur Vergangenheit. Da nun diese Sehnsucht des Herrn von Schack auf diese Weise gestillt war, hat er die Freiheit gehabt, mit dem anderen Teil seiner Sammlerleidenschaft sich der Gegenwart zuzuwenden, und (zum Teil von eben den gleichen Malern, die die Kopien herstellten) eine glanzvolle Reihe eben entstehender Werke zu vereinigen. Die Kopien der Sammlung Schack übersehen, hieße die Grundlage der Böcklin-Feuerbach-Genelli-Schwind-Sammlung verkennen.

Lenbach dagegen hat in die jetzt entstehenden Werke den zeitlichen Abstand gleich mit hineingemalt, er hat sie hergestellt, als seien sie alt. Seine Werke haben also diejenige Undeutlichkeit (obwohl erst jetzt entstanden) die über und über restaurierte Originale haben (obwohl einst in klassischer Zeit entstanden). Diese Zwiespältigkeit, diese zeitliche Unklarheit ist es, die den Genuß der Lenbach'schen Werke zweifelhaft macht.

Also die Kopie entsteht nicht nur von einem Einzelnen her, sie entsteht aus dem Bedürfnis, das dieser Einzelne hat, in einen Zustand der Spannung und des Zusammenhanges mit der Vergangenheit zu kommen. Warum hat dieser Einzelne dies Bedürfnis?

Diese Frage führt aus dem Aufgabenbereich der eigentlichen Kunstgeschichte völlig hinaus. Dies ist nicht nur eine historische, es ist auch eine psychologische Frage von solcher Reichweite, daß man sich nicht vorstellen kann, wie eine einzelne Disziplin für sich allein eine ausreichende Antwort finden soll. Man kann also nur andeuten und angeben, mit welchen Problemen sie zusammenhängt, nicht aber, woher oder weshalb sie entsteht.

Denn wenn man zunächst die Tatsachen sprechen läßt, so gibt es das Phänomen der Kopie, das heißt das Zurückgreifen auf vergangene Kunstepochen, in so ungeheurem Ausmaß und in so immer wiederkehrendem Rhythmus, daß nur ein ganz großes Bedürfnis dieser Bewegung entsprechen kann. Es kann nicht einfach das Interesse an der alten Kunst sein, es kann auch nicht einfach das Eingeständnis sein, daß man selber nicht mehr so gute Kunst zu machen imstande sei. Kein Volk, keine Kultur wühlt zum Vergnügen Jahrhunderte lang in einer Wunde herum; es ist das keine Wunde, sondern dieses lange und zähe Sich-zurück-wenden (das in der abendländischen Kunst mit der Renaissance, nicht etwa mit dem 19. Jahrhundert beginnt) kann nicht ein Schmerz, sondern muß ein Genuß, kann nicht ein Genuß, sondern muß eine Notwendigkeit sein. Eine Lebensnotwendigkeit, die für den Menschen besteht, der in diesen Zeiten lebt.

Sicher hängt eben der Umstand, daß er sich als Einzelner erkennt und fühlt, damit zusammen. Gerade um dieser Vereinzelung zu begegnen hat er den unbedingten Trieb, in die Vergangenheit hinein sein Ich zu verlängern. Vergangenheit: das ist nicht das Wissen darum, wie es wirklich gewesen ist, sondern das ist ein Empfinden, daß das eigene Ich kein Punkt ist, sondern eine lange Dauer, eine lange Gültigkeit. Vergangenheit: das ist ein psychischer Zustand für den Menschen, eine seelische Funktion. Gerade der Einzelne hat das Bedürfnis, sein Dasein und seine Gegenwart mehrdimensional zu machen, weil er im Augenblick allein nicht ausreichend leben kann. Wenn er die Kopie braucht, so heißt das nicht, daß er in die Vergangenheit zurückkehren will, sondern er will die Gegenwart besitzen, aber diese Gegenwart reich machen durch die Sehnsucht nach der Vergangenheit.

Aber nicht nur reich, sondern auch fest. Vergangenheit und ihr Werkzeug Kopie haben bindende Kraft. Die klassische Zeit kann Anspruch auf Allgültigkeit erheben, zu ihr in festen Zusammenhängen zu stehen heißt Bundesgenossen haben. Die Vergangenheit bedeutet Herkunft und Überlieferung von einem Geschlecht zum andern; in einer ganz veränderten Welt erfüllt also die Kopie einen Teil der Aufgaben, um derentwillen einst ein Grabhügel zum Ahnenkult geschüttet und die Erinnerung an den Toten in jährlichen Festen gefeiert wurde.

Die Kopie hat eine politische Bedeutung. Sie gehört in eine bürgerliche, nicht in eine ritterliche Welt hinein. Sie ersetzt die *unmittelbare* Anteilnahme am Staat; sie ermöglicht es dem Bürger, fast ohne sein Wissen doch teilzuhaben an den großen Ordnungen des Staates, die lange dauern über sein Geschäft und seinen Verdienst hinaus.

Daß endlich, (um ganz zu dem Menschen sich zu kehren, der die Kopie braucht und sie geschaffen hat), ein komplizierter, nicht mehr einfacher psychischer Geist, ein vielgeschichtetes, nicht mehr eindeutiges Menschentum ihr entspricht, das ist sicher. Warum die Menschen vielschichtig sind, entzieht sich der Beantwortung. Sehnsucht nach Einfachheit ist kein Zeichen der Einfachheit selber, sondern ein komplizierter Vorgang, so wie die Natursehnsucht Rousseaus nicht ihrerseits natürlich ist.

Um es noch einmal zusammenzufassen: Die Kopie ist ein Instrument, das sich die Menschen geschaffen haben, um mit seiner Hilfe das Verhältnis zur Vergangenheit zu ordnen. Aber wohlbemerkt: das Verhältnis zur Vergangenheit, nicht das zur Kunst. Das Spannungsgefühl und Abstandsgefühl wird nicht gepflegt, damit Kunst genossen werden kann. Es ist viel umfassender im Menschen verwurzelt und strömt viel umfassender wieder in sein Wirken aus. Die Kopie geht nicht die Kunstgeschichte allein an, sie wird nicht deshalb gepflegt, damit neue Kunstwerke entstehen. Diesen Gedanken hatte Lippold gebracht (S. 16): »Das Kopieren mußte auch unmittelbar den Zwecken der gegenwärtigen Kunst dienen.« Das scheint nur ganz im Anfang etwas Richtiges zu enthalten, ist aber im weiteren Sinne nicht nur ein entbehrlicher, sondern geradezu ein falscher und irreführender Gedanke. Die also entstandene Kunst würde nur weiter Kopie sein. Vielmehr das Ereignis der Kopie kann überhaupt nicht erfaßt werden, wenn man bei denjenigen Menschen stehen bleibt, die mit der Kunst zu tun haben: das hieße beim Kopisten stehen bleiben. Der Gewinn, der Reichtum, den die Kopie dem Menschen verschafft, wird nicht einfach wieder in Kunst angelegt. Die Kopie ordnet nicht das Verhältnis zur Schönheit, sondern das zur Vergangenheit. Aber die Vergangenheit ist nicht der Rückhalt für die Kunst, sie ist der Rückhalt, ist das Kapital für die Expansion überhaupt. Der Wille zur Expansion überhaupt, zur politischen Macht ist es, der die Menschen zwingt, das Verhältnis zur Vergangenheit zu ordnen und fruchtbar zu machen. Zu den Menschen, die kopieren und damit ihre Gegenwart in die Vergangenheit zurück verwurzeln, gehören ganz notwendig die

Menschen der gleichen Gegenwart, die wirtschaftlich und politisch die Welt erobern, ja diese sind es sogar eigentlich, die die Kopie brauchen und immer wieder in Auftrag geben. Zu der Entstehung der Kopistentätigkeit im Altertum gehört zusammengeordnet der Alexanderzug nach Indien, gehört die ganze kulturelle und wirtschaftliche Expansion des Hellenismus, gehört die politische Expansion und Macht der Römer. Zu dem Rückgreifen der Renaissance auf das Altertum gehören Kolumbus und die Entdeckung Amerikas, gehören die großen Fahrten der Portugiesen und Spanier, der Holländer und Engländer. Zu dem künstlerischen Bilde des 19. Jahrhunderts (das endlich uns zwingt, das Problem der Kopie ernst zu nehmen), gehört die Verdreifachung der Bevölkerungszahl innerhalb weniger Generationen, gehört die Expansion der europäischen Wirtschaft, gehört die größte Zeit des englischen Empire, gehört die Erwerbung der Kolonialreiche, gehört die Verpflanzung der weißen Kultur bis auf die letzte Südseeinsel.

Wenn um den Innenkern unserer alten Städte sich in uferloser Ausdehnung die Vorstädte anschlemmen und ansiedeln: nicht die Straßenbahn ist es, die geistig diese Vorstädte mit der alten Stadt zusammenhält, sondern die Kopie ist es gewesen, die auch den Bewohnern dieser Vorstädte noch das Empfinden geben konnte, in Dresden oder Nürnberg oder Bremen zu wohnen, und darum teilzuhaben an ihrer alten Würde, an einem Staat.

Was die sogenannte Qualitätsfrage betrifft (eine Frage, die mit dem Problem der Kopie zu Unrecht verknüpft wird): niemand wird glauben, daß der weiße Mensch in gleich vollkommener Weise ein Bewohner von Pampas und Steppe, von Südseeinsel und Polareis sein kann wie einst der Indianer, der Eskimo und der Balinese. Aber nur die Feiglinge ziehen daraus die Konsequenz, man hätte nicht hinfahren sollen. So ist es auch mit der Kopie. Sie bekämpfen, weil das Mittelalter oder die Antike oder das Zeitalter Ludwigs XIV. den jeweiligen Stil besser beherrscht habe, heißt soviel wie ausflüchten wollen aus der politischen Kraft des Abendlandes. Gewiß, wir leiden jetzt unter den schweren Rückschlägen der Expansion, wir leiden auch geistig unter den Rückschlägen, die der Ziellosigkeit und der Maßlosigkeit der geistigen Expansion des 19. Jahrhunderts gefolgt sind. Aber wir sind weit genug von diesem Jahrhundert entfernt, um anzuerkennen, daß es voll gewesen ist nicht von innerer Schwäche, sondern von dieser ganz ungeheuerlichen Expansionskraft. Und so sind wir auch weit genug von diesem Jahrhundert entfernt, um einsehen zu können, daß das Phänomen der Kopie, des Rückgriffes auf frühere Kunstwerke und Kunstzeiten, zwar vielleicht das ästhetische Bedürfnis unbefriedigt läßt, sonst aber nicht damit erledigt ist, daß man die Kopie als das Negativum des Originals betrachtet.

Von diesen Überlegungen über die Kopie gilt es, die Architektur abzusetzen und sich auf diese Weise klar zu werden, wie weit die Kopie in der Architektur möglich ist.

Es gibt zwar keine Börse für alte Architektur, aber es ist zu bezweifeln, ob der Wert einer Architektur sich je sehr weit über die Herstellungskosten hinaus erhöhen kann. Nun haben wir gesehen: weil die Herstellungskosten eines Bildes oder einer Statue nur einen Bruchteil dessen ausmachen, was an Wert für das Original berechnet wird, deshalb ist es überhaupt möglich, von ihnen Kopien herzustellen. Eben deshalb ist es fast unmöglich, Kopien von Architektur herzustellen. Denn die Herstellungskosten der Kopie würden die gleiche Höhe wie beim Original erreichen, das heißt also, bei den wirklich repräsentativen Bauten ungeheuerliche Summen. Oder wer könnte es sich leisten, eine Kopie von der Peterskirche oder von der Cheopspyramide in gleichem Maßstab und gleichem Material herzustellen?

Aber das ist nicht nur eine Überlegung der wirtschaftlichen Bedingungen. Es ist ein Verhältnis, das tief ins Wesen der Architektur hineinleuchtet. In dem Gemälde, wir haben es gesagt, wird etwas anderes bezahlt als die materielle Existenz. Ein Rembrandtbild ist materiell eine ölgetränkte Leinwand; der Bedeutung nach ist sie das Abbild einer Landschaft, eines Porträts, einer Vision, und dem Werte nach ist sie darüber hinaus ein Kunstwerk, mit einem Wort: eine Schöpfung Rembrandts. Nun können niemals der Architektur die geistigen Werte abgesprochen werden. Aber sie liegen nicht außerhalb der materiellen Existenz. Die Architektur kann sich niemals so weit von ihrem wirklichen Material, von ihrem wirklichen Dasein entfernen, wie es ein Rembrandtbild tut. Die Architektur ist materiell aus Stein oder einem entsprechenden Stoff, und auch in den geistigen Gebilden, in den sublimsten Raumschöpfungen bleibt doch dieser Teil des Materiellen, des Wirklichen ganz unverlierbar erhalten; er verwandelt sich nicht. Das Material ist nicht, wie beim Bild, nur das Organon, auf dem dann die Musik ertönt, sondern das Geistige der Architektur steckt eben in diesen Werten, steckt im wirklichen und materiellen Dasein, es steckt im Stein.

Was ist wichtig am Würzburger Schloß? Die klare Existenz des Bauwerks selber oder die Pläne, die die einzelnen Architekten geschickt haben? Das Bestreben, die wissenschaftliche Behandlung vom Bauwerk selber abzulösen und in eine Beurteilung der verschiedenen Planungen zu verwandeln, wird verhängnisvoll, wenn es übertrieben wird. Es kommt dann dazu, daß ein Plan, den etwa Hildebrandt von Wien geschickt hat, mehr Interesse in Anspruch nimmt, als das Bauwerk selber; es kommt dazu, daß man vor lauter Plänen das wirkliche Vorhandensein der Architektur garnicht mehr wahrnimmt. In dem Falle des Würzburger Schlosses hat sich das zu einem Angriff auf Balthasar Neumann verdichtet: das heißt soviel wie zu einem Angriff auf das Schloß selber, von dessen wirklichem Dastehen die Leistung Neumanns untrennbar ist. Aber demgegenüber muß hartnäckig betont werden, daß die Architektur die Kunst des wirklich Vorhandenen ist, die Kunst des wirklich Gebauten, nicht die Kunst des Geplanten. Zum Dasein der Architektur gehört die letzte Fuhre Sand und die letzte Taglöhnerstunde genau so gut wie die Sitzung des Bauherrn mit seinen Mitarbeitern. In der Politik spielen mit Recht die Utopien, die nur geplanten Staaten eine geringe Rolle neben den wirklich geleisteten Staatsgründungen, – oder vielmehr, sie werden in ein ganz andres Gebiet, das der Geistesgeschichte, eingeordnet, wo zum Beispiel Platons Staat seinen Platz hat. In gleicher Weise gehört die bloße Planung der Architektur in die Geistesgeschichte, in der Geschichte der Architektur hat sie keinen Anspruch auf Geltung. Die Idee, daß diejenige Architektur, die nicht gebaut wurde, eigentlich die beste sei, ist die Vorstellung eines Dichters. Architektur kann ihrem Wesen nach von der wirklichen Existenz nicht getrennt werden.

Aber die Architektur entsteht auch nicht vom Einzelnen her, wie die Kopie, sondern, schon im Entstehen, von Vielen her. Selbst in der Zeit der großen Einzelindividuen, selbst in der Barockzeit: wie sehr ergibt sich überall das Bild der Zusammenarbeit. Es ist nicht so, daß es nur eine Frage des Wissens, der Forschung sei, bis auch in der Architektur die Einzelpersönlichkeit als Ausgangspunkt aller Leistung erscheine. Sie erscheint niemals als solcher. Von allen Seiten her müssen die wirtschaftlichen und die politischen und die geistigen Kräfte zusammenkommen, damit die Architektur entsteht.

Vollends im Geistigen ist es so: die Architektur entsteht von der Vielheit her. Aber diese Vielen sind nicht die ungegliederte und formlose Masse, nicht etwa die gleichmäßige Häufung von Einzel-Ichs. Nein, es ist gerade die gegliederte Vielheit, aus der die Architektur entsteht, die gegliederte Gemeinschaft, in der jeder seinen eigenen Platz und Rang hat, der Bauherr den seinen, der Architekt den seinen, der Taglöhner den seinen. Es ist das Wesen der Architektur, daß sie die Existenz einer so gegliederten Gemeinschaft ebenso voraussetzt, wie sie es andrerseits ermöglicht, die Gemeinschaft auch weiterhin in solch großen politischen Ordnungen zu erhalten.

Denn die Architektur entsteht nicht nur von vielen her, sondern auch für viele. Man nehme den scheinbar entgegengesetzten Fall, das Privathaus eines Privatmannes. Selbst dieser äußerste Fall bedeutet noch immer eine Schöpfung für viele, denn das Privathaus entsteht nicht für ein Einzel-Ich, sondern für die Familie. Also sogar in diesem Fall bedeutet die Architektur eine Schöpfung für eine Gemeinschaft. Wo wirkliche Einzel-Ichs einen Bedarf an Architektur haben, da entsteht der Zellenbau, das mittelalterliche Kloster oder das moderne Hotel. Nur als Glied einer Gemeinschaft, nicht als Privatperson hat der Mensch einen Anteil an der Architektur.

Man kann die Richtigkeit dieser Sätze prüfen an dem Verhältnis der Architektur zur Kopie, die vom Einzelnen und für den Einzelnen entsteht; man kann sie messen an der Stilbaukunst des 19. Jahrhunderts, die beim Nachdenken gewiß als Erstes einfällt, wenn von Architekturkopie die Rede ist. Wieweit ist sie wirklich Kopie?

Gerade wenn man die gleichen Fragen wie bei der Kopie stellt, klärt sich der Unterschied heraus. Wenn man dem Kunstfreund anstelle der Kopie ein Original anbietet, was wird er tun? Wenn man dem reisenden Publikum anstelle eines Bahnhofs im gotischen Stil ein originales Bauwerk der gotischen Zeit anbietet, was wird es tun? Diese Frage allein macht es klar, daß im 19. Jahrhundert ein vollkommener Unterschied besteht zwischen dem, was eigentlich gebaut ist, das heißt zwischen der eigentlichen Architektur, und dem sogenannten Stil, dem Kleide, in das man die Einzelformen dieser Architektur geworfen hat. Die eigentliche Architektur bleibt auch im 19. Jahrhundert das, was sie immer gewesen ist, ans Notwendige gebunden, ans Gemeinsame gebunden, an Stoff und Zeit gebunden. Ein Bahnhof ist tatsächlich zum Ankommen und Abfahren eingerichtet, ein Postamt tatsächlich zur Abwicklung des Postverkehrs. Ein Rathaus des 19. Jahrhunderts mit seinen vielen Büros sieht völlig anders aus als ein Rathaus der gotischen Zeit mit seiner einen großen Halle, eine Villa des 19. Jahrhunderts völlig anders als ein gotisches Reihenhaus. Aber an die eigentlich ganz fertige Architektur hängt das 19. Jahrhundert den sogenannten Stil dran, auswechselbar, – ein Begriff, der seinerseits schon zu unendlichen Überlegungen und Definitionen Anlaß gegeben hat, ein Begriff jedenfalls, der mitsamt seiner ganzen Bedeutung recht eigentlich eine Denkform des 19. Jahrhunderts ist, ein Produkt dieses Jahrhunderts, – oder, wenn man es ganz genau machen will, ein Produkt der Renaissance, das aber erst im 19. Jahrhundert zu wirklicher Fruchtbarkeit emporgewuchert ist. Dieser Stil verträgt und ermöglicht die Kopie, und innerhalb dieses Stils wird nach Kräften von ihr Gebrauch gemacht. Wenn man sich dieses Verhältnis recht überlegt, wenn man weiß, welch tiefe Bedeutung und Notwendigkeit die Kopie für diejenigen Menschen hat, die sich ihrer bedienen, wenn man sich davon lösen kann, in ihr nur das Negative zu sehen, dann wird man auf einmal gewahr, wie genau, wie wunderbar diese Baukunst des 19. Jahrhunderts gerade auf das eingerichtet ist, was diese Menschen brauchen. Sie stellt eine Architektur dar, die allen Anforderungen für den praktischen Gebrauch durchaus entspricht, und zu gleicher Zeit, durch die Erfindung eines Stils *neben* der Architektur, durch diesen Trick, daß Stil und Architektur im 19. Jahrhundert gegeneinander verschiebbar sind, dadurch ist die Möglichkeit gegeben, im gleichen Architekturwerk die Kopie anzubringen, also dasjenige am Bauwerk zu genießen, was den Abstand und den Zusammenhang mit der Vergangenheit schaffen kann. Aber auch nur durch diesen Trick ist es möglich, die Kopie auf die Architektur zu übertragen: denn die großen Kosten der Herstellung werden ja nicht der Kopie des alten Stils, sondern der Herstellung der neuen Architektur gewidmet.

Wirklich, die Bauten des 19. Jahrhunderts sind Werke, von denen man sagen muß: sie gehören in ihre Zeit und entsprechen den inneren Anforderungen, die diese Zeit stellt. Und man sieht ein, daß eben nur Bauten in dieser Form den Bedürfnissen des 19. Jahrhunderts entsprechen konnten, daß, so sonderbar es klingt, eine »originale« Baukunst, mit einer Einheitlichkeit von Stil und Zweck, für das 19. Jahrhundert einfach unbrauchbar gewesen wäre. Sie hätte den eigentlichen Hunger dieses Jahrhunderts nicht gestillt, Staat, Gemeinschaft, Tradition, Geschichte, und damit Stetigkeit, Zukunft und künftige Fruchtbarkeit wären auseinandergebrochen.

Wir belegen diese Auffassung aus den Akten über die Schloßbauten Ludwigs II., in diesem Fall Neuschwanstein. Hofrat Düfflipp schreibt am 21. November 1871 an den Maler Michael Welter: »Nach dem allerhöchsten Willen Seiner Majestät des Königs soll das neue Schloß in romanischem Stil gebaut werden. – Da wir nun gegenwärtig 1871 schreiben, so sind wir über jene Zeitperiode, welche den romanischen Stil entstehen ließ, um Jahrhunderte hinausgerückt, und es kann doch wohl kein Zweifel darüber bestehen, daß die inzwischen gemachten Errungenschaften im Gebiet der Kunst und Wissenschaften uns auch bei dem unternommenen Bau zugut kommen müssen. Ich will damit durchaus nicht gemeint haben, daß wir uns am Stile selbst Änderungen erlauben dürften, welche dessen Charakter beeinflussen würden, aber ebensowenig möchte ich zugeben, daß wir uns ganz in die alte Zeit zurückversetzen und auf Erfahrungen verzichten sollen, welche sicherlich schon damals verwertet worden wären, wenn sie bestanden hätten.

Zur Sache kommend, sende ich Ihnen nun den Plan des Torgebäudes und ersuche Sie freundlich, zur Küche, zu den Wirtschaftslokalitäten und zu den Wohnräumen die Einrichtungsgegenstände inclusive Öfen in einzelnen Blättern zu entwerfen, hiebei in der Zeichnung den romanischen Stil festzuhalten, dabei aber gleichwohl der jetzigen Lebensweise und der damit verflochtenen Bequemlichkeit möglichst Rechnung tragen zu wollen.«

Welter antwortet am 31. November 1871: »... ich teile vollständig Ihre Ansicht, daß die heutigen Errungenschaften im

Gebiete der Kunst und Wissenschaft, ohne dem romanischen Charakter zu schaden, bei dem neuen Schloßbau seine Anwendung finden soll.«

So läßt sich aus der Verschiedenheit von Kopie und Architektur schließen, wie schmal die Möglichkeit ist, daß beide Bereiche sich decken, wie kompliziert die historische Situation sein muß, in der es eine wirkliche Kopie in der Architektur geben könnte. Wer über die Kopie nachdenkt, der rührt an das Problem der Vergangenheit. Und wer über die Architektur nachdenkt, der rührt an das Problem der Macht. Sie sind einander nicht ähnlich, sie sind auch nicht antithetisch gesetzt, sie sind überhaupt dem Wesen nach verschieden. Kopie: das bedeutet die Zerdehnung des Ichs in die Vergangenheit zurück. Architektur: das bedeutet die Formung einer Gemeinschaft. Und nur da, wo die Macht ihrem Wesen nach zugleich geschichtlich ist und also in eine lange Zeit eingebunden, oder da, wo auch die Kopie eine Bindung, nicht nur eine Sehnsucht bedeutet, da berühren sie sich. Die Kopie kompliziert alles, die Architektur vereinfacht alles.

Wenn es eine Architekturkopie geben soll: als Architektur muß sie vom Staat ausgehen, und als Kopie muß sie vom Einzelnen ausgehen. Darum nicht in einer Demokratie, in einer Vielherrschaft kann diese Situation gegeben sein. Kommissionen und Ausschüsse entscheiden nur über den historischen Stil an gegebener sachlicher Architektur. Sondern nur da, wo die staatliche Macht in einer Einzelhand zusammengefaßt ist, im Königtum, wäre die Architekturkopie möglich. Aber auch das genügt nicht. Denn wenn das königliche Ich von Grund aus gegenwärtig empfindet und handelt, alsdann kann es auch in der Monarchie nur Machtbau, aber nicht Kopie geben. Es muß noch dazu kommen, daß der König von Grund aus an der Sehnsucht des 19. Jahrhunderts nach Zerdehnung des Ichs in die Vergangenheit hinein teilhat. Erst dann kann es geschehen, daß ein Bau entsteht, der staatlich und königlich gedacht und geformt ist, und der doch nicht der Form des Königtums von jetzt, sondern derjenigen von einst entspricht.

Wenn also in Ludwig II. ein solcher König und in Herrenchiemsee das Beispiel einer echten Architekturkopie gegeben ist – das größte, man möchte fast sagen das einzige, das es auf der Welt gibt, – so ist das Schicksal dieses Schloßbaues wiederum von kennzeichnender Klarheit. Denn da er nicht fertig geworden ist, da eben um dieses Bauwerks willen dem König, bevor er es vollenden konnte, die Macht des Staates genommen wurde, so ist dieses gleiche Schloß Herrenchiemsee zugleich ein Beweis für die Richtigkeit des Satzes: daß es die Kopie in der Architektur nicht geben kann.

Register

Bildnachweis

Lala Aufsberg, Sonthofen: 117; Bayerische Staatsbibliothek, München: 106, Abb. 22; Bayerische Staatsgemäldesammlungen, München: 21; Bayerische Verwaltung der staatlichen Schlösser, Gärten und Seen, München: 7, 22, 25, 55, 58, 63, 67–69, 73, 76, 77, 79, 81, 84–86, 88, 89, 99, 100, 111, 115, 116, 122–125, 128, 129, 136, 138, 141, 145, 147, 148, 156–172, Abb. 20, 21, 23–27, 29, 30–33; Bayreuth, Richard-Wagner-Gedenkstätte, Haus Wahnfried: 57; Courtauld Institute Illustration Archives, London: 6; Deutsches Theatermuseum, München: 29, 46, 54; Hans Gerhard Evers: 4–6, 12, 13, 20, 62, 64–66, 70–72, 74, 75, 142, 144, 146, 149–151, 155, 174, Abb. 3, 5, 9; Johanna Fiegl, Wien: 1, 52, 53, 140; Foto Marburg: 134, 135 und aus Bestand Evers: 6, 12, 24, 62, 64, 65, 66, 71, 72, 97; Geheimes Hausarchiv, München, Bildersammlung: Frontispiz, Abb. 1, 2, 10, 13, 16, 17, 19, 28, 47; Geheimes Hausarchiv, München, Kabinettsakten Ludwigs II.: 30–32, 44, 82, 83, 98, 110, 112–114, 118–121, 175, Abb. 14, 15, 18 (Foto George Meister, München); Geheimes Hausarchiv, München, Kabinettsakten Max II.: Abb. 11, 12; Kunsthalle Bremen: 8; Kunstmuseum Düsseldorf: 19; Landbauamt Regensburg: 16; MAN Gutehoffnungshütte Nürnberg, Verwaltung: 24 unten, 26/27; Metropolitan Museum of Art, New York: 33; Nachlaß Franz Hanfstaengl, Archiv des Kunstverlages Franz Hanfstaengl, München: 28, 34, 35 oben links, 35 unten, 50 links, 51; Werner Neumeister, München: 90, 101, 109, 130, 131, 137, 139; Schloßmuseum Darmstadt e. V.: 45; Soprintendenza alle Gallerie, Florenz: Abb. 8; Staatliche Antikensammlungen und Glyptothek, München: 2, 3; Staatliche Graphische Sammlung, München: 18; Technische Universität München: 14, 17; Wittelsbacher Ausgleichsfonds, München: 9–11, 15, 23, 24 oben, 35 oben rechts, 36–43, 48, 49, 50 rechts, 59–61, 87, 91–97, 132, 133, 143, 152, 153, 154, 173, 176, Textabb. 4, 7 (Foto George Meister, München), 102–105, 107–108, 126–127 (Foto jeweils BSV), 56, 78, 80.

Tafeln

1 Chinesisches Mandala (Meditationsdiagramm)

2 München, Glyptothek, Göttersaal, Decke von Peter v. Cornelius, zerstört

3 München, Glyptothek, Trojanischer Saal, Decke von Peter v. Cornelius, zerstört

4 München, Residenz, Königsbau, Decke des Schlafzimmers der Königin Therese. Foto Evers

5 München, Residenz, Königsbau, Thronsaal. Foto Evers

6 München, Residenz, Festsaalbau, Thron Ludwigs I. Foto Evers

7 Krönungsmantel der bayerischen Könige von Blanchon Cortet. 1806/07

8 Domenico Quaglio, Entwurf für den Ausbau von Hohenschwangau. Datiert »26ten May 1833«

Gegenüber

9 Moriz v. Schwind (Entwurf), Bertha mit ihrem Knaben Karl, dem späteren Karl dem Großen, durch Pippin heimgeführt. Wandgemälde, Hohenschwangau, Berthazimmer

10 Hohenschwangau, Burgfrauenzimmer, Silberlüster mit Schwänen

11 Christian Ruben (Entwurf), Lohengrins Abreise mit dem Schwan. Wandgemälde, Hohenschwangau, Schwanrittersaal (Speisesaal)

12 München, Wittelsbacher Palast, von Friedrich v. Gaertner. 1843–49

Gegenüber

13 Wittelsbacher Palast, oben links: Detail aus dem Hof; unten links: Innenraum. Oben rechts: Treppenhaus; unten rechts: Einfahrt. Alle Fotos Evers

14 Wittelsbacher Palast, Entwurf zum Schlafzimmer des Kronprinzen Maximilian, von Friedrich v. Gaertner

15 München, Maximilianeum, von Friedrich Bürklein unter Beteiligung von Wilhelm Stier und anderen Architekten. 1857–74

16 Regensburg, Königliche Villa, von Ludwig Foltz. 1854–56

17 Feldafing, unausgeführtes Schloßprojekt für Max II., von August v. Voit. 1862

18 München, Residenz, Königsbau, Entwurf von Leo v. Klenze für das Sanktuarium Max' II. Unausgeführt

19 Johann Erdmann Hummel, Villa Hadriana in Tivoli

Folgende Tafeln

20 Paris, Bibliothèque Ste. Geneviève, von Henri Labrouste. 1842–50. Foto Evers
21 Wilhelm v. Kaulbach, Entwurf zur »Apotheose eines guten Fürsten« für das Sanktuarium Max' II. im obersten Geschoß des Königsbaues der Münchner Residenz

22 München, Max-Josephs-Platz, Front des Wintergartens Max' II., von Franz Kreuter, vollendet von August v. Voit. Abgerissen

23 München, Palais Graf Dürckheim-Montmartin, Türkenstraße 4, von Franz Kreuter

24 oben München, Residenz, Königsbau, Wintergarten Max' II., Inneres. Abgerissen

24 unten Ausschnitt aus Tafel 26/27: Querschnitt des Wintergartens Max' II., Residenz

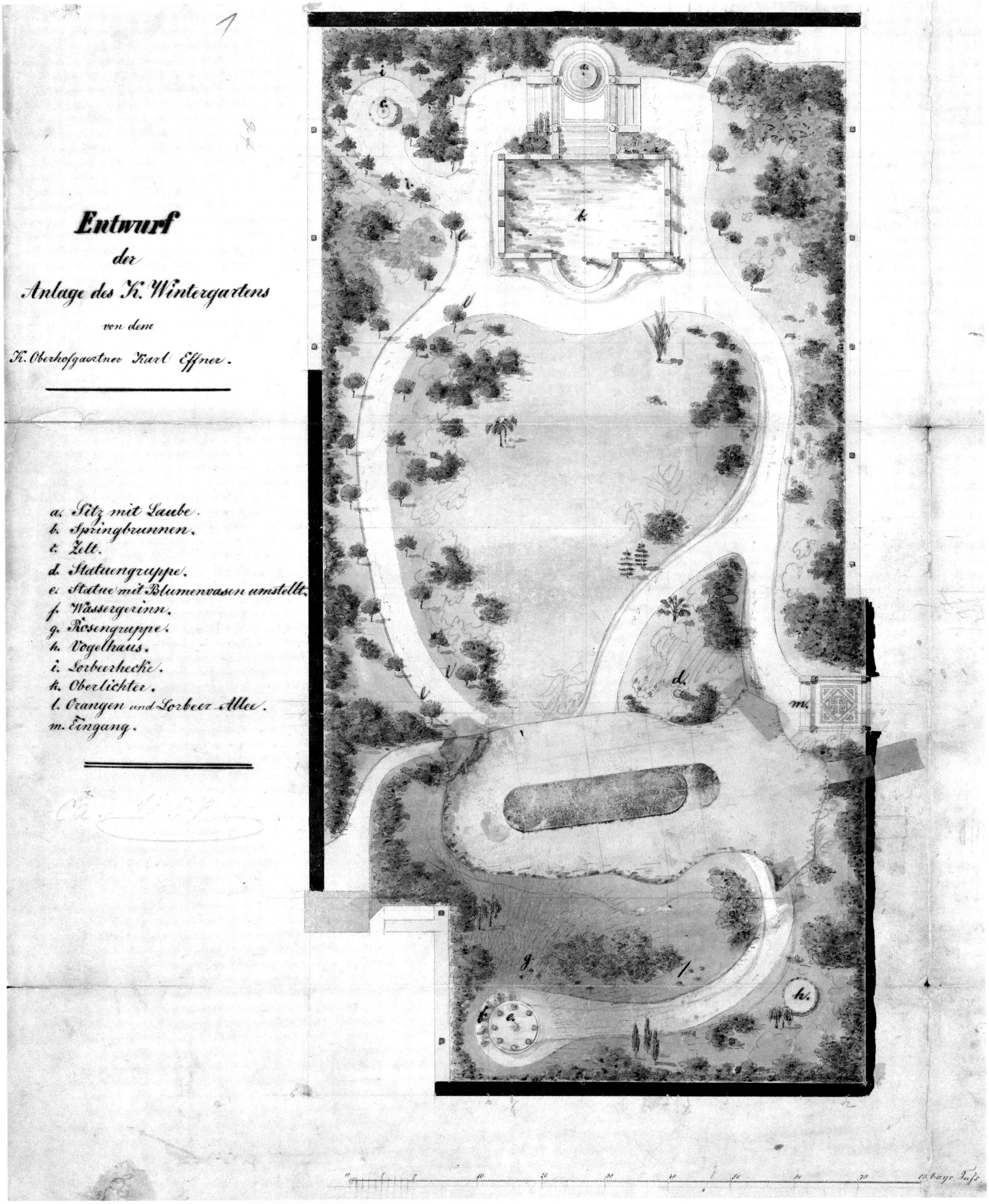

25 Residenz, Wintergarten Max' II., Grundriß mit Bepflanzungssystem, von Carl Effner. Um 1854

Folgende Seiten: 26/27 Eugen Napoleon Neureuther, Tableau: Die Firma Kramer-Klett und ihre Hauptleistungen

GETREIDE-MAHL-MÜHLE.
INDUSTRIE-AUSSTELLUNGSGEBÄUDE IN MÜNCHEN.

SCHRANNENHALLE IN MÜNCHEN.
WALZEN - SÄGMÜHLE.
GITTERBRÜCKE BAMBERG.

28 August v. Voit mit dem Grundriß des von ihm entworfenen und ausgeführten Münchner Glaspalastes.
Foto Franz Hanfstaengl

29 Simon Quaglio, Bühnenbild zu »Der Prophet« von Giacomo Meyerbeer (Dom zu Münster), für das Hof- und Nationaltheater München, 1850. Dekorationen von vergleichbarer künstlerischer Auffassung zählten zu den prägenden Jugendeindrücken Ludwigs II., der bereits am 18. März 1860 eine Aufführung dieser Oper besuchte

30 Oben: Leopold Rottmann, Entwurf zur Lohengrin-Schale: Burghof in Antwerpen (2. Aufzug).
Unten: Leopold Rottmann, Entwurf zur Lohengrin-Schale: Brautgemach (3. Aufzug)

31 Oben: Leopold Rottmann, Entwurf zur Tannhäuser-Schale: Tal vor der Wartburg (3. Aufzug, 2. Szene. Tannhäuser singt: »O du mein holder Abendstern«)
Unten: Leopold Rottmann, Entwurf zur Tannhäuser-Schale: Sängersaal auf der Wartburg (2. Aufzug)

32 Leopold Rottmann, Entwurf zur Tannhäuser-Schale: Venusgrotte (1. Aufzug)

33 Thomas Cole, The Titan's Goblet. New York, Metropolitan Museum

34 Richard Wagner. Um 1865. Foto Franz Hanfstaengl

35 Oben links: Das Sängerehepaar Heinrich und Therese Vogl als Lohengrin und Elsa v. Brabant. Vermutlich 1867. Ludwig II. schlug selbst in diesem Jahre Vogl für die Partie des Lohengrin vor. Foto Edgar Hanfstaengl. – Oben rechts: Ludwig II. und Joseph Kainz in Luzern. 1881. Foto Atelier Synnberg. – Unten links: Ernst v. Possart als Narziß im gleichnamigen Drama von Albert Emil Brachvogel beim »Pagoden-Monolog«, 4. Akt, 4. Szene. Foto Edgar Hanfstaengl. – Unten rechts: Ernst v. Possart als Mephisto in Goethes »Faust«. Foto Edgar Hanfstaengl

36 Heinrich und August Spieß, oben: Die Sage vom Fliegenden Holländer; unten: Tristan und Isolde. 1866

37 Eduard Ille, »Niflunga-Saga«. 1867

38 Eduard Ille, »Lohengrin«. 1865

39 Eduard Ille, »Parzival«. 1869

40 Eduard Ille, »Das lied vom edlen ritter Tanhäuser«. 1865

41 Eduard Ille, »Die Meistersinger«. 1866

Folgende Tafeln

42 Theodor Pixis, Szenenillustration zu »Rheingold«, 4. Szene. 1869 (oben).
Unten: Szenenillustration zu »Walküre«, 3. Aufzug. 1870

43 Theodor Pixis, Szenenillustration zu »Tristan und Isolde«, 3. Aufzug, 3. Szene, nach der Münchner Neuinszenierung von 1869 (oben)
Unten: Szenenillustration zu »Der Fliegende Holländer«, 3. Aufzug, 2. Szene. 1868, nach Aufführung von 1864

44 Tagebuch Ludwigs II., beginnend mit dem 9. Juli 1866, Darstellung königlicher Insignien und einer Schale mit kirchenslavischer Inschrift: »Mittels dieser Schale Herrgott …«

45 Franz Xaver Winterhalter, Zarin Marie Alexandrowna

46 Die Schauspielerin Marie Dahn-Hausmann. Zeichnung von Schertle, Lithographie von E.E. Nay

47 Kaiserin Elisabeth von Österreich mit ihrem Hund Shadow. 1864

48 Links: Sibylle Meilhaus, verehelichte Freifrau v. Leonrod, Kindermädchen Ludwigs II. und seines Bruders Otto. Foto Pössenbacher
Rechts: Theodor Basselet Graf de la Rosée, Erzieher Ludwigs II. und seines Bruders Otto. Foto Pössenbacher

49 König Max II. mit seiner Familie. Um 1860. Links Ludwig II.
Foto Joseph Albert

50 Links: Stiftspropst Ignaz v. Döllinger, Hofprediger und Professor für Kirchengeschichte. Foto Edgar oder Franz Hanfstaengl
Rechts: Hofbaurat Georg Dollmann. Foto Pössenbacher

51 Münchner Maler. Oben von links: Joseph Munsch, Fritz Schwörer, Eduard Schwoiser, Theodor Pixis, Philipp Foltz, Karl Lossow, Heinrich Spieß. Unten, sitzend, v. links: Wilhelm Hauschild, Johann Baptist Weissbrod, Karl Wohnlich. Mit Ausnahme von Foltz, Lossow, Weissbrod und Wohnlich waren alle für Ludwig II. tätig

36

53 Herrenchiemsee, Arbeitszimmer Ludwigs II. zu seinen Lebzeiten. Foto Joseph Albert

Gegenüber

52 Linderhof, Schlafzimmer vor der 1884 begonnenen Umgestaltung. Auf dem Kaminsims ein Pagodenfigürchen, von Ludwig II. bevorzugtes Symbol für den Zwang zu blinder Sinnlosigkeit des »Lebens«. Foto Joseph Albert

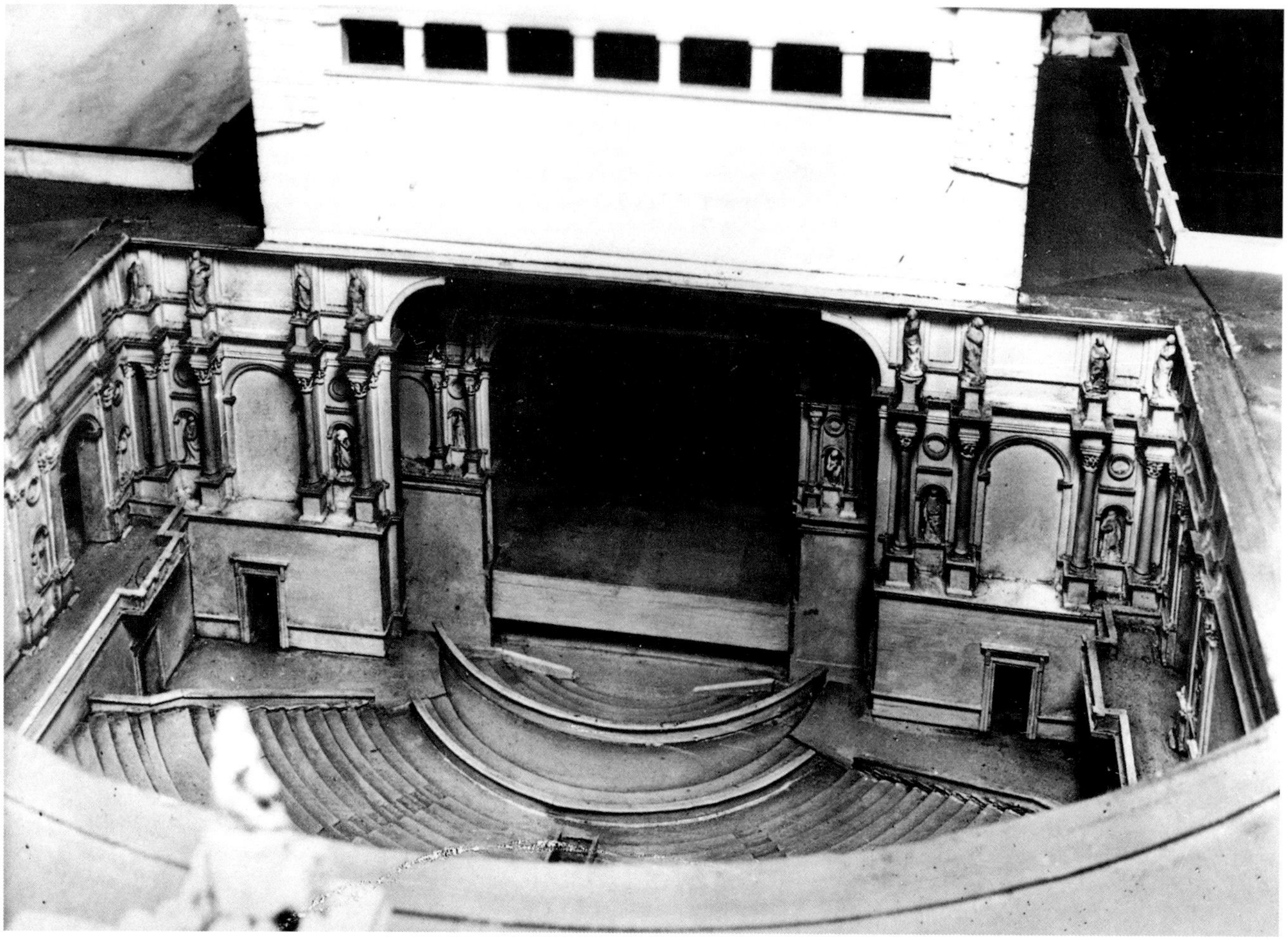

55 München, Projekt zum unausgeführten Monumentalen Wagner-Festtheater von Gottfried Semper. Standort: Gasteighöhe an der Isar. 1865–66

Gegenüber

54 München, Monumentales Wagner-Festtheater, Gottfried Semper, 1866. Oben: Inneres gegen das Proszenium. Unten: Inneres gegen die Königsloge

56 München, Residenz, Nibelungengang (zerstört), Kopie von Franz Heigel nach dem Fresko von Michael Echter: Schluß der »Götterdämmerung«, Siegfried auf dem Scheiterhaufen (Brunhilde: »Siegfried! Siegfried! Selig gilt dir mein Gruß!«)

57 Gustav Seeberger, »Tasso-Zimmer«. Hohenschwangau, Schlafzimmer Ludwigs II.
Mit den nach seinem Tode zerstörten Einrichtungen des Königs

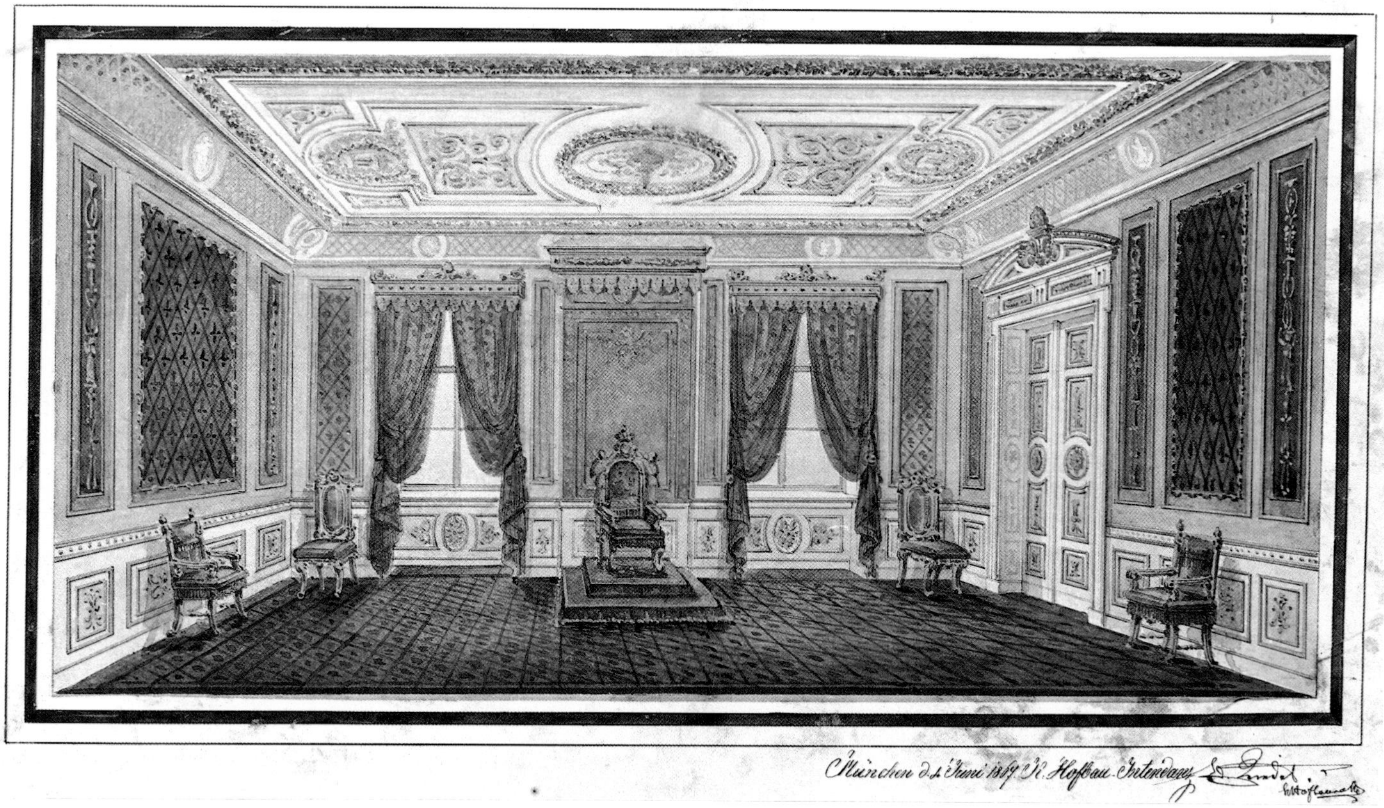
München d. 1. Juni
K. Hofbau-Intendanz

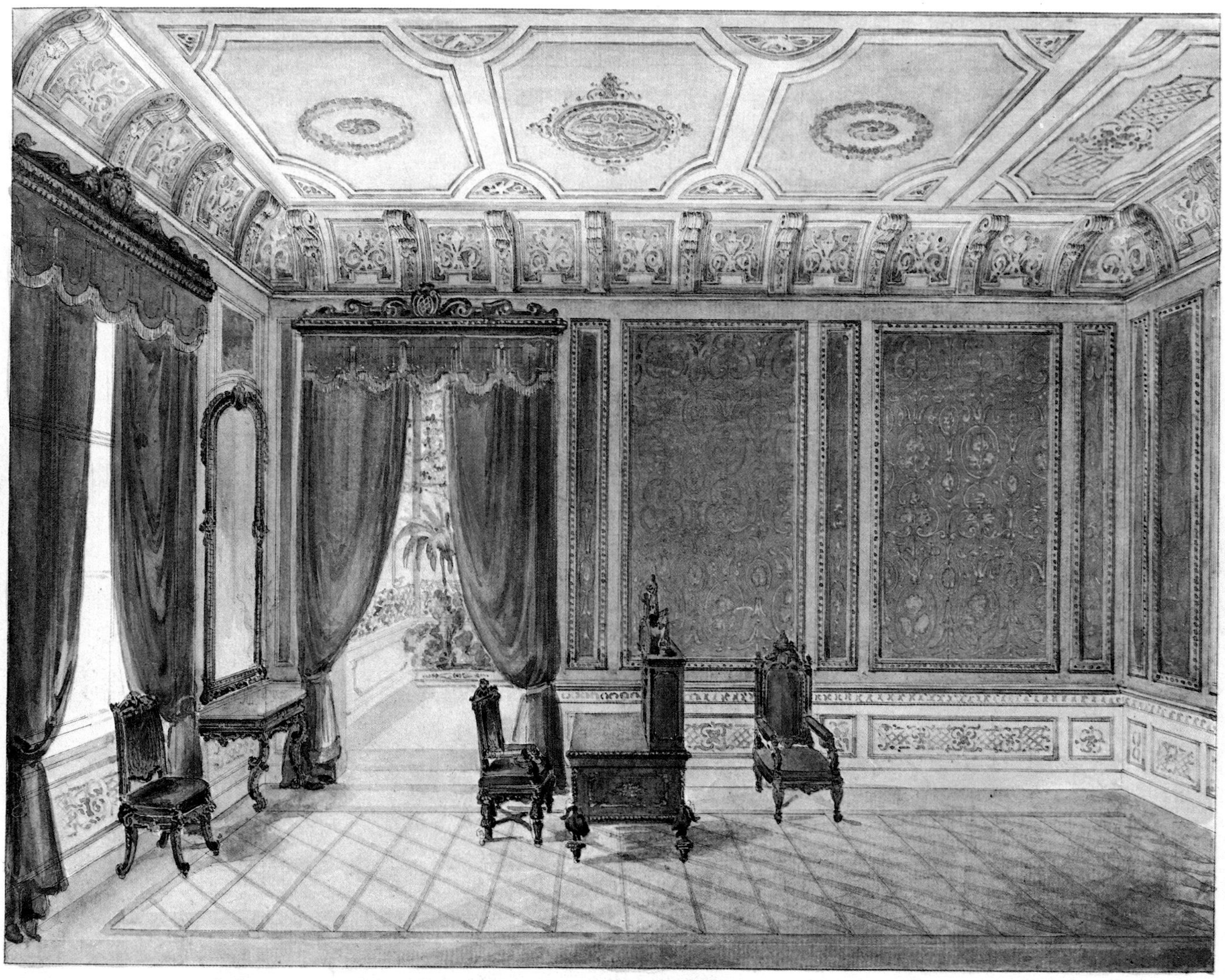

59 Allegorie »Genie«, unsigniert. Aus einer von Ludwig II. bestellten Allegorien-Serie

Gegenüber

58 Oben: Eduard Riedel, Entwurf zum Audienzzimmer Ludwigs II. in der Residenz, München. Textilien einschließlich der Wandtentüren rot, Ornamente vergoldet, Deckenfestons buntfarbig. 4. Juni 1867
Unten: Eduard Riedel, Entwurf zum Schreib-(Arbeits-)Zimmer Ludwigs II., Residenz. Textilien einschließlich der Wandtentüren blau, Ornamente vergoldet. Links Ausblick in den Glaspavillon, das erste Stadium des Wintergartens Ludwig II. Vgl. das zitierte Schreiben des Königs vom 7. 12. 1867

60 Allegorie »Poesie«, unsigniert. Aus einer von Ludwig II. bestellten Allegorien-Serie

61 Allegorie »Imagination«, unsigniert. Aus einer von Ludwig II. bestellten Allegorien-Serie

63 Conrad Hoff, Audienzzimmer Ludwigs II. in der Residenz nach der ersten, 1867 begonnenen durchgreifenden Umgestaltung. Wohl 1868

Gegenüber

62 Audienzzimmer Ludwigs II. in der Residenz. Um 1938. Foto Evers

Folgende Tafeln

64 Audienzzimmer Ludwigs II., Residenz. Eingangstür. Um 1938. Foto Evers
65 Speise- (auch: Arbeits-) Zimmer Ludwigs II. in der Residenz. Um 1938. Foto Evers

66 Speisezimmer Ludwigs II., Residenz. Surporte von Caspar Zumbusch, links Teil des Bucentoro-Bildes von Albert Emil Kirchner (1868) sichtbar. Um 1938. Foto Evers

Gegenüber

67 Franz Seitz, Entwurf zu »Thüre mit Aufsätzen zum Arbeitszimmer« Ludwigs II., Residenz. 1869?

Thüre mit Aufsätzen zum Arbeitszimmer

68 Friedrich Eibner, Schlafzimmer Ludwigs II., Residenz, nach der zweiten, 1868 begonnenen Umgestaltung. 1870

69 Conrad Hoff, Schlafzimmer Ludwig II., Residenz, nach der ersten, 1867 begonnenen, durchgreifenden Umgestaltung. Wohl 1868

70 Schlafzimmer Ludwigs II., Residenz. Weihwasserbecken rechts vom Bett. Foto Evers

71 Schlafzimmer Ludwigs II., Residenz. Um 1938. Foto Evers

72 Arbeitszimmer Ludwigs II., Residenz, nach einem verschollenen Gemälde. Foto Evers

73 Franz Seitz, unausgeführter Decken-Entwurf für das Arbeitszimmer Ludwigs II., Residenz. 1869

74 Arbeitszimmer Ludwigs II., Residenz. Schrank für Partituren Richard Wagners. Foto Evers

75 Arbeitszimmer Ludwig II., Residenz. Briefbeschwerer. Foto Evers

76 Eduard Riedel, Inneres des Glaspavillons neben dem Arbeitszimmer Ludwigs II., Residenz. Oktober 1867

77 Christian Jank, Entwurf zum Mogulpalast-Gemälde im Wintergarten Ludwigs II., Residenz. 1869

78 Wintergarten Ludwigs II., Residenz, mit Kiosk. Foto Joseph Albert

79 Julius Lange, Ölgemälde des Wintergartens Ludwigs II., Residenz.
Der Hintergrund mit dem Himalaya wurde nach einem Gemälde von Christian Jank übernommen

80 Wintergarten Ludwigs II. Foto Joseph Albert

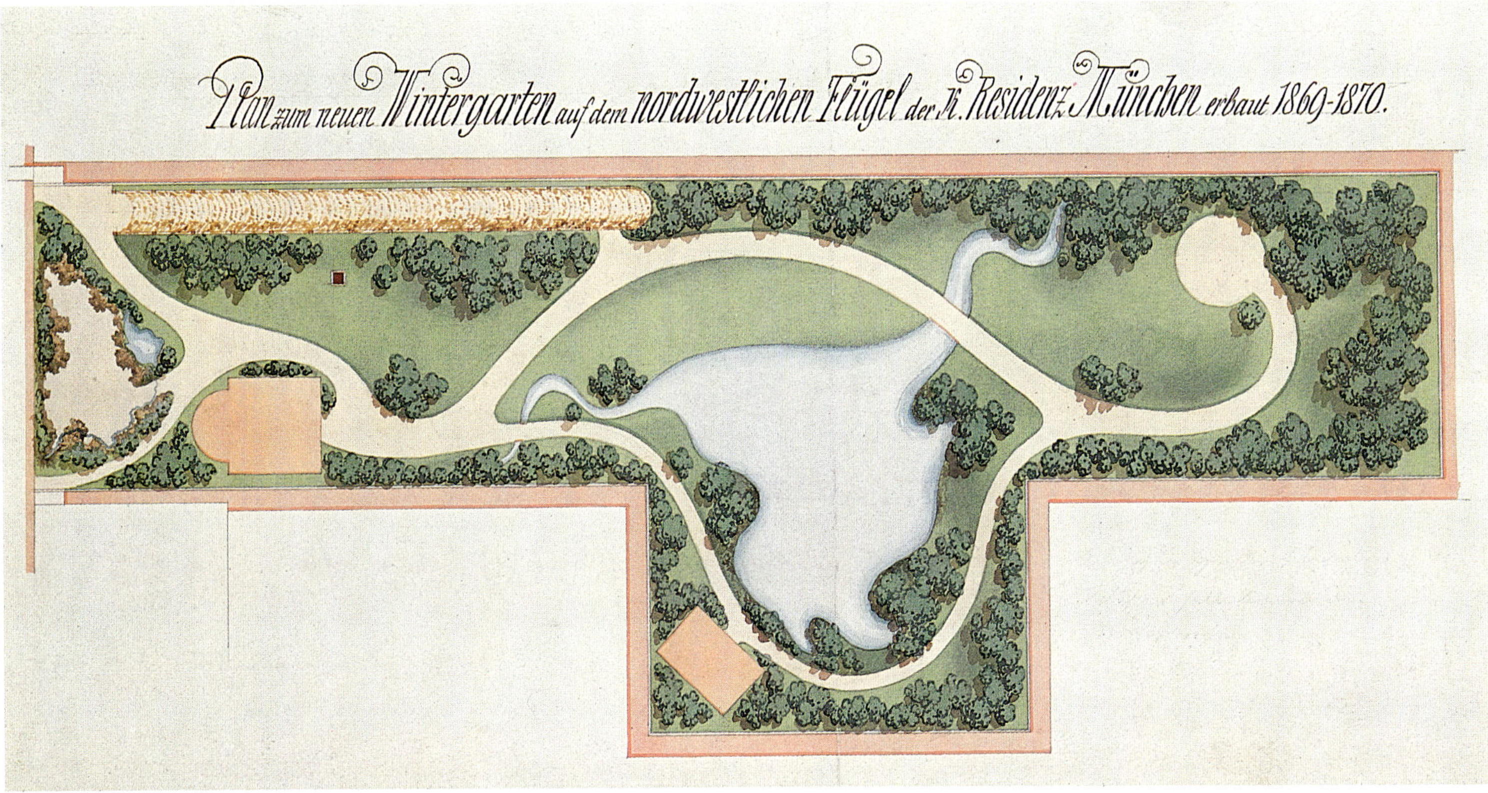

81 Ausgeführter Grundriß des Wintergartens Ludwigs II. nach Entwurf von Carl Effner

82 Leopold Rottmann, Die Wartburg. Einband-Vorderseite des Tagebuchs Ludwigs II.
für den Zeitraum vom 4. bis 8. August 1866

83 Leopold Rottmann, Die Wartburg. Einband-Vorderseite des Tagebuchs Ludwigs II., das er am 9. Juli 1866 begann

84 Franz Graf v. Pocci, Vorentwurf für Neuschwanstein, von Norden gesehen. 1868

85 Christian Jank, Vorentwurf für Neuschwanstein, von Norden gesehen. 1868

86 Angelo II Quaglio, Modell zum Bühnenbild des 2. Aufzuges von »Lohengrin« (Burghof in Antwerpen) 1866, für die Münchner Neuinszenierung von 1867

87 Christian Jank, Entwurf zum Oberen Burghof, Neuschwanstein. 1868

88 Neuschwanstein, Schlafzimmer Ludwigs II.

89 Neuschwanstein, Schlafzimmer Ludwigs II., Bett

90 Neuschwanstein, Schlafzimmer, Auferstehungsrelief am Fuß des Bettes

Gegenüber

91 Christian Jank, unausgeführte Entwürfe zu den Ritterhaus-Arkaden, Neuschwanstein. 1868

Erklaerung.
Fro der Gott der Liebe und Ehe.
Symbole, das neunspeichige Rad-
Stier- und Pferde-Schaedel.
Er ist der Besitzer des goldhellen
Ebers Gullinbursti, des Rosses
Blodughofi, des kunstvollen Wolken-
Schiffes Skidbladnir.

Erklaerung.
Paltar (Sonnengott)
Anzeichen exotische Vegetation
Palmen etc:
Heilig sind ihm Camille, Mistel,
Johanniskraut.
Im Medaillon erscheint er als
Sonnengott mit Flamen umgeben.

92 Christian Jank, unausgeführter Entwurf zu den Ritterhaus-Arkaden, Neuschwanstein. 1868

93 Christian Jank, unausgeführter Entwurf zu den Ritterhaus-Arkaden, Neuschwanstein. 1868

94 Christian Jank, unausgeführter Entwurf zu den Ritterhaus-Arkaden. Neuschwanstein. 1870

95 Christian Jank, unausgeführter Entwurf zu den Ritterhaus-Arkaden, Neuschwanstein. 1870

96 Christian Jank, unausgeführter Entwurf zu den Arkaden des Verbindungsbaues zwischen Viereckturm und Torbau in Neuschwanstein. Wohl 1870

97 Julius Hofmann, unausgeführter Entwurf zu den Verbindungsbau-Arkaden, Neuschwanstein. November 1884

98 Neuschwanstein, Sängersaal, Längswand. Foto Joseph Albert

101 Neuschwanstein, Palas, nördlicher Treppenturm, Abschluß der Treppe im vierten Stockwerk

102 Heinrich v. Pechmann, Entwurf zur unausgeführten Kapelle, Neuschwanstein. 1868

103 Heinrich v. Pechmann, Entwurf zur unausgeführten Kapelle, Neuschwanstein. 1868

104 Georg v. Hauberrisser, Entwurf zur unausgeführten Kapelle, Neuschwanstein. Etwa 1868-70

Gegenüber

105 Peter Herwegen, Entwurf zur unausgeführten Kapelle, Neuschwanstein. 1870

Um eine reichere Wirkung u Abwechslung in Form u Farbe zu erreichen
so dachte ich mir die Burgkapelle in der Übergangszeit vom Rundbogen
zum Spitzbogen - Styl, daher die Fensterform in den Seitenschiffen, un-
ter denselben sind Engel gemalt welche auf Schriftzettel die 8 Se-
ligkeiten verkünden, die Kanzel, Taufstein u Menza romanisch,
erstere wird von den Emblemen der 4 Evangelisten getragen,
an den Säulen die Evangelisten selbst. Im Mittelfenster erscheint
Christus als Weltrichter mit Maria u Johanes, der Ciborien-
Altar wird in Form u Wirkung hier ganz am Platze sein.
die kgl. Loge ist mit dem bay. Wappen geschmückt,
über derselben in der Kreisform throut die Patrona
bavaria. In den Seitenschiffen u Chorwänden
könen die Darstellungen, der Geburt Christi.
Anbetung der 3 Kön: Himelfahrt u.s.w. gemalt
werden - Figuren, der untere Theil der Säulen
u Kapitäle sollen farbig u gold werden
wie es für jene Zeit charakteristisch ist.
Höhe des Mittelschiffs 45 F. Breite 15 F
Höhe der Seitenschiffe 30 F. " " 10 F.
Entwurf v. Peter Hermegen
München 21. 8. año domi
mdccclxx.

106 Eduard Riedel, Plan für Hohenschwangau mit – unausgeführtem – Bergfried und Bergfried einzeln. Um 1850

107 Eduard Ille, Entwurf eines Gralstempels für Ludwig II.
In der rückwärtigen Kuppel Darstellungen von Sonne, Mond und Sternen. 1877

108 Eduard Ille, Vorentwurf zum Thronsaal, Neuschwanstein. 1876

109 Neuschwanstein, Thronsaal

110 Neuschwanstein, Thronsaal, Längswand gegenüber der Fensterwand mit Lünettenbild: »Gesetzgeber der vorchristlichen Zeit«, darauf links mit weißer Stirnbinde: Hermes Trismegistos; übernächste Gestalt rechts mit weißem Gewand und Buch: Zarathustra; in der Mitte: Kaiser Augustus; rechts in weißem Himation: Solon; an vorletzter Stelle rechts: der Inder Manu, im Weda – dem ältesten Werk der indischen religiösen Literatur – Stammvater der Menschen. Foto Joseph Albert

111 Julius Hofmann, Entwurf zum unausgeführten Thron im Thronsaal, Neuschwanstein. 1884

114 Josef Munsch, Fresko »Gralswunder« mit Darstellung der Gralsburg, Neuschwanstein, Sängersaal.
Foto Joseph Albert

Vorhergehende Tafeln

112 August Spieß, Fresko »Parzival beim Mahl in der Gralsburg«, Neuschwanstein, Sängersaal.
Foto Joseph Albert

113 August Spieß, Fresko »Parzivals Hochzeit mit Kondwiramur«, Neuschwanstein, Sängersaal.
Foto Joseph Albert

115 Wilhelm Hauschild, Wandgemälde »Lohengrins Erwählung durch den Heiligen Gral«, Neuschwanstein, Wohnzimmer

116 Neuschwanstein, unsignierter Entwurf
zum unausgeführten Brautgemach in der Kemenate

117 Neuschwanstein von Süden, von der Marienbrücke aus.
Der König betrachtete mehrfach nachts von hier aus sein erleuchtetes Schloß

118 Blick von Schloß Linderhof zum Venustempel. Foto Joseph Albert

119 Blick auf Schloß Linderhof. Foto Joseph Albert

120 Linderhof, Schlafzimmer

121 Linderhof, Spiegelsaal

122 Heinrich Breling, Venusgrotte, Linderhof, in vom König angeordneter roter Beleuchtung

Gegenüber

123 Wilhelm Hauschild, Entwurf zu Vorhängen des Bettes der Chambre de Parade, Herrenchiemsee.
Links Mitte: Das Wirken der Venus im Olymp; darunter: Wirken der Venus auf der Erde.
Rechts Mitte: Jupiter und Ganymed mit den drei Grazien; darunter: Raub Ganymeds durch Jupiters Adler

124 Angelo II Quaglio, Schlafzimmer Ludwigs XIV. in Versailles; Bühnenbild-Modell für die Separatvorstellung von »Das Alter eines großen Königs« – Ludwigs XIV. – nach Lockroy und Arnould, deutsch von August Fresenius, am 7. 11. 1873. Foto Joseph Albert

125 Georg Dollmann, Schlafzimmer-Entwurf für das Projekt »Tmeicos-Ettal«. 1872

126 Herrenchiemsee, Vorentwurf zur Chambre de Parade. Um 1873

127 Julius Lange, Vorentwurf zur Chambre de Parade, Herrenchiemsee. Um 1873

128 Herrenchiemsee, Zwischenentwurf zur Chambre de Parade, spätestens 1875

129 Julius Hofmann, Vorentwurf zum Waschtisch der Chambre de Parade, Herrenchiemsee. 1879

130 Herrenchiemsee, Chambre de Parade

131 Herrenchiemsee, Chambre de Parade, Bett

132 Josef Watter, von Ludwig II. bestellter Entwurf für Porzellanmalerei »Grand lever« Ludwigs XIV. in seinem Schlafzimmer, Versailles

133 Josef Watter, von Ludwig II. bestellter Entwurf für Porzellanmalerei
»Coucher« Ludwigs XIV. in seinem Schlafzimmer, Versailles

Folgende Tafeln

134 Samson (Architekt), Paris, Palais Boniface de Castellane, 122 Avenue de Malakoff, Treppe. 1897–1900.
135 Samson, Palais de Castellane, Galerie

136 Christian Jank, Spiegelgalerie, Versailles; Bühnenbildmodell für die Separatvorstellung von »Das Alter eines großen Königs« (vgl. Tafel 124). Foto Joseph Albert

137 Herrenchiemsee, Cour de marbre

138 Herrenchiemsee, Parkfront

139 Herrenchiemsee, Mittelrisalit der Parkfront

140 Herrenchiemsee, Spiegelgalerie mit vollständiger Einrichtung. 1887. Foto Joseph Albert

141 Herrenchiemsee, Spiegelgalerie

142 Herrenchiemsee, Spiegelgalerie, Deckenbild in der Mittelachse des Raumes nach Charles Lebrun »Le Roi gouverne par Lui même. 1661«. Foto Evers

143 Josef Watter, von Ludwig II. bestellter Tellerbildentwurf
»Louis XIV donnant audience aux ambaßadeurs du roi de Siam, dans la galerie de glaces à Versailles.«

144 J.M. Chevotet (Zeichnung), Surugues (Stich), Versailles, Escalier des Ambassadeurs. 1723. Abgerissen

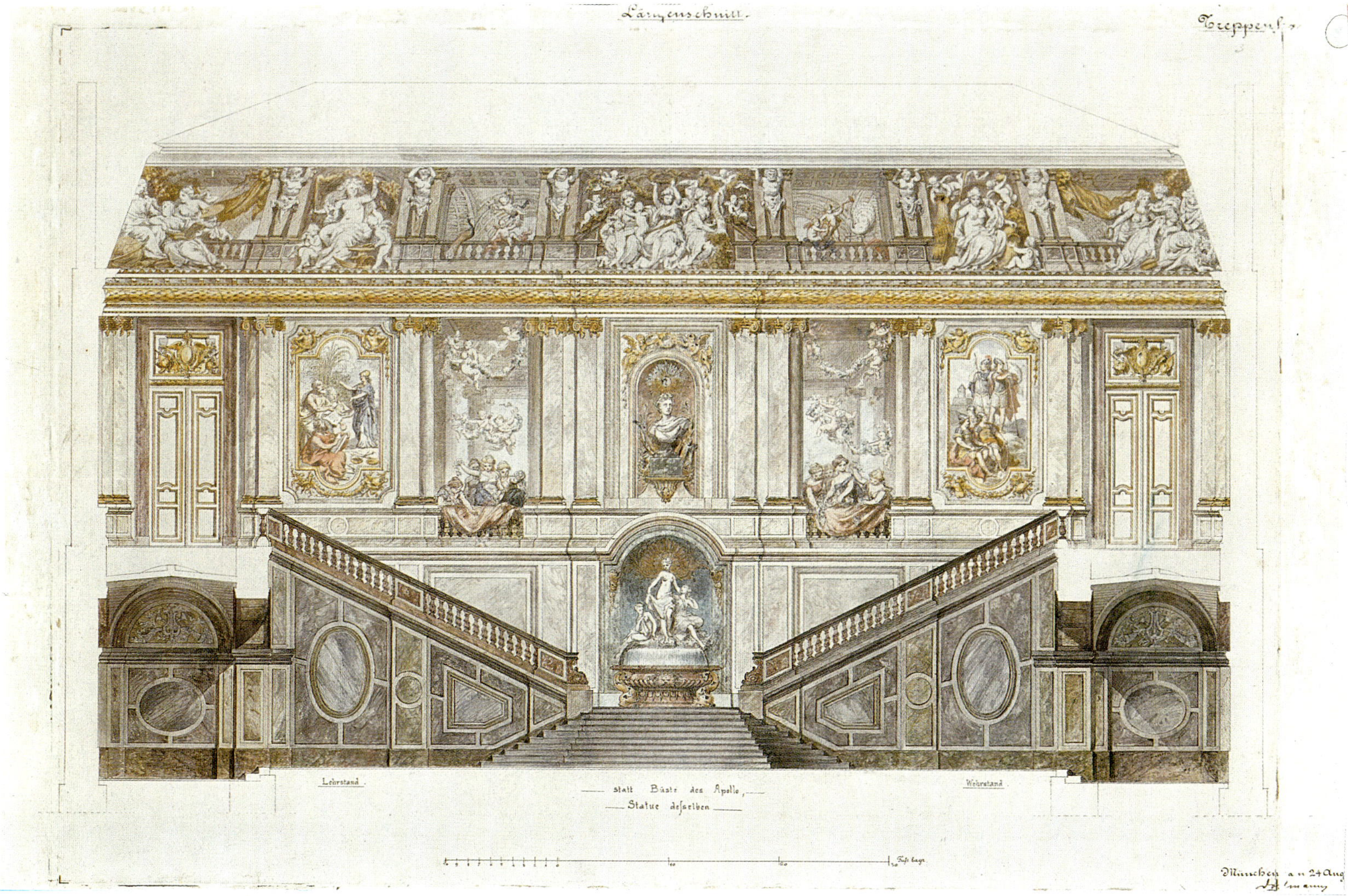

145 Georg Dollmann, Vorentwurf zum Treppenhaus von Herrenchiemsee. 1878

146 J. M. Chevotet, Surugues, Versailles, Escalier des Ambassadeurs, linke Schmalseite. 1723

147 Herrenchiemsee, südliches Treppenhaus, Längsseite

Folgende Seiten

148 Georg Dollmann, Vorentwurf zur rechten Schmalseite der Treppe, Herrenchiemsee. 1879
149 Herrenchiemsee, südliches Treppenhaus, linke Schmalseite

Querschnitt.
Königl. Schloss Herrenchiemse
Treppenhaus.
Flora.

150 J. M. Chevotet und Surugues, Versailles, Escalier des Ambassadeurs, Ecke des Plafonds. 1723

151 Herrenchiemsee, südliches Treppenhaus, Ecke des Plafonds. Foto Evers

Obertasse.

Fertig.
Ludwig XIV arbeitet mit seinen Ministern im Conseilzimmer.

153 Carl Grünwedel, von Ludwig II. bestelltes Tellerbild: »Sacre de Louis XV à Reims«

Gegenüber

152 Oben: Josef Watter, Obertassenbild-Entwurf, von Ludwig II. bestellt: »Reception d'Ambassadeurs« durch Ludwig XIV. Unten: Josef Watter, von Ludwig II. bestellter Entwurf für Porzellanmalerei: »Ludwig XIV. arbeitet mit seinen Ministern im Conseil-Zimmer« in Versailles

Folgende Tafeln

154 Ludwig XIV. Verkleinerte Kopie nach Antoine Coyzevox für Schloß Herrenchiemsee
155 Philipp Perron, Reiterstatue Ludwigs XIV. im Salon de l'œil de bœuf, Herrenchiemsee. Foto Evers

156 Julius Hofmann, Entwurf zur Ostfassade von Falkenstein. März 1886

157 Christian Jank, Vorentwurf für Falkenstein. 1883

158 Max Schultze, Entwurf zum Großen Saal gegen Südosten, Falkenstein. 1885

159 Hermann Kaulbach, Entwurf zu einem Wandgemälde, Falkenstein, Großer Saal, aus Ariosts »Orlando furioso«: Flug Rogers mit Angelica auf dem Flügelpferd. 1885

160 Hermann Kaulbach, Wandgemälde-Entwurf Falkenstein, Großer Saal, aus »Orlando furioso«
Befreiung Angelicas. 1885

161 Hermann Kaulbach, Wandgemälde-Entwurf Falkenstein, Großer Saal, aus »Orlando furioso«
Empfang Rogers in den Zaubergärten durch Alcine. 1885

162 Hermann Kaulbach, Wandgemälde-Entwurf Falkenstein, Großer Saal, aus »Orlando furioso«
Turnierkampf zwischen Roger und Mandricard. 1885

163 Hermann Kaulbach, Wandgemälde-Entwurf Falkenstein, Großer Saal, aus »Orlando furioso«
Bradamante in der Grotte Merlins. 1885

164 Max Schultze, Entwurf zum Arbeitszimmer Ludwigs II., Falkenstein

165 Max Schultze (?), Vorentwurf zum Schlafzimmer Ludwigs II., Falkenstein

166 Entwurf zum Schlafzimmer, Falkenstein, Blick auf die Bettapsis

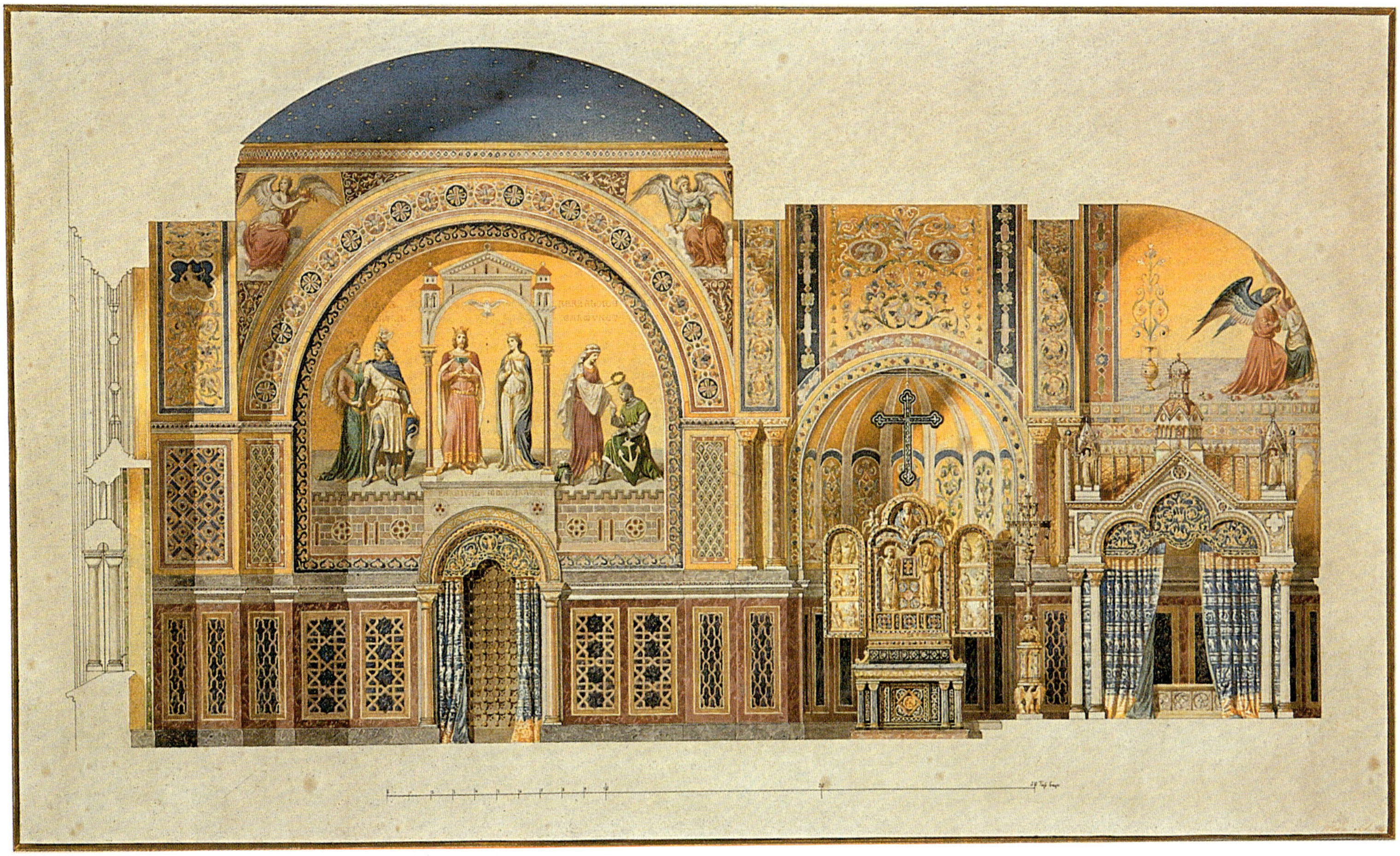

167 Max Schultze, Schlafzimmer, Falkenstein, östliche Längswand. 1885

168 Max Schultze, Schlafzimmer, Falkenstein, westliche Längswand. 1885

169 Max Schultze, Schlafzimmer, Falkenstein, Bettapsis mit Seitenapsiden. 1885

170 Eugen Drollinger, Längsschnitt des Schlafzimmers, Falkenstein. Letzter Entwurf für den Raum. Juni 1886

Gegenüber

171 Max Schultze, Schlafzimmer, Falkenstein. 1885

172 Max Schultze, Waschtisch-Entwurf für das Schlafzimmer, Falkenstein. 1885
173 Max Schultze, Thron-Entwurf für das Schlafzimmer, Falkenstein. 1885

174 Herrenchiemsee, Blauer Salon, auch: Jagdzimmer, Erstes Spiegelkabinett. Foto Evers

175 Herrenchiemsee, Badetoilettezimmer im Erdgeschoß. Foto Joseph Albert

176 Neuschwanstein im Bau. Um 1880. Foto Joseph Albert

Werner Überreiter
KIENMAYERGASSE 36/4/40
1140 WIEN